16	3	2	13
5	10	11	8
9	6	7	12
4	15	14	1

Elide Rugai Bastos, Fernando Abrucio,
Maria Rita Loureiro e José Marcio Rego

CONVERSAS COM SOCIÓLOGOS BRASILEIROS

Florestan Fernandes
Octavio Ianni
Fernando Henrique Cardoso
Juarez Brandão Lopes
Gabriel Cohn
José de Souza Martins
Luiz Werneck Vianna
José Carlos Durand
Benicio Viero Schmidt
Sergio Miceli
Elisa Reis

Brasilio Sallum Jr.
Reginaldo Prandi
Renato Ortiz
Glaucia Villas Bôas
Maria Arminda N. Arruda
José Vicente Tavares
César Barreira
Ricardo Benzaquen
Ricardo Abramovay
Ricardo Antunes

editora■34

EDITORA 34

Editora 34 Ltda.
Rua Hungria, 592 Jardim Europa CEP 01455-000
São Paulo - SP Brasil Tel/Fax (11) 3816-6777 www.editora34.com.br

Copyright © Editora 34 Ltda., 2006
Conversas com sociólogos brasileiros ©
Elide Rugai Bastos, Fernando Abrucio, Maria Rita Loureiro e José Marcio Rego, 2006

A FOTOCÓPIA DE QUALQUER FOLHA DESTE LIVRO É ILEGAL, E CONFIGURA UMA
APROPRIAÇÃO INDEVIDA DOS DIREITOS INTELECTUAIS E PATRIMONIAIS DO AUTOR.

Capa, projeto gráfico e editoração eletrônica:
Bracher & Malta Produção Gráfica

Imagem da capa:
Rodrigo Andrade, Sem título, 2002, óleo s/ tela, 35 x 45 cm

Revisão:
Arthur Bueno, Iara Rolnik e Fabrício Corsaletti

Créditos das fotografias:
Madalena Gutierrez/Acervo FHC (p. 66);
Laura Dascal (p. 182); Bel Pedrosa (p. 290);
as demais pertencem ao arquivo pessoal dos entrevistados.

1ª Edição - 2006

CIP - Brasil. Catalogação-na-Fonte
(Sindicato Nacional dos Editores de Livros, RJ, Brasil)

Bastos, Elide Rugai

B585c   Conversas com sociólogos brasileiros /
[entrevistas por] Elide Rugai Bastos, Fernando
Abrucio, Maria Rita Loureiro e José Marcio
Rego — São Paulo: Ed. 34, 2006.
464 p.

ISBN 85-7326-361-X

Inclui bibliografia.

     1. Sociólogos - Brasil - Entrevistas.
2. Sociologia. 3. Sociologia - Estudo e ensino - Brasil.
I. Abrucio, Fernando. II. Loureiro, Maria Rita.
III. Rego, José Marcio. IV. Título.

CDD - 300

CONVERSAS COM
SOCIÓLOGOS BRASILEIROS

Apresentação 7

1. Florestan Fernandes 13
2. Octavio Ianni 49
3. Fernando Henrique Cardoso 67
4. Juarez Brandão Lopes 95
5. Gabriel Cohn 115
6. José de Souza Martins 135
7. Luiz Werneck Vianna 161
8. José Carlos Durand 183
9. Benicio Viero Schmidt 203
10. Sergio Miceli 219
11. Elisa Reis 251
12. Brasilio Sallum Jr. 269
13. Reginaldo Prandi 291
14. Renato Ortiz 313
15. Glaucia Villas Bôas 335
16. Maria Arminda do Nascimento Arruda 353
17. José Vicente Tavares dos Santos 375
18. César Barreira 391
19. Ricardo Benzaquen de Araújo 409
20. Ricardo Abramovay 425
21. Ricardo Antunes 437

Glossário de siglas e abreviaturas 454
Índice onomástico 456

APRESENTAÇÃO

Este é um painel representativo da diversidade do pensamento sociológico brasileiro e de carreiras desenvolvidas pelos praticantes da Sociologia em várias instituições de ensino e pesquisa acadêmica no país. Apontando heterogeneidade nas apreciações, argumentos e diagnósticos, a idéia foi explorar como as diferenças se expressam no ferramental teórico e metodológico utilizado. A leitura das entrevistas também permite examinar a temática da comunicação e retórica na análise de questões sociológicas. Conhecer melhor o pensamento sociológico brasileiro requer compreender como os cientistas sociais conversam, como pensam, quais são suas crenças, valores, idiossincrasias, suas influências, suas vaidades, seus princípios explicativos e referências teóricas. Estes sociólogos vivenciaram episódios, adquiriram conhecimentos, desenvolveram idéias de formas específicas e peculiares. Tais processos, quando relevados, podem oferecer interessantes perspectivas para novas pesquisas sobre o tema.[1]

Procuramos, assim, contribuir para uma sociologia da Sociologia brasileira, acrescentando ao rol do conhecimento disponível a análise das condições do fazer científico e intelectual em nosso país, e dialogando com a literatura acadêmica já existente sobre o tema. A Sociologia brasileira tem sido objeto de estudos que privilegiam vários pontos de partida, ou seja, buscam reconstituir a história da gênese, do desenvolvimento e da consolidação das Ciências Sociais, trilhando diversos caminhos analíticos e iluminando diferentes aspectos desse processo.

Neste sentido, há estudos que enfocam a formação do pensamento social na tradição da *história das idéias*.[2] Outros se dedicam a analisar o *processo de institucionalização* das Ciências Sociais.[3] Alguns textos buscam recuperar as *relações*

---

[1] Esta publicação dá continuidade à série de livros publicados pela Editora 34, intitulados *Conversas com economistas brasileiros* — lançado em dezembro de 1996 e que chega agora à sua 3ª edição —, *Conversas com economistas brasileiros II*, de 1999, *Conversas com filósofos brasileiros* e *Conversas com historiadores brasileiros*. As pesquisas foram desenvolvidas com o apoio financeiro do Núcleo de Pesquisas e Publicações (GVPesquisa) da Fundação Getúlio Vargas de São Paulo, a quem reiteramos nossos agradecimentos.

[2] Por exemplo, os textos de Luiz Werneck Vianna, em especial *A revolução passiva* (Rio de Janeiro, Revan, 1997); e os de Glaucia Villas Bôas, que se dedicam ao trânsito das teorias sociais alemãs no pensamento social brasileiro.

[3] Lembremos a importante pesquisa desenvolvida pelo Idesp, sob a orientação de Sergio Miceli, que resultou nos dois volumes intitulados *História das Ciências Sociais no Brasil*, publicados em 1989 e 1995 (vol. I: São Paulo, Idesp/Vértice, 1989; vol. II: São Paulo, Sumaré, 1995, ambos organizados por Miceli).

estabelecidas entre os membros dos grupos que se dedicam à atividade intelectual.[4] Muitos são os trabalhos que analisam *autores específicos*.[5] Há ainda os que estudam as diferentes *tradições sociológicas* e os embates envolvidos entre elas.[6] Por fim, há aqueles que procuram reconstituir o *itinerário intelectual* de diferentes figuras das Ciências Sociais.[7]

Este projeto difere dos trabalhos anteriores ao compor um painel a partir do ponto de vista dos participantes do processo. Para dar conta da constituição da Sociologia no Brasil, é recuperado aqui o itinerário dos diferentes intelectuais, os temas relevantes no momento de sua produção, o contexto em que suas idéias emergiram, as influências recebidas, a inserção institucional de cada um e os diálogos estabelecidos com seus pares.

A reflexão sociológica no Brasil pode, de modo geral, ser dividida em quatro momentos bem distintos. Se até os anos 1930 o pensamento social era marcado pelo ensaísmo e orientado para a definição da identidade nacional, a partir dos anos 1940, com a institucionalização dos cursos de Ciências Sociais, surge a preocupação com o caráter científico da Sociologia. O esforço de atribuir cientificidade aos estudos sociológicos tem a ver com os processos mais amplos de modernização da sociedade e de democratização do sistema político, tanto no Brasil como no restante da América Latina. O tema dominante nos últimos anos desta segunda etapa, que vai até os anos 1970, é o do desenvolvimento, explorado em conexão com os estudos sobre classes sociais e transformações revolucionárias, freqüentemente orientados pela abordagem marxista e pela busca de ruptura com as visões dualistas.[8]

A partir do início dos anos 1980, no contexto dos movimentos de redemocratização de vários países latino-americanos, a temática da diversidade e da cidadania, associada à emergência de novos atores coletivos que não se identificam com a categoria classe social, ganha relevo, levando ao questionamento dos paradigmas clássicos. Nos anos mais recentes, novas transformações sociais, ligadas ao fim da

---

[4] Um bom exemplo desse tipo de trabalho é o estudo sobre a formação, consolidação, ação e repercussão do grupo Clima desenvolvido por Heloísa Pontes em *Destinos mistos* (São Paulo, Companhia das Letras, 1998).

[5] Ilustram bem esse ponto os livros de Ricardo Benzaquen, *Guerra e paz* (Rio de Janeiro, Editora 34, 1995), que se dedica a estudar o pensamento de Gilberto Freyre, ou ainda o de Ronaldo Conde Aguiar, *Um rebelde esquecido* (Rio de Janeiro, Topbooks, 2000), que trata da biografia intelectual de Manuel Bomfim.

[6] Os diversos trabalhos de Lucia Lippi de Oliveira caminham nessa direção, sendo o melhor exemplo os vários textos sobre a sociologia no ISEB, destacando-se os ensaios sobre Guerreiro Ramos.

[7] São dessa ordem os diferentes trabalhos de Marisa Corrêa que compõem o projeto História da Antropologia no Brasil.

[8] Como lembrou Marcelo Ridenti, em trabalho apresentado na reunião da Associação Latino-Americana de Sociologia (ALAS), realizada em agosto de 2005, em Porto Alegre, estes temas estão presentes igualmente em outros países da América Latina e a preocupação com a cientificidade orientou a própria criação da ALAS.

guerra fria, à globalização e à redefinição da hegemonia norte-americana, impulsionam as análises microssociológicas e o ecletismo metodológico.

Na medida em que não é possível recuperar, no quadro das entrevistas aqui realizadas, representantes de todos estes momentos da reflexão sociológica, a execução deste projeto implicou o enfrentamento de desafios e a necessidade de fazer escolhas nem sempre fáceis.

A primeira dificuldade consistiu na própria delimitação do campo da Sociologia. Entre as disciplinas que formam as chamadas "Ciências Sociais", a Sociologia sempre foi uma espécie de "representante" maior das outras, quais sejam, a Ciência Política e a Antropologia. Anteriormente à institucionalização das Ciências Sociais, não havia propriamente "cientistas políticos": todos eram "sociólogos", quando não "filósofos" que se aventuravam em análises sociais. A Antropologia era um pouco diferente por causa de seu objeto, muito focado na atividade etnográfica com os índios, mas, quando se deslocava desse objeto preciso de pesquisa, era possível encontrar antropólogos que se apresentavam como sociólogos. Com o desenvolvimento dos programas de pós-graduação no início dos anos 1970, a diferenciação ganhou um formato mais definitivo, e as fronteiras se estabeleceram melhor. Desse modo, a filiação à Sociologia pode esconder essas duas outras especializações, e é natural que seja assim, à medida que recuamos no tempo. Portanto, quanto mais velhos os depoentes do projeto, mais essa mistura faz sentido.

A segunda dificuldade foi a escolha dos entrevistados, o que envolveu inevitavelmente uma margem de arbitrariedade. Enfrentando este desafio procuramos definir critérios como geração intelectual, contribuição para a reflexão sociológica no seu campo de estudo, certa representatividade entre áreas temáticas, distribuição pelas diversas instituições de ensino e pesquisa e estados da Federação.

Todavia, vários problemas práticos impediram o estrito cumprimento de todos eles. Certamente predominaram na montagem da lista os sociólogos ligados de alguma forma à Universidade de São Paulo, seja pela formação, seja pelo trabalho profissional atual ou passado. A importância da USP na área de Sociologia é bem conhecida e se justifica por razões históricas que remetem ao fato de que aí se realizou uma das primeiras experiências de institucionalização da disciplina como profissão acadêmica no Brasil, permitindo não só a excelência no ensino, mas igualmente a produção de considerável acervo de pesquisas e publicações na área, em uma tradição que remonta aos anos 1940 e se reproduz ainda hoje, mesmo com a emergência de novos centros concorrentes de muito boa qualidade.[9]

---

[9] "A rigor só existiu uma vida acadêmica na acepção das experiências européias e norte-americanas na Universidade de São Paulo, entendendo-se por isso uma atividade profissional permanente de docentes e pesquisadores em condições de fazer da universidade o centro de sua vida pessoal (afetiva e profissional), o lugar de suas realizações, o espaço prioritário de sociabilidade, o horizonte último de suas expectativas de melhoria social, a instância decisiva de reconhecimento do mérito científico e intelectual" (Sergio Miceli, *História das Ciências Sociais no Brasil*, vol. I, 1989, p. 86).

Apresentação

Mesmo que em menor escala, entrevistamos praticantes da Sociologia de universidades fora do eixo São Paulo-Rio, de estados como Rio Grande do Sul, Ceará e Brasília, dado que a produção intelectual no Brasil é concentrada em poucos núcleos acadêmicos.

Com relação às perguntas propostas aos entrevistados, elas seguiram basicamente uma estrutura comum, mas foram adaptadas conforme o tom e a direção tomados pelas conversas. A estrutura comum foi organizada em quatro grandes blocos de questões, quais sejam:

1) A trajetória pessoal e a formação escolar de cada um, com ênfase na vida profissional, nas influências intelectuais e nas marcas institucionais recebidas ao longo de sua carreira;

2) Desenvolvimento da produção intelectual, da temática de interesse ao longo da carreira, identificando pontos de convergência e divergência com autores, problemáticas e abordagens teóricas;

3) Percepções e avaliações sobre o ensino das Ciências Sociais no Brasil e no exterior, seus dilemas e desafios. E ainda, como a universidade e a política universitária estão respondendo a tais desafios;

4) Reflexões sobre questões teóricas e metodológicas da Sociologia hoje e sobre o papel do sociólogo no Brasil atual frente a outros intelectuais, cientistas e atores políticos.

Levando em conta os critérios acima apontados, compõem este volume os seguintes sociólogos: Florestan Fernandes (USP/PUC-SP), Octavio Ianni (USP/Unicamp), Fernando Henrique Cardoso (USP/Cebrap), Juarez Brandão Lopes (USP/Unicamp), Gabriel Cohn (USP), José de Souza Martins (USP), Luiz Werneck Vianna (Iuperj), José Carlos Durand (FGV-SP), Benicio Viero Schmidt (UNB), Sergio Miceli (USP), Elisa Reis (UFRJ), Brasilio Sallum Jr. (USP), Reginaldo Prandi (USP), Renato Ortiz (Unicamp), Glaucia Villas Bôas (UFRJ), Maria Arminda do Nascimento Arruda (USP), José Vicente Tavares dos Santos (UFRGS), César Barreira (Universidade Federal do Ceará), Ricardo Benzaquen de Araújo (Iuperj/PUC-RJ), Ricardo Abramovay (FEA-USP) e Ricardo Antunes (Unicamp).

Importantes esclarecimentos precisam ser feitos com relação a esta listagem. A entrevista com o professor Florestan Fernandes foi composta a partir de trechos selecionados do livro *A condição de sociólogo*, organizado por Caio Navarro de Toledo e outros, e editado pela Hucitec em 1978, os quais gentilmente nos autorizaram a reproduzi-los. Embora estivesse prevista inicialmente a entrevista com a professora Maria Isaura Pereira de Queiroz, nós não pudemos realizá-la devido a seu estado de saúde. Embora agendada para março de 2004, a entrevista com o professor Octavio Ianni não pôde ocorrer pelo agravamento de sua doença e falecimento logo a seguir. Assim, selecionamos trechos de depoimentos concedidos por ele, em diversas ocasiões, para compor o conteúdo aqui apresentado, em especial o texto inédito "ABC da Sociologia", de 1983.

O pressuposto teórico deste trabalho é que no mundo dos sociólogos a retórica também ocupa um lugar fundamental, tão importante quanto o realismo de algumas suposições ou a verificação de alguma predição. Como e por que o debate sobre a retórica chegou às Ciências Sociais? As respostas a esta questão devem ser buscadas no quadro da análise de uma tendência mais abrangente de estudos de retórica nas ciências.

Nos seus últimos trabalhos, D. McCloskey tem enfatizado as razões que forneceriam uma explicação para sua extensão às áreas de Economia, Sociologia e Filosofia. Segundo ele, as atividades persuasivas abrangem paulatinamente um espaço crescente nas ocupações na medida em que se reduzem as atividades diretamente produtivas. É quase consensual hoje que o monopólio na determinação dos padrões gerais de cientificidade estabelecidos pelo empirismo lógico tem sido quebrado por novas correntes de pensamento. Este processo refletiu-se rapidamente nas Ciências Sociais, talvez estimulado pelo ceticismo presente nestas disciplinas quanto às possibilidades de verificação inquestionável dos resultados teóricos através de testes empíricos. Isto levou os especialistas em metodologia a se preocuparem com os meios usados pelos cientistas sociais para criar suas convicções, transmiti-las a seus pares e aceitar intercâmbio de idéias. Como o próprio McCloskey afirmou, a retórica não é o que sobra depois que a lógica e a evidência fizeram seu trabalho. É a totalidade do argumento, do silogismo ao sarcasmo. Tudo o que se move sem violência é persuasão, ou seja, o âmbito da retórica.[10]

O que se questiona é se o intelectual fala retoricamente, pois a linguagem não é um empreendimento solitário. Ele não fala no vazio, para si mesmo, fala para uma comunidade de vozes. Deseja que o público o tenha em conta, que seja ouvido, imitado, que seu trabalho seja publicado, que as pessoas lhe rendam homenagens e que lhe concedam prêmios. Os meios que ele utiliza para isso são os recursos da linguagem. A retórica é uma adequação dos meios aos desejos da conversação. O que está em questão é a erudição, não só a Sociologia ou a adequação da teoria sociológica como uma descrição da realidade, nem mesmo o papel do sociólogo no quadro das Ciências Sociais. O tema é a conversação que os sociólogos mantêm entre si com o fim de convencer-se mutuamente.

Essas particularidades são bastante perceptíveis nos que fazem análise sociológica ou produzem ensaios de teoria sociológica. Assim, um tema subjacente à leitura das entrevistas com os sociólogos brasileiros é a exploração das divergências e dos problemas de comunicação na discussão de questões da Sociologia. Os profissionais entrevistados possuem experiências e pontos de vista muito diferentes sobre a realidade. Enfatizamos a percepção da variedade, da eloqüência dos argumentos e do papel do julgamento pessoal. Tentamos verificar como falam sobre si mesmos e sobre os outros sociólogos, o que é relativamente pouco estudado.

Do ponto de vista metodológico, este trabalho se inscreve no âmbito da história oral, levando em conta que é bastante questionável a crítica de que ela seria meramente subjetiva, enquanto a história seriada seria objetiva. Mesmo os "documentos" exigem uma interpretação dos analistas, o que faz emergir sua subjetividade. Sem pretender subestimar o papel daquilo que é escrito e documentado, a história oral, associada a outros dados, deve ser considerada útil à análise social.

---

[10] D. McCloskey, "The Rhetoric of Economics", *Journal of Economic Literature*, vol. 21, 1983.

Os depoimentos que se referem a conflitos políticos, a rivalidades entre pares, redes de amizades, partidos e escolas permitem recuperar uma história que seria impossível de ser narrada a partir de textos escritos. Os depoimentos, especialmente quando se recupera a história de vida e de carreira dos entrevistados, vão mais além. Eles entram no mundo das emoções — paixões, ambições, ressentimentos —, o que nos permite captar os limites da racionalidade do ator. Ao quebrar o esquematismo dos dados "objetivos", pode-se desvendar as relações entre o indivíduo e a rede social. Pela entrevista, é possível recuperar a sociabilidade presente no próprio subcampo social dos meios acadêmicos. A memória, com suas falhas, distorções e inversões, longe de representar um problema, constitui um elemento de análise.

A história oral só é acessível por meio da linguagem. Nossa experiência da vida social é indissociável do discurso sobre ela. A história de vida e de carreira de cada um não é apenas um objeto que se pode estudar, mas também certo tipo de relação com o passado, mediada por um discurso que, em nosso caso, é o da Sociologia. É exatamente porque o discurso sociológico é atualizado em sua forma culturalmente significante como um tipo específico de linguagem que a importância deste trabalho se faz sentir tanto para a teoria como para a história do pensamento sociológico no Brasil.

Elide Rugai Bastos, Fernando Abrucio,
Maria Rita Loureiro e José Marcio Rego

FLORESTAN FERNANDES

Florestan Fernandes nasceu em São Paulo, em 1920. Formou-se em Ciências Sociais pela Faculdade de Filosofia, Ciências e Letras da USP em 1943. Fez pós-graduação em Sociologia e Antropologia e mestrado em Antropologia na Escola Livre de Sociologia e Política, em São Paulo. Doutorou-se em Sociologia pela USP. Foi livre-docente e professor titular da cadeira de Sociologia I da Universidade de São Paulo, cargo do qual foi afastado em 1969 pela ditadura militar. Entre 1965 e 1966, foi professor visitante na Columbia University e, a partir de 1970, professor titular na Universidade de Toronto. Regressou ao Brasil no final de 1972, quando passou a ministrar cursos de extensão cultural no Instituto Sedes Sapientiae. No primeiro semestre de 1977, foi professor visitante da Yale University e, no mesmo ano, professor contratado da PUC-SP, onde, a partir do ano seguinte, passaria a ocupar o cargo de professor titular. Como parlamentar, foi deputado federal constituinte pelo Partido dos Trabalhadores entre 1987 e 1990, e reeleito para o período de 1991 a 1994. Faleceu em São Paulo, em 1995. Esta entrevista foi composta a partir de trechos do livro *A condição de sociólogo*, organizado por Caio Navarro de Toledo e outros, e editado pela Hucitec em 1978.

Há um projeto teórico, uma "linha mestra" orientando seus trabalhos e pesquisas? Como isso influiu em sua trajetória intelectual?
Essa é uma pergunta complicada para mim. Pelo que sei, só Comte sabia o que ia fazer durante todo o resto da vida. Em geral, as preocupações teóricas de qualquer intelectual, especialmente se ele é um sociólogo, um historiador ou um antropólogo, enfim, alguém que trabalha com problemas que dizem respeito às sociedades humanas, alteram-se ao longo do tempo. Não há uma pessoa que nasça com um projeto e depois o realize completamente. Todavia, em termos de formação intelectual, o ensino que nós recebíamos na Faculdade de Filosofia, como já escrevi, combinava um nível acadêmico muito alto — pois nós tivemos a sorte de termos professores de primeira ordem — com uma espécie de autodidatismo, que estava infiltrado no ensino. Isso não era decorrência da estrutura do ensino. Era decorrência da situação cultural brasileira.

Nós não tínhamos um ponto de partida para começarmos com aquele tipo de universidade. Aquela universidade foi implantada em meio mais ou menos agreste, exigindo uma base e uma tradição que nós não tínhamos. E a conseqüência foi que todos tínhamos que improvisar, uns mais, outros menos. É claro que pessoas que vinham de famílias de intelectuais, nas quais o trato com o livro era mais freqüente, provavelmente tiveram menos dificuldade nessa transição. Essa não era minha situação pessoal. Eu vinha de uma família pobre, e o trato com o livro foi adquirido às minhas próprias custas. Eu não tinha ligação com ninguém que pudesse, em termos de situação de família, me ajudar e servir de apoio. Só para vocês terem uma idéia dessa contradição, vou dar um exemplo. Terminado meu curso na Faculdade de Filosofia, a minha crise — não a de crescimento psicológico — era uma crise moral. Porque eu me perguntava: o que é Sociologia? O que são as Ciências Sociais? Posso ser um sociólogo? Sei o suficiente para ser um sociólogo? Assim, tive de armar um programa de trabalho que envolvia no mínimo dezoito horas, e às vezes mais, de leituras intensas, todo dia. Isso era um trabalho de autodidata, montado à margem e em cima do trabalho desenvolvido pelos professores. Por que isso foi necessário? Foi necessário porque nós não tínhamos um ensino secundário que alimentasse o desenvolvimento intelectual do estudante. O estudante que chegava à Universidade de São Paulo era um estudante com deficiências muito graves.

Em termos da minha relação com as Ciências Sociais, meus professores não tentavam encaminhar os estudantes para a Sociologia, a Economia, a Filosofia ou a Estatística. O ensino era eclético, visava combinar as várias correntes do pensamento, e, de outro lado, enfatizava mais que tudo o aspecto teórico do trabalho. O preconceito contra o ensino de tipo elementar era tão grande que, quando me tornei estudante da Faculdade de Filosofia, tive dificuldades de trabalhar com manuais. Os assistentes recomendavam que não se lessem manuais, que se lessem os livros originais.

Só mais tarde, no caso do departamento de Sociologia e de Antropologia, por influência minha e do Antonio Candido, é que se procurou dar mais atenção ao ensino básico, procurando instruir o estudante naquilo que é elementar, que é essencial e que às vezes também é geral. O preconceito era tão grande que, quando se lia um manual, isso era feito escondido.

Mas a regra era esta: pôr uma grande ênfase no aspecto teórico. O que vem a ser o aspecto teórico no caso? O que se entendia por teoria, realmente, era um ensino altamente abstrato e que levava os estudantes a trabalhar principalmente com idéias. Quando se falava em teoria, o que se pensava era mais em História das Idéias ou, então, em balanços críticos em certa área de trabalho.

Essas reflexões mostram que o intelectual produzido pela Faculdade de Filosofia na seção de Ciências Sociais não levava consigo uma imagem da carreira teórica que ele se propunha a fazer. Ele levava uma ambição intelectual muito abstrata e o desejo de dar uma contribuição de significado maior. Nenhum de nós gostaria de trabalhar em assuntos de menor significação. Todos tínhamos ambições intelectuais muito amplas, talvez até excessivas para a situação em que podíamos trabalhar. Agora, como é que eu vou formando as minhas ambições intelectuais? Através deste esforço de combinação da experiência anterior, que depois se completa com a Escola Livre de Sociologia e Política, pude fazer outro percurso, passar daquilo que o estudante aprende para aquilo que um professor que vai começar a carreira deve saber. Tive sorte, por causa de alguns acidentes secundários na minha vida de estudante.

O contato com o professor Emilio Willems, que não havia sido meu mestre até então, foi muito importante. A crítica da técnica de investigação foi ele quem

Florestan Fernandes, por ocasião do lançamento de seu livro
Universidade brasileira: reforma ou revolução?, em 1975.

fez. Ele já tinha experiência anterior: estudou os alemães no sul do Brasil, conhecia as técnicas de pesquisa de campo usadas pelos americanos e, de outro lado, como tinha origem alemã e estudo em universidade alemã, possuía outra base teórica para criticar aquelas técnicas. Para mim isso foi muito interessante.

Tudo isso criou uma exigência maior e me levou a pensar a relação entre pesquisa e teoria de uma maneira um pouco mais instrumental. Saí um pouco da tendência do estudante de ficar preso a certos livros e descobri que a pesquisa é instrumental para o trabalho intelectual: a teoria se constrói através da pesquisa.

Os estudantes que puderam fazer o que fiz — penso que não fui o caso único — praticamente estavam fazendo simultaneamente o curso graduado e o pósgraduado, porque esse desdobramento do contato com o professor representava um treinamento muito mais rigoroso do que aquilo que se podia aprender em aulas e nos seminários. No entanto, certos seminários possuíam uma importância maior. Alguns, nas mãos de assistentes que negligenciavam o ensino, alcançavam importância medíocre. Mas havia seminários de grande envergadura. O Dorival Teixeira Vieira, por exemplo, discutia nos seminários do segundo ano de Ciências Sociais autores como Walras e Pareto. O professor Willems tinha um seminário dedicado ao estudo de grandes contribuições da Antropologia, no qual trabalhava com um grupo selecionado de cinco ou seis pessoas: cada um lia e debatia determinado livro. Mais tarde, o professor Georges Gurvitch introduziu as conferências públicas, das quais realmente todo o departamento podia participar, e por aí havia uma frutificação também muito ampla.

Quer dizer que as condições para encaminhar, de uma forma geral, o pensamento abstrato eram relativamente frutíferas. Ao mesmo tempo, porém, faltava uma idéia diretiva. Os professores não estavam muito empenhados em marcar a atividade intelectual dos estudantes de uma maneira definida. Somente aqueles estudantes que eram retidos dentro da universidade e que iam trabalhar como assistentes é que acabavam tendo do professor uma colaboração maior, porque aí se colocava o problema de escolher uma área na qual fazer uma tese. Em função da tese, vinha algo parecido com o que seria um curso de pós-graduação de alto nível e de preparação para o doutorado, como podia ocorrer em unidades européias ou americanas. Naquela época eram poucos os que se beneficiavam de uma oportunidade desse tipo. Inicialmente, só uns seis ou oito fizeram o doutorado. Isso quer dizer que as minhas ambições teóricas acabaram sendo produto de uma interação da universidade com outros elementos que dizem respeito à minha condição humana.

E sua atividade política?

Paralelamente ao trabalho na universidade, eu estava envolvido também nas lutas clandestinas contra o Estado Novo e no movimento trotskista, de extrema esquerda. Por aí, eu tinha um contato com o marxismo mais profundo do que seria possível dentro da USP. O ensino dos professores franceses nunca foi um ensino faccioso. Nenhum professor que nos ensinou Sociologia ou Economia incluiu Marx ou Engels, ou qualquer figura importante da história do socialismo. O professor Willems, na Antropologia, não tinha necessidade de incluir certos autores. De qualquer modo, minha militância política me permitiu ir um pouco além no estudo de

16   Conversas com sociólogos brasileiros

Marx. Inclusive me levou a traduzir *Contribuição à crítica da Economia Política*, que saiu, se não me engano, em 1946. Escrevi um prefácio um tanto arrojado para esse livro porque, naturalmente, com apenas 24 anos o meu preparo para enfrentar a tarefa era demasiado precário. Como atividade intelectual, porém, isso significa alguma coisa. Não se tratava de um trabalho da universidade, mas da atividade intelectual dos socialistas na cidade de São Paulo. A Editora Flama estava ligada ao movimento trotskista e os autores que ela publicou eram todos socialistas: Marx, Engels, Rosa Luxemburgo etc.

Essa pequena realização teve, no entanto, enorme importância para mim. Graças ao estudo do marxismo, ao qual eu podia aplicar as técnicas que aprendera na universidade, passei a me colocar o problema do que deveria ser a Sociologia, assim como de sua relação com outras ciências, de uma perspectiva que era relativamente diferente daquela que se poderia ter dentro do ensino acadêmico. Uma das coisas que me incomodava no ensino europeu era o seu caráter eclético, culminando sempre em uma síntese falsa. Por exemplo, só para se ter uma idéia: Armand Cuvillier procura estabelecer uma síntese entre Marx e Durkheim, como Hans Freyer sugere uma síntese entre Marx e Max Weber. O estudo que fiz de Marx e Engels levou-me à conclusão de que não se podiam fundir pensamentos que são opostos. Seria muito mais fecundo procurar a razão de ser de sua diferença específica. Eu começava a enfrentar, assim, a questão de saber qual é a contribuição teórica específica de Durkheim, de Marx, de Max Weber etc., e por aí tentei descobrir as respostas que iriam me conduzir, mais tarde, à identificação dos modelos de explicação sociológica, seus fundamentos lógicos e empíricos, suas conseqüências para a divisão dos campos fundamentais da Sociologia.

Vocês poderiam me perguntar: isso significa que a Sociologia é um terreno de paralelas, que nunca se encontram? Na verdade não é assim. Se vocês analisarem a história da Biologia, verão que no seu desenvolvimento, quando a Biologia supera a fase inicial, de construções muito empíricas, e se torna realmente uma ciência consolidada no fim do século XIX e começo do século XX, ela passa por um período de definição de seus campos especiais. Quando estes campos se saturam é que os problemas gerais da ciência passam a ter importância maior, surgindo, ao mesmo tempo, a noção de complementaridade dos pontos de vistas parciais e uma perspectiva global, totalizadora e de integração. De modo que, graças à posição que tomei fora do ensino, fui levado a colocar problemas que tinham muita importância para mim.

Durante um período da minha vida, fui seduzido pela idéia de me especializar em termos lógicos e metodológicos, ou seja, de me dedicar ao que hoje chamamos metassociologia. Pretendia concentrar-me no estudo de modelos de explicação sociológica, que me parecia a área fundamental para se abordar as técnicas de investigação empíricas, as técnicas lógicas de interpretação e, através delas, a construção de teoria e os problemas relacionados com a definição do objeto da Sociologia e de sua divisão em certos campos fundamentais. Nunca confundi as "técnicas empíricas" e as "técnicas lógicas", porque, por sorte, eu lera por minha conta bons autores, como Wolf, e aprendera, como ponto de partida, como passar, na *ciência*, da *observação à análise* e desta à *explicação*. É claro que essas técnicas estão interligadas. A necessidade das técnicas vai depender da área em que se trabalhe, dos problemas que o investigador se proponha. Conforme o campo, as técnicas se tornam improdutivas. De outro lado, o professor Paul Arbousse-Bastide tinha deixado uma boa contribuição para o aprofundamento dessa aprendizagem, pois ele insistia na necessidade de separar-se a técnica, o processo e o método. Isso pode parecer algo menor. De fato, assim que comecei meu programa de leituras, tentei aproveitar vários autores que me permitiam adquirir maior rigor nessa direção e, inclusive, me estimulavam a dar maior importância a uma terminologia precisa. Não nos devemos esquecer que estávamos nas décadas de 30 e 40 e que, então, o fundamental era construir a Sociologia como uma ciência empírica.

E o ingresso na docência?
Em 1944, fui convidado pelo doutor Fernando de Azevedo para ser assistente da cadeira de Sociologia II. Na mesma ocasião, fui convidado pelo professor Paul Hugon para ser assistente da cadeira de Economia. Recebi outro convite do professor Eduardo Alcântara de Oliveira, para ser segundo assistente em sua cadeira de Estatística. Assim, poderia ter começado minha carreira em três áreas diferentes: Sociologia, Economia ou Estatística. Para a Estatística eu sabia que não tinha condições nem talento. O Eduardo Alcântara me convidou, de um lado, porque era meu amigo, de outro, porque as aulas eram tão elementares que qualquer licenciado em Ciências Sociais realmente poderia desempenhá-las. Apenas eu nunca me tornaria um estatístico, e tenho quase certeza que ele sabia disso. Já no caso do professor Hugon a coisa era mais séria, porque desde o primeiro ano ele mantinha vínculos comigo. Arranjara para que eu trabalhasse com Roberto Simonsen, o que eu não quis. E, ao me convidar para assistente, ele me oferecia a oportunidade de trabalhar na Faculdade de Filosofia e, mais tarde, na Faculdade de Ciências Econômicas, que estava em formação. Também contaria com um emprego no setor de pesquisa econômica de outra instituição. Quer dizer que, monetariamente, o seu convite era muito vantajoso e, no plano intelectual, ele me abria oportunidades sedutoras, pelas quais poderia me converter em um bom economista. Não aceitei porque sentia maior sedução pela Sociologia, embora fosse uma sedução intelectual. Se eu tivesse só aquela oportunidade, aí naturalmente eu teria me tornado, de fato, um economista. No entanto, não foi possível começar a trabalhar na cadeira de Sociologia II em 1944, por motivos que não vêm ao caso agora. Só no início de 1945 é que saiu a minha nomeação.

Foi graças ao ensino que adquiri outra visão do que eu deveria fazer. É claro que levei para o ensino as minhas preocupações. Pus os estudantes em contato com as idéias do que deveria ser a Sociologia, desenvolvendo com eles, gradualmente, as conclusões que mencionei acima. Apesar de estar envolvido no plano político com o movimento marxista, eu não impugnava nem os outros métodos nem as outras teorias. Eu compreendia Marx e Engels em termos da contribuição que eles davam às Ciências Sociais e não tentando confundir o socialismo com a minha atividade docente. De qualquer maneira, quando comecei a ensinar eu induzi os estudantes a participar de minhas preocupações. Penso que em termos pedagógicos a minha orientação foi construtiva, já que os levei a ler muitos autores que eram ignorados ou mal conhecidos. Os professores franceses citavam muitos autores, mas imprimi outra diretriz ao seu aproveitamento, preocupado que estava com a pesquisa empírica sistemática e com a construção ou a verificação das teorias. Daí o impulso no aproveitamento de Mannheim, Freyer, a Escola de Chicago, os antropólogos ingleses, além dos autores clássicos e de Mauss e Durkheim. Mannheim, em particular, foi muito importante; ele era chamado, na Alemanha, de um socialista róseo. Sua carreira intelectual na Inglaterra, em termos políticos, fica impregnada de um espiritualismo que o incentiva a passar, da busca de uma conciliação entre socialismo e democracia, à procura de um "terceiro caminho" que implicava um claro retrocesso intelectual e político. De qualquer maneira, porém, através das pistas que ele abre em *Ideologia e utopia*, *Homem e sociedade em uma época de transição* e em outros livros, eu podia ligar os estudantes às grandes correntes da Sociologia clássica e ao que se estava fazendo graças à pesquisa empírica na Psicologia Social e na Sociologia moderna, nos Estados Unidos e na Europa.

Com todas as limitações que a crítica marxista pode apontar, ele me permitia abrir o caminho para a compreensão dos grandes temas sociológicos do presente, para a crítica do comportamento conservador, para os problemas da Sociologia do Conhecimento e para a natureza ou as conseqüências do planejamento democrático e experimental. Em especial, Mannheim permitia tomar a contribuição de Weber e de vários autores alemães de uma maneira um pouco mais rigorosa e, inclusive, punha a contribuição de Marx à Sociologia dentro de uma escala mais imaginativa e criadora. Não se tratava de ver Marx em termos dos dogmatismos de uma escola política. Marx emergia diretamente de seus textos e do seu impacto teórico na Sociologia. De modo que Mannheim teve uma importância muito grande para mim nesse período, em que tentava descobrir o meu próprio caminho. Fiz também seminário sobre Weber. No começo eu trabalhei mais com os autores franceses, como Durkheim, Mauss, Simiand, René Maunier, Lévy-Bruhl etc. Já em 1945 dediquei todo um semestre ao estudo exclusivo de *As regras do método sociológico*. Por aí vocês podem ver o grau de impregnação teórica de minhas aspirações! Mas, ao levar as minhas preocupações para os estudantes, comecei a me dar conta das limitações que elas continham. Descobri que esse não era o melhor caminho.

Em 1949, por exemplo, vi que começava o primeiro semestre com uma classe de cinqüenta ou sessenta alunos. Quando chegava ao segundo semestre, estava com vinte ou 25 alunos! Eles fugiam do curso, ou seja, de mim! Fugiam porque não tinham como acompanhar aquele curso. Dentro do meio intelectual brasileiro, essa tem de ser a regra. O estudante conta com condições precárias para montar sua vida intelectual. Se o professor se converte em um fanático dos textos, das grandes teorias, o estudante não tem outra saída senão fugir dele. Por causa disso, fui levado a pensar sobre o ensino em termos instrumentais e procurei estabelecer uma ligação entre o que o estudante aprendia e o que ele deveria aprender. Nisso, não só fazia uma crítica do meu trabalho, mas fazia também uma crítica do trabalho intelectual dos meus antigos professores. Nada de pessoal; tratava-se de uma crítica impessoal e institucional. Ela se abria, porém, para horizontes novos e que exigiam, como ponto de partida, uma formação científica rigorosa.

Florestan Fernandes

Era, então, uma tarefa realizada em conjunto?

Confesso que na realização dessa tarefa crítica, impessoal e institucional, tive uma relativa sorte pois o companheiro mais chegado que eu tinha, pouco mais velho que eu, que já tinha me ajudado inclusive na minha carreira, Antonio Candido, estava enfrentando reflexões análogas. Nós pudemos fazer uma espécie de duo. Começamos a trabalhar no sentido de simplificar os programas, de torná-los menos gerais e de introduzir matérias que os estudantes não aprendiam. De outro lado, procuramos, no ensino do primeiro ano, compensar aquilo que o estudante não aprende na escola secundária. O estudante vinha com uma bagagem muito pobre. Ele precisava aprender a superar falhas que são do sistema escolar. Ao mesmo tempo, dávamos maior importância ao ensino básico, à teoria elementar, que é geral e precisa ser aprendida logo de início. Nenhum sociólogo pode ser sociólogo se não souber certas noções em termos de precisão de conceitos, de domínio de certas teorias básicas em vários campos. Orientamo-nos nessa direção. Naquele momento, isso pareceu uma coisa secundária. Tratava-se, visivelmente, de uma tentativa de adaptar o ensino da Sociologia às condições brasileiras. Mas, a largo prazo, a iniciativa teve amplas conseqüências para os estudantes.

Qual foi a grande implicação, em termos teóricos, dessa experiência para mim? A largo prazo, ela significou que passei a me preocupar menos com o que podia fazer como sociólogo, e mais com o que a instituição deveria fazer para a formação de intelectuais que preenchessem vários papéis. Tive a vantagem de poder perceber, rapidamente, a necessidade de diferenciar os papéis dos intelectuais. Não fiquei preso àquela idéia de que quem vai para a Faculdade de Filosofia deve ter uma formação apenas teórica e geral. E separei os papéis, pensando que a Faculdade de Filosofia deveria formar simultaneamente o professor, que era a solicitação maior, o investigador e o técnico.

A batalha em torno do técnico é uma batalha que perdi. Durante vários anos, nas polêmicas que tivemos no departamento, sempre prevaleceu o ponto de vista de que a universidade não tem nada que ver com a técnica, pois esta seria uma dimensão externa que, portanto, o ensino não deveria levar em conta. Porém, no que diz respeito à formação intelectual do professor e, principalmente, do investigador, tive condições para exercer uma influência construtiva crescente. Além disso, podia contar com o apoio das pessoas que trabalhavam comigo. Quando o professor Roger Bastide me convidou para ser seu assistente, já tinha em mente que eu deveria ser o seu substituto. Ao sucedê-lo, procurei escolher pessoas que haviam sido meus estudantes e para as quais eu tinha um certo ideal de carreira. Eu não tinha um objetivo inflexível, mas gostaria que os novos professores não enfrentassem as mesmas limitações e dificuldades por que passei, e que pudessem dar uma contribuição maior tanto no terreno da investigação empírica, quanto no da construção da teoria. Foi nesse sentido que me orientei. Trabalhando com esse grupo, a ênfase se deslocou da minha carreira como sociólogo individual, para a constituição de um grupo que deveria produzir Sociologia. Assim, a minha ambição sofre uma rotação completa. Em vez de estar preocupado com o que me cabia fazer como sociólogo, preocupava-me com o que devia fazer, a partir e através da universidade, para formar um grupo de sociólogos. É claro que contei com a colaboração deles.

Quem constituía esse grupo de pesquisadores?
Quanto ao núcleo estratégico, é o pessoal a quem dedico o livro *A revolução burguesa no Brasil*. Quando fui afastado da cadeira de Sociologia I, eram ao todo dezenove pessoas. Em sua maioria, todas muito conhecidas como sociólogos, e seria uma injustiça lembrar aqui os seus nomes. É claro que nós tínhamos a colaboração da cadeira de Sociologia II — inclusive eu próprio comecei a minha carreira nesta cadeira — e de todo o departamento. Mas, em termos de organização de atividade em grupo, nós funcionávamos muito unidos. As linhas de cooperação eram definidas segundo a lógica dos pequenos grupos; os projetos de investigação, os programas de ensino, nossa atividade extra-acadêmica e tudo o mais. Alimentávamos a ambição de criar e generalizar um elevado padrão de pesquisa e de elaboração técnica, o que nos levou a escolher o Brasil como "laboratório" das nossas pesquisas. Gostássemos ou não, era o Brasil que se impunha como o centro de nossas cogitações.

Nós cultivávamos a ambição de chegar à análise comparada, mas teríamos que tirar a análise comparada deste desenvolvimento. Alguns acidentes nos ajudaram decisivamente. O projeto da Unesco de investigação das relações raciais trouxe alguns recursos, deu algum impulso para se montar um projeto de grandes proporções. Quando me vi à testa da cadeira, aproveitei a oportunidade para estender o projeto para o sul do Brasil, aproveitando a disposição de Fernando Henrique Cardoso, Octavio Ianni e Renato Jardim Moreira de se dedicarem ao assunto. Tratava-se de um ótimo começo, embora nunca chegássemos a fazer uma análise comparativa global em colaboração, como tínhamos em mente. Logo no começo da década de 60, graças principalmente ao Fernando Henrique, nós obtivemos uma dotação especial da Confederação Nacional da Indústria. Montamos, então, o projeto "Economia e Sociedade no Brasil". Nesse projeto nós tínhamos quatro investigações: sobre o empresário industrial, do Fernando Henrique; sobre o Estado, do Octavio; um terceiro, sobre o trabalho, da Maria Sylvia de Carvalho Franco e da Marialice Foracchi; e o quarto, no qual eu entrava, sobre as relações da urbanização com o crescimento econômico, para o qual Paul Singer fez os cinco estudos de caso. A este projeto estão ligados muitos livros importantes e os desdobramentos comparativos feitos por Fernando Henrique, Octavio Ianni ou por mim. A América Latina começava a ser explorada como campo de investigação quando o nosso grupo foi fragmentado. Já dispúnhamos de uma visão muito clara do que o cientista social deve fazer na situação brasileira, latino-americana ou de países subdesenvolvidos: estudar as condições intrínsecas desses países.

Se a preocupação de criar condições institucionais para o progresso da Sociologia continua e se robustece, nessa época a preocupação teórica já estava mais concentrada. Pensávamos em construir o tipo de teoria que é mais relevante para o Brasil, para a América Latina e para os países subdesenvolvidos e dependentes, o que dava à concepção de teoria um novo significado, tanto para a ciência quanto para a filosofia.

Vocês já encontram em alguns trabalhos que fiz em 1956 e em 1959 e 1960, incorporados a *A Etnologia e a Sociologia no Brasil* e a *Mudanças sociais no Brasil*, os primeiros avanços. Eu ainda preferia o conceito de heteronímia — que naquela época pensava ser de Weber e hoje sei que é de Marx — ao conceito de dependência, mas já em 1956 usei este conceito e o de "burguesia dependente". O grupo não produziu como grupo, mas se estabeleceram certas convergências fundamentais. Há certos diálogos que às vezes brotam em termos de antagonismos, mas no fim os resultados vão sempre numa direção. Acabamos dando uma contribuição importante a uma área da Sociologia que poderia ser chamada de Sociologia Econômica: a teoria do desenvolvimento econômico nas nações capitalistas dependentes. Esse acabou sendo o nosso principal foco de trabalho. E essa é, por assim dizer, a área em que eu mais trabalhei depois que iniciamos o projeto "Economia e Sociedade no Brasil".

As reflexões não aparecem muito claramente até 1965. Nesse ano, no ensaio sobre "A dinâmica da mudança sociocultural no Brasil", escrito para ser apresentado em várias universidades norte-americanas, procuro um primeiro fundamento geral do elemento político intrínseco à transformação da ordem na sociedade capitalista no Brasil. Essa reflexão se aprofunda no ensaio sobre "Crescimento econômico e instabilidade política no Brasil", apresentado na Universidade de Harvard em 1966. Enquanto estive na Universidade de Columbia, no segundo semestre de 1965, trabalhei o quanto pude num esquema geral de interpretação da formação e desenvolvimento do capitalismo e da sociedade de classes no Brasil. Em 1966 organizei um curso sobre a matéria, que dei no primeiro semestre na Faculdade de Filosofia, e explorei as idéias centrais na redação da primeira e da segunda partes de *A revolução burguesa no Brasil* — mantidas inéditas até 1975, embora circulassem na ocasião entre alguns colegas, como Luiz Pereira, Fernando Henrique Cardoso, Maria Sylvia de Carvalho Franco, José de Souza Martins e outros. Por isso, a primeira exposição global de tais idéias só aparece no ensaio sobre *Sociedade de classes e subdesenvolvimento*, apresentado em 1967 à Universidade de Münster e lá publicado em edição mimeografada.

Na medida em que o nosso trabalho cresceu, tivemos de enfrentar os dilemas de tentar construir uma teoria sociológica original, adaptada à situação brasileira. Esse é, pois, o lado positivo da nossa condição. O que demonstra que o sociólogo, se tiver estofo intelectual para tanto, acaba fazendo o que a situação histórica, por mais caótica que seja, exige dele. Aliás, por aí chegamos a uma posição de ponta. O nosso grupo, através da fusão da herança empírica, teórica e metodológica de europeus e norte-americanos, e do avanço que pudemos obter através das nossas pesquisas e das descobertas que elas possibilitavam, conquistou rapidamente uma posição de vanguarda. Em seguida, também perdemos rapidamente terreno. Não pudemos reunir as condições que eram necessárias para continuar a crescer, como explico em "A crise das Ciências Sociais em São Paulo", conglomerado de escritos publicado em *A Sociologia numa era de revolução social*. É que a sociedade brasileira não nos podia oferecer condições institucionais para manter o terreno ganho. A partir de certos saldos nós tínhamos de ser reabastecidos, em termos de recursos humanos e de recursos materiais. O sacrifício que há por trás de todo o trabalho é muito grande. Quando se fazia pressão para obter mais recursos humanos e materiais, nós tínhamos em mente que não se pretendia engendrar um "elefante branco", o que sempre evitamos.

Mesmo quando se criou o Cesit, o governador Carvalho Pinto me disse pessoalmente que nós podíamos duplicar o pessoal. Eu recusei. Se nós começássemos com o dobro do pessoal, estaria tudo perdido. Não dispúnhamos de tantas pessoas em condições de ser aproveitadas. Só poderíamos começar com um grupo reduzido e, depois, formar outros especialistas e crescer gradualmente, de maneira segura. A influência do Fernando Henrique na universidade, através do Conselho Universitário, era grande e a minha própria influência também contava. Naquele momento vários fatores nos ajudavam. Apesar disso, nós nunca logramos obter os recursos de que tínhamos necessidade para consolidar os avanços. Os avanços exigem consolidação. Como a instituição não está plenamente integrada, plenamente madura, ela não protege o professor individualmente, não protege o investigador individualmente e não protege nenhum tipo de trabalho coletivo de ensino ou de pesquisa.

Qual o legado dos modernistas paulistas para esse projeto?

Eu não sou indicado para analisar esse período de 20 e 30, porque realmente eu seria, como figura humana, aquilo que os historiadores, os antropólogos e os sociólogos chamam de personalidade desenraizada. Eu sou um desenraizado. Sou descendente de uma família de imigrantes portugueses que se deslocaram do Minho para o Brasil, pessoas rústicas. E inclusive, para poder estudar, tive de enfrentar um conflito com minha mãe. Precisei dizer-lhe: "A partir deste momento, ou fico em casa e vou estudar, ou saio de casa para estudar e a senhora perde o filho". Nessa ocasião eu já tinha dezessete anos, tinha feito parte do ensino primário, tinha lido muitos livros. Por sorte, encontrei pessoas com as quais podia conversar; fui formando a minha biblioteca e tinha uma pseudo-erudição em várias áreas. Mas eu era um desenraizado e não me vinculara a nenhum grupo intelectual em São Paulo. A primeira vinculação que eu adquiri coincide com o meu curso de madureza. Lá, com os meus colegas, entrei em contato com várias correntes literárias que prevaleciam aqui no meio brasileiro. Até aí, a minha concepção de escrever era praticamente uma preocupação clássica. Foi graças a um colega no curso de madureza que eu me iniciei na literatura moderna brasileira e procurei melhorar a minha concepção de estilística. De modo que, naqueles anos, por exemplo, eu valorizava mais Monteiro Lobato do que Mário de Andrade, porque através dele eu conhecia coisas que me interessavam muito; ele tinha um estilo vivo. De modo que não sou típico.

No entanto, às vezes as pessoas atípicas acabam sendo uma boa vertente para se estabelecer uma relação. Conheci várias figuras do movimento intelectual de 20, quando comecei a colaborar nos jornais, em 1943. O meio intelectual de São Paulo não era um meio assim tão complexo e fechado. Tive contato com várias pessoas, modernistas e antimodernistas. Na faculdade, naturalmente, a revista *Clima* criara um foco de agitação intelectual. Os artigos de Antonio Candido na *Folha da Manhã*, que vocês esqueceram de mencionar, causaram um impacto enorme. Naquele momento se lia muito o Tristão de Athayde. O crítico literário ainda era importante naquele tempo. De outro lado, dentro da faculdade, o professor Jean Maugüé alimentava várias fogueiras. Ele suscitava uma atitude crítica em relação às Ciências Sociais e, digamos, contra os professores "menos brilhantes". Ele nos abria perspectivas seja para uma inquietação frutífera, seja para uma investigação mais séria do pensamento do tipo que não se fizera antes no Brasil, e isso não pode ser esquecido. Eu acho que ele foi muito importante para mim porque, tendo ficado na Sociologia, as suas provocações me estimularam. Se não tivesse feito o curso que ele deu sobre Hegel, a minha formação intelectual teria sido muito mais pobre e, em conseqüência, o meu horizonte intelectual teria sido muito mais estreito. Ele me levou a ler livros a partir dos quais me libertei de uma certa visão estreita que os socialistas costumam formar da história da cultura na Europa, especialmente quando perfilham uma concepção dogmática do materialismo. Com isso quero dizer que foi graças à influência de Maugüé que escapei de semelhante limitação. E foi uma sorte que o curso tenha sido sobre Hegel, porque daí podia passar a outros autores, como Kant, os representantes da esquerda e da direita hegelianas, e o próprio Marx, ao mesmo tempo que adquiria elementos para estudar os momentos de crise da cultura européia. Todavia, ele não teve para mim a mesma importância que teve Roger Bastide ou Emilio Willems, pois aí já estamos em uma área diferente.

Bastide e Willems tiveram importância para mim nos termos diretos e restritos da formação do especialista. Mesmo o professor Donald Pierson, que eu criticava, foi importante para mim. Porque com o professor Pierson aprendi a utilidade básica de um curso de técnicas e métodos de investigação na Sociologia.

Agora, para ficarmos dentro da perspectiva das décadas de 20 e 30, acho que há um pouco de fantasia na reconstrução do passado. Tendemos a engrandecer a nossa literatura, a nossa filosofia, a nossa ciência. Aliás, o professor Antonio Candido em seu grande livro diz que nós temos uma literatura pobre, a qual devemos aprender a amar e a valorizar. Toda nossa cultura é pobre. E nós temos de aprender a dar sentido a essa cultura pobre. Ou seja, não é um mal que ela seja pobre. O mal é a gente não pensar em torná-la mais rica. A nossa função está em enriquecê-la. Agora, para enriquecer, é preciso lutar contra a fantasia. É preciso ser duro na crítica do trabalho que se está fazendo. É preciso, em suma, ser exigente. Eu acho que, entre os modernistas, Mário de Andrade era um homem exigente. Mas só ele.

Eu gosto de usar o paralelo com Mariátegui porque ele é didático e nos mostra, de uma vez e para sempre, o que o movimento modernista deveria ter sido, mas não foi. Compare-se *Os sete ensaios de interpretação da realidade peruana* com a produção dos nossos modernistas. Na verdade, não temos nenhum livro importante para o conhecimento objetivo e a interpretação crítica do Brasil ligado ao modernismo. Tais livros ou são anteriores, como é o caso de Euclides da Cunha com *Os Sertões*, ou são independentes, de autores que não participam do movimento modernista, porque eram intrinsecamente conservadores, como é o caso do Oliveira Vianna. O próprio Gilberto Freyre se situa na órbita dos modernistas. Mas a produção que ele desenvolve como sociólogo não está vinculada ao movimento modernista. Talvez as intenções estivessem, mas a gente nunca pode entrar nas intenções das pessoas. O fato é que o modernismo aqui foi um movimento pobre e eu não acredito que ele tenha quebrado as arestas do obscurantismo tradicionalista, e que tenha sido ele o fator que nos libertou das limitações do passado. Não só porque essas limitações estão aí, tão vivas quanto eram antes. Mais ainda, porque é evidente que o enriquecimento da literatura que ocorre na década de 30 não tem ligação direta, causal, com o movimento modernista. Pode-se afirmar o contrário, como construção intelectual. Todavia, para se comprovar a afirmação seria preciso demonstrar que essa literatura seria diferente se o movimento não tivesse acontecido. De outro lado, aquilo que é mais valioso, mais importante nos modernistas, a gente encontra nos autores anteriores.

Não vou fazer um balanço disso, porque não sou crítico literário nem professor de literatura. Tampouco é o caso, aqui, de fazer uma análise sociológica da cultura brasileira da década de 20 e 30. Penso que os modernistas, de uma maneira geral, ficaram aquém do papel que lhes cabia. Eles tinham de ser necessariamente críticos da sociedade brasileira. E não foram. Tome-se, por exemplo, *Retrato do Brasil*, de Paulo Prado: aquele é um livro novo que nasce velho. Quer dizer, são reflexões que, quando esbatidas sobre *Os Sertões* ou, principalmente, *Um estadista do Império*, de Joaquim Nabuco, revelam-se ocas. A investigação que existe no livro de Joaquim Nabuco sobre o Império, aliás, deveria ser um ponto de referência. No movimento modernista não surge nada dessa dimensão. É uma reflexão que, praticamente, está dentro de um mundo de contradições burguesas que se fecham sobre si mesmas, revelando uma burguesia simulada, que quer ser européia e não pode, ou só é européia quando está em Paris. Então ela é melancólica, porque vive em um mundo no qual é contrariada em suas aparições essenciais. Isso sem desmerecer aquele homem que tem certa importância na vida intelectual brasileira, inclusive porque foi um dos poucos que escreveu contra a dominação norte-americana. Contudo, *Retrato do Brasil* não é o "retrato do Brasil" que um modernista deveria escrever; é, antes, o "retrato do Brasil" da consciência burguesa em crise! Isso não é modernismo. O modernismo é a negação da consciência burguesa, o "anti" da consciência conservadora, para ser mais preciso. Ora, a consciência burguesa no Brasil é uma consciência conservadora.

Mais do que qualquer outro grupo intelectual posterior, os modernistas cederam ao que deveriam se opor, sucumbindo a uma condição intelectual à qual pretendiam renunciar mas não renunciaram. Eles foram vítimas de um momento de transição, no qual a insatisfação com referência ao passado não engendrou o futuro pelo qual se deveria lutar. Ficam, positivamente, as inquietações novas. Mas o que elas refletem? Tome-se, para análise, a antropofagia. É incrível! Em uma sociedade que tinha os problemas da sociedade brasileira, os intelectuais se masturbam daquela maneira! Não é possível. Voltemos ao paralelo com Mariátegui, para completar a rotação de perspectivas. Aí temos, de fato, uma interpretação densa, crítica e negadora do Peru. O Peru do passado e o Peru do presente, desembocando em uma concepção totalizadora e integradora da transformação do Peru através de uma revolução socialista. Em meu entender, isso encerra a questão!

E a década de 30?

A década de 30 é a década dos frutos dessa fermentação. Para mim é estranho que os universitários venham insistindo mais no estudo do modernismo que no do significado revolucionário intrínseco à implantação da universidade e à criação em São Paulo da Faculdade de Filosofia, Ciências e Letras. Com todas as suas insuficiências, essa inovação atingia o fulcro das elites culturais e de sua dominação conservadora, que fora, até então, a escola superior isolada.

Ao transferir para o Brasil a idéia de universidade, o que se estava fazendo, implicitamente, era a crítica da escola superior isolada. Saía-se de suas limitações férreas, que provinham do seu profissionalismo estreito e de um provincianismo cultural fossilizante. É claro que havia, dentro da escola superior isolada, indivíduos ou grupos de pessoas que trabalhavam muito bem, renovando sua bagagem intelectual ou desencadeando idéias novas. Apesar do isolamento, a Faculdade de Medicina de São Paulo, por exemplo, conseguiu inovar e exercer influências construtivas bem conhecidas. No entanto, não se pode generalizar. Como padrão, o modelo de escola superior isolada era negativo. E a criação da universidade e, especialmente, da Faculdade de Filosofia, respondia à necessidade de quebrar essa estrutura institucional. É claro que os idealizadores da universidade não foram bastante longe para fazer essa crítica ou para aplicá-la com toda a conseqüência. Na verdade, eles estavam muito presos, de um lado, à experiência tradicional brasileira e, de outro lado, à utopia européia. Mesmo quando pensavam na universidade, não iam tão longe quanto deveriam ter ido. A situação histórico-cultural brasileira limitava o vôo. Além disso, simplificavam as coisas: pensavam que a universidade era uma questão de reunir centros de especialistas em um determinado espaço, e que o atraso seria vencido de modo automático. Não viram o processo em termos da natureza histórica que ele deveria ter. De qualquer maneira, se refletirmos sobre a experiência feita em São Paulo, a contribuição foi positiva. Ao se trazer para cá um grupo tão variado de especialistas, virando as costas para o "aproveitamento da prata da casa", deu-se um enorme salto. Quer dizer, é como se o Brasil se pusesse dentro da história moderna de um momento para o outro. É claro que, como projeto, houve muitas deficiências. Não se previu o controle das fases básicas do processo. Não houve uma tentativa de relacionar a experiência com as necessidades brasileiras. Prevaleceu, em geral, uma indisfarçável precariedade porque, inclusive, para saturar o corpo docente e discente foi preciso pescar estudantes entre os professores do ensino normal e secundário.

Isto não diz tudo, todavia, pois 20 e 30 são duas décadas importantes na história do Brasil. Porque 20 não é só movimento modernista. É até uma certa injustiça que o intelectual reflita sobre a década de 20 em termos da fermentação modernista. Houve uma fermentação social muito mais profunda, em termos de desagregação da "velha ordem" e de "reconstrução social", da qual o movimento modernista é uma singular expressão e não a causa. Se ele age sobre ela, aumentando a ressonância das insatisfações e das frustrações que estavam em jogo, ele nunca passa de uma de suas manifestações e, sob alguns aspectos, de seus produtos. O antigo regime não entra em crise final quando desaparece a escravidão: isso só acontece em 1930. Isso quer dizer que, durante a década de 20, a ebulição histórica alcança o clímax requerido pela desagregação do antigo regime. Isso não significa, porém, o desaparecimento da oligarquia, com seu obscurantismo intelectual e sua propensão reacionária. Mas, de qualquer maneira, o antigo regime, que deveria sofrer um colapso com a abolição e a proclamação da República, entra finalmente em agonia, perdendo a base material de seu precário equilíbrio social e político. A República traiu a sua missão e a sua função, pois o poder republicano caiu na mão dos círculos conservadores.

A década de 20 surge como uma década de recuperação cívica, de renovação econômica, intelectual e política. Portanto, a fermentação é muito mais ampla, ela transcende o movimento modernista e delimita um momento histórico muito rico. Tudo isso fica evidente em 1930, com a tomada do poder por elementos que divergiam do estancamento histórico provocado pelos interesses inerentes à encampação do Estado republicano pelo antigo regime. Aí se define o que os setores divergentes pretendiam fazer com a economia, a cultura, a ordem social e o sistema de poder da sociedade brasileira. A idéia de universidade, a criação da Faculdade de Filosofia e a experiência universitária são rebentos desse contexto histórico, pelo qual a modernidade burguesa aparece, pela primeira vez, gravitando sobre eixos internos próprios. Se a modernização cultural desencadeada é tipicamente dependente, ela assume proporções maciças, é desencadeada a partir de dentro e tem por alvo utópico completar o circuito cultural e político da frustrada "revolução republicana".

Então, os cursos de Ciências Sociais surgem em um quadro de transformações. Isso implica o envolvimento político do sociólogo?

Esta reflexão mostra a importância do envolvimento do sociólogo, mas também indica que uma atividade militante intensa é incompatível com a vida acadêmica: ela pode ser posta em prática de modo transitório, em dados momentos. Apesar de tudo, a situação é produtiva para o cientista social. Ele pode descobrir coisas sobre a sociedade que ficam ignoradas quando ele se protege por trás do escudo da "neutralidade" e da "profissão", isolando-se mentalmente. Além disso, há a questão da crítica externa dos resultados das investigações e dos conhecimentos obtidos. Ao apresentar as idéias em público, há críticas de vários tipos — umas são estúpidas, outras são inteligentes — e é sempre possível aproveitá-las. Aproveita-se a colaboração coletiva dos auditórios, o que torna o movimento de idéias muito mais rico, aberto e fecundo. E, em particular, o sociólogo e a Sociologia respondem às pressões do ambiente e interagem com ele. Supera-se o patamar de uma Sociologia profissional ressentida, em busca de uma Sociologia na qual sociólogos com formação profissional participam e põem o trabalho intelectual deles, como e enquanto sociólogos, em interação com expectativas e preocupações da coletividade. E isso, do ponto de vista da sociedade, é importante. Porque se o meio intelectual brasileiro fosse diferente, não haveria essa necessidade.

De que maneira as condições institucionais integraram, limitaram ou neutralizaram os resultados de sua produção científica e profissional?

É claro que devemos considerar que todos estes resultados estão misturados. Nunca poderia ter me tornado sociólogo se não fosse professor de Sociologia na USP. Com todas as limitações que a instituição possa ter, ela possui uma vantagem fundamental: permite que alguma coisa se faça ou deixe de ser feita. O que não se faz lá não se faz em nenhum outro lugar. Há certas pesquisas que ou se faz dentro da universidade, ou elas não se realizam. Se nós vivêssemos, por exemplo, nos Estados Unidos, vários tipos de pesquisas poderiam ser patrocinadas por fundações e alguém poderia ser cientista social sem precisar converter-se em professor da universidade. James West, um antropólogo famoso, é um exemplo disso. E existem muitos outros, que não vem ao caso citar — inclusive alguns que fizeram carreiras brilhantes fora da universidade. De outro lado, há muitas investigações que foram feitas na Europa a partir de partidos, como o Partido Socialista, o Partido Comunista, o Partido Trabalhista etc. — na Itália, na França, na Alemanha, na Inglaterra etc. — ou então a partir dos sindicatos. Aqui, só o Dieese permitiu o desenvolvimento de coleta de informações importantes sobre o custo de vida, mas sem envergadura para suscitar contribuições teóricas de relevo ou para alimentar a carreira de um grupo de especialistas.

De modo que a universidade, gostemos ou não de suas estruturas e funções, centraliza certos trabalhos. De fato, se fui alguma coisa em minha vida, fui um universitário. Não só me preparei para ser um universitário, mas fui um universitário no sentido mais pleno da palavra. A tal ponto que quando deixei de ser universitário, fiquei desarvorado. Eu não sei para onde vou. Estou numa crise que é psicológica, é moral e é política. Em grande parte porque, na medida em que não tenho grande interesse em ser professor de Sociologia no exterior e não podendo sê-lo aqui, perdi um ponto de referência e de identidade que poderia ser muito vantajoso para a minha sobrevivência e o meu trabalho.

Falando francamente, a universidade exerce uma função básica, pois permite um certo tipo de trabalho intelectual que não existiria de outra forma. Aceita esta idéia, de que a universidade oferece uma oportunidade de trabalho que não se concretizaria de outra forma, é preciso deixar claro que a universidade brasileira não tem condições de dar suporte pleno ao trabalho intelectual em todos os campos da ciência. Ela ampara, mas com limitações muito graves. Quanto às fontes que suplementam o apoio — Fundação de Amparo à Pesquisa e Conselho Nacional de Pesquisa etc. —, elas também preenchem as suas funções com certas limitações. Eu próprio nunca me beneficiei, de uma maneira pessoal, dessas vantagens.

Refletindo em termos do que aconteceu durante a minha vida, acho que a universidade brasileira, ao mesmo tempo em que me ofereceu a oportunidade de me tornar um sociólogo, determinou que eu fosse um sociólogo com possibilidades estreitas de produção teórica. A palavra "teoria" exerce uma fascinação muito grande no Brasil, e não só entre os sociólogos. Os matemáticos, os filósofos, os críticos literários, professores de literatura, todos, em suma, querem fazer "trabalho teórico", e só dão sentido ao trabalho quando se pode falar em teoria. Para mim, o trabalho só é teórico quando produz um conhecimento novo, seja de alcance médio, seja de alcance geral. Em um livro como *Organização social dos Tupinambá* há teoria, mas é uma teoria implícita que, em grande parte, não foi criada por mim, que eu herdei de outros etnólogos, antropólogos e sociólogos. A parte criadora que existe em *Organização social dos Tupinambá* está mais na articulação das várias partes do sistema social tribal. Essa articulação representa um produto da minha capacidade criadora. Se eu não tivesse uma imaginação sociológica, não seria capaz de, explorando os dados oferecidos pelos cronistas e o que eu sabia da teoria da organização social, reconstituir o sistema tribal e chegar à explicação de uma civilização.

Em *A função social da guerra na sociedade tupinambá*, já existe um pouquinho mais de teoria explícita. Porém, é uma teoria que só tem validade para o sistema cultural tupi. É claro que é essa a contribuição máxima que um investigador empírico pode dar. Quando ele consegue uma explicação que vale para um determinado sistema de civilização é que se pode falar em "contribuição teórica". Mas aí temos uma espécie de teoria que está abaixo daquilo que Merton chama de teoria de nível médio, de nível intermediário ou de alcance médio, como quiserem. Ainda assim, acho que nesses dois trabalhos eu dei uma contribuição teórica. Apesar de ter encontrado pouco reconhecimento, ela não me parece ser uma contribuição irrelevante. Consegui reconstruir o sistema social tupi de uma maneira tal que encontrou corroboração de investigadores com treino em pesquisa de campo e que vistoriaram o meu trabalho de uma maneira rigorosa. *A função social da guerra na sociedade tupinambá* talvez tenha sido a obra na qual dei maior vazão aos meus ímpetos de *scholar*; o meu trabalho mais puro como sociólogo. É certo que dei pouca atenção a qualquer norma que reduzisse a elaboração interpretativa ao que pudesse ser corroborado pela análise comparada. Realmente trabalhei tendo em mente aprofundar o sistema tupi e acho que, principalmente na análise das várias funções da guerra, o trabalho contém uma contribuição teórica de grande importância, embora limitada, pois nunca ultrapassei a sociedade tupi e sua civilização.

Agora, vamos perguntar: esse trabalho foi possível graças à Universidade de São Paulo? Foi, mas só no sentido de que eu tinha um emprego que me sustentava e facultava certas escolhas. Isso quer dizer que eu dispunha de ócio e, graças à instituição do tempo integral, podia suplementar minha renda facilmente com artigos de jornal, podendo empregar meu tempo para fazer um trabalho daquela envergadura. Levando mais longe a pergunta: se eu pretendesse fazer uma investigação em que ainda não dispusesse dos dados — porque no meu caso já dispunha dos dados, pois havia feito um levantamento prévio das fontes —, se quisesse investigar com a mesma plenitude um grupo tribal contemporâneo, não teria condições nem meios para subvencionar as viagens e longas permanências no campo, em uma pesquisa que durasse três ou quatro anos. Igualmente não teria tempo para me dedicar exclusivamente à crítica e à análise dos dados, à verificação das interpretações e à redação do trabalho. Isso significa que a universidade não dá condições de trabalho efetivo. Porque um livro como *A função social da guerra na sociedade tupinambá* só se tornou possível na medida em que eu usei *todo o meu tempo excedente*, que não era empregado na escola, na elaboração do trabalho. O que cria, praticamente, uma situação de neurose. Porque é preciso ser neurótico para escrever um ensaio daquele tipo.

Institucionalmente, eu não faria aquele trabalho; a instituição não oferece condições para tanto. Entre nós, o *scholar* floresce à revelia da universidade e, em certo sentido, em tensão com o meio, que não entende nem estimula qualquer investigação altamente especializada, principalmente se envolver o que se poderia chamar de "investigação sociológica pura". Mas essa não é a principal limitação, pois ela já pode ser compensada, atualmente, graças à existência de instituições de amparo à pesquisa, que se empenham em identificar os investigadores. A principal limitação está no fato de que um grupo de investigadores não conta com recursos materiais e humanos para organizar projetos de investigação de maior envergadura, projetos que pretendam estabelecer uma conexão entre objetivos teóricos, empíricos e práticos. Ainda sofremos a deformação de dar preferência a projetos nos quais só existem, explicitamente, objetivos empíricos ou teóricos. Os objetivos práticos são costumeiramente negligenciados. Se eu quisesse fazer uma investigação reunindo esses objetivos e que envolvesse um grupo grande de pessoas, a instituição não poderia patrocinar esse projeto.

A principal limitação está no fato de que a carreira científica não foi incorporada à universidade; o que foi incorporado à universidade foi o papel de professor. Quando o professor se desdobra em investigador, esse desdobramento corre por conta das contingências.

Como enfrentou durante sua carreira profissional a questão da chamada "responsabilidade política e ideológica" do intelectual? De outro lado, de que forma sua produção científica teria contribuído para o enriquecimento do quadro e para a ampliação do campo de investigação das Ciências Sociais no Brasil?

De uma maneira geral, devo dizer que me sinto muito insatisfeito pelo fato de que não consegui superpor os dois papéis que gostaria de preencher. Eu gostaria de ser um cientista social ao mesmo tempo vinculado à universidade e ao socialismo. Todas as tentativas que fiz para combinar as duas coisas falharam. E falharam porque não existe movimento socialista bastante forte na sociedade brasileira que sirva de substrato e de apoio para os intelectuais que tenham uma posição socialista. Muitas vezes, quem vê de fora a minha carreira, fica com a impressão de que eu privilegiei a ciência contra o socialismo. É claro que isso não aconteceu. Se se levar em conta que traduzi Marx no início de minha carreira ou que, como estudante, já estava engolfado no movimento socialista clandestino, percebe-se melhor quais eram minhas intenções. A cisão ocorreu, em grande parte, porque não havia um movimento socialista capaz de aproveitar os intelectuais no meio brasileiro de uma maneira mais consistente.

A gente não é uma coisa ou outra em função da própria vontade, mas em função das oportunidades que o meio oferece. Se o meio oferece uma determinada oportunidade, a inteligência pode caminhar em dada direção; caso contrário, não. De modo que, inclusive, eu tive de viver uma crise de consciência muito profunda, da qual é testemunha o Antonio Candido. Porque ele foi a pessoa com a qual discuti os aspectos mais graves e dramáticos das escolhas que tive de fazer. Ficar no movimento socialista clandestino, que não tinha nenhuma significação política, e destruir certas potencialidades intelectuais; ou aproveitar essas potencialidades, sair do movimento e esperar que, em uma ocasião ou outra, a minha identificação com o socialismo viesse à tona. Nós discutimos muito seriamente esses problemas, que enfrentei com integridade, embora tivesse de escolher um caminho que não era o que eu queria. É claro que se eu tivesse seguido um caminho no qual pudesse definir a minha perspectiva como cientista social a partir de um movimento socialista forte, nunca teria trabalhado com os temas com os quais trabalhei. Muitos dos temas foram escolhidos de uma maneira muito acidental, para não dizer oportunista. Por exemplo, ia fazer meu doutorado com um trabalho sobre sírios e libaneses; depois desisti. Por quê? Porque não podia fazer a pesquisa nas condições de trabalho acessíveis a partir da universidade, pois não dispunha dos recursos necessários — naquela época não tínhamos nem tempo integral. Tive de substituir o tema, procurando me ajustar a uma realidade que naquele momento era muito difícil. Precisei pensar sobre um tema que permitisse evidenciar minhas qualidades como sociólogo e, ao mesmo tempo, acumular prestígio para mais tarde poder participar dos vários tipos de trabalho que iria enfrentar, em conflito com uma sociedade nacional que é muito mais provinciana que a cidade de São Paulo. Necessitava, pois, do prestígio de sociólogo competente.

A escolha dos tupis como objeto de investigação foi fruto de uma longa e racional meditação. Na década de 40, aquele era o tipo de trabalho que vários círculos intelectuais no Brasil poderiam identificar como um "trabalho relevante". Deixando de lado esse aspecto, que para mim é importante, não consegui fundir as duas áreas de preocupação intelectual. Fiquei como uma pessoa dividida ao meio, entre o sociólogo e o socialista. Se eu tivesse de começar a minha carreira de novo eu voltaria, nas condições daquela época, àqueles temas. Eu não podia ir mais longe do que fui. E acho que, ao tentar combinar influências teóricas que vinham dos Estados Unidos e da Europa e concentrar a reflexão crítica em Marx, Durkheim e Weber, estava fazendo algo de muito sentido para a formação dos sociólogos brasileiros.

Mas há outro elemento a se destacar. A ênfase nos clássicos representava uma maneira de buscar autonomia intelectual para nós, de criar caminhos próprios dentro da produção intelectual na ciência, caminhos que permitiriam a todos nós um esforço de criação intelectual independente. Nunca me pareceu desejável que nós crescêssemos como um centro de investigação sociológica sem condições de autonomia intelectual. Daí os clássicos. É claro que não se imitam os clássicos. Os clássicos são pontos de partida, pontos de referência e elementos que permitem definir centros de preocupação. Se se misturam os vários clássicos, então fica claro que o que se procura é criar, dentro das condições do país, meios para a elaboração da Sociologia a partir dos recursos internos desse país. Essa era a ênfase, essa era a intenção.

Podem me criticar, mas fui fiel a essa linha: basta que se comparem os primeiros capítulos dos *Ensaios de Sociologia Geral e Aplicada* e de *Sociedade de classes e subdesenvolvimento* para se verificar isso. A busca de autonomia criadora gerou, pois, uma orientação básica que se manteve constante e que cresceu sem se destruir. Quando se usam autores recentes, quase sempre o que se está fazendo é procurar uma inspiração direta, repetindo, imitando, reproduzindo. Exatamente o que eu tentava evitar. Isso quanto à coisa que foi muito importante na minha vida, que são os cursos que dei de Sociologia Geral. Agora, no meu trabalho como professor, consegui dar um certo relevo à preocupação prática. Mas nem mesmo na pesquisa sobre relações raciais, onde poderia haver desdobramentos práticos muito importantes, nunca consegui montar um desdobramento de significado prático.

Florestan Fernandes

No ensino, porém, tudo é possível. Cultivei durante muitos anos o ensino da Sociologia Aplicada, com certa sorte. O professor Herbert Baldus, que era um homem muito generoso, mas perspicaz e crítico, costumava me dizer que "na Sociologia Aplicada você está pelo menos vinte anos mais adiantado do que qualquer outro". E qual era o segredo desse adiantamento? Não tinha nada que ver com minha capacidade inventiva pessoal. No fundo, aproveitava as vantagens de uma situação estratégica. Para uma pessoa ligada ou voltada para o movimento socialista, que conhecia a contribuição dos sociólogos americanos para a análise empírica dos problemas sociais e não ignorava a contribuição européia centrada nos grandes conjuntos e nas transformações de estruturas globais, não era difícil ser original. Esses são os ingredientes do balanço teórico de maior envergadura que realizei em toda a minha carreira e que tomou por objeto o campo e os problemas da Sociologia Aplicada.

E sua experiência como docente?
Na área de ensino ainda dei outras contribuições, mas nenhuma delas é tão marcante. O que eu fiz na área de técnicas de investigação, na área de modelos de explicação, na área de estudo da sociedade brasileira, em vários outros campos — dei cursos em vários outros campos e, inclusive, muitas vezes eu abria uma área e depois a transferia para um dos colaboradores —, em nenhuma delas logrei um êxito comparável, embora na discussão das técnicas sociológicas da formação de inferência e de explicação também tivesse ido bastante longe para a situação brasileira.

Os estudos sobre os Tupinambás marcam já o fim da minha iniciação como cientista social, o período em que eu aprofundo o processo de aprendizagem e, ao mesmo tempo, em que eu me torno o que seria depois: um sociólogo com pleno domínio da Sociologia Descritiva e da Sociologia Diferencial.

Em que época isso ocorreu?
Organização social dos Tupinambá foi defendida como tese em 1947 e publicada em 49. Quer dizer, cronologicamente é um trabalho que cai na década de 40 e assim se coloca entre os primeiros que fizeram as investigações de tipo moderno. Lembro o que o Antonio Candido me disse: "Florestan, vendo o seu trabalho a gente não tem inveja dos ingleses. Agora nós temos um livro para mostrar". Generosidade dele. Mas, de qualquer modo, para alguém que tinha 27 anos, um livro como aquele não é brincadeira. Como aprendizagem, eu tive a oportunidade de ir muito longe.

Hoje prevalece uma idéia errônea a respeito dos estudos de caso. A aldeia e a sociedade tribal Tupinambá completaram a minha formação como sociólogo. Eram para mim o equivalente a um laboratório ou quiçá muito mais! Os grandes problemas de qualquer civilização aparecem na comunidade. A questão está em saber-se ligar a comunidade com a sociedade e a civilização, em ver, através do microcosmo, os dilemas humanos e históricos do macrocosmo. Além disso, o estudo de comunidade obriga o sociólogo a operar com a totalidade. Ao estudar os Tupinambás eu tive, pela primeira vez, essa experiência interpretativa. E naquela época, apesar de todas as limitações de minha formação, eu já conhecia o suficiente de Mauss para saber que não estava estudando apenas uma comunidade local, mas a civilização tupi. O que Mauss fez com os esquimós, eu fiz com os tupinambás.

A monografia sobre *A função social da guerra na sociedade tupinambá* tinha outra significação teórica, em si mesma e para mim. Foi a primeira tentativa que fiz de "sair do chinelo" e de enfrentar o trabalho de elaboração teórica propriamente dito. A teoria que estava em jogo era a teoria da solidariedade coletiva nas sociedades tribais. E é alguma coisa que eu só podia fazer depois de ter completado um trabalho de reconstrução pura e simples, como no livro anterior. Quem leu os dois livros vai notar que avanço muito mais no segundo, porque a reconstrução está estabelecida. Se um leitor desconfiar das interpretações, ele pode recorrer ao outro trabalho como fonte de controle. De outro lado, procuro isolar as contribuições para o conhecimento da guerra na sociedade tupinambá e quanto à guerra como fenômeno social. Quer dizer que estabeleço níveis de generalização. Por isso penso que, como contribuição teórica, esse foi o trabalho mais rigoroso que realizei, embora hoje ele pareça um trabalho menos importante porque hoje se condena de maneira preconceituosa e dogmática toda espécie de análise funcional. Todavia, eu duvido que alguém possa tratar as relações sincrônicas de uma perspectiva dialética. Ou falsifica a dialética ou falsifica as relações sincrônicas. Não há talento que resista a essa prova. Ou então a análise dialética não é uma tentativa de explicar a transformação da sociedade; é uma tentativa de mistificar.

Naqueles estudos, eu não tentava explicar a transformação da sociedade, nem mesmo como a sociedade tribal se transforma no processo de sua reprodução, o que envolve o problema analítico e interpretativo de apanhar a mudança no tempo concreto da vida humana e no instante em que as alterações emergem. Ao contrário, tentava descobrir como a sociedade tupi recuperava o passado de maneira incessante. A renovação ocorria — algumas alterações foram identificadas e apontadas —, mas sempre mantendo suas bases estruturais, como ela era antes. Essa reprodução estática da ordem tribal é tão intensa, que muitos especialistas chegam a dizer que o que é inovação em um dia converte-se em tradição no dia seguinte: a tradição absorve a inovação e a renovação. Não se trata de uma invenção teórica do funcionalismo ou uma conseqüência deturpadora da análise funcional. Basta ler a quadrilogia sobre José, de Thomas Mann, para se ver que mesmo a reconstrução estética produz o mesmo resultado, onde o fluxo da vida social une o que se perpetua e o que se renova através de um padrão estático de equilíbrio da personalidade, da economia, da sociedade e da cultura.

Penso que mostrei que se pode explorar a reconstrução histórica com o mesmo rigor que a pesquisa de campo, e que éramos capazes de estudar as sociedades tribais por nossa conta e com os nossos meios, segundo os requisitos descritivos e interpretativos da ciência moderna. A mim me impressionou menos as críticas dogmáticas ao "meu funcionalismo" que a atitude de Alfred Métraux, um etnólogo de grande nomeada e, além do mais, especialista sobre os Tupinambás. Ao ler *A função social da guerra*, ele me disse: "Olha Florestan, todo o livro devia ser traduzido, mas nós não podemos. Vou traduzir a parte sobre o sacrifício humano, na qual você fez o que eu deveria ter feito". E, de fato, providenciou a tradução e a publicação de toda aquela parte em francês. É uma atitude científica bonita e que nos deixa uma lição, quer quanto à natureza da mentalidade científica, quer quanto ao modo pelo qual se deve proceder à crítica segundo critérios específicos. O que não se deve perder de vista é que os dois trabalhos foram produtos de minha exclusiva iniciativa, que entre os 25 e os 31 anos, com toda a precariedade de nossa situação cultural, eu fizera uma investigação empírica tão complexa e escrevera os dois livros. Eles não são perfeitos, é certo! Não existe "obra perfeita" na ciência. Contudo, nem a investigação nem os seus resultados, como eles aparecem nos dois livros, devem ficar sujeitos às oscilações da moda, às implicações da substituição da análise estrutural-funcional por não sei que tipo de "estruturalismo"!

Para os que pensam que se podem estudar as relações sincrônicas de uma perspectiva dialética, relembro Marcel Mauss. Ele, por exemplo, estudou os esquimós, mas não achou necessário fazer análise dialética de sua sociedade e de sua civilização. Mesmo quando estuda o presente ou a dádiva através de uma análise comparada, ele não se impõe qualquer análise dialética. Por quê? Porque as conexões que ele procurava investigar não eram conexões que exigissem análise dialética. Ou a gente falsifica a análise dialética, no sentido vulgar da palavra falsificar, para convertê-la em uma espécie de cafiaspirina, ou então a gente procura a sua especificidade, descobrindo que ela só é válida para determinados tipos de problemas e, principalmente, para os problemas que aparecem nos povos que têm um determinado tipo de história, o qual nasce da estrutura antagônica do modo de produção e de organização estratificada da sociedade e se caracteriza pelo fato de o presente negar o passado, como um elo com um futuro que não repete as "estruturas existentes", porque no processo de se objetivarem e se reproduzirem elas se transformam.

E os estudos sobre o negro?

Se se procede a uma avaliação global de todos os temas de que tratei, aquele que me engrandece mais, do meu ponto de vista, é o estudo do negro. Entrei na pesquisa sobre relações raciais de maneira acidental. Quando Métraux veio aqui oferecer o projeto, ele realmente não estava querendo atrair o professor Bastide; ele queria a colaboração do professor Pierson. Sei muito bem disso porque participei de todas as conversações. A Unesco dispunha de 4 mil dólares, o que era uma ninharia, pois o projeto envolvia um desdobramento psicológico, um estudo sociológico de área urbana e outro de área rural. Não sei que concepção de pagamento de pesquisa estava em jogo. Paulo Duarte arranjou uma suplementação da Universidade de São Paulo, de sessenta contos na ocasião, que serviu para subvencionar a publicação do trabalho. Os 4 mil dólares foram divididos assim: a Psicologia ficou com 2 mil, por duas pesquisas que deram origem aos dois trabalhos que estão publicados pela Editora Anhambi, de Virgínia Bicudo e Aniela Gisberg; mil dólares ficaram com Oracy Nogueira pela pesquisa sobre Itapetininga; e mil dólares ficaram para mim e o professor Bastide. Nós demos o dinheiro aos nossos pesquisadores: quinhentos dólares para Lucila Hermann, por sua colaboração com Roger Bastide, e quinhentos dólares para Renato Jardim Moreira, por sua colaboração comigo. Um sociólogo americano, mesmo que fosse tão desprendido como o professor Donald Pierson, jamais aceitaria um esquema de financiamento tão precário, que ao mesmo tempo envolvia um projeto de pesquisa tão ambicioso... Só amadores, como Bastide e eu, aceitariam fazer pesquisa por "amor à ciência"!

A pesquisa, no entanto, foi algo de fascinante porque, apesar de tudo o que se sabe sobre a vida das populações pobres no Brasil e da identificação que o intelectual pode ter com a vida dessas populações, eu me senti tão compensado com o fato de estar fazendo aquela pesquisa, que aquilo tudo deu novo sentido à Sociologia para mim. E deu sentido ao meu trabalho e ao que eu pretendia fazer com a pesquisa sociológica. À medida que a coleta de dados progredia, aumentava o meu entusiasmo. O projeto de pesquisa fora escrito ainda de uma maneira ambivalente, o entusiasmo era pequeno e o objetivo consistia em corrigir as diferenças de pontos de vista que existiam entre mim e o Bastide. Escrevi aquele projeto como se ele fosse uma técnica adaptativa, para chegarmos a um entendimento e a uma perspectiva comum. No projeto, eu usara as idéias do professor Pierson, de que o Brasil constituía um caso negativo quanto à existência do preconceito e da discriminação raciais, como uma espécie de *straw man*. O professor Bastide atenuou as críticas, mas ficou nisso. O que significa que, com o projeto, alcançamos uma grande homogeneidade no entendimento comum. Ele avançou em uma direção e eu avancei em outra. O resultado é que pudemos trabalhar, durante todo o período da pesquisa e da redação do livro, em colaboração sem enfrentarmos nenhum conflito. E, realmente, nós cumprimos a programação que está feita lá. Aquele não foi um mero projeto "teórico": ele foi elaborado para valer praticamente. O que não pudemos fazer em colaboração, fizemos posteriormente, de modo independente, em outros trabalhos. No livro, que tinha cinco capítulos, indicamos de quem era a autoria; coube-me redigir três capítulos. Aquela foi a maior pesquisa de que participei e os dois livros contam como a maior contribuição empírica que logrei dar ao conhecimento sociológico da sociedade brasileira. Por acaso, o encadeamento das pesquisas foi fundamental para mim. Através do índio, ficara conhecendo o Brasil dos séculos XVI e XVII; através do negro, teria de estudar relativamente a fundo o Brasil dos séculos XVII, XVIII, XIX e XX. Pus o pensamento sociológico no âmago das sociedades "colonial", "imperial" e "republicana", o que representou uma enorme vantagem em termos de aprendizagem ou de possibilidades para lidar comparativa e historicamente com os problemas de estratificação social e de evoluções de estruturas sociais. A nova pesquisa permitia-me concentrar a observação, a análise e a interpretação sobre as condições e os efeitos da desagregação do sistema de trabalho escravo. É claro que essa era uma perspectiva seletiva, que expunha os problemas não em termos da formação do "sistema novo", mas dos obstáculos que o "antigo sistema" opunha à sua formação e desenvolvimento. De qualquer maneira, os resultados teóricos foram muito importantes, inclusive porque descobri os papéis do fazendeiro e do imigrante na transformação de toda a economia e podia ligar esses papéis ao processo global da revolução burguesa no Brasil.

De um ângulo teórico, portanto, esse foi o trabalho que teve maiores conseqüências para mim, seja para conhecer o Brasil como sociedade nacional, seja para chegar à temática da Sociologia do subdesenvolvimento e da dependência. Além disso, eu me senti como ser humano em comunhão com outros seres humanos.

Florestan Fernandes

Nenhum outro trabalho meu anterior me permitiu essa comunicação endopática em profundidade. Há muita controvérsia a respeito de saber se o cientista social deve ou não deve repetir o biólogo, o químico etc. Penso que essa controvérsia é inútil, porque quer se estude uma tribo primitiva, quer se estude uma sociedade contemporânea altamente industrializada, quer a gente se identifique com os problemas humanos descritos, quer não, o fato é que o sociólogo, como ser humano, sempre interage e recebe o impacto do que estiver investigando. O impacto que eu recebi no estudo do negro não foi brincadeira. Estabeleceu-se uma base de identificação psicológica profunda, em parte por causa do meu passado, em parte por causa da minha experiência prévia, em parte graças à origem que tenho — descendo de uma família de imigrantes portugueses que se destroçou em São Paulo —, condições sem as quais provavelmente tudo isso não apareceria e eu seria o típico sociólogo profissional "neutro", "seco" e "impecável". Porém, dada a minha história de vida, eu era a pessoa para fazer aquela pesquisa e aproveitar a oportunidade que ela oferecia de amadurecer o sociólogo como cientista e como ser humano. Embora não seja um trabalho do mesmo valor teórico que *A função social da guerra*, ele é um trabalho no qual dou uma contribuição empírica muito mais ampla para o conhecimento da sociedade brasileira e, por acaso, muito na moda porque hoje o estudo da marginalidade bota esse tipo de investigação na "crista da onda" na Sociologia.

No entanto, se pensamos na comunidade de sociólogos, se se considera o sociólogo que trabalha não só no Brasil, mas na América Latina, na Europa, nos Estados Unidos, minhas contribuições mais importantes estão ligadas com a parte que me coube no projeto "Economia e Sociedade no Brasil", que me levou do meu tema específico, urbanização e crescimento econômico, para uma análise mais ampla da revolução burguesa no Brasil e das linhas de formação e expansão da sociedade de classes. Embora eu não realizasse as tarefas concretas previstas — Paul Singer se incumbiu dos estudos de caso de uma maneira tão perfeita que dei aquelas tarefas como encerradas —, dediquei-me intensamente à reflexão sobre temas teóricos que deviam ser focalizados e resolvidos, ainda que de modo provisório e aproximado. Os resultados dessa reflexão aparecem nos ensaios de *Sociedade de classes e subdesenvolvimento*, *Capitalismo dependente e classes sociais na América Latina* e, principalmente, no livro *A revolução burguesa no Brasil*.

Portanto, ultrapassei os limites de meu tema e fiquei com liberdade para fazer uma síntese do meu pensamento sobre o aparecimento e as transformações do capitalismo no Brasil, do passado remoto ao presente. Muitos sociólogos não concordam com a idéia de que a revolução burguesa se dê sob o contexto da dominação imperialista. Inclusive um dos maiores especialistas, que é Barrington Moore Jr., sustenta que a última revolução burguesa foi a norte-americana. É que ele estipula como requisito um mínimo de autonomia nacional para caracterizar a emergência da revolução burguesa. A inconsistência dessa interpretação está em suas limitações. O problema central está na transformação capitalista. É o problema de saber se uma sociedade nacional autônoma ou não, mais ou menos dependente, é ou não capaz de absorver os diferentes modelos de desenvolvimento capitalista. O problema é o de verificar se ela chega ou não à fase da industrialização maciça. Se se realizar a hipótese de que ela chega à fase da industrialização maciça em termos de associação com o capital externo e com a tecnologia externa, a condição pró-imperialistas da burguesia nacional dependente não exclui a revolução burguesa como uma transformação estrutural. Ela significa que esta transformação final se processa em condições especiais. De qualquer modo, a revolução burguesa surge como o requisito global do processo e o alvo que lhe dá sentido. Ou há uma burguesia interna — embora sua "condição nacional" seja heteronômica — que controla o processo, ou não há nada. Porque se não houver uma burguesia interna que controle o processo, qual é a alternativa? Em um extremo, a persistência da situação colonial. Em outro extremo, poderia ser uma regressão à situação colonial. Haveria uma terceira hipótese: a transição direta para o socialismo. Aí, porém, não se estaria lidando com as nações capitalistas dependentes da periferia.

Se se tem em conta que procurei fundir a análise sociológica com uma posição socialista, tenho a impressão de que, em dois pontos, consegui dar uma contribuição teórica importante à Sociologia. Primeiro, procurando descobrir qual é a peculiaridade da revolução burguesa atrasada num país da periferia capitalista de hoje. A última análise socialista consistente do processo de uma revolução burguesa atrasada é a de Lênin, aproveitando a fase de 1905 na Rússia até 1907, mais ou menos, onde aparecem algumas de suas contribuições teóricas mais importantes às Ciências Sociais. É uma pena que não tenha sido aproveitada de maneira mais ampla.

Minha outra contribuição que considero importante é a de esclarecer os mecanismos de dominação imperialista na atualidade. Na literatura socialista há uma tendência muito exagerada de confundir a dominação imperialista com a destruição da burguesia na periferia. Isso poderia ser verdadeiro em termos da situação histórica do século XIX ou do começo do século XX, quando a ocupação colonial excluía a incorporação da periferia na totalidade da economia hegemônica. Nessa condição, onde a dominação imperialista cedesse às burguesias locais, ela perdia a iniciativa, permitindo às burguesias locais condições de atuação histórica, inclusive de revolução nacional. Dentro do capitalismo, ou contra ele, mas em regra dentro do capitalismo. Hoje a situação não é mais essa. Nós estamos em um mundo dividido por um conflito mundial entre o socialismo e o capitalismo. Os países centrais dependem, de maneira direta e profunda, da capacidade das burguesias da periferia de defenderem as fronteiras do próprio capitalismo, ou seja, de manterem a hegemonia dos países centrais. Daí o fato de que os países centrais acabam apoiando essa transição atrasada na direção de modelos recentes de transformação capitalista. Não se passa para o "tipo clássico" de revolução burguesa, que envolvia o padrão de desenvolvimento inerente ao capitalismo competitivo — e, portanto, um mínimo de autonomia econômica, sociocultural e política —, mas para um tipo compósito e retardado de revolução burguesa, que concilia potencialidades econômicas, sociais e políticas das multinacionais, dos países hegemônicos e de sua superpotência, das burguesias nacionais dependentes e de um Estado burguês ditatorial. Todos convergem para um mesmo fim: defendem o mundo para o capitalismo. Na medida em que fazem isso, há um fortalecimento inegável das burguesias das nações periféricas e do seu Estado autocrático. No meu entender essa contribuição é válida tanto para a Sociologia quanto para o socialismo. Sem contar que, eventualmente, pode implicar um conhecimento mais minucioso, se quiserem, do regime que se estabelece aqui, que é um regime instrumental para que as burguesias periféricas possam controlar o poder e impedir qualquer revolução democrática, ou seja, uma *revolução de baixo para cima*, mesmo que ela fosse "nacionalista" e "capitalista".

Desde que possível, como se compatibiliza a análise funcional com a explicação dialética?

Na verdade, em ensaios de *Fundamentos empíricos da explicação sociológica* e de *Elementos de Sociologia Teórica*, procuro situar a explicação dialética como uma orientação compatível com os problemas que surgem dentro do campo da Sociologia Diferencial ou Histórica. Enquanto que a análise funcional aparece mais ao nível dos problemas com que se defronta o sociólogo na Sociologia Descritiva e na Sociologia Comparada. É muito difícil dizer que se pode compatibilizar a explicação funcionalista com a explicação dialética. A explicação funcional, quando envolve um modelo lógico completo, opera só com uniformidades de coexistência. Portanto, ela toma correlações em lapsos de tempo muito curtos e, às vezes, até no tempo físico e psicológico de duração dos contatos e das interações entre pessoas ou grupos e do funcionamento das instituições. De outro lado, quando ela é aplicada na Sociologia Comparada, com freqüência o que interessa teoricamente ao investigador é a persistência das causas; o que se busca saber é se certas estruturas se mantêm e se repetem ou se as mesmas causas se mantêm presentes. Nesse caso, a análise funcional procura descobrir e explicar como se processa a persistência das causas. É uma situação bem diferente daquela em que opera o investigador que trabalha no campo da Sociologia Diferencial e Histórica. Pois ele não lida somente com uniformidades de coexistência; de modo sistemático, concentrado e dominante, ele opera com uniformidades de seqüência. O que ele tenta explicar é a transformação de estruturas dentro do tempo histórico contínuo. Por isso, os problemas lógicos e teóricos da explicação são diferentes. Muitas das críticas que se fazem ao uso da análise estrutural-funcional estão ligadas à formalização, à construção de conceitos e, principalmente, à análise axiomática no campo da Sociologia Sistemática. O que se critica são autores como Parsons e outros que, realmente, lidam com o sistema social concebido no plano a-histórico. É um tipo de construção possível e eu nunca trabalhei nessa área. Como já mencionei, acho que nós não temos condições de expandir a Sociologia Sistemática no país, nem há interesse nisso.

Nos estudos sobre folclore, sobre os Tupinambás e, um pouco menos, sobre o negro, trabalhei no campo da Sociologia Descritiva. Lidei também com uniformidades de seqüência, mas sem procurar construir o que chamo, a partir de Marx, de tipos extremos. Por isso, não usei o método dialético da mesma maneira que Marx. Também não estava tentando explicar o aparecimento e o desenvolvimento do capital industrial na Inglaterra ou da "revolução burguesa clássica". Entretanto, quem utiliza a análise funcional eventualmente pode estar interessado na busca de causas. E, às vezes, é possível, especialmente quando certos processos sociais estão em emergência, explorar a análise funcional para explicações que quase captam problemas do tipo que surgem quanto o investigador opera com relações de seqüência e com uniformidade de seqüência. De outro lado, no trabalho sobre os Tupinambás, especialmente a monografia sobre a guerra na sociedade tupinambá, eu só podia passar de correlações para a causação utilizando a análise funcional. Foi o que fiz: para poder explicar o comportamento guerreiro dos Tupinambás em termos causais, precisei recorrer à análise funcional e descobrir, então, o mecanismo de causação através da análise funcional.

Em um plano mais amplo, autores que fazem análises do tipo dialético muitas vezes são obrigados a fazer caracterizações estruturais-funcionais para determinados fins. Por exemplo, quando Marx, em *O capital*, elabora um esquema no qual projeta o tempo de trabalho necessário para a reprodução do trabalhador e o produto produzido, o que está em jogo não é uma análise dialética, porém uma análise estrutural-funcional. A seguir, interpretativamente, ele elabora dialeticamente as descobertas dessa análise, incorporando-as nos dinamismos de uma ordem social fundada no antagonismo das classes. Passa, pois, das "estruturas elementares e gerais" para os "grandes processos históricos", o que não seria possível se não tivesse feito a análise estrutural-funcional e utilizado os seus resultados para a compreensão da relações de classe, da dominação de classe, da concentração do capital, da formação de um exército industrial de reserva, da reprodução da forma capitalista de produção e de seu desmoronamento. Todavia, ele emprega a ótica estrutural-funcional como uma técnica de observação e de análise. O que permite falar, em certo sentido, em uma compatibilização. Não devemos exorcizar nem a palavra função, nem a análise causal resultantes de elaborações estruturais-funcionais. Elas são instrumentais. O que se deve exorcizar é uma concepção naturalista de Ciências Sociais.

Por fim, é inegável que o uso da análise funcional na Sociologia Sistemática privilegia a estabilidade da ordem, o que poderia e deve ser criticado. Não se pode negar à Ciência Social, entretanto, o interesse de conhecer aspectos da realidade "sem os quais a sociedade" e a "vida em sociedade" não poderiam existir. O erro seria, naturalmente, de concentrar as investigações só nesses aspectos e de supor que uma "visão estática da ordem" é intrínseca à análise funcional. A análise funcional é, repito, instrumental. Pode-se usá-la em uma direção ou em outra.

Há pessoas que atacam, a partir de uma perspectiva ideológica, por causa de uma suposta posição revolucionária, a análise estrutural-funcional, que é muito importante para lidar com problemas humanos a curto prazo — períodos de cinco, dez ou quinze anos. Elas precisariam imaginar qual seria o tipo de análise que um sociólogo, um economista ou um antropólogo poderiam usar para acompanhar o processo de planejamento, de aconselhamento etc. sem o emprego de tal análise. Assim, a análise estrutura-funcional acaba sendo instrumental para assessorar e acompanhar a realização do plano: se, realmente, o plano está ou não alterando as condições de existência; como a intervenção na realidade está sendo recebida em uma dada comunidade; quais são os efeitos que se podem verificar e quais são as conseqüências desses efeitos na intervenção global. Para isso, é preciso usar a análise estrutural-funcional, porque se está trabalhando com concomitantes e não com uniformidades de seqüência. Além disso, quando a intervenção racional possui um escopo limitado, como ocorre com o "controle dos problemas sociais" em uma sociedade capitalista, em que ela só apanha a rede de efeitos e não a das causas — pois se trata de ajustar os indivíduos e as instituições à ordem existente —, a única via consistente de análise é a estrutural-funcional. Não por culpa do investigador, certamente, que poderia desejar ir mais longe e associar a análise dialética à revolução social.

Contudo, não se deve ignorar o problema mais grave. Ou seja, se nós imaginamos que o objetivo do socialista é a passagem para uma sociedade onde não haja antagonismos de classe, nós acabaríamos tendo uma situação parecida com a que enfrentei ao estudar a sociedade tupinambá. Numa sociedade onde os antagonismos são menores, onde eles não dependem da estrutura da sociedade, a análise dialética não é necessária para previsão a longo prazo. Essa é uma situação histórica nova, e seria preciso, então, que os cientistas sociais refletissem sobre todos esses aspectos. Fazer uma crítica estreita a um recurso intelectual lógico é quase sempre arriscado. Não me proponho a defender de uma maneira dogmática a análise estrutural-funcional, mas acho que a Sociologia perderia muito se ela fosse eliminada. Ou seja, devemos evitar as confusões inúteis e as polêmicas estéreis. Muitas das reflexões que caem nesta área de utilização da análise funcional são reflexões deste tipo: confundem o ataque à Sociologia positivista com os recursos e os instrumentais de investigação da Sociologia empírico-indutiva.

Retomando uma questão polêmica no quadro atual das nossas Ciências Sociais, qual é o estatuto da noção de dependência: conceito teórico-explicativo ou categoria ideológica?

Para mim essa situação de dependência pode ser elaborada em termos de percepção crítica, da explicação a partir de categorias ideológicas ou a partir de categorias científicas. Isso é verdadeiro porque os chamados países de terceiro mundo fazem uma ampla utilização da chamada "herança ocidental", especialmente os que têm um desenvolvimento capitalista bastante marcado, que já saíram da transição neocolonial. Ou seja, eles possuem condições de reivindicar a aceleração da transformação capitalista ou, então, de escolher a revolução socialista. E, exatamente por causa disso é que eles podem utilizar ideologicamente o conceito de dependência, não para ocultar a dominação imperialista mas, ao contrário, para mostrar que a situação de dependência se vincula ao imperialismo. A dependência não é criada por quem sofre a dominação externa; a dependência é criada por quem pratica a dominação externa.

No uso ideológico do conceito de dependência, em termos do que se entende vulgarmente por "política do terceiro mundo", isso fica bem claro. Qualquer que seja o matiz, se é um governo de tipo militar, autoritário-militar ou populista de cunho civil, a elaboração tende para um desmascaramento de tipo ideológico. Agora, os cientistas sociais, especialmente na América Latina, passaram a utilizar — primeiro alguns economistas, depois os sociólogos — o conceito de dependência para explicar o processo do ângulo do dominado. Ou seja, existem dois pólos na dominação: o externo e o interno. Quando se fala em imperialismo, explica-se o que ocorre *de fora para dentro*. Agora, resta saber o que ocorre *de dentro para fora*. Se se cultiva uma imagem dialética da dominação imperialista, é preciso compreender que as condições de dominação não são dadas a partir de fora, são dadas também a partir de dentro. E a partir de dentro também sempre se materializa alguma resistência, que às vezes é eficaz, outras vezes é tênue e impotente. Quando a situação é uma situação de dependência, e à medida que essa dependência vai diminuindo de intensidade, vai se transformando em seu caráter, a capacidade de uma reação aumenta até atingir um limite extremo, no qual o nacionalismo revolucionário interfere sobre o desenvolvimento capitalista e converte sua autonomia em uma realidade política última.

Se nós quisermos ir além das descrições sumárias, temos de ver como é que os mecanismos do imperialismo se realizam dentro dos países submetidos à dominação imperialista. E aí preciso analisar a dependência em termos da maneira pela qual os vários setores da sociedade capitalista dependente se ajustam, tanto passiva quanto ativamente, à dominação imperialista. Mesmo uma burguesia pró-imperialista, como são os casos das burguesias brasileira, argentina, chilena, mexicana etc., precisam, para ter condições de sobrevivência, defender o seu Estado, a sua base de poder e inclusive, de alguma forma, a sua posição no mundo dos negócios. É importante, então, fazer a análise completa ou total, para ver como é que se dá o enlace entre as estruturas de poder que são internacionalizadas e as estruturas de poder nacionais mantidas sob controle do Estado pelas burguesias e pelas classes médias de um determinado país.

Tive vários conflitos com colegas americanos, mais do que com os europeus, por causa disso. Pois, assim como ficam doentes quando ouvem falar em imperialismo, irritam-se diante do uso consistente do conceito de dependência e da difusão dessa teoria. Eles preferem lidar com conceitos abstratos, evasivos para explicar as coisas, não "dar nome aos bois" e confundir os vários processos na vala comum da "teoria da modernização", vista unilateralmente como modernização dependente e controlada de fora.

Como se articulariam as teorias da dependência e do imperialismo? Nos termos ainda da discussão acima referida: em que medida na teoria da dependência o approach nacional é privilegiado, em detrimento do approach de classes?

Não acho que a teoria da dependência seja uma teoria nova. Ela é um desdobramento da teoria do imperialismo. No que ela tem de específico, ela apenas suplementa aquela teoria mais geral e inclusiva. Se se considera o livro famoso de Rosa Luxemburgo — que é o primeiro livro no qual não são descritos os dinamismos da economia capitalista que envolvem, em diferentes momentos e de maneiras diversas, a periferia das economias centrais —, percebe-se que ela não está interessada nos mecanismos que ocorrem na periferia. Não é que eles não fossem importantes. É que eles, na posição e do ponto de vista do qual ela descreve aqueles dinamismos, não tinham relevância teórica.

Mas para nós, que sofremos a dominação imperialista, é essencial ir mais longe para explicá-los. Seja porque precisamos explicar o nosso próprio circuito histórico, tão peculiar, seja porque dependemos do conhecimento da "estrutura íntima" daqueles mecanismos para poder combater o imperialismo e passar da "luta anti-imperialista" à revolução nacional democrático-burguesa ou socialista. Não nos bastam conceitos abstratos; nós temos de partir, para atingir esses fins, de descrições concretas. Temos de saber o que a dominação imperialista produz nos diferentes níveis de organização da vida econômica, social e política, por que ela manieta as burguesias nacionais, corrompe o Estado capitalista periférico e pode "modernizar dentro da ordem". Daí a importância da análise feita em termos de dependência. É por isso que há um desdobramento de perspectivas analíticas e interpretativas. É claro que o elemento maior é o imperialismo e a dominação imperialista.

Como se articulam? Em que medida o *approach* nacional aparece em detrimento do *approach* de classes? Eu penso que a nação se torna mais importante para a análise de dependência em termos de contexto, de sistema de referência. Operacionalmente, é necessário trabalhar, tanto no plano da observação e da análise quanto no da interpretação, com as classes. Como a dependência reflete a dominação externa do tipo imperialista, no momento histórico em que vivemos — no caso brasileiro como em qualquer outro, tanto a partir de fora quanto a partir de dentro — o que está em jogo são relações e conflitos de classes. Assim como a dominação imperialista oculta relações e conflitos de classe, a situação de dependência também oculta relações e conflitos de classe. No entanto, para explicar como é que essas relações de dominação e de subordinação se dão, é preciso colocar as relações e os conflitos de classes no centro da observação, análise e interpretação — o que eu faço, aliás, nos meus trabalhos. Procuro mostrar que a pressão das classes operárias e camponesas ou das massas populares ainda é muito fraca para acelerar a história e que, por causa disso, as minorias nacionais e estrangeiras, que detêm o poder econômico, social e político, podem manipular a economia, a ordem social e o Estado, estabelecendo acomodações que tornam tanto o imperialismo funcional para a burguesia nacional, quanto a dependência funcional para o imperialismo e a comunidade internacional de negócios.

Portanto, é óbvio que o conceito operacional mais importante e central é o de classes, não o de nação. Porque, inclusive, não se pode conceber a nação moderna fora e acima da organização e da transformação do sistema de classes. Queira ou não, o sociólogo tem de lidar com classes e chegar a conclusões que envolvem, tanto conjunturalmente quanto a largo prazo, a história que se cria graças à existência das classes e dos dinamismos gerados pelos conflitos de classes. Se algum sociólogo abstrair esses fatores condicionantes e determinantes centrais, ele pratica uma omissão que não se justifica em termos de uma Sociologia crítica, ou seja, de uma explicação sociológica rigorosa.

São as ideologias obstáculos à prática científica?
É conhecida a controvérsia a respeito, alimentada pela chamada Sociologia positiva, que colocava a questão como se a ideologia sempre fosse um elemento negativo ou um obstáculo. Na verdade, hoje se sabe que tudo depende da relação que exista entre a perspectiva do sujeito e aquilo que se poderia chamar de as "exigências históricas da situação". Desde os autores que fizeram a crítica socialista da sociedade burguesa até Mannheim, sempre se pensou que a ideologia pode ser uma condição vantajosa para a observação e a interpretação da realidade. De modo que a ideologia pode ser uma condição altamente favorável à interpretação científica e, se quiserem usar um conceito mais amplo, para a investigação científica em geral.

Nesse sentido é que se poderia afirmar a ideologia como instância crítica? A seu ver, em que medida o socialismo desempenharia tal função?

Quando se coloca o problema de saber se a ideologia é ou não uma instância crítica, coloca-se naturalmente aquilo que Lukács caracteriza como uma limitação burguesa ao conhecimento da realidade. Acho que uma das melhores reflexões marxistas a respeito de como a ideologia pode ser limitativa é a análise que Lukács faz da limitação da consciência burguesa, e mesmo do conhecimento científico infiltrado por ideologias burguesas, ainda que se trate de um conhecimento apresentado em nome da Economia Política, da História, da Sociologia ou da Filosofia. Os interesses das classes dominantes introduzem um limite ao conhecimento objetivo da realidade e geram a incapacidade do agente cognoscitivo de descobrir os fatores de trnsformação da ordem. A perspectiva do sujeito está tão orientada na direção de interesses e valores que se relacionam com a estabilidade do *status quo*, que ele fica incapaz de perceber os processos de transformação da realidade de forma racional e objetiva. De modo que, para ir além, é preciso não só transcender a consciência burguesa, mas também negar essa consciência. O problema não é só um problema de ideologia; é também um problema da natureza do conhecimento. Somente a investigação científica pode produzir essa negação, desde que as técnicas empíricas e lógicas do pensamento científico sejam aplicadas em toda a sua plenitude e em conexão com uma posição de classe revolucionária.

Por sua vez, uma perspectiva social revolucionária, ou socialista, também se abre em duas direções. De um lado, como e enquanto ideologia, a partir dos processos de transformação da ordem existente — porque aí, no limite ainda, voltando a Lukács, o que se busca é o desemburguesamento do sujeito. Isso quer dizer que uma posição social revolucionária limpa o horizonte intelectual do sujeito, expurgando-o de influências e resíduos intrínsecos à socialização burguesa e ao condicionamento ideológico mais ou menos ativo da sociedade capitalista. De outro lado, no plano da investigação — teremos de voltar a este assunto —, a posição do sujeito é igualmente limitativa. No caso das Ciências Sociais, como a Economia Política, a Sociologia ou a História, não basta o domínio de técnicas empíricas e lógicas do saber científico. É preciso que o sujeito tenha condições para usar, dentre essas técnicas, aquelas que permitam observar, descrever e interpretar os processos pelos quais a ordem social capitalista se desagrega e se transforma em uma ordem social igualitária. Portanto, o expurgo da ideologia burguesa aparece não só através da negação subjetiva da ordem social capitalista, mas também através de um conhecimento objetivo que permite prever o curso dos processos sociais e intervir, de modo concreto, em sua aceleração histórica, ou seja, que permite passar da "explicação" para a "transformação do mundo".

No político, estariam envolvidas a ciência, a ideologia, a utopia, ou seja, todas as formas de conhecer?

Houve muitas tentativas, inclusive a que eu mencionei, de Mannheim em *Ideologia e utopia*, de fundamentar uma ciência do político em bases científicas. A pretensão era, exatamente, que a síntese de perspectivas ofereceria uma probabilidade de chegar-se a uma política científica. Política que responderia ao sentido do processo da história. Mas, na verdade, quando escreveu aquele ensaio, a posição dele era a mais socialista que ele jamais tomou. Portanto, quando Mannheim fala na síntese de perspectivas, o que está em jogo é realmente o fato de que o movimento mais radical acaba suplantando os outros e contendo todos os elementos que os outros contêm. Em termos da práxis revolucionária, o proletariado teria, dentro da sua perspectiva do mundo, elementos que transcenderiam as diferentes classes e acabaria sendo incorporador. Então a síntese das perspectivas no plano formal é uma coisa e, no plano prático, outra? A discussão dele permite supor que, como movimento histórico, o movimento mais radical contém as alternativas, as outras perspectivas que são reformistas, conservadoras ou reacionárias.

De minha parte, não acredito que, dentro de uma sociedade capitalista, se possa utilizar a ciência para chegar a uma política realmente científica, como Mannheim pretendia. O pensamento dele, mais tarde, se tornou um pouco mais fluido a esse respeito; ele chega a falar em um planejamento democrático, no planejamento que abriria um terceiro caminho. O que quer dizer que esses argumentos, que envolvem a ciência e o radicalismo, podem ser equacionados em termos da chamada "terceiro posição", pela qual se lograria a transformação revolucionária mediante o planejamento democrático. No entanto, penso que não há como conciliar a sociedade capitalista com semelhantes funções da ciência e do planejamento democrático. Na verdade, o capitalismo cria conflitos insanáveis entre a intervenção racional, baseada na ciência, e os propósitos intrínsecos aos meios privados de dominação e de organização do poder estatal. Em outras palavras, essa confluência entre ideologia, ciência e utopia poderia ocorrer, mas em uma sociedade na qual a ordem existente não limitasse o uso racional da ciência e do planejamento, não criasse fatores de anarquia na produção, de expropriação do trabalhador, de desigualdade econômica, social e política. São irracionalidades que não podem ser eliminadas dentro e através de uma sociedade capitalista. Para que elas sejam eliminadas é preciso passar para uma ordem diferente, socialista. É por isso que eu suponho que discutir a questão dentro dessa perspectiva é limitativo.

Nas reflexões teóricas vigentes, epistemologia e política são tomadas como práticas autônomas. Epistemologia e política são práticas irreconciliáveis?

O predomínio da concepção de ciência natural acabou excluindo a ciência da esfera do político. A epistemologia que se cria, em função dessa concepção de ciência, é uma epistemologia condicionada por um tipo de ciência especial, que exclui a relação do homem com o controle das forças da própria sociedade. Essa perspectiva não pode ser mantida após o aparecimento das Ciências Sociais. Temos, de novo, de voltar a Marx. Os que tratam da contribuição de Marx à criação de uma Sociologia do Conhecimento, e àquilo que se poderia chamar de uma teoria da ideologia como uma forma de desmascaramento, quase sempre se limitam ao uso do método ideológico para atacar o antagonista, para desarmar o adversário e para armar a própria posição de ataque ou de contra-ataque.

Na verdade, também existe em Marx uma epistemologia. E ela é permanente; desde os trabalhos em que ele critica Hegel, bem como nos trabalhos em que ele é leitor crítico de Feuerbach e dos neo-hegelianos, ela aí está presente. É uma epistemologia que ele contrapõe à filosofia idealista, e que lhe permite chegar à idéia de pôr a dialética sobre seus próprios pés. O livro mais importante a este respeito é, sem dúvida nenhuma, *A ideologia alemã*: uma crítica dos princípios, das hipóteses e das explicações oferecidas pelos neo-hegelianos de todo o processo histórico do mundo moderno. No entanto, o trabalho mais sólido — deixando de lado a crítica de Proudhon, que também possui a mesma implicação — é *Contribuição à crítica da Economia Política*. Aí é que se vê melhor como ele usa o método epistemológico para estudar criticamente categorias que surgiram na área da percepção humana e da atividade humana, mas que se transferiam para o pensamento sistemático produzido pela ciência. Essa reflexão surge reiteradamente em todo o livro e, de maneira explícita e concentrada, nas reflexões que aparecem na famosa "Introdução", que depois de 1907 foi incorporada ao livro como apêndice. Esta tem sido considerada como o núcleo de uma metodologia. No entanto, ela é também o núcleo de uma epistemologia. O limite que ela estabelece para a ciência econômica clássica, a economia dos clássicos, não é apenas um limite ideológico. Os clássicos não perceberam as coisas apenas porque eram burgueses? Não, eles não perceberam as coisas porque, como economistas, eles consideram o funcionamento da economia e a transformação da economia de uma posição limitativa. Essa posição pode ter sido condicionada ideologicamente mas, na verdade, eles pensavam que a economia européia do século XIX era uma economia universal e geral, e que aí terminava a história do homem.

De modo que há aí uma epistemologia: uma crítica que transcende a contribuição que os clássicos deram à teoria econômica. E é a partir dessa crítica, muito mais do que da crítica ideológica, que se pode afirmar que a alternativa da explicação marxista é, realmente, a ciência que não fora feita anteriormente. Isso não significa, em suma, que há apenas uma ideologia, que aquela ideologia limitou a economia clássica. A própria economia clássica, como e enquanto ciência, era limitada. Era necessário superá-la e transcendê-la, com outras categorias e outros modelos de explicação, para chegar-se à elaboração de uma teoria que apanhasse todo o movimento histórico da transformação do capitalismo e da transição para o socialismo.

Poder-se-ia afirmar que o seu último livro, **A revolução burguesa no Brasil,** *produto de uma longa e amadurecida investigação teórica e, confessadamente, trabalho que não se pretende "acadêmico", é uma obra política?*

O livro foi pensado como uma resposta a uma situação política. Para mim foi uma surpresa que o livro se tornasse mais complexo do que pretendia. Eu acreditava que a linguagem era fluente e acessível; na verdade parece que não era, o que prejudica a minha intenção, que era uma intenção política. Pretendia explorar o conhecimento sociológico que tenho da sociedade brasileira para responder à situação que se criou em 1964. Tanto que projetei o livro no último semestre de 1965 — eu estava então, na Universidade de Columbia — e já no primeiro semestre comecei a redigir o que me parecia ser o protesto político de um sociólogo. Todavia, não con-

Florestan Fernandes

cluí o livro. Preferi devotar o meu tempo disponível à luta política direta e alguns desentendimentos com certos colaboradores da cadeira de Sociologia I deixaram-me incerto, impedindo-me de publicar o que já estava pronto. Naquele momento, certas interpretações que eu desenvolvera chocaram aqueles colegas. É provável que hoje a reação deles fosse diferente. De qualquer modo, se um trabalho com intenção política chega a dividir um pequeno grupo, a sua utilidade efetiva é discutível. Só mais tarde o retomei e concluí, replanejando a última parte e ampliando, assim, o significado político da obra.

Desse ângulo, há duas contribuições no livro. Primeiro, uma tentativa de explicar o próprio regime que prevaleceu na sociedade brasileira, o Estado, o tipo de Estado, a concentração de poder que alimentou o Estado. Pode-se dizer que o Estado associado à sociedade escravista, uma sociedade estamental e de castas, é o Estado de uma certa natureza; e o Estado que surge em conexão com o desenvolvimento do capitalismo competitivo, com a expansão das cidades, com a transição para o capitalismo monopolista é outro tipo de Estado. Ele é o Estado de uma sociedade de classes, com um poder burguês já consolidado. Não se trata do mesmo Estado. Não há no livro nenhuma confusão entre esses dois tipos de Estado. Mas o que há de comum nos dois casos é que o Estado representa um comitê de uma minoria muito pequena. Nas duas situações históricas extremas, há a presença de uma estrutura intermediária, uma sociedade civil que organiza o poder político concentrado ou institucionalizado e permite às várias classes burguesas unificar a dominação social e político-legal. A explicação desse fato parecia-me muito importante, ainda mais importante que a explicação institucional do Estado.

Os nossos especialistas em Ciência Política têm se dedicado ou à investigação do ritualismo político, isto é, ao estudo dos partidos e dos regimes, ou à investigação da organização do Estado. Ora, o elemento central, do ponto de vista sociológico e político, vem a ser o modo pelo qual os estamentos dominantes, no passado, e as classes dominantes, hoje, unificam-se socialmente para conseguir uma articulação política a partir da qual chegam a uma ditadura de classe e a põem em prática através do Estado. Porque realmente o problema é esse. Trata-se de uma ditadura que vincula a sociedade civil a uma democracia restrita, ao mesmo tempo em que a converte em uma oligarquia perfeita nas relações da sociedade civil e do Estado com a nação como um todo.

Minha tentativa é a de compreender o que acontece na periferia do mundo capitalista em nossos dias, não só uma fase de apogeu e de crise do capitalismo monopolista mas, também, de conflito mundial entre capitalismo e socialismo. Muitas das explicações elaboradas pelos socialistas na Europa não levam em conta a situação que vivemos na periferia. Certas idéias a respeito da dominação imperialista são inadequadas, pois o conflito mundial entre capitalismo e socialismo engendrou novas formas de acomodar as burguesias nacionais e os centros imperialistas, as quais foram aproveitadas e consolidadas pelas grandes corporações multinacionais. O debilitamento da burguesia periférica destruiria as fronteiras do próprio capitalismo mundial, desagregando as bases do poder internacional do capitalismo. Procuro explicar como se dá a relação de fato entre a burguesia da periferia, ou as classes burguesas da periferia, e a dominação imperialista; em que sentido a dominação imperialista procura fortalecer estas burguesias de um lado e, de outro lado, como essas burguesias, sendo pró-imperialistas, são forçadas a sufocar a revolução nacional. Ambos os interesses centrais — da dominação imperialista e das classes burguesas nacionais — convergem para o mesmo fim, a aceleração da revolução econômica.

PRINCIPAIS PUBLICAÇÕES

1948 *Organização social dos Tupinambá*. São Paulo: Instituto Progresso Editorial (2ª ed.: São Paulo, Difel, 1963).

1951 "A função social da guerra na sociedade tupinambá", *Revista do Museu Paulista* (6): 7-425 (2ª ed.: São Paulo, Pioneira, 1970).

1953 *Ensaio sobre o método de interpretação funcionalista na Sociologia*. São Paulo: Edusp.

1959 *Brancos e negros em São Paulo* (com Roger Bastide). São Paulo: Companhia Editora Nacional, 2ª ed. (3ª ed.: 1971).

1959 *Fundamentos empíricos da explicação sociológica*. São Paulo: Companhia Editora Nacional (4ª ed.: São Paulo, T. A. Queiroz, 1980).

1960 *Ensaios de Sociologia Geral e Aplicada*. São Paulo: Pioneira (3ª ed.: 1976).

1960 *Mudanças sociais no Brasil*. São Paulo: Difel (3ª ed.: 1979).

1961 *Folclore e mudança social na cidade de São Paulo*. São Paulo: Anhambi (2ª ed.: Petrópolis, Vozes, 1979).

1962 *A Sociologia numa era de revolução social*. São Paulo: Companhia Editora Nacional (2ª ed.: Rio de Janeiro, Zahar, 1976).

1964 *A integração do negro à sociedade de classes*. Rio de Janeiro: MEC (3ª ed.: São Paulo, Ática, 1978).

1968 *Sociedades de classes e subdesenvolvimento*. Rio de Janeiro: Zahar (4ª ed.: 1981).

1970 *Elementos de Sociologia Teórica*. São Paulo: Companhia Editora Nacional (2ª ed.: 1974).

1972 *O negro no mundo dos brancos*. São Paulo: Difel.

1972 *Comunidade e sociedade no Brasil: leituras básicas de introdução ao estudo macro-sociológico do Brasil* (org.). São Paulo: Companhia Editora Nacional (2ª ed.: 1975).

1973 *Capitalismo dependente e classes sociais na América Latina*. Rio de Janeiro: Zahar (3ª ed.: 1981).

1973 *Comunidade e sociedade: leituras sobre problemas conceituais, metodológicos e de aplicação* (org.). São Paulo: Companhia Editora Nacional.

1975 *A revolução burguesa no Brasil: ensaio de interpretação sociológica*. Rio de Janeiro: Zahar (3ª ed.: 1981).

1975 *A universidade brasileira: reforma ou revolução?* São Paulo: Alfa-Ômega (2ª ed.: 1979).

1975 *A investigação etnológica no Brasil e outros ensaios*. Petrópolis: Vozes.

Florestan Fernandes

1977 *A Sociologia no Brasil: contribuição para o estudo de sua formação e desenvolvimento*. Petrópolis: Vozes (2ª ed.: 1980).

1976 *Circuito fechado: quatro ensaios sobre o poder institucional*. São Paulo: Hucitec (2ª ed.: 1977).

1978 *A condição de sociólogo* (pref. de Antonio Candido). São Paulo: Hucitec.

1978 *O folclore em questão*. São Paulo: Hucitec (2ª ed.: São Paulo, Martins Fontes, 2003).

1980 *A natureza sociológica da Sociologia*. São Paulo: Ática.

1980 *Brasil, em compasso de espera: pequenos escritos políticos*. São Paulo: Hucitec.

1980 *Movimento socialista e partidos políticos*. São Paulo: Hucitec.

1980 *O que é revolução*. São Paulo: Brasiliense.

1981 *Poder e contra-poder na América Latina*. Rio de Janeiro: Zahar.

1982 *A ditadura em questão*. São Paulo: T. A. Queiroz.

1984 *A questão da USP*. São Paulo: Brasiliense.

1986 *Nova República?* Rio de Janeiro: Jorge Zahar.

1986 *Que tipo de República?* São Paulo: Brasiliense.

1989 *A constituição inacabada: vias históricas e significado político*. São Paulo: Estação Liberdade.

1989 *Pensamento e ação: o PT e os rumos do socialismo*. São Paulo: Brasiliense.

1992 *Parlamentarismo: contexto e perspectivas*. Brasília: Câmara dos Deputados/ Centro de Documentação e Informação.

1994 *Democracia e desenvolvimento: a transformação da periferia e o capitalismo monopolista da era atual*. São Paulo: Hucitec.

1998 *A força do argumento*. São Carlos: Editora da UFSCar.

OCTAVIO IANNI

Octavio Ianni nasceu no município de Itu, em 1926. Formou-se na Faculdade de Filosofia, Ciências e Letras da Universidade de São Paulo em 1954 e, logo após a formatura, integrou o corpo de assistentes da faculdade, na cadeira de Sociologia I, da qual Florestan Fernandes era o titular. Obteve o título de mestre em 1956 e o de doutor em 1961. Em 1969 foi aposentado compulsoriamente da Universidade de São Paulo pelo AI-5, e nesse mesmo ano participou da fundação do Cebrap (Centro Brasileiro de Análise e Planejamento). Transferiu-se para a PUC e depois voltou à universidade pública como professor da Unicamp, na qual, mesmo após aposentadoria compulsória, ministrou aulas até seus últimos dias. Foi professor visitante e conferencista em universidades norte-americanas, latino-americanas e européias. Faleceu em São Paulo em 2004. Este texto foi composto a partir de entrevistas do autor concedidas ao *Jornal da Unicamp*, à revista *Estudos Avançados*, e de depoimento inédito concedido a Elide Rugai Bastos, "ABC da Sociologia", em 1983.

Fale sobre sua formação como sociólogo.

Uma parte importante da minha formação como sociólogo realizou-se na Faculdade de Filosofia, Ciências e Letras da Universidade de São Paulo, onde fiz bacharelado, licenciatura, mestrado, doutorado e livre-docência. Ingressei no curso de Ciências Sociais em 1949. Apresentei a dissertação de mestrado *Raça e mobilidade social em Florianópolis* em 1956; a tese de doutorado, *O negro na sociedade de castas*, é de 1961, e a de livre-docência, *O Estado e o desenvolvimento econômico no Brasil*, data de 1964. No mesmo curso fui professor de 1956 a 1969.

Nesses vinte anos de Faculdade de Filosofia, como aluno e professor, tive a oportunidade de desenvolver a minha formação aproveitando da sabedoria de intelectuais como Roger Bastide, Florestan Fernandes, Fernando de Azevedo, Lourival Gomes Machado, Gilda de Mello e Souza, Lívio Teixeira, Gioconda Mussolini, Egon Schaden, Charles Morazé, Antonio Candido, Paul Arbousse-Bastide, Paul Hugon, Stevens, Cunha Andrade, Aroldo de Azevedo.

Ao longo desse tempo, travei conhecimento com autores e obras, teorias e controvérsias, consideradas de interesse no campo da Sociologia: funcionalismo, método tipológico ou compreensivo, sociedade e natureza, teoria e pesquisa, descrição e explicação, quantidade e qualidade, pesquisa de campo e reconstrução histórica, comparação e experimentação, história e duração. Estavam em questão: Durkheim, Weber, Sombart, Tönnies, Simmel, Park, Merton, Znaniecki, Wright Mills, Lundberg, P. Young, H. Hyman, Lazarsfeld, B. Berelson, F. Kaufmann. Era uma espécie de batalha entre uma Sociologia de inspiração alemã e outra de inspiração norte-americana, conduzida por Durkheim.

E a ambiência da USP?

Ali iniciei e ampliei meu contato com as outras Ciências Sociais, principalmente História, Economia, Antropologia, Política, Psicologia, de forma irregular, mas suficiente para alargar um pouco a compreensão da realidade social. Com freqüência esse universo intelectual levava a leituras de Filosofia, ainda que ocasionais, assistemáticas: Descartes, Rousseau, Kant, Comte, Dilthey, Rickert. Sempre houve ênfase na pesquisa: os professores do curso, em sua maioria, estavam imbuídos da preocupação em desenvolver a pesquisa científica em Sociologia. Pretendia-se levar a Sociologia a uma fase nova, "científica". Valorizavam-se bastante as técnicas e os métodos de pesquisa, ao lado das teorias, na busca de um conhecimento que pudesse ser apresentado como científico. Às vezes, chegava-se a uma espécie de "visão naturalista". Ganhava-se uma aguda compreensão da anatomia do fato social e perdia-se a fina compreensão do espírito.

Essa orientação estava fortemente marcada pela razão positivista. Havia uma acentuada influência da concepção de ciência proveniente das ciências físicas e naturais. Seja pela influência do metodologismo da Sociologia norte-americana, seja pela influência do padrão, ou modelo durkheimiano. No final, predominava Durkheim, no contraponto com Weber. Mas Weber ficou, como se fosse uma espécie de Prometeu do século XX.

E o marxismo?

Outra parte importante da minha formação intelectual realizou-se a partir do estudo da obra de Marx. Anteriormente, havia lido um ou outro escrito de Marx, Engels e de alguns dos seus continuadores, enquanto aluno do curso de Ciências Sociais, e mesmo antes de ingressar na Faculdade. Mas foi depois de terminar o mestrado, quando estava na fase de redação da tese de doutorado, que iniciei o conhecimento mais sistemático da obra de Marx.

Esse conhecimento representou todo um questionamento da formação adquirida até então. Alargou horizontes e recolocou problemas. Permitiu uma visão crítica da Sociologia e das Ciências Sociais, a partir de uma perspectiva carregada de História. Inclusive propiciou a reavaliação das contribuições básicas de cientistas sociais clássicos e modernos, em sua originalidade e valor. Tornou-se possível reinterpretar e revalorizar Durkheim e Weber, da mesma maneira que Tocqueville, Maquiavel e outros. Assim, a realidade social parecia ganhar outras dimensões, compreendendo a cultura, o espírito numa escala ampla.

Além de tudo, o conhecimento da dialética, por intermédio da obra de Marx, abriu outra perspectiva de análise da realidade brasileira e latino-americana. Ampliou-se a compreensão da sociedade enquanto uma realidade complexa, em termos sociais, econômicos, políticos, culturais.

A obra de Marx não só abre problemas filosóficos como também recoloca outras leituras. Para compreender melhor a dialética, freqüentemente se vai a Hegel; abre-se à leitura de Hobbes, Locke, Rousseau, com distintas perguntas. Da mes-

Octavio Ianni em defesa de tese na Faculdade de Filosofia, Ciências e Letras de São Paulo, na rua Maria Antonia, em 1961.

ma maneira que se vai a Saint-Simon, Proudhon, Bakunin, Tocqueville, Ricardo, A. Smith, Darwin, Malthus, Nietzsche. Sempre perseguindo a explicação da vida social, sociedade civil, indivíduo e sociedade, grupos e classes sociais, formas de poder, Estado, História, revolução.

Você é um assíduo leitor de romances...

A formação em Ciências Sociais ganha muito com a literatura, isto é, o romance e a poesia. Além do compromisso com a linguagem e a invenção, a literatura alarga o sentido da cultura e da vida. Há sutilezas e grandezas da vida social que aparecem na obra artística com uma vivacidade que as Ciências Sociais em geral apanham de fora, ou não apanham. Pode ser bom ler Kafka para saber da alienação trabalhada por Marx, ou da burocracia que Weber estudou. Do mesmo modo, Tolstói e Dostoiévski podem revelar muito sobre o tzarismo, além do que escreveram Lênin e Trotsky. Sobre a tirania na América Latina, muito se aprende com José Martí, Mariátegui, Euclides da Cunha, Domingos Faustino Sarmiento, José Henrique Rodó; e muito se ganha com Miguel Ángel Asturias, Augusto Roa Bastos, Nicolás Guillén, Ernesto Cardenal, Alejo Carpentier, Oduvaldo Vianna Filho (Vianinha), Gabriel García Márquez. Mais do que isso, os escritores descortinam dimensões da tirania que as Ciências Sociais apenas sugerem. Também Lima Barreto, Graciliano Ramos, Carlos Drummond de Andrade, João Cabral de Melo Neto avançam na compreensão da sociedade brasileira, permitindo refinar as sutilezas e grandezas sugeridas por Sérgio Buarque de Holanda, Gilberto Freyre, Caio Prado Jr., Florestan Fernandes, Celso Furtado. Sem esquecer Whitman e Maiakóvski e Neruda, que descobrem o indivíduo e a multidão. Sob vários aspectos, a literatura abre o horizonte da cultura, da história, numa escala que a ciência apenas esboça. Ocorre que a literatura lida principalmente com o singular, o privado, o subjetivado, o sensível. Por isso, torna vívida a vida que a ciência precisa buscar. Revela dimensões invisíveis, incógnitas, recônditas. Talvez a parte submersa do iceberg.

E seu diálogo com os trabalhos contemporâneos nas Ciências Sociais?

Em aulas e congressos, seminários e simpósios, bancas de concurso e mesas redondas, em muitos lugares e diferentes países, toda formação é avaliada e criticada: Brasil, México e Índia; Estados Unidos e Inglaterra; Argentina e Peru, Itália e Itu; Nicarágua e Cuba. Assim, também, aprendi um pouco mais a nuançar o fundamental, perceber a sombra da sombra, descobrir os nexos entre história e vida, reconhecer a multiplicidade das razões, a complexidade dos sentidos. Ficaram mais fortes e nuançadas as diversidades culturais, raciais, étnicas, religiosas, lingüísticas, plásticas, espirituais que conformam as sociedades, classes, grupos. A visão do mundo como um mundo capitalista adquiriu as cores da história, o contraponto das diferenças, a multiplicidade do movimento.

Fale sobre suas pesquisas.

Ao longo dos anos, desde a Faculdade de Filosofia, realizei várias pesquisas. Uma parte delas resultou em artigos, ensaios, teses, livros. Outra parte ficou como experiência pessoal, trabalho de aperfeiçoamento, acertos e desacertos; na gaveta da espera, depois esquecida. Comecei com Roger Bastide, lendo romances de Machado de Assis, para pescar material sobre a presença do negro na literatura brasileira. Também fui a centros de umbanda, para registrar essa forma de vida religiosa. Em seguida, com Florestan Fernandes, pesquisei as relações entre negros e brancos nos estados do Sul: Rio Grande do Sul, Santa Catarina e Paraná. Publiquei um primeiro trabalho sobre o samba de terreiro de Itu.

· Depois, por iniciativa própria e devido a compromissos com instituições de ensino e pesquisa, universitárias e independentes, nacionais e estrangeiras, trabalhei sobre temas relativos ao Brasil e América Latina: escravidão e racismo, populismo e classes sociais, Estado e capitalismo, imperialismo, questão agrária, revolução burguesa, revolução e cultura. Também escrevi sobre dialética e capitalismo.

Fale sobre a equipe de Florestan Fernandes, da qual fazia parte também Fernando Henrique Cardoso.

De fato eu, o Fernando Henrique, a Marialice M. Foracchi e, em outro momento, também Leôncio Martins Rodrigues, Luiz Pereira e José de Souza Martins formamos uma equipe que trabalhou com Florestan Fernandes. Foi nesse clima, dos anos 40, 50 e 60, que se desenvolveu, de certo modo, um compromisso com a pesquisa, com a discussão de problemas sociais e com uma continuação da interpretação da análise da sociedade brasileira. Em parte, uma espécie de visão crítica das interpretações que havia anteriormente. Esse compromisso era bem acadêmico, nós estávamos engajados no estudo de obras fundamentais e na realização de pesquisas. Depois, cada um foi para seu lado. O golpe de 1964 espalhou estes elementos para diferentes lugares.

Qual a sua participação nas pesquisas sobre relações raciais desenvolvidas na USP por essa equipe?

É possível afirmar que os estudos sobre as relações raciais no Brasil desenvolvidos em São Paulo a partir da USP, com a participação ativa e pioneira de Roger Bastide e Florestan Fernandes, têm uma inspiração muito evidente e conhecida, graças à contribuição e ao interesse da Unesco para que se esclarecesse e se estudasse qual era a situação racial no Brasil. De certo modo, Alfred Métraux, em contato com Roger Bastide e Florestan Fernandes (este relacionado com professores de outras partes do país), foi o portador de uma mensagem da Unesco para que fossem feitos tais estudos. Naturalmente, a Unesco encaminhou contribuições materiais para a realização dessa atividade. Nessa época, também houve estudos realizados por norte-americanos, entre eles Charles Wagley e Marvin Harris, mencionados no capítulo "Preconceito de marca e preconceito de origem", do livro de Oracy Nogueira *Nem preto, nem branco*. Nesse capítulo estão listados todos os que participaram desses estudos nessa época. Ou seja, brasileiros e norte-americanos inspirados na proposta da tese de que o panorama racial brasileiro seria diferente do dos Estados Unidos e de outras partes do mundo, como a África do Sul.

A hipótese mais evidente (confirmada em vários estudos) é de que a Unesco foi inspirada pela idéia de que o Brasil era uma democracia racial. Isso numa época em que o mundo saía de uma guerra em que o racismo era parte intrínseca das batalhas ideológicas e também militares. Pois a brutalidade do racismo, que se desenvolveu com o nazismo, seguramente reacendeu o racismo em outras partes da Europa e do mundo. Impressionados com a tese da democracia racial, os membros da Unesco decidiram fazer estudos para incentivar o esclarecimento do problema.

E como foi a recepção dos estudos da USP que apontavam a democracia racial como um mito?
O impacto desses estudos foi assimilado de modo traumático porque havia na ideologia brasileira e na academia, como ambiente cultural, um certo compromisso com a tese da democracia racial. Com os trabalhos de Roger Bastide e Florestan Fernandes, em *Negros e brancos em São Paulo*, é que foi revelada a realidade do preconceito racial de par a par com o preconceito de classe e, portanto, o preconceito racial constitutivo da sociabilidade na sociedade brasileira. Um fato estranho reside em que vários estudos financiados pela Unesco foram publicados em inglês e francês. Mas por alguma razão ainda não esclarecida (suponho que tem a ver com a interpretação), esse livro de Roger Bastide e Florestan Fernandes não foi publicado nessas duas línguas. E esse livro — por ser fruto de uma pesquisa empírica, historiográfica em vários níveis (tanto pesquisas de campo como de reconstrução histórica) — incomodou grandemente setores intelectuais e elites no Brasil. Mas também fecundou, de maneira surpreendente, diversos estudos sobre a questão racial no Brasil, que foram influenciados por essa visão mais rigorosamente científica e fundamentada em entrevistas, depoimentos, relatos e documentos.

Em que se funda essa tese?
É preciso reconhecer que um mergulho na história social do Brasil mostra que durante a escravatura formou-se uma poderosa cultura racista. Essa idéia, em grande medida, já está em Caio Prado Jr. Em seu livro *A formação do Brasil contemporâneo*, há um estudo primoroso sobre o que foi o escravismo na formação da Colônia, inclusive com desenvolvimentos fundamentais em termos do que é a sociabilidade, a cultura e o contraponto escravo-senhor. Esta questão pode ser encontrada parcialmente em trabalhos de Roger Bastide e de forma mais elaborada em textos de Florestan Fernandes.

Quais as razões pelas quais essa teoria se desenvolveu em São Paulo?
Apresento uma hipótese que acho interessante. Levando em conta a formação acadêmica de Roger Bastide, de Florestan Fernandes e de Oracy Nogueira e também o patamar representado pela sociedade no Centro-Sul, especialmente em São Paulo, podemos identificar o porquê da teoria desses grandes pesquisadores. São Paulo já era uma sociedade mais urbanizada, mais de classes e não de castas, como no escravismo. Mesmo ainda existindo castas em São Paulo (das quais ainda hoje temos resquícios), a sociedade de classes estava em franco desenvolvimento, havendo, portanto, uma sociabilidade diferente daquela existente no Nordeste. Acredito que isso levou Caio Prado, Florestan Fernandes, Roger Bastide e Oracy Nogueira a perceberem que esse cenário era um laboratório excepcional para a análise de pro-

blemas sociais. Aqui a questão racial aparecia de uma maneira mais explícita. Temos elementos biográficos que também ajudam, mas acho que não devem ser postos em evidência. A vivência de Florestan Fernandes como criança, adolescente e adulto na cidade de São Paulo deu a ele uma percepção aguda do que era a cidade. Isso aparece em seu livro *A integração do negro na sociedade de classes*. É patente que ele vê a questão racial a partir de sua vivência em São Paulo. Em outros termos, Bastide, por se interessar por religiões, mergulhou na vivência das relações entre negros e brancos de maneira muito forte. Não é ironia e nem é injusto dizer que alguns autores brasileiros vêem a questão racial da janela, desde longe ou desde o alpendre da casa-grande. Enfatizo esse argumento de que no patamar em que eles estavam — a sociedade do Centro-Sul — havia uma urbanização intensa e recente, classes sociais evidentemente em formação e a industrialização, onde foi possível descortinar que o preconceito racial não se reduzia ao preconceito de classe. Mesmo porque os estudos posteriores feitos por eles demonstraram que, na fábrica, dois operários na mesma seção se discriminavam segundo sua etnia.

Será que a presença do imigrante também foi um elemento de peso nessa discriminação racial?

Não há dúvida que essa multiplicidade étnica deve ter sido um elemento forte porque, inegavelmente, havia discriminação em relação aos imigrantes — italianos, árabes etc. Nas pesquisas que fiz na equipe que Florestan Fernandes montou no Paraná, Florianópolis e Porto Alegre, ficava evidente que havia uma pluralidade étnica que implicava uma escala de preconceitos. Isto é, alguns eram mais discriminados do que outros. No Paraná, por exemplo, a freqüência de negros em Curitiba era relativamente pequena (entre 10 e 15% da população, no máximo) e meus informantes da cidade afirmavam: "Aqui não há negros", acrescentando uma fala fatal: "O nosso negro é o polaco". Isto é, inconscientemente, eles assimilaram o preconceito que os alemães desenvolveram na Europa contra os poloneses. O negro e o polonês eram colocados na escala mais baixa da discriminação; em segundo lugar vinham os italianos (com alguns outros, como os ucranianos); em terceiro, os brasileiros do povo e, no topo da pirâmide, os alemães. Uma acentuada valorização de alguns e uma classificação diferenciada para outros. Logo, esse laboratório de etnias também funcionou como elemento fertilizante.

Qual é a relação que se estabelece entre a questão racial e a questão social?

Sobre a democracia racial temos que observar que esse mito não está só no pensamento brasileiro. Ele está ao lado de outros emblemas e mitos que são constitutivos da ideologia dominante no Brasil. Por exemplo, a idéia de que a escravatura foi branda e não muito brutal. Na verdade, a escravatura na casa-grande foi diferente da do eito, mas não é ela que explica a questão racial no Brasil, porque o convívio das pessoas na casa-grande acaba sendo comunitário, influenciado pelo companheirismo. A questão racial vem junto com a idéia de que a escravatura no Brasil foi diferente, a idéia de que houve revoluções brancas e a idéia de índole pacífica do povo brasileiro. Há vários emblemas do que seria a ideologia das elites dominantes no Brasil que têm a ver com uma certa invenção de tradições e uma pasteurização da realidade. Nesse contexto está o homem cordial, que, se me permitem a provocação, também faz parte dessa visão. Não foi essa a intenção de Ribeiro Couto nem de Sérgio Buarque, mas vendo esses emblemas, tomados em conjunto na história do pensamento brasileiro, concluímos que há uma tradição forte de se pensar o Brasil como um país diferente, com uma história incruenta. A produção das Ciências Sociais na USP começou a pôr em causa essa visão, tanto no que se refere à questão racial, quanto à questão social. Colocou em causa inclusive a idéia de nação que vinha sendo elaborada. Enfim, começamos a formular (na base de Caio Prado, de Manuel Bonfim e de uma literatura de esquerda) a hipótese de que o país podia ser diferente. Isto é, um país mais democrático, com um Estado de bem-estar social mais avançado — quem sabe até uma nação socialista. Coloco a seguinte interrogação: como é possível afirmar e reafirmar a democracia racial num país em que as experiências de democracia política são precárias e a democracia social, se existe, é incipiente? Isso é minimamente uma contradição, um paradoxo num país oriundo da escravatura, autocrático, com ciclos de autoritarismo muito acentuados. Acrescento ainda (algo muito pessoal) que o mito da democracia racial não é só das elites dominantes. Quando pensamos que as relações sociais estão impregnadas pela idéia de democracia racial, descobrimos, então, que se trata de um mito cruel, porque neutraliza o outro.

Qual o papel dos movimentos negros, hoje, no Brasil?
Não tenho um balanço sistemático desses movimentos, mas acho que cresceram muito e hoje há muitos negros já formados que estudam a questão racial. Eles estão questionando o que se chama de "escola paulista". O pioneiro nesse debate foi o Clóvis Moura (de uma geração equivalente à de Florestan Fernandes), que escreveu sobre a questão social do negro e as rebeliões e, inclusive, iniciou um debate crítico sobre os estudos da escola paulista. Outros negros mais jovens estão também fazendo estudos, questionando...

Qual sua opinião sobre cotas para os negros na universidade?
Não tenho uma opinião amadurecida, somente algumas impressões. Num primeiro momento, a definição e a obrigação de cotas aparecem como conquistas sociais do movimento negro. Ou, como diriam outros, como concessões dos donos do poder. Aqui está o problema, já que nenhum fato social tem apenas um significado. Os setores dominantes (seja o Congresso, seja o governo, sejam aqueles que decidem), ao aceitarem o sistema de cotas, estão, de certo modo, concordando com uma determinada interpretação e atendendo a algumas reivindicações. Então, numa primeira avaliação, o estabelecimento de cotas aparece como uma conquista positiva; mas, simultaneamente, é a reiteração de uma sociedade injusta, fundada no preconceito. Ela é tão evidentemente fundada no preconceito que é preciso estabelecer espaços bem determinados e limitados para que os negros tenham a possibilidade de participação. Tem algo de esquizofrênico e imitativo do padrão norte-americano, onde o preconceito continua a existir da mesma forma, ainda que tenha havido o reconhecimento da questão racial.

Existe no mundo atual possibilidade de democratização das relações raciais?
A potencialidade de democratização das relações sociais existe em qualquer lugar do mundo, mas é anulada ou bloqueada devido ao jogo das forças sociais, à disputa pelo poder e pelas posições. Esse potencial existe em nossa cultura (mundial) de modo evidente, seja via budismo, cristianismo, islamismo etc. E ele foi criado pelas lutas sociais. Contudo, esse potencial tem condições limitadas porque prevalecem os princípios do mercado, da dinâmica do capital. Em estatísticas de desemprego nos Estados Unidos, que acompanhei, crescem os contingentes negros e porto-riquenhos, seguidos pelas mulheres e, de maneira mais relativa, pelos jovens. Nas guerras, como a do Vietnã, mostra-se essa hierarquização, já que os negros vão à guerra por estarem desempregados. O primeiro homem que morreu no Iraque não foi um norte-americano tradicional, mas um guatemalteco.

Desde quando se interessou pela América Latina?
A rigor, despertei para a América Latina em 1954, quando ocorreu a derrubada do governo Arbenz, da Guatemala, um governo notável que realizou uma proposta da maior importância para o desenvolvimento da sociedade da Guatemala. No entanto, o imperialismo americano descartou esse experimento, financiando mercenários que derrubaram o governo. A partir daí, desenvolvi meus trabalhos. É interessante que a evolução da minha pesquisa não foi pensada *a priori*. É uma resposta aos desafios que vão se colocando em diferentes momentos, tendo sempre uma certa linha, uma preocupação, um enfoque teórico na tentativa de entender como o povo se mobiliza, como se luta pela democracia, como se movem os grupos e as classes sociais em termos de transformações. Afinal, em que medida a história é revolução e em que medida a revolução é um caminho, ou não, para a emancipação? É claro que essa série de trabalhos me deu uma sensibilidade especial para o estudo da globalização, porque todos os estudos sobre o Brasil, sobre a América Latina, passam pelo imperialismo. A Revolução Mexicana foi, pouco a pouco, tomada pelo imperialismo americano. A revolução em marcha na Guatemala foi, também, tomada — e brutalmente — pelo mesmo imperialismo americano. E a Revolução Cubana sofre gravíssimas extorsões em conseqüência da ação do imperialismo.

Como será Cuba depois de Fidel Castro?
Cuba está se transformando. Abre-se para compromissos no âmbito da economia e da política com outras sociedades e faz até concessões arriscadas. Deste processo, resulta uma tentativa que começa a se definir como de êxito e acomodação do projeto socialista cubano no âmbito do que é a transnacionalização que, em Cuba, é fortemente orientada pelo imperialismo americano. Dá para dizer que Cuba, como a Índia e a China, cada uma a seu modo, é um país que está conseguindo preservar o projeto nacional e acomodar as exigências da transnacionalização. Nos três casos, por métodos distintos, há uma presença decisiva do apoio popular, do compromisso com o povo, fundamentado nas conquistas sociais ao longo da história pós-revolução, em 1959. Depois de Fidel Castro, Cuba terá de garantir as conquis-

Octavio Ianni

tas sociais e evitar que aconteça o que está ocorrendo na Argentina, no Brasil, no México e em várias partes do mundo: uma privatização da atividade educativa, do ensino, da saúde, da previdência. Isto se caracteriza como o abandono drástico e gravíssimo das conquistas sociais que foram resultado não simplesmente de décadas, mas de séculos, como é o caso da Europa. As conquistas do povo do México, do Brasil, da Argentina e de muitos outros países são conquistas que resultaram de lutas de décadas. O predomínio do projeto atual, a proposta neoliberal, começa a drenar os problemas, começa a se defrontar com problemas ainda mais graves.

E o Brasil?
O Brasil é um país no qual as classes dominantes abandonaram o povo, traíram o povo, destruíram as suas conquistas sociais. Isso aconteceu também na Argentina, no Chile, na Colômbia, na Bolívia e em outras partes do mundo. No México, o governo decretou o fim de toda experiência agrária mexicana, abrindo caminho para a grande empresa e para o *agrobusiness*. Isso leva a uma dissociação entre Estado e sociedade. Acredito que nós vivamos este quadro. Se nós fizermos uma pequena incursão na história das últimas décadas, logo constataremos o seguinte: o Brasil, desde 1930, com a ditadura do Estado Novo e com a democratização, desenvolveu um projeto nacional bastante articulado. Não era límpido, não era o ideal, mas era um projeto, que foi evoluindo em termos de proteção dos recursos naturais, criação de empresas estatais e privadas comprometidas com a constituição de infra-estruturas: siderurgia, petróleo, eletricidade...

Você poderia falar sobre as pesquisas que vem desenvolvendo atualmente?
Desde 1980, estou trabalhando numa Sociologia da Globalização, uma Sociologia no sentido de fatos, isto é: problemas históricos, fenômenos políticos e culturais. De certo modo, esta pesquisa está sintetizada em três livros que já publiquei desde 1990: *A sociedade global, A era do globalismo* e *Teorias da globalização*.

Fale sobre esses trabalhos.
Globalização é um novo ciclo intensivo e extensivo de desenvolvimento em que o capitalismo ingressou em escala mundial. Mas estou convencido de que se deve falar não apenas sobre globalização, mas sobre mundialização, transacionalização e planetarização. O capitalismo já nasceu mundial, com a viagem de Vasco da Gama, e continuou depois, com o descobrimento do Novo Mundo. Em fins do século XV e começo do século XVI, houve um surto de expansão do capitalismo em termos de mercantilismo, de pirataria e escravismo.

O que é diferente hoje?
Uma coisa é mercantilismo, outra coisa é colonialismo, outra distinta é imperialismo. E agora estamos nesse outro ciclo, o globalismo. O que não significa que não haja mais imperialismos, colonialismos e inclusive mercantilismos. É claro que há. Mas hoje os grandes atores do capitalismo mundial são as grandes corporações transnacionais.

Em geral, elas são assessoradas, direta ou indiretamente, por organizações também transnacionais, como o Grupo dos Oito (G-8), a Conferência de Davos, o Fundo Monetário Internacional, o Banco Mundial e a Organização Mundial do Comércio. São organizações multilaterais, constituídas por Estados nacionais que atuam de acordo com a dinâmica dessas corporações.

Por isso, já não dá mais para falar simplesmente em metrópole e colônia, ou em país dominante e dependente. As corporações mandam em certos países muito mais que os próprios governos. E pode ser qualquer governo, mesmo os poderosos, como o Japão, os Estados Unidos ou a Alemanha.

Qual a dimensão desse processo?

O novo ciclo precisa ser entendido não só como modo de produção ou de organização da economia. Podemos pensar também como um processo civilizatório. Com essa dinâmica, vêm instituições, a mídia, a cultura, a música, os festivais, as competições esportivas. Tudo é internacional. É um processo econômico, financeiro, tecnológico e cultural. Tanto que há músicas que são de difícil identificação, não sabemos dizer se a raiz é caribenha, africana, brasileira ou norte-americana. São músicas com um pouco de tudo, como as roupas e as mercadorias em geral.

Mercadorias são globais, algumas são uma combinação de peças fabricadas em diferentes continentes. E essa globalização não é uma coisa inocente. As organizações transnacionais se tornaram estruturas mundiais muito poderosas, a ponto de o FMI "puxar a orelha" do governo norte-americano pelos problemas financeiros de sua economia.

Quais são as conseqüências desse processo sobre as classes desfavorecidas?

A globalização que está acontecendo é de cima para baixo. Desenvolve-se conforme os princípios do neoliberalismo, conforme os interesses dos setores dominantes em escala mundial. O resultado é o imenso sacrifício dos diferentes setores sociais. O desemprego é um exemplo. Na Argentina a taxa de desemprego é de 20% e não é verdade que a culpa dessa alta taxa é só do governo argentino. Foi a dinâmica da economia mundial que levou muitas transnacionais a transferir suas empresas de lá para o Brasil e outras partes.

A globalização é um fato indiscutível, com complicações não só econômicas, financeiras e tecnológicas, mas também políticas, sociais e culturais. As manifestações de protesto em várias partes do mundo são uma tentativa de fazer face à globalização de cima para baixo e propor uma de baixo para cima. É a luta por mais democracia, melhor distribuição da riqueza, evitando que direitos sejam dizimados.

Por que o desemprego acompanha o processo de globalização?

Essa globalização vem acompanhada de uma intensa tecnificação eletrônica dos processos de trabalho e de produção. Tecnificar significa intensificar a presença da máquina, do equipamento, das tecnologias eletrônicas, microeletrônicas, robóticas e de automação e, portanto, eliminar mão-de-obra. Ela não dispensa o trabalho, mas potencializa a capacidade produtiva. Cinco empregados conseguem realizar o que antes demandava cinqüenta.

É mentira que o trabalho está em declínio. É uma análise muito superficial. Na verdade, isso acontece desde 1500, à medida que se adotam técnicas novas. Estamos vivendo em uma época em que há uma forma de desemprego conjuntural, que resulta do metabolismo normal da economia. O desemprego estrutural é diferente, é aquele que implica na dispensa a longo prazo do trabalhador, já que seu trabalho foi substituído por outro meio. Faz parte dos desafios que a juventude enfrenta o reconhecimento desses problemas. E é fundamental compreender quais são suas perspectivas no espaço do mercado, no espaço da profissionalização, para que assumam como cidadãos algum tipo de papel no debate sobre os problemas da sociedade.

Quais são as possibilidades de se atuar nesse processo?

A globalização do capitalismo tanto germina a integração como a fragmentação. Na mesma medida que se desenvolvem as diversidades, desenvolvem-se também as disparidades. A dinâmica das forças produtivas e das relações de produção, em escala local, nacional, regional e mundial, produz interdependências e descontinuidades, evoluções e retrocessos, integrações e distorções, afluências e carências, tensões e contradições. É altíssimo o custo social, econômico, político e cultural da globalização do capitalismo para muitos indivíduos e coletividades ou grupos sociais subalternos. São principalmente esses os setores sociais mais drasticamente atingidos pela ruptura dos quadros de referência sociais e mentais. A realidade é que a globalização do capitalismo implica globalização de tensões e contradições sociais, nas quais se envolvem grupos e classes sociais, partidos políticos e sindicatos, movimentos sociais e correntes de opinião em todo o mundo. Assim, as novas gerações são desafiadas a se repolitizar. Não mais em termos de um projeto político nacional, mas compreendendo que agora cada pessoa é membro de uma sociedade que é mundial, que cada um é cidadão do mundo.

Quais os novos rumos adotados pela Sociologia para acompanhar as mudanças resultantes da globalização?

Nas últimas décadas, as Ciências Sociais — Sociologia, Economia, Política — estão abaladas, como se vivessem uma crise. Estão sendo obrigadas a se adequar a um objeto que mudou de figura, a uma realidade complexa e global, mas que envolve ainda colonialismo, imperialismo, nacionalismo, tribalismo, localismo e regionalismo. A transnacionalização é um problema de mercado. Hoje, os jovens de certos setores sociais se vestem, mais ou menos, do mesmo jeito em todo o mundo. Isto significa que há fatos múltiplos, cotidianos, reiterados e semelhantes numa escala mundial ao mesmo tempo em que há lutas pela afirmação do local, do nacional, da identidade das coisas que são próprias de uma região. Os fatos que se multiplicam em escala mundial e que envolvem a dinâmica dos mercados, a ação das corporações, as acomodações dos governos nacionais com as exigências das corporações são realidades surpreendentes, às vezes novas, às vezes antigas, mas recriadas.

Tudo isso exige novas tarefas da Economia Política, Sociologia, análises de Política, da Antropologia. O que parecia ser uma crise das Ciências Sociais, na verdade, é um desafio que está se desenvolvendo pelo fato de que o objeto dessas ciências se tornou mais complexo, ganhou novos dinamismos, está suscitando novas realidades, o que implica em processos ainda desconhecidos. Isso precisa ser taquigrafado pelas Ciências Sociais. As expressões "globalização", "mundialização", "planetarização", "realidade virtual", "desterritorialização" são expressões metafóricas, conceitos que estão sendo elaborados para dar conta dessa realidade.

A Sociologia se debate entre a busca de interpretações novas e a releitura dos clássicos. Como avalia essa situação?
De fato, a realidade mundial com suas transformações está desafiando as Ciências Sociais, e há, portanto, propostas para explicar esta realidade. Os livros de Fernand Braudel estão, em certa medida, respondendo a esses cenários. Os textos de Immanuel Wallerstein, Samir Amim e outros propõem novas teses sobre a realidade mundial.

Ao mesmo tempo, existe a possibilidade de reler os clássicos e, aí, descobrir aspectos que ficaram na sombra. Marx é um exemplo bom. Quando voltamos a lê-lo, nos deparamos com aspectos de seu pensamento que não foram devidamente avaliados. Há toda uma teoria da cultura e da história que, simplesmente, ficou esquecida. Há reflexões sobre o que é o indivíduo, o que significa ser homem, mulher, jovem ou velho. Em uma passagem, que acho fantástica, Marx escreve: "Os instintos físicos e espirituais do ser humano no mundo burguês estão profundamente marcados e contaminados pela propriedade. A propriedade é uma instituição tão poderosa e tão encravada na cultura, na afetividade, nas relações, que ela marca profundamente a maneira com a qual os indivíduos expressam os seus sentimentos. Quando for abolida a propriedade privada, evidentemente, os seres poderão expressar seus instintos físicos e espirituais em outras dimensões". Eu brinco com essa idéia e digo o seguinte: como sou prisioneiro do princípio da propriedade privada, há sons que não ouço, há idéias que não tenho coragem de formular porque, como prisioneiro, estou encravado nesta cultura. Isso é uma mina que não foi explorada nem pelos psicólogos. Hoje se diz em várias partes do mundo que chegou o fim do trabalho, que o trabalho não é mais importante. O que mudou é a tecnologia da organização do trabalho e da produção, e isto está em Marx! Marx diz que, toda vez que a classe operária luta por melhores condições de vida, os proprietários do capital tratam de acelerar o ritmo no qual a máquina funciona, ou então substituem a máquina antiga por uma nova para compensar e continuar a realizar os seus lucros. Toda vez que a competição exige, os proprietários do capital tratam de modificar as suas tecnologias de produção para fazer face à competição e, com isto, manter os seus níveis de ganho. Para Marx, a competição por um lado e as lutas sociais, por outro, afetam o lucro e envolvem a dinamização da tecnologia produtiva. É o que está acontecendo hoje. As tecnologias eletrônicas são meios pelos quais os proprietários do capital tratam, simultaneamente, de dinamizar a capacidade produtiva da força de trabalho e manter os seus lucros.

Octavio Ianni

Qual o papel do intelectual?

O trabalho intelectual, seja ele filosófico, científico ou artístico, sempre tem algo a ver com a invenção. Modestamente, ou em grandes proporções, toda obra expressa alguma ou muita invenção. É inegável que todo trabalho intelectual tem muito a ver com a vida, tem compromisso com a verdade; implica na responsabilidade do intelectual em face do seu material, objeto ou personagem. Inclusive a obra de arte tem algum compromisso com a verdade, na medida em que ela inventa um mundo que possui alguma verossimilhança em si. O trabalho do cientista social tem sempre um elemento de invenção, ficção, arte. Neles há situações e climas, personagens e dilemas, trabalhos e lutas, tensão e mistério. Todo acontecimento, objeto da reflexão científica, tem algo a ver com o desafio ou fascínio que exerce sobre o pesquisador. A obra científica reconstrói, trabalha criticamente, recria, decanta ou canta o acontecimento. Como seria a sociedade burguesa, se pudesse ser pensada sem Marx nem Weber?

E qual o papel das Ciências Sociais no mundo atual?

No século XXI, muitos estão empenhados em compreender e explicar as situações, os acontecimentos e as rupturas, assim como as relações, os processos e as estruturas que se formam e transformam com a sociedade global; uma sociedade na qual se subsumem as sociedades nacionais, em seus segmentos locais e em seus arranjos regionais. Ocorre que a sociedade global, vista em suas implicações simultaneamente econômicas, políticas e culturais, demográficas, religiosas e lingüísticas, constitui-se como nova, abrangente e contraditória totalidade, uma formação geo-histórica na qual se inserem os territórios, as fronteiras, as ecologias e as biodiversidades, os povos e as nações, os indivíduos e as coletividades, os gêneros e as etnias, as classes sociais e os grupos sociais, as culturas e as civilizações. Uma "totalidade" simultaneamente histórica e teórica. Estudar essa configuração exige o diálogo entre as diferentes áreas do conhecimento, em que as Ciências Sociais têm um papel específico, pois estão preocupadas principalmente em compreender as ações, as relações, os comportamentos, as instituições. Dá para dizer que a narrativa nas Ciências Sociais lida muito mais com a compreensão, ao passo que a narrativa nas Ciências Naturais empenha-se em explicar, principalmente, em termos de causa e efeito. Nas Ciências Sociais, a compreensão é a do sentido das ações das pessoas. É a análise do comportamento de um indivíduo, seja um anônimo ou uma figura conhecida. Ela sempre revela vários significados nas ações dos indivíduos. Em outras palavras, os fatos sociais são sempre carregados de vários significados. Nesse sentido, a narrativa nas Ciências Sociais está empenhada em captar o sentido ou os sentidos das ações, das relações, das tensões, dos conflitos sociais. E, neste momento, elas estão desafiadas a repensar esses sentidos e significados.

Então, há um avanço do conhecimento nos momentos de transformação?

Sem dúvida. Para citar o período da Revolução Francesa, há um conjunto de inquietações que fertilizam a criatividade de filósofos — Diderot, Kant, Hegel —, de cientistas — Lavoisier etc. — e de artistas. Aqui se coloca um problema fascinante, que é o de como as chamadas revoluções científicas podem ser vistas como acontecimentos que são contemporâneos de revoluções culturais, filosóficas e políticas. Daí por que estou convencido de que nessa época da história, no fim do século XX e no começo do século XXI, nós estamos metidos numa grande ruptura histórica.

Qual a dimensão dessa ruptura?

O declínio do mundo socialista, a transformação das nações socialistas em fronteiras de expansão do mundo capitalista e a tentativa dos Estados Unidos em se transformarem na única potência mundial e de instituírem uma espécie de administração mundial das várias nacionalidades e nações. Isso está sendo uma transformação muito séria, profunda, que está abalando muitas convicções, muitas noções. Isso implica um novo florescimento da filosofia, das ciências e das artes. Aliás, já há produções nas ciências sociais e algumas produções nas artes que demonstram que seus autores estão interessados em compreender os novos horizontes.

Quais são?

Há uma grande parte da obra de autores como Edward Said. São escritos que desembocam em novos conceitos, novas noções. Seus livros expressam isso. No cinema, temos filmes em que você não sabe qual é o país em que se passa a história. Isso significa que já há uma arte transnacional cujos temas são de significação mundial e cujos personagens não precisam ser identificados como sendo deste ou daquele país.

Qual o papel da ciência e da tecnologia nesse universo?

A ciência e a técnica estão, por enquanto, sendo administradas e monopolizadas pelas estruturas de poder, pertencentes às elites e às classes dominantes em escala nacional e mundial. Sabemos que a reforma do sistema de ensino de primeiro, segundo e terceiro graus que está sendo feita no mundo é uma reforma preconizada e imposta pelo Banco Mundial, que é uma organização sistêmica. A realidade é a seguinte: a ciência e a técnica, que, em abstrato, por hipótese, são inocentes, têm sido usadas em escala crescente como técnicas de poder.

E a universidade nesse quadro?

O uso crescente da tecnologia e sua respectiva industrialização produzem uma adoção crescente da razão técnica-instrumental no âmbito da universidade, o que em si não é nem ruim nem bom. É uma realidade. Só que está havendo um predomínio exclusivo do pensamento tecnocrático. Estão reduzindo, senão marginalizando, continuamente, o pensamento crítico. O pensamento instrumental está invadindo crescentemente a universidade. Na verdade, muitas das conquistas técnicas que a universidade tem produzido são usadas pela empresa privada. E o desemprego é crescente. Na verdade, o uso das conquistas científicas e tecnológicas para a maioria da população ainda está muito restrito. E o problema é grave, a universidade está sendo invadida por interesses tecnocráticos não só alheios a ela. Setores internos acreditam que fazer pesquisas de acordo com certos projetos de corporações é um trabalho válido para a sociedade.

Octavio Ianni

Acha essa visão equivocada?

Depende. Se o resultado vai ser distribuído para toda a sociedade é muito bom. Mas se os resultados vão servir para certas corporações aperfeiçoarem as inovações, não entendo, porque quem se beneficia dos lucros e das vantagens que se obtêm são essas empresas e corporações. Então, está havendo esse fenômeno que chamo de reversão. A universidade nasce comprometida com a ciência, que é uma forma de praticar o pensamento crítico, mas o pensamento tecnológico está aumentando sua presença no meio universitário e isto é muito evidente. Há setores — e falo das Ciências Sociais — em que o pensamento crítico é malvisto. É provável que haja algo semelhante nas ciências físico-naturais, mas é um péssimo sinal que o exercício do pensamento crítico, independente, como uma forma de levantar novas hipóteses, novas perspectivas, esteja sendo considerado como irrelevante ou desnecessário.

PRINCIPAIS PUBLICAÇÕES

1960 *Cor e mobilidade social em Florianópolis: aspectos das relações entre negros e brancos numa comunidade do Brasil meridional* (com Fernando Henrique Cardoso). São Paulo: Companhia Editora Nacional.

1961 *Homem e sociedade: leituras básicas de Sociologia Geral* (org., com Fernando Henrique Cardoso). São Paulo: Companhia Editora Nacional (13ª ed.: 1983).

1962 *As metamorfoses do escravo*. São Paulo: Difel (2ª ed.: São Paulo, Hucitec, 1988).

1963 *Industrialização e desenvolvimento social no Brasil*. Rio de Janeiro: Civilização Brasileira.

1965 *Estado e capitalismo*. Rio de Janeiro: Civilização Brasileira (2ª ed.: São Paulo, Brasiliense, 1989).

1965 *Política e revolução social no Brasil* (com Paul Singer, Gabriel Cohn e Francisco Weffort). Rio de Janeiro: Civilização Brasileira.

1966 *Raças e classes sociais no Brasil*. Rio de Janeiro: Civilização Brasileira (3ª ed.: São Paulo, Brasiliense, 1987).

1968 *O colapso do populismo no Brasil*. Rio de Janeiro: Civilização Brasileira (5ª ed.: 1994).

1971 *Estado e planejamento econômico (1930-1970)*. Rio de Janeiro: Civilização Brasileira (6ª ed.: 1996).

1971 *Sociologia da Sociologia latino-americana*. Rio de Janeiro: Civilização Brasileira.

1972 *Teorias da estratificação social*. São Paulo: Companhia Editora Nacional.

1974 *Imperialismo na América Latina*. Rio de Janeiro: Civilização Brasileira (2ª ed.: 1988).

1975 *A formação do estado populista na América Latina*. Rio de Janeiro: Civilização Brasileira (2ª ed.: 1991).

1975 *Sociologia e sociedade no Brasil*. São Paulo: Alfa-Ômega.

1976 *Imperialismo e cultura.* Petrópolis: Vozes (3ª ed.: 1979).
1978 *Escravidão e racismo.* São Paulo: Hucitec (2ª ed.: 1988).
1979 *Luta pela terra: história social da terra e da luta pela terra numa área da Amazônia.* Petrópolis: Vozes.
1979 *Colonização e contra-reforma agrária na Amazônia.* Petrópolis: Vozes.
1980 *O ABC da classe operária.* São Paulo: Hucitec.
1981 *A ditadura do grande capital.* Rio de Janeiro: Civilização Brasileira.
1982 *Dialética e capitalismo: ensaio sobre o pensamento de Marx.* Petrópolis: Vozes (3ª ed.: 1988).
1983 *Revolução e cultura.* Rio de Janeiro: Civilização Brasileira.
1984 *O ciclo da revolução burguesa.* Petrópolis: Vozes.
1984 *Origens agrárias do Estado brasileiro.* São Paulo: Brasiliense.
1986 *Classe e nação.* Petrópolis: Vozes.
1988 *A Sociologia e o mundo moderno.* São Paulo: Educ.
1989 *Sociologia da Sociologia: o pensamento sociológico brasileiro.* São Paulo: Ática, 3ª ed. rev. e ampliada.
1991 *Ensaios de Sociologia da Cultura.* Rio de Janeiro: Civilização Brasileira.
1992 *A sociedade global.* Rio de Janeiro: Civilização Brasileira (11ª ed.: 2003).
1993 *Labirinto latino-americano.* Petrópolis: Vozes.
1994 *A idéia de Brasil moderno.* São Paulo: Brasiliense (3ª ed.: 1996).
1995 *Teorias da globalização.* Rio de Janeiro: Civilização Brasileira (12ª ed.: 2004).
1996 *A era do globalismo.* Rio de Janeiro: Civilização Brasileira (8ª ed.: 2004).
2000 *Enigmas da modernidade-mundo.* Rio de Janeiro: Civilização Brasileira (3ª ed.: 2003).
2004 *Capitalismo, violência e terrorismo.* Rio de Janeiro: Civilização Brasileira.

Fernando Henrique Cardoso

FERNANDO HENRIQUE CARDOSO

Fernando Henrique Cardoso nasceu em 1931. Formou-se em Ciências Sociais na Universidade de São Paulo em 1952. Doutorou-se em Ciência Política na mesma instituição em 1961 e fez também estudos de pós-graduação na Universidade de Paris. Com o golpe de 64, exilou-se inicialmente no Chile e depois na França. Lecionou na Faculdade Latino-Americana de Ciências Sociais (Flacso) e na Universidade do Chile. Em Paris, para onde se mudou em 1967, lecionou na Universidade de Paris-Nanterre. De volta ao Brasil, em 1968, conquistou a cátedra de Política da USP e, um ano mais tarde, fundou o Centro Brasileiro de Análise e Planejamento (Cebrap). É membro da Comissão de Alto Nível das Nações Unidas para o Empoderamento Legal dos Pobres, professor *at large* na Universidade de Brown e professor visitante da University of Southern California, além de professor emérito da USP. Foi senador pelo estado de São Paulo, membro fundador do PSDB, e mais tarde ministro das Relações Exteriores e da Fazenda no governo Itamar Franco. Foi eleito presidente da República por dois mandatos consecutivos, de 1995 a 2003. Esta entrevista foi realizada em janeiro de 2001.

Vamos começar por sua formação e como chegou às Ciências Sociais.
Bom, um pouco pela motivação socialista e um pouco por acaso. Como muitos jovens brasileiros, eu lia muita literatura e tinha interesse em fazer um jornal de colégio. Quando estava mais ou menos com dezessete anos, fui passar férias em Lindóia com dois amigos — Célio Benevides de Carvalho, que hoje é procurador da República, e Luís Ventura, um artista plástico. Lá encontrei, no hotel, um senhor que lia sem parar, o que me deixou curioso. Era Nuno Fidelino Figueiredo, um grande historiador da literatura portuguesa e professor da Faculdade de Filosofia. Percebendo minha curiosidade, ele me chamou. Conversamos bastante e ele me disse que eu passasse depois em seu gabinete em São Paulo, que era na avenida São Luís, coisa que fiz.

A Faculdade de Filosofia não funcionava na Praça da República?
O Departamento de Literatura ficava num casarão na avenida São Luís. Acho que o de Matemática era lá também. Ele então me abriu os olhos para a Faculdade de Filosofia. Eu tinha tido um professor de Geografia, o professor Roque, que até hoje me escreve de vez em quando e que, na época, estava se formando na Faculdade de Filosofia com os franceses e também falava muito sobre a faculdade. Então eu prestei vestibular para estudar Ciências Sociais. Na verdade eu não sabia muito bem do que se tratava, apenas tinha uma visão de que era uma coisa que abria

a cabeça... [*risos*]. Passei em segundo lugar no vestibular, a Ruth Cardoso passou em primeiro.

Já a conhecia antes?
Eu a conheci lá. A Radhá Abramo também fez concurso e entrou para Literatura.

Quais foram suas primeiras impressões da faculdade?
Na faculdade as primeiras aulas foram de Economia, sobre teoria do valor, dadas pelo professor José Francisco de Camargo. Ele era assistente do professor francês Paul Hugon, que foi meu professor depois. A teoria do valor era uma coisa muito abstrata. Depois tive Geografia Econômica, Demografia. Havia também um professor de Filosofia, Cunha Andrade, que arrasava os corações e as cabeças das jovens. Era um assistente de Filosofia e nos dava os pré-socráticos. Depois veio o Florestan, que dava as aulas de Introdução à Sociologia. Eu não entendia muito. Para mim foi um grande desencontro entre o que eu esperava e o que encontrei.

O Florestan era um grande professor, ou não?
Não, não, as aulas eram um tijolo, um tijolaço [*risos*]. Mas mesmo assim ele animava todo mundo. Ele era muito bom, muito competente, tinha vinte e poucos anos e eu dezoito. Mas havia certo desencontro, porque eu tinha interesse por literatura. Todos nós tínhamos certa preocupação com o Brasil, com a política, com a literatura engajada, o ciclo do Nordeste, Jorge Amado, essa coisa toda. E estávamos enfrentando nas aulas a teoria do valor, Florestan com os tupinambás, os pré-socráticos na Filosofia. Tudo para mim era muito abstrato. Aliás, o primeiro trabalho que eu escrevi na faculdade foi sobre Parmênides. Havia um aluno que estava quase no fim da faculdade, Roque Spencer Maciel de Barros, que era bastante bem-informado e me deu as pistas para eu escrever sobre os fragmentos do Parmênides. O professor me deu nota cinco. Eu não gostei e fui pedir explicações. Aí percebi que ele não tinha lido o trabalho [*risos*]. Assim, no primeiro ano, fiquei um pouco perdido.

No segundo ano, tive aulas com Roger Bastide e Antonio Candido. Este sempre foi excelente professor. Bastide era um professor organizado, sempre dava aulas em francês, nunca em português. Nós líamos autores alemães e franceses. Havia certo desencontro: no curso de Introdução à Filosofia nós tínhamos aulas sobre Kant dadas por um professor francês chamado Martial Gueroult. Ele, na verdade, estava continuando um curso sobre Kant iniciado no ano anterior e dava a bibliografia em alemão. A gente boiava inteiramente. Mas havia um professor-assistente, Lívio Xavier Teixeira, que nos explicava um pouco mais os textos. Naquela época nunca cheguei a entender Kant. Descartes, sim. Era impossível passar pela faculdade sem uma leitura sistemática do grande Descartes. Era uma formação, digamos, clássica européia. Bastide fazia uma coisa mais interessante: procurava nos dar aulas sobre o pensamento contemporâneo e nos fazia ler Bergson, Freud etc. Portanto, nesses primeiros dois anos, nossa formação era quase filosófica. Bastide era muito eclético, ensinava também a psicologia social dos americanos. Em Sociologia, Florestan nos fazia ler Mannheim, Dilthey, algo de Weber, o manual de

68   Conversas com sociólogos brasileiros

Freyer, o livro do Aron sobre a Sociologia alemã, Simmel e muitos outros autores. Descartes e Dilthey eram pilares da nossa formação. Quem dava Durkheim era o Fernando de Azevedo. Qual era a preocupação da Faculdade de Filosofia naquela época? Era definir a Sociologia como ciência, pois era necessário distingui-la da Filosofia. Nós éramos os joguetes de uma briga cujo sentido não entendíamos muito bem. Fernando de Azevedo era entusiasta de Durkheim e o Florestan, embora o admirasse, não se limitava a ele. Florestan propôs a famosa divisão, cada santo em seu altar: Durkheim, Weber e Marx, cada um sendo útil para um tipo de análise.

Os "três porquinhos"?

Isto foi mais tarde. Eu não entendia muito bem a questão do funcionalismo como método. Florestan o estava aplicando para reconstituir a sociedade tupinambá a partir dos fragmentos históricos deixados pelos viajantes desde o século XVI. Ele fazia a crítica sistemática das fontes, pois era um intelectual rigoroso: cultivava rigor nos textos e rigor na análise empírica. Essa foi a nossa formação: busca por rigor na leitura dos textos e rigor empírico. Florestan havia sofrido influência da Escola Livre de Sociologia e Política.

Onde ele fez o mestrado...

Ele fez o mestrado lá, na época em que havia muita gente de bom nível. Ele chegou a polemizar com Parsons. Florestan tinha boa formação de pesquisa empírica e entendia de etnologia também. Nós também tínhamos curso de Antropologia com Emilio Willems, que havia feito estudos sobre imigrantes alemães do Sul, e com Egon Schaden. Florestan conhecia bastante Antropologia. Nessa época nós líamos muito os antropólogos ingleses. Tanto Florestan como Antonio Candido e Gioconda Mussolini dominavam a bibliografia.

E Lévi-Strauss?

Lévi-Strauss havia passado antes pela faculdade mas só veio a ter influência mais tarde, com o estruturalismo. Ruth, por exemplo, seguiu os cursos dele no Collège de France, mas em 1961. Creio que, antes disso, Antonio Candido e Gilda de Mello e Souza tinham mais afinidade com as idéias do Lévi-Strauss do que Florestan, que foi quem mais influenciou a mim e à minha geração. Fernando Azevedo dava aulas ao estilo da Faculdade de Direito: bem organizadas, mas não tão cativantes, no sentido de "ciência" que era a nossa paixão. Florestan dava aulas de bata branca e depois, quando nós todos fomos seus assistentes e, mais tarde, professores, também dávamos aula de avental branco, pois éramos "cientistas" [risos]. Então, nossa formação nessa época era em "Ciências Sociais", não tanto em Ciência Política. Nem se falava isso. Quem dominava na Sociologia eram Florestan e Bastide. Fui assistente dos dois e participei como ajudante da pesquisa deles sobre os negros em São Paulo. Tomei parte também de outra pesquisa, sobre psicologia social, no Juqueri. Maria Isaura Pereira de Queiroz, de quem Bastide gostava muito, e eu preparávamos o material e Bastide fazia os artigos interpretativos.

E o nível dos alunos?
Eram bem poucos alunos: Maria Sylvia de Carvalho Franco, Ruth, eu, Octavio Ianni. Quem mais? Marialice Mencarini Foracchi e mais dois ou três. Ianni parou de estudar e voltou mais tarde, tendo seguido um curso meu. Estes eram meus colegas de curso. Era um grupo pequeno, de umas dez pessoas. Era uma escola de elite. Antes, quando Antonio Candido, Gilda e o próprio Florestan se formaram, tinha sido até mais. Quando entrei lá, em 1949, a escola continuava bastante elitista.

O senhor já sentia que o curso ia lhe render alguma coisa?
Sim, eu me lembro que no segundo ano de faculdade eu fui tomar um café com Florestan na avenida São João, perto dos Correios, e ele me disse que eu devia me preparar para a vida acadêmica, ele me motivou muito. Devo muito a ele, como professor e como amigo. Lembro que ele estimulava a disputa entre todos nós. Mais tarde, o Fernando de Azevedo brigou comigo por causa do Florestan, quando organizei uma coletânea com o Ianni chamada *Homem e sociedade*, que era o curso que eu dava no primeiro ano, de Introdução à Sociologia. O livro vendeu mais de 100 mil exemplares, teve várias edições, e me rendeu forte indisposição com o Fernando de Azevedo porque não havia um texto dele em nossa antologia. Eu gostava do Fernando de Azevedo, não foi por maldade. Mas o clima era esse, de muita disputa. Também Paul Hugon queria que eu fosse seu assistente em Economia, chegou até a me arrumar um emprego na Caixa Econômica. Ele queria que eu fosse economista. Florestan também tinha uma formação econômica razoável e nos obrigava a ler muita Economia. Então a gente se revezava entre a Sociologia, a Antropologia e a Economia. Embora tenha feito um curso de especialização em Antropologia, nunca fui muito afim com a matéria. Gostava mesmo era de Economia, de Sociologia e também um pouco de Filosofia. Nossa formação era bastante diversificada.

E sem ter atividade extra-acadêmica?
Não, não, enquanto aluno eu nunca tive.

Nem política?
Não, não.

E as poesias?
Ah, já tinha desistido, isso foi coisa de final de adolescência. A gente ficava o tempo todo estudando. Era uma vida muito fechada. Quando eu estava no terceiro ano da faculdade, Florestan me indicou para trabalhar na Faculdade de Economia com o professor Mário Wagner Vieira da Cunha, que era professor catedrático de Ciências da Administração.

A Faculdade de Economia ficava ao lado da Filosofia, que tinha mudado da Praça da República para a rua Maria Antonia. O pátio era comum, o restaurante era o mesmo. Então eu fui trabalhar com a Lucila Hermann no Instituto de Administração. Ela fazia e me ensinava a fazer pesquisas em Sociologia, sobre trabalhadores, sobre a indústria têxtil. Eu e a Maria Sylvia. Passei algum tempo pesquisando no local onde foi a Prefeitura de São Paulo, o Palácio das Indústrias, no qual havia os arquivos da lei dos dois terços (a relação com os nomes dos trabalhadores e sua nacionalidade, pois as fábricas eram obrigadas a ter 2/3 de brasileiros). O Maurício Segall, que era assistente do Mário Wagner na Faculdade de Economia, era meu amigo e meu superior hierárquico. Quando já estava no quarto ano da Faculdade de Filosofia, Mário Wagner me chamou e disse que ele tinha me indicado à Alice Canabrava para ser seu assistente. Naquele tempo havia certa hierarquia: primeiro o professor catedrático, depois vinha o primeiro assistente, o segundo, às vezes havia o terceiro e os auxiliares de ensino. Eles me nomearam primeiro assistente sem eu ter terminado o curso da Faculdade de Filosofia. O reitor da Universidade de São Paulo baixou a portaria autorizando e fui ser assistente da Alice, que era uma grande historiadora, uma pessoa que fazia muita pesquisa histórica e tinha uma visão muito ampla.

Alice era uma grande orientadora?

Uma grande orientadora. Nessa época, próxima ao quarto centenário da cidade de São Paulo, em 1954, ela fazia um levantamento sobre a questão do abastecimento da cidade. Ela me deu fundamentalmente duas tarefas: uma era ler as atas da Câmara dos Vereadores de São Paulo, nos arquivos que ficavam no prédio em que funcionou o DOPS e hoje está a Pinacoteca. A outra, dar o curso de História Econômica da Europa, matéria que eu pouco sabia. O José Albertino Rodrigues foi assistente dela e, mais tarde, o Fernando Novais. Mas ela brigava muito e brigou comigo também. Ela queria que trabalhássemos, digamos, num regime militar, com horário de entrar, de sair. Eu trabalhava muito. Quando fui mandado pelo Mário Wagner para o Instituto de Administração para trabalhar com a Lucila Hermann, o Florestan ficou desconfiado, falou que queria que eu voltasse para a Faculdade de Filosofia, pois o Mário Wagner queria que eu fosse para os Estados Unidos e o Florestan era contra.

Por que ele era contra?

Ele nunca havia saído do Brasil. Só mais tarde é que ele ficou mais universal.

O que o senhor lecionou na Faculdade de Economia?

Bem, mandaram-me ensinar, como disse, História Econômica da Europa. A Alice me deu uns livros em inglês. Como meu inglês era deficiente, tive que me debruçar neles e apanhar muito para poder ler aqueles livros de história econômica da Europa.

Foi seu primeiro curso?

Foi. Não sei exatamente em que ano foi isso, deve ter sido em 1952 ou 1953. Eu tinha 21 anos quando fui nomeado assistente. Lembro de ter assistido a tese de doutoramento do Delfim Netto sobre o café. Na Faculdade de Economia segui os cursos de Dorival Teixeira Vieira sobre análise econômica. Sempre tive certa facilidade para dar aula embora nunca me considerasse um bom professor, pois não tenho paciência. Eu vejo a Ruth, que é uma ótima professora, ela se dedica, dá atenção ao aluno, critica as teses com seriedade. Já eu acho que o aluno quer ouvir o que já sabe. Se você começa a inovar, ele não gosta. A idéia de que os mais jovens gostam de novidade é mentira, o pessoal quer ouvir o que já sabe [risos]. Eu sempre fui mais pesquisador, intelectual, do que professor. Embora seja bom expositor. Então, na Faculdade de Economia eu me desdobrei e dei o curso. Depois a Alice se desentendeu comigo, eu saí da Economia e fui trabalhar na Secretaria do Trabalho, por um tempo curto. Ruth, Eduardo Tess e outras pessoas já trabalhavam lá e ganhavam o que nós professores considerávamos salários altíssimos. Eles fizeram a primeira pesquisa sobre desemprego no Brasil, sob a direção da Celeste Andrade. Como eu próprio estava sem emprego, fui coordenar o levantamento de campo da pesquisa sobre força de trabalho. Foi a primeira pesquisa com certa abrangência nessa área. Nesse meio tempo, Florestan arranjou com Bastide para eu voltar para a Faculdade de Filosofia, como auxiliar de ensino. De primeiro assistente passei a ser auxiliar de ensino [risos].

Decaiu?
Decaí com o Bastide.

Mas aí a cana não era brava?
Aí a "cana não era brava" [risos]. Trabalhei um bom tempo com o Bastide, enquanto ele esteve no Brasil. Nesse período, cheguei a substituir o Antonio Candido no seu curso de métodos de pesquisa para que terminasse a tese. Por isso me agradece na introdução do livro Os parceiros do rio Bonito.

Feito na Fazenda do Edgard Carone?
Sim, em Bofete (SP). Gilda era a primeira assistente do Bastide. Maria Isaura e eu éramos auxiliares de ensino. Bastide era um intelectual muito interessante e prestou uma contribuição enorme ao Brasil. Tinha boa visão e fez trabalhos interessantes sobre religiões negras. No ano passado ou retrasado, escrevi o prefácio de um livro do Bastide, publicado na França, sobre o candomblé. Reli os trabalhos dele, nos quais ele mostra haver no candomblé uma dialética sem superação, em que o bem e o mal convivem sem contradição. Nos anos 70 houve a invasão do marxismo vulgar nas Ciências Sociais, em uma verdadeira obsessão pela luta de classes, como se tudo se resumisse a ela.

A qualidade média da formação caiu.
Caiu muito. Era um marxismo muito vulgar, mas o Bastide não o praticava. Ele tinha sofisticação interpretativa. Era, aliás, um dos raros sociólogos franceses não durkheimianos, tinha formação religiosa protestante. Ele também nos dava cursos sobre métodos de pesquisa, coisa complicada com a qual nós não sabíamos lidar. Quando fui assistente dele, como disse, dei um curso de métodos qualitativos e quantitativos de pesquisa durante um ano. Tive que ler alguma bibliografia dos americanos. Nesse tempo fazíamos a pesquisa sobre os negros dirigida pelo Florestan e por Bastide.

Foi um marco?

Foi um marco. O papel do Florestan foi muito importante, pois nós todos aprendemos a pesquisar naquele trabalho sobre os negros. A idéia do Florestan era transformar São Paulo em um laboratório para a análise sociológica, como o Robert Park, o Louis Wirth e outros haviam feito em Chicago. Em nosso grupo havia um pesquisador interessante, que se casou com a Maria Sylvia de Carvalho Franco, o Renato Jardim Moreira. Quando deixou o ensino na Faculdade, foi trabalhar na Shell como pesquisador. Antes disso, ele participou das pesquisas sobre os negros no Sul comigo e com o Ianni. Hoje não sei onde anda. Renato tinha mais valor do que foi dado a ele. Ele era uma pessoa menos verbal do que nós, mas mais competente em matéria técnica. Quando terminou essa fase, Bastide foi embora para a França e Florestan, que o substituiu na cátedra, passou a constituir o grupo dele. Para a minha surpresa, me nomeou primeiro assistente. E talvez para meu martírio, porque meus colegas ficaram enciumados. Renato foi nomeado segundo assistente. E era mais velho. Se o Florestan fosse político como eu, teria nomeado o Renato no meu lugar [risos]. E eu não iria reclamar porque não tinha essa expectativa. Renato, sujeito correto, também não reclamou, mas criou-se aquele clima. Florestan tinha isso, ele gostava da competição. Devemos lembrar que ele teve uma trajetória de mobilidade social, sempre conseguindo as coisas com mais dificuldade.

Na dureza?

Eu sou pouco apto para julgar, porque para mim a vida foi mais fácil. Quando dizem que desde aquela época eu sonhava em ser presidente, é mentira [risos]. Eu nunca pensei em ser presidente da República, mas não tinha dúvidas de que exerceria posições de projeção.

Como sua família viu sua entrada no curso de Ciências Sociais?

Meu pai era uma pessoa muito liberal, de cabeça muito aberta. Era militar, mas também advogado. Nesse tempo, ele advogava em São Paulo e tinha participação política muito mais forte do que eu. Tinha formação eclética, chegou a fazer alguns anos de Medicina e gostava de literatura. Até hoje tenho seus livros de língua francesa na biblioteca.

E o seu relacionamento com ele era bom?

Tínhamos grande diferença de idade porque ele se casou com mais de quarenta anos, mas era uma pessoa muito liberal e que achava interessante a vida intelectual. Ele escrevia em jornal e participou das revoluções de 1922, 1924 e 1930. Ele gostou muito quando fui trabalhar com Mário Wagner porque se interessava por administração. Então nunca houve resistência na minha família ao curso de Ciências Sociais, nem nenhuma expectativa específica sobre meu futuro. Se fosse para ter expectativa, eu seria militar. A vida intelectual sempre foi muito valorizada em minha casa, minha irmã também fez Filosofia, casou-se com Roberto Cardoso de Oliveira que é antropólogo, foi professor da Unicamp e leciona na Universidade de Brasília. Eles foram colegas de turma do José Arthur Giannotti.

Fernando Henrique Cardoso

E o senhor estava tranqüilo quanto à opção feita? Em nenhum momento a questionou?

Estava tranqüilo. Eu queria que a vida acadêmica fosse minha atividade principal. Nunca tive outra perspectiva. Na verdade, nunca me interessei por outra coisa. Anos mais tarde, quando já era professor assistente, fui parar no Conselho Universitário da USP, como representante dos antigos alunos. Aí já havia politização, pois fui eleito numa aliança com a Faculdade de Economia e com a de Medicina. Eu vinha pela esquerda, era contra a "bucha", uma organização secreta, fundada no século XIX e que ainda tinha influência residual entre os mais conservadores saídos da Faculdade de Direito e nós ganhamos. Quando alguém diz que sou ruim de voto, lembro que desde muito tempo ganho eleição [*risos*]. Então fui para a Reitoria, onde quem mandava naquela época eram os professores Camargo, da Poli, Honório Monteiro, da Faculdade de Direito que tinha sido ministro do Trabalho do Dutra, e Zeferino Vaz. Eles ficaram um pouco surpresos comigo porque eu era afável, sabia reverenciar os mais velhos, essa coisa toda. Um dia descobriram que meu pai era deputado pelo Partido Trabalhista Brasileiro, o presidente do Banco do Brasil era meu tio, o prefeito do Rio e o ministro da Guerra eram meus primos, ninguém sabia disso em São Paulo, nunca, ninguém sabia [*risos*]. Isso durante o governo de Getúlio Vargas e também do Juscelino.

E pensaram: "Esse menino é forte!".

É, eles descobriram que eu tinha "poder na República" [*risos*]. E me levaram ao Rio porque tinham que liberar uma verba. Não preciso entrar em detalhes. Quando cheguei ao Rio, guiava um carro imenso de um tio meu. Sendo um rapaz considerado "comunista", nunca usei nada disso, nem tive nenhuma mordomia, mesmo quando meu pai foi deputado. Fui à Câmara talvez uma ou duas vezes no máximo. Nunca fui a Ministério algum. Nunca tive proximidade com o governo. Em São Paulo, nunca usei isso, meus colegas nem sabiam de meus parentes. Minha vida era restritamente acadêmica.

Mas no Conselho Universitário o senhor percebeu que tinha talento para a coisa?

Eu resolvi fazer um Centro de Sociologia Industrial e do Trabalho, o Cesit, com o Florestan. Arranjei recursos com o Fernando Gasparian, que era meu amigo e cuja mulher, Dalva, tinha sido colega da Ruth no colégio em São Paulo. Fernando foi nomeado pelo Jango interventor na Confederação Nacional das Indústrias, a CNI. Assim, arranjei uma verba para fazer a pesquisa. Arranjar dinheiro do setor empresarial para fazer pesquisa na universidade era algo heterodoxo. Mas o dinheiro foi dado ao Cesit. Eu tinha muito cuidado para o Florestan não imaginar que eu quisesse ameaçar o poder dele.

Nessa época, estávamos começando a fazer pesquisa e ampliávamos o grupo. O Leôncio Martins Rodrigues, que tinha sido aluno da Ruth no curso secundário, no Colégio Fernão Dias Paes Leme em São Paulo, juntou-se a nós. Vieram Gabriel Cohn, José de Souza Martins, Marialice Foracchi.

Foi quando vocês mudaram de tema de pesquisa...
Sim, quando fizemos o Centro de Pesquisa em Sociologia Industrial e do Trabalho nós saímos da temática do negro para a temática dos empresários, do Estado, do desenvolvimento etc.

Quem, dos assistentes, defende a tese primeiro?
Fui eu. Fizemos pesquisa no Rio Grande do Sul, no Paraná e em Santa Catarina, em conjunto. Eu defendi a tese (*Capitalismo e escravidão no Brasil meridional*) em 1960. Nessa época, nós já tínhamos passado pelo seminário do Marx.

O seminário Marx é uma coisa importante?
Muito importante, isso foi na segunda metade dos anos 50. A idéia inicial foi do Giannotti. Nós estávamos na praia no Rio de Janeiro — eu ia com muita freqüência ao Rio nas férias. Giannotti, Ruth, Roberto Cardoso, meu cunhado, e talvez o Darcy Ribeiro, que morava no subúrbio e vinha para a casa do meu pai no Arpoador, íamos todos juntos à praia. Darcy era mais velho do que eu, nossa amizade foi feita através do meu cunhado que trabalhou com ele no Museu do Índio no Rio de Janeiro. Darcy gostava muito de meus pais e nós dele e da Bertha, sua primeira mulher.

Bem, retomando a estória do seminário, Giannotti voltava naquele momento da França entusiasmado com a idéia de análise estrutural de texto, influenciado por um de seus professores franceses, chamado Goldmann, eu creio. Então, ele nos propôs e começamos a fazer o seminário do Marx. Roberto Schwarz conta essa história toda, não preciso falar de novo.

Mas é importante contar dada a importância que o seminário do Marx acabou tendo para vocês.
Ele teve importância porque minha formação incluía a leitura de Mannheim, de Durkheim, de Weber e dos textos que o Bastide introduzira. Mas nossa visão básica provinha do funcionalismo (Talcott Parsons e Robert Merton), a bíblia do Florestan naquela época. Eu tinha tido participação política nos anos 1951, 1952, na revista Fundamentos, ligada ao Partido Comunista, com Caio Prado Jr. e Fernando Pedreira que era casado com a Renina Katz. Veja como faz muito tempo, pois esses dois são padrinhos do meu filho mais velho, Paulo, que vai fazer 52 anos. Elias Chaves Neto era realmente quem tocava a revista *Fundamentos*, uma revista cultural, de alguma forma influenciada pelo Partido Comunista. Marx, para nós, era uma referência vaga, não era livro de texto da faculdade.

O senhor já tinha lido alguma coisa?
Sim, porque o Florestan já tinha feito a tradução, não sei de qual idioma, da *Crítica da Economia Política*. Ele sofrera uma influência trotskista, através do Hermínio Sacchetta, mas nunca foi militante. Os amigos de orientação trotskista o consideravam próximo, mas que eu saiba, ele nunca foi membro dessa corrente. Florestan nunca foi quadro político e nem eu. Ele nos ensinava Marx como uma das abordagens para se analisar os processos de mudança de longo prazo. Para história so-

Fernando Henrique Cardoso

cial de longo prazo se aplicaria Marx, mas se fôssemos analisar um processo "coetâneo", como ele dizia, ou seja, que ocorresse no mesmo momento, o método funcionalista seria o mais indicado. Se quiséssemos analisar regularidades supra-históricas, o indicado era Durkheim. Em suma, eu não conhecia Marx, nem isto era requisito para ser "de esquerda".

Fazendo um parêntese, eu me lembro que Paulo Emílio Salles Gomes havia chegado no Brasil e eu, Fernando Pedreira e Agenor Barreto Parente, fomos à casa dele, um apartamento em Higienópolis. Ele nos disse, estarrecido: "Mas só agora vocês descobriram isso?", ou seja, os horrores do stalinismo [*risos*]. Ele tinha rompido com o Partido Comunista no final dos anos 30. Na verdade, a desilusão com o mundo comunista ocorria por ondas nas gerações de intelectuais. O ciclo de uma nova geração se entusiasma utopicamente, depois vem a desilusão. Agora talvez não haja mais essas ilusões, mas no passado elas eram fortes. Então, quando nós fizemos o seminário do Marx, já tínhamos passado por essa desilusão, e não tínhamos nenhuma ligação política.

A ligação era teórica?
Era teórica, embora nossa sensibilidade fosse realmente de esquerda, mas não era com o comunismo, com a União Soviética, com o Partido. As pessoas que participaram desse seminário eram de formação muito variada, militante mesmo tinha sido o Paul Singer, mas nunca foi comunista, foi socialista.

Quem era o núcleo duro?
O núcleo duro era composto pelo Giannotti, Fernando Novais, Ruth, Ianni, Paul Singer e eu.

Sebastião Advíncula?
Sebastião entrou numa fase posterior. Juarez Brandão Lopes entrou em outra. Depois eu fui embora do Brasil e eles continuaram.

Bento Prado Jr.?
Mas o Bento não foi do núcleo duro, ele entrou e saiu. Roberto Schwarz, Michael Löwy, que depois virou famoso na Europa e foi meu aluno, também participaram. Aliás, muitos deles, como o Roberto, foram meus alunos. Quer dizer, o seminário foi quase uma pós-graduação. Qual era seu sentido? Primeiro quem dava o tom acadêmico e de rigor era o Giannotti. Cada um lia numa língua diferente, ao mesmo tempo, para cotejar, mas não era por espírito de religião política, era por religião acadêmica, rigor acadêmico. Eram discussões infindáveis, cada um com sua especialidade: um era historiador, outro antropólogo, outro economista, outro sociólogo, outros tinham vivência política, outros tinham uma vocação literária ou filosófica. Era como se fosse um *college* inglês: havia a convivência intelectual e depois o jantar. A convivência nos tornou muito próximos e teve uma influência direta na elaboração das nossas teses de doutoramento, em todos nós, inclusive na do Giannotti.

Se não houvesse o seminário do Capital sua tese teria ido para outro rumo, mais funcionalista?

Certamente. Florestan não quis aceitar a versão quase final de minha tese. Naquela época ele não era só meu mentor intelectual, mas também meu vizinho. Nós morávamos na mesma rua Nebraska, no Brooklin. Eu mudara para a casa que tinha sido do meu pai, que foi para o Rio, depois de eleito deputado em 1954. Eu tinha telefone, coisa rara naquele tempo. Então, Florestan ia todos os dias a minha casa para telefonar e ficava lá. Bem, quando o Florestan leu a tese, o prefácio, que era pedante e fazia muita crítica ao funcionalismo, disse-me que não aceitava o texto. Eu pensei: "Então vou defender a tese com o Lourival Gomes Machado", catedrático de Política, com quem eu me dava bem e que Florestan não considerava academicamente sólido. Eu lhe disse que ia falar com o Lourival e foi "um pega pra capar". Eu estava com sarampo. O Florestan não respeitava essas coisas, com sarampo ou sem sarampo, ele disse que aquilo seria inaceitável. Florestan não gostava do seminário de Marx.

Ele não quis participar?

Não. Nós também não queríamos. Era um conflito de geração, afirmação de geração. O seminário significava nossa emancipação intelectual. Também por isso Florestan tinha uma implicância com o tal seminário. Uma vez, ele nos disse: "Vocês estão voltando ao ensaísmo, com Lukács, Sartre. Isso é um retrocesso", que ele não aceitava, pois constituiria um perigo para o desenvolvimento da Sociologia como ciência empírica.

Assim, a versão do prefácio (ou introdução, não me lembro) que está publicada no livro, não foi versão original. Eu amenizei as críticas ao funcionalismo que Florestan considerou inaceitáveis. Achou que eram críticas a ele.

Já tinha tido os embates do Guerreiro Ramos contra ele?

Ah, sim.

Então já era a segunda bordoada na época?

Nós tínhamos uma visão sobre Guerreiro Ramos e o Instituto Superior de Estudos Brasileiros muito depreciativa, porque em nossa cabeça nós éramos, efetivamente, os "cientistas" [risos].

E eles faziam política?

Eles faziam política.

Vinculados ao governo?

Vinculados ao governo e isso era inaceitável. Nós queríamos estar em uma pequena cidade alemã, vivendo isoladamente, lendo em alemão (que, diga-se, apesar de eu haver estudado durante cinco anos, nunca dominei sequer para ler), discutindo os conceitos que explicariam a História. Para Giannotti, por exemplo, tudo derivava do conceito, o conceito de capital, o conceito do trabalho. Para nós, sociólogos, a discussão conceitual não é tão decisiva assim, há sempre a preocupação com as referências à "realidade". Mas, para voltar a sua pergunta, de fato, se não tivesse havido o seminário, eu escreveria de modo diferente o livro *Capitalismo e escravidão no Brasil meridional*. Bastide publicou uma resenha nos *Cahiers de Sociologie* dizendo "esse livro não podia ter sido escrito na Europa", pois lá não se misturaria Weber, Marx e Sartre. É uma abordagem muito eclética.

O senhor sabia quais eram os conceitos?
Sabia, ou pensava saber, quais eram os conceitos a serem aplicados para entender nossa evolução histórica. Os intelectuais de orientação mais comunista ainda ficavam nas teses do feudalismo, latifúndio, traços dos feudalismos, resquícios do feudalismo, como pano de fundo da história brasileira. Para nós era muito difícil aceitar essas posições. O quadro conceitual do qual nós provínhamos, no seminário de Marx, levava-nos a criticar a visão simplista da transposição das "etapas" do capitalismo para entender o desenvolvimento do capitalismo mercantil que se desenvolvia nas Américas, baseado na escravidão. Mesmo antes, com a leitura de Mannheim, já dava para entender nossa evolução histórica sem recorrer ao funcionalismo, mas também sem cair no mecanicismo do marxismo vulgar. A esquerda tradicional não entendia o que estava acontecendo. Touraine, que nos deu aulas em 1959 e em 1960, tinha uma outra visão. Ele vinha da França e dizia: "Não dá para estudar a classe operária brasileira como se fosse a classe operária francesa". Por que gosto do livro do Tocqueville? Porque Tocqueville viu que a América não era a Europa, que havia outro princípio fundamental nessa sociedade e tentou entendê-la a partir de Montesquieu — de quem gosto muito também. A "natureza" da sociedade americana, comparada com a européia, é outra. Nela haveria outro "espírito das leis". Na América, era necessário estudar a religião, a coesão, o espírito comunitário, e não a existência de hierarquias, como na sociedade européia. Tocqueville não vê a América como réplica da Europa. Mas é preciso complementar essa ponderação com a análise de Marx. Há determinantes que são gerais; outros são específicos. O que conta para se entender a realidade não é o geral, é o específico, ou melhor, a relação entre um e outro. Veja na teoria da dependência, do desenvolvimento dependente: de um lado há o capital financeiro, o industrial, que se espalham pela periferia e respondem à dinâmica geral do capital. Isso tudo é verdade. Mas eles se configuram de uma forma diferente em cada tipo de sociedade nacional naquilo que Prebisch chamava de "periferia". Uma coisa é o enclave, outra é o produtor nacional, e outra ainda é quando vem um estrangeiro e investe aqui.

Não teríamos a teoria da dependência sem o livro Capitalismo e escravidão no Brasil meridional, não é?
Não. Nem sem o *Empresário industrial e desenvolvimento econômico no Brasil*.

Alguns de seus críticos não entendem isso porque não lêem o Capitalismo e escravidão?
Não lêem. E acham que eu estou naquela de "esqueçam o que escrevi". Jamais diria uma besteira dessas. O que vale é o que eu estou lhe dizendo agora. As análi-

ses que fiz foram inspiradas no movimento de entender o jogo entre o geral e o particular, como eles se estruturam. Como há rupturas na História, como se inova, como ocorrem mudanças. Nunca estive interessado na continuidade. O que me interessa é a mudança. Não aceito essa visão mecânica — o desenvolvimento do subdesenvolvimento — que é a idéia de que vamos ser sempre subdesenvolvidos. Eu escrevi um artigo no Chile com o José Luiz Reyna (que foi meu aluno e agora é embaixador do México no Brasil) em que fazemos uma análise de estruturas de emprego, comparando a Europa com os Estados Unidos e a América Latina. Não é um artigo de grande importância, mas nele comentamos a tese que, naquela época, estava em moda no Chile, a tese do catastrofismo. No Brasil estavam na tese do estancamento. Estagnação, catastrofismo, só a revolução nos salvaria.

O próprio Celso Furtado?
O próprio Celso, Helio Jaguaribe, Theotônio dos Santos, todo mundo estava nisso e eu estava noutra. Ao contrário do que as pessoas dizem hoje, que eu não acredito mais no que escrevi, o livro *Dependência e desenvolvimento* defendia o oposto do mecanicismo ao qual se deu nome de "teoria da dependência" e ao qual nunca estive ligado. Cobram agora que eu seja coerente com o que não acreditava no passado... O que eu dizia e escrevia criticava a Comissão Econômica para a América Latina e a esquerda tradicional. Eu dizia: "Vocês estão enganados, não é verdade que não exista o desenvolvimento possível na periferia; vai haver, está havendo".

Só que ele é dependente e associado?
É dependente e associado, mas é desenvolvimento e muda a estrutura da sociedade. Em segundo lugar, não é verdade que o caminho seja sempre o mesmo, pode haver variações. Não estamos condenados à repetição do mesmo, do atraso. O resultado depende da política que se defina. Aliás, na dialética entre o interno e o externo, o interno é o decisivo, não o externo. A mudança da sociedade se faz pelo interno e não pelo externo.

Só é possível perceber isso em uma análise sociológica crítica do economicismo. Por isso o subtítulo é "Um ensaio da interpretação sociológica".
Exatamente. Sabe como é que se deu aquele ensaio? O que era aquele ensaio? Eu cheguei ao Chile no dia primeiro de maio de 1964, saindo de Buenos Aires. O Francisco Weffort, que já estava trabalhando na Cepal, me esperava no aeroporto, junto com o André Gunder Frank, esse sim, um dos "pais" da dependência eterna (embora no fim da vida tenha se tornado mais sutil nas análises). Fui sozinho porque a família tinha ficado aqui, eu tinha saído correndo. Ao chegar lá, fiquei na mesma casa em que morei, depois, com o Celso Furtado, o Weffort e o Wilson Cantoni, que era um amigo nosso, professor de São José do Rio Pardo. Cantoni era anterior a mim na faculdade; não terá produzido grande obra escrita, mas era uma grande cabeça. Fazia um frio danado e não se ligava aquecimento, pois o Celso, o Weffort e eu somos reconhecidamente pão-duros [*risos*]. Ficamos muito bem ali convivendo com o Celso. Houve duas coisas que me influenciaram. A primeira foi

um seminário do qual participei, com consultores e com o estado maior do Instituto Latino-Americano e do Caribe de Planejamento Econômico e Social (órgão ligado à Cepal). Tratava-se de fazer uma reflexão sobre as análises da Cepal, uma coisa muito interessante. O Weffort deve ter assistido também a esse seminário. Foi muito interessante ver o debate entre eles com a participação de Raúl Prebisch, que dirigia as sessões. O Celso era uma pessoa muito sólida, um intelectual bem estruturado, falava direito, pouco, só nos momentos adequados. Aníbal Pinto ainda não havia retornado ao Chile, estava no Brasil. Quando regressou, me pressionou para que nos juntássemos de novo e resolvemos refazer, no Chile, um seminário sobre a história das idéias. Participavam o Weffort, o Almino Affonso e o Plínio Sampaio, enfim, pessoas que pensavam as questões políticas e sociais do Brasil. Mais tarde, a Maria Conceição Tavares e o cineasta Leon Hirszman, bem como o José Serra, juntaram-se às discussões. A segunda coisa que me influenciou é que eu fui dar aulas na Facultad Latinoamericana de Ciencias Sociales e na Faculdade de Economia do Chile, trabalhos que fazia de graça para não perder o contato com a vida acadêmica. Pouco tempo depois, Don José Medina Echavarría, o grande sociólogo espanhol que dirigia a divisão de estudos sociais do Ilpes, me botou como diretor adjunto e, na prática, me entregou o comando das coisas. José Medina ficava lendo, escrevendo, um grande homem, um grande intelectual, uma pessoa com quem dava prazer conviver. Tinha uma cultura germânica sólida, era conhecedor profundo de Weber, teve um papel crítico muito grande na Cepal, para onde fora levado por Celso Furtado, que conhecera no México.

É impressionante o papel desses espanhóis na América Latina e no México também.

Também, também... Toda a literatura alemã que nós líamos — Weber, Mannheim, Marx — foi tradução feita por eles para o *Fondo de Cultura Económica*. Então nós começamos a repensar a temática do desenvolvimento. Eu, como disse, dava aulas na Escola de Economia do Chile. A mulher do Theotônio dos Santos, Vânia Bambirra, foi minha assistente. Theotônio trabalhava num centro de pesquisas chamado CESU. E, na Cepal, estavam o Medina Echavarria, Enzo Faletto, Adolfo Gurrieri, o Adalberto Torres Riva, o Weffort e mais tarde o Vilmar Faria. Eu dava aulas na Flacso também. Foi nessas aulas e nas da Faculdade de Economia que comecei a desenvolver as idéias que vieram a dar no livro *Desenvolvimento e dependência na América Latina*. Em 1966 tinha havido um congresso mundial de Sociologia na França. Os diretores do Ilpes, que como parte da Cepal era uma burocracia, tinham medo de falar em nomes de partidos políticos, citar pessoas ou países, para não ofendê-los. Mas Medina não, Medina tinha outra cabeça e fizemos — eu, Enzo, Weffort — um documento com muita liberdade para o tal congresso. Cada um tomou um tema: um sobre cidades, outro sobre empresários, outro sobre Estado, mas não nos deixaram ir em frente. Não podíamos comprometer a Cepal. Apesar disso, continuamos a estudar os temas sociológicos, sobre os agentes sociais das mudanças, quem seriam os novos atores sociais etc. E fomos montando o quebra-cabeça da dependência e desenvolvimento. O primeiro texto que resultou disso foi um relatório, uma interpretação sociológica, uma crítica sociológica, feito por mim e pelo Enzo Faletto, que já era um esboço do que, no futuro, seria o livro. Era uma crítica aberta. O que estávamos criticando? Nós estávamos criticando várias coisas simultaneamente, mas basicamente o enfoque puramente econômico das questões do desenvolvimento. O relatório deve ter sido escrito em 1966. No final de 1967, virou o livro, que não foi publicado. A direção do Ilpes não quis publicar o relatório sob a forma de livro alegando que era, na verdade, um informe interno dirigido a Prebisch. O texto levou dois anos ou mais para ser publicado.

Mas por que não deixaram?
Porque eles tinham medo, pois era um livro de crítica, falava de pessoas, de países, e um texto da Cepal é um texto da ONU, deve ser comedido.

Enzo comenta que o Aníbal Pinto dizia que "com o termo dependência vocês vão ter dor de cabeça"...
Eu lembro disso. O Aníbal tinha horror ao André Gunder Frank. "Vocês vão fazer outro Frankenstein", dizia ele, com razão. Mas nossa análise não tinha nada a ver com a visão do Frank, nem com a do Rui Mauro Marini.

Eram muito mecanicistas?
Muito, mas Aníbal tinha razão porque todo mundo leu o nosso livro à luz do mecanicismo da "teoria da dependência", proposta pelos outros.

A que foi atribuído o sucesso do livro?
Só não foi maior porque na mesma época saiu o livro do Guevara e do Debray, *A revolução na Revolução*. O livro do Guevara é oposto ao nosso.

A que o senhor atribui isso?
O sucesso não vem da qualidade, o sucesso vem da incompreensão, porque o pessoal leu o texto ideologicamente, como se fosse um grito latino-americanista contra a dependência.

Fazendo a comparação com a história do pensamento social brasileiro, alguns autores, como Raimundo Faoro e Gilberto Freyre, dão primazia à continuidade, em seu caso a primazia é dada ao que se modifica. Isso é muito ruim para aqueles que vêem a continuidade. E assim também com as idéias.
Claro, disse isso um milhão de vezes, não sou eu que estou mudando, a vida está mudando, o conceito sociológico deve ser historicamente saturado. A história muda, o conceito tem que mudar, não fazemos ciência natural. Bom, o livro foi publicado quando eu morava na França. Foi publicado no México, pela editora Siglo XXI. Ele nunca seria publicado pela Cepal. Quando li o livro do Guevara fiquei furioso porque percebi que nosso livro *Dependência e desenvolvimento* estava sendo lido em grande parte sob a ótica do André Gunder Frank e do Guevara. Também por isso ficou popular, mas por incompreensão. Os países nos quais Guevara

dizia que não haveria revolução — o Uruguai, a Argentina e o Chile — foi onde houve tentativas: os tupamaros, os montoneros e todos os grupos do tempo do Allende. Guevara errou muito na análise, ele achava que os exércitos dos países latino-americanos seriam repudiados pelo povo porque eram exército de ocupação, não é? Esqueceu-se dos outros condicionantes do nacionalismo.

O livro se beneficiou da autocrítica cepalina do economicismo para, então, ficar realmente interessante?
Claro, isso aí. Nós estávamos contra a visão economicista e isso ficou claro para mim desde o seminário de avaliação da Cepal a que já me referi. O livro diz que o poder é importante. A política é construção, é opção, é o novo. Nada pode resumir-se ao mercado, à economia.

E se não entendermos os arranjos de classe?
Claro, não se esqueçam de que a sociedade tem estruturas, tem classes, mas não são as mesmas de sempre, nem se comportam segundo uma pauta a-histórica. É preciso analisar em conjunto as mudanças na economia, na sociedade e na cultura. Assim, o livro contém uma crítica metodológica ao economicismo da Cepal.

Celso Furtado tem uma grandeza, uma honestidade intelectual de registrar que vocês avançaram...
Ele diz isso. Ele diz que nós avançamos. Isso está no livro *Conversas com economistas brasileiros*. Agora, por outro lado, nós criticávamos também a visão da esquerda que criticava a Cepal. A visão dessa esquerda era a da estagnação econômica e a Conceição Tavares era a profeta. Mas, aí vinha minha leitura de Marx, o capitalismo não está acabando, a crise é cíclica, a abundância vai voltar.

Presidente, o senhor chega em maio de 1964 no Chile e, rapidamente, vira diretor adjunto...
Rapidamente. Eu conquistei o Medina Echavarria, o Aníbal Pinto, o Prebisch.

E depois dizem que o senhor já não era político na época...
[*Risos*] Mas ali eu fui intelectual. Eu não entendia muito de burocracia, nunca dei muita bola para isso, mas eu subi muito, muito rápido.

Isso é uma experiência importante também para o plano intelectual e o plano político, quer dizer, conhecer os meandros organizacionais?
Foi muito importante conhecer a ONU etc. Mas, quando o Touraine me escreveu uma carta, em 1967, dizendo que iam me convidar para dar aulas na nova faculdade que eles estavam criando na Université Paris-X, em Nanterre, eu não hesitei. Disse a Medina que iria para a França. Ele me respondeu: "Olha, pense bem, esse mundo novo que está aí é um mundo de grandes organizações, burocracias. Aqui você está protegido para toda a vida, a ONU é uma burocracia importante, você tem tudo assegurado". Ele gostava muito de mim e eu dele e do Enzo. Aliás, Enzo era realmente o preferido. A tal ponto que Medina pegou nosso livro e corrigiu não

só o castelhano, mas as interpretações. Nós discutíamos o livro com ele página a página e ele fazia correções, pois eu escrevi a maior parte dos capítulos com meu espanhol de brasileiro.

Deu pena deixar o Chile, não?

Dom José Medina teve uma experiência trágica. Era embaixador na Polônia e não pôde voltar para a Espanha. Acho que saiu da Polônia fugindo para a Suécia, foi parar em Porto Rico, de lá foi levado para o México e do México para o Chile. Fazia trinta anos que não voltava à Espanha. Tinha a visão de um exilado tradicional, sentia nostalgia, mas queria segurança. Eu nunca pensei muito nesses termos, talvez porque tenha nascido numa classe segura, apesar de haver levado uma bordoada com o exílio. Para mim, foi muito chocante ter que sair do Brasil, porque essa terra é minha terra há muitas gerações. Minha família tem raízes aqui, exerceu certo mando, não sempre, mas tem posição estabelecida. De repente vem "um terremoto", você pega um avião, some e não pode voltar. É complicada a experiência de desenraizar-se.

Desarraigado?

Desarraigado... Eu sou o oposto do desarraigado, o sentimento de Brasil está tão dentro de mim que me sinto profundamente arraigado.

Fica à vontade em qualquer lugar?

Eu não tenho esse problema de raízes; eu sou brasileiro, isso em mim é muito forte, em tudo. Quer dizer, mesmo no exterior me sinto em casa, pois penso que estou de passagem, é provisório, não vão me tirar o solo. Então eu disse para Medina: "Eu vou para a França, mas eu quero mesmo é voltar para o Brasil". Ele era muito realista e compreendeu, ele sabia que os exilados querem mesmo é voltar. Eu dizia, "se eu puder eu volto para o Brasil", coisa que eu fiz, em 1968, contra opinião até da minha família.

Voltou e ainda ganhou a cátedra?

[Risos] Ainda ganhei a cátedra. Mas antes eu fui para a França, para trabalhar com o Touraine, ou melhor, eu tinha uma cátedra e ele outra. Henri Lefebvre e Michel Crosier tinham outras. Era um grupo interessante, o Luciano Martins andava por lá também, assim como o Celso Furtado, que ensinava na Sorbonne. Foram grandes companheiros. Na França, escrevi a tese de cátedra, sobre *Política e desenvolvimento econômico no Brasil*, porque o Lourival Gomes Machado, professor da cátedra de Política, morreu, e o concurso para substituí-lo foi aberto.

Como é que o senhor fez essa passagem, de sociólogo a politicólogo?

Foi circunstancial, na verdade, por causa da cátedra, com a morte do Lourival. Também Florestan fez concurso para a cátedra de Sociologia e ganhou. Havia outra cátedra de Sociologia, que era do Fernando Azevedo; quando este se afastou abrira-se outro concurso, mas eu estava no Chile. Em tese, se eu estivesse no Brasil teria feito esse concurso. Mas como estava fora, o Ianni fez o concurso.

O Ianni chegou a fazer?

Fez junto com o Ruy Coelho e perdeu. O Ruy Coelho era assistente do Fernando Azevedo. Florestan estava um pouco magoado porque eu tinha ido embora. Ele foi lá me ver no Chile e eu estava começando a escrever sobre o tema da dependência, que na época não era muito do interesse dele.

O pintinho saindo da asa da galinha?

É, mas depois ele acabou escrevendo sobre os mesmos temas que eu.

O senhor conheceu Foucault nessa época?

Foucault me convidou para ir para o Collège de France. Conheci Foucault muito antes, lá no início dos anos 60. Eu, Ruth, Giannotti, jantamos na casa de um professor do Collège de France chamado Villeument e lá estava Foucault, que acabava de chegar da Suécia. Cheguei a dar carona a ele no meu carro, um Renault Gordini.

Voltando sobre a tese de cátedra...

Eu já tinha feito anteriormente a pesquisa que serviu de base para a tese e que teria sido apresentada para concorrer à cadeira de Sociologia, se não fosse o exílio. Leôncio me ajudou, eu fiz pesquisa na Argentina, no Chile. O Pedro Paulo Poppovic fez o levantamento dos dados no México. Era a continuação da pesquisa sobre os empresários brasileiros, agora no âmbito maior da América Latina.

Luciano Martins também?

Luciano um pouco, pois esse também era o tema dele. Pedro Paulo Poppovic foi para o México para entrevistar empresários mexicanos, que era um projeto antigo de fazer uma análise comparativa. Luciano estava fazendo o trabalho dele sobre os empresários. Talvez minha maior convivência na Europa tenha sido com o Luciano. Eu cheguei na França em 1967. Lá, nós tínhamos encontros toda semana, Celso Furtado, Luciano, eu, às vezes o Waldir Pires que era professor da Escola de Direito, creio que em Dijon, e vinha se juntar a nós. Intelectualmente eram o Celso e o Luciano os que mais conviviam comigo, Luciano especialmente. E eu estava escrevendo esse trabalho e, como a cátedra era de Ciência Política, tive que ler toda a literatura da época, somado à pesquisa sobre empresários. De uma certa forma, forçando a barra para poder ter acesso...

Nesse balanço da literatura o senhor não tinha muitos interlocutores lá. O senhor o fez sozinho?

Eu fiz sozinho.

Sabia que ia disputar também com a Paula Beiguelman?

Sabia, claro. Paula era a herdeira da cadeira em Ciência Política. Escrevia e mandava os capítulos para a Ruth, que veio para o Brasil com as crianças. Na França, terminei o livro, a tese, e dava aulas. Foi uma experiência muito interessante, porque eu comecei a dar aulas logo que cheguei, em outubro de 1967. No início de 1968, começou a agitação. Uma vez apareceu em Paris o Paulo de Tarso Santos...

Irmão do Luiz Carlos Santos?

É, foi meu colega, vivia no Chile como nós. Ficou até muito mais tempo exilado no Chile. Lembro que quando ele apareceu na França, no almoço com o Celso Furtado, que conhecia muito a Europa desde a Segunda Guerra Mundial, o Paulo de Tarso perguntou: "O que está acontecendo aqui?", e Celso respondeu: "Ah, nada, isso aqui é um mundo estável, aqui a racionalidade é muito alta, os sindicatos têm acesso às informações, discutem questões técnicas, basicamente produtividade, aumento de salário". Isso em fevereiro de 1968, e nós todos concordamos. Em março, a coisa deflagra. Nessa época eu dava dois cursos, sendo um de pósgraduação, em que discutia dependência e desenvolvimento. O outro sobre teoria sociológica, que era no anfiteatro da faculdade, um curso com duzentos, trezentos alunos. Uma experiência desafiante, pensar em francês, verbalizar. Aquilo era um mundo muito estranho, os professores eram muito formais. A universidade era muito tradicional, muito hierárquica. O ministério começou a fazer algumas reformas e o professorado era contra. Eu me recordo de uma reunião de congregação em que havia muitos professores, um deles, de Geografia, que era comunista, dizia que ele tinha vergonha de seus colegas que chegaram da Polônia e viram aqueles corredores sujos, cheios de pixações. O verdadeiro ator ali era um jovem assistente do Touraine, chamava-se Manuel Castells e que hoje é grande amigo meu. Foi muito interessante ver tudo aquilo. Durante essa agitação, que durou bastante tempo, o Marcuse apareceu para uma comemoração na Unesco sobre Marx. Ele entendeu pouco do movimento francês, pelo menos foi a impressão que tive em uma conversa com jovens assistentes, à qual fui levado por Lucien Goldmann, que era meu colega e amigo. Cohn Bendit foi meu aluno, bem como outros que se tornaram famosos: Alan Garcia, ex-presidente do Peru, e Dante Caputto, que foi chanceler da Argentina. Também Jorgito Sábato, que foi ministro da Educação, filho do romancista Ernesto Sábato. E, ainda por cima, a Marta Harnecker, grande difusora do marxismo cubano que assistira a cursos meus no Chile e estava sempre em contato comigo, insistindo para que eu fosse ver Althusser.

Passemos agora para sua atuação como político e como presidente. A experiência da Constituinte foi importante para o senhor?

Muito importante. A Constituinte também foi riquíssima do ponto de vista sociológico, foi um momento de ebulição. É uma pena que tivesse faltado engenharia institucional. É uma pena também que ninguém tivesse pegado o material riquíssimo das emendas populares e das inúmeras propostas apresentadas à Constituinte. Com que país se sonhava? Qual era o pesadelo, qual era o sonho, qual era a utopia, quais eram os demônios, delírios? Foi um grande momento.

O senhor foi para a comissão de sistematização na Constituinte?

Não vou entrar em detalhes que seria muito longo, mas o Mário Covas foi líder na Constituinte e impôs o Bernardo Cabral como relator, enquanto Ulisses Guimarães queria o Pimenta da Veiga. Mário Covas ganhou e, então, eu fui ser, mais tarde, vice-presidente da comissão de sistematização para segurar o Bernardo Cabral, que ia para um lado e para outro. Não vou entrar em detalhes, mas foi uma enorme dificuldade. Ele se apoiou no Ulisses para eliminar a mim e ao Jobim, que éramos relatores adjuntos. Mesmo assim, na comissão de sistematização conseguimos fizemos passar o parlamentarismo. Toda a Constituição foi escrita com espírito parlamentarista, mas o Sarney derrotou o parlamentarismo no Plenário.

Sarney era contra o parlamentarismo ou foi por conta da sua situação?
Não sei. Mas sei que ele derrotou o parlamentarismo. Humberto Lucena fez a emenda presidencialista. Mas o presidencialismo ficou só na cabeça de nosso sistema de governo, todo o corpo, toda a sistemática era parlamentarista. Ainda tentamos mudar na comissão de redação alguns artigos para fazer funcionar o sistema, mas ele ficou capenga como é até hoje.

Com relação às medidas provisórias, houve certa delegação do Congresso ao poder Executivo porque se acreditava que era impossível governar...
Que era impossível governar sem a Medida Provisória. Essa era a posição, por exemplo, do Ulisses Guimarães. Há um outro dispositivo na Constituição, a Lei Delegada, que nunca se usou. O Congresso pode delegar ao presidente, mas isso nunca foi usado. É interessante observar que o Congresso não tem como entrar no detalhe de certas matérias, porque os interesses são muito contraditórios. Então, o Congresso poderia delegar ao presidente, dentro de parâmetros, fazer a legislação e, depois, aprová-la globalmente. Mas esse dispositivo da Constituição "não pegou".

Mas, no fim, a lei delegada, em prática, entrou na Medida Provisória?
Mas as medidas provisórias obedecem a um outro mecanismo. O problema é a contradição básica entre o mundo moderno, que requer respostas rápidas, e o Congresso, que, por definição, é lento. As demandas da sociedade são rápidas, também exigem rapidez das informações e decisões. O Congresso tem interesses diferentes. O tempo da democracia legislativa não é o tempo do Executivo.

Como se compatibiliza isso?
Essa é a grande questão. A Medida Provisória é um esparadrapo para tentar resolver essa questão, mas ela aparece como espúria. O Congresso tem que votar sim ou não antes de julgar o mérito de cada MP para aceitá-la preliminarmente. E não vota. Por que não se modifica o regimento que foi feito pelo Jobim, que dá um prazo inviável para o Congresso aceitar ou não a MP? São só cinco dias para dizer se a matéria é urgente etc. O Congresso não decide sobre o cabimento das Medidas Provisórias porque tem que formar uma comissão de deputados e senadores e resolver tudo em cinco dias. Não consegue e não se vota a preliminar da admissibilidade de cada Medida Provisória. Terminam indo diretamente ao Plenário, sem parecer sobre seu cabimento, por decurso de prazo.

Eles não ficam com o ônus.
Isto tem que ser analisado sob o espírito oposicionista ou bacharelesco. O oposicionista diz: "Eu sou contra tudo. Como não estou no governo, quero atrapalhar,

voto contra as Medidas Provisórias". O Partido dos Trabalhadores age assim. A Organização dos Advogados do Brasil, os Tribunais dizem: "Isto é uma invasão de competências, uma violência jurídica". Ora, o mundo moderno exige mudanças rápidas das regras jurídicas. Só que como ninguém tem capacidade política e intelectual de dizer as coisas, a Medida Provisória passa a ser amaldiçoada. Parece que há uma intervenção indébita do Executivo no Legislativo, mas não é. Passa a ser intervenção indébita porque não se vota a admissibilidade, toda e qualquer MP termina por tramitar, tenha ou não urgência.

A maior questão dos primeiros anos não é a edição, mas a reedição?
Mas há reedição pelo fato de o Congresso não votar já que os procedimentos regulamentares impõem tempo muito apertado. Eu sou favorável a uma nova regulamentação.

Essa é uma questão que talvez no final do seu governo poderia ser encaminhada.
Vamos fazer isso já. Eu sou favorável à regulamentação. Agora, não sou favorável a "manietar" o Executivo, impedindo o governo de funcionar. A visão de que tudo que for matéria tributária não pode ser objeto de Medida Provisória está errada. O Programa de Recuperação Fiscal (REFIS), por exemplo, sem Medida Provisória não sairia nunca. Com a Medida Provisória eu assumo a responsabilidade, faço, fica valendo. Quando os parlamentares foram votar, no caso do REFIS, reorganizaram-se e votaram a favor. É fundamental ter algum instrumento desse tipo.

Voltando à Constituinte...
O fato é que fizemos um conjunto de regras parlamentaristas, de funcionamento complicado em um sistema presidencialista. No substantivo, havia duas tendências fortes, uma defasada e a outra, negativa. A defasada é o nacional-estatismo. Lembrem-se que fizemos a Constituição pouco antes da queda do muro de Berlim. Então nós criamos monopólios, como o da telefonia. Nós transformamos este setor em monopólio na Constituinte.

Não era?
Não, havia empresas privadas. Lembro de uma discussão na casa do Richa.

A inflação também maquiava?
Maquiava. Por exemplo, tomamos a decisão sobre o regime jurídico único para o funcionalismo, transformando todos os celetistas que não contribuíram para a Previdência em funcionários. E todo ano crescem as pensões e aposentadorias garantidas pelo Tesouro.

Pensões e aposentadorias integrais?
Integrais e sem financiamento para isso. Por outro lado, a distribuição tributária feita na Constituinte esvaziou o dinheiro da União, passando recursos fiscais para os estados e municípios. A tendência é correta, a proporção é que é discutível, até

Fernando Henrique Cardoso

porque os municípios ficaram pendurados no fundo de participação da União e não houve incentivo para que eles tributassem, nem assumiram responsabilidades que estavam nas mãos do governo federal. O prefeito não tributa e "come" nas mãos da União.

Tem representação sem taxação?

Sem taxação, nada melhor. Nessa matéria nós erramos muito. Nós imaginávamos que com o crescimento da economia, a Previdência, por exemplo, não teria problemas. Até hoje algumas pessoas acham isso, o Pimenta da Veiga, que é meu amigo, disse isso ontem. Mas, está errado, não há crescimento da economia que cubra o buraco do INSS. A questão veio do passado, a tensão em relação ao passado é muito grande. A questão é que ninguém deveria poder aposentar-se aos quarenta, cinqüenta anos. A demografia mudou: vive-se mais tempo e não há quem financie a velhice sem alguém ter contribuído.

São problemas objetivos que ficaram engessados. E há uma falta de compreensão do que era o Estado nacional e de seu papel no mundo de hoje, de sua relação com o mercado. É isso que nós estamos corrigindo com as emendas apresentadas em meu governo.

Outro problema da Constituição é seu forte caráter corporativista. Veja a quantidade de regras sobre juízes e magistrados. É enorme. Tudo está na Constituição: a porcentagem de salário que corresponde a cada categoria de magistrados, as prerrogativas e vantagens, foi tudo constitucionalizado. E não só dos juízes, também os delegados de polícia, os procuradores etc. A Constituição é boa na parte cidadã, pois garantiu direitos. Os direitos sociais têm que ser garantidos mesmo. Ela criou o Ministério Público. Com todos os desatinos que ele possa praticar, é um passo adiante, porque é um controle da sociedade sobre o Estado. Alguns procuradores podem exagerar, mas não sou favorável à diminuição dos poderes do Ministério Público. Sou favorável a que haja um pouco mais de ordem no Ministério Público, pois alguns procuradores pensam que detêm todos os poderes da instituição. Não há hierarquia, os abusos são grandes também.

A lei da mordaça?

Eu sou favorável à lei da mordaça. Ela diz que quando um processo está em sigilo, o magistrado ou o procurador não pode deixar de manter o sigilo. Como se pode ser favorável a uma situação em que o próprio agente público encarregado do sigilo passa informação à imprensa? Eles partem do pressuposto que o regime ainda é autoritário, que é necessário apelar para a imprensa, senão o governo vai "abafar". Hoje, mesmo que o governo queira, não consegue abafar porque o regime é democrático. Não é preciso esse exibicionismo permanente pela mídia.

Em suma, acho que a Constituição avançou muito, embora tenha dois eixos ruins: o nacional-estatismo que ela reforçou, e o corporativismo. A Constituinte foi feita num clima muito difícil, de um presidente da República que não tinha condições políticas para conduzi-la e nós todos ainda vivíamos sob o impacto do antimilitarismo.

Contra o centrão que era liberal?
O centrão era liberal na economia, mas também era autoritário e patrimonialista na política.

Os efeitos da Constituição são duráveis?
O *impeachment* demonstra que a democracia veio para ficar. Eu disse, na época, que "o *impeachment* é como uma bomba atômica para dissuadir, não é para ser usado", porque tinha medo das conseqüências. Foi utilizado, e nada de grave sucedeu.

Aliás, essa frase sempre foi usada contra o senhor, não é?
Usam cretinamente porque realmente esse era meu temor, temia a fragilidade da democracia recém-implantada. Eu votei pelo *impeachment*, mas custei a aceitar que se abrisse o processo.

Eu só aceitei e fiz o discurso a favor quando li a entrevista do irmão do presidente Collor na revista *Veja*. Aí ficou claro que não era possível segurar o presidente, nem mesmo em nome da preservação das instituições.

Ele extrapolou?
Extrapolou. Seja qual for o preço, o presidente vai ter que pagar. E passei a apoiar o *impeachment*. Eu tive dificuldades de aceitar a Comissão Parlamentar de Inquérito, porque eu sei que a CPI é política. Ninguém faz CPI a favor, elas são contra o governo.

Mas acho muito importante.
É básico, mas nem sempre o governo acha. Por exemplo, este ano eu padeci muito com a CPI do Judiciário e a do Sistema Financeiro, mais com a do Sistema Financeiro. Eu tinha força para impedi-las, mas não impedi.

O senhor impediu, antes, a CPI dos Bancos.
Eu impedi a CPI dos Bancos lá atrás, porque, na ocasião, arrebentaria o sistema financeiro.

E o Programa de Estímulo à Reestruturação e ao Sistema Financeiro Nacional?
Ali arrebentaria o sistema financeiro. O Proer foi uma medida correta. Eu assinei uma Medida Provisória, desapropriando, na prática, minhas próprias netas que não seriam alcançadas pela regra vigente antes do Proer. Como sabem, minha nora era uma das acionistas do Banco Nacional. Eu mudei a regra para deixar bem claro que o Proer não era para proteger ninguém, era para proteger o sistema e os depositantes e assim foi. O Proer salvou o sistema financeiro brasileiro. Como se fazia no passado em uma situação dessas? Obrigava-se um banco a comprar o outro, não se dizia nada publicamente e o Banco Central punha o dinheiro. Isso quase sempre foi assim.

Esse problema do Banco Nacional vem de 1985, 1986. Ninguém no Banco Central sabia?

Ninguém sabia no Banco Central, embora o problema fosse antigo. Se soubesse, poderia ter resolvido o problema facilmente, mas isso na época da inflação. Os donos do banco fizeram besteiras, mas não roubaram. Pessoalmente não se locupletaram, nem roubaram de alguém, eles simplesmente "esconderam" o prejuízo do banco, para tapar buraco, e pagavam impostos por lucros inexistentes.

Como o Bamerindus também, de certa forma.

Também. Lá foi um pouco diferente, mas não houve roubo também.

Foi erro empresarial.

Isso, erro empresarial. No passado, também no Banco Nacional foi erro empresarial. Depois eles tentaram cobrir o erro.

Já o Banco Noroeste teve desvio?

Também no Banco Econômico houve situações mais complicadas. Na época do Proer não se sabia disso, mas o fato é que o Proer foi um instrumento muito importante. Permitiu o Brasil avançar. Até hoje o Sistema Financeiro é sólido, e continuamos apertando os controles. Ao contrário do que a oposição dizia, vários bancos se arrebentaram, outros ganharam, ficaram sólidos. Eu não permiti aquela CPI do Proer (houve uma, mais tarde) porque ela iria arrebentar o Brasil. Já mais tarde, com a CPI do sistema financeiro, parecia que o Banco Central agira mal. Mas o BC não fez nenhuma irregularidade, a diretoria era íntegra, Chico Lopes não protegeu o Banco Marka. Eu nem sabia da existência do Banco Marka, nunca tinha ouvido falar nele. Foi uma operação de salvamento "normal" em uma situação de anormalidade. O Congresso apresentou ao país os diretores do Banco Central como se fossem bandidos. Alguns senadores não têm noção do funcionamento do sistema financeiro. Eu paguei um alto preço político, mas achei que não dava para impedir a CPI, pois dessa forma iriam pensar que houve sujeira mesmo. O que houve foi uma desorganização da economia em 1998 e 1999, com a crise externa. A desvalorização do Real foi grande, sobretudo até março. Quando eu fui aos Estados Unidos em abril de 1999, fui recebido pelos gringos como um vencedor pela segunda vez. Fiz uma conferência para umas quinhentas pessoas e a imagem era essa: "Ele venceu outra vez". Nós tínhamos vencido a crise da especulação, da desvalorização e a inflação não explodiu. Stanley Fischer, uma pessoa que respeito, que me ajudou no Plano Real e que foi professor do André Lara Resende, me escreveu uma carta no fim de março de 1999 em que perguntava: "Os números que eu estou recebendo são verdadeiros?". Eram! "Então não vai haver inflação?" Depois de algum tempo, ele me telefonou e disse: *Just one word: congratulations*". Nós tínhamos vencido na economia, só que na política a tragédia começara em março: os congressistas votaram tudo o que precisávamos de janeiro até março, para superar a crise. Depois começou a questão da popularidade, porque o povo começou a sentir os efeitos, achando que eu o estava traindo, achando que era outro Plano Collor. Aí os políticos ficaram inquietos e começaram a dificultar as demandas do governo. Foi uma época difícil, de abril a setembro. Mudei o governo em julho, já havia mudado a política econômica em janeiro. A primeira montagem do governo feita em dezembro foi para aprovar as medidas de ajuste de que o país precisava. Depois eu mudei bastante o governo em julho, mas nada disso foi registrado. Não se registrou que a política de câmbio era outra e a política de juros também, nem que havia uma nova equipe governamental de outro tipo de equipe, mais operacional. Só depois de setembro isso começou a ficar mais visível. Só que em setembro e outubro nós tivemos a questão do aumento das tarifas que pesou de novo. Daí por diante as coisas melhoraram. A evolução da popularidade do governo é função dessas coisas.

Mas precisava ter a mudança do ministério em julho, presidente?
Talvez não precisasse ser em julho, mas é preciso recordar as injunções. O que complica o governo é o estômago do povo e a moral da classe média, a questão da corrupção. Estes são fatores desencadeantes de descontentamento e eu sofri os dois por causa das privatizações. O episódio das fitas teve efeito diabólico sobre a classe média, "tem patifaria aí". Aquilo foi terrível. Dava ao povo a impressão de que "estavam metendo a mão". A infâmia e a intriga jogam um grande papel na política. A *Folha de S. Paulo* fez comigo o que nem com o Collor fez. Ela publicou catorze páginas sobre o grampo telefônico do BNDES, o que dava a impressão de que havia realmente um caso para *impeachment*.

Há aí uma situação dialética, porque se houvesse corrupção, ela apareceria na gravação, então isso que supostamente condenava, também absolvia.
Claro, apareceria. Mas o que a *Folha* fez não foi para discutir o caso, mas para me condenar de antemão com a tese do *impeachment*. "O presidente está manipulando interesses privados, ouça o presidente", diziam, sem esclarecer que o objetivo era aumentar o número de concorrentes em um leilão para aumentar o valor do patrimônio e beneficiar o Tesouro.

Só que não prosperou?
Não prosperou. A única vez que eu telefonei para o Otavinho Frias para reclamar foi com o caso do dossiê Caiman que se arrastou por quase dois anos. Foi terrível. Porque não tinha base alguma, era uma chantagem. Enfim, essas coisas são as que põem em risco um governo, mesmo honrado. Por isso eu digo que é necessário dar atenção imensa à mídia, porque não se faz política sem ela. E de forma rápida para evitar um curto-circuito. Vocês se lembram o que aconteceu naquele momento? Vieram o Partido Democrático Trabalhista e o Partido Comunista do Brasil com o "fora FHC". O PT quase embarca nisso.

Mas recuou.
Quase embarca nisso, tentando fazer uma manifestação de massa, mas era golpismo mesmo. Porque não houve uma razão, como no caso Collor. Quantas vezes a Câmara teve que recusar o pedido de *impeachment* contra mim em 1999?

Várias. Recusaram, mas tem cabimento? Vejam a pouca seriedade democrática. Eu levei um tempo longo para me convencer de que o Collor tinha que ser o objeto do CPI para chegar ao *impeachment*, porque sei o que significa o *impeachment*, imagina se houvesse outro *impeachment* no Brasil. Seriam dez anos de atraso. Dez anos de atraso! O pessoal não pensa nisso. Se eu, que tenho reconhecimento internacional, que não roubo, fosse sofrer processo de *impeachment*, ainda que sem esse resultado, quem não iria? Quem iria acreditar, daí para frente, na democracia brasileira? Embora exista entre nós forte compromisso com a liberdade, não existe ainda a crença generalizada nas instituições democráticas.

Essa é uma questão cultural...

Cultural, sim. Não é na lei, mas existem fortes resquícios autoritários na direita e também na esquerda. O Brizola, por exemplo, apoiou todos os presidentes, Figueiredo, Collor. Todos. Está contra mim e quer que eu caia. O que é isso? Que ele queira que eu perca as eleições, está bem. Mas que eu caia?

Mas o PT não embarcou nessa...

Mas o PT, a gente sabe, não é homogêneo. O Lula não é assim e nem a turma dele, mas a diferença foi de apenas um voto na direção nacional para recusar o "fora FHC".

Presidente, o que pode ser feito para corrigir esse sentimento ainda não completamente democrático em relação às instituições?

Eu acho que só o tempo. O que me preocupa é o problema das expectativas, a sensação de que nada acontece, que não se resolve, que a Justiça não funciona, que é lenta, que a impunidade é grande, que o governo só cuida dos ricos. A reiteração disso na televisão o dia inteiro leva a duvidar da eficácia dos mecanismos democráticos. É claro que existe impunidade, mas a reiteração disso aumenta a ilegitimidade do poder democrático. Há também um lado curioso na mídia: além de ter o papel positivo e crucial que eu já mencionei, ela funciona na regra da competição, para ver quem dá mais "furos" e quem vende mais. E aí o neoliberalismo, a pura regra do mercado, impera. Vale quase tudo para chamar a atenção e vender mais.

Voltando à questão da cultura democrática...

A desvalorização permanente do Congresso é muito ruim. Eu até elogio o Congresso mais do que o que eu mesmo penso, por motivos institucionais, porque se o presidente começa a desvalorizar o Congresso, a mídia aplaude, o povo também e o que acontece? É até mais fácil ganhar popularidade desse jeito, mas se destrói a democracia. De outro lado, surgem os comentários de que os deputados votaram porque o governo abriu as torneiras. De fato, o que aconteceu recentemente? Como o governo segurou o orçamento o tempo todo, em dezembro, quando as contas estavam seguras e a área econômica indicou que havia superávit, foi possível mandar pagar as emendas de todos, oposição e governo. Ninguém discute a questão verdadeira, se essas emendas são certas ou são erradas? Será melhor impedir que o deputado atenda uma demanda de sua cidade? Será melhor a visão tecnocrática da área econômica? Ou existem demandas dos parlamentares que podem ser atendidas com legitimidade? Nossa cultura democrática tem deslegitimado a representação de interesses que o deputado representa. Todo interesse passa a ser espúrio e o governo passa a ser um governo que compra o voto. Veja o caso da alegada compra de votos para aprovar a emenda da reeleição. Todo mundo esqueceu que todos os editoriais eram favoráveis à reeleição, toda a pesquisa de opinião pública era a favor. Esqueceram que a tese da reeleição ganhou por larga margem, na Câmara e no Senado. Comprar voto para quê, se iríamos ganhar de qualquer maneira? Fora a indignidade inaceitável que seria aceitar essa prática. Não obstante, politicamente foi espalhada e dada como certa a idéia de que houve compra de voto na reeleição. A mídia repetiu isso e a oposição também. Esqueceram que o Maluf tinha comprado voto contra a reeleição. Eu e o Sérgio Motta fomos tidos como compradores de voto. É mentira, não houve compra de voto algum pelo governo ou por meu partido. O que houve foi uma negociação política na busca de apoio, mas sem pagar nada.

Os deputados ficam inquietos quando suas emendas não são atendidas porque as populações cobram e o governo só atende quando vê que dispõe de recursos para isso. No momento em que o governo atende, a imprensa diz: "Pagaram". Fazem ligação de causalidade onde ela não existe. O que não quer dizer que não haja também chantagem feita por partidos e deputados. Tudo isso é verdade, mas a reiteração fora de contexto desses fatos, ou a pura mentira, como no caso da reeleição, leva pouco a pouco à desmoralização da democracia.

PRINCIPAIS PUBLICAÇÕES

1960 *Cor e mobilidade social em Florianópolis: aspectos das relações entre negros e brancos numa comunidade do Brasil meridional* (com Octavio Ianni). São Paulo: Companhia Editora Nacional.

1961 *Homem e sociedade: leituras básicas de Sociologia Geral* (org., com Octavio Ianni). São Paulo: Companhia Editora Nacional (13ª ed.: 1983).

1962 *Capitalismo e escravidão no Brasil meridional: o negro na sociedade escravocrata do Rio Grande do Sul*. São Paulo: Difel (5ª ed.: Rio de Janeiro, Civilização Brasileira, 2004).

1964 *Empresário industrial e desenvolvimento econômico no Brasil*. São Paulo: Difel (2ª ed.: 1972).

1968 *Cuestiones de sociología del desarrollo en América Latina*. Santiago do Chile: Universitaria.

1969 *Mudanças sociais na América Latina*. São Paulo: Difel.

1969 *Dependencia y desarrollo en América Latina: ensayo de interpretación sociológica* (com Enzo Faletto). México: Siglo XXI (1ª ed. brasileira: *Dependência e desenvolvimento na América Latina: ensaio de interpretação sociológica*, Rio de Janeiro, Zahar, 1970; 8ª ed.: Rio de Janeiro, Civilização Brasileira, 2004).

1970 *América Latina: ensayos de interpretación sociológico-política*. Santiago do Chile: Universitaria.

1971 *Política e desenvolvimento em sociedades dependentes: ideologias do empresariado industrial argentino e brasileiro*. Rio de Janeiro: Zahar (ed. francesa: *Politique et développement dans les sociétés dépendantes*, Paris, Anthropos, 1971).

1972 *O modelo político brasileiro e outros ensaios*. São Paulo: Difel.

1975 *Autoritarismo e democratização*. Rio de Janeiro: Paz e Terra.

1975 *Os partidos e as eleições no Brasil* (org.). Rio de Janeiro/São Paulo: Paz e Terra/Cebrap.

1976 *São Paulo 1975: crescimento e pobreza* (*et al.*). São Paulo: Loyola.

1977 *Amazônia: expansão do capitalismo* (com Geraldo Müller). São Paulo: Brasiliense (2ª ed.: 1978).

1978 *Democracia para mudar: Fernando Henrique Cardoso em 30 horas de entrevistas*. Org. José Augusto Guilhon Albuquerque. Rio de Janeiro: Paz e Terra.

1979 *Política e sociedade* (org.). São Paulo: Companhia Editora Nacional (2ª ed.: 1983).

1980 *As idéias e seu lugar: ensaios sobre as teorias do desenvolvimento*. Petrópolis/São Paulo: Vozes/Cebrap.

1982 *O novo socialismo francês e a América Latina* (org.). Rio de Janeiro: Paz e Terra.

1983 *Perspectivas — Fernando Henrique Cardoso: idéias e atuação política*. Org. Eduardo P. Graeff. Rio de Janeiro: Paz e Terra.

1985 *Economia e movimentos sociais na América Latina* (org.). São Paulo: Brasiliense.

1985 *A democracia necessária*. Campinas: Papirus.

1993 *A construção da democracia: estudos sobre política*. São Paulo: Siciliano.

1993 *The New Global Economy in the Information Age: Reflections on Our Changing World* (com Martin Carnoy, Manuel Castells e Stephen S. Cohen). University Park, PA: Pennsylvania State University Press.

1998 *O presidente segundo o sociólogo: entrevista de Fernando Henrique Cardoso a Roberto Pompeu de Toledo*. São Paulo: Companhia das Letras.

1998 *O mundo em português: um diálogo* (com Mário Soares). São Paulo: Paz e Terra.

2000 *Globalização e governo progressista: novos caminhos*. Org. Lúcio Alcântara *et al.*; apresentação de Fernando Henrique Cardoso. Brasília: Instituto Teotônio Vilela/Quick Print.

2001 *Charting a New Course: The Politics of Globalization and Social Transformation*. Maryland: Rowman e Littlefield.

2006 *The Accidental President of Brazil: A Memoir* (com Brian Winter). Prefácio de Bill Clinton. Nova York: PublicAffairs.

2006 *A arte da política: a história que vivi*. Rio de Janeiro: Civilização Brasileira.

JUAREZ BRANDÃO LOPES

Juarez Rubens Brandão Lopes nasceu em Poços de Caldas, Minas Gerais, em 1925. Bacharelou-se em Ciências Sociais e Políticas pela Escola de Sociologia e Política de São Paulo em 1950. De 1951 a 1953 fez a pós-graduação em Sociologia na Universidade de Chicago. Na Universidade de São Paulo doutorou-se, concluiu a livre-docência e tornou-se professor adjunto e titular. Lecionou na Escola de Sociologia e Política; na Escola de Administração de Empresas da Fundação Getúlio Vargas; e, na USP, na Faculdade de Economia e Administração, na Faculdade de Arquitetura e Urbanismo e no Departamento de Ciência Política da Faculdade de Filosofia, Letras e Ciências Humanas. Sempre dedicado à Sociologia Industrial e Urbana, mesmo depois de aposentado na USP, trabalhou ainda por doze anos no Instituto de Filosofia e Ciências Humanas da Unicamp, onde se aposentou compulsoriamente em 1995. Ademais, foi professor visitante em várias universidades e institutos de pesquisa estrangeiros, nos Estados Unidos, na Inglaterra, na Holanda e no Chile, além de ter sido diretor e presidente do Cebrap, bem como diretor do CNPq e vice-presidente do IPEA, entre outras funções públicas. Esta entrevista foi realizada em dezembro de 2003.

Você poderia começar descrevendo sua trajetória pessoal e intelectual.
Eu nasci em 1925, em Minas Gerais, porém vivi na cidade de São Paulo desde criança. Sou formado pela Escola de Sociologia e Política. Essa Escola marcou a carreira de muitos dos que por ela passaram nos anos 50 e 60. Entrei nela em 1946 e formei-me no fim de 1949. Quando entrei na ESP, já cursava a Escola Politécnica há mais de quatro anos, contando também os dois anos de pré-politécnico. Mas, completamente insatisfeito, abandonei a Politécnica no meio do terceiro ano.

Na Escola de Sociologia e Política, quem foram os professores mais marcantes?
Eu acho que sofri mais influência dos professores de Antropologia. A Escola tinha grande flexibilidade. Já no primeiro ano tornei-me assistente de pesquisa; no início, junto a um antropólogo canadense, Kalervo Oberg, que veio ao Brasil pela Instituição Smithsonian para lecionar na Escola e fazer pesquisas entre os índios brasileiros. Eu completava o meu primeiro semestre da Escola quando fui, durante um mês, junto com um aluno pós-graduado, Fernando Altenfelder, acompanhar Oberg na visita a grupos indígenas no sul do Mato Grosso. Tivemos contato com índios de três tribos: os Terenas, em Taunay, à margem da estrada de ferro no sul do Mato Grosso, os Caduveos, a nove léguas de distância da estrada, cerca de

Aquidauana, e os Guatós, na ilha fluvial de Bela Vista, uma noite e um dia — ou quase — rio acima de Corumbá. As diferenças entre as Ciências Sociais, na minha visão de então, consistiam apenas em abordagens distintas para entender o ser humano em sociedade. As influências dos primeiros professores antropólogos foram muito fortes. Particularmente Oberg e Mário Wagner Vieira da Cunha, que estudara Antropologia na Universidade de Chicago, com Lloyd Warner e Robert Redfield. Mário Wagner deu-me a primeira visão abrangente dos campos da Antropologia, em três cursos trimestrais que abarcaram a Arqueologia, a Antropologia Social e a Lingüística. A Escola me marcou muito, desde o início, com a sua ênfase na pesquisa rigorosa e cuidadosa.

O Darcy Ribeiro não era da sua turma?
Ele estava terminando o curso na Escola quando eu entrei no primeiro ano. Ele era, antes de tudo, um construtor de instituições. Atraiu Oracy Nogueira ao Centro Brasileiro de Pesquisas Educacionais, no Rio. O Oracy, que estudara Sociologia na Universidade de Chicago, foi ser professor do primeiro curso de formação de pesquisadores, então criado no CBPE. Em 1950, dei o meu primeiro curso de Organização Social, como professor da Escola de Sociologia. Baseei todo o curso em uma obra difícil de Talcott Parsons: *The Structure of Social Action*. Aprendi muito naqueles poucos meses de férias, no verão daquele ano. Fui estudar na Universidade de Chicago em 1951, dois anos depois da minha formatura. Fiquei dois anos e meio em Chicago, até o fim de 1953. Chicago é o grande momento na minha formação. Lá, pude ler muitos escritores alemães, os antropólogos, todos os clássicos da Sociologia... A frustração vinha com as tentativas infrutíferas para formular o projeto da dissertação de mestrado. Compreendi que precisava ler bem mais. Aprofundei a leitura dos teóricos das Ciências Sociais, a partir do século XVIII. Adam Ferguson, menos conhecido, mas também Adam Smith, Montesquieu, Maine. Construí uma base sólida, antes mesmo de ler Weber. A maior influência weberiana que sofri foi no meu segundo ano em Chicago, em 1952 e 1953, lendo os seus livros que naquela época haviam sido traduzidos para o inglês. Li muito pouco Marx naquela época. Só li Marx em um terceiro momento de formação, depois de voltar ao Brasil, após entrar para o "grupo d'*O capital*", do qual participei de 1959 ou 1960 até 1964, e que incluía pessoas como José Arthur Giannotti, Paul Singer, Fernando Henrique Cardoso, Fernando Novais, Bento Prado Jr. e outros. Foi um debate, quase um seminário interdisciplinar "destrinchando" Marx, que durou anos.

O senhor estava antes falando de Mário Wagner Vieira da Cunha.
Mário Wagner tinha voltado de Chicago, da Antropologia de Chicago. Ele era uma cabeça fantástica e com grande senso crítico. Muitos o consideravam a maior promessa das Ciências Sociais no Brasil.

O Florestan Fernandes também marcou presença na Escola de Sociologia e Política...
O Florestan fez na Escola de Sociologia e Política a sua dissertação de mestrado — a pós-graduação, naquela época, existia somente na Escola de Sociologia e Políti-

Juarez Brandão Lopes

ca — sobre a *Organização social dos Tupinambá*, sob a orientação de Herbert Baldus, que depois virou livro e lhe rendeu um prêmio. Eu estava no primeiro ou segundo ano. As aulas de Baldus não me marcaram, mas traços de sua personalidade, certamente sim. Ele era muito informal, o que me atraía e era desusado em um cientista de seu calibre, principalmente no ambiente acentuadamente formal daquela época. Dava aulas mostrando *slides* dos Tapirapés, a "sua" tribo.

E o professor Donald Pierson?

Foi com Pierson que tive meu primeiro contato com as idéias da Sociologia de Chicago. A sensação que tive, no primeiro ano de Chicago, era que estava bebendo na fonte original.

Mas, voltando à Escola de Sociologia, lá sofri influência da Antropologia através de um professor como o Oberg. Ele era um antropólogo que estudara a organização social de indígenas que tinham aquela cultura do noroeste canadense, uma organização social elaborada, como indicava a instituição do *potlatch*. A queima cerimonial, em festas, de tapetes, cerâmicas e outros artigos utilitários, como forma de grangear prestígio social, era central em tribos canadenses como os Tlingit e os Kwakiutl. Li naquela época a sua tese de doutorado sobre os Tlingit, a qual somente foi publicada postumamente, como soube bem depois, manuseando livros em uma livraria americana.

Em Chicago sua bolsa era americana?

Era americana. Naquele período, sempre se somavam duas bolsas para possibilitar os estudos nos Estados Unidos: uma da universidade e outra financiada pelo Instituto Internacional de Educação, de manutenção. Era por um ano. Depois, concorri lá e ganhei uma nova bolsa da Universidade de Chicago. Antes, fiquei seis meses sem bolsa — fui casado, e minha mulher trabalhava. Antes de voltar para o Brasil, ganhara uma bolsa mais longa do que o tempo que pretendia ficar e renunciei a parte dela. No total, fiquei na Universidade de Chicago dois anos e meio.

E voltou com doutorado?

Não. Voltei depois de terminar o mestrado e tendo feito tudo para o doutoramento: os exames finais, a defesa do projeto etc. Tudo, menos a tese, o que hoje chamam de PhD *"all but thesis"*. E nunca fiz a tese para Chicago; mais tarde defendi o doutorado na Faculdade de Filosofia da USP.

Quem mais o influenciou em Chicago?

Louis Wirth e Herbert Blumer, dois discípulos de Robert Ezra Park, que já havia morrido quando entrei na Universidade de Chicago. Park marcou o departamento de Sociologia de Chicago com sua presença e com seus discípulos. Blumer também me influenciou muito. Ele saiu de Chicago no meio da minha permanência lá e foi para Berkeley. Eu já tinha lido também, antes de ir para Chicago, a obra de Thomas e Znaniecki, *The Polish Peasant in Europe and America*. Thomas tinha pertencido a Chicago. Eu achava que era o único brasileiro que lera todos os dez ou doze volumes de *The Polish Peasant*.

Muitos discípulos de Park tinham feito monografias sobre a cidade de Chicago. Eu já havia lido algumas delas antes de ir para lá. O George Herbert Mead, que era a principal influência sobre Blumer, eu li em Chicago e muito me influenciou, principalmente *Mind, Self, and Society*. As monografias sobre a cidade de Chicago são principalmente da terceira e da quarta décadas do século XX. Fundamental é um longo artigo de Park sobre Sociologia Urbana, escrito em 1915, que aparece em muitas antologias, como aquela organizada por Otávio Guilherme Velho sobre *O fenômeno urbano*, publicada pela Zahar. Esse trabalho, cujo título era "A cidade: sugestões para a investigação do comportamento humano no ambiente urbano", constituía uma agenda de pesquisas para a cidade. Um rol de tarefas análogo, para São Paulo, se fosse feito, seria tão importante para entender o Brasil de hoje como aquele artigo de Park o foi para a compreensão da sociedade americana na primeira metade do século passado.

Foi principalmente em Chicago que li os sociólogos alemães, tais como Simmel, que li bastante, e Tönnies. Aos dois sociólogos clássicos — antes de falar da profunda impressão causada por Weber, sobre o qual fiz uma conferência logo que voltei de Chicago, em 1955 ou 1956, publicada na revista *Sociologia* —, acrescento um americano do começo do século XX, Charles Cooley, com sua concepção de "sociedade" e "indivíduo" como duas faces da mesma moeda.

Como era o ambiente de Chicago no início dos anos 50?

Chicago me parecia "a" universidade americana, em muitos aspectos. Fui para os Estados Unidos em 1951, em pleno período macartista. Eu era pouco consciente do clima político. Só senti o macartismo daqueles anos mais fortemente quando a comissão do Congresso sobre "atividades anti-americanas" apareceu em Chicago. Levei um susto ao perceber, primeiro, o irracionalismo político prevalecente na sociedade americana e, segundo, a solidariedade universitária em Chicago. Eles perguntavam se você havia participado, direta ou indiretamente, de atividades comunistas. Embora tais atividades não fossem ilegais, bastava a suspeita de estar envolvido nelas para aumentar fortemente a probabilidade de perder o emprego ou sofrer outras sanções econômicas. As empresas tomavam a iniciativa de aplicá-las. O clima do macartismo foi particularmente forte nas universidades e em Hollywood.[1] A Universidade de Chicago, apesar das acusações contra os professores supostamente envolvidos, manteve-os na instituição. Nas universidades mais fracas havia clara repressão. A opinião pública era quase toda macartista. Isso teve o seu auge nos anos em que estive lá, de 1951 até 1954 ou 1955.

Quais eram as principais influências intelectuais em Chicago?

Embora houvesse colaboradores de Talcott Parsons em Chicago, a principal influência na universidade não era parsoniana, como era geral naquela época. Ao

---

[1] Veja-se o relato de Lillian Hellman, em *Scoundrel Times*, sobre este período negro da história americana (algo que, após o 11 de setembro de 2001, parece repetir-se agora com a histeria anti-terrorismo).

Juarez Brandão Lopes

contrário, o principal curso de teoria centrava nos séculos XVIII e XIX e era dado por Wirth. Era excelente o seu jeito de analisar Montesquieu e mostrar a sua relevância para o mundo contemporâneo. Ele fazia também uma crítica feroz aos estudos de comunidade, o método sociológico mais empregado na época. Louis Wirth era um teórico importante: ele nos punha em contato com os grandes teóricos europeus. Foi Wirth quem, jovem, em 1936, traduziu e escreveu o prefácio para o livro de Mannheim, *Ideologia e utopia: introdução à Sociologia do Conhecimento*.

Deixei de mencionar, no início desta entrevista, a influência que sofri de Malinowski. Eu lera o seu livro *Argonauts of the Western Pacific* e seu prefácio sobre o trabalho de campo do antropólogo. Mas o Malinowski que me impressionava era o etnógrafo cuidadoso, não o teórico, de um funcionalismo morno e sem nervo.

Qual foi a sua dissertação de mestrado feita em Chicago?

No primeiro ano em Chicago eu vivia uma situação dupla. Achava que não teria dificuldades em fazer os cursos, já que muito da bibliografia eu já conhecia. Mas, por outro lado, sentia-me muito frustrado, chegando em casa arrasado, pois não conseguia concatenar idéias para o projeto de pesquisa. Todas as minhas idéias eram fantasiosas, bobas ou muito ambiciosas. Depois de uma tentativa frustrada com Herbert Blumer, passei a ser orientado por Louis Wirth, que logo me deu a idéia de uma dissertação de mestrado que implicava ir a campo. Envolvia colher material em quatro escolas secundárias, incluindo duas negras e duas brancas, em cada caso selecionando uma escola em uma vizinhança pobre e uma de classe média, visando obter dados sobre os alunos que se graduavam e aqueles que abandonavam a escola. Um projeto que era simples e correto. Procedi a essa coleta de dados, uma análise de estatísticas gerais sobre o abandono da escola por alunos secundários. Em pouco tempo escrevi o projeto. A experiência mais importante para mim foi entrar nos bairros negros. Durante meses eu andava a pé, uma meia hora, até as escolas, observando as características das casas e das vizinhanças. Aprendi muito sobre a realidade americana, que não teria aprendido de outra forma. Eu acho que foi ótimo fazer lá o mestrado.

Essa foi sua dissertação de mestrado?

É uma dissertação que não foi publicada. O seu título era *High School Graduates and Drop-Outs: A Statistical Comparison*. Ela não acrescenta muito ao que já se sabia. Envolveu um trabalho de campo em que a principal coisa que acontecia era o pesquisador aprender a trabalhar e a relacionar os dados obtidos, com o propósito da pesquisa...

A dissertação de mestrado iniciou-se, como relatei, sob a orientação de Louis Wirth. Ele, porém, morreu de repente, na véspera de eu entregar o projeto. Então, o departamento designou para orientar-me Otis Duncan, que aceitou o projeto sem mudar nada. Duncan era na época um jovem sociólogo. Mais tarde tornou-se um grande especialista em metodologias avançadas para o estudo da estratificação e mobilidade sociais. A orientação essencial, que resultara na elaboração do projeto, havia sido dada por Wirth. Depois que escrevi a dissertação — na minha opinião, uma primeira versão —, Duncan tampouco mudou nada, nem mesmo no meu inglês. Aprovada a dissertação pelo orientador, ela ficava no departamento um mês, e qualquer professor poderia apresentar críticas. Aprovada a dissertação, houve a sugestão para eu transformá-la em artigo para ser publicado em uma revista científica no campo da Educação. No último semestre da minha estada nos Estados Unidos, não só fizera os exames finais e a dissertação de mestrado, mas preenchera todos os requisitos para o doutorado: completara os créditos, fizera os exames finais e elaborara o meu projeto de tese para o doutoramento, defendendo-o com pleno êxito. No caso do doutorado há uma defesa do projeto não pública, mas aberta aos professores da universidade, qualquer um podendo fazer perguntas ou críticas. Foi uma fase difícil, mas gratificante. Eu me pusera uma data limite, queria voltar ao Brasil em dezembro de 1953. Mesmo tendo recebido um convite para trabalhar como instrutor na Universidade de Chicago, não queria adiar a minha volta para o Brasil. Nem pensei em aceitar o convite que me fizeram.

Voltando ao Brasil, você foi para a Escola de Sociologia e Política?
Sim, eu voltei para a Escola, para dar cursos de pós-graduação. Vou recapitular a minha carreira, porque ela explica o que eu chamo, meio brincando, de minha "desprofissionalização" como sociólogo. Voltei em 1954 e saí em 1956 da Escola de Sociologia. Dei cursos uns dois anos na pós-graduação. Pedi demissão pois os atrasos nos pagamentos eram constantes e eu dependia do meu salário. A Escola passava por uma crise financeira.

E aí você foi para a Universidade de São Paulo?
Não, eu entrei na USP alguns anos depois. Naquele momento, entrei para lecionar Sociologia e Psicologia Industriais na Escola de Administração de Empresas da Fundação Getúlio Vargas, que começava, em 1955, em São Paulo. Fizeram uma seleção, na base do currículo e entrevista, e escolheram os primeiros seis professores para começar o curso de bacharelado.

Aceitei também, após a saída da Escola de Sociologia, fazer parte de uma equipe do Bertram Hutchinson, da Unesco, vinculada ao Centro Brasileiro de Pesquisas Educacionais, que fora criado no Rio de Janeiro como parte do Ministério da Educação. Ele constituiu um grupo de pesquisadores para trabalhar em um projeto sobre trabalho e mobilidade social em São Paulo. A minha parte no projeto era estudar o operário e o trabalho industrial em uma fábrica paulistana. Esse seria, então, o meu projeto para o doutoramento, que eu substituíra ao projeto original de estudo de duas comunidades. Fiz então, nos dois anos seguintes — *grosso modo* 1956 e 1957 —, o estudo dos trabalhadores da fábrica Metal Leve que resultou no livro *Sociedade industrial no Brasil* e em vários artigos esparsos.

A participação no projeto quase coletivo, dirigido por Bertram Hutchinson, merece algumas observações. Éramos quatro pesquisadores, de pelo menos três disciplinas: Sociologia, Antropologia e Psicologia Social. Hutchinson, sociólogo, fez na cidade de São Paulo um estudo de mobilidade social, baseado na realização de um *survey* geral da população, repetindo entre nós, com a mesma metodologia, a pesquisa que D. V. Glass dirigira na Inglaterra, *Social Mobility in Britain*; Carolina Martuscelli Bori, psicóloga, fazia o estudo das características psicológicas rela-

Juarez Brandão Lopes

cionadas com a mobilidade social; Carlo Castaldi, antropólogo, fazia o estudo do ajustamento de um grupo de imigrantes e de seus descendentes à comunidade paulistana; e eu, a partir do estudo da fábrica Metal Leve, a análise do ajustamento do trabalhador à indústria. O importante é apontar para o caráter coletivo de todo o projeto, realizado por pesquisadores com formação diversa em constante diálogo, e o caráter integrado do resultado final, com o livro *Mobilidade e trabalho*.[2] Em suma, foi um período muito interessante. Eram quatro pessoas que tinham interesses comuns e que discutiam sempre.

Em retrospecto, qual foi a importância da pesquisa feita com os operários da fábrica Metal Leve para a sua trajetória intelectual?
A Metal Leve era uma fábrica paulistana de peças para automóveis. Essa pesquisa foi uma das primeiras experiências de um sociólogo brasileiro obtendo seus dados por observação e entrevistas dentro da fábrica. Antes as pessoas trabalhavam com outras bases de dados, tais como os dados eleitorais, usados naquela época por Azis Simão. O núcleo central do meu trabalho baseava-se em entrevistas feitas com os operários, em casa e no seu trabalho, conversando com o operário na linha de montagem, onde eu podia observar também seu comportamento e o dos seus companheiros.

Eu já havia escrito vários artigos sobre o material da Metal Leve. O relatório principal da pesquisa ocupava oitenta páginas do livro *Mobilidade e trabalho*. Porém, não transformei a pesquisa em tese de doutoramento. Acho que o motivo principal é que eu havia chegado, como percebi mais tarde, perto do fim da carreira universitária. O Mário Wagner tinha se afastado e eu, que "respondia pela cadeira" segundo sua indicação, estava sobrecarregado de trabalho. Eu já estava engajado na pesquisa em duas comunidades industriais da Zona da Mata mineira, Leopoldina e Cataguases.

O Fernando Henrique, que dirigia a coleção Corpo e Alma do Brasil, sugeriu que eu publicasse um livro com os vários artigos que eu já publicara, sugestão que acatei logo. Alguns daqueles artigos tinham começado a repercutir nos meios acadêmicos, por causa das observações do comportamento operário — na fábrica e durante a greve de 1956 — que a metodologia do trabalho propiciara: via-se no estudo uma classe operária em formação.[3]

Pretendia ainda fazer o doutorado em Chicago?
Sim, pretendia. Philip Hauser e José Medina Echavarría estiveram em São Paulo, acho que em 1959, em uma viagem para organizar um seminário da Unesco sobre urbanização na América Latina que teria lugar em Santiago do Chile, e convida-

---

[2] Um exame do índice hoje, realizado há quase cinqüenta anos, me surpreende: a sua organização é bem integrada e, principalmente, nota-se em quase todas partes capítulos dos vários membros do grupo.

[3] O livro *Sociedade industrial no Brasil* foi publicado em 1964, pela Difel.

ram-me para apresentar um trabalho no seminário.[4] Aceitei e aproveitei para tratar com Hauser da dilatação do prazo para eu terminar o meu doutoramento em Chicago, com o que ele concordou. O *paper* foi escrito e apresentado no seminário de Santiago. Entretanto, a idéia de apresentar essa pesquisa como tese em Chicago, nos anos seguintes, também foi abandonada.

Fale da pesquisa em Cataguases e Leopoldina e sobre como pretendia usá-la para o doutoramento.

A pesquisa sobre essas cidades mineiras recebera um financiamento do CBPE, e os dados de campo foram colhidos em 1958 e 1959. Em suma, a minha participação no projeto do CBPE em São Paulo, dirigido pelo Hutchinson, deu-me a chance de realizar a pesquisa em Leopoldina — a primeira das cidades-laboratório do CBPE concebidas pelo Darcy Ribeiro — e a comparação das suas fábricas e operários com os de Cataguases. Possibilitou-me também a oportunidade de usar os dados de outros sociólogos que estavam estudando as mesmas cidades: Hutchinson, que estava repetindo nelas o estudo de mobilidade social, e Oracy Nogueira, fazendo o estudo da família. Essa pesquisa forneceu-me os dados para a tese de doutoramento, apresentada não em Chicago, mas bem mais tarde, em meados de 1964, à Faculdade de Filosofia da USP. Eu estava então substituindo o Mário Wagner Vieira da Cunha, que se afastara por um longo período para trabalhar na ONU. As responsabilidades da cátedra atrasaram, de novo, a concretização do doutoramento. Até que em 1964, após o golpe militar, um convite para lecionar na Washington University, em Saint Louis, fez-me ver que seria insensato ir para os Estados Unidos sem o doutoramento, mormente em uma situação em que era difícil planejar o futuro, não sabendo se voltaria ou não para o Brasil.

O seu doutorado foi então a pesquisa sobre as duas cidades mineiras?

Sim, a tese de doutorado que levei para o Florestan já quase pronta, em 1964, após o golpe militar de abril, era a pesquisa de Leopoldina e Cataguases. Ela já tinha resultado em um artigo na *Sociologie du Travail*, em 1961, e em um dos capítulos do livro *Sociedade industrial no Brasil,* publicado em 1964. A tese será publicada em 1967 com o título *Crise do Brasil arcaico.* Entre as primeiras versões da pesquisa — que apareceram na revista francesa e no capítulo do livro de 1964 — e a tese que foi publicada, a "tese" que eu procurei demonstrar com o trabalho se ampliou. Antes, o *paper* continha uma boa descrição das mudanças nas relações de trabalho e das vinculações que elas mantinham com as relações patrimonialistas prevalecentes nas duas comunidades. Depois, na tese publicada, além dessa caracterização, há uma análise das forças externas, que provêm do Estado e da economia nacionais. Essas forças — a legislação trabalhista, a política do salário mínimo e a unificação do mercado — explicam as mudanças ocorridas nas comunidades.

---

[4] O meu artigo, usando material da fábrica Metal Leve, intitulava-se "Aspects of the Adjustment of Rural Migrants to Urban Industrial Conditions in São Paulo, Brazil" e foi publicado pela Unesco, num livro organizado por Philip Hauser: *Urbanization in Latin America* (1961).

Um dos motivos pelo quais você não terminou a tese para a Universidade de Chicago é que você já chegara quase no topo da carreira na Faculdade de Economia e Administração?

Foi por isso, embora essa seja uma dedução posterior. O Mário Wagner se afastou para ir para a ONU. A situação na FEA era complicada. O Mário Wagner me convidou para ser o seu assistente em 1958, onde fiquei até que os conflitos com outros professores, o pomo de discórdia sendo o Instituto de Administração, venceram-me. Os conflitos se exacerbaram com o afastamento do Mário Wagner, a cadeira ficando nas minhas mãos, muito mais frágeis. Afastando-se o Mário Wagner, eu fiquei como seu substituto informal, respondendo pela cadeira, até que em 1960 ou 1961 eu me tornei, por ato do reitor — a FEA não tinha ainda Congregação —, o seu substituto formal. Eu fora convidado para uma cadeira da Faculdade de Arquitetura e Urbanismo, primeiro em caráter temporário, por um ano — durante o qual acumulei com a minha posição na FEA —, para a seguir ser convidado para ficar como professor contratado.

E na FAU você ficou muito tempo?

Doze anos. No início como contratado, mas depois como professor titular, o último degrau da carreira. A indicação do Antonio Barros de Ulhôa Cintra para reitor significou uma vitória sobre a antiga oligarquia da USP. Eu estava envolvido no movimento de "reforma da universidade". Um dos líderes reformistas importantes era Fernando Henrique. Ele estava no Conselho Universitário, como representante dos ex-alunos. Foram técnicos do Instituto de Administração, que eu dirigia, que planejaram a transferência da Reitoria para o novo campus universitário. A mudança da Reitoria para o campus obrigaria as faculdades da USP a irem para lá; as principais resistências eram da Medicina e da Faculdade de Direito. Continuei a minha carreira na FAU. Após doutorar-me na Filosofia, em 1964, fiz as etapas seguintes da minha carreira na FAU: livre-docência, em 1966, professor adjunto, em 1970, e professor titular, em 1972.

Como a mudança para a FAU influenciou a sua carreira e sua formação como cientista social?

As mudanças que fiz, de uma faculdade de formação de profissionais para outra, marcaram a minha carreira. Antes de ir para a Filosofia da USP, em 1974, eu lecionara na Escola de Sociologia apenas um ano e pouco, para futuros sociólogos. Sempre, durante muitos anos, lecionei não para futuros cientistas sociais, mas para futuros administradores de empresa, futuros economistas, ou futuros arquitetos e urbanistas. Em cada lugar eu vestia a camisa daquela área profissional. Não me sentia apenas sociólogo, mas um cientista social que contribuía para a formação de profissionais em outros campos.

O longo período passado na FAU foi um momento muito significativo para mim, no sentido da *integração*, na minha atividade didática e de pesquisa, das várias Ciências Sociais, particularmente a Sociologia, a Economia e a História. O mais difícil era incorporar a Economia em uma visão ampla de ciência social. Um episódio significativo foi quando, participando de uma comissão da FAU incumbida da revisão curricular, no início dos anos 60, propus chamar a cadeira que eu ocupava de "Estudos Sociais e Econômicos para a Arquitetura e o Urbanismo", no lugar do longo título anterior: "Ciência da Administração e Estrutura das Organizações Econômicas". Fiquei doze anos na FAU. Em 1974, fui para a área de Ciência Política do Departamento de Ciências Sociais da Faculdade de Filosofia. E depois que, por tempo de serviço, aposentei-me na USP, em 1983, fui para o departamento de Ciência Política da Unicamp.

Em 1974, você vai para USP e começa a se interessar pelo tema da Sociologia Agrária?

Na orientação dos alunos, sim; mas não nos cursos, onde retomei o meu interesse mais antigo em Sociologia Industrial. A Sociologia Agrária era a atividade de pesquisa que eu desenvolvia no Cebrap. Lá, fui de certo modo empurrado para isso, pela impossibilidade de, no período militar, estudarem-se fábricas e operários. Sou um dos seis fundadores do Cebrap em 1969, após o AI-5 e as aposentadorias políticas de abril, ao lado de Fernando Henrique, Elza Berquó, José Arthur Giannotti, Paul Singer e Candido Procopio. De 1969 até o meu afastamento em 1985, para trabalhar no governo federal, durante o governo Sarney, o Cebrap foi onde eu desenvolvi pesquisas, embora continuasse a lecionar na universidade.

A amizade com o Fernando Henrique você estabeleceu quando?

Quando entrei na FGV, em 1955, eu ainda não conhecia o Fernando Henrique. Eu o conheci em algum momento entre 1955 e 1958. Durante toda a efervescência do movimento de reforma universitária, no fim dos anos 50 e começo dos 60, eu já tinha bastante contato com ele. A nossa relação já era bastante próxima quando Ulhôa Cintra foi eleito reitor e ocorreram as movimentações que culminaram com a criação da Fapesp. Quem me levou ao grupo d'*O capital*, acho que em 1960, foi Paul Singer.

Como foi para você a experiência do Cebrap?

Antes, é preciso apontar alguns fatos e circunstâncias. O Cebrap foi criado rapidamente depois que ocorreram, em abril de 1969, as aposentadorias políticas. As relações entre os seus fundadores eram antigas. Tinham sido cimentadas em ocasiões anteriores, tais como no movimento de reforma da universidade, ou na participação do grupo de discussão d'*O capital*, ou na luta pela criação da Fapesp. Vários de nós estavam há tempos discutindo a viabilidade da criação de um centro de pesquisas externo à USP. Sentia-se que dentro da universidade, sobretudo como a carreira estava estruturada, havia empecilhos à pesquisa coletiva e multidisciplinar. As aposentadorias de abril apressaram a fundação do Cebrap. Reuniam-se assim pessoas de formação diversa,[5] com larga experiência, que há muito

---

[5] Além de sociólogos, havia também economistas, historiadores, cientistas políticos, demógrafos e um filósofo no núcleo central de pesquisadores do Cebrap, e entre aqueles que logo se juntaram a eles.

Juarez Brandão Lopes

interagiam à vontade. Outros, mais no início de suas carreiras científicas, foram incorporados, trazidos pelos membros do grupo central. Tornou-se logo um centro de atração. Especialistas de outras instituições e até de outras cidades — Rio de Janeiro e Campinas, por exemplo — juntaram-se na discussão de temas os mais variados, independentemente das suas disciplinas de formação. Cedo passou a ser passagem obrigatória para estrangeiros interessados no Brasil, incluindo professores, intelectuais e políticos.[6]

A "instituição" central era o "mesão", onde artigos para a revista *Estudos* e os *Cadernos de Pesquisa*, bem como relatórios de pesquisas, análises de conjuntura econômica ou política, eram debatidos calorosamente, ignorando-se as disciplinas de formação dos debatedores.

O período mais importante foi o dos anos 70. Para mim, a ciência social que eu almejava tinha condições de concretizar-se no Cebrap. O Centro englobava desde o início todas as disciplinas básicas para a empreitada. No clima do regime militar, o Cebrap aparecia para muitos da USP e de outras universidades, mesmo de outros Estados, como o único lugar no Brasil em que a discussão de Ciências Sociais se dava livremente.

Explique um pouco mais as suas mudanças de campo de pesquisa.
Essas mudanças ocorreram várias vezes. Após a criação do Cebrap, no início dos anos 70, abandonei as pesquisas no mundo urbano-industrial e passei a focalizar a questão agrária. A minha ida da FAU para a Filosofia da USP, em 1974, foi uma preparação para uma nova mudança: embora continuasse nas orientações o meu foco na questão agrária, passei a me interessar, nos cursos, cada vez mais pelas transformações industriais que estavam ocorrendo pelo mundo. Focalizei nos cursos de pós-graduação que então lecionei os processos de trabalho, de início discutindo o livro do Harry Braverman para a seguir, com Michael Burawoy, ir além de Braverman.

No Cebrap, já no final dos anos 70 ou início dos 80, um contrato com uma consultora levou-me a iniciar visitas e observações na Cosipa. Não muito tempo depois, em 1981, um projeto que objetivava fazer comparações entre siderúrgicas e no qual havia a participação da Nippon Steel japonesa levou-me a visitas, entrevistas e observações na Usiminas em Ipatinga, seguida de visitas a outras siderúrgicas no Japão e na Malásia.

Todas essas experiências reforçavam a volta do meu interesse pela indústria e dirigiam a minha atenção para a reestruturação produtiva, então já muito visível no setor industrial.

---

[6] Sem me preocupar em ser exaustivo, passaram nos anos 70 pelo Cebrap, para palestras, mesas redondas ou simples visitas: Albert Fishlow (economista), Albert O. Hirschman (economista), Alain Touraine (sociólogo), Mario Vargas Llosa (romancista), Jorge Balan (sociólogo), Alfred Stepan (cientista político), Mário Soares (político português), Enzo Faletto (historiador), Mauricio A. Font (sociólogo), Daniel Pécaut (sociólogo), Maria Conceição Tavares (economista), Thomas E. Skidmore (historiador), Perry Anderson (historiador), Edilberto Torres-Rivas (sociólogo), Peter Evans (sociólogo), Harry Makler (economista) e muitos outros.

A ida para a Unicamp, em 1983, após aposentar-me na USP e principalmente após a criação, no IFCH (Instituto de Filosofia e Ciências Humanas) daquela universidade, do doutorado em Ciências Sociais, que juntava as várias disciplinas sociais, principalmente no seu seminário teórico e metodológico — que dirigi mais de uma vez, em parceria com Roberto Cardoso e Vilmar Faria —, representou a volta clara, em meus estudos, para o mundo industrial. Aumentou, após os meados dos 80, o meu interesse na reestruturação produtiva; inicialmente a industrial — a leitura do livro de Charles F. Sabel e Michael Piore, *The Second Industrial Divide: Possibilities for Prosperity*, foi fundamental —, mas depois, com a intensificação da globalização, uma reestruturação que se estendia aos demais setores econômicos. Nessa nova fase do capitalismo, tornou-se imperativo ir além de uma perspectiva multidisciplinar, cada vez mais passando para uma posição totalizadora.

Fale de sua experiência no governo.
Essa foi uma experiência várias vezes repetida nos últimos vinte anos. Em agosto de 1995 fui para o governo Fernando Henrique; primeiro como assessor do Paulo Paiva, ministro do Trabalho; depois em 1997, como assessor do Raul Jungmann, no começo, quando ele era ministro extraordinário de Política Fundiária; e continuei como seu assessor após a criação do Ministério do Desenvolvimento Agrário.

Na realidade, a partir de 1982 estive muitas vezes envolvido, de algum modo, em política pública. Isso também marcou o meu jeito de fazer ciência social, pois procurei integrar na política pública uma perspectiva multidisciplinar da ciência social. Vou apenas citar os momentos e as funções anteriores à experiência mais longa e recente nos dois mandatos de Fernando Henrique, que mencionei acima. No governo do Montoro, em São Paulo, fui seu assessor para assuntos universitários durante a crise da Unesp, quando, no fim do período militar, houve a primeira sucessão na Reitoria. No nível federal, estive em vários lugares. Em 1985, fui diretor no CNPq. Saí de lá em 1986 e fui convidado para ser secretário adjunto de Henri-Philippe Reichstul, então secretário executivo do João Sayad. Era um momento ótimo para um cientista social, em plena fase do Plano Cruzado, assistir como economistas pensavam e decidiam.

Passando para questões mais gerais, você acha que a Sociologia está perdendo hoje o papel que vários dos seus fundadores lhe atribuíram como disciplina unificadora e mais importante das Ciências Sociais?
Esse papel existe, mas não sei se é da Sociologia. Em certas épocas, outros cientistas sociais pareciam mais próximos desse papel do que os sociólogos; eles eram mais cientistas sociais do que os sociólogos. Economistas como Celso Furtado, por exemplo. Ele tratava de temas muito próximos aos dos sociólogos. Surgia sempre nas discussões a menção a uma visão totalizadora. Tenho a impressão de que a Sociologia não é, no sentido de Comte, um coroamento das Ciências Sociais. Considero que são as formações e as histórias particulares das várias disciplinas das Ciências Sociais que as diferenciam. A partir das formações disciplinares particulares e dos seus cultores, sociólogos, economistas, antropólogos, cientistas políticos são levados a procurar uma visão totalizadora. Hoje é clara a tendência de a

Juarez Brandão Lopes

Economia, com suas teorias e metodologias específicas, "invadir" muitas áreas que antes eram consideradas províncias de outras Ciências Sociais. Essa posição foi sempre a do marxismo, que buscava teorias gerais, ultrapassando fronteiras. Weber também pretendia chegar a uma teoria totalizadora, distinta da de Marx.

Quer dizer que você concorda com a idéia de que a Sociologia tinha essa presença totalizadora?

Sim. Note-se, porém, que essa posição, quando preponderante, exclusiva, não tem apenas méritos, possui também deméritos. Acho que a minha geração, ou a seguinte à minha, representa o fim da tendência totalizadora como existia há três ou quatro décadas atrás. Pode-se colocar a questão em termos de generalização *versus* especialização. Os defeitos derivavam justamente de não se saber nada a fundo. Não tinha uma Sociologia da Família que explorasse minúcias, a descrição de processos de transformação, como há hoje.

Nos anos 40 e 50, os padrões gerais que estruturavam a sociedade brasileira mudaram quando o país passou, através da industrialização, para uma sociedade urbano-industrial. A partir dos meados dos 80, novas mudanças, vindas de fora, mais profundas, atingiram a sociedade brasileira com a globalização dos mercados: de novo, os padrões gerais da economia e da sociedade entram em transformação.

Hoje a perspectiva totalizadora, em um sentido novo, é imperativa. Mas este esforço de generalização só pode ser feito a partir de estudos especializados, muito mais detalhados, no espaço e no tempo, do que os do passado. Uma diferença entre as perspectivas totalizadoras, hoje e no período da industrialização substitutiva do pós-guerra, é que naquela época introduziam-se padrões novos na sociedade brasileira a partir de estruturas e padrões que haviam surgido nos países industriais muitas décadas antes. Hoje, as nossas mudanças são quase simultâneas às transformações externas.

Quais pesquisas suas, nos anos 50 e 60, foram influenciadas por essa procura de uma perspectiva totalizadora?

Um bom exemplo do que estou dizendo é a tese que fiz na FAU para a livre-docência, *Desenvolvimento e mudança social*. Ela foi escrita em 1966 e publicada em 1968, em um clima pouco propício para se pensar, durante o regime militar, em uma faculdade sem Congregação, onde o poder estava com a direita. Eu marquei a livre-docência porque haviam me convidado para passar um ano na ONU; tive de escrever a tese muito rapidamente. O livro que o Paul Singer estava escrevendo, sobre o desenvolvimento das cidades brasileiras, ajudou-me a pensar. Com o título *Desenvolvimento econômico e evolução urbana*, incluía capítulos sobre as cidades de São Paulo, Porto Alegre, Blumenau e Recife e era realmente uma coleção de estudos regionais. Eu li os capítulos à medida que eram escritos e assim os citei no meu livro. Quando terminei a tese dei para ele ler, e Singer não percebeu a influência que o seu livro tivera na estrutura da minha tese: a formação do mercado nacional, a partir de mercados regionais pré-existentes. A interpretação totalizadora da minha tese de livre-docência e do livro resultante veio da Economia, vista com os olhos do sociólogo: o mercado nacional como construção social.

Mas o Fernando Henrique, mais especificamente, mostra como essas relações patrimonialistas constituem a sociedade brasileira.
Por isso coloco Weber como uma das opções para uma visão totalizadora. Eu estava muito influenciado por Weber. A obra dele era uma resposta, ou um complemento, a Marx. Na minha tese, repito, a visão totalizadora veio da Economia. Toda a segunda parte do livro, "Transformações políticas e sociais no Brasil", pretende estar amarrada àquele processo de construção do mercado nacional — inspirada na análise de Singer, mas também, muito, no livro de Durkheim, *De la division du travail social.*

Você está apontando para uma visão totalizadora...
Sim. Outra coisa que marca nossa geração é que só bem mais tarde ocorreu um esforço de especialização, com perdas e ganhos. Eu acho que houve empobrecimento com a especialização, porque se opta, em Sociologia e em Antropologia, por fazer estudos de caso. Ora, os casos não são generalizáveis. Para adquirirem pleno sentido eles precisam ser inseridos em um arcabouço teórico que é totalizador. Em 1975 fui para a Inglaterra, passei quatro meses lá, no Instituto de Estudos do Desenvolvimento da Universidade de Sussex. Aproveitando a estada, escrevi o livro *Do latifúndio à empresa*, para o que levara os dados necessários. O que eu pretendia fazer com esse livro era construir o arcabouço[7] dentro do qual as transformações agrárias no Brasil estavam se dando. Há mais diálogo na Inglaterra entre diferentes perspectivas teóricas do que nos Estados Unidos. Mas a minha sensação é que lá fora havia uma tendência para a especialização, para uma quantificação excessiva, para os *detalhes* de uma estrutura social cujos contornos já estavam fixados e que não se precisava especificar. Qualquer coisa mais geral parecia a eles ideologia. Tinha a impressão de que o que estava sendo feito em Sociologia ou Antropologia era visto separadamente das estruturas econômicas, como se estas não fossem sociais. A situação não era mais bem essa quando fui lecionar no exterior, agora nos Estados Unidos, em 1993. Fui lecionar na Universidade da Califórnia, em San Diego. Eu estava interessadíssimo em entender a globalização. Eu falava de "reestruturação produtiva do setor industrial" como decorrência da abertura comercial e do acirramento da competição internacional. O programa que apresentei não focalizava apenas o Brasil, mas a reestruturação produtiva nos países industriais da periferia. Formulei o programa na base do que eu queria descobrir e, após terminar o curso, aproveitei para viajar durante um mês, colhendo material, fazendo entrevistas com professores em várias cidades, lendo muito, imerso nas coisas que estavam ocorrendo em todo o mundo. Agora era possível pensar a globalização em uma perspectiva totalizadora e ver em que termos econômicos e societários esse processo estava se delineando. Sinto que então retomei o diálogo com o pessoal de fora que eu já tinha perdido em torno dos anos 80. E principalmente vi, em 1993, que o que chamo agora de imperativo totalizador estava se dando em novos termos.

---

[7] Exposto também num artigo intitulado "Développement capitaliste et structure agraire au Brésil", publicado na *Sociologie du Travail*, vol. 19, 1, 1977, pp. 59-71.

Há uma hipótese de que a Sociologia tenha ficado uma disciplina a reboque da Ciência Política, que hoje tem hegemonia nos Estados Unidos e no Brasil, juntamente com a Economia. Concorda com isso?

Eu acho que você tem razão. Mas essa hegemonia não refletiria processos reais? Quando penso sobre o tipo de material pelo qual me interesso hoje, ele é muito de Economia, de Ciência Política e de História — de crucial relevância para qualquer tipo de ciência social. Por exemplo, é básico olhar hoje a reestruturação produtiva por um ângulo global. O foco não pode ser o que está acontecendo nas grandes empresas em cada um dos países isoladamente. O foco tem de ser como está sendo construída a economia mundial, como coisa diferente da economia internacional anterior. Repare bem: "internacional" equivale a "entre nações"; a economia mundial que está sendo construída não é entre nações, mas é constituída, em boa parte, dentro da rede de sucursais da mesma empresa espalhadas pelo mundo. Como as Ciências Sociais enfrentam essa análise? Manuel Castells é, claramente, um sociólogo totalizador. A sua trilogia sobre *A era da informação* é utilíssima para ver esta nova sociedade. Cito ainda Saskia Sassen, que publicou no final dos anos 80 um livro sobre migração de capitais e trabalho. Outro livro fundamental seu é *The Global City: New York, London, Tokyo.*

Você acha que os argumentos dessa autora têm capacidade explicativa maior do que os de outros economistas ou cientistas sociais?

Sim, ela é das pessoas mais importantes tratando desse tema. Para mim, os seus escritos são particularmente relevantes porque colocam a globalização como resultado de processos de trabalho que, como todo processo de trabalho, são localizados no espaço. Ela está reagindo a formulações que afirmam que a distância perde importância para os fenômenos econômicos. A revolução tecnológica nos meios de informação, por exemplo, permite durante as crises fluxos financeiros violentíssimos, alastrando-se a despeito das distâncias. Porém, pessoas estão construindo isso, é resultado de processos de trabalho. Há instituições sendo criadas, novos instrumentos financeiros sendo criados. Tudo isso se localiza nas metrópoles. Hoje o tema central são as relações entre o "global" e o "local".

Por outro lado, temos a idéia de que certas transformações nas grandes cidades são gerais no mundo de hoje. As metrópoles estão deixando de ser industriais, pois a grande indústria tende a sair. As novas fábricas automotivas no Brasil foram todas para novos locais, fora do ABC paulista. Isso havia acontecido há alguns anos nos Estados Unidos — e ainda está ocorrendo. Detroit não atrai os novos investimentos. Vamos encontrar as indústrias automobilísticas americanas mais avançadas no sul dos Estados Unidos e no México.[8] O que a Saskia Sassen e outros analistas sublinham é que a economia da metrópole está mudando, passando para o setor de serviços adiantados, englobando, com o uso de tecnologia avançada, as

---

[8] Agora, no início de 2006, leio nos jornais sobre novas transferências de fábricas da Ford, americanas e canadenses, e mesmo mexicanas, agora para países mais longínquos (e, parece, que o mesmo está acontecendo com as fábricas da General Motors).

funções de comando e controle das grandes *corporations*. As cidades globais possuem processos de trabalho determinados, vinculados às grandes empresas multinacionais, cujas teias e fluxos — de mercadorias, capitais, funcionários —, embora não abranjam toda a economia do mundo, são as suas partes em maior crescimento. E isso, comandadas por ações relativamente independentes dos Estados nacionais. Os centros decisórios principais das grandes multinacionais situam-se em uma rede hierarquizada e regionalizada de cidades globais.

Em sentido mais amplo, poder-se-ia até colocar São Paulo.
Certamente. Por que dou tal importância para a Saskia Sassen? Suas formulações são empiricamente relevantes, mais do que as de Castells. Um dos principais grupos de pesquisa nessa área localiza-se em uma universidade inglesa pouco conhecida dos brasileiros, a Universidade de Loughborough. Todos os seus boletins e projetos estão na internet. Dentre seus principais autores, podemos citar Peter Taylor e Jonathan Beaverstock.[9] É muito difícil pesquisar a localização das sucursais das grandes *corporations* multinacionais. Elas não divulgam as informações necessárias, pois isso revelaria a sua estratégia produtiva ou comercial. O que é relativamente fácil achar é onde estão os escritórios das empresas que lhes prestam serviços produtivos avançados. Estes se separaram das grandes *corporations*, organizando-se também como multinacionais. As empresas de propaganda, de publicidade, as que prestam serviços legais, de auditoria, escritórios de grandes consultoras, de contabilidade e de logística empresarial são os principais exemplos.

Aqui no Brasil, além do senhor, quem está estudando isso?
Tem muita gente. Publicam em geral lá fora. Cito a Eliana Rossi, da Coppe (Instituto Alberto Luiz Coimbra de Pós-Graduação e Pesquisa de Engenharia) do Rio; ela tem participado de projetos da Universidade de Loughborough.[10] Os sociólogos e cientistas políticos deveriam estar interessados nessas pesquisas. Mas tendem a prestar mais atenção na globalização cultural. É uma pena não haver mais interesse na base socioeconômica desses processos.

Mudando de assunto, qual é a sua avaliação da estratégia do governo Fernando Henrique em relação ao MST? Como você trabalhou no governo FHC, este me parece ser um depoimento importante.
Como já disse, nos dois mandatos do Fernando Henrique, de 1995 a 2002, estive no Ministério do Trabalho[11] e, depois, no Ministério do Desenvolvimento Agrá-

---

[9] Ver a coleção de publicações em: http://www.lboro.ac.uk/gawc/publicat.html, que soma neste início de 2006, 187 boletins.

[10] Ver os boletins de pesquisa n°s 147, 148 e 175, da Universidade de Loughborough (site referido na nota anterior).

[11] As atividades de assessoria no Ministério do Trabalho não são o objeto direto da indagação. São, porém, importantes para esclarecer as minhas idéias sobre o papel da ciência social na condução de políticas públicas. Limito-me, pois, a indicar o artigo que escrevi, a quatro mãos, com Jorge Jatobá, economista, também assessor do ministro Paiva, para uma revista alemã, *La-*

rio. A sua pergunta diz respeito à minha última experiência no governo federal, quando fui assessor pelo período mais longo — de cinco a seis anos — do ministro Raul Jungmann e, no final do período, do seu sucessor, o ministro José Abrão.

Qual era o seu trabalho no Ministério do Desenvolvimento Agrário?
Nesse período eu tive duplo papel: coordenador geral do NEAD (Núcleo de Estudos Agrários) e assessor, com participação durante quase todo o período, na cúpula dirigente do Ministério — uma reunião freqüente, quase semanal, de umas doze pessoas. Os meus dois papéis eram ligados entre si. A minha participação nas reuniões de cúpula permitia que eu visse melhor a relevância de pesquisas, das avaliações de programas e da realização de debates e seminários — atribuições do NEAD —, ao passo que os resultados dessas atividades forneciam a base para eu intervir, quando pertinente, na pauta das reuniões de cúpula.

Qual é o balanço que você faz sobre o papel do NEAD?
Deixe-me falar primeiro do principal programa do Ministério, o dos assentamentos por desapropriação. Essa questão toca em interesses divergentes, que com freqüência são diretamente conflituosos, em todas as esferas. Nos dois ou três primeiros anos — é a minha opinião pessoal —, a principal tarefa era todos chegarem a considerar os assentamentos como uma tarefa normal do Estado, dentro das suas atribuições constitucionais. Para isso era preciso fazer os assentamentos em números bem mais altos do que até então se conseguira e diminuir o nível de conflitos. Isso foi feito. Fiz o balanço da reforma agrária por desapropriação em um artigo que escrevi com Danilo Prado Garcia, ao qual remeto para não me alongar nesse tema e passar a falar do NEAD.[12]

As atribuições do NEAD, sucintamente, eram: acompanhar o programa Cédula da Terra — financiado pelo BIRD —, programa para compra de terras por pequenas associações de camponeses, usado quando não fosse possível desapropriar por motivos legais, avaliando-o e introduzindo mudanças conforme necessário;[13] fazer outros estudos, dos mais diferentes programas agrários a cargo do Ministério — não só a reforma agrária, mas também do Pronaf, programa de crédito para a agricultura familiar;[14] e realizar seminários e debates sobre esses te-

---

teinamerika, num número todo ele dedicado ao governo Fernando Henrique. O título é "A legislação trabalhista e o 'custo Brasil': propostas do Governo Fernando Henrique Cardoso" (vol. 13, n° 32, 1996, pp. 68-83).

[12] Ver Juarez Brandão Lopes e Danilo Prado Garcia, "Agrarian Reform, Population and Environment". In: D. J. Hogan *et al.*, *Population and Environment in Brazil: Rio +10*, Campinas: CNPD/ABEP/NEPO, 2002, pp. 277-305.

[13] A aceitação deste programa a nível local era clara (eu visitei vários dos seus assentamentos em Pernambuco e no Ceará), mas o conflito político sobre ele foi acerbo e constante. Dos Estados nordestinos iniciais (cinco), o programa estava em 2002 sendo ampliado para catorze Estados, não só do Nordeste. O programa foi mantido no governo do Lula, com outro nome.

[14] Um único exemplo, importante, será dado. Foi feita uma avaliação dos assentamentos por desapropriação, com uma equipe coordenada por Sérgio Leite Lopes, Moacyr Palmeira e

mas.[15] Tudo isso foi realizado com independência. A participação do Núcleo na construção do Ministério de Desenvolvimento Agrário foi básica. O principal ator desse processo foi Raul Jungmann. Ele realmente construiu um ministério que não existia. O que existia era para fazer a reforma agrária e depois ser extinto. Por isso é que se chamava Ministério Extraordinário de Política Fundiária. O novo ministério é permanente e denominou-se Ministério de Desenvolvimento Agrário. Como parte desse ministério foi criado o Conselho de Desenvolvimento Rural, que tinha uma composição ampla e diversificada, incluindo ampla participação da Contag e vários organismos a ela ligados, ONGs e pessoas ligadas ao MST. O Conselho era incumbido de formular um plano de desenvolvimento agrário. Foi dirigido de forma eficiente pelo José Eli da Veiga. Toda essa estrutura estava em processo de construção no final do governo. A minha participação foi constante, em todo esse processo. Eu aprendi muito.

PRINCIPAIS PUBLICAÇÕES

1964 *Sociedade industrial no Brasil.* Pref. Mário Wagner Vieira da Cunha. São Paulo: Difusão Européia do Livro.

1967 *Crise do Brasil arcaico.* São Paulo: Difel.

1968 *Desenvolvimento e mudança social: formação da sociedade urbano-industrial no Brasil.* São Paulo: Companhia Editora Nacional.

1978 "Capitalist Development and Agrarian Structure in Brazil", *International Journal of Urban and Regional Research*, vol. 2, n° 1.

1994 *Brazil, 1989: A Socioeconomic Study of Indigence and Urban Poverty.* Democracy and Social Policy Series. Indiana: University of Notre Dame.

1996 "Arbeitsgesetzgebung und Kosten des Standorts Brasilien. Vorschlage der Regierung Fernando Henrique Cardoso" (com Jorge Jatobá), *Lateinamerika: Analysen. Daten. Dokumentation*, vol. 32, n° 13.

1996 "Obstacles to Economic Reform in Brazil". In: Arend Lijphart e Carlos H. Waisman (orgs.), *Institutional Design in New Democracies: Eastern Europe and Latin America*, Nova York, Westview Press, 1996.

1999 "Mudanças sociais no Brasil nos últimos quinze anos". In: *América Latina na década dos 80.* Tóquio: Universidade Sofia.

Leonilde Sérvulo de Medeiros. Não se tratava de uma amostra de toda a reforma agrária por desapropriação, mas das principais áreas em que a desapropriação havia se concentrado. Pena que nem todos os resultados foram publicados, mas, uma quantidade enorme foi, num sumário executivo que foi posto na Internet. O balanço geral era positivo como avaliado num seminário em São Paulo, por Moacir Palmeira.

[15] A influência do NEAD foi grande, principalmente pela sua organização de seminários, conferências, financiamentos e participação de várias das conferências da Contag. O seminário de São Paulo, organizado com o Itesp, que contou com a apresentação de Moacir Palmeira, teve a participação de um dirigente do MST.

Juarez Brandão Lopes

Gabriel Cohn

GABRIEL COHN

Gabriel Cohn nasceu em 1938. Graduou-se em Ciências Sociais pela Universidade de São Paulo, em 1964. Concluiu mestrado na mesma instituição em 1967, sob a orientação de Octavio Ianni, doutorado em 1971, sob a orientação de Luiz Pereira, e livre-docência em 1977. Atualmente é professor titular da USP e diretor da Faculdade de Filosofia, Letras e Ciências Humanas da USP. Trabalha com teoria social, teoria política e história das idéias. Foi presidente da Associação dos Sociólogos do Estado de São Paulo — Asesp (1983-85), da Sociedade Brasileira de Sociologia — SBS (1985-87) e da Associação Nacional de Pós-Graduação e Pesquisa em Ciências Sociais — Anpocs (2004-2006). Esta entrevista foi realizada em maio de 2004.

Fale sobre sua trajetória intelectual e institucional.

Em primeiro lugar, é uma trajetória integralmente "uspiana". Toda ela, desde a graduação em Ciências Sociais em 1964 e o ingresso na carreira em 1965, pela via do Cesit (do qual falarei em seguida), até a condição de professor titular em Sociologia em 1985, foi feita na Universidade de São Paulo. A única leve inflexão nessa monotonia (que na realidade é uma polifonia, dada a riqueza da área) foi a opção pelo Departamento de Ciência Política no lugar do de Sociologia, em 1987, por efeito das pequenas turbulências que marcam a vida acadêmica. É uma trajetória marcada de modo decisivo pelo seu período de formação, quando as Ciências Sociais viviam fase de vigor extraordinário, especialmente em São Paulo e no Rio de Janeiro (tendo a USP e o ISEB como oposição emblemática). Claro que após 1964 (minha formatura, que teria Celso Furtado como paraninfo, não se realizou) houve fortes mudanças, mas o divisor de águas foi a aposentadoria compulsória dos meus mestres mais próximos, em 1969. Nesse período inicial, que deixou marcas, havia uma mescla de liberdade e exigência para o jovem docente e pesquisador em formação. Isso se traduzia em ampla latitude de ação, cada qual fazendo as coisas do seu modo e no seu ritmo (que, na prática, acabava sendo acelerado), combinada com severa disciplina institucional (estabelecida, em última instância, pelo catedrático, figura que só veio a desaparecer a partir de 1970). Na minha experiência, essa dimensão institucional fazia-se presente mais pela direção intelectual do que pelo exercício direto da autoridade. Exemplo disso naquele período foi o Cesit, Centro de Sociologia Industrial e do Trabalho, criado no bojo do grande projeto sobre a industrialização brasileira ao qual Florestan Fernandes deu forma intelectual e Fernando Henrique Cardoso deu viabilidade, com o apoio da Confederação Nacional das Indústrias e mediante a criação do Cesit como órgão executivo. Foi lá no Cesit que toda uma geração fez o mestrado, sempre com tema retirado daquele projeto. Isso deu uma diretriz à vida acadêmica desse grupo. Meu mestrado, realizado em 1967, por exemplo, foi sobre o processo de criação da Petrobrás, e resultou no livro *Petróleo e nacionalismo*. Havia colegas às voltas com a siderurgia, com aspectos da organização e do desempenho do empresariado, com a organização operária e assim por diante. Também os próprios mentores do projeto e os diretores do Cesit tiveram participação direta com publicações importantes, como o trabalho de Leôncio Martins Rodrigues sobre a indústria automobilística, o de Luiz Pereira sobre qualificação dos trabalhadores industriais (na realidade, muito mais do que isso) e, claro, o de Fernando Henrique Cardoso sobre o empresariado nacional. É claro que a pesquisa nesse amplo campo não se restringia, em São Paulo, ao âmbito do Cesit e da cadeira de Sociologia a ele ligada: basta lembrar os trabalhos de José Albertino Rodrigues, Juarez Brandão Lopes e Azis Simão. Meu projeto inicial, como sempre ocorre nesses casos, era mais ambicioso do que o resultado. Tratava-se de estudar a Petrobrás não somente na sua criação, mas também como instituição, apanhando, portanto, dois momentos da política do petróleo: o constitutivo, com os confrontos políticos envolvidos, e o institucional, como política setorial no interior do Estado. Não que a concentração daquele trabalho no primeiro desses momentos se devesse a mera falha no projeto, ou na sua execução. É que esse enfoque refletia o tipo de formação que havíamos recebido, na qual diversas versões do marxismo, que em geral já faziam parte da bagagem dos estudantes, disputavam espaço com as formas mais ortodoxas da sociologia acadêmica (vigorosamente defendidas, por vezes a despeito de suas convicções íntimas, por aqueles mesmos mestres que depois seriam expelidos da universidade sob suspeita de proselitismo marxista ou algo do gênero). Talvez valha a pena lembrar, pela luz que permite lançar sobre o modo de trabalhar dos meus mestres, que no meu caso não se falava de marxismo, mas de "weberianismo". Já na defesa do mestrado, Florestan qualificou meu trabalho como weberiano. Eu não tinha isso em mente na época, nem teria condições para tanto. Mas ele estava certo quanto ao espírito do texto.

> **De fato, seu trabalho** Petróleo e nacionalismo *não é uma discussão da instituição, como você acaba de dizer, mesmo porque isto não faz parte da tradição da Sociologia da USP. Ao fazer a discussão sobre a política nacional do petróleo, você coloca no centro do debate as transformações da sociedade naquele período e mostra que surgem novos atores políticos no âmbito da nação. Isto é, as oligarquias regionais foram enfraquecidas graças a uma série de políticas nacionais. Essa análise é weberiana porque enfatiza a ação dos atores políticos.*

Exato. E a observação de Florestan não era um elogio: ele estava detectando uma afinidade minha com um autor que não era seu predileto mas que considerava digno de estudo. Tanto que, mais tarde e já fora da USP, ele estaria entre os que me estimularam a um trabalho mais sistemático sobre Weber, como acabou ocorrendo. Por outro lado, o que você acaba de dizer aponta para a pertinência de Weber quando se discute a formulação de políticas. É curioso que, numa outra vertente, quando em 1978 Fernando Henrique Cardoso e Bolívar Lamounier publicaram na revista *Dados* um artigo sobre a Ciência Política no Brasil, eles abriram espaço a *Petróleo e nacionalismo* como se o livro, apesar de seu "caráter mais sociológico", tivesse precedido a "voga dos estudos sobre as tomadas de decisão". Eu não sabia que estava fazendo isso. Foi muito interessante para mim, pois confirma a compatibilidade desse enfoque com Weber, pela ênfase na dinâmica das condutas dos atores. Quanto a mim, vejo naquele livro referências weberianas mais na utilização de alguns tipos construídos um tanto *ad hoc*, referentes às orientações da ação do técnico, do político e do burocrata.

Gostaria de voltar um pouco atrás, para falar de dois episódios que ilustram o modo como se trabalhava naquele período. Na argüição do mestrado, Florestan censurou o modo como eu havia introduzido Helio Jaguaribe no debate. "Você construiu um boneco de palha para socar", advertiu-me ele, "e isso não é leal". Bela lição de *fair play*, só superada pelo próprio Jaguaribe, que saiu do seu caminho de intelectual de peso quando o livro foi publicado, para escrever uma gentil carta com alguns reparos e muito estímulo. O segundo episódio refere-se a uma reunião, em 1966, quando Octavio Ianni fez uma intervenção que teria efeitos na pesquisa sociológica na USP e na minha trajetória pessoal. "Há algo errado", dizia ele, "o mundo está mudando rápido e novos problemas se apresentam, sem que estejamos reagindo como deveríamos. Veja-se o caso da expansão da comunicação de massa: está em tempo de incluirmos isso na nossa pauta". Eu tinha um certo interesse na coisa, e manifestei isso (embora minha área de preocupação, na época, fosse a das formas de expansão da organização burocrática naquele momento da nossa industrialização e urbanização; cheguei a fazer um projeto que me ocuparia por vários anos e que a então recente Fapesp aceitou, mas a coisa não foi adiante, até por conta do episódio que estou narrando). Foi o suficiente para ser indicado a assumir o encargo. Lembro-me com espanto da amplitude do programa que montei para meu primeiro curso na área, em 1967, que está reproduzido na organização da coletânea *Comunicação e indústria cultural*, de 1971; o tipo de coisa que você faz aos 28 anos, nunca depois. Foi uma boa experiência, com caráter pioneiro, até porque rendeu doutorado e se converteu em disciplina de pós-graduação a partir de 1973, a primeira no Brasil na área de sociologia da comunicação. Esta expressão acabou dando título ao livro em que publiquei o doutorado, embora se trate muito mais de um estudo teórico sobre ideologia e poder na cultura e comunicação. No rasto dessa experiência veio o estudo intensivo das contribuições da Teoria Crítica da Sociedade, especialmente de Adorno, que foi (e continua sendo) tema de estudo para mim.

Como vocês vêem, uma intervenção numa longínqua reunião pode ter resultados perenes. Devo mais essa ao mestre Ianni. Não era só ele, porém, que tinha esse olhar prospectivo: em maior ou menor escala isso era um traço daquela "fase heróica" da consolidação e expansão da Sociologia, especialmente em São Paulo e no Rio de Janeiro. Penso, por exemplo, nos estudos sobre juventude, aos quais se dedicou especialmente Marialice Foracchi, outra figura que ficou um pouco à margem, e também no desenvolvimento, fomentado diretamente por Florestan, daquilo que se poderia chamar de sociologia política historiográfica, como nos tra-

Gabriel Cohn

balhos de Maria Sylvia de Carvalho Franco. No Rio, as referências na época para nós eram Manuel Diegues e Costa Pinto.

Você reflete sobre comunicação nos anos 70, que tem referência importante em relação à censura. Assim, trazer Adorno para pensar isto é pensar a ditadura, não é?

Você tem razão, os anos 70 acentuaram esses traços do pensamento frankfurtiano, que deixava de ser uma referência remota. Fazia sentido discutir indústria cultural, ideologia, personalidade autoritária. Um pormenor pessoal talvez caiba aqui. Após 1964, quando eu procurava meios para entender o que se passava, o livro que primeiro procurei, vejam só, foi *As origens do totalitarismo*, de Hannah Arendt; referência um pouco exacerbada, talvez. Eu já tinha conhecimento dos estudos sobre personalidade autoritária (mencionados no curso introdutório de Sociologia, dado por Fernando Henrique Cardoso) e um pouco da polêmica de Adorno com o "positivismo", e já era feliz proprietário da raríssima edição original de 1947 da *Dialética da ilustração* (ou do *esclarecimento*), mas minha primeira referência, depois abandonada, foi Arendt. Foi a atenção à comunicação e à cultura de massa que revelou a pertinência de Adorno para o tema que nos comovia a todos. Eram tempos complicados. Todavia, eu não gostaria de trazer a imagem de que dentro da universidade tudo tivesse sido um pesadelo. Na verdade, não foi: os estudantes eram ótimos e muita coisa interessante era feita. Externamente, claro que não era fácil. Internamente, tivemos momentos em que a atividade intelectual foi submetida a injunções pesadas que, no mais das vezes, não vinham de fora. No caso da USP, pelo menos, elas vinham de dentro, da direita que vigiava, censurava e impunha aposentadorias e, de certo modo, também da esquerda, que exigia em qualquer momento um resultado palpável. Eram injunções muito pesadas para quem havia começado nos anos 60, com suas promessas. Na universidade essas promessas haviam se traduzido na crença num trabalho acadêmico voltado para as grandes questões substantivas e para os fundamentos teóricos, que resultasse em contribuições socialmente relevantes. Uma parte importante desse momento iluminista radical foi cortada nos anos 70. Todos ficaram sujeitos simultaneamente a contínuas cobranças internas e à repressão externa, à censura. Era uma panela de pressão e a Sociologia pagou por isto, mas o trabalho continuou a ser feito, com todas as angústias e dificuldades. Um ponto complicado e mesmo pernicioso foi o modo pelo qual a universidade foi forçada naqueles anos a internalizar o marxismo (um resultado paradoxal da ditadura).

Você quer dizer que a dominância do marxismo nos anos 70 ocorreu como uma resposta a essa pressão?

Foi uma internalização forçada, porque o debate externo estava fechado e tivemos de jogar tudo para dentro. Não tínhamos como suportar tanta coisa. Tínhamos de dar conta do que seria convencional na Sociologia, nas ciências sociais e, ao mesmo tempo, responder às exigências de um marxismo fortemente engajado no momento presente. Tentamos fazer isso sem perder a qualidade do trabalho em nenhum dos dois lados. Por exemplo, Luiz Pereira envolveu-se em luta forte, heróica mesmo, em defesa de uma Sociologia crítica de forte inclinação marxista. Ele podia, tinha alta densidade intelectual, e queria manter isto na universidade. Ele tinha um compromisso e, por ele, combateu até o último alento a institucionalização das ciências sociais, nos moldes em que ela acabou se realizando. Por isso ele se opôs à criação da Associação Nacional de Pós-Graduação e Pesquisa em Ciências Sociais (Anpocs). Ele temia que esse tipo de institucionalização acabasse impondo às ciências sociais uma agenda única de pesquisa e expulsasse a corrente crítica à qual se entregava. Visto retrospectivamente, torna-se fácil argumentar que havia nisso uma reação exacerbada, mas a idéia de fundo não era descabida. Vivíamos no Brasil repercussões diretas desse período de ameaça sistemática ao pensamento não instrumentalizado que foi a Guerra Fria, e havia boas razões para supor que a institucionalização das ciências sociais "modernas" significaria tornar hegemônico no Brasil o que se produzia nas universidades norte-americanas e na sua periferia — como de resto sucedeu, não só aqui, porém não na escala que ele temia. Aconteceu comigo um episódio que pode ilustrar por outro ângulo esses problemas. Na época, a Flacso (Facultad Lationoamericana de Ciencias Sociales) recrutava estudantes pós-graduados na América Latina inteira e lhes dava uma boa formação na sua escola em Santiago do Chile. Eram selecionados, predominantemente, jovens mais à esquerda. Isso incluiria, diga-se de passagem, membros daquele brilhante grupo de Minas Gerais que, quando estudantes, escreviam artigos ultra-radicais na revista *Mosaico*, da UFMG; figuras que depois se tornariam notáveis (e bem mais moderados), constituindo um núcleo fundamental na institucionalização da Ciência Política no Brasil. No recrutamento da Flacso na USP veio o sociólogo norueguês Johan Galtung, que já se destacava em metodologia quantitativa e depois seria uma das figuras centrais no estudo da solução de conflitos e da paz. Ao saber que eu havia sido convidado, Florestan me chamou e disse: "Você pode ir, mas para cá não volta". Não se tratava de mera intransigência; ele já havia demonstrado que não era por aí. É que ele apostava tudo na formação sólida e na experiência de pesquisa local antes de expor-se aos centros em que se construía uma nova hegemonia.

Os dois grandes programas que acabam se conformando a este modelo, criado pela legislação de 1967, foram o do Iuperj e o do Museu Nacional. A USP, que já tinha um modelo distinto de pós-graduação, só mais tarde vai se enquadrar nas exigências da Capes.

Eu tenho um desconforto em relação à USP. Acho que ela aderiu demais às diretrizes federais, na época. A USP tinha peso para se colocar como interlocutora, não como parceira menor. Atualmente, ela não tem autonomia em relação ao que a Capes e outras agências prescrevem; pelo contrário, funciona ajustada a elas. Acho que isso foi um grave erro.

Você quer dizer que houve um projeto abortado de universidade?

Eu não diria tanto. No conjunto, a USP é uma experiência bem-sucedida. Houve um projeto, sim, embora não chegasse a ser articulado plenamente e desse margem a recuos como aquele. No que se refere à sociologia, era um projeto expresso nos

Gabriel Cohn

escritos mais programáticos, especialmente no grupo liderado por Florestan Fernandes. O outro grupo (que nunca teve liderança explícita) foi mais discreto nesse aspecto, menos programático, embora reunisse intelectuais de valor, como Ruy Coelho, Maria Isaura Pereira de Queiroz, Azis Simão e Duglas Teixeira Monteiro (sempre restringindo as referências nominais aos mestres da minha geração, sem falar dos colegas, dos quais vários se destacariam fortemente nas suas áreas de pesquisa). O escrito programático mais ambicioso em meados dos anos 60, aliás, foi justamente aquele em que Fernando Henrique Cardoso marcava a sua posição divergente de Florestan e propunha a criação de uma alternativa. Trata-se do prefácio ao seu livro *Capitalismo e escravidão no Brasil meridional*. É um texto de combate, ainda que não explícito, em que ele anunciava, em meio a discussões sobre funcionalismo e dialética, a proposta de um grupo que não teria Florestan como líder, mas ele próprio. Mais tarde, já fora da universidade, o Cebrap caminhou nesse sentido.

Acho que o lugar da Sociologia neste processo é fortemente firmado pelo Florestan. Por exemplo, isso é claramente colocado no livro **A Sociologia em uma era de revolução social.** *Lá ele discute o que a Sociologia tem a fazer, e esse é um ponto de partida para uma discussão programática.*

É verdade. Na realidade, programa intelectual havia, o que não havia era programa político, a formação de um grupo coeso. Isto não era muito do estilo daqueles nossos intelectuais. Eles nunca se empenharam realmente em ter discípulos, seguidores. Uma das suas práticas consistia em incentivar a autonomia dos seus estudantes. Só que isto, politicamente, é pouco eficiente, colide com a formação de equipes em torno de um projeto (aliás, já gerava tensões na época do Cesit), e tampouco é compatível com o que se faz atualmente. Dadas as injunções crescentes, hoje cada dirigente de uma área de pesquisa tem um projeto e deve montar uma equipe sob sua tutela. A forma como se trabalha assemelha-se mais a uma empresa de pesquisa. Acho ótimo que haja empresas de pesquisa, mas a universidade é diferente. O problema é essa espécie de cumplicidade que se gera entre a universidade e as entidades financiadoras. Há objetivos muito definidos, resultados muito específicos e prazos muito restritos. Isto é perfeito quando se trata de uma empresa. Misturar isto com as exigências propriamente acadêmicas da reflexão inteiramente livre, de ponta, voltada muito mais para o que vem emergindo do que para a consolidação de resultados, isso não dá, pois um dos dois lados vai perder. E eu não tenho muita certeza de quem é o perdedor. Penso que seja a sociedade, que terá sua capacidade criativa reduzida. A universidade é a única instituição que pode se dar ao luxo de sustentar um indivíduo para que pense, reflita, faça pesquisa e se ligue desse modo ao mundo. Ninguém mais vai pagá-lo para isto. No entanto, é um dinheiro bem empregado. Então, reconstruir hoje uma trajetória individual é retomar, em parte, os dilemas que se acumularam nessas décadas.

Quanto à Sociologia, além de gerar conhecimento relevante, ela tem por vocação repensar-se continuamente. Faz parte da minha pequena utopia privada que a Sociologia seja orientada no sentido de se reintegrar à vida social dos cidadãos reflexivos, racionais e conscientes, e deixe a pretensão de ser uma área do saber isolada. O cerne da Sociologia só faz sentido no momento em que não só o conhecimento que ela produz como também o tipo específico de sensibilidade para o mundo social que lhe é própria forem incorporados pelo conjunto da cidadania, e não cada vez mais mantidos à parte. Por um outro ângulo, essa microutopia inclui também a idéia de uma formação universitária em que os estudantes fossem incentivados a freqüentar aulas em todas as áreas do conhecimento; não para aprenderem conteúdos, mas para terem contato com modos diferentes de pensar. Fascina-me essa possibilidade de colocar as pessoas diante de formas diferentes de pensar, alimentando sua capacidade reflexiva e crítica, para não falar da tolerância inteligente e da criatividade.

Mas, para realizar a sua utopia, você precisaria institucionalizá-la.
Pois é... Isto depende de mudanças muito profundas na sociedade. Sem uma cidadania crescentemente reflexiva e crítica não há como interagir com essa sociologia. Não vejo com muito otimismo as tendências atuais. O que vejo é um estímulo a mais para manter a lucidez. Manter a lucidez no mundo contemporâneo já é uma coisa importante.

Você termina o seu livro Crítica e resignação *discutindo o dilema de como escapar deste condicionamento mútuo da ação e da renúncia, e faz uma interessante citação de que a busca pela completude pode se tornar uma doença se ela destruir a ligação com o incompleto, o inacabado. Esta é uma bela imagem.*
Ela se aplica a Weber, mas creio que possa ter referência mais ampla para nós, porque a busca obsessiva do bem definido, do bem-acabado, do resultado colocado de modo inequívoco sobre a mesa é o que pode nos matar. Adorno tem uma passagem belíssima em *Minima moralia*, em que evoca um mundo digno de ser vivido, em que os homens possam permitir-se não aproveitar todas as oportunidades, livrar-se da compulsão do ato bem-sucedido. O que a sociedade contemporânea espera de nós talvez seja mais a capacidade de projetar a reflexão para a frente, dando forma a questões que nem sempre estão explícitas, questões emergentes. É o não acabado, o não completo, o que está vindo, o que pode não vir.

Esta idéia de resignação para o intelectual é algo interessante para pensar no que você acabou de dizer?
Não há como não incorporar uma dose de resignação, tendo a reconhecer. Se eu não estiver disposto a admitir que as coisas são assim e que não tenho como mudá-las, não tenho sequer como iniciar a reflexão crítica, que incide sobre os limites do ser assim (e não simplesmente sobre uma outra coisa quimérica). Weber pressentia isso, e sua saída era a "fuga para a frente", a busca da solução mediante o ato heróico de uma vontade tanto mais insubmissa quanto mais submeta as outras. É fascinante a intensidade de Weber. Nisto ele é mais instigante do que Durkheim. Este é uma figura imponente, mas de outro modo. Ele quer amarrar sempre, nada pode ficar solto (não admira o espanto que causava a Adorno). Especialmente in-

Gabriel Cohn

teressante é o terceiro dessa lista. E não se trata de Marx. Para mim Marx é o gigante, que está acima deste grupo todo. A idéia simplesmente genial de Marx, de concentrar-se no *modo* de produção, ou seja, não na produção sem mais (como pensam aqueles que falam em "determinismo econômico"), mas no modo como ela se organiza socialmente e, sobretudo, gera relações sociais determinadas, é de fecundidade sem par nas ciências sociais e na historiografia — e também na economia, suponho. O terceiro a quem me refiro é Simmel. Ele é fascinante. Não tem a compulsão do Durkheim, nem a mente dilacerada de Weber. Simmel consegue, com incansável mobilidade, percorrer os temas mais do que articular dilemas. Ele se volta para o que é fluido na sociedade e todavia também se consolida. Ao fazê-lo, trabalha como uma espécie de esquilo, subindo e descendo da árvore e cercando-a por todos os lados (eventualmente esquecendo as nozes). Por outro lado, minha imagem do Durkheim sempre foi a de um pastor alemão, farejando e demarcando: aqui pode, aqui não pode. Mas, se você me perguntar qual animalzinho corresponde a Weber, é difícil responder.

> *Você não consegue encontrar a imagem de animal para atribuir a Weber porque está presente nele este dilaceramento o tempo todo. Mais do que ninguém, Weber conhece a inevitável tensão entre as várias antinomias que estudou.*

Você tem razão. É este o sentido da frase: "Faço ciência para saber o quanto posso suportar". A solução de Simmel era a mobilidade, a agilidade. Em vez de dilacerar-se, preservava-se naquela movimentação inteligente e arguta. Durkheim, ao contrário, tomava o lápis, demarcava a fronteira e dizia: está definido, e eu estou deste lado. De certo modo, é o que Luhmann (este, um pastor alemão legítimo, dos mais eficientes, não judeu alsaciano) fez no final do século aberto por aqueles três. Já Habermas realiza outro salto mortal, o de uma metateoria normativa. Todos eles, no entanto, às voltas com as exigências do dia.

> *Eu li Simmel no seu curso de teoria da ideologia. Você fazia os alunos lerem muitos autores...*

A associação do meu nome ao de Weber é uma grande vantagem para mim, tenho que reconhecer. É uma espécie de marca diferencial; pelo menos era na origem, pois agora temos gente de primeira trabalhando o tema. Há o outro lado, porém. Cria-se a imagem de que nunca falei de outra coisa, quando penso ter sempre trazido para o debate temas e autores não habituais, sugerido muita coisa, aberto caminhos.

> *Você refletiu sobre muitos autores, sobre Weber, sobre a Escola de Frankfurt, sobre Luhmann, Giddens etc. Mas você não fez este estudo só para compreender os autores. Você sempre se pergunta com quem este autor dialoga e se é possível dialogar com a barbárie? Para você este é o grande tema da Sociologia, não?*

É exatamente isto, você acertou em cheio. Fiquei impressionado quando a Associação Internacional de Sociologia, alguns anos atrás, fez um levantamento sobre o que eles chamavam os "livros do século". Cem sociólogos do mundo inteiro foram convidados a indicar as obras mais marcantes do século XX. Noventa e cinco indicaram *Economia e sociedade*. Durkheim, que é o seguinte da lista, vem com sessenta e poucas indicações. O que interessa lembrar aqui, porém, é que o sociólogo americano mais citado é Wright Mills — e não é pelos seus estudos sobre a elite do poder ou a classe média, mas por *A imaginação sociológica*. Suas indicações chegam a cinqüenta. Nunca imaginei que ele pudesse ter marcado de tal maneira pelo menos uma geração. Se pensarmos estritamente em termos da contribuição, da reflexão densa e de alto nível, teríamos de escolher Parsons. Não sei como se distribuíram as indicações, quantas são de origem norte-americana. Mas é interessante que seja tão lembrado um autor que, ao seu modo de radical texano, tentava pensar a barbárie na sua época. Tomemos agora um autor internacional contemporâneo. Quem é o autor que, no final do século XX, exprimiu o estado do mundo? Eu não diria que fosse alguém "do meu lado", como Habermas, que reage ético-normativamente ao seu mundo, ou mesmo um Bourdieu, um Giddens, um Bauman. Habermas é uma preciosa figura; mas o estado do mundo não está expresso nele — talvez o estado possível e desejável do mundo. Quem conseguiu fazer isto, de forma desprovida de qualquer preocupação ético-normativa, foi Luhmann. Este é um interlocutor possível, que deve ser levado em conta pela forma crua como coloca o que é este nosso mundo. Com sua alta sofisticação intelectual, ele analisa um mundo em que predomina a lógica dos sistemas, dada pelas exigências internas de cada sistema em questão. Um sistema subsiste enquanto mantém suas fronteiras. Ele depende da inteira subordinação das relações externas à sua dinâmica interna. O resto é ambiente sem valor significativo próprio, indiferente até que as operações internas ao sistema selecionem algo nele. Nisso, Luhmann revelou uma aguda percepção do estado do mundo. Por isso ele é um interlocutor, capaz de dialogar criticamente com aqueles que são mais provavelmente nossos heróis. Portanto, ao se buscar um autor que contemporaneamente dialogue com o mundo de maneira fiel ao estado das coisas, com frieza analítica (Adorno falava da "frieza burguesa"; que diria ele agora?), esse interlocutor é Luhmann. Nossa tarefa passa por aí. Por que eu vou dedicar tempo e estudo a um autor? Porque de alguma maneira ele dialoga com as minhas referências e dialoga com o mundo de modo relevante, não porque seu pensamento me agrade — ou porque o estado do mundo me agrade.

> *A partir de seus comentários sobre Luhmann, pode-se concluir que o autor importante é aquele que permite compreender os contornos da barbárie? Assim, a referência não é o mundo que queremos, mas o mundo como é.*

Luhmann faz exatamente o que você exprimiu tão bem: delinear os contornos da barbárie. Não porque fosse bárbaro, longe disso, mas porque cultivou com obstinada tenacidade a idéia de que a boa sociologia é a que retrata com precisão o seu objeto, ou, na sua linguagem peculiar, dá forma a uma "observação" do objeto por ele mesmo. É de fato o mundo como ele é. Espero que não pareça mera irreverência depreciativa dizer que se trata do Nelson Rodrigues da sociologia, um realista desencantado que lança uma cortina de fingido cinismo e exibe de modo sedutor (a linguagem arrevesada também tem seu fascínio) o que preferiríamos ignorar.

Gabriel Cohn

Você poderia falar sobre a relação da Sociologia com a Ciência Política? Parece que você está dizendo que temos de voltar a fazer Sociologia Política.

É isso mesmo. Também penso que a sociologia política é referência fundamental. Aliás, muitos colegas da Ciência Política estão começando a se questionar se não deixaram de lado aspectos importantes, se não ficaram demasiado concentrados na estreita franja institucional. O próprio desenvolvimento das Ciências Sociais deu-se de modo a separar a Ciência Política da Sociologia. A Ciência Política é uma área mais definida, que gerou suas agendas de pesquisa de maneira mais nítida também. O fato é que o processo de institucionalização das ciências sociais beneficiou mais nitidamente a política, que vive o paradoxo de ser a área mais antiga do pensamento social e a mais recente do ponto de vista institucional. Aliás, o núcleo duro da criação da Anpocs vinha desta área. A Sociologia se perdeu no meio da sua tradicional confusão interna e não encontrou muito espaço para dar mais consistência a esta grande vertente que é a da Sociologia Política. Em seus últimos escritos, Ianni falava de "formas de sociabilidade nos jogos do poder". Fórmula feliz, que define toda uma agenda de pesquisa, na qual ambas as disciplinas têm como se reunir. Uma exigência básica, sem a qual esse esforço conjunto dificilmente avançará, diz respeito à retomada do esforço para se pensar, nas novas condições do mundo, uma teoria da experiência social. A Sociologia sempre foi isto. Pensar as formas sociais da experiência dos homens, o modo como eles saem de si e se colocam no mundo junto com outros. Faz falta a análise que se volte, com cuidado, para a dimensão fina da vida social, para os mecanismos mais sutis das relações. Isso porque a Sociologia sempre esteve dilacerada entre duas exigências, voltadas para duas direções que todavia não podem ser isoladas: a de ocupar-se com as grandes estruturas e a de apanhar o social na sua minúcia. Eu não estou me referindo ao que numa época se designou por relação macro-micro. A relação não se estabelece entre o nível macro e o micro, mas sim entre formas de complexidade dos objetos; não é uma diferença de escala, nem mesmo de nível, mas de modo de organização. Os grandes mestres não se restringiam a um único nível da realidade, nem separavam sociologia e política. Encontram-se passagens, na *Ética protestante*, em que Weber analisa pequenos processos, dimensões muito finas das formas da relação do indivíduo com o mundo, tal como a insegurança, a angústia daquele que não sabe se vai ou não ser predestinado, beirando a dimensão psicológica. Quando parecia que iria perder-se, ele consegue amarrar isto com uma questão gigantesca: passando pela conduta econômica, propõe a questão da racionalização de toda uma configuração histórica de vida, de todo o Ocidente. Então, os mestres conseguiam, em alguns momentos, ir de um extremo ao outro, sem se perderem. Nem falo de Marx, das categorias marxistas, que certamente retornarão com força ao debate nos próximos anos, tanto pelo lado *hard*, da peculiar mescla de economia e historiografia que ele construiu, como pelo lado mais *soft* (mas não demais, espero), de categorias como ideologia, fetichismo e alienação — tarefa para a qual o "marxismo ocidental" deixou precioso legado nas suas várias vertentes: Gramsci, essa desconcertante figura da diáspora húngara que é Lukács, a Teoria Crítica, tantas outras figuras e correntes.

É curioso como, no Brasil, conhecemos pouco da vida cultural húngara, embora discutamos largamente Lukács e Mannheim.
Lukács e Mannheim andam meio desaparecidos, e isso é injustiça grave em ambos os casos. Há em curso um belo trabalho de recuperação das grandes figuras do pensamento europeu, do qual a Elide Rugai Bastos participa diretamente, aliás. A diáspora intelectual húngara (judaico-húngara, em muitos casos) é um episódio impressionante da vida européia entre as duas grandes guerras do século XX. Budapeste não era um centro aglutinador, como Viena certamente era e Varsóvia foi em certa medida (os grandes lógicos poloneses ficaram por lá). Mas a Hungria é um fenômeno à parte, às vezes com tons picarescos, como a compra e uso da partícula aristocrática alemã "von" (que corresponde ao nosso "de") em nomes como o de Lukács — que aliás é citado assim por Weber — ou do grande matemático Johannes von Neumann. Os intelectuais e cientistas de origem húngara levaram ao extremo o papel do emigrado, de fermento e disseminador de idéias. Aliás, o físico Szilasi, que convenceu Einstein a escrever ao presidente Roosevelt advertindo-o do risco de que os alemães estivessem avançados na pesquisa nuclear, precipitando com isso a construção da bomba norte-americana (e depois tornou-se pacifista militante, como o próprio Einstein), era desse grupo. No Brasil, a Europa central foi fundamental na incorporação de grandes correntes artísticas e de pensamento na época, como sabemos: Otto Maria Carpeaux, Anatol Rosenfeld, Herbert Caro e, para não faltar um húngaro, Paulo Rónai.

De modo geral, eles tiveram um papel formador muito importante.
Eram intelectuais de bom nível, que nos seus países de origem teriam papel relativamente modesto, e sabiam disso. Eram formiguinhas, operários do conhecimento, da cultura, de todo um modo civilizado de ser, mesmo não sendo iluminados. Aliás, quanto menos gênios, melhor, porque com freqüência são insuportáveis (veja-se o caso de von Neumann). Se a pura inteligência resolvesse, estaríamos muito bem; é o velho sonho tecnocrata. Uma ocasião perguntaram ao físico José Goldemberg se a comunidade científica não poderia impedir a produção de armas cada vez mais sofisticadas e ele deu uma resposta de devastador bom senso: se 98 das cem pessoas decisivas numa área do conhecimento se recusassem a colaborar em pesquisas com potencial e patrocínio bélico e duas aceitassem, de nada adiantaria a atitude da maioria (aliás, um exemplo de como na ciência o princípio majoritário democrático funciona mal). O desenvolvimento da bomba H norte-americana mostra como um único cientista de alta capacidade e reputação pode desequilibrar (no caso, Edward Teller, outro emigrado húngaro de origem judaica, para variar).

Como você elabora a questão das relações entre cultura e instituições democráticas?
Eu vou começar de maneira sombria. Primeiro, tenho a impressão de que é possível um considerável descolamento entre cultura democrática e instituições democráticas. É possível construir instituições democráticas que funcionem de maneira muito satisfatória sem o respaldo de uma cultura democrática. E isso com um viés adicional: visto que o empenho se faz no sentido da construção e consolidação de institui-

Gabriel Cohn

ções democráticas, a referência à cultura democrática será pautada pelas instituições. Assim, na pesquisa sobre cultura democrática o interesse maior incidirá sobre a medida em que as pessoas se manifestam favoráveis às instituições democráticas tais como elas existem. Com isto cria-se um círculo vicioso. Obtêm-se, na realidade, verbalizações contra ou a favor da democracia, dos direitos. Com muita freqüência a favor, se bem que não falte o outro lado (às vezes em escala assustadora). Acaba-se criando uma assimetria fortemente enviesada para as instituições. Na realidade, não dependemos da emergência prévia de uma cultura democrática profundamente arraigada nos cidadãos para se criarem instituições democráticas. A saída dos regimes ditatoriais na América Latina se fez diretamente na criação de novas instituições. Com respaldo político, certamente, mas não por causa de alguma cultura democrática e sim porque essas instituições respondiam a demandas difusas.

No caso do nosso processo de democratização, você pensa em quais instituições?
Talvez aqui convenha falar de hegemonia e dos aparatos institucionais correlatos. Penso mais na escola, nos meios de comunicação, nos circuitos culturais e nas formas de sociabilidade do que no arcabouço institucional da democracia representativa que temos, cuja importância, de resto, é inegável. Neste ponto, tendo a deslizar da política em sentido estrito para a sociologia. O que me assusta nesse tema é o descolamento entre o nível institucional e o nível da orientação efetiva das ações dos cidadãos, por um lado; e, por outro, esta assimetria a que me referia de que o próprio debate, e até mesmo a pesquisa acadêmica, tudo isso é pautado pela perspectiva da instituição. Supõe-se que a cultura democrática seja importante porque ela tem a ver com a constituição das próprias instituições, com o seu formato e a sua vida interna, mas falta verificar isso, aprofundar estes vínculos. Talvez, em algum momento, muitos tenham tido a simpática ilusão de que a construção de instituições democráticas traz consigo o aprimoramento, o aprofundamento de uma cultura democrática. Neste ponto, tenho outro desconforto, ligado a uma velha convicção: não se pode tratar dos problemas sociais de maneira direta e linear. Nunca se chegará a uma idéia do que seja a cultura política democrática simplesmente procurando saber como os cidadãos percebem as instituições ou têm atitudes e disposições de conduta com relação a elas. Uma conduta banal como estacionar em fila dupla diz mais sobre a cultura política do que mil respostas sobre se a democracia é melhor ou pior do que um regime autoritário. Nossas instituições representativas estão funcionando muito bem, mas o problema do descompasso permanece.

Não adianta analisar o comportamento, mas o processo de socialização, de internalização.
Trata-se de analisar orientações de conduta que muito indiretamente têm a ver com as instituições políticas e mais com o modo pelo qual cada cidadão se relaciona com o mundo que o transcende, o mundo público. Mas estas ações são múltiplas, e são elas que organizam, de maneira muito fina, muito difusa, muito difícil de captar na sua inteireza, aquilo que se poderia chamar uma cultura política, no sentido

forte do termo: a cultura da *polis*, o modo como as pessoas mobilizam o repertório significativo de que dispõem na relação com o que é de todos. É inaceitável a concepção usual de público, associada a uma situação de posse, de propriedade. Nessa versão vulgar, público é entendido como o que é de todos, ou então como o que não é de ninguém. É público porque não é de ninguém. Já Aristóteles dizia, contra o "comunismo" de Platão, que ninguém cuida do que é de todos. O argumento pode até ser aceitável, mas é equivocado quando se fala da coisa pública, porque nela não se trata de posse. Público, no sentido de coisa pública, é uma orientação de conduta. E é uma orientação normativa, valorativa. Só posso falar de público quando a conduta do cidadão orienta-se para aquilo que o transcende socialmente, que é o mundo de todos, compartilhado por todos.

O processo migratório parece ser maior da Sociologia para a Ciência Política do que o contrário, não? As reflexões mais complexas, mais sofisticadas foram de sociólogos que migraram para a Ciência Política?

Pode-se olhar a evolução das ciências sociais no Brasil. Em certo momento houve o propósito bem explícito de constituir uma área de Ciência Política independente da Sociologia, da historiografia, da tradição jurídica. O curioso é que, ao mesmo tempo em que se fazia isto, havia uma migração da área da Sociologia para a reflexão mais propriamente política. Importantes para essa evolução, contudo, são aqueles momentos em que figuras centrais tentam uma abordagem mais abrangente, que integre as diversas Ciências Sociais, subordinadas não umas às outras, mas todas elas às exigências do objeto de estudo. Florestan tentou isso em São Paulo, Costa Pinto e depois Luciano Martins no Rio, e algo disso estava presente no ISEB (para não falar da Recife de Gilberto Freyre). É curioso, no caso paulista, como se tem uma vertente de reflexão mais abrangente e até mais complexa com Florestan que, no entanto, foi ofuscada pelas formulações de Fernando Henrique naquilo que ficou conhecido como teoria da dependência. Claro que Florestan estava atento ao jogo das articulações estruturais internas e externas nos países periféricos, nos estudos que culminaram na *Revolução burguesa no Brasil*. Mas, na época, isso não passou.

No caso do Fernando Henrique havia uma interlocução direta com o Cepal. O que não acontecia com Florestan.

Isto é verdade, e foi da maior importância. São, na realidade, dois estilos. A atuação acadêmica de Fernando Henrique caracterizava-se pela rapidez em captar o que estava emergindo, com uma inteligência intuitiva de primeira linha. Ele captava, dava forma e ia para a linha de frente do debate. Quando o tema começava a perder espaço, preparava-se para sair. A teoria da dependência foi modelar. Quando percebeu que ela estava perdendo força, que se começava a falar em coisas como "padrão de acumulação", ele começou a retirada, com muito cuidado para não perder o terreno já conquistado. Florestan não era assim. Era um maratonista, enquanto Fernando Henrique sempre foi um *sprinter*. Quem dá o tom no momento é o *sprinter*, o mais rápido nos cem metros; mas quem deixa a obra que vai durar muitas décadas é o maratonista.

Gabriel Cohn

A idéia de Estado-nação, tão cara nestes debates sobre a teoria da dependência, sobre a revolução burguesa, e que supõe a idéia de classe para constituir a Nação etc. pode ser projeto viável a ser retomado hoje no Brasil? Há uma tese de que a Sociologia da USP não enfatizava essa questão do Estado-nação tão forte quanto o ISEB. O Bresser-Pereira destaca isso.

De fato, para o ISEB a Nação era mais do que um objeto de estudo, era um objetivo político. Por isso mesmo o ISEB era, talvez, o único grupo de intelectuais de alto nível no mundo a proclamar como sua meta a construção de uma ideologia (e não, como fariam outros, de ciência, de conhecimento objetivo ou de coisas assim). Além de dar espaço a figuras como Vieira Pinto e, é claro, Helio Jaguaribe, seu principal criador, o ISEB foi uma instituição notavelmente criativa e uma possante incubadeira de talentos. Por lá passaram o então muito jovem Wanderley Guilherme dos Santos e o filósofo francês Michel Debrun, que merece ser lembrado. Para a USP, todavia, essa inflexão ideológica era inaceitável. Além disso, o traço marxista presente em maior ou menor grau na sociologia paulista conduzia a atenção para o âmbito extra-nacional com mais vigor do que o ISEB; neste, era possível falar de condição nacional subalterna, ou mesmo periférica, sempre supondo que a Nação poderia sair dela puxando-se pelos próprios cabelos, mas não de dependência no sentido de uma redefinição da teoria do imperialismo.

Seja como for, a Nação é o patinho enjeitado da sociologia uspiana; não é ocasional que a mais radical rejeição do significado contemporâneo do Estado nacional tenha partido dela já no final do século, com Ianni. Poderá reaparecer, como tema e problema substantivo, nas novas condições do mundo? Certamente não como categoria central, seja analítica, seja ideológica, embora talvez persista em termos econômicos e na sua referência política, no mínimo como âncora de poder do qual não pode prescindir o movimento global do capital (a síntese econômico-política da exigência de Furtado, da internalização dos centros de decisão, me parece tão séria hoje como ontem).

A grande diferença entre USP e ISEB ficou reduzida ao debate entre Florestan e Guerreiro Ramos.

Guerreiro era um intelectual de valor. Naquele debate ele sustentava uma proposta generosa, porém equivocada.

O distanciamento dos dois não era tão grande.

Em vários pontos as posições se cruzam. O debate passava por todas as posições substantivas. Não é à toa que se contrapõe USP e ISEB, porque nas suas diferenças esses dois centros traduziam muito do grande debate que ocorria na época. No núcleo estava a referência à Nação e à burguesia nacional. Existe uma burguesia nacional capaz de impulsionar um projeto de governo modernizador independente? O ISEB apostou nisso. Na USP essa aposta foi rejeitada como sem fundamento ao contestar a existência de uma base social para o projeto nacional e ver na proposta do ISEB uma construção puramente ideológica.

Quando se pensa a teoria sociológica que está por trás, há um equívo-co do Guerreiro Ramos naquela discussão da "Sociologia enlatada". Equívoco, porque a proposta da USP era pensar a singularidade do país e quais os elementos teóricos para dar conta disso.

Nisso se percebe como essa proposta ia no sentido de que só se captaria a singula-ridade nacional mediante o conhecimento dos grandes processos e tendências sub-jacentes, e que a análise da organização nacional pressupunha um passo além da sociologia em sentido estrito. Esse passo seria a análise da expansão do capital em escala mundial, que por sua vez daria substância ao empreendimento propriamente sociológico do estudo da constituição das classes no país, como Florestan tentou fazer (afinal, ele não falava só do Brasil mas da revolução burguesa, nem só desta mas dela no Brasil). O fato é que faz falta uma retomada da reflexão sobre as for-mas de organização do Estado nacional, como um tema que pode alimentar a rea-proximação, que se sente no ar, entre a sociologia e a análise política. Alguns dos veteranos da Ciência Política na USP, como Paula Beiguelman e Oliveiros Ferrei-ra, dedicaram bastante atenção a isso.

Em quem você apostaria como base social deste projeto nacional hoje, já que o movimento operário está completamente desbaratado?

Você tem razão, um projeto nacional hoje, no sentido do nacionalismo, não tem onde se apoiar, salvo numa construção ideológica do "povo" que retrocederia mui-to em relação ao ISEB, e que poderia desembocar no pior populismo. Não creio, porém, que retomar o tema necessariamente pressuponha um projeto político na-cional. É a nova configuração do Estado nacional e o papel que objetivamente tem nos grandes circuitos políticos, econômicos, culturais em escala global que impor-ta. Trata-se de um objeto de análise que não podemos negligenciar, por modesto que tenha se tornado.

Há uma preocupação, nos países asiáticos, de construir cinqüenta a cem grupos empresariais de porte. E aqui se tem um ou dois grupos.

Esta é uma das razões para ampliar a reflexão sobre o projeto nacional, até para entender o que está em andamento em países asiáticos, conforme um modelo que, em vários casos, é assustador. Não podemos deixar isto só nas mãos deles. Se não conseguirmos pensar a questão nacional associada a preocupações democráticas, estaremos desarmados de um modelo alternativo.

Acho que você levantou uma questão muito séria. Há diferentes modelos em andamento. Um modelo é o dos países asiáticos, que reforçaram poderosamente sua dimensão nacional para se tornarem competitivos em escala global de modo altamente agressivo. Mas também o padrão norte-americano não é propriamente um exemplo de abertura. Se não ficarmos atentos para uma solução democrática de organização do Estado nacional e da sua inserção nos grandes circuitos, pode-remos ser surpreendidos pela expansão do padrão que parece ter encontrado sua forma suprema na China: uma mescla perversa de dirigismo político com explo-ração capitalista desabrida.

Gabriel Cohn

Com a afirmação de que o Estado-nação acabou, onde ancorar a defesa dos direitos?

Este é um problema central. Seria ótima a perspectiva de dissolução da figura fechada do Estado nacional e da constituição de algo como uma sociedade internacional cosmopolita, uma federação de repúblicas livres em lugar dos Estados Nacionais, sem a constituição de um Estado único supranacional. Era a (cautelosa) aposta de Kant, que continua alimentando a reflexão em registro normativo sobre o tema. Mas não é isso que se desenha num horizonte marcado pela supremacia de um único grande Estado nacional. É por isso que não podemos abandonar o tema, no mínimo para contribuir para que uma eventual retomada do interesse por um projeto nacional tenha referências mais consistentes.

A Sociologia poderia ter este papel político de repensar um projeto nacional?

Ela pode fazer muito nesse sentido. Sua primeira contribuição consiste em mostrar que entre o "Estado" e a "Nação" existe um ente complexo chamado sociedade, e sem o conhecimento do qual não há como entender o acoplamento entre Estado e Nação. Isso remete de modo mais amplo ao papel da sociologia. Os grandes sociólogos da segunda metade do século passado — penso, fora do Brasil, em figuras como Wright Mills ou Alvin Gouldner entre os norte-americanos (para não falar dos europeus mais recentes; a chama parece ter retornado à velha Europa) —, aqueles que realmente se jogaram com paixão e entusiasmo na busca do conhecimento social, compartilhavam essa concepção civilizadora da Sociologia. Ela seria a forma reflexiva do cidadão se colocar no mundo. Se a Sociologia não chegar a isto, terá pouco valor. Eu não vou negar, senão vamos cair no obscurantismo, que existe sim uma área a ser, legitimamente, reservada ao profissional de Sociologia, que é a pesquisa de ponta. Não é sensato esperar que todos os homens comuns venham a se preocupar quotidianamente com a pesquisa rigorosa. O problema é sempre o da relação do cidadão com o cientista. Quem, já no século XIX, enfrentou de maneira interessante esse problema, vejam só, foi Comte. Se bem me lembro é no "Discurso sobre o espírito positivo" que ele levanta a questão da relação do cidadão comum com a ciência, e o faz em termos daquilo que se poderia designar por "confiança bem fundada". Como o cidadão comum pode confiar naquilo que o cientista fala? Não sendo um especialista, só poderá fazê-lo se tiver uma boa base de conhecimento, que lhe permita entender e avaliar os problemas. Numa certa medida, ele deve ter condições para ser interlocutor do cientista. Para isso é indispensável um sólido sistema de ensino público, que forme cidadãos com inteligência articulada, capazes de pôr em marcha os mecanismos de confiança na ciência. Claro que, no seu entusiasmo pela ciência positiva, ele se esqueceu de que as grandes cisões políticas e ideológicas na sociedade penetram na ciência. Quando vamos discutir se devemos ou não ter usinas nucleares na produção de energia do país, procuramos cientistas. Mas, quais deles, já que os há com posições divergentes, e com que critérios? Comte tentou colocar a questão da transição entre o cidadão comum e a grande ciência. Talvez no caso da Sociologia possamos ser mais radicais. Retomemos a idéia da reabsorção da ciência social pela sociedade, pelo conjunto dos cidadãos. Numa certa medida, ela corresponde a pensar a ciência social de maneira semelhante à da tradição socialista com relação ao Estado: trata-se de recuperá-lo na sociedade, retirar-lhe a condição de ente estranho e trazê-lo de volta para o âmbito da deliberação social. Para a Sociologia também valeria isso, desde que se observasse um ponto básico, o de que devem ser respeitadas as regras próprias da produção do conhecimento, a autonomia da ciência. Vocês vêem que estamos diante de um daqueles problemas enormes que, no otimista século XIX, Marx e seus companheiros se permitiam propor: como fazer a crítica prática das instituições reificadas, fetichizadas, sem dissolver tudo, assegurando portanto sua autonomia no interior da sociedade? (Marx, tão fascinado pela ciência como qualquer positivista, defenderia sua integridade com unhas e dentes.) O trabalho dos especialistas, dos profissionais, dos peritos só pode ser feito por eles, mas deve ser incorporado reflexivamente pela sociedade. Eu diria que a posição do Comte representa um passo neste sentido. Como bônus extra, ela reforça a idéia da escola pública de qualidade, que para ele, como de resto para toda a tradição republicana francesa, era ponto pacífico.

Você poderia falar sobre sua trajetória de vida até chegar à Ciência Social?
Venho de uma família de judeus alemães fugidos do nazismo em 1936. Minha mãe tinha senso prático e uma peculiar mescla de humor judaico e berlinense. Seu lema era: é preciso ter *menschlichkeit*, sensibilidade humana. Meu pai era agricultor, coisa pouco comum entre judeus europeus. Foi combatente na Primeira Guerra Mundial, que percorreu em várias frentes, sempre com seu violino, com direito a condecoração (devidamente devolvida quando se instalou o nazismo). Contava-se na família que combatia na frente francesa, mas no íntimo torcia por eles, que via como mais portadores da civilização do que os alemães. Na minha família ninguém era universitário. Tinham a excelente formação do ginásio alemão do início do século passado. Havia a apreciação judaica pela cultura, pelos saberes. Sob este aspecto, criavam-se incentivos. Eu cresci no interior, em uma área rural do Vale do Paraíba. A experiência da escola primária rural revelou-se indelével; lembro-me com admiração dessas figuras notáveis que eram as professoras de então. Depois disso, sempre fui mau estudante, inteiramente desajustado. Alguns mestres excepcionais salvaram-me na universidade. O que restou, devo à escola pública, em todos os níveis. Retrospectivamente, posso até encontrar algum proveito na condição perene de mau estudante: apesar das lacunas insanáveis que deixou, ela me ensinou a pensar com a própria cabeça, a não ser seguidor de ninguém.

E a escolha do curso de Ciências Sociais?
Havia várias opções, e uma delas certamente seria a Filosofia. Leituras ocasionais e o estímulo do amigo e depois meu veterano no curso, Michael Löwy, acabaram despertando um interesse ainda difuso pelos dilemas da sociedade à minha volta. Mais tarde, claro, isso ganhou tons mais carregados politicamente. O ingresso no curso de Ciências Sociais também foi decisivo para minha atividade no jornalismo (na *Folha de S. Paulo*) ao longo da graduação; uma experiência muito importante.

Você partilha do desapontamento dos intelectuais de esquerda em relação ao governo Lula?

Confesso que minha preferência pessoal sempre foi a de ver o PT aprofundar-se na sociedade, mediante o exercício diferenciado do poder local, por um longo tempo, antes de ganhar o poder em escala nacional. Mas a dinâmica político-partidária não se amolda a esses propósitos edificantes. É impossível, no entanto, não ficar abalado pelo modo pífio como um governo cujo presidente trazia das urnas uma legitimidade sem precedente caiu em armadilhas primárias. A primeira, construída pelos seus adversários, até serve aqui como exemplo acabado da eficácia da sociologia de botequim. Foi quando conseguiram vender a idéia de que o importante mesmo é a origem social do candidato e colocaram em primeiro plano esse dado bem pouco significativo (a não ser naquilo que representava de preconceito social às avessas, sempre pronto a se recompor), ofuscando assim o debate programático; e Lula comprou isso. Depois, na subordinação ao *slogan* marqueteiro, a começar pela oposição espúria entre "medo" e "esperança", como se um excluísse a outra e — ponto decisivo — como se a oposição de fato não fosse entre medo e coragem. Pois foi esta que faltou, de ponta a ponta. O resto, que envolve a integral subordinação a uma dinâmica política e a um padrão de dominação econômico e social perversos, veio na esteira dessas posições básicas. O problema mais grave não é o da frustração dos intelectuais de esquerda, mas do modo como a direita, incluindo seus intelectuais, tira partido disso para ostentar uma decepção hipócrita e reorganizar-se de modo acelerado. Os intelectuais de esquerda, e também os sociólogos, terão bastante trabalho nos próximos anos — ou décadas.

Um mote, para encerrar, pensando na relação entre crítica e resignação. Se a resignação é conhecer os limites sempre procurando ultrapassá-los, em última instância o cientista não está resignado?

Eu diria que resignação tem mais a ver com *reconhecer* os limites. *Conhecê-los* e sinalizar a sua ultrapassagem é mais da ordem da crítica. Adorno tem um belo texto sobre a resignação. Ele se defende da acusação de ter abaixado as armas, de ter-se resignado. Pensar já é uma ação, diz ele. Quem não renuncia à razão não se resigna. Posso constatar que as condições são negativas, que o mundo é hostil a todas as formas de reflexão e de inteligência, mas, se eu penso, sei que outros estão pensando também, e que em algum momento as idéias vão se cruzar. O pensamento é uma atividade estritamente crítica. Se não paro de pensar quando tudo parece definido, se não interrompo a reflexão, se aponto seguidamente quais são os limites, eu estou ajudando a transcender os limites. Este é o argumento de Adorno: o pensamento, quando crítico como lhe compete, sempre é social, voltado para os outros. Já a resignação é um ato singular. Eu ficaria com Adorno, mas não ignoraria a posição weberiana: entendida não como mera renúncia, mas como a clara percepção do nosso destino, a resignação é um acicate para o pensamento. A crítica como percepção dos limites para assinalar a sua superação; a resignação como traçado nítido das linhas do destino que pauta a nossa vida — em ambos os casos, o conhecimento do mundo social ganha a forma de um desafio. Gosto de pensar a Sociologia assim.

PRINCIPAIS PUBLICAÇÕES

1968 *Petróleo e nacionalismo*. São Paulo: Difel.
1971 *Comunicação e indústria cultural* (org.). São Paulo: Companhia Editora Nacional.
1971 *Sociologia: para ler os clássicos* (org.). São Paulo: LTC (2ª ed. revista: Rio de Janeiro, Azougue, 2005).
1973 *Sociologia da comunicação: teoria e ideologia*. São Paulo: Pioneira.
1976 *Max Weber* (org.). São Paulo: Ática.
1979 *Crítica e resignação*: *fundamentos da Sociologia de Max Weber*. São Paulo: T. A. Queiroz (2ª ed. revista: São Paulo, Martins Fontes, 2003; ed. argentina: Buenos Aires, Universidade Nacional de Quilmes, 1999).
1986 *Theodor W. Adorno* (org.). São Paulo: Ática.

Gabriel Cohn

José de Souza Martins

JOSÉ DE SOUZA MARTINS

José de Souza Martins nasceu em 1938. Formou-se em Ciências Sociais pela USP em 1964, fez mestrado, doutorado e livre-docência nesta instituição, onde se aposentou como professor titular de Sociologia. Foi eleito professor da Cátedra Simón Bolívar, da Universidade de Cambridge, e *fellow* de Trinity Hall no ano acadêmico de 1993-1994. Foi professor visitante da Universidade da Flórida e da Universidade de Lisboa. É membro do conselho científico da Fondazione Scalabrini, na Itália. Designado pelo secretário-geral, cumpre seu quarto mandato trienal como membro da Junta de Curadores do Fundo Voluntário da ONU Contra as Formas Contemporâneas de Escravidão. Sua produção científica trata da Sociologia da Vida Cotidiana, da Sociologia Visual, dos movimentos sociais, da questão agrária, da frente de expansão, da exclusão social, dos linchamentos, do subúrbio e da função do atraso no processo político brasileiro. Em 2002 foi assessor especial do então presidente Fernando Henrique Cardoso para a questão do trabalho infantil e do trabalho escravo no Brasil e coordenou, na Secretaria de Direitos Humanos do Ministério da Justiça, a comissão especial interministerial que preparou o Plano Nacional de Erradicação do Trabalho Escravo. Esta entrevista foi realizada em junho de 2004.

Você é qualificado como sociólogo rural. Mas creio que sua preocupação com o mundo rural está inserida em uma indagação mais ampla da interpretação sobre o país. O rural, então, seria um ponto de partida essencial para a reflexão sociológica no Brasil?
O meu perfil, os meus interesses temáticos e teóricos e os campos da Sociologia em que me especializei estão bem distantes do que é formalmente reconhecido como Sociologia Rural. Em geral, quem me vê como sociólogo rural não leva em conta o conjunto de minha obra e nela o fundamental. O fato de ter trabalhado com temas rurais, e não só com eles, ao longo de minha vida profissional, em si mesmo não me faz um sociólogo rural. Até porque a perspectiva que adoto nesses estudos não é a da Sociologia Rural. De fato, nunca fiz propriamente Sociologia Rural. Antes, fiz expressamente a crítica dessa disciplina especializada em *Introdução crítica à Sociologia Rural*.[1] Sociologia Rural é uma disciplina muito específica, com sua teoria própria, com sistema conceitual próprio. Do mesmo modo, o fato de ter

---

[1] J. S. Martins (org.), *Introdução crítica à Sociologia Rural*, São Paulo, Hucitec, 1981 (2ª ed.: 1986).

feito pesquisa e publicado livros e artigos sobre a cidade não me faz um sociólogo urbano. Meu interesse pelo mundo rural é marcado pela tradição da Universidade de São Paulo, de dirigir a indagação sociológica para grupos sociais no limite, tanto no campo quanto na cidade, em situação de mudança e transição, que vivem numa certa marginalidade histórica e social, que não estão no centro do acontecer social e político. Historicamente, entre nós, as populações que vivem numa situação social de aguda e problemática transição estão majoritariamente no campo ou nesse recorte pouco sociológico que é o rural. Mas não estão só aí. A opção pela pesquisa sobre situações sociais e problemas de uma certa liminaridade não é, portanto, pelo qualificativo "rural" do objeto (ou "urbano"), embora a pesquisa possa ser feita no que é chamado de "meio rural" (ou "meio urbano").

A história da Sociologia aqui na USP é a de estudos preferentemente sobre sujeitos sociais à margem dos grandes processos sociais ou no limite das possibilidades de determinado momento histórico, pobres ou ricos, sem poder ou com poder, os que vivem agudamente a indefinição social e a carência de destino. Por estarem à margem, são referências para a compreensão sociológica das contradições sociais. O caminho da indagação sociológica fica mais rico no diálogo preferencial com aqueles que revelam mais sobre o que é determinada sociedade. No mundo rural está aquela humanidade residual da História, os que não foram assimilados pelas possibilidades e promessas da sociedade contemporânea, os de mais aguda consciência sobre impasses, dilemas e contradições. Os discursos mais completos e lúcidos que já ouvi de pessoas simples sobre o capitalismo, em situação de pesquisa, vieram de trabalhadores rurais e, dentre eles, de mulheres, discursos que nunca ouvi da boca de operários, para os quais o capitalismo é um dado e um destino.

Um bom estudo sociológico depende muito de que os sujeitos da pesquisa tenham aguda e crítica consciência dos dilemas sociais que vivem, pois a Sociologia, tal como floresceu aqui na USP, é antes de tudo uma Sociologia que tem como um dos seus reparos o conhecimento de senso comum, o conhecimento pelo qual as diferentes categorias sociais explicam, em primeira instância, para si mesmas e para os outros a sua situação social e as suas esperanças. Esse conhecimento é a matéria-prima da Sociologia. Numa certa extensão, a sociologia uspiana é uma sociologia crítica desse conhecimento de senso comum que, ao tomá-lo como ponto de partida, analisa o que ele revela e esconde os fatos e processos explicativos que não se dão a ver na vida cotidiana. Portanto, nem cai na ingênua suposição de que o homem comum sabe tudo ou não sabe nada, nem cai na tolice de supor que o sociólogo sabe tudo, principalmente o que o homem comum já sabe.

Na Sociologia clássica, em Tönnies, por exemplo, é o fato de se privilegiar teoricamente a comunidade que permite compreender sociologicamente melhor a sociedade. Em Marx, é o brutal conjunto de insuficiências dos alienados e da alienação moderna que permite decifrar as contradições e os mecanismos de reprodução da sociedade capitalista. Em Weber, a radicalização típico-ideal da racionalidade própria da sociedade contemporânea aponta limites "no outro extremo" da realidade social que são a referência para compreender sociologicamente a sociedade. No Brasil, há várias realidades sociais de reparo sociológico possíveis que permitem indagar mais profundamente sobre o que a sociedade é, sua dinâmica lenta, tão característica da nossa. No conjunto dos meus trabalhos há outros pontos de referência como esse: o subúrbio, a escravidão contemporânea, a fronteira. Sociologicamente, entendo melhor o que é esta sociedade, os problemas que ela tem, suas possibilidades, analisando esses grupos que estão à margem. A escolha do tema é de natureza metodológica. A opção pela margem é uma opção metodológica.

Por outro lado, meu mais importante campo na Sociologia, nos últimos trinta anos, tem sido a Sociologia da Vida Cotidiana. Uma disciplina que sistematizei e inaugurei aqui na USP. Aliás, segundo um aluno italiano de Henri Lefebvre, pai da Crítica da Vida Cotidiana, o meu curso foi o primeiro e ele mesmo não conhecia nenhum outro. A Sociologia fenomenológica, sobretudo americana, já trabalhava com processos micro-sociais. Mas, como observou Erving Gofmann, numa conferência que fez na França pouco antes de morrer, de fato nunca se tinha proposto nem realizado uma Sociologia da Vida Cotidiana. O mesmo se pode dizer do trato do cotidiano na matriz dialética — Lefebvre, Agnes Heller, Karel Kosik. A junção das duas orientações, radicalmente opostas, tomou-me tempo, para que eu pudesse sistematizar e propor um campo convergente de tematizações e indagações sociológicas. A disciplina foi proposta aqui.

Além disso, nos últimos anos, tenho me dedicado também à fotografia e à Sociologia Visual. O campo do visual na Sociologia tomou emprestado da Antropologia Visual uma acentuada preocupação com a imagem fotográfica como documento social e procedimento de metodologia da investigação. É nessa orientação que nasce a Sociologia Visual, de Howard Becker, um pioneiro. Propus uma linha alternativa e oposta de trato do visual pela Sociologia, na perspectiva da Sociologia do Conhecimento, que expus no meu curso aqui na Faculdade de Filosofia e numa conferência que fiz no Ashmolean Museum, em Oxford, em 2002.[2] Aí, também, há uma questão metodológica. A Sociologia, entre nós, acabou muito dependente da entrevista e da fala ou do documento escrito. Com isso perdeu a imensa riqueza de informação sociologicamente relevante sobre a sociedade que está em outras formas de vivenciar e registrar os processos e acontecimentos sociais. A sociedade contemporânea deslocou os modos de reconhecer-se para âmbitos do imaginário social nem sempre redutíveis ao primado da razão, nem sempre imediatamente apreensíveis pelas indagações sociológicas convencionais. Tanto a pesquisa quanto a interpretação, dependem de procedimentos e mediações teóricos que situem sociologicamente esse resíduo do cotidianamente compreensível. No silêncio da fotografia há informações que não podem ser colhidas na conversação da entrevista.

Numa entrevista para a revista do Instituto de Estudos Avançados de 1997 você diz que a Sociologia brasileira hoje está desenraizada e colonizada, sem diálogo com os problemas nacionais...
Vou mais longe. Acho que houve uma "brasilianização" da Sociologia brasileira. Isso tem pouco a ver com os chamados *"brazilianists"* e muito a ver com a men-

---

[2] J. S. Martins, "A imagem incomum: a fotografia dos atos de fé no Brasil", *Estudos Avançados*, vol. 16, n° 45, São Paulo, IEA-USP, maio-ago. 2002, pp. 223-60.

talidade, de certo modo colonizada, de pesquisadores brasileiros que, no período mais recente, reduzem a interpretação do Brasil a parâmetros que este ou aquele grande sociólogo desenvolveu para compreender sua própria sociedade. Isso faz com que, às vezes, nos compreendamos como improváveis versões nativas de franceses, alemães, americanos ou ingleses. Daí, não raro, uma certa cegueira em relação a temas relevantes para nós, e não necessariamente para eles, em relação ao que é singular e próprio da sociedade brasileira, e uma ênfase em temas que têm pouco a ver conosco e com o nosso momento.

Isso é resultado da forte separação entre Sociologia, Antropologia e Ciência Política e da institucionalização das sociologias específicas?
Não, eu não veria a questão desse modo. Mas, certamente, há uma perda de perspectiva e de entendimento do que esta sociedade singularmente é quando, na Sociologia, deixamos de lado a Antropologia e a História, e mesmo a Geografia, como disciplinas auxiliares, as disciplinas que nos enraízam e desalienam. Por mais que se cultive a ilusão da modernidade, o Brasil não é um país moderno senão pela metade. O isolamento das Ciências Humanas entre si, não é propriamente um fato original dessas ciências. É artificial isolar um Durkheim especificamente sociólogo e não levar em conta a convivência, até familiar, com Marcel Mauss e a interação cotidiana no interior do diversificado grupo dos *Années Sociologiques*. No tempo de Marx, esses territórios nem mesmo estavam definidos. No entanto, ele recorreu, freqüentemente, como Durkheim, a relatos etnográficos de uma modalidade de conhecimento mais antiga, que veio a ser a Antropologia. Weber recorreu a estudos e documentos equivalentes, sobretudo no que se refere às religiões.

No tempo dos franceses que participaram da fundação da USP, que instituíram os nossos padrões de trabalho científico nessas ciências, já não havia dúvida de que a Sociologia era uma ciência específica que, nem por isso, se isolara. Na Antropologia, o campo estava bem determinado. Mas é significativo que Lévi-Strauss tenha sido aqui, inicialmente, professor de Sociologia, fazendo pesquisa etnológica, para se tornar o grande etnólogo que se tornou. Eles trouxeram para o Brasil uma perspectiva que ganhou corpo fortemente na obra de Antonio Candido e de Florestan Fernandes, por exemplo, que é a necessidade do diálogo entre as Ciências Sociais. Esse diálogo pressupõe, justamente, a identidade e rumo próprio em cada uma dessas ciências. Em *Os parceiros do rio Bonito,* de Antonio Candido, há um decisivo recurso à História e à Antropologia, o que não o descaracteriza como estudo sociológico. No entanto, esse diálogo necessário se rompeu. Houve uma especialização excessiva, não como decorrência de uma evolução, mas da influência do copismo interpretativo, o que nos faz de certo modo estrangeiros na interpretação de nossa própria sociedade.

Dentro desse raciocínio, o papel que os clássicos pensavam para a Sociologia como unificadora das Ciências Sociais teria sentido quando se estuda o mundo periférico, anômalo?
Anômalo, não. Mas, diferente e singular, como toda e qualquer sociedade. Não há nada mais singular do que a sociedade francesa. Eles comem lesma! Ou a socieda-

138   Conversas com sociólogos brasileiros

de americana: eles tomam café preto aguado como acompanhamento do almoço! Ou a sociedade mexicana. Eles almoçam no café da manhã! É bem verdade que, até não faz muito tempo, nós comíamos içá torrado! E achamos que a pátria é uma bola de futebol! Ou que Deus é brasileiro! Eu não falaria no sentido durkheimiano, de uma Sociologia positivista coroando o conhecimento, mas de uma Sociologia do diálogo com o que, numa certa época, era chamado de disciplinas auxiliares. As sociedades "externas" aos centros dominantes da sociedade contemporânea, como a nossa, pedem e possibilitam uma Sociologia aberta à interdisciplinaridade.

É uma opção teórico-metodológica que recomeça com Florestan. Para estudar a margem do sistema não dá para aplicar um modelo externo. Nele há uma vontade explícita de elaborar outro patamar analítico para dar conta disso que você denominou "margem do sistema".
Roger Bastide, Antonio Candido, Maria Isaura Pereira de Queiroz, Ruy Coelho e Florestan Fernandes contribuíram decisivamente para firmar esse ponto de vista. Sem A *integração do negro na sociedade de classes*, Florestan não teria chegado à sua sociologicamente rica compreensão do capitalismo e de suas contradições. Foram os franceses da USP que nos trouxeram essa perspectiva. Na verdade, eles vieram para cá justamente para poder fazer aquilo que não era mais possível na Europa, investigar o periférico, retomar a idéia de totalidade que se perdia na especialização além de certos limites que estava alcançando a Sociologia, especialmente a Sociologia que os americanos estavam propondo.

Nesse sentido, a "escola paulista de Sociologia" seria um desdobramento da escola francesa de Sociologia?
Florestan dizia que não existia uma "escola paulista de Sociologia". Digamos que núcleos comuns de interesse aqui definem o que é o grupo de São Paulo. No caso de Florestan é bom lembrar que o mestrado dele é em Antropologia e não em Sociologia, feito na Escola de Sociologia e Política, onde teve influência de alemães — Herbert Baldus, Emilio Willems. A chamada "escola paulista de Sociologia" é uma versão brasileira das Ciências Sociais americanas e européias — francesa e alemã, que foi ganhando corpo aqui, em função das singularidades da sociedade brasileira, dos nossos dilemas e da nossa história possível.

Na sua resenha sobre o livro O presidente segundo o sociólogo, *de Fernando Henrique Cardoso, você menciona o desencontro que pode haver entre o exercício de uma função pública e a interpretação sociológica. Desenvolva essa idéia e comente sua frase "na Sociologia não pode haver lugar para o voluntarismo". Como você vê Florestan na política?*
Com o aparecimento e a ascensão política do Partido dos Trabalhadores, começou-se a falar, em relação aos sociólogos, em "sociólogo militante". É um modo de oferecer um álibi àqueles sociólogos que, em vez de fazerem ciência, produzem e reproduzem ideologia, conhecimento instrumental e partidarizado, não raro através de textos panfletários. A "sociologia militante" é a negação absoluta da So-

José de Souza Martins

ciologia como ciência. Sociólogos dessa orientação geralmente usam "sua sociologia" para impugnar o conhecimento que contraria as conveniências do seu partido político. Ou para dar uma aparência de legitimidade a um conhecimento que foi produzido sem rigor científico. Trata-se de uma forma de voluntarismo político, que se nutre do poder pessoal tido por alguns acadêmicos na universidade. Numa era em que, pelo visto, já não há grandes causas na ordem do dia da sociedade, as causas são inventadas por esse voluntarismo e propostas como se resultassem de constatações científicas.

Hoje nos movemos num cenário de artificialismos. Jovens alunos e jovens pesquisadores se sentem atraídos por essa concepção de "ciência" porque reveste o trabalho escolar e o trabalho acadêmico de uma aura de devotamento aos pobres e oprimidos e acalma a consciência culpada e sem causa da classe média de que procedem. Não percebem, porque imaturos, que estão causando grandes danos justamente àqueles que precisam de conhecimento científico de sua situação social, das relações e contradições que os vitimam e das possibilidades de superação social de suas adversidades e dilemas. Precisam de conhecimento e não de bajulação.

A chamada "sociologia militante" não tem por objetivo clarear o horizonte para a vítima e para o oprimido. O objetivo é clarear o que convém e deixar na penumbra o que não convém saber e conhecer porque desdiz as ilusões voluntaristas. Uma ciência social que não habilite seus destinatários a terem uma visão crítica de sua situação e da compreensão que dela propõe, não é ciência, é instrumento de dominação. Bajula, mas não explica, engana em vez de revelar. Em nenhum momento Florestan se dedicou a semelhante barbarismo.

Florestan entendeu que na política faria o que não poderia fazer na sala de aula. Deixou isso claro em melancólica reunião do Departamento de Ciências Sociais da Faculdade de Filosofia da USP, a que estive presente, confinado na condição de mero observador, como ocorreu com todos os docentes que não pertenciam ao conselho departamental. Nessa reunião, comunicou ao departamento que não faria o pedido de anistia, como possibilitava a lei, porque a recusava nos termos em que fora concedida. Ele já me havia dito, e havia dito a outras pessoas, que pretendia dedicar-se à política, talvez ser candidato a algum cargo eletivo, e por isso não pretendia retornar à universidade. Durante anos ele deixou que alimentássemos a ilusão do seu retorno e na hora decisiva fez outra opção. Se acreditasse nessa história de sociólogo militante, teria retornado.

De qualquer modo, em sua opção, ele testou na política partidária os limites do sociólogo quando se lança fora do âmbito específico do trabalho científico. O sociólogo continuava presente e ativo na sua consciência, como se vê em seus vigorosos artigos de jornal. Mas justamente o sociólogo que, ao costurar a coesão de seu discurso e de sua ação, vê-se continuamente rechaçado pela política e pela militância. Esse sociólogo imorredouro fustigou muitas vezes o militante que ele estava obrigado a personificar por sua filiação partidária e sua função parlamentar, mas o militante em relação ao qual ele estava numa relação de alteridade. Alguns dos seus conhecidos desencontros com o Partido dos Trabalhadores e com o próprio Lula deixam isso claro: quando Florestan recusou o obreirismo de Lula, atirando-lhe na face sua própria origem de filho de uma lavadeira, bem como sua resistência às pressões dos dirigentes para que o partido se tornasse mais flexível e às pressões para que ele próprio não fosse tão rígido. A questão da rigidez na coerência vinha do cientista e não do militante. Portanto, ele não era um "sociólogo militante". Quando muito um desencaixado militante, que continuava sociólogo e que pensava a política com o rigor da ciência e não com as flexibilidades da conveniência, como acabou acontecendo com seu partido.

Fernando Henrique também se defrontou com o problema da complicada relação entre o cientista e o político. Mas resolveu-o da única maneira possível, distinguindo o momento do sociólogo e o momento do político, sem pretender ser sociólogo na política nem político na Sociologia. Isso está bem claro no livro que você menciona.

Quais são as tendências das Ciências Sociais hoje?

Cada uma das Ciências Sociais tem demonstrado tendências próprias. Parece-me difícil encontrar tendências convergentes e simultâneas para a Sociologia, a Antropologia e a Ciência Política. Vejo tendências muito interessantes na Antropologia, cada vez mais aberta para a sociedade contemporânea e suas complexidades. Quando se vê os programas dos congressos internacionais de Antropologia, nota-se que estamos em face de uma ciência dinâmica, avançando sobre novos territórios de indagação. Há alguns anos fui surpreendido com um convite de pesquisadores de uma universidade francesa para participar de um seminário de Antropologia Industrial no Congresso Internacional de Americanistas. Foi quando apresentei o trabalho "A aparição do demônio na fábrica, no meio da produção".[3]

A Sociologia tem sido mais lenta na diversificação de suas orientações, prisioneira de um elenco restrito de questões. Mas sofreu o impacto da desagregação dos grandes sistemas de referência após a Segunda Guerra Mundial, especialmente após as crises políticas e as crises sociais dos anos 60, como a Primavera de Praga e a Rebelião Estudantil de 1968. Do lado do marxismo, o fato de a Segunda Guerra não ter realmente aberto as portas para o comunismo, a morte de Stalin, a crise do marxismo estatista e o advento de novos sujeitos de conflito social, simultaneamente com a decadência do protagonismo político da classe operária, abriram um amplo campo de pesquisa e interpretação, a começar do retorno crítico ao próprio método dialético. O tema da esperança histórica libertou-se de seus constrangimentos autoritários e partidários e um campo propriamente sociológico abriu-se no terreno do marxismo, uma aproximação com as outras correntes da Sociologia, o retorno à dialética e, sobretudo, a leitura direta da obra marxiana, em que há, sem dúvida, uma Sociologia. Do lado da Sociologia não-marxista, a crise social se abateu diretamente sobre a Sociologia de Talcott Parsons e suas certezas sistêmicas, seu desprezo pelos agentes vivos e ativos dos processos sociais.

---

[3] J. S. Martins, "A aparição do demônio na fábrica, no meio da produção", *Tempo Social: Revista de Sociologia da USP*, vol. 5, nº 1-2, São Paulo, Departamento de Sociologia, Faculdade de Filosofia, Letras e Ciências Humanas da USP, nov. 1994, pp. 1-29.

Nos dois campos, chegou-se a falar em crise das sociologias absolutas, o que por tabela alcançou a Sociologia de origem weberiana. Passou a haver grande interesse nas sociologias precursoras de novas orientações, que propunham investigações e interpretações alternativas às das sociologias totalizantes. Já havia muita coisa feita no campo da Sociologia fenomenológica, do interacionismo simbólico, da etnometodologia. De certo modo, tanto a Antropologia quanto a Sociologia estão se interessando mais pelo protagonismo social do homem comum. A Ciência Política nos últimos tempos começou a se interessar pelo papel perturbador dos movimentos sociais nas grandes seguranças referenciais do Estado e dos partidos políticos, o que a leva na mesma direção. Como tendência mais geral, eu diria que as Ciências Sociais tem se perguntado mais sobre o repetitivo do que sobre o transformador, o oposto do que prevalecia até quarenta anos atrás. Ela se tornou menos profética e mais ciência.

Conte sua experiência de trabalho no Cesit.

Eu fazia o curso noturno de graduação em Ciências Sociais, na Faculdade de Filosofia, quando um dia o professor Fernando Henrique Cardoso me perguntou se eu tinha interesse em trabalhar como auxiliar de pesquisa num projeto que seria desenvolvido no Cesit pelo professor Luiz Pereira. O Cesit era um núcleo de pesquisa anexo à Cadeira de Sociologia I, de que era catedrático substituto o professor Florestan Fernandes. Fernando Henrique era o diretor do Cesit. Florestan estava interessado em firmar a Sociologia da Educação na sua cadeira, tema pelo qual sempre demonstrara grande interesse. A pessoa que trabalhava na área, na cadeira de Florestan, era Marialice Mencarini Foracchi, grande conhecedora da obra de Karl Mannheim. Fernando Henrique e Florestan queriam estabelecer uma ponte entre a Sociologia da Educação e a Sociologia do Trabalho, de modo a inserir o tema da educação no elenco de temas do Cesit. Luiz Pereira havia feito o mestrado e o doutorado sob orientação de Florestan. Fizera graduação em Pedagogia, e não em Ciências Sociais, e era um dos bons e promissores especialistas em educação, docente de Sociologia em Araraquara, no que viria a ser a Universidade Estadual de São Paulo. Luiz era autor de um projeto pioneiro de pesquisa "Mulher e trabalho", publicado na revista *Anhembi*, de Paulo Duarte. Em suas teses já tratara do tema da educação não como processo educacional, mas como profissão feminina, situada no âmbito do trabalho e das relações de trabalho.

Vinha para o Cesit com um projeto inovador sobre a qualificação da mão-de-obra industrial no interior das próprias fábricas. Basicamente, ele queria conhecer e analisar de que modo, fora do sistema escolar, a própria indústria desenvolvia atividades pedagógicas para criar sua própria mão-de-obra qualificada. Seriam estudados três ramos industriais: mecânica, marcenaria e têxtil. De cada um, estudaríamos uma empresa grande, uma média e uma pequena. Éramos três auxiliares de pesquisa. Os outros dois eram estudantes bem mais adiantados do que eu, do curso diurno. Cada um receberia uma bolsa de estudos do Instituto Nacional de Estudos Pedagógicos. Luiz Pereira mudou-se para São Paulo e foi morar na rua Caio Prado, bem perto da Faculdade. Eu morava em São Caetano. Combinamos de nos encontrar todos os dias úteis na hora do almoço. Almoçávamos juntos num dos restaurantes próximos, ele expunha e detalhava o projeto, mencionava as leituras que fizera. Fomos definindo os aspectos concretos do trabalho. Listei empresas, ele sorteou as nove que seriam objeto da pesquisa e delegou-me a tarefa de procurá-las, fazer os contatos, obter autorização para conversar com os operários, obter listas dos trabalhadores, pesquisar o processo de trabalho e suas etapas. No fim de algum tempo, eu tinha a listagem completa de nomes e endereços de trabalhadores, espalhados por todos os cantos de São Paulo, do subúrbio à periferia.

Notei que os outros dois colegas, "mais experientes", não participavam dessas atividades. Iniciadas as entrevistas, também não compareceram. Fui fazendo as entrevistas sozinho, à noite ou nos fins de semana, para discuti-las com o Luiz no dia seguinte na hora do almoço. Era um formulário enorme, com questões qualitativas e questões quantitativas. Cada entrevista levava de duas a três horas. Fazia uma por noite, pois passara a freqüentar as aulas no período da tarde. Um dia quis saber de Luiz quando os outros dois iriam começar, pois assim o trabalho andaria mais rápido. Ele desconversou. Na verdade os colegas esperavam ser chamados. Como não foram, deixaram por isso mesmo. Todo fim de mês recebiam o valor da bolsa. Luiz era tímido, tinha receio de convocá-los, de melindrá-los. Acabei fazendo a pesquisa sozinho. O próprio Luiz Pereira nunca foi a uma das fábricas comigo, ao menos para saber ao vivo e em cores como era o processo de trabalho de cada empresa. Afinal, eram só nove empresas.

É claro que nas conversas pessoais diárias fui aprendendo muita coisa. Mas muito da Sociologia que eu aprendia na sala de aula era novidade para ele, cuja formação era outra. Percebi que ele começou a desenvolver um programa pessoal de leituras que nada tinha a ver com o projeto. Tateava, procurando se familiarizar com o "quente" do debate teórico fora da USP. Ele conhecia bem a obra de Parsons, mas conhecia mal a obra de Marx, que entrava na ordem das cogitações acadêmicas daquele momento pré-revolucionário. Estávamos em 1962, 1963. Na Faculdade de Filosofia era assunto o seminário já antigo sobre O capital, de que participavam os assistentes de Florestan, menos ele, que estava chegando. Começou a ler leitores e intérpretes franceses de Marx, foi parar em Poulantzas e Althusser. Era a linha oposta à do consistente seminário da Faculdade de Filosofia, cujos resultados de algum modo chegavam aos alunos na sala de aula.

Quando me dei conta, o livro que seria escrito por Luiz Pereira, com base na pesquisa que eu estava fazendo, nada tinha a ver com ela. Quando foi publicado, constatei que toda a pesquisa servira apenas para um dos capítulos. O restante era um enorme ensaio sobre trabalho e desenvolvimento no Brasil, um acerto de contas dele com as peculiaridades da formação que recebera no curso de Pedagogia e de sua especialização em educação. Até o final de 1963, nosso relacionamento correu bem. Como conversávamos diariamente, aprendi muito com ele, com o artesão cuidadoso que era, com o rigor exasperante de suas dúvidas, em que ele perguntava e ele mesmo respondia. Mas sempre cabiam minhas próprias dúvidas. Na verdade, ele nunca me tratou como aprendiz nem como aluno e sim como interlocutor. Tínhamos longas conversas durante os dois anos de nossa convivência mais intensa.

José de Souza Martins

Em março de 1964 ocorreu o golpe de Estado. Fernando Henrique foi o primeiro professor a ser procurado pela polícia política, pelo Dops, no recinto da própria Faculdade. Alertado, abrigou-se na casa de um amigo e alguns dias depois embarcou para o exílio. Voltaria em 1968.

Luiz Pereira assumiu, então, a direção do Cesit. Entramos numa espécie de emergência. Luiz tentou levá-lo adiante sem alterar nada. Ele mesmo dizia que substituía Fernando Henrique provisoriamente, até que voltasse. Imaginava, como muitos de nós, que a ditadura duraria pouco. O Cesit perdeu imediatamente todo o dinamismo que tinha. Ficou completamente paralisado, dependente unicamente do que cada pesquisador fizesse espontaneamente. Esperávamos.

Em 1964, terminavam os compromissos do Cesit e da cadeira com os auxiliares de pesquisa, vários, porque as pesquisas já estavam encerradas. Florestan nem sempre decidia sozinho. Reunia-se com seus assistentes para tomar decisões pedagógicas, de pesquisa e administrativas. Lembro do dia em que se reuniram para decidir quem, dos auxiliares de pesquisa, seria convidado para continuar na cadeira, agora como auxiliar de ensino, já na carreira docente. Eu não me considerava candidato. No entanto, terminada a reunião, fui informado de que eu era um dos escolhidos. Florestan queria me nomear logo naquele ano. Expliquei a ele que ainda não concluíra o curso de graduação e que estava rigorosamente dentro do cronograma do curso. Formei-me no fim de 1964 e em abril de 1965 saiu meu contrato como docente de Sociologia, nos quadros do Cesit.

Quer dizer que você fez mestrado sendo já professor da USP?
Fiz mestrado, que se chamava especialização, em 1966, já como docente. E o doutorado também, em 1970.

Você reuniu os trabalhos resultantes das pesquisas realizadas no meio rural no livro Capitalismo e tradicionalismo?
Reuni apenas os artigos que já estavam escritos em 1975. Ainda no curso de graduação, em 1964, preparei um projeto de pesquisa para o que eu gostaria que fosse o meu curso de especialização, o mestrado de hoje. Discuti esse projeto com Octavio Ianni que, na prática, seria meu orientador, embora legalmente o orientador fosse Florestan. Ele gostou do projeto e me apoiou. Sugeriu leituras, deu-me algumas publicações e chamou minha atenção para a importância de um diálogo com a literatura. Meu projeto previa o estudo comparativo de três municípios do Estado de São Paulo: um, claramente tradicionalista, antigo e caipira, e o escolhido foi Cunha, na Serra do Quebra-Cangalha, no Alto Paraíba, região de produção de leite, feijão e milho; outro claramente recente, de agricultura moderna, e o escolhido foi Santo Anastácio, ainda com fortes características de frente pioneira, na Alta Sorocabana, região de produção de algodão, amendoim e leite; e o terceiro, moderno e antigo, estagnado, Amparo, região de café. Eu estava interessado em estudar a modernização da agricultura e tinha em mente o tema forte da resistência à mudança, que marcara as preocupações da Sociologia brasileira, em particular na USP, algum tempo antes. Fiz todo o trabalho de campo em 1965. E logo em seguida comecei a organizar o material para redigir a dissertação. Minha princi-

pal descoberta foi a de que o atraso social e o tradicionalismo cultural não constituíam obstáculos à modernização econômica e à acumulação de capital. Ao contrário, o processo de acumulação incorporava essas relações e concepções, fazendo delas o que se chamaria hoje de capital social. O professor Florestan enviou para publicação os dois artigos que escrevi em 1968 com o que era a minha crítica da razão dualista e que foram publicados no primeiro semestre de 1969. Essas descobertas ganharam grande destaque quatro anos depois, em trabalhos de outros autores, sem citação da origem.

Estávamos num clima de pressão grande, especificamente na cadeira de Florestan. Ele previa e temia sua própria cassação e de outros docentes. O temor vinha principalmente do que pudessem fazer outros grupos dentro da USP, potencialmente interessados em destruir o grupo que ele dirigia. Pretextos políticos não faltariam. Mais de uma vez falou conosco sobre isso. Fernando Henrique tivera que ir para o Chile, auto-exilado. Florestan foi arrolado no Inquérito Policial-Militar da Faculdade de Filosofia, acabou interrogado e preso. Florestan me cobrou a dissertação. Eu mal estava começando. Perguntou-me se não tinha nada já escrito e pronto.

Desde 1963, por sugestão de Fernando Henrique, eu me envolvera, também, numa enorme pesquisa de Maurício Vinhas de Queiroz sobre grupos econômicos no Brasil, realizada no Instituto de Ciências Sociais da Universidade do Brasil, hoje Universidade Federal do Rio de Janeiro. Maurício e seu grupo haviam organizado um imenso banco de dados sobre os grupos econômicos brasileiros e estrangeiros no Brasil. A pesquisa entrava agora na fase de estudo qualitativo sobre as fontes de capital e o modo como se dera a acumulação originária de capital em cada um dos grupos multibilionários. Falou com Fernando Henrique sobre a pesquisa em São Paulo e ele propôs que fosse eu a fazer a pesquisa, com mais alguém. Sugeri Antônio Carlos de Godoy, meu colega de turma e também aluno de Fernando Henrique. Escrevi doze pequenas monografias sobre o processo histórico de formação dos grupos que me coube estudar. Eram meus relatórios de pesquisa. Mencionei-os a Florestan e disse-lhe que gostava particularmente da monografia sobre o conde Matarazzo. Ele me pediu que lhe trouxesse o texto. Leu-o e sugeriu que eu o desenvolvesse rapidamente e o transformasse numa dissertação de mestrado. Trabalhei intensamente.

Eu morava sozinho, na rua Frei Caneca, e costumava jantar num restaurante do Largo do Arouche, o Leão d'Olido. Voltava para casa, numa noite, e estava passando na frente do antigo Teatro de Arena, numa espécie de praça que havia em frente à Igreja da Consolação. Vi que saía do teatro o professor Roberto Schwarz, meu colega, assistente do professor Antonio Candido. Começamos a conversar. Ele fora passar um manifesto contra a ditadura. Eram dias de passeatas contra o regime e eu mesmo havia participado de uma na véspera. Mal percebemos quando fomos cercados por uma multidão de policiais fardados, com armas nas mãos. Fomos presos e levados ao Dops. Tinha havido outra passeata naquele dia e a polícia política resolvera jogar a rede e prender quem estivesse nas ruas da área central. Havia centenas de pessoas na carceragem do Dops, na maioria estudantes. Fomos fotografados e fichados. Fomos os últimos a serem libertados, 24 horas depois.

José de Souza Martins

Florestan, alarmado, insistiu na urgência da dissertação. Com o título, seria mais difícil que houvesse demissões. Em novembro de 1966, eu dava uma prova para os alunos do primeiro ano quando o Leôncio Martins Rodrigues entrou na sala e disse-me que Florestan estava me chamando na sala dele. Ele ficaria em meu lugar. Chego lá e a banca estava reunida: Florestan, Ianni e Marialice. Sem aviso prévio e a seco, fiz a defesa de minha dissertação e fui aprovado.

A inspiração weberiana da tese foi sugestão de Florestan?
Não tive orientador na dissertação de mestrado. Florestan me devolveu a monografia sobre Matarazzo com a recomendação de transformá-la em tese. Deixou a meu critério a opção teórica. Por sorte, desde que me tornara auxiliar de pesquisa do Luiz Pereira, passei a participar de reuniões de estudo e seminários do Cesit e da cadeira de Sociologia I. Fernando Henrique estava fazendo a pesquisa que resultaria em sua tese de livre-docência, *Empresário industrial e desenvolvimento econômico no Brasil*. Ele generosamente compartilhou o seu debate teórico com os outros professores da cadeira e com os auxiliares de pesquisa. Trocava idéias, ouvia perguntas, mencionava a literatura de referência. Além disso, eu havia sido seu aluno uma segunda vez no terceiro ano do curso de graduação, em que lemos autores como Lukács, *História e consciência de classe*, ele próprio interessado no tema da consciência de classe do empresariado. Sua tese se inseria na preocupação mais geral, de que ele se tornaria uma das principais expressões das possibilidades e limites do desenvolvimento capitalista em países como o Brasil.

Havia um notório debate subjacente com o nacionalismo de esquerda, com o qual o grupo todo, de um modo ou de outro, se identificava. A *Revista Brasiliense*, de Caio Prado Jr. e Elias Chaves Neto, publicara vários artigos de membros do grupo. Eu mesmo tive publicado lá o meu primeiro artigo, um trabalho de aproveitamento num curso do Ianni, transformado em artigo: "O Plano Trienal e a marcha da revolução burguesa no Brasil".[4] Falava-se muito em burguesia nacional, como a categoria social que sustentaria a então chamada Revolução Brasileira. A pesquisa de Maurício Vinhas de Queiroz trazia elementos que contrariavam muitas das suposições fáceis da esquerda, embora ele fosse ligado ao Partido Comunista Brasileiro. O projeto de Fernando Henrique era um dos articulados no projeto de estudo mais amplo, de Florestan Fernandes, sobre economia e sociedade no Brasil. Ianni desenvolvia um projeto sobre o Estado. Leôncio Martins Rodrigues fazia uma pesquisa sobre os sindicatos.

Embora não fossem os motivadores nem as referências teóricas, os temas da esquerda nacionalista estavam de certo modo sendo verificados. No fundo, estávamos diante de um debate sobre os rumos históricos do Brasil. As pesquisas sociológicas não confirmavam as suposições da esquerda. Fernando Henrique termina sua tese de livre-docência com uma indagação: socialismo ou subcapitalismo? O

---

[4] J. S. Martins, "O Plano Trienal e a marcha da revolução burguesa", *Revista Brasiliense*, nº 49, São Paulo, set.-out. 1963, pp. 41-52.

weberianismo aparente de algumas das preocupações de *Economia e sociedade* se refletiu, sem dúvida, na minha dissertação de mestrado. Na verdade, as referências são outras. Lukács, pode-se dizer, foi mais influente diretamente do que Weber. Mas é verdade que a reflexão de Lukács sobre a consciência de classe, a idéia de consciência possível, vem de Weber (de quem era amigo), da concepção metodológica de "possibilidade objetiva". Portanto, é um Weber filtrado por uma orientação marxiana.

Fernando Henrique produziu um trabalho notável sobre uma categoria social decisiva no desenvolvimento econômico e no processo político brasileiro. Sua análise é referida às indagações candentes daquele momento histórico. A pesquisa de Maurício tentava desvendar a relação empresário-capital nos momentos cruciais da acumulação. Fernando Henrique também se preocupara com esse tema. O nó histórico da transformação social e política que fizera do Brasil escravista um país moderno, baseado no trabalho livre, já o preocupara (como também Octavio Ianni) no doutorado, mas especialmente em artigos sobre a relação entre o café e a formação do empresariado. O deslocamento do café do Vale do Paraíba para o oeste de São Paulo, transitando do trabalho escravo para o trabalho livre, criara as condições da acumulação, libertara o capital da escravidão. Ao mesmo tempo, os novos fazendeiros descortinaram e assumiram as possibilidades capitalistas do capital, como na biografia emblemática de Antônio da Silva Prado: fazendeiro e exportador de café, grande acionista de ferrovia, banqueiro, industrial, administrador de empresas. Todos os momentos do ciclo do capital se abriram diante dos fazendeiros e foram por eles aproveitados, surgindo aí o moderno empresariado paulista. Fernando Henrique estava interessado em descobrir as condições e competências da inovação empresarial, num cenário em que a esquerda supunha que os empresários nacionais, frágeis em face do voraz capital estrangeiro, se associariam com as esquerdas e o operariado em favor do nacional-desenvolvimentismo, do desenvolvimento voltado para dentro.

Assim como os demais trabalhos que se desenvolviam na cadeira de Sociologia I se pautavam por questionamentos sociológicos rigorosos do não-sociológico assumido politicamente, meu trabalho também foi por aí. No meu livro sobre o conde Matarazzo, tomo como referência um empresário que não tem nem o brilho político nem o brilho empresarial de Antônio Prado. Matarazzo era um empresário mais comum. E me remeto à concepção de Celso Furtado sobre a industrialização brasileira, mera hipótese sobre a função da socialização das perdas, na queima dos estoques de café com a Revolução de 30, no processo de industrialização. Um keynesianismo sem Keynes teria, graças à função criativa do Estado, promovido a industrialização brasileira. Mostro que a hipótese não é boa e supre insuficientemente a falta de um capítulo fundamentado historicamente sobre a industrialização brasileira no mais famoso livro de Celso Furtado, *Formação econômica do Brasil.* Em minha tese mostro que já havia uma competência empresarial industrialista instalada no país nas décadas finais do século XIX. E que o acidental dos efeitos keynesianos da queima do café, com a multiplicação de renda e emprego, nada teve de acidental. José Maria Whitaker, ministro da Fazenda do Governo Provisório, era banqueiro e exportador de café. Ele menciona expressa-

José de Souza Martins

mente em seu relatório que a queima do café teve o propósito de assegurar o fluxo de renda.

A partir de sua estadia em Cambridge, como você analisa a visão que os ingleses têm do Brasil?

Não fui a Cambridge para saber, propriamente, qual a visão que os ingleses têm do Brasil. Nem a cátedra que ocupei está vinculada a um interesse específico pelo Brasil. Fui eleito para a Cátedra Simón Bolívar, uma cátedra que tem sido ocupada por prestigiosos intelectuais latino-americanos: Octavio Paz, Vargas Llosa, Carlos Fuentes. Dentre os sociólogos, fui o terceiro, precedido por Pablo Gonzáles Casanova e Fernando Henrique Cardoso. Cambridge tem duas cátedras desse tipo: a Simón Bolívar para os latino-americanos e a Cátedra William Pitt, para os norte-americanos. Talcott Parsons ocupou essa cátedra e, por coincidência, foi eleito *fellow* do mesmo *college* que me elegeu, o Trinity Hall. Em Cambridge, fui agregado ao Departamento de Antropologia Social.

Os britânicos são mais bem informados sobre a produção brasileira e latino-americana de ciências humanas do que boa parte dos pesquisadores latino-americanos. Não é raro que eu encontre nas bibliotecas de Cambridge livros, revistas e artigos brasileiros que não encontro na USP.

Na escola da USP a visão sobre o projeto da modernidade tem a questão da emancipação como central, não é? Então, a Sociologia teria a função de lembrar que os elementos tradicionais também compõem o processo. A motivação crítica da Sociologia na USP repousa nessa inquietação das sociologias clássicas com a emancipação da sociedade e de seus membros, através de uma Sociologia que fosse a auto-consciência científica da sociedade. Florestan tinha essa consigna como uma de suas referências. De vários modos, os membros do grupo de Florestan se interessaram pelos obstáculos à mudança social na sociedade brasileira. Mas também pela relevância das persistências e dos resíduos do passado do que hoje se pode chamar de componentes de uma memória social que era em si mesma crítica do contemporâneo, suas iniqüidades, sobretudo na privação de identidade e na coisificação da pessoa e de suas relações. Isso fica muito mais claro na sociologia de Roger Bastide e nas motivações de sua vinda para o Brasil e para a USP, para substituir Claude Lévi-Strauss. Seu interesse pelo negro e, particularmente, pelo mundo onírico do negro revelou aspectos importantes dessas persistências na emancipação dos que o mundo moderno anexou como vítimas da modernidade, mais do que como sujeitos de sua construção.

> *Vamos dizer que, do ponto de vista teórico, a grande questão que está por trás da escola, e acho que por trás da sua reflexão, é o debate contra as posições teóricas dualistas. Ao refletir sobre autores clássicos ou modernos você lembra a tradição da Sociologia de reinventar categorias, conceitos etc. necessários para a percepção da realidade que, no caso brasileiro, é multifacetada. Então a análise, em vez de ser linear, é circular. Sua proposta sobre a Sociologia da História Lenta não está nesta direção?*

A proposta de uma Sociologia da História Lenta, que orienta as análises contidas em *O poder do atraso*,[5] é a proposta de uma crítica da linearidade cartesiana que domina as análises sociológicas relativas a países como o Brasil. O passado, ainda vivo no presente, nos contém de vários modos, nos amarra num círculo de lentidões e de indecisões que nos fazem tão diferentes dos modelos e propõe a necessidade da reflexão sociológica sobre as nossas singularidades. A Sociologia, aqui e em outras partes, sofre a permanente tentação de prescindir do tempo e da história, prefere as simplificações do pressuposto de uma sociedade atemporal. Fica difícil, portanto, entender fatos como o de que o maior partido de esquerda do Brasil é um partido profundamente enraizado na tradição conservadora, com protagonistas históricos desse conservadorismo, como os sem-terra e os camponeses, que Marx, na sua visão francesa do campesinato, considerava de direita, reacionários. Nossa esquerda empacada expressa, justamente, as determinações da lentidão e do atraso. Sua sociologia de referência está descolada do real e do possível.

Revendo algumas coisas suas surgiu-me alguma associação com a obra do Elias.

Sim, alguns temas com os quais ele trabalha também me interessam. Se bem que a perspectiva é bem outra e a linha metodológica é bem diferente. Sobretudo a partir de 1975, sem enrijecer essa referência cronológica, começo a trabalhar ativamente no esforço de encontrar o nexo possível entre a Sociologia da USP e a Sociologia que, na Europa e nos Estados Unidos, ganhava vigor como Sociologia pósparsoniana, embora lhe fosse até bem anterior. As grandes mudanças ocorridas no mundo depois da Segunda Guerra Mundial e depois da movimento estudantil de 1968 pediam e propunham uma revisão das concepções sociológicas sistêmicas e absolutas. Foi através do meu curso de Sociologia da Vida Cotidiana que os dilemas das chamadas, por vários autores, de "duas sociologias", chegaram até nós. Isolada no nosso currículo de Ciências Sociais, foi tratada com indiferença pelos docentes, mas abriu perspectivas e viabilizou inovações em dissertações e teses de alunos orientados por outros professores que nem perceberam que, por trás de inovações temáticas, estava o meu curso. Lembro da reação significativa de Luiz Pereira quando lhe mostrei o programa do novo curso e a bibliografia: "é impertinente", comentou, e virou as costas para ir tomar um café, sem me fazer uma única pergunta. Ele era justamente um bom especialista na sociologia parsoniana e fora o introdutor do marxismo althusseriano na USP, contra as tradições uspianas do estudo de Marx na perspectiva dialética. Esse incidente foi um dos capítulos do nosso recíproco afastamento.

Minha busca me aproximou da obra de Henri Lefebvre (e de Agnes Heller), e dos autores que, de um modo ou de outro, o seguiram ou o combateram. Aproximou-me, também, da rica Sociologia americana que foi deixada na sombra pelo monumentalismo da sociologia de Parsons. Meu colega José Jeremias de Oliveira

---

[5] J. S. Martins, *O poder do atraso: ensaios de sociologia da história lenta*, São Paulo, Hucitec, 1994 (2ª ed.: 1999).

José de Souza Martins

Filho me deu o roteiro de leitura da obra de Alfred Schutz. Ele era um austríaco refugiado nos Estados Unidos, que nunca foi professor universitário, era empresário, e que influenciou poderosamente a sociologia fenomenológica. Uma boa descoberta, que devo a outro colega da USP, da Escola Superior de Agricultura "Luiz de Queiroz", Oriowaldo Queda, que na época fazia o doutorado na Universidade de Wisconsin, foi a fundamental obra de Robert Nisbet, um sociólogo americano de formação clássica e erudita. Quando propus ao professor Florestan Fernandes que incluísse um volume sobre Nisbet na sua coleção de clássicos da Editora Ática, fui procurado por Octavio Ianni. Insistiu ele comigo para que eu desistisse de propor esse autor, um desconhecido, explicou-me, um sociólogo "menor". De fato, a antologia da obra de Nisbet acabou não sendo incorporada ao programa editorial coordenado por Florestan Fernandes. Curiosamente, muitos anos depois, a última conferência de Ianni, no auditório da USP, foi uma vibrante e erudita conferência sobre a Sociologia como forma de arte, um tema caracteristicamente nisbetiano.

Muita gente, por desconhecimento da obra desses autores, acha que há semelhanças entre a sociologia que faço e a sociologia de Bourdieu. Na verdade, não há nenhuma.

Quais suas influências intelectuais além desta?
Claramente, Florestan Fernandes, Fernando Henrique Cardoso, Octavio Ianni, Marialice Mencarini Foracchi e Maria Sylvia de Carvalho Franco, os assistentes de Florestan. Sem dúvida, foi um enorme privilégio e um enorme aprendizado ter sido aluno desses cinco professores, que estavam produzindo e publicando trabalhos teóricos próprios, de grande repercussão na Sociologia. Eles fizeram com os alunos a leitura crítica dos grandes teóricos, numa perspectiva erudita e competente. Aprendia-se até nos corredores da escola e nas conversas de cafezinho do bar da esquina. Além disso, todos tinham interesse pela literatura, pelo teatro e pelo cinema. Alunos e professores freqüentavam ali perto o Teatro de Arena e um cinema de arte que ficava na praça Roosevelt. Para os filmes de Kurosawa, um cinema especializado em filmes japoneses no Largo 7 de Setembro, perto da Liberdade. E, claro, a Livraria Francesa, na rua Barão de Itapetininga, onde as revistas e os livros caríssimos eram inacessíveis a estudantes como eu. Mas havia a possibilidade de não comprá-los e lê-los lá mesmo, numa espécie de espaço de leitura que lá havia.

Trabalhei junto com Marialice Foracchi na organização da antologia *Sociologia e sociedade*,[6] até 1972, quando ela faleceu. Completei o livro sozinho, mas já havíamos conversado muito a respeito do que ele deveria conter. Aprendi muito com ela e por meu intermédio ela se interessou por alguns dos autores que eu estava lendo. Fui muito beneficiado pela participação no pequeno grupo de estudo, por ela organizado, que leu os ensaios metodológicos de Max Weber.

---

[6] M. M. Foracchi e J. S. Martins, *Sociologia e sociedade*, Rio de Janeiro, LTC Editora, 1977 (23ª impressão: 2004).

Gioconda Mussolini, que tinha sido aluna de Lévi-Strauss, fora minha professora de Antropologia e me influenciou muito também. Quando, no último ano de graduação, comecei a trabalhar num projeto de pesquisa sobre o mundo rural, li tudo que ela havia publicado, muito pouco por sinal. Ela fora uma precursora da crítica ao dualismo nos estudos antropológicos americanos sobre o campesinato latino-americano e sua obra tinha sugestões referenciais para que um principiante, como eu, não caísse nas armadilhas das simplificações no estudo das populações rurais.

Antonio Candido não foi meu professor. Tenho consciência, porém, de que sua sociologia teve poderosa presença no meu trabalho desde cedo. Li seus artigos sobre o mundo rústico e creio que fui dos primeiros leitores de *Os parceiros do rio Bonito* depois de publicado. Enquanto os americanos dos estudos sobre campesinato latino-americano confinavam as populações camponesas no atraso e no passado, como mero estorvo à modernização social, Candido propunha que fossem vistas na perspectiva da história concreta e da historicidade de seu agir e de seu pensar. Reinterpretava a concepção de transição de Robert Redfield na perspectiva da concepção dialética da história, de Karl Marx e Friedrich Engels, em *A ideologia alemã*. A obra antropológica de Gioconda e a obra sociológica de Candido são expressões vibrantes de uma competência teórica amarrada à pesquisa empírica e à realidade brasileira, seus dilemas e as problematizações que propunha. Fui, também, aluno de Paula Beiguelman, em Ciência Política. Aprendi muito com ela, na sala de aula e em seus livros, sobre a história política do Brasil, mas também sobre seu método de análise da história política. O conjunto dos docentes das quatro cadeiras (duas de Sociologia) de Ciências Sociais da Faculdade de Filosofia me influenciou muito. Essas eram as marcas fortes das ciências sociais na Faculdade de Filosofia.

Foi na busca da conexão entre essas ciências sociais, enraizadas e inovadoras, e o ímpeto renovador da Sociologia na Europa e nos Estados Unidos que cheguei a Henri Lefebvre, Agnes Heller, Alfred Schutz, Herbert Blumer, George Herbert Mead, Robert Nisbet, Erving Gofmann, Harold Garfinkel, Peter Berger e Thomas Luckmann, este último o editor das obras de Schutz. E me interessei, também, por um retorno a Karl Mannheim, cuja obra continua sendo fundamental. O seminário semanal das sextas-feiras sobre a complexidade e as sutilezas do método dialético, que mantive na pós-graduação durante dezoito anos, com a leitura coletiva de Marx e, depois, de Lefebvre, foi o trabalho sistemático e sólido que me permitiu articular essas orientações desencontradas e a enorme riqueza de perspectivas que nelas há.

Você fez uma adesão valorativa ao conservadorismo, ou a este mundo romântico da identidade?
É curioso que o amplo desconhecimento da relação que há entre a Sociologia, mesmo a de Marx, e a grande tradição do pensamento conservador, leve as pessoas a estranharem a explicitação sociológica desse vínculo. Remeter a Sociologia às suas raízes no pensamento conservador não é opção pelo conservadorismo, que é outra coisa. Karl Mannheim, autor de famoso e antológico ensaio sobre o pensamen-

José de Souza Martins

to conservador, que muito me influenciou, faz nesse ensaio justamente um modelar estudo de Sociologia do Conhecimento, que é uma das mais importantes contribuições à compreensão da questão do método na Sociologia. Toda Sociologia é, no fundo, uma Sociologia do Conhecimento. Foi o que compreenderam Schutz e seus seguidores. O diálogo com a tradição conservadora na Sociologia é um requisito de conhecimento situado sociologicamente e não uma opção ideológica do pesquisador.

Mannheim fala que nem todos os elementos caem sobre a racionalidade no sistema. É isto que você recupera indo nesta direção?
Mannheim, nesse ensaio, chama a atenção para a vitalidade e a presença viva, desses elementos residuais da sociedade pré-moderna na sociedade moderna. O método sociológico, portanto, deve conter procedimentos que permitam resgatá-los e compreendê-los no que têm de contraditório e criativo no contemporâneo. Nesse sentido, o caminho do nexo é a Sociologia do Conhecimento, não só no grande sentido do trabalho de Mannheim, mas também no sentido de uma sociologia do senso comum como preâmbulo da compreensão sociológica do presente, suas tensões e suas possibilidades. É por aí que entra a Sociologia da Vida Cotidiana. O conhecimento cotidiano, de senso comum, como pré-interpretação da realidade social. É esse conhecimento que constitui a matéria-prima do conhecimento sociológico. Não só Mannheim adotou essa perspectiva, mas também o fizeram T. H. Marshall e E. P. Thompson, em linhas opostas, em análises inovadoras. Cresce a riqueza de sentido dos processos sociais quando levamos em conta que a unidade do diverso é também unidade tensa da diversidade de tempos que coexistem. É nessa temporalidade múltipla que se constituem o tempo do cotidiano e o tempo da história.

Lefebvre se afastaria daquilo que se define como a escola sociológica francesa da defesa da racionalidade...
Lefebvre, com quem cheguei a trocar correspondência sobre sua obra, era filósofo e sociólogo. Mas também um atuante membro do Partido Comunista Francês. Baseado em sua aldeia natal, nos Pirineus, atuou na Resistência sob o disfarce de um pesquisador organizando os arquivos paroquiais para reconstituir a história agrária de sua região. Além da ação política, fez também a pesquisa sobre a resistência camponesa regional a todas as invasões e mudanças num período de mil anos. Uma sociedade que se adaptava aos ciclos históricos e ao mesmo tempo perdurava. Acabaria sendo o material de seu doutorado em Sociologia Rural. Foi desse material e dessa experiência que saíram, em parte, os dois artigos sobre o método dialético publicados nos *Cahiers Internationaux de Sociologie*, em 1949 e 1953, respectivamente. Em *Questão de método*, Jean-Paul Sartre considerou-os as melhores interpretações do método dialético. Neles Lefebvre propõe que se encare a horizontalidade do contemporâneo como expressão da verticalidade do histórico e conjugação dos tempos e ritmos ali ocultados. As contradições como tensões de tempos estão presentes em toda obra de Lefebvre e reaparecem nos livros sobre o espaço, o urbano. O método não recuperaria apenas o dedutivo e o indutivo, o

152   Conversas com sociólogos brasileiros

propriamente racional, mas também o transductivo, o tempo do possível já contido na trama e nos desencontros do social.

Você atuou junto à Igreja Católica, na Pastoral da Terra. Não continua mais esse trabalho?
Em 1971 eu havia apresentado uma comunicação na Reunião Anual da Sociedade Brasileira para o Progresso da Ciência, em Curitiba, "Frente pioneira: contribuição para uma caracterização sociológica". Desde 1965, quando fiz uma parte de minha pesquisa para a dissertação de mestrado na Alta Sorocabana, fiquei com vontade de levar adiante uma pesquisa específica sobre a frente pioneira. No início dos anos 70, com a construção da Transamazônica, começava o avanço da última e maior frente pioneira do mundo. Para um sociólogo interessado no tema, como também para geógrafos e antropólogos, era a última oportunidade de pesquisa.

Eu tinha um aluno de pós-graduação, Pedro Wilson Guimarães, de Goiás, que seria depois deputado federal e prefeito de Goiânia pelo PT. Através dele entrei em contato com Dom Pedro Casaldáliga, bispo de São Félix do Araguaia, no Mato Grosso, e pude realizar naquela região a pesquisa documental e a pesquisa de campo. Em Rondônia, no Pará e no Maranhão pude realizar a pesquisa de campo deslocando-me através do Serviço da Malária, do governo federal, cujo apoio consegui graças ao médico João Yunes, que era professor da Faculdade de Medicina da USP e estava num cargo importante no Ministério da Saúde. Sem esses apoios a pesquisa teria sido impossível.

Em 1977 fui para São Félix do Araguaia, convidado por Dom Pedro Casaldáliga, para dar um curso sobre o capitalismo no campo. Foi quando pude ler a documentação do arquivo da Prelazia, com relatos ricos e impressionantes sobre a violência contra índios e posseiros e a narrativa crua da cara oculta da chamada frente de expansão. Também fiz entrevistas, na localidade e no sertão.

Desde esse ano, dediquei-me por quase vinte anos, enquanto fazia pesquisa, a cursos para agentes de pastoral, trabalhadores rurais e sindicalistas, além de encontros de que também participaram representantes de diferentes povos indígenas. Nesse período, recebi convites de diferentes lugares do país, de entidades religiosas, bispos, sindicatos e até universidades para dar cursos ou fazer palestras, o que me permitiu conhecer o Brasil inteiro, viajando pelo interior. Nesse trabalho, viajei também pelos grandes rios: Amazonas, Araguaia, Tocantins, São Francisco. E não deixei de dar meus cursos na USP e de atender meus alunos, além de escrever livros e artigos. Foi um trabalho solitário e duro, além de arriscado. Ao menos uma vez fui ameaçado de morte, no Mato Grosso, sem contar as vezes em que tive que sair às pressas dos lugares em que estava fazendo pesquisa, diante de riscos evidentes.

No início de 1980, a Pastoral da Terra me convidou para fazer parte da equipe que participaria da assembléia anual da Conferência Nacional dos Bispos do Brasil (CNBB), em que a questão agrária seria analisada e um documento seria elaborado com os pontos de vista da entidade sobre o assunto. Redigi um documento de apoio às reflexões que seriam feitas pelos bispos e que acabaria sendo incorporado quase na íntegra ao documento final, "Igreja e problemas da terra".[7] Nessa altura, eu já desenvolvera uma compreensão muito boa da diversidade da questão agrária e das características e da importância do trabalho pastoral da Igreja Católica junto aos grupos e comunidades alcançados pela violência fundiária. Sobretudo, eu tinha uma compreensão muito consistente das implicações mais amplas da mudança social potencialmente contida na resistência dos trabalhadores rurais e dos limites da abertura da Igreja para essa questão.

Fiz um texto síntese que pudesse ser útil a um colegiado capaz de definir uma linha programática de atuação quanto às lutas dos trabalhadores rurais, apontando as inovações sociais implícitas nessa luta e dependentes de reconhecimento institucional. O conflito no campo não era de natureza política e sim de natureza social. Continha uma demanda social de terra para trabalhar, o trabalho e a liberdade como valores de uma ética de resistência à injustiça dos despejos e expulsões violentos. Sintetizei essa motivação no conceito de "terra de trabalho". Ao mesmo tempo, os trabalhadores em luta tinham consciência de que expulsá-los era ato relacionado com a concepção oposta de "terra de negócio", terra para ganhar dinheiro, uma concepção rentista do uso e da propriedade da terra. Nesses pares conceituais o conflito adquiria sentido, expunha os seus antagonismos constitutivos e, ao mesmo tempo, a natureza última dos projetos sociais antagônicos que motivavam a conflitividade radical.

Minha cooperação com a Comissão Pastoral da Terra começou a cessar em 1995, ano de minha última participação numa assembléia da entidade, como assessor *ad-hoc*. A CPT havia dado nascimento ao Movimento dos Sem-Terra, em 1984, quando os agentes de pastoral perceberam que os bispos a haviam dado como pastoral de suplência em face do regime militar e da decorrente violência no campo. Com o fim da ditadura, o apoio terminaria. Vi o MST nascer como projeto, numa conversa de fim de tarde, em baixo de uma grande mangueira, na chácara do Centro de Treinamento de Líderes, em Goiânia. Mas a CPT continuou existindo e praticamente se tornou um aparelho do MST, como também se tornou um aparelho do PT. Não havia mais espaço para um trabalho pedagógico de apoio que não tivesse uma marca partidária.

Como esse trabalho está ligado com a sua obra sociológica?

A cadeira de Sociologia I tinha uma história de envolvimento com diferentes grupos sociais através da pesquisa. Foi Roger Bastide quem convenceu Florestan Fernandes a se interessar pela questão racial e pelo negro. Florestan, que era seu assistente, tinha mergulhado completamente no trabalho teórico, um trabalho cerebrino, denso e abstrato, único na Sociologia brasileira. A fecunda pesquisa sobre o negro foi além da mera entrevista e foi pensada expressamente como um instrumento de diálogo emancipador com o negro. Aliás, no meu modo de ver, essa

---

[7] J. S. Martins, "Terra de negócio e terra de trabalho: contribuição para o estudo da questão agrária no Brasil", *Cadernos do CEAS*, nº 67, Salvador, Centro de Estudos e Ação Social, maio-jun. 1980, pp. 34-44.

pesquisa foi o primeiro caso de pesquisa-ação, ou pesquisa participante, embora sem esse nome, pelo modo como foi feita e pelos desdobramentos que teve no meio negro. Só bem mais tarde é que o sociólogo colombiano Orlando Fals-Borda daria nome a esse tipo de pesquisa, o sistematizaria e difundiria entre sociólogos interessados em fazer uma Sociologia que fosse além do formalmente investigativo.

A tradição da cadeira, pode-se dizer, se firmou na concepção de que o outro não é um objeto e sim o objetivo, como diria Agnes Heller. A Sociologia, nessa perspectiva, é substancialmente diversa da sociologia de inspiração positivista e da sociologia weberiana. Esse outro, além do mais, não é o sujeito de hipócritas concepções piedosas, como supõem os que falam hoje no "sociólogo militante". No projeto Economia e Sociedade no Brasil, o outro adquire vários nomes e várias caras, basicamente o outro que pode promover mudanças sociais emancipadoras. E também na obra de seus assistentes. Sem essa compreensão, a Sociologia se anula. Na Campanha pela Escola Pública, não havia necessariamente um projeto de pesquisa, mas havia uma causa que dizia respeito à própria sobrevivência do projeto histórico e emancipador na universidade.

De modo que, quando tocou a minha vez, minha pesquisa não podia deixar de se dar numa situação social de diálogo e de partilha de seus resultados, o que fiz durante todo esse tempo, de vários modos. Por isso, os sujeitos de referência do meu trabalho são justamente aqueles que estão no limite, os que mais revelam sobre a sociedade, mas também os que mais clamam e mais sofrem, aqueles para os quais o conhecimento sociológico pode ser um instrumento de consciência e de clareza a respeito de contradições e adversidades.

Sociologia de gabinete é uma ficção ou, quando muito, um passatempo. Isso sem prejuízo da objetiva compreensão do que é o conjunto dos atores e sem prejuízo da compreensão das tensões sociais como expressão de diferentes personificações da realidade e do processo histórico. Num certo sentido, isso me tem permitido fazer uma Sociologia testada continuamente no próprio processo de pesquisa. Para o sociólogo, o equivalente da verificação experimental de hipóteses e interpretações depende da competência para observar o social no que ele próprio tem de experimental, na renovação contínua da experiência social e da consciência social. E também, como sugeria Florestan Fernandes, no uso e nas conseqüências do conhecimento sociológico na sociedade. É a sociedade a verificadora dos acertos da Sociologia. Isso depende de observação atenta dos processos sociais em períodos longos, bem diversos dos da pesquisa experimental. Lefebvre também sublinhou a importância dos analisadores-reveladores, contidos na própria realidade, na observação sociológica. Infelizmente, a Sociologia está cada vez mais longe desses recursos e dos compromissos neles implicados.

Poderíamos dizer que nas suas colocações você definiu o papel da Sociologia. A Sociologia é para ser dita, para ser falada. E mais, o papel do intelectual a partir de dois vetores: de um lado, a idéia de missão; de outro, a de função social.
É a concretização de duas concepções de Hans Freyer, assumidas por Florestan Fernandes e que, de certo modo, foram referências áureas da sua cadeira de So-

ciologia I. Uma, a de que a Sociologia "tomou historicamente a forma de 'auto-consciência científica da realidade social'". Outra, a de que "só quem quer algo socialmente vê algo sociologicamente".[8]

Você acha que ainda há lugar para a crítica?

A Sociologia é intrinsecamente uma ciência crítica, uma ciência que resiste às interpretações superficiais, de senso comum e ideológicas, sem negar-lhes a dimensão de verdade e necessidade que nelas há. É crítica porque se propõe o desvendamento do que separa a sociedade de sua verdade, o homem de sua obra, separação que muda continuamente e que continuamente pede pesquisa sociológica e consciência científica. A sociedade, especialmente a sociedade moderna, se reproduz enganando-se continuamente. Esse engano é essencial para que ela se mantenha coesa e funcional. A Sociologia só tem sentido como produção de conhecimento sobre o engano socialmente necessário, sobre seus mecanismos, fatores, causas, conseqüências. Nesse sentido, a Sociologia não é o conhecimento alternativo e substitutivo, mas o conhecimento revelador, por isso crítico, o conhecimento que revela tudo que na sociedade tolhe a emancipação do homem em relação à trama de relacionamentos que o aprisiona, que faz dele um homem pobre de possibilidades. De algum modo, a Sociologia é a ciência da esperança, porque em vez de ser conhecimento para o controle social, o mando e a obediência, só tem sentido como conhecimento para desvendar, ensinar, libertar.

O projeto da cadeira de Sociologia de Florestan era repensar a teoria, e isto estava associado ao desenvolvimento do próprio curso. Com as cassações o projeto deixou de ser coletivo e cada um teve de trabalhar individualmente.

O projeto, de certa maneira continuou, não cessou imediatamente. O projeto, para vários de nós, estava sintetizado em *Economia e sociedade no Brasil*, de Florestan Fernandes, com uma emenda de Fernando Henrique Cardoso. Estava, sobretudo, na obra de Florestan e de seus assistentes mais antigos. Mas o golpe de Estado, em 1964, já tirara o Brasil do horizonte do país possível, que era sua referência. É compreensível que reorientações na pesquisa e na docência tivessem ocorrido já nos cinco anos entre o golpe e as cassações, em 1969, e se completassem nos primeiros anos após o golpe. A morte repentina de Marialice Mencarini Foracchi, em 1972, nos privou do único elo com esse projeto, ela própria tentando decifrar teoricamente o sentido profundo das rupturas na sociedade contemporânea, como fica evidente no seu erudito e belo livro *A juventude na sociedade moderna*. O truncamento propôs a reformulação dos temas e propôs novos temas. Um livro dolorosamente emblemático dessa ruptura é o do próprio Florestan Fernandes, *A revolução burguesa no Brasil*, evidente no abismo teórico entre sua primeira e sua terceira parte.

---

[8] Florestan Fernandes, *Ensaios de Sociologia Geral e Aplicada*, São Paulo, Livraria Pioneira Editora, 1960, pp. 68 e 114.

Florestan, no primeiro prefácio da Sociologia numa era de revolução social, havia definido o que entendia como tarefa da Sociologia. No prefácio da segunda edição, a frustração aparece. Ele diz não ter mais o que fazer. Deixou para as outras gerações. Assim, a idéia de intelligentsia é central, neste projeto das Ciências Sociais. É isto um dos pontos que torna diferente o curso de Ciências Sociais da USP do momento antes de 1968. Ainda é possível o mesmo projeto?

Cada um dos cassados viveu a cassação e o exílio da universidade de um modo muito pessoal. Além disso, como tenho dito, cassados foram, também, os professores que ficaram, porque fomos privados da convivência cotidiana com os docentes de referência, maduros e experientes, que haviam sido nossos professores. Também nós, que ficamos, vivemos as cassações de um modo muito pessoal. Eu as vivi numa situação relativamente amenizada pelo fato de ter participado, com Jaime Pinsky, Florestan Fernandes e Tamás Szmrecsányi, da direção das revistas *Debate & Crítica* e sua sucessora, *Contexto*, de 1972 a 1978, os anos mais duros do regime autoritário. Era na casa de Jaime, em função da revista, que de algum modo a USP cassada se encontrava com a USP não cassada, em torno de um trabalho intelectual de grande relevância acadêmica. Havia, também, os encontros pessoais e a eventual participação em seminários e conferências no Cebrap, que reunia os professores cassados. Mas os docentes mais recentes, em início de carreira, ficaram longe dessas iniciativas e criaram sua própria solidão política e intelectual. Luiz Pereira, que seria o elo natural entre esses pesquisadores e os cassados, não conseguiu preservar o vínculo e acabou criando um nicho de poder pessoal auto-protetivo, a partir do qual falava em nome da herança de um Florestan fetichizado e irreal. Todo o enorme peso de ser repentinamente o sucessor não só de Florestan Fernandes, mas de todos os seus quatro assistentes, e o gestor dessa herança monumental, caiu sobre seus ombros.

A herança da cadeira de Sociologia I era uma herança que vinha de longe, de Lévi-Strauss e de Roger Bastide, de Antonio Candido e de Maria Isaura Pereira de Queiroz, mesmo sendo o vínculo deles com a outra cadeira, a de Sociologia II, de Fernando de Azevedo. Mas era, sobretudo, herança do grupo de Florestan, cuja obra perde muito do seu significado se não se leva em conta a interação fecunda dele com seus assistentes Fernando Henrique Cardoso, Octavio Ianni, Marialice Mencarini Foracchi e Maria Sylvia de Carvalho Franco. Foram esses assistentes que, no diálogo, puxaram Florestan para uma Sociologia que se poderia classificar como de esquerda. A obra de todos eles se explica pelo aprendizado recíproco, não só pelo ensino. Hoje se procura canonizar Florestan como se ele tivesse tido uma existência segmentária e solitária na Faculdade de Filosofia, o que nem sociológico é. Além de ser injusto com Florestan. Esse recorte mutila a sua biografia intelectual e veda a compreensão de sua obra. As referências e a bibliografia de *A revolução burguesa no Brasil* constituem um roteiro nesse sentido. As concepções, portanto, da herança se mantiveram residualmente, atualizadas criticamente, de fato na obra de poucas pessoas, no que veio a ser o atual Departamento de Sociologia.

Em comparação com o período anterior à ditadura, houve um silenciamento dos intelectuais vinculados à universidade. Não foi só a ditadura que os calou.

Diversos grupos políticos (e religiosos) se empenharam nessa tarefa autoritária de calar a universidade e anular o protagonismo possível dos intelectuais, não raro desqualificando-os. Surgiu a intelectualidade corporativa dos grupos políticos e religiosos, ideológica, que fez da história possível mera engenharia partidária. Não são poucos os professores universitários que aceitaram com prazer a cooptação, não raro como meio de adquirir prestígio fácil e rápido em nome de um militantismo que é uma opção contra a ciência e contra a tradição do pensamento crítico. As universidades estão infiltradas por esse oportunismo. Por essas e outras razões fica difícil pensar numa *intelligentsia* do tipo mannheimiano, que era o que havia antes do golpe. Mas não é impossível imaginar a sua necessidade e até a possibilidade de uma nova e mais criativa função para ela, até para que a universidade volte a ser democrática.

Talvez o pensamento mais esclarecedor no Brasil seja o mais conservador.

De certo modo, Florestan disse isso quando reconheceu que, no Brasil, mesmo o positivismo possibilitava uma visão crítica da sociedade e que a Sociologia era interpretativamente mais rica do que o marxismo. Conservadores como Alberto Torres, que ele me sugeriu que lesse, ofereceram do Brasil um retrato mais consistente do que muita sociologia que veio depois. Também na Europa foi assim. A tradição conservadora oferecia quadros de referência radicais para compreender os efeitos devastadores do surgimento e da expansão do capitalismo, sobretudo a desumanização do homem contemporâneo. No fundo, aliás, esse é o tema de referência da obra de Marx.

Para terminar eu gostaria ainda de perguntar algo sobre a Sociologia.

Vocês não me perguntaram nada sobre as duas sociologias com que trabalho há muitos anos, a Sociologia da Vida Cotidiana e a Sociologia Visual, sobre as quais já falei, espontaneamente, logo no começo da entrevista.

Sim, é nessa direção minha pergunta, porque, creio que é um novo modismo que nos assola, e que acha grande novidade trazer de fora modelos e temas que estão ligados a essas duas áreas que você desenvolve.

Pior que isso é o desconhecimento de que o que aqui se faz de novo não é cópia, pois o que é cópia não é novo. Essas sociologias especiais não foram trazidas de fora. Foram desenvolvidas aqui. A Sociologia da Vida Cotidiana, como tal, foi um projeto meu, nascido aqui na Faculdade de Filosofia da USP, como mostrei antes. A proposta que executei na sistematização dessa disciplina foi a de trazer para um mesmo campo de criação teórica e interpretativa crítica os temas e procedimentos das sociologias que tratam do ordinário e, na perspectiva histórico-concreta, do repetitivo, entre si separadas pelo abismo dos diferentes métodos e propósitos. E a Sociologia Visual que proponho é completamente diversa da Sociologia Visual americana, tolhida por um positivismo sem referências críticas. Essas duas disciplinas, aqui na USP, não resultaram da busca da novidade e da importação de temas e modelos para uma sociedade sem causas, como parece moda. Nasceram di-

158   Conversas com sociólogos brasileiros

retamente da crise da modernidade como se propõe entre nós, das singularidades da modernidade aqui, sobretudo a modernidade forçada por um regime político autoritário e combatida por uma esquerda desatualizada e sem tradições democráticas. Nesse sentido, essas sociologias têm como marca a originalidade da reflexão e da problematização, de fato referida à tradição da sociologia crítica da USP. A "brasilianização" da Sociologia no Brasil, e a tentativa de esquerdizá-la como sucedâneo pseudo-científico da ideologia, impede que se veja a originalidade dessas contribuições, e também de outras, mesmo aqui na USP.

Assim, o importante é refletir sobre o que é uma Sociologia para o Brasil e textos que se escrevem para reler durante a aposentadoria...
Creio que se faz necessária uma volta criativa à Sociologia brasileira, um diálogo inteligente, aberto e prioritário com nossa própria tradição nessa ciência, para podermos dialogar criativamente com a criativa Sociologia que se desenvolve hoje em vários países, até mesmo naqueles países em que a Sociologia chegou muito depois de ter chegado aqui, como a Itália, Portugal e a Espanha. A sociologia da cópia só serve para interpretar um Brasil irreal, mera caricatura das sociedades pressupostas em sociologias que têm outras e diferentes realidades sociais como referência.

PRINCIPAIS PUBLICAÇÕES

1967 *Conde Matarazzo: o empresário e a empresa*. São Paulo: Hucitec.

1973 *A imigração e a crise do Brasil agrário*. São Paulo: Pioneira.

1975 *Capitalismo e tradicionalismo*. São Paulo: Pioneira.

1978 *Sobre o modo capitalista de pensar*. São Paulo: Hucitec.

1979 *O cativeiro da terra*. São Paulo: Hucitec.

1980 *Expropriação e violência*. São Paulo: Hucitec.

1981 *Os camponeses e a política no Brasil*. Petrópolis: Vozes.

1981 *Introdução crítica à sociologia rural* (org.). São Paulo: Hucitec.

1983 *A morte e os mortos na sociedade brasileira* (org.). São Paulo: Hucitec.

1984 *A militarização da questão agrária no Brasil*. Petrópolis: Vozes.

1986 *Não há terra para plantar neste verão*. Petrópolis: Vozes (ed. italiana: *Non c'è terra da coltivare quest'estate*, Chieti Scalo, Vecchio Faggio, 1988).

1986 *A reforma agrária e os limites da democracia na "Nova República"*. São Paulo: Hucitec.

1989 *Caminhada no chão da noite*. São Paulo: Hucitec.

1992 *Subúrbio*. São Paulo: Hucitec.

1991 *O massacre dos inocentes* (org.). São Paulo: Hucitec.

1991 *L'infanzia negata* (org.). Chieti Scalo: Vecchio Faggio.

1993 *A chegada do estranho*. São Paulo: Hucitec.

1994 *O poder do atraso*. São Paulo: Hucitec.

1996 *Henri Lefebvre e o retorno à dialética*. São Paulo: Hucitec.

1996 *(Des)figurações: a vida cotidiana no imaginário onírico da metrópole*. São Paulo: Hucitec.

José de Souza Martins

1997 *Exclusão social e a nova desigualdade*. São Paulo: Paulus.

1996 *Fronteira*. São Paulo: Hucitec.

1998 *Florestan: sociologia e consciência social no Brasil*. São Paulo: Edusp.

1999 *Vergonha e decoro na vida cotidiana da metrópole* (org.). São Paulo: Hucitec.

2000 *A sociabilidade do homem simples*. São Paulo: Hucitec.

2002 *Reforma agrária: o impossível diálogo*. São Paulo: Edusp.

2003 *A sociedade vista do abismo*. Petrópolis: Vozes.

2003 *O imaginário na imigração italiana*. São Caetano do Sul: Pró-Memória.

2003 *Travessias: a vivência da reforma agrária nos assentamentos* (org.). Porto Alegre: Editora da UFRGS.

2003 *O sujeito oculto*. Porto Alegre: Editora da UFRGS.

2004 *Sociologia e sociedade* (co-org.). Rio de Janeiro: LTC.

2005 *O imaginário e o poético nas Ciências Sociais* (co-org.). Bauru: Edusc.

LUIZ WERNECK VIANNA

Luiz Jorge Werneck Vianna nasceu em 1938. Graduou-se em Ciências Sociais pela Universidade Federal do Rio de Janeiro, em 1967, e em Direito pela Universidade do Estado do Rio de Janeiro, em 1962. Fez doutorado em Sociologia pela USP. Professor titular do Iuperj há 26 anos, presidiu a Associação Nacional de Pós-Graduação e Pesquisa em Ciências Sociais, atualmente coordena o Cedes (Centro de Estudos de Direito e Sociedade), tendo lecionado em mais de dez universidades brasileiras. Suas linhas de pesquisa são: intelectuais e modernização brasileira; relação entre os poderes republicanos; produção científica, padrões de carreira, institucionalização das Ciências Sociais no Brasil; magistratura como estrato intelectual, organização e funcionamento do poder judiciário no Brasil; direito, sociedade e política. Esta entrevista foi realizada em julho de 2004.

Você poderia falar sobre seu itinerário intelectual, a escolha do curso de Ciências Sociais?
Eu sou de outubro de 1938. Nasci no Rio de Janeiro, na véspera da Segunda Guerra Mundial, e quando ela acabou eu tinha sete anos. De algum modo a guerra foi significativa para mim e, creio, para a minha geração. Fatos: conheci *black out*. E havia sempre em casa alguém contra a imprudência de se acender um fósforo, porque era proibido. Outro fato: eu tinha um vizinho, não sei se alemão ou descendente de alemães, que ouvia noticiário da Alemanha. Dizia-se que eram pronunciamentos de Hitler. Eram tempos conturbados, vivia-se um clima de pânico, de radicalização política, inclusive pela vigência do Estado Novo, cuja orientação, de início, era pró-germânica. Nasci, portanto, sob o signo da política. Lembro-me que, logo depois da guerra, andando com minha mãe pelas ruas de Ipanema, onde morávamos, presenciamos um quebra-quebra assustador. Nunca me saiu da memória. Ipanema. Classe média contra a carestia. Àquele contexto de radicalização política se somou uma formação cristã católica, que recebi em casa e fora dela, por influência de minhas tias paternas e em virtude de minha exposição a um colégio jesuíta, o Santo Inácio. Lembro-me também de outro fato marcante em se tratando de Ipanema, um bairro de classe média muito conservador: o clima de rejeição a Getúlio. E eu, assim como boa parte da minha geração, me deixei envolver pelo anti-getulismo. O lacerdismo dominava em Ipanema, inclusive na minha família, que reivindicava parentesco com Lacerda. A mãe do Lacerda era prima-irmã da minha avó, o que robustecia a opção ideológica. De outro lado, o próprio Partido Comunista fazia oposição a Getúlio e meu pai, que fora membro do Partido em um determinado momento da sua vida, permaneceu fiel àquela orientação.

Luiz Werneck Vianna   161

Seu pai tinha profissão liberal?

Ele tinha profissão liberal, exerceu-a durante um período muito curto e a abandonou. Era formado em Direito. Ele, o pai dele e o avô dele. Fui a quarta geração de bacharéis. Mas a minha vida profissional não foi definida precocemente. Antes dela, veio a política. Não sei por que cargas d'água, a partir dos catorze anos, minha paixão pela política foi crescendo. Fui socializado em um contexto de extremismo da opinião, motivado pela guerra e pelo Estado Novo. A política era, então, uma dimensão central do cotidiano das pessoas. Embora fascinado com aquilo, não compartilhava minhas impressões com meus colegas, meus amigos. Era eu e o mundo — uma coisa muito complicada. Passava noites ouvindo o noticiário. As pessoas mais velhas se interessavam em conversar sobre política comigo dado o gosto que eu tinha pela discussão. Com quinze anos eu já discutia sobre o assunto com muito empenho, com muita informação. Mas houve um dia decisivo para a minha geração: o dia em que acordamos com a notícia de que Getúlio se matara. A carta-testamento era lida seguidas vezes na rádio. Nesse dia, ouvindo a carta-testamento, não teve jeito, a política passou a ser inteiramente dominante na minha vida. Não vou dizer que eu tenha me tornado getulista, porque nunca me tornei. Mas me aproximei daquele mundo, tal como o Partido Comunista o fez. É conhecido o episódio em que, na noite de 24 para 25 de outubro, a direção do Partido mandou recolher o seu jornal das bancas porque as manchetes pediam a cabeça do Getúlio. Na manhã após o suicídio, a cidade tinha 500 mil pessoas nas ruas, um quarto da população. Enorme comoção. A partir daí, com algumas leituras, não tanto de livros teóricos, mas da literatura produzida no entre-guerras, como a de Eric Maria Remarque e Roger Martin du Gard, eu já me dizia comunista. Tinha quinze, dezesseis anos. E isso passou a afetar minha relação com o mundo. Eu já tinha saído do Santo Inácio por ter sido considerado um garoto rebelde pela direção do colégio. E era. Fui matriculado, então, no Colégio Andrews e depois no Anglo-Americano. Vida escolar descontínua, irregular. Certa vez, já estudante do Anglo-Americano, minha mãe chegou chorando em casa, dizendo que a sua vida estava perdida, que eu estava arriscando o meu futuro, a vida dela. O diretor a havia convocado para uma reunião e avisado que não renovaria minha matrícula porque eu era comunista e os pais dos meus colegas não queriam a convivência de seus filhos comigo. Não terminei o colegial em escolas de elite.

E você tinha ligação com o Partido Comunista?

Não, ainda não. Era uma inclinação, um gosto, uma autodefinição. Eu me movia em um mundo próprio, independente da realidade das coisas...

Como você decidiu entrar na Faculdade de Direito?

Isto foi um parto. Eu não queria estudar Direito. Eu queria estudar Letras neolatinas. Mas depois de profunda deliberação, depois de viver um tumulto íntimo mortal, deliberei que devia estudar Direito, porque, formado em Letras, abraçaria uma profissão feminina, que não me daria nenhuma chance de afirmação viril no mundo. Mas o meu gosto eram as Letras, reforçado, inclusive, pela orientação clássica do Colégio Pedro II, muito boa escola, onde concluí o colegial. Eu me via como um

162 Conversas com sociólogos brasileiros

Luiz Werneck Vianna

"homem de Letras" desde garotinho. Lia muito, sem parar, o dia inteiro, a noite inteira. Vivia no mundo da lua, dos grandes personagens. E tinha uma relação de recusa, rejeição mesmo, com meu entorno imediato. Embora jogasse futebol, fosse moleque de rua, com o tempo foi se estabelecendo uma dissidência entre meus colegas e eu, cuja marca mais forte foi dada pelo fato de que um deles percebeu e denunciou o meu jeito de falar — considerado muito difícil — como tentativa de me destacar. Não era verdade. É que eu passava os dias lendo e acabei adquirindo um vocabulário mais desenvolto que o deles. Minha turma era muito rústica, era só praia e futebol. Eu também era isso — praia e futebol —, mas tinha aquela hora noturna em que, em vez de dormir, ficava lendo. Vivia envolto em fantasias literárias. Não entendia muita coisa do que lia e do que via. Fiquei com um sistema de valores muito forte, muito robusto, combinado a uma baixíssima capacidade de interpretação. Dostoiévski eu li quase todo antes dos dezessete anos. E lia sem parar, não conseguia parar. A vida era isto. Mas entrei na Faculdade de Direito e terminei o curso.

E a decisão de cursar Ciências Sociais?

Veio depois. Terminei o curso de Direito e advoguei. Comecei a trabalhar assim que entrei na Faculdade, no escritório de um colega de turma do meu pai. Tinha dezoito, dezenove anos. De modo que, quando obtive o diploma, já estava exausto, tendo tido uma relação muito instrumental com a profissão, que não me encantara. Trabalhava com um grande advogado, um homem de *métier*, que achava que advocacia era uma questão de talento e não de preparo técnico-científico. Eu, por outro lado, vivia estudando... Apesar disso, ele me ensinou uma porção de outras coisas, sobretudo me ensinou a viver. Tinha sido muito amigo do meu pai.

E aí você já tinha ligação com o Partido Comunista?

Já. Pertencer ao Partido Comunista, para mim, era um projeto de vida. Mas não conhecia a organização, embora na minha rua, no coração da classe média de Ipanema, houvesse uma base do PCB. Era uma coisa surda, constituída por um barbeiro, um médico e um engenheiro. Como eu sabia? Porque seus filhos eram meus amigos. De todo modo, era algo de que não se falava. Na casa de um deles, na garagem, havia um piso falso que se removia e dava acesso a um esconderijo. Minha entrada para o Partido foi provocada por mim. Dirigi-me, um dia, à casa de um daqueles vizinhos, Milton Lobato, médico, bati à sua porta e disse "quero entrar para o Partido". O PCB não chegou até mim, não fui recrutado. O próprio Lobato, coitado, não sabia o que fazer comigo. Ele, então, me disse: "Conheço o Leandro Konder".

E as Ciências Sociais?

Experimentei um grande mal-estar com o Direito. Comecei a levar livros para o escritório e não advogava. Ficava lendo. Minha exposição, por aquela época, ao Centro Popular de Cultura (CPC) foi decisiva. Fiz parte do ISEB também, como estudante regular.

Você já era advogado?

Era estudante de Direito e membro do Partido. Mas o CPC me mostrou um outro mundo, uma outra possibilidade de intervenção social pela cultura. E toda a minha atividade no interior do Partido se orientou para isto. Organizamos escolas de alfabetização em favelas, grupos de teatro, sindicatos. Foi um momento de ida ao povo mesmo, entre 1961 e 64. Não foi o golpe militar que me levou às Ciências Sociais, porque entrei na faculdade em março de 64, tendo feito o vestibular, portanto, antes do golpe. Entrei no curso de Ciências Sociais da Universidade Federal do Rio de Janeiro em 1964, e me formei em 1967. Quando entrei, houve o custo de uma outra decisão: ter que estudar em uma faculdade que havia acabado, que já não tinha professor. Além disso, em 1964, eu tinha 25, 26 anos, e os meus colegas dezoito, dezenove. Eram realmente duas gerações. Eles chegavam à universidade com uma inclinação muito forte para a radicalização, enquanto eu vinha de uma outra experiência, tendo passado pelo golpe já adulto e organizado politicamente.

Assim mesmo você continuou até o fim?

Assim mesmo continuei até o fim. A crise da universidade me beneficiou, em certo sentido, favoreceu a minha decisão de continuar: não havia professor e as provas eram feitas de qualquer jeito. Mesmo trabalhando como advogado, militando no PCB, atolado de atividades políticas, o curso não me pesou. Em nada.

Que professores ainda havia na universidade?

Djacir Menezes, Moema Toscano, coitada, que basicamente segurou aquela peteca sozinha. Ela tinha um imenso valor e, para aquela época, era insubstituível, porque, da sala de aula, enfrentava a ditadura. Mas não tinha formação rigorosa em ciências sociais. Ela está viva, e é adorada. Virou um mito por sua bravura.

E depois de concluído o curso, você foi fazer pós-graduação em São Paulo?

Não. Decidi fazer a pós-graduação aqui no Rio de Janeiro, no Iuperj. Fui da primeira turma.

Você se tornou professor do Iuperj logo depois?

Não. Quando estava concluindo o segundo ano de mestrado, em 1970, o Iuperj foi invadido por agentes da repressão que vieram me prender. Abandonei tudo, mesmo o cargo de professor do Departamento de Sociologia da PUC-RJ, onde trabalhava com Elisa Reis, Antonio Carlos Peixoto, Luiz Costa Lima, entre tantos outros.

E você foi preso?

Não. Eu corri.

E ficou na clandestinidade?

Fiquei um pouco na clandestinidade, em São Paulo. De lá me rebocaram para o Chile, onde permaneci por um ano. Quando voltei clandestino ao Brasil, quinze dias após chegar ao Rio de Janeiro, fui preso.

Era por sua ligação com o PCB? Você continuava no PCB?

Sim. Isso foi em 1971. Um tempo de duro antagonismo com a geração posterior à minha, que se encaminhava para a luta armada. Vários jovens com quem convivera na faculdade optaram por esse caminho e morreram. Essa era a cultura da época. O PCB era contra a luta armada, mas não tinha a menor audiência. As grandes manifestações que ocorreram a partir de 1968 dividiam-se entre dois grupos, duas palavras de ordem. Eu me situava entre os que acreditavam que "o povo organizado derruba a ditadura". Mas dominava a crença de que "o povo armado derruba a ditadura".

Sua obra sobre o sindicalismo tem a ver com isto?

Tudo que escrevi tem a ver, de algum modo, com isso. Nunca parti de um livro para a realidade, foi sempre o oposto. Sempre fui ao livro para tentar resolver um problema que identificava no mundo. E isso persiste, é a minha marca. Vou do "aqui e agora" para a investigação, a pesquisa. Claro que ao longo deste tempo fui assumindo uma identidade profissional mais definida, acompanhando, aliás, o processo de institucionalização das ciências sociais. Mesmo assim não posso dizer que assumi plenamente uma identidade acadêmica. Linha reta, na minha vida, somente na atividade pública. No mais é zigue zague. O que definiu meu caminho foi a inserção na vida pública. Deliberada, porque eu a escolhi. Fui atrás dela.

Você está se referindo à sua vida pública no contexto da ditadura?

Não só naquela época como hoje também. A diferença é que há mais de vinte anos não tenho vínculos com qualquer partido. Quando saí da cadeia, em 1971, após seis meses de reclusão, não tinha eira nem beira. Estava sem inscrição na universidade, pois fora obrigado a abandonar a PUC e forçosamente distanciado das ciências sociais. Meus colegas cariocas me disseram para voltar a advogar. Tentei. O primeiro caso que se apresentou para mim foi um flagrante por porte de maconha na 14ª Delegacia do Leblon. Ao chegar lá, percebi que me sentia muito mais dentro da cadeia do que fora dela. Disse para mim mesmo: "Acabou". Um dia, me ligaram de São Paulo. Tinha grandes amigos lá, da época em que estive escondido, clandestino. Era, novamente, uma proposta de retorno à advocacia. Mas chegando em São Paulo, soube que o Carlos Estevam Martins, que eu conhecera no CPC, queria falar comigo. Resolvi procurá-lo. Toquei a campainha e ele custou a atender. Minutos intermináveis, pois eu estava com uma vergonha danada. Quando já ia embora, Estevam veio à porta e me deu um abraço. "Como está?" Eu disse: "Sem emprego". Ele pegou o paletó e me levou à casa do Fernando Henrique Cardoso. Na mesma hora, Fernando disse que eu estava empregado. Mas olhou mais atentamente para mim e perguntou se eu queria uma coisa... mais acadêmica. Respondi que sim e ele me contou que o Cebrap estava fazendo uma daquelas enciclopédias da Editora Abril Cultural. Encorajou-me a procurar o Candido Procopio, com quem acabei trabalhando na elaboração de fascículos de uma *História da religião*, durante um ano. Era preciso conhecer e escrever sobre uma religião a cada mês. A edição era linda. Foi, porém, fracasso de público, porque só contrataram ateus... O trabalho era árduo: lia-se uma imensa bibliografia e se redigia um texto de quarenta laudas, que passava pelo Procopio, pela Beatriz Souza, que mandavam fazer isso, mudar aquilo... Feitas as correções eles enviavam o material para a Abril e a editora fazia a formatação final. Pagavam-me, porém, um dinheiro razoável. Por incrível que pareça, consegui viver disso um bom tempo em São Paulo, entre 1972 e 1973. Estevam, então, me apresentou ao Francisco Weffort. Em menos de quinze minutos, em um botequim de São Paulo, eu já estava aceito como doutorando da USP e, dois dias depois, já havia conseguido uma bolsa da Fapesp. Fernando Henrique e Weffort são dessas pessoas de quem jamais me esquecerei. Estevam, nem preciso falar, era meu irmão. Mas Fernando e Weffort fizeram isso por dezenas de pessoas — sou um caso, apenas um exemplo da generosidade daqueles, então, jovens professores. O grupo de orientandos do Weffort instalou-se no Cebrap. Na mesma sala ficamos eu, Maria Hermínia Tavares de Almeida, José Álvaro Moysés, Régis de Castro Andrade e Fábio Munhoz. Todos nós estudávamos sindicalismo. Cheguei com uma perspectiva diferente. Weffort não tinha lido Antonio Gramsci, mas se interessou por aquela novidade que eu trazia.

E você leu Gramsci a partir do Partido Comunista?
Sim. A primeira vez que ouvi uma referência a Gramsci foi de um militante do PCB, negro, vindo da favela, aqui do Rio de Janeiro — um dos intelectuais mais finos que já conheci. Morreu louco. Viveu na clandestinidade todo o tempo e não agüentou. Mas ele mobilizava Gramsci em intervenções no interior do Partido. A gente não conhecia, nunca tinha lido. Posteriormente, quem irá disseminar a leitura de Gramsci serão Leandro Konder, Carlos Nelson Coutinho e Ênio da Silveira, que, a partir de fins dos anos 60, como editor da revista *Civilização Brasileira*, bancava a edição de livros traduzidos do italiano, que não vendiam. Já na abertura, no contexto da transição democrática, o tema da política voltou a ser valorizado e as categorias de Gramsci se tornaram dominantes para os intelectuais brasileiros que tinham algum engajamento político. Logo depois esses conceitos entraram na universidade, especialmente no Serviço Social e nas faculdades de Educação, com apropriações específicas.

Sobre o tema da sua tese, o sindicalismo...
Eu decidi estudar sindicalismo, antes de tudo, porque o tema se referia à classe social que eu considerava protagonista do processo de mudança. Além disso, pesou o fato de eu ter, então, uma relação privilegiada com o Dieese, com o Almir Pazzianotto e o Walter Barelli. Eles me perfilharam e começaram a me levar para reuniões importantes da vida sindical. Conheci o Lula naquele contexto, em 1974, como secretário-geral do Sindicato de Metalúrgicos de São Bernardo. A I Conferência de Delegados de Base de São Bernardo foi decisiva para a minha tese. O grande nome do Sindicato era seu antigo presidente, Paulo Vidal, destronado mais tarde pelo Lula. Vidal foi uma pessoa que me impressionou pela vivacidade, inteligência, eloqüência, retórica. Era um homem, dizia-se, do sindicalismo americano. O Lula era, claramente, um protegido dele, e fazia carreira à sua sombra. Quando o Lula ascende, o Vidal desaparece do mundo sindical para se tornar vereador em São Bernardo. Nunca mais ouvi falar nele. Exatamente nessa época eu fazia a

pesquisa para a minha tese. O pessoal do Dieese me ajudou muito, me pondo no centro da rica discussão que se travava sobre a vida sindical no país.

Com essa pesquisa você abriu um novo caminho, produziu uma interpretação política do sindicalismo, diferente do que se fazia então...
Como foi feita a tese? Lendo Gramsci e tentando compreender as mudanças que tinham curso no Sindicato. Maria Hermínia, Moysés e o próprio Weffort tinham uma posição completamente diferente da minha. Para eles era preciso se opor ao populismo, ao sindicalismo pelego. A minha posição não era essa. Aliás, em tom de brincadeira, eu costumava dizer que meu método de elaboração da tese era simples: bastava colocá-los em negativa que o trabalho rendia. Weffort teve essa grandeza: sabia que o meu trabalho se opunha às suas idéias, mas jamais me excluiu do seu grupo de debates e conviveu muito bem com o fato de eu não ocultar as nossas divergências. Tais divergências jamais abalaram a nossa relação e não diminuíram a generosidade de Weffort para comigo. Ele é um grande personagem das ciências sociais. Acho que hoje, homens como Weffort e Fernando Henrique, de tal generosidade, tal largueza, são mais raros.

Como é que você explica isto?
Penso que isso se deve à situação institucional da USP, à época. Uma coisa que me impressionava é que, em plena ditadura, o jornal *O Estado de S. Paulo* publicava editoriais a favor da reivindicação salarial dos professores. Aquela articulação entre sociedade e universidade não havia no Rio de Janeiro. Lembro-me que foi em São Paulo, por meio do Cebrap, que pela primeira vez me encontrei com grandes personagens da vida empresarial brasileira. Isso, no Rio de Janeiro, seria impensável. Os intelectuais do Rio viviam em conventículos, nos seus cafés, nos seus lugares...

A propósito, como foi sua relação com o Cebrap?
Quando fui aceito para o doutorado e comecei a freqüentar o Cebrap, o Fernando Henrique me protegeu. Ele precisava de mim para fazer contraponto à esquerda do Cebrap, porque nós dois tínhamos afinidades, estávamos no interior do mesmo campo, isto é, no interior do movimento oposicionista conduzido pelo MDB. O Fernando, à época, era um recém-chegado a esse campo, pois em 1970 ele havia anulado o voto. Além disso, a sua rede de relações com os mais jovens era constituída, até então, por aqueles que tinham aderido à luta armada e contestavam a política de frente representada pelo MDB. A partir de 1974, Ulisses Guimarães concebeu um grande lance. Eu presenciei a entrada do Ulisses no Cebrap para conversar com o Fernando. Eu estava lá. Foi antes das eleições. A idéia do Ulisses consistia em mobilizar a inteligência de São Paulo, que, naquele momento, era crucial à atividade político-eleitoral de oposição ao regime militar. Isso foi decisivo. O Programa do MDB para as eleições de 1974 foi publicado na forma de um livrinho vermelho, que não tenho mais. Emprestei, tempos depois, ao David Capistrano e ele não me devolveu. Para a elaboração daquele programa, Ulisses e Tancredo Neves pediram ao Fernando que montasse uma comissão de intelectuais. A comissão era composta por Fernando, Weffort, Francisco de Oliveira, eu, talvez o

Paul Singer, e outros de que não me recordo bem. Fizemos o tal livrinho e fomos chamados para uma conversa em Brasília, na casa do Amaral Peixoto. O Tancredo pegou o documento e disse que estava ótimo. Eles sequer leram. Queriam apenas aquele encontro entre intelectuais e a direção do MDB. Bem, essa brincadeira, como sabemos, acabou com o Fernando eleito presidente do Brasil... Mas foi ali, naquele momento, que ele foi capturado, selecionado como dirigente de um movimento intelectual muito influente, que tinha articulação com o Rio Grande do Sul, onde se organizavam debates na Assembléia Legislativa e em outros lugares públicos reunindo centenas de pessoas.

Você já havia concluído a tese? Chegou a lecionar na USP?

Naquela época, em plena elaboração da tese, o Estevam intervém mais uma vez na minha vida, levando-me a participar de um concurso para contratação de professor na Unicamp. Fui, passei e comecei a dar aulas em 1975, no Instituto de Sociologia. Perturbou-me, outra vez, a repressão. Soube que um companheiro, que tratara do passaporte de um grupo de militantes do PCB que fora fazer o curso de formação de quadros na União Soviética — dentre eles, eu —, tinha sido preso, o que me fez abandonar Campinas, as aulas, tudo. Fernando e Procopio, então, me abrigaram por alguns dias, não me lembro quantos, na fazenda do Severo Gomes, atrás da Fábrica Paraíba, em São José dos Campos. Ali eu tomei muito uísque doze anos com o Clemente, irmão do Severo, que sempre se mostrava muito admirado com o fato de eu, embora comunista, saber segurar os talheres. Ele dizia isso. Admirava também um blazer muito bem-feito que eu havia comprado em Veneza. Severo, já ministro, conseguiu que eu me apresentasse na 2ª Região Militar, perto do Ibirapuera, na rua Tutóia. Disse-me que se eu fosse lá não ia me acontecer nada, no que era secundado pelo Fernando e pelo Procopio. Eu fui, uma manhã. Passei no quartel, onde deixei minha carteira de identidade, e de lá fui levado à delegacia. Na delegacia, comecei a ser interrogado. Primeira pergunta, não dava para responder. Segunda pergunta, não dava para responder. A terceira, muito menos. Aí o interrogador me disse: "Bom, você vai comer uma feijoada e volta aqui às duas horas da tarde". Eu pensei, pensei, peguei um carro e vim para o Rio de Janeiro. Larguei tudo. Vim com sete páginas da tese e alguns poucos livros em uma sacola. Era o que eu podia trazer. Fui direto para a casa de um amigo, Paulo Pontes, que vivia com a Bibi Ferreira. No escritório da casa deles, onde Paulinho trabalhava, havia uma porta disfarçada, velada, que dava acesso a um pequeno apartamento — um quarto amplo, um banheiro —, onde muita gente foi abrigada. Saía um, entrava outro, uma pequena turma que gozou dessa solidariedade do Paulinho. Ele, na época, escrevia *Gota d'água*, e eu, a tese. Trabalhávamos à noite, conversávamos muito... Foi um tempo muito interessante, de troca, de criação. Quando a peça ficou pronta para publicação, ele fez questão que eu escrevesse a apresentação do livro — convite que recusei em razão das minhas precárias condições de segurança. Estava na ilegalidade... Mas debati muito com ele a sua redação. Na apresentação do texto, contrariando a expectativa dominante, já se apontavam indícios de que a abertura estava próxima. Era a nossa posição comum, tal como se depreende da leitura de *Gota d'água* e de *Liberalismo e sindicato no Brasil*. Veio a morte do

Vladimir Herzog, do Manoel Fiel Filho, e logo depois a situação política começou a mudar, quando o Geisel tirou o Ednardo Ávila do comando do 2º Exército.

No início da abertura a tese já estava pronta?
No final de 1975 a tese havia sido concluída. Fui para a defesa em fevereiro de 1976, quando ainda vivia um pouco clandestino. A banca, em São Paulo, havia sido previamente avisada da minha situação. Foi composta por Celso Lafer (companheiro do Weffort), pela Eunice Durham, pelo José Augusto Guilhon de Albuquerque, gente de grande representação acadêmica. Saí dali doutor e desempregado. Àquela altura, já morava no Rio de Janeiro, isto é, minha família, coitada, havia se estabelecido no Rio. Mulher, quatro filhos, levados para cima e para baixo... Um inferno.

Você poderia apontar a principal diferença entre o seu e os demais estudos sobre Estado Novo, sobre o governo getulista? Em que você ancora a sua tese sobre o sindicalismo corporativo? Parece-me que você atribui alguma positividade ao Estado Novo, por exemplo, ao ideal da solidariedade...
Voltei a trabalhar nisso agora. É uma hipótese infernal: refere-se às possibilidades de coordenação da ação pela solidariedade, em uma sociedade moderna como a brasileira. Minha aposta de sempre: temos uma formação compatível com isso.

Sua tese sobre o iberismo...
Sim, minha tese sobre o iberismo, sobre as oportunidades que podemos extrair da nossa tradição. Porque, qual é a alternativa? É a constatação da falta, daquilo que jamais seremos, uma vez que não tivemos uma trajetória similar à anglo-saxã. Há, aliás, toda uma bibliografia empenhada em estudar apenas o nosso lado, digamos, negativo: clientela, coronelismo... Mas as redes de lealdade que são aí articuladas não são pesquisadas, continuam completamente invisíveis...

Seus trabalhos se diferenciam das análises sociológicas sobre movimentos sociais, sindicatos etc., porque estas, em geral, limitam-se à questão da formação ou da identidade das classes. Você também trabalha com isso, mas introduz a questão da relação entre as classes e destas com o Estado, o autoritarismo...
Sim. O meu problema original, matricial, sempre foi entender como uma elite conservadora foi capaz de modernizar o Brasil...

Retomando, então, a questão do Estado Novo, você afirma que, além de sua face autoritária, há também que se entender a solidariedade que ele induziu, por força da institucionalidade corporativa. É isso? É dessa solidariedade, ainda que imposta "de cima para baixo", que derivam as bases do "civismo à brasileira"?
Precisamente isso. É ver Oliveira Vianna. Há nele a discussão do aspecto ético-pedagógico, um Durkheim inevitável: corporações, grupos intermediários, o Estado portador de uma pedagogia.

Daí sua discordância com a tese do autoritarismo instrumental?
A tese do autoritarismo instrumental tem seu encanto porque é operacional. Mas não creio que tal perspectiva perceba as transformações que se operaram na base da sociedade. Porque, ao longo do período de vigência do Estado Novo, houve a valorização do trabalho e do trabalhador, a valorização do público e da política, em detrimento da esfera econômica. São Paulo rejeitou essa via e pretendeu aliviar a sociedade do que considerava o abraço mortal do Estado. A Sociologia Política que floresceu ali jamais percebeu o caráter ético-pedagógico daquele Estado, daquele autoritarismo. Mas, afinal, se a sociedade brasileira, especialmente o movimento dos trabalhadores, tivesse condições de criar uma história a partir de si, teríamos uma história européia, parlamentar. Uma bela história, mas não a nossa. O Lula, aliás, era isso, a tentativa de refundar o Brasil de baixo para cima. O Weffort encabeçou esse projeto como secretário-geral do Partido dos Trabalhadores, num momento em que exercia influência sobre a inteligência paulista e conseguiu aproximá-la do PT. E a idéia hegemônica entre grande parte dos intelectuais uspianos era a de que seria necessário contrapor-se ao existente, inclusive ao movimento sindical existente, tido como pelego, e produzir uma nova classe, educada pelo interesse e pela luta no interior da planta fabril. Isso conferiu força e direção ao ABC.

E os intelectuais do Rio? Acompanharam esse movimento?
O Rio de Janeiro teve uma história diferente. Enquanto a esquerda paulista, nucleada no MDB, ganhava as eleições de 1982, nós, a esquerda do Rio, perdemos para o PDT de Brizola. Toda a frágil ligação que havia sido montada entre intelectuais e sociedade ao longo da luta contra a ditadura foi derrotada naquele momento, pois Brizola vinha com outra gente, outra orientação. Darcy Ribeiro era vivamente antiintelectualista, o que fica muito claro pela desimportância que conferia às universidades, à política científica conduzida pela Faperj. Aqui só se pensou na escola pública, cujo símbolo daqueles tempos — o CIEP (Centro Integrado de Educação Pública) — foi um projeto que absorveu todos os recursos da nossa agência local de fomento científico. É claro que o projeto de democratização da instrução pública de qualidade é meritório. Mas, diferentemente do que ocorria em São Paulo, a implementação dos CIEPs não estreitou os laços orgânicos da universidade, da inteligência acadêmica, com a sociedade, a política. Faltou ao Brizola e ao Darcy uma orientação generosa de incorporação do estrato de intelectuais à esfera estatal. Ao contrário, desde logo produziram uma clivagem entre a vida popular e o que havia de organizado na vida social carioca, inclusive os intelectuais. Aqui no Rio, portanto, venceu algo que, de certo modo, significava uma recusa ao mundo organizado, como se ele representasse segmentos privilegiados da sociedade. Engraçado que esse tem sido também o discurso do Lula. Logo ele, que começou distante disso, com uma trajetória construída contra esse discurso. É de se lembrar que, imediatamente após a sua posse como presidente da República, falando às lideranças sindicais, qualificou a situação dos segmentos organizados como privilegiada e conclamou os presentes a se investirem de espírito público, republicano, refreando seus apetites... É... O Brasil é uma charada. E querer interpretar isso

de forma unívoca é impossível. Por isso a tarefa de interpretação do Brasil é tão recorrente entre nós. A cada nova geração repõe-se essa paixão. Todos se dão essa tarefa — a interpretação do Brasil. E é sempre o mesmo dilema: o que esse país tem que a gente não consegue deslindar?

Por isto você escreveu, no texto publicado na revista Lua Nova, *sobre por que pensar o Brasil. Você diz que não adianta aplicar teorias. Temos que criar...*
Sobre a presença da tradição em nosso contexto moderno, por exemplo. Há algum tempo, compareci a um debate na Universidade Federal de Minas Gerais para lançamento de um livro organizado pelo Sérgio Cardoso, a partir de textos elaborados por diversos intelectuais, componentes de um grupo de reflexão sobre a República. Estavam também presentes, como palestrantes, dois ministros de Estado, o Luiz Dulci e o Patrus Ananias, dois mineiros. E ficou claro em suas intervenções que estamos reaprendendo o valor da tradição no Brasil, o governo está aprendendo isso. A criação do Conselho de Desenvolvimento Econômico Social, no governo Lula, tem algo de getuliano, uma forma de o Estado mobilizar os grandes e diferentes interesses para a contenção do mercado. No Brasil, mercado puro não dá. Isso tem tanta força, que não adianta contrariar. A vida repõe. No governo Fernando Henrique, nas duas gestões, houve uma tentativa mais forte de deslocar o Estado e fortalecer o mercado. Mas, quanto mais o seu segundo mandato se aproximava do fim, menos se enfatizava o mercado, mais se retornava ao veio da tradição.

Qual é o elemento que você mais enfatiza na tradição?
Pergunta infernal. Porque a nossa tradição não contém uma história que possa ser vista como benfazeja, mas as conseqüências são. Unidade nacional, por exemplo. Sempre se considera que a positividade do moderno advém da luta por liberdade, por autonomia, tal como exemplificada por Frei Caneca. Enfim, os traços afirmativos do homem, do indivíduo, da fundação moderna do país, residiriam nisso, exatamente no que foi derrotado com a construção do Império. Mas, sob aquela marca, seríamos o quê? Uma imensa Iugoslávia, Bósnia. Imagine Pernambuco lá, solto, separado do Brasil, São Paulo como uma Prússia, com uma história de guerra contra quem? A garantia da paz que o Brasil representa no seu continente e no mundo se deve a quê? Deve-se ao fato de sermos filhos de um cálculo político, de uma estratégia de Estado que manteve a unidade, mesmo que o custo tenha sido elevado. Elevadíssimo, pois não gerou um indivíduo poderoso, um sistema de liberdade enraizado na vida. Ninguém compreendeu isso melhor que o Gilberto Freyre.

Você costuma dizer uma coisa engraçada, mas que é muito verdadeira: que somos filhos do jacaré com a cobra d'água. E, de fato, com essa ancestralidade, temos que refazer a teoria.
O tema da fundação. Toda a interpretação gira em torno disso...

Mas a idéia da sociedade moderna nasce negando o mundo tradicional, fundado nos laços da família, lealdade etc., e você está retoman-

do o ideal da solidariedade que é o discurso típico do pensamento conservador contra o iluminismo e o liberalismo, não?
Em chave canônica é isso.

O que é, então, a face moderna da solidariedade? É a solidariedade revolucionária, do proletariado? É por isso que você diz que o Estado Novo não perdeu de vista o ideal da solidariedade?
Tudo, naquele contexto, girou em torno da seguinte idéia: Nação, comunidade nacional. Comunidade e não indivíduo. Como foi organizada a cooperação, a coesão social? Mediante as corporações, nas quais os diferentes interesses se alinhavam sob o interesse maior da Nação. Esse é o nosso republicanismo autoritário...

Por que o tema da solidariedade chama tanto a sua atenção? Você está preocupado em reter solidariedade em uma sociedade moderna, onde o individualismo pode se tornar exacerbado, a competição desenfreada. Este não é o tema dos conservadores?
O tema da solidariedade, para mim, se liga à questão da valorização do público, do bem comum. Foi a precedência do público sobre a esfera privada que criou, entre nós, a idéia de comunidade. O mundo privado, no Brasil, sempre pôs no horizonte a idéia de fragmentação, de dissociação. Não à toa, o federalismo levou muito tempo para se impor e essa imposição, como se sabe, tem sido descontínua — são claros exemplos dessa descontinuidade o Estado Novo e o recente regime militar. Ao longo da nossa trajetória de formação do Estado nacional, a Nação, posta acima dos interesses, sempre surgiu como o lugar da comunidade e o público, como organizador da solidarização social. Olhando da perspectiva de hoje, isso foi uma inovação. Inovamos a partir do que havia de recessivo e atrasado. O Estado imperial, por exemplo, foi se identificando, pouco a pouco, com ideais republicanos. O Império não foi uma cópia farsesca do autocratismo europeu. Joaquim Nabuco entendeu isso muito bem, como está demonstrado em tudo o que a Maria Alice Carvalho tem escrito sobre ele. A meu ver, ela é a melhor analista de Nabuco no Brasil.

Qual é o elemento mais evidente desse republicanismo no contexto monárquico?
Acho que foi a construção da idéia de público. O Oliveira Vianna falava dos filhos de Martha. Qual era a grande linhagem que ele perseguia? A dos servidores do Brasil. Visconde do Rio Branco, visconde do Uruguai, os dois Nabucos e Euclides da Cunha são servidores do Brasil. Homens que não pensaram a partir de interesses. Tivemos uma inteligência aplicada nisso. Acho que a grande obra de José Murilo de Carvalho continua a ser *A construção da ordem*, no qual são apontados os intelectuais formadores do Estado. Não eram homens de mercado, mas da administração. E também não eram homens recrutados nas elites econômicas. Há uma vasta bibliografia, entre nós, que não descansa enquanto não conseguir celebrar o tema da ruptura com a tradição, considerando que, sem isso, o Brasil não se redimirá. Penso, por exemplo, na interpretação de Roberto Schwarz sobre Macha-

do de Assis, em *Um mestre na periferia do capitalismo*. Para ele, desde Machado estavam claros os contornos da nossa tragédia — um país que não conheceu a revolução teria que permanecer prisioneiro dessa pasmaceira melancólica para todo o sempre. Mas, como se sabe, não foi o que aconteceu. Montou-se um grande país. Acho que esse país é filho de intelectuais. Nascemos de um projeto político, antes de sermos Nação. Não sei se isso é estimulante ou se é um peso excessivo para ser carregado. Mas creio mesmo que, sem os intelectuais, sem a inteligência aplicada a descortiná-lo, este país dificilmente se assentará. É só ver o quanto somos mobilizados pela mídia para tudo — para as coisas que entendemos e para aquelas de que não sabemos muito. Sobre a violência, por exemplo, sabemos muito pouco. E, no entanto, somos constantemente chamados a falar sobre isso. Exercemos um papel substitutivo muito grande, às vezes em relação aos próprios partidos. Não é à toa que tantos intelectuais têm chegado à cena pública diretamente, sem mediações de qualquer espécie. Esse papel substitutivo é permanente, até hoje, no país. Mesmo no Estado Novo, que foi um Estado de intelectuais...

E o discurso dos economistas? Os economistas podem ser chamados de intelectuais?

São, sim, intelectuais do mercado. São seus grandes intérpretes. E é um perigo perder a percepção de qualquer das duas noções: perder a dimensão do interesse também é um desastre. Não se pode entender o desastre do socialismo real sem entender que a dinâmica dos interesses não foi consultada. Não consigo pensar liberdade sem Economia. Ela foi a grande força que liberou o mundo. E nela estão compreendidos os clássicos da nossa Sociologia.

O socialismo pode ser reconstruído ainda hoje como uma utopia?

Acho que sim, mas não sei como. Talvez Deus saiba. Acho que há verdade entre os que apontam uma convergência entre o marxismo e o liberalismo. Uma convergência no fim. Não será, contudo, um processo seco, como os liberais pensam: que eles sozinhos farão o percurso para o paraíso, embora deixando atrás de si uma devastação. Mas acho que compartilhamos uma utopia de fim de Estado. Eles têm, nós, marxistas, temos. O problema é que não vivemos na História, vivemos aqui e agora. E aqui e agora é isso, é ter uma visão larga que receba o mercado, que garanta a sociedade e suas instituições. É isso que devemos ter. E por muito tempo será assim. Inclusive porque estamos na periferia do mundo. E um recurso que temos para nos instalarmos no mundo é o fato de termos sempre tido o Estado atrás de nós, juntamente com certa idéia de Nação que andou se desmontando, mas que o próprio PT, hoje, não deixa de reconstruir. O PT no governo sente a necessidade de reconstruir o Estado e de conceber um projeto de Nação. Pelo menos é o que os seus dirigentes vêm fazendo, ainda que erraticamente, aqui e ali. Reconheço isso, embora não tenha grande simpatia por eles. Nunca tive. Mas estou vendo que, agora, no conjunto de propostas, tem-se recuperado muitas idéias que não eram deles, revolvendo tradições que não eram as suas. Fala-se em Nação, quando antes se falava em classes...

Isso é otimista, de certa forma.

Sim, acho que uma certa agenda vem de volta. Ela não vem como era. Vem limpa, expurgada, criticada, redefinida. Não é uma recuperação anacrônica. Vem porque faz parte da nossa própria natureza, porque os liberais, afinal, também não conseguiram ir muito longe. Nós talvez não tenhamos ido muito longe, não fizemos a revolução... Mas os liberais também não conheceram apenas sucessos. Só havia um jeito de isso acontecer. Era tirar São Paulo, isolar São Paulo do conjunto da Federação e cumprir o programa de Alberto Sales em *A pátria paulista*.

Quais foram as influências intelectuais mais relevantes, que orientaram a escolha de seus temas de interesse, mesmo considerando que, como você disse, suas escolhas intelectuais foram determinadas pelo fluxo da vida? É que, algumas vezes, você parece abraçar soluções da intelectualidade italiana... Isso não é contraditório com o fato de que, para você, a interpretação do Brasil mereceria uma reinvenção da teoria?

Minha incursão no debate italiano, meu conhecimento sobre as soluções acionadas pela intelectualidade italiana, foi tardia. Li o Gramsci, retive o que li, mas eu já estava pronto. Não fui o primeiro marxista a ter dificuldades em encaixar a noção de estrutura de classes na evolução política brasileira. Antes mesmo de Gramsci, Lênin foi muito influente na minha formação, principalmente a sua percepção do que chamava de "as vantagens do atraso". Com ele entendi que nós, brasileiros, não precisávamos esperar, como parte da bibliografia sugeria, por uma estrutura de classes bem constituída para fazermos uma entrada vitoriosa no moderno. Gramsci recebeu essa intuição leninista e a reinterpretou de modo ainda mais persuasivo, mostrando que essa dialética entre atraso e moderno não necessariamente deveria culminar em uma saída catastrófica, revolucionária.

Tentei aprofundar isso, sobretudo refletindo como a tradição do público, tão vincada no Brasil e sempre produzida em terreno autoritário, poderia ser reapropriada pelos setores democráticos da sociedade, no sentido de construir, aqui, uma democracia aberta às noções de comunidade e de solidariedade. Nesse sentido, identifico o atraso com a tradição, o iberismo, que, longe de ser algo com que se deva romper, deve ser resgatado em registro novo, democrático, e dirigido pelos seres emergentes da democracia brasileira.

Já que a literatura foi tão influente na sua vida e na definição dos rumos que ela tomou, que autores brasileiros o levaram a buscar tão decididamente a vida pública?

O primeiro, entre todos, Monteiro Lobato, com a ênfase que conferiu à questão da nação, à valorização do povo...

Mas ele era um preconceituoso em relação ao povo brasileiro...

Aquele Lobato lá, do *Jeca Tatu*. Mas não é isso o que se vê nas histórias sobre Narizinho e sua turma. Não havia preconceito na concepção, por exemplo, de Tia Anastácia, a gorda, a generosa. Lobato foi um grande brasileiro, um formador de muitas gerações. Eu tinha um professor de geografia que era lobatiano. Certa vez, para que fizéssemos um trabalho sobre as riquezas minerais do Brasil — petróleo, aço etc. —, ele levou toda a minha série para uma visita a Volta Redonda (RJ). Na hora em que o aço foi fundido, o professor passou a narrar o processo quase chorando. Aquele professor era o Brasil e a gente recordava, por muito tempo, a emoção vivida na usina. Volta Redonda era um monastério onde se cultivavam as cenas da libertação nacional pela economia. Enfim, essa era a minha geração, a parte dela que nasceu no Rio de Janeiro, centro político e administrativo do Brasil e lugar onde se concebeu o processo de modernização a partir do Estado.

Que autores da teoria sociológica contemporânea lhe são mais caros?
Habermas, Luhmann, Honneth, Dworkin, Étienne Balibar e Rosanvallon. Desses, porém, Habermas é quem me parece representar o ponto culminante da consciência possível sobre o nosso tempo.

Pierre Bourdieu?
Gosto menos. Aquela mecânica dos interesses, a grande matriz das trocas simbólicas, nunca me pegou. Giddens? Gosto, mas não empresto a ele a relevância de que desfruta em certos círculos. Aprecio bastante o Immanuel Wallerstein.

Qual a temática de Wallerstein que mais lhe atrai?
A explicação do que ele chama de economia-mundo e a prospecção que faz sobre as tendências libertárias nela presentes. Disso eu gosto. Wallerstein não é um grande autor, mas é sério. Um autor com quem se pode aprender bastante.

Você se identifica mais como sociólogo ou cientista político?
Sociólogo. Acho mais ameno. Digo que sou cientista social, mas a mídia me classifica como cientista político. Então, não sou coisa alguma... A combinação entre Sociologia e Ciência Política é interessante porque somam-se duas coisas que são mais ou menos autônomas na reflexão contemporânea — de um lado, uma análise institucional, de outro, a base social, o processo de socialização. Por isso, a leitura de Gramsci é tão importante, porque ele é isso. Tê-lo assimilado no contexto da ditadura foi um renascimento. Talvez eu tivesse fenecido se tivesse ficado preso intelectualmente às concepções do PCB. Eu não fiquei. Era um quadro disciplinado, mas, por dentro, eu me sentia em permanente ebulição. Éramos, quando jovens, muito provocativos — Carlos Estevam, Vianinha [Oduvaldo Vianna Filho], eu... Tínhamos uma relação engraçada com o Partido, divertida, de proteção. Achávamos que aquilo era meio bobo, atrasado... Pensávamos pelas nossas próprias cabeças, sempre consultando o contingente, o concreto...

Que tema é hoje relevante?
O tema que me inquieta, hoje, é o seguinte: como se pode viver em um mundo dominado pela ciência e pelo mercado? Sabemos que essas duas dimensões são libertárias. Mas, que diabo de perspectiva é essa que não encontra um lugar para a atividade do sujeito, em que a autonomia deste é confinada aos pequenos lugares em que as lógicas autopoiéticas daquelas dimensões não são inteiramente do-

minantes? É claro que tanto a experiência do socialismo real como a do capitalismo organizado da social-democracia do segundo pós-guerra levaram, com gradações distintas, à burocratização do mundo — processo que acompanhou o esforço da política em regular e prever o desenvolvimento da economia. A reação desencadeada contra isso, a partir dos anos 70, conhecida como neoliberalismo, destravou, sem dúvida, o desenvolvimento das forças produtivas materiais, trazendo um tempo de notáveis avanços na tecnologia, um aprofundamento do papel da ciência no mundo produtivo e a expansão da riqueza. Mas tudo isso, como se sabe, ao custo da ampliação das desigualdades sociais, regionais e nacionais e, mais que tudo, ao custo de se converter o sujeito em mero expectador de processos sociais autônomos. Vive-se um marxismo às avessas, em que a economia, mais do que nunca, se apresenta como fator determinante da vida social, sem que caiba ao ator qualquer papel definidor da natureza antropológica dessa marcha.

Como preservar o dinamismo da economia sem limitar os ideais de justiça que se impõem à medida que se afirmam as concepções e o sentimento da igualdade básica entre os homens? Um sociólogo do século XIX, como Durkheim, já se preocupava em levar o Direito ao mundo da Economia. Não penso — longe disso — que o Direito deva exercer, nas circunstâncias presentes do mundo, papel de jurisdição sobre a vida econômica. Mas o fato incontornável, desde a queda do socialismo real na União Soviética e da perda de substância do *welfare state* nas sociedades capitalistas modernas, é que o Direito, suas instituições e seus procedimentos vêm-se afirmando como um lugar de defesa de uma cidadania inerme diante de uma economia que apenas conhece as suas próprias razões. Trata-se, é claro, de um movimento defensivo. Porém, tal movimento começa a conhecer formas novas de manifestação, muitas delas já traduzidas em ações de caráter ofensivo. Étienne Balibar, por exemplo, fala que os "direitos já declarados" podem bem se constituir em pontos de alavancagem para a conquista de "direitos ainda ignorados". O fato é que, desde os anos 80, não se pode mais pensar a relação entre os três Poderes segundo a ortodoxia republicana.

Por que não?

Porque o constitucionalismo democrático surgido no segundo pós-guerra institui um "núcleo dogmático" que, uma vez ferido, o Judiciário pode declarar inconstitucional uma lei, mesmo que represente uma afirmação de vontade da maioria parlamentar. Isso significa uma limitação da ação do Legislativo como poder soberano e um compartilhamento, pelo Judiciário, da soberania. Mais ainda, se a própria sociedade possui a capacidade de fazer parte do processo de discussão da constitucionalidade das leis, como ocorre, por exemplo, no Brasil, isso significa que a soberania, como escreveu Rosanvallon, se "generaliza" e se "complexifica". Na verdade, a reação ao neoliberalismo não traz de volta formas passadas de coordenação social, como a do Estado providencial, organizador e planejador da sociedade. Ela nos situa em um novo horizonte, qual seja o de uma sociedade que já treina movimentos resolutos para a sua autocomposição. É nisso que tenho pensado e venho trabalhando.

Não será esse conjunto de problemas um retorno à sua primeira formação, na Faculdade de Direito?

Pensando bem, nunca me afastei dela, pois *Liberalismo e sindicato no Brasil* já tinha essa marca. Os livros *Corpo e alma da magistratura brasileira* e *A judicialização da política e das relações sociais no Brasil* e o ensaio intitulado *Revolução processual do Direito* — são todos investimentos no tema do Direito, seus operadores e instituições. Penso que essa temática cabe bem em um mundo em que os partidos e a representação política estão em declínio ou, pelo menos, não esgotam as possibilidades de ação nas democracias contemporâneas. Nós brasileiros, por exemplo, temos tradição de representação funcional desde os anos 30 do século passado. E, aliás, o último estímulo a ela foi dado pela criação do Conselho de Desenvolvimento Econômico e Social, hoje sob a liderança do Jacques Wagner... O tema do Direito vem sendo pensado por mim, como já frisei, no âmbito de uma reflexão sobre uma nova possibilidade e um novo lugar de deliberação democrática nas sociedades contemporâneas, em particular no Brasil. A responsividade do Direito, tal como enunciada por Phillippe Nonet e Philip Selznick, me parece um caminho fecundo para que ele, seus procedimentos e suas instituições se convertam em um lugar favorável aos processos de autocomposição social. No limite, criando-se um Direito e práticas estatais que tenham origem no próprio tecido da sociabilidade.

Seu trabalho sobre o Judiciário tem alguma discrepância com o de Maria Tereza Sadek?

Tem convergências e diferenças. E a principal, dentre as últimas, está no fato de eu emprestar um papel estratégico à representação funcional para o aprofundamento da democracia no país. Penso, contudo, que ambos concordamos que existe um processo de democratização no interior daquele Poder. Aprecio muito o trabalho dela.

A democratização do Judiciário é um ponto positivo para nós, não?

Eu acho. Acho, inclusive, que isso ainda não foi devidamente levado em conta porque grande parte da inteligência brasileira vive de ridicularizar o país, de desvalorizá-lo. Mas esse aspecto traduz o fato de que temos uma elite extremamente plástica e porosa à penetração dos setores subalternos. Porosíssima, comparada às elites de outros países. A mesma equipe que pesquisou comigo o perfil da magistratura — Maria Alice Carvalho, Manuel Palácios e Marcelo Burgos — havia trabalhado, algum tempo antes, na elaboração do perfil dos estudantes de Ciências Sociais. De novo, o tema da democratização está presente, principalmente na área de Humanidades, que é o veio principal da ascensão social — Pedagogia, Serviço Social, Letras. Negros e pardos, nesses cursos, contam com uma relevante participação.

Voltando à sua preocupação com o Direito, acho que sua ênfase é na pedagogia cívica exercida por ele, uma outra entrada para o projeto de transformação social. O tempo todo você discute o papel do intelectual como um intelectual público. Não sei se você concorda com isto.

Concordo. No dia em que eu tiver que me definir como um acadêmico, a atividade intelectual estará morta para mim. Mas acho difícil que isso aconteça, porque o país é muito estimulante e muito receptivo à presença da *intelligentsia*. Ele cobra uma saída dos gabinetes...

> *Seu discurso de posse como presidente da Anpocs (Associação Nacional de Pós-Graduação e Pesquisa em Ciências Sociais) é expressão disso. Quer dizer, a Anpocs trabalha, em geral, dentro de limites pertinentes ao exercício acadêmico de programas de pós-graduação, e você evocou a possibilidade de que ela viesse a desempenhar um outro papel, assumir uma outra vocação.*

Individualmente, cada cientista social acaba tendo um papel maior do que a universidade sugere. De qualquer modo, a figura do intelectual público é anterior à minha geração, que a preservou e, de algum modo, a projetou sobre as gerações que estão chegando. Esse tipo de intelectual anfíbio, que combina a Academia com o espaço público, que não vive exclusivamente em um desses espaços, mas na interface deles, é uma marca importante da minha geração. Nem todos cumpriram esse itinerário, mas os que o fizeram estão passando o bastão para os moços, que têm isso como uma referência positiva e pretendem lograr uma inscrição assemelhada. Não é uma danação ser assim. Nós, os cientistas sociais, não chegamos a esse ponto de especialização profissional. Diz-se, por exemplo, não sei se é verdade, que o Departamento de Filosofia da USP vê como "caídos" aqueles que cedem à tentação de ir ao público. As Ciências Sociais, porém, não têm essa cara. Seus fundadores não foram assim. E as marcas da fundação importam.

> *Você acredita que, no Brasil, há ainda lugar para a ação de uma inteligência?*

Estou firmemente convencido disso, embora este não seja exatamente um elogio para o país. Qualquer sociedade que dependa muito da ação da sua *intelligentsia* revela, com isso, a sua fraqueza.

> *Então, uma provocação. Quando perguntamos que autores o influenciaram, você disse que nenhum deles respondia às suas angústias. Não será porque acredita que temos como tarefa repensar as bases da interpretação para a reconstrução da teoria?*

Estou de acordo. Mas, sempre esbarro com as minhas limitações de formação. Os problemas que consigo visualizar vão além dos instrumentos e recursos de que disponho. O Direito, por exemplo. Cheguei a esse tema na virada dos cinqüenta para os sessenta anos de idade. Uma aventura intelectual tardia. Demasiado tardia. Levar minhas indagações às últimas conseqüências significaria parar com tudo e estudar, apenas estudar, por dez anos. Não conseguiria viver assim, por tanto tempo. Como é que esse tema chegou a mim? Por uma agenda empírica. Como disse antes, fomos convidados — Maria Alice Carvalho, Manuel Palácios, Marcelo Burgos e eu — a fazer uma pesquisa sobre a origem social dos juízes brasileiros. Era um trabalho profissional, uma encomenda. Claro que eu tinha algum treinamento e tinha uma certa visão da história do Direito no Brasil. Creio que o livro *A judicialização da política e das relações sociais* já é uma obra original. Existe, porém, uma Sociologia do Direito que está longe de ser controlada por mim. E o fato é que a questão está cada vez mais presente no Brasil e no mundo. Na União Européia, por exemplo, há um Direito que se sobrepõe aos Direitos dos Estados-nação; há um Tribunal de Justiça europeu cujas interpretações se sobrepõem às dos juízes nacionais; está-se criando uma Constituição européia sem Constituinte — o que mostra que o tema da República é relevante, sem dúvida, mas que vem cedendo lugar ao tema da Democracia.

Você poderia explicar melhor isso?
O tema democrático geral vem sendo mais relevante que o da República, porque a República remete a um espaço nacional confinado. O Tribunal Internacional, o Direito Internacional... há uma série de grandes questões que estão sendo deslocadas para fóruns extranacionais. Embora ainda haja muito de utopia em se conceber um Direito cosmopolita, de vigência universal, não se pode deixar de observar que alguns passos nessa direção vêm sendo dados, acompanhando, inclusive, o processo de mundialização da economia. Conquistas democráticas até então circunscritas a um Estado têm sido, agora, passíveis de adoção universal. Um caso extremo disso é a admissão por parte de tribunais de um país da jurisprudência dominante em um outro. Nos EUA, onde isso ocorreu, o fato virou um escândalo nacional, com vários políticos empenhados em denunciar essa prática como atentatória à soberania do país. Malgrado tal objeção, a Suprema Corte admitiu, como motivo para calçar a sua decisão, a jurisprudência dominante em outro país.

E sobre a relação entre Direito e democracia no Brasil?
Penso que temos uma tradição singular. O Direito presidiu a conformação de dois processos fundamentais do Brasil moderno: a competição eleitoral, entregue à jurisdição dos Tribunais Eleitorais, e o mercado de trabalho, confiado à jurisdição da Justiça do Trabalho. É verdade que essa incorporação do Direito no processo da modernização capitalista brasileira serviu aos propósitos autoritários da época. De outro lado, porém, significou a confirmação de elementos de formação que vinham do Império, sobretudo a precedência da dimensão do público sobre a do privado. E também a compreensão de que conformamos uma comunidade orientada pelos valores civilizatórios do Direito. A democratização do país, institucionalizada pela Constituição de 1988, releu e reviu essa tradição, revertendo seu sentido autoritário de antes, na intenção de fazer do Direito, seus procedimentos e instituições um lugar de afirmação da cidadania. Sigo entendendo que o caminho para o aprofundamento da experiência democrática entre nós não está balizado pela ruptura com a nossa tradição. É preciso repensá-la e reparar nas grandes vantagens que ela comporta para que a idéia de solidariedade não se reduza à percepção instrumental dos conservadores, tal como no Estado Novo, mas que se institua como parte viva na moderna convivência social.

PRINCIPAIS PUBLICAÇÕES

1976 *Liberalismo e sindicato no Brasil*. Rio de Janeiro: Paz e Terra (4ª ed. revista: Belo Horizonte: Editora da UFMG, 1999).

1994 *Cientistas sociais e vida pública*. Rio de Janeiro: Dados/Iuperj.

1997 *Corpo e alma da magistratura brasileira*. Rio de Janeiro: Revan.

1997 *A revolução passiva: iberismo e americanismo no Brasil*. Rio de Janeiro: Revan/Iuperj (2ª ed.: 2004).

1999 *A judicialização da política e das relações sociais no Brasil*. Rio de Janeiro: Revan.

2002 *A democracia e os Três Poderes no Brasil*. Belo Horizonte/Rio de Janeiro: Editora da UFMG/Iuperj/Faperj.

2006 *Esquerda brasileira e tradição republicana: estudos de conjuntura sobre a era FHC-Lula*. Rio de Janeiro: Revan.

José Carlos Durand

JOSÉ CARLOS DURAND

José Carlos Durand nasceu em 1941. Graduou-se em Ciências Sociais pela USP, em 1966, onde se fez mestre e doutor. Realizou um pós-doutorado no Centre de Sociologie de l'Education et de la Culture, da École des Hautes Études en Sciences Sociales, em Paris (1986-1988), e outro como Rockefeller Fellow junto ao The Privatization of Culture Project for Research on Cultural Policy, da New York University (1999-2000). É professor titular aposentado da FGV-SP e pesquisador associado ao grupo Focus, da Faculdade de Educação da Unicamp. Trabalha em Sociologia da Cultura, da Educação e do Consumo, com incursões na História Social da Arquitetura, das Artes Plásticas, da Publicidade e da Moda. Dedica-se também a questões teóricas e práticas implicadas na relação entre Estado e cultura (política e gestão cultural). Esta entrevista foi realizada em outubro de 2004.

Como e por que você escolheu o curso de Ciências Sociais?
Minhas possibilidades de escolha de um ramo de ensino e de uma faculdade não eram muito vastas quando terminei meu colegial, em 1961. Precisaria ser um curso em período parcial, pela manhã ou à noite, pois eu trabalhava como escrevente no Fórum Criminal de São Paulo à tarde e precisava da remuneração. Meu salário não suportaria o custo de uma escola particular. Mais concretamente, como possibilidade haveria Direito, além de algum ramo das faculdades de Filosofia. Ou então Economia, mas eu havia feito o colegial clássico, que não preparava muito bem para esta última.

Teria de ser um curso de meio período?
Sim. A considerar a predileção de minha mãe, já viúva a essa altura, seria Direito. Mas, como escrevente de cartório, pude sentir de perto o cotidiano da vida forense e o estilo de pensamento e de prática de advogados, juízes e promotores. Achei tudo muito formalista, autoritário e conservador, e não me senti atraído.

Você pode explicar esses pontos?
Posso, mas preciso começar do início. Nasci em São Paulo, capital, em 1941. Meus pais eram colegas no Fórum Criminal, funcionários burocráticos, escreventes. Com o nascimento do meu irmão, em 1940, minha mãe deixou o emprego. Quando meu pai faleceu, eu tinha doze e meu irmão, treze anos. A pensão deixada por meu pai era pequena demais e então meu irmão e eu fomos obrigados a trabalhar; minha mãe também teve de retomar uma ocupação remunerada. Tivemos de nos mudar para um bairro operário, para evitar o custo de um aluguel. Ela trabalhara ante-

riormente no Fórum por indicação do marido de uma prima dela, que era juiz, e que depois chegou a desembargador. Outra prima dela era casada com um promotor público. O capital da família estava situado nessas profissões, no alto Judiciário. Foram esses parentes que arranjaram emprego para ela, gerando ocasião para conhecer meu pai. Ficando viúva, em 1954, os mesmos parentes nos ajudaram: ela se tornou funcionária da Secretaria de Segurança; meu irmão e eu fomos trabalhar no escritório de advocacia de outro primo dela, Basileu Garcia, um penalista importante na Faculdade de Direito da Universidade de São Paulo, que havia feito carreira de promotor. Comecei a trabalhar como *office boy* nesse escritório, em 1955, e aí fiquei até completar dezoito anos, em 1959. Era a idade mínima para poder entrar no serviço público. Assim, de 1959 a 1965 tornei-me funcionário burocrático do Fórum Criminal. Meu irmão, antes de mim, seguiu o mesmo caminho. Em termos de moradia, antes da morte de meu pai moramos no Cambuci; depois no Ipiranga, a seguir no Bosque da Saúde e, por ocasião do meu vestibular, na Liberdade.

Onde você fez o ginásio, o colegial?
Sou produto da educação pública paulista, pois em toda a minha vida, até o doutorado, cursei escola pública. Grupo escolar, no Cambuci; ginasial, no Ginásio Estadual Alexandre de Gusmão, no Ipiranga. Minha mãe insistia muito para que não adotássemos — meu irmão e eu — a solução cômoda de querer estudar próximo de casa, pois significaria estudar à noite em escolas com turmas defasadas, de alunos atrasados, sem muito futuro. Assim, eu tomava duas conduções para chegar ao Alexandre de Gusmão, outras duas para voltar para casa, mais uma para ir trabalhar à tarde e outra para voltar do trabalho.

E o colegial?
Fiz no Colégio Estadual Presidente Roosevelt, na rua São Joaquim, no bairro da Liberdade, e para nele ser aceito valeu-me o fato de ter sido ex-aluno de um bom ginásio estadual.

No ginásio já descortinava a possibilidade de fazer o curso de Ciências Sociais?
Que me lembre, minhas primeiras paixões escolares foram por Língua Portuguesa, História, Filosofia. No ginasial, havia Dona Berta de Camargo Vieira, professora de português que ensinava gramática com uma competência incrível. E que lia deliciosamente, em classe, textos de Machado de Assis, Alcântara Machado etc. Eu me entusiasmava muito na aula de latim porque o professor subvertia o programa e nos provocava: "Vocês perguntem o que quiserem!". Ele era advogado, depois se fez professor do Largo São Francisco. José Cretella Júnior. Sujeito otimista, alegre, abria conversações muito agradáveis.

Esse charmoso nome francês Durand, de onde se origina?
Tenho pouco a falar, quase nada. Minha mãe costumava dizer que o avô de meu pai era um florista francês que tinha embarcado de Marselha para a América La-

184 Conversas com sociólogos brasileiros

tina, no final do século XIX. Que se havia casado, ao que parece, com uma moça de Santo Amaro. E que chegou a ter uma chácara perto da alameda Joaquim Eugênio de Lima, onde, ainda segundo mamãe, cultivava e vendia flores para as mansões da avenida Paulista. Mas nem a língua francesa nem a atividade dele passaram aos filhos, muito menos aos netos. O francês que sei vem da escola, das leituras de Sociologia e das estadias de trabalho em Paris.

Voltando à sua formação ginasial e colegial, sua escolha foi influenciada por algum professor?
Já disse que minha mãe estimulava que tivéssemos uma boa formação escolar, apesar de nem ela nem meu pai terem ido além do primário. Meu pai me deu O Thesouro da Juventude, que foi uma fonte infinita de prazer durante a infância. Depois da morte dele, houve a insistência de minha mãe para que freqüentássemos escolas públicas de qualidade, ainda que difíceis e distantes de casa. Felizmente, havia dessas escolas na cidade de São Paulo e, podendo trabalhar apenas em meio período, o percurso até a faculdade se tornou possível.

Além dos professores de ginásio, já mencionados, outro fator de abertura de mente foi o fato de estar trabalhando como *office boy* e andando toda tarde pelo centro moderno de São Paulo: o triângulo Viaduto do Chá, Praça da República, rua São Luiz, que era o centro do comércio moderno da cidade, na segunda metade dos anos 50. Lembro do deslumbramento que senti uma vez na rua Sete de Abril quando vi uma enorme coleção de quadros forrando o saguão de um prédio de escritórios; era o embrião da coleção do MASP, na então sede dos Diários Associados. O bairro onde eu morava era pobre, meus colegas de vizinhança freqüentavam a igreja e namoravam nas suas quermesses, um certo ranço de interior. Mas durante as tardes da semana eu via a São Paulo moderna.

Você percebeu que estudar era sua única oportunidade?
Sim, isso era muito claro. Mas o emprego no escritório de advocacia não valeu somente para perambular pela São Paulo moderna. Basileu Garcia, o titular desse escritório, havia sido professor de português em seus primórdios de carreira. Assim, não escapava erro nenhum. Em dado momento, depois de me considerar "aprovado" na datilografia de cartas, lembretes e coisa corriqueira, ele decidiu confiar-me seus textos mais longos: pareceres, arrazoados, originais de livros. Eu ganhava por página, fazendo esse trabalho adicional. Assim, aquele emprego, além de me permitir conhecer o centro da cidade em rápido cosmopolitismo, foi também importante como aprendizado em profundidade do português. E assim cheguei aos dezoito anos. Mudamos para a rua Taguá, perto da rua São Joaquim, e entrei no Colégio Presidente Roosevelt, período noturno.

Foi importante isso, não foi?
Entrar no Roosevelt para mim foi uma enorme experiência intelectual. Eu tinha um professor de Filosofia chamado João Eduardo Villalobos, que dava aulas muito instigantes de Lógica e História da Filosofia. Um homem inteligente, alto, bonito. Nessa experiência de colégio, tive colegas que vieram a se destacar, como é o caso

de Rolf Kuntz e de Laerte Fernandes, ambos jornalistas do *Estadão*. Intelectualmente, o ambiente era muito bom. Além do Villalobos, preciso citar o Victor Cestari, professor de História formado pela USP, que nos mandava ler Caio Prado e Celso Furtado. Não era literatura comum para estudantes de História de nível secundário. E um terceiro professor, Celestino Corrêa Pina, que era fascinante como pessoa e um tanto contraditório, pelo grau em que conseguia combinar uma postura muito frágil e formal de pessoa tímida com uma vastidão de conhecimento lingüístico, o que lhe permitia facilmente ir e voltar do latim quando isso facilitava explicar algo do português.

Em que ano foi isso mesmo?
Eu entrei no Roosevelt em 1959, à noite. Comecei a escrever alguns contos e crônicas. Começou aquela vida de botequim, ao lado do colégio, e ouvi falar pela primeira vez da Biblioteca Mário de Andrade. Era um lugar de encontro, e a gente dava uma fugida para lá de vez em quando, para ler. Foi o ano da Revolução Cubana, que o Centro Acadêmico, presidido pelo Fuad Daher Saad, saudou calorosamente, em seu jornalzinho e em seus murais. Em 1961, fiz meu serviço militar em quartel bem em frente ao colégio, onde também conheci gente interessante. Com tudo isso, fui construindo a idéia de ir para a Faculdade de Filosofia, Ciências e Letras da USP.

Por quê?
Porque o Victor Cestari, porque o Villalobos, mais outro professor de Filosofia anterior a ele, talvez o próprio Pina, haviam estudado lá. Era um lugar que a gente amava à distância, respeitosamente. Era lá que estavam as pessoas que convidaram Sartre para vir a São Paulo, um Sartre que a gente conhecia como autor de romances. Então era um lugar reverenciado como espaço de trabalho intelectual, e assim eu realmente desenvolvi uma simpatia pelo estilo "Filosofia Maria Antonia" antes mesmo de ter lá entrado pela primeira vez.

Entrou em 1962?
O vestibular que prestei foi no fim de 1962, para começar em 1963. Eu me apaixonei logo por aquele clima. Quando falo que me apaixonei é o seguinte: em 1963 eu lastimava quando chegava sexta-feira, porque no sábado e domingo a Faculdade estaria fechada. E era um local onde eu queria muito estar. Eu não tinha uma turma fora de lá. Então já nesse ano tive uma experiência muito importante. Comecei a ter aula com Fernando Novais e, como eu fora convidado a dar aulas de História em um cursinho, recebia aula do Novais em uma noite e na seguinte a repassava a meus alunos, obviamente sem nenhuma responsabilidade da parte dele. Tive aula com Florestan Fernandes, com Octavio Ianni, com Ruth Cardoso, mas me aproximei mesmo foi do professor que me deu Introdução à Sociologia: Luiz Pereira. Eu, aliás, briguei muito com ele no início da disciplina, porque achava aquele curso de Introdução demasiado formal, era Sociologia Sistemática, muito chata, em uma linha creio que imposta pelo Florestan Fernandes. E então parecia muito dissociada da realidade. Mas aí, nas discussões com o Luiz Pereira após as aulas, sem-

pre questionando a Sociologia Sistemática, a gente começou a desenvolver amizade. E aí eu comecei a entender um pouco o interesse dele por educação: ele vinha da área de Educação da USP. Não sei em que momento, exatamente, ele me deu para ler a dissertação de mestrado dele, um estudo qualitativo sobre o papel de uma escola primária na socialização de crianças de origem rural no ABC paulista.

Então ficaram amigos?
Achei muito interessante o trabalho e aí começamos a ficar amigos, trocávamos idéias e bibliografia, eu aprendia muito. O Fuad Saad, que agitava o Centro Acadêmico do Roosevelt, havia entrado antes de mim na Filosofia da USP, em Física, e logo foi presidir o Centro Acadêmico. Então ele me convidou a fazer o jornalzinho do Centro, ou do Grêmio, como era conhecido.

Você datilografava bem, tinha um bom português.
Trabalhava à tarde no Fórum, dava aula no cursinho de manhã, fazia Ciências Sociais à noite. De quebra, havia a necessidade de os alunos traduzirem e mimeografarem textos de leitura obrigatória, e eu muitas vezes ajudava nesse mutirão. Aí veio a incitação à militância política. Entrei na Polop (Política Operária), freqüentei algumas reuniões de formação teórica e ajudei em algumas panfletagens. Até que em março de 1964 veio o Golpe de Estado, que foi pesado... A Faculdade foi invadida pela Polícia Militar, o exército instalou um interventor. Começou o processo de punição. Nunca esqueço a homenagem que se fez ao Florestan Fernandes, depois que o coronel que ocupava a faculdade o mandara passar um fim de semana preso no quartel do Parque Dom Pedro II. Na segunda-feira ele saiu, foi com os filhos pequenos para a Faculdade e o pessoal aplaudia calorosamente sua entrada, com os militares ouvindo, lá do quarto andar, o desagravo que estava sendo feito no térreo.

Quando você começa a fazer pesquisa de mercado?
Em 1965, quando cursava a terceira série, comecei a namorar uma assistente social, queria casar e sentia que não tinha futuro o trabalho do Fórum. Eu queria fazer alguma coisa ligada a Ciências Sociais. O que se mostrava como trabalho profissional mais afim a Ciências Sociais era pesquisa de mercado, que na época já existia em uns poucos institutos especializados e em alguns departamentos de marketing e agências de publicidade. Eu via nisso uma alternativa de renda, com possibilidade de ganhar uma qualificação útil no futuro para a pesquisa sociológica propriamente dita. Então comecei nesse ramo fazendo entrevistas, bem por baixo.

Em que empresa você trabalhava?
No Inese, um instituto de pesquisa pertencente ao doutor Octávio da Costa Eduardo, antropólogo de formação pela Escola de Sociologia e Política. Fiz entrevistas para o Inese, em seguida fui supervisor de campo, cheguei a iniciar a redação de um relatório, até que um dia encontrei, por acaso, um ex-aluno de Ciências Sociais que trabalhava como gerente de pesquisas em uma empresa do ramo de material de construção. Ele estava recrutando estudantes para uma pesquisa sobre o varejo

José Carlos Durand

de louça sanitária. Ele foi recrutar na USP e o Sedi Hirano, que também fazia pesquisa de mercado, indicou meu nome. Fiz várias dezenas de entrevistas com donos de depósitos de materiais de construção. Foi uma experiência difícil, mas eu sabia que sem essa base de campo você não vira sociólogo.

Quando acabaram as entrevistas, eu disse para o pesquisador-chefe que eu gostaria de acompanhar os passos seguintes do trabalho: tabulação, análise, relatório. Ele concordou, e assim pude ver o que acontecia depois da entrevista. Meses depois, quando esse pesquisador deixava a empresa que fizera o estudo, encontrou-se comigo e recomendou-me para o cargo. Foi assim que eu, pela metade do curso de graduação, deixei de ser um funcionário público e fui ser gerente de pesquisa de mercado da Ideal Standard, uma empresa que queria ser moderna na área mercadológica. E isso me obrigou a algo que acabou sendo necessário muitas vezes depois: ser autodidata, ter de aprender por conta própria, desenvolver capacidades. Naquela empresa de sanitários, sempre que podia eu lia manuais de pesquisa de mercado — o de Tagliacarne parecia o mais famoso —, desenhava questionários e aconselhava o diretor comercial a fazer uma pesquisa de mercado com toda a metodologia necessária, embora às vezes ele quisesse um resultado mais rápido e mais impressionista. Como, afinal, material de construção não exige tanta pesquisa quanto alimentos industrializados ou cosméticos, meu chefe quis desenvolver-me em marketing e publicidade. Assim, pediu que eu passasse também a cuidar de promoção de vendas e publicidade. A experiência que ganhei nessas áreas também foi muito útil: eu freqüentava fotógrafos, tipografias, lia muita revista de arquitetura e decoração.

Experiência útil inclusive agora, para você entender este mundo dos publicitários.
Claro, porque minha família era de gente que só mexia com burocracia, papel e máquina de escrever. Então, nessa empresa, ao ter de lidar com encomendas de material publicitário, que se faz em grande quantidade, eu precisava saber um pouco de gramatura de papel, de técnicas de impressão, de resistência de materiais de mostruário etc. Então isso foi me dando a percepção de que o mundo das coisas físicas existia e merecia atenção. Mais: chegava a ser prazeroso. De lambujem, prolongava meu convívio com a estética visual.

Você já estava se formando em Ciências Sociais. Era o quarto ano?
Em 1966 era o quarto ano. Continuei na empresa depois de formado. Mas durante o tempo todo tinha um problema angustiante: como compatibilizar o que aprendia no curso com a experiência profissional. Essa preocupação fez com que eu me engajasse na campanha para a regulamentação da profissão de sociólogo, ainda em meu primeiro ano de curso. Eu tinha colegas que acreditavam nesse pleito e eu também vim a acreditar. Ou seja, que seria possível regulamentar a profissão de sociólogo e, uma vez isso feito, que o sociólogo poderia construir um espaço de trabalho que não se limitasse ao magistério secundário ou superior. Conheci nessa campanha Bolívar Lamounier, Otávio Velho, Amaury de Souza. Uma coisa notável que pude então observar foi a seguinte: havia muita gente contra a idéia de sociólogo

profissional porque, segundo os valores do militantismo de esquerda, essa seria uma desprezível demanda corporativa e pequeno-burguesa, a afastar o estudante de algo mais relevante. Mas também havia os que, sem nenhuma prática ou discurso militante, eram contra por um fator que de início não consegui qualificar, mas cujo nome exato, depois fiquei sabendo, é diletantismo intelectual. Ou seja, uma parte dos freqüentadores do curso de Ciências Sociais não precisava ou não queria profissionalizar-se, apenas queria a oportunidade de ler e discutir alguma coisa interessante com gente que também o fosse. Lembro, a propósito do lado diletante da paisagem da Maria Antonia, que durante a graduação era possível ver, no primeiro dia letivo de cada ano, um grande número de "ouvintes" bem intencionados e de alunos regularmente matriculados quase congestionando o saguão da faculdade e as suas salas de aula; e observar como esse público ia-se reduzindo quase que diariamente, não restando talvez mais do que a metade dois meses após. Essa rarefação de estudantes durante as primeiras semanas de aulas para mim era a expressão espacial mais eloqüente do diletantismo.

Pelo final de 1967, continuando na Ideal Standard, comecei sondagens para ver se mudava para uma atividade mais específica de sociólogo. Conversei com alguns professores das Ciências Sociais da USP. Uma vez, um deles, Fernando Mourão, informou-me que iria haver um concurso para técnico de planejamento educacional, em uma espécie de autoridade metropolitana recém-criada, o Gegran (Grupo Executivo da Grande São Paulo), na Secretaria Estadual de Planejamento de São Paulo, e me sugeriu que prestasse o concurso. Acatei a sugestão, e Luiz Pereira ajudou-me brilhantemente a estudar para as provas. Lendo apenas um livro que ele indicou — pois educação e trabalho era exatamente o tema de que ele mais entendia —, conquistei o lugar contra uns quarenta concorrentes.

Passei, comecei a trabalhar em janeiro de 1968 e fiquei muito feliz, porque o ambiente mudara. Não era aquele ambiente conservador de vendedores e gerentes que eu tinha na Ideal Standard, muito menos aquele ambiente de oficiais de justiça, escriturários e advogados que eu havia tido no fórum. Era o primeiro emprego em que eu convivia com gente de cabeça mais parecida com aquela da rua Maria Antônia. No grupo dos concursados, havia sociólogos, educadores, economistas, arquitetos, engenheiros, advogados, assistentes sociais, todos em uma mesma faixa etária. Começamos a trabalhar recolhendo a documentação possível para fazer "diagnósticos" da situação do conglomerado de municípios definido como Grande São Paulo.

Era a época dos Planos Diretores e havia muitas firmas fazendo esse trabalho para o governo. O Gegran tinha montado uma equipe interdisciplinar, para fazer ele próprio o trabalho. Fizemos os "diagnósticos" preliminares e nos colocamos a postos para passar ao aprofundamento. Mas aí o secretário de Estado de Planejamento do governador Abreu Sodré, um comandante da Marinha, notou que vários dos concursados não rezavam pela cartilha da ditadura militar. Começou a ficar um clima ruim, porque a gente queria fazer alguma coisa e não era para fazer. Ele substituiu o primeiro coordenador do Gegran, o arquiteto Luiz Carlos Costa, que queria o órgão fazendo estudos e propostas por si próprio, por um engenheiro inexpressivo, mais propenso a transferir encomendas para empresas pri-

José Carlos Durand

189

vadas. Por fim, os concursados começavam a incomodar; para resolver o impasse eles acharam melhor levantar o passado político de cada um, para ter argumento para mandar embora. Enfim, dos doze ou treze que havíamos entrado no concurso do final de 1967, uns sete ou oito foram demitidos. Eu inclusive.

Por causa da Polop?

Não exatamente. É porque eu fora preso na invasão da Faculdade de Filosofia, na primeira semana de abril de 1964, e tinha ficado fichado lá no DOPS. Diante dessa demissão, já com um filho, fiquei preocupado. Eu já tinha começado a dar aulas de Sociologia em Marília, enquanto estava no Gegran. Manuel Berlinck, que eu vira algumas vezes no Gegran à cata de dados para um estudo sobre imigração rural-urbana, convidou-me a dar aula na Fundação Getulio Vargas, em um curso avulso para funcionários públicos; assim, fui dar aula de História da Economia Brasileira na GV. Uma área que hoje se chama Educação Continuada. Dei três meses de aula, gostei da experiência e os alunos também. Quando o curso acabou, Berlinck sugeriu que eu fizesse concurso para professor efetivo. Prestei e fui aprovado, em junho de 1969.

Era auxiliar de ensino ou instrutor?

Era instrutor. A gente entrava como instrutor, e já tinha possibilidade de uma verba para pesquisa. Resolvi estudar a estruturação e a ideologia profissional dos arquitetos, curioso que havia ficado durante o convívio que tivera com vários deles no Gegran. Entrei no mestrado das Ciências Sociais, sob orientação de Luiz Pereira, e, em dado momento, estava com um trabalho de campo já adiantado. Luiz Pereira havia trabalhado com ideologia profissional em seu doutorado, focalizando professores primários. Eu resolvi estudar a arquitetura como profissão, focalizar a dinâmica de competição dos arquitetos com engenheiros-civis e outras categorias, numa conjuntura ideologicamente radicalizada. Luiz Pereira ajudou-me a alinhavar em um texto de dissertação os achados das entrevistas que eu havia feito, recomendou-me chamar o trabalho de introdutório, para não se comprometer teoricamente, e apresentá-lo até o fim de 1972.

Defendido o mestrado, apesar da nota dez, senti uma profunda sensação de vazio e de deserdamento. Luiz Pereira disse-me cortesmente que os interesses teóricos dele não apontavam mais para grupos profissionais de classe média, mergulhado que estava no estruturalismo marxista. Comecei a intuir que minha dissertação de mestrado não havia respondido a tais e tais questões, que eu não captara bem o que era ser arquiteto — simultaneamente um profissional liberal e um artista. Nem fazia idéia de que nem todo assalariamento significava declínio social, ou proletarização, como se dizia. A propósito, o que a Sociologia oferecia como instrumental para se entender profissões não manuais era de um maniqueísmo notável. De um lado, a Sociologia americana sustentava que nas classes médias o processo dominante era da *occupation* à *profession*, isto é, que todo o grupo ocupacional tenderia a — e em grande parte conseguiria — se nobilitar através de uma estratégia envolvendo escolarização prolongada, imposição de diploma como requisito de exercício da prática, criação de instâncias internas para o exercício do controle entre pares, tudo junto levando a um padrão de trabalho em que o profissional seria livre para escolher seus clientes e fixar seus honorários. A esse processo incessante de *upgrading*, na visão americana, o marxismo contrapunha uma visão de futuro pessimista para as classes médias, cuja tendência provável não seria a profissionalização, mas sim a proletarização, num *downgrading* inelutável de solapamento de renda e de prestígio. Praticamente, eu só consegui começar a superar de uma maneira mais consistente essa visão dicotômica quando li os artigos de Bourdieu que Sergio Miceli tinha organizado no livro *A economia das trocas simbólicas*. Então aquela antologia, para mim, marcou. Pela primeira vez, senti base para articular dimensões de realidade tais como estrutura da classe dominante, estrutura do campo profissional, estrutura do campo intelectual e artístico e, integrando tudo, a estrutura da educação superior. Percebi que a arquitetura não era para ser estudada como profissão liberal, apenas. Afinal de contas, ela está entre as artes mais legítimas do mundo inteiro, remete à Antigüidade Clássica. Aí percebi que precisava mudar o meu olhar, e essa mudança de olhar me consumiu toda a década de 70. Foi mesmo preciso sair do Brasil, passar um trimestre em Paris, em 1979, a convite do Bourdieu, para um estágio no Centro dele, com a mediação amiga de Monique de Saint-Martin. E lá, a experiência me foi muito útil. De lá eu voltei com a decisão de continuar a pesquisar arquitetos. Agora ninguém rasga o meu tema, pensei. Volto para ele, mas volto com uma ótica sociológica que no Brasil ninguém adota. Eu não poderia esperar nenhuma direção intelectual de um professor da USP, embora a essa altura estivesse inscrito no doutorado em Ciências Sociais sob orientação de Henrique Rattner, leal amigo e por longo tempo colega na FGV.

Algo me impressionou na École des Hautes Études, em Paris. Semanalmente, eu acompanhava o seminário de pesquisa no Centro do Bourdieu, e via expositores já de cabelos brancos ou grisalhos apresentando honestamente um material de campo colhido com cuidado. E aí comparei: no meio acadêmico brasileiro, quando o sociólogo começava a encanecer, ou só vivia pendurado em banca de tese, ou dando conferência sobre o que entendia e não entendia, ou, ao contrário, não estava produzindo mais coisa alguma, só esperando aposentadoria. Então havia um descompasso entre o que eu sempre tinha visto como imagem de sociólogo no Brasil e o que pude presenciar em Paris. Ou seja, vi que era possível ser pesquisador até o fim da vida ativa. Outra coisa que percebi lá foi a existência de uma Sociologia da Arte.

No convívio com o grupo de Bourdieu, também pude perceber que educação podia ser um tema dominante. Aliás, a fase de construção teórica quiçá mais importante de Bourdieu está centrada no entendimento do sistema educacional. Foi partindo desse entendimento que ele construiu as relações estruturantes do espaço da cultura erudita. O esforço de objetivação que ele fez permitiu-me entender a condição acadêmica com mais serenidade, sem mistificação. No Brasil, na mesma ocasião, só se falava em intelectual em um tom acusatório, ressentido ou, com mais freqüência, reverente.

O entorno também foi muito importante, porque ao freqüentar Montparnasse, no dia-a-dia em Paris, eu fui vendo: "Como tem galeria de arte por aqui, como tem revista de arte!". Então, quer dizer, ao mesmo tempo eu percebia que não só educação como também arte poderia ser um domínio sociológico legítimo. Que a maior ou menor legitimidade não era propriedade da esfera estudada, mas resultado da forma de recortá-la analiticamente e da capacidade de impor esse recorte no ambiente de discussão. Isso ficou muito claro quando, no dia da despedida, ao perguntar ao próprio Bourdieu sobre prioridades de escolha de tema ou domínio de pesquisa, ele respondeu com toda a simplicidade: *"Faites ce que vous avez envie de faire"*, no caso significando *"pesquise o que você quiser pesquisar, sem dar bola para as hierarquias estabelecidas de assuntos"*.

Quando você defendeu o doutorado?

Eu voltei de Paris internamente encorajado a voltar para a arquitetura, mas não mais como profissão. Minha dissertação de mestrado sobre arquitetos havia sido editada pelos próprios arquitetos através do CREA do Rio de Janeiro. Fui convidado para algumas palestras no IAB (Instituto de Arquitetos do Brasil), em Rio e São Paulo. Lembro-me que o grande guru da arquitetura paulista da época, João Batista Vilanova Artigas, em um desses debates, chamou minha análise de "durkheimiana". Isso, na boca de um arquiteto comunista reconhecido no circuito universitário, soava como impropério. Assim, além de me colocar a questão de por que meu trabalho ganhava o silêncio dos sociólogos, tinha de perguntar-me por que também atraía menosprezo por parte de gente que se dizia marxista dentro do grupo estudado. Não quisera eu mostrar como o capitalismo, afinal de contas, não poupava nem os arquitetos da inevitável e irreversível proletarização?

Então você estava dominando a análise de Bourdieu desde 1977?

Como disse, a transição dos 60 para os 70 foi muito importante para mim. Durante os anos 70, li muito Bourdieu. Cheguei a publicar um texto em que criticava as resistências que sua análise da educação encontrava no Brasil. Até que fui a Paris, em 1979. Voltando a São Paulo dei continuidade ao meu trabalho, mas alargando a decisão empírica, pois havia percebido que não poderia entender o arquiteto sem entender também o artista plástico. E aí ampliei meu objeto para artes plásticas e arquitetura, e comecei um período de entrevistas com artistas, *marchands*, críticos de arte, arquitetos, editores de arquitetura. Assisti a muito leilão de arte. Então isso me consumiu toda a primeira metade dos anos 80. E daí resultou a tese de doutorado, que defendi em 1986.

Mas você já havia publicado vários livros antes de seu doutorado.

Por indicação de Otávio Velho, que eu conhecera na campanha de regulamentação da profissão de sociólogo, e que ficara meu amigo, tive acesso ao editor Jorge Zahar e um convite para organizar um número de uma série de antologias, Textos Básicos de Ciências Sociais, que ele começava a publicar sob coordenação geral de Otávio. Organizei o volume sobre Sociologia do Desenvolvimento. Selecionei contribuições que eu conhecera como aluno de Ciências Sociais, outras quem sabe descobertas em uma fase de minha graduação durante a qual eu estudara bastante Economia, em companhia de João Manuel Cardoso de Mello e Luiz Gonzaga

Belluzzo. Publiquei dois volumes dessa antologia, que tiveram boa aceitação. Nos anos 60, fazer algo ligado a desenvolvimento era coisa de alta importância; publicar algo como debate teórico, mais ainda. Havia, afinal, a necessidade de criticar a chamada teoria da modernização que vinha dos Estados Unidos.

O vínculo com o Zahar continuou. Em 1970 e poucos eu propus a ele uma antologia sobre Sociologia da Educação. Junto com Lia Zanotta Machado, organizei a antologia *Educação e hegemonia de classe*. Ela mesclava textos de Bourdieu com outros mais afeitos ao estruturalismo marxista.

Quais foram as vantagens e desvantagens em não ter uma inserção docente na USP, em Ciências Sociais, como acabou tendo na GV?

Quando prestei concurso na GV, eu já tinha um filho; já havia ensinado teoria sociológica e metodologia de pesquisa em um instituto isolado estadual — Faculdade de Filosofia de Marília — e em uma faculdade municipal — Santo André — em anos sucessivos, entre 1968 e 1972. Eu freqüentava a Faculdade de Filosofia da USP, como mestrando, e posso assegurar que nunca recusei nenhum convite para lecionar lá; mas também nunca me encorajei a disputar um posto de trabalho lá. Ao que sei, não era raro na época um colega "promissor" ser convidado a começar carreira e ter de esperar vários meses sem remuneração, ou, como se diz no meio, com remuneração "simbólica", até ser contratado em tempo integral. A inserção na burocracia do Fórum, seguida da experiência em empresa e na tecnocracia estatal e, depois, no magistério em dois cursos de Ciências Sociais onde a lamentação discente pela falta de horizontes profissionais era a tônica, mais o fato de ter transformado a profissionalização em tema de reflexão e pesquisa, tudo isso junto desenvolveu em mim uma visão ambígua do meio acadêmico como espaço de trabalho. De um lado, ele é um inegável espaço de reflexão; de outro, um espaço fechado, no qual as exigências da admiração mútua e da celebração recíproca são grandes, com todo um corolário pesado de arrogância, rancor e ressentimento.

Voltando a seu trabalho, antes do doutorado...

Trabalhei em duas pesquisas em grupo antes de fazer doutorado. Foram estudos sobre pequenas empresas, feitos na GV, ambos com recursos econômicos levantados por Henrique Rattner em seus contatos nacionais e internacionais. Em um, trabalhei com Sergio Miceli e Leôncio Martins Rodrigues; em outro, com Roberto Venosa, José Paulo Carneiro Vieira, José Roberto Ferro e vários outros então colegas de magistério na GV. Não era, aliás, comum entre quem seguia carreira acadêmica em Sociologia, na época, engajar-se de fato nesses grupos, pois o sagrado era sempre fazer a tese antes, colocá-la como prioridade absoluta. Eu participei desses projetos porque achava importante não deixar a pesquisa de campo, porque precisava aumentar minha remuneração, porque valorizava dividir trabalho com colegas, porque andava muito perplexo. Aliás, uma vez ouvi um professor de História da USP falar com convicção "das três teses da vida da gente", referindo-se ao mestrado, ao doutorado e à livre-docência. Percebi que para ele era como se isso constituísse uma seqüência de vida impossível de ser alterada e mesmo questionada. Esse conformismo dos sociólogos ao microambiente acadêmico, por meio de uma imersão completa na lógica competitiva, com seu corolário necessário de vaidades, ressentimentos, conformismo e cooptação, sempre estimulou em mim emoções muito contraditórias. De certo modo, foi algo assim que me fez recusar o convite para compor o grupo de fundadores do Idesp, por volta de 1975. E estou velho demais para sentir de modo diferente.

Mas creio que isso ocorre hoje em todos os espaços acadêmicos. Voltando aos diálogos com os autores. Bourdieu já está registrado... Quem mais?

Pertenço a uma geração de sociólogos a quem o marxismo foi apresentado como o paradigma imbatível de explicação da realidade social. Imbatível a ponto de se acreditar que a reflexão sobre o social, segundo o marxismo, operava a partir de categorias de pensamento irredutíveis a tudo o mais, que se baseariam em uma lógica diferente daquela operada nas ciências da natureza e nas matrizes de Ciência Social alheias a Marx. Ou seja, que a dinâmica do capitalismo só seria apreensível dialeticamente. Ou seja, aí, nesse advérbio, está toda a questão. Existirá mesmo nas entrelinhas de *O capital* uma lógica diferente fundando o pensamento? Ou será que não passa de uma palavra mágica, provocadora ela própria da ilusão mais completa de ruptura com tudo o que até então existiu como explicação do social? Por que economistas como Irma Adelman, dominando o processo de dedução pela matemática, expõem as explicações marxistas a respeito da dinâmica do capitalismo na mesma linguagem com que a explicam, com outras premissas e outras conclusões, os demais economistas da mesma estatura de Marx? Por que exatamente na Sociologia prevaleceria essa idéia de uma lógica completamente diferente? Creio que porque ela sempre serviu muito bem para esconder falsos raciocínios, para substituir observação cuidadosa por retórica; para legitimar a retórica vazia em nome do profetismo e de um presumido interesse popular. Uma série de empulhações de que a Economia se protegia usando a matemática — o que não significa que ela também não possa usar a matemática para empulhar, o que é outro assunto. A propósito, em meus trabalhos, tenho percebido que a tipologia de oligopólios formulada pela Economia é sempre de grande utilidade para elevar a capacidade explicativa de como funciona a dominação de classe e a autonomia relativa dos campos sociais, na linguagem de Bourdieu. Nesse sentido, para responder à sua questão, nunca deixei de manter um certo diálogo com o marxismo, mas nessa vertente particular de explicação da concentração econômica, que Marx certamente divide com outros teóricos. Mas não se pode reduzir "diálogo" a controvérsias em que se entra apenas pela leitura de livros e verificação de divergências entre autores, extrapolando isso para pessoas de carne e osso. É indispensável mencionar aqui que, no esforço de tornar a vida pessoal menos pesada, em vários momentos, ao longo de mais de três décadas, fiz minha análise pessoal com diferentes psicanalistas na capital de São Paulo. Todo mundo sabe que a relação psicanalítica não se confunde com diagnóstico médico, do qual só interessa a conclusão final: o nome da doença e do remédio para curá-la. Nesse sentido, sempre que senti avançar na psicanálise o conhecimento de mim próprio, percebi uma enorme conciliação entre as especificidades do mundo humano tal como captadas, por exemplo, por Freud e por Max Weber. Assim, Freud, via psicanálise pessoal, e Max Weber, por leitura direta — ou via indireta, através de intérpretes como Julien Freund, Raymond Aron, Hans Gerth e C. Wright Mills —, foram um contraponto indispensável para eu me entranhar em uma visão meio cética de muita formulação marxista, erudita ou vulgar. Posso tomar dois livros que me marcaram muito nos anos 60 — *A nova classe média* e *A imaginação sociológica*, ambos de C. Wright Mills — e dizer que, vendo-os assim à distância no tempo, não acredito em análises em que o autor não consiga regular sua posição em relação ao objeto e acabe apelando para subterfúgios puramente retóricos. Independentemente de eu concordar com Mills quanto à pobreza explicativa da Sociologia parsoniana, no caso de *A imaginação sociológica*, e a inegável substituição do empreendedor independente pelo empregado assalariado, no caso de *A nova classe média*, a leitura que faço desses dois livros nada mais tem daquele entusiasmo e aceitação incondicional que eles provocaram em mim quando estudante de graduação. Muito ao contrário, sinto Mills hoje como um autor carregado da arrogância típica do mundo intelectual acadêmico, sem se dar conta disso, disfarçado em cordeiro defensor das virtudes do artesanato de pesquisa.

Ainda quanto a diálogos, creio que não se pode ter uma visão socrática demais do ofício de sociólogo. Uma coisa é ler para tentar responder a questões que a vivência e a pesquisa empírica, ou ambas, colocam, e que nem sempre aparecem muito claramente para nós. Outra coisa é a paixão do debate. Acho que em mim ela se dissipou junto com as certezas teóricas da juventude. Pessoalmente, não acho fascinante nem elegante ficar disputando a palavra numa discussão pública. Acho que quem não deixa os outros falarem não está admitindo a possibilidade de aprender algo com seus interlocutores. Pior: está se mostrando incapaz de exercer curiosidade, o que é grave na vida científica.

Falando de autores e de biografia pessoal, lembro de haver lido faz pouco considerações de um sociólogo francês, François Dubet, sobre a nova escola de massa. Ele diz o seguinte: a maioria dos professores franceses, daqueles que criaram o *ethos* do magistério secundário na França, viam a escola como o único meio de alguém ver além dos limites impostos pela família, pelo vilarejo e pela classe social. Bonita frase. Isso quer dizer que o sistema escolar francês, ao menos na primeira metade do século XX, foi uma poderosa instância de superação da origem social como fator restritivo da capacidade de descortínio. Lendo esse texto, pensei o seguinte: eu não nasci em nenhuma província, mas em uma cidade em raro ritmo de crescimento, e passei a minha adolescência numa fase de enorme modernização. Mas sinto que, para mim, a escola foi mesmo um meio de ver além da família, dos bairros de classe popular onde precisei morar e da classe social a que pertencia. Eu acho que, pelo fato de ter estudado em escola pública de boa qualidade, ela me transmitiu valores de educação bem iluministas.

Levo Bourdieu muito a sério, porque acho que ele decifrou uma coisa fundamental, que sempre me inquietou, que é a oposição entre rendimento simbólico e rendimento econômico e o correspondente disso na segmentação entre papéis de gênero dentro das classes altas e médias. A fronteira entre cultura e economia, e o correlato disso na construção de guetos masculinos e femininos na educação supe-

José Carlos Durand

rior e na composição das profissões liberais. Quando eu era jovem, a divisão por gênero dos estudantes universitários de um mesmo ramo de ensino nunca caía abaixo de, digamos, 80% de homens e 20% de mulheres, ou vice-versa. Eu tinha muita dificuldade em aceitar essa "ordem das coisas", e isso foi uma incitação muito forte para eu me preocupar com educação e estratificação social. Bourdieu respondeu a essa questão, mostrando que a dominação de classe não pode ser entendida sem que se desça à compreensão da divisão do trabalho de dominação, que é algo com que Marx nunca poderia ter se preocupado. Bourdieu trabalhou muito na decifração desse impasse e confirmou seus achados em dezenas de estudos empíricos, seus ou de colaboradores. O conhecimento dos mecanismos de dominação simbólica, que dão conta dos princípios de hierarquização do espaço da cultura erudita, foi inestimável. Esse eixo de oposição entre o cultural e o econômico, que permite entender melhor a dinâmica da estrutura da classe dirigente, para mim foi um ganho inestimável da Sociologia. Pena que as transformações recentes do capitalismo estejam comprovando que, em última instância, quem manda mesmo, e cada vez mais, é o capital econômico.

Por quê?

Porque o conhecimento da dominação simbólica pôs em realce como em dimensões variadas — religião, arte, ciência, política, educação — o cultural poderia ser usado para neutralizar uma força externa, que era a dominação de classe baseada na propriedade e no controle de meios de produção. Li no *Le Monde*, uns quatro ou cinco anos atrás, uma conferência de Bourdieu no Centro do Patronato Francês, para um público de empresários da mídia. Bourdieu conclamou os patrões a não destruírem a ecologia do campo intelectual e artístico — a expressão é dele — através da mercantilização exagerada da cultura, da penetração excessiva da mídia na esfera da cultura erudita. Por que esse apelo? Porque ele via o campo acadêmico em um estado de defensiva contra o capital econômico, que, este sim, continuava, como continua até hoje, a ganhar a disputa.

O acadêmico ou o intelectual em geral?

O intelectual em geral, mas o acadêmico em particular. É fácil vestir a camisa da cultura erudita e produzir um discurso crítico da indústria cultural. Mas isso não resolve coisa nenhuma. O que a gente precisa, o grande desafio hoje não é recusar toda e qualquer mercantilização. É saber onde é que você pode aceitar que ela progrida e saber onde e como se pode intervir, quando é preciso contê-la. Eu acho que por aí se abre uma nova série de questões sobre educação, em particular educação superior, e não parece haver gente suficiente preocupada com isso. A gente vive uma época de mercantilização intensiva do sistema escolar e cultural, com um rol de conseqüências positivas e negativas, e a escola não é mais aquela ponte por excelência para alguém ver algo além do lugarejo, da família e da classe social, pois há a mídia, a internet, o ambiente interativo. Há muita gente entrando na faculdade — os tais segmentos C e D — para quem a lógica da cultura erudita é completamente estranha, o próprio ambiente escolar se construindo como instância da indústria cultural. No limite, temos faculdades criadas dentro de *shopping centers*, para estudantes cujo repertório de origem familiar não é suficiente para sinalizar distinções entre escola e entretenimento.

Você está querendo dizer, também, que nessas escolas particulares há a entrada de um outro segmento da população, que vai se socializar nesse processo de homogeneização que é necessário e que a gente não está levando em consideração?

Exatamente.

Voltando a seus textos. Fale a respeito de seu trabalho sobre publicidade. Não é um estudo pioneiro, no sentido de que a analisa pela ótica sociológica?

A rigor não, pois Maria Arminda do Nascimento Arruda já publicara, nos anos 80, *A embalagem do sistema*. Mas para falar da pesquisa com publicitários devo explicar como se abriu uma nova fase em minha carreira. Depois de publicar meu ensaio sobre *Moda, luxo e economia*, fruto de minha participação na segunda pesquisa acerca de pequenas e médias empresas, e de publicar meu doutorado como *Arte, privilégio e distinção*, decidi que precisava desenvolver um trabalho de pesquisa em grupo e com mais afinidade ao setor para o qual preparam os cursos da FGVSP: ou seja, administração de empresas e pública. Assim, em 1990, propus à diretoria da escola a criação do CECC (Centro de Estudos da Cultura e do Consumo), costurando uma série de temas emergentes, capazes de ajudar a construir uma ponte entre o mundo da cultura e o mundo dos negócios e da gestão pública. Eram eles: administração e política cultural; proteção do consumidor; história social da publicidade e da pesquisa de mercado no Brasil; megatendências do consumo; administração intercultural. Comecei individualmente um estudo de história social da publicidade e da pesquisa de mercado no Brasil. Publiquei um primeiro texto sobre cada um desses dois estudos, em 1992 e 1993, mas logo senti que estava patinando, porque não encontrava quase literatura. De 1992 a 1998, meu trabalho no CECC foi quase todo na área de política e gestão cultural: criamos um curso de especialização, fizemos pesquisas para o Ministério da Cultura, viajei bastante para dar cursos e palestras no Brasil e no estrangeiro. Logo percebi o quanto o princípio de negação do econômico ajudava a atrasar a gestão cultural pública no Brasil, e o quanto seria útil discutir economia da cultura e, se esta não fosse possível, ao menos cabia ajudar a pensar qual infra-estrutura de dados estatísticos seria necessária para desenvolvê-la.

O CECC conseguiu realizar outras pesquisas, entre elas o estudo que Gisela Taschner fez da defesa do consumidor no Brasil. Também comprou computadores e começou a transição tecnológica quando ainda havia reserva de mercado em informática. Pessoalmente, achei fascinante essa transição, pois acabei desenvolvendo uma relação amistosa com a tecnologia, que, aliás, vinha do tempo em que eu precisava saber desmontar e limpar uma máquina de escrever. Em 1998 preparei meu segundo pós-doutorado, buscando agora estudar política e administração cultural nos Estados Unidos. Conquistei uma bolsa da Fundação Rockefeller, para passar o ano de 1999 freqüentando um programa interuniversitário chamado "The

José Carlos Durand

Privatization of Culture Project for Research on Cultural Policy", na School of Arts and Sciences, da New York University. Embora a visita oficialmente nada tivesse a ver com meu estudo interrompido sobre publicidade, descobri uma excelente bibliografia a respeito na biblioteca da NYU. Ela se organizava em torno de uma rica história social da revolução industrial americana e de seu impacto na formação de uma sociedade de massa, intensiva em bens de consumo, que a partir de 1900 se internacionaliza com força incrível. Um amplo conhecimento que nada tinha a ver com discursos indignados contra a cultura de massa. Muito ao contrário, eram contribuições que procuravam entender o avanço da publicidade e do marketing como resposta a mudanças profundas nas condições de vida impostas pela industrialização e pela urbanização. Destaco aí os livros de Roland Marchand, *Advertising the American Dream*, e de Michael Schudson, *Advertising, the Uneasy Persuasion*.

É então que você faz aquela bibliografia crítica completíssima, publicada na BIB: Revista Brasileira de Informação Bibliográfica em Ciências Sociais?
Exatamente. Trata-se de "Publicidade: comércio, cultura e profissão", publicada em duas partes, em 2002 e 2003. Marchand e Schudson estão entre os autores apresentados nesse texto.

Fale mais sobre seu estudo acerca de publicidade e consumo.
Isso é parte de uma análise empírica que ainda está em andamento. Mas talvez eu possa explicar da seguinte maneira. A publicidade brasileira foi construída a partir de agências americanas que se instalaram aqui, nos anos 30 e 40. Por três décadas essas agências estrangeiras dominaram o cenário e as contas mais importantes, enquanto os brasileiros ou trabalhavam para elas, ou a partir delas estabeleciam agências por conta própria para atrair clientes brasileiros. Então os brasileiros criaram um pólo dominado dentro do setor de publicidade, porém com um potencial de expansão grande. Daí que duas mudanças então coincidiram: uma foi a liderança publicitária conseguir uma reserva de mercado para as contas públicas, ou seja, publicidade de governo e contas de estatais. Outra foi o surto de premiações internacionais, que se tornava oportunidade de projeção fora das fronteiras do país. Então, nos anos 70, o Festival de Cinema de Cannes, o mais legítimo para o cinema, cria uma premiação para publicidade em tela — cinema e sobretudo televisão. Dada a grande participação da TV no conjunto das mídias, no Brasil, foi relativamente fácil ter bastante material para concorrer nessa e em outras premiações, mundo afora, por toda a década de 70, sem perder o pique nas décadas seguintes.

Fale sobre os seus trabalhos mais recentes, os livros, publicações.
Pois é. Estou precisando administrar reedições. Prometi ao Plínio Martins Filho atualizar e reeditar pela Ateliê Editorial *Moda, luxo e economia*, que foi um trabalho pioneiro bem aceito pelo meio dos estilistas e profissionais da moda e vestuário. *Arte, privilégio e distinção* também está esgotado, precisando de reedição.

Uma série de artigos produzidos entre 1993 e 2003, acerca de Política e Gestão Cultural, também poderiam compor um volume autônomo. Tenho várias coisas sob forma provisória de relato de pesquisa, precisando virar livro, inclusive um estudo comparativo internacional sobre políticas culturais. Voltando à questão da economia da cultura, especialidade carente de bibliografia no Brasil, tive a oportunidade de propor a tradução e de prefaciar o livro de Françoise Benhamou, *A economia da cultura*, que irá ao prelo proximamente. Mas às vezes, confesso, vem a vontade de me aposentar.

Eu acho que, com esse programa de pesquisa você não se aposenta tão cedo! Por exemplo, com o novo projeto da GV você tem nichos novos para explorar. Acho que a universidade está caminhando muito lentamente nessa direção.

Pois é, mas além de livros e publicações há o ensino, a orientação e a participação em eventos, além da vontade de fazer algo com eficácia mais visível na área de gestão. Meu trabalho como orientador retardou-se na FGV, em virtude da especificidade de meus interesses temáticos, mas agora está deslanchando, com foco na área de gestão pública. Graças à regulação estatal, via Capes, a FGVSP vem tendo, de uns cinco anos para cá, de perseguir metas mais acadêmicas e não se limitar apenas aos sinais de prestígio provenientes dos *rankings* típicos do meio empresarial e da mídia de negócios. Enfim, seus professores têm de mostrar uma folha de participação em eventos importantes e em revistas de prestígio. Da mesma forma, está cada vez mais pressionada pelo ambiente globalizado a estreitar convênios com escolas de fora, enviar e receber alunos estrangeiros, importar bibliografia. Eu mesmo fui convidado a oferecer uma disciplina introdutória à vida cultural e política brasileira em inglês, para esse público. O governo francês procurou recentemente a EAESP (Escola de Administração de Empresas de São Paulo), interessadíssimo em abrir uma frente de intercâmbio em administração de empresas, e os resultados já começam a aparecer.

Pelo que você relata, sempre houve na GV para você a liberdade de escolha de temas de pesquisa. Quer dizer que essa sua permanência na GV foi interessante?

Sim, sem dúvida. Olhando assim em perspectiva histórica, é gratificante trabalhar em uma instituição que até aqui tem respeitado a liberdade de iniciativa e de reflexão de seus professores e alunos. Que oferece verba para pesquisa, que compra livros, que tem credibilidade junto às agencias de fomento, que é ágil nas possibilidades contratuais para se firmar parcerias fora. Que está no centro moderno de São Paulo, dispensando a cansativa quilometragem de estrada a que muitos colegas meus tiveram de sujeitar-se, para permanecer no ensino superior de boa qualidade. Até quando isso vai durar, não sei, pois crescem as pressões dentro da FGV para a adoção de um padrão mais privatista, mais preocupado com resultados financeiros. Tendencialmente, o que se sente é uma transição em que os valores e o espírito de instituição pública que respondem pela grandeza da instituição FGV em seu todo cedem lugar a um padrão mais gerencialista e mais preocupado com resultados financeiros. Daí se reforçar no dia-a-dia da escola uma pressão por aulas "dinâmicas" nas quais o que vale, cada vez mais, é a adesão indiscutida do professor à linguagem e aos valores do mundo empresarial, como a fonte por excelência de autoridade pedagógica. Não por acaso, eu soube que o departamento de Economia da FGVSP decidiu não mais confrontar pensadores nos cursos de Teoria Econômica na graduação, mas apenas ensinar o aluno a ler indicadores de conjuntura úteis ao administrador. É o pensamento único se alastrando. Ademais, o aluno de graduação é crescentemente um estressado precoce e, sob tanta pressão, a predisposição a estudar cai brutalmente.

Você, como outros professores da GV — o Bresser, por exemplo —, tem trânsito internacional.
Luiz Carlos Bresser-Pereira é um amigo de longa data. Um intelectual com carreira política bem-sucedida e autor de uma considerável quantidade de livros e artigos. Assisti às homenagens feitas a ele por ocasião de seus setenta anos e fiquei impressionado com a qualidade e a variedade das pessoas que testemunharam seu múltiplo desempenho, em um evento carinhoso feito na FGVSP. Quanto ao trânsito internacional dele, sei pouco, mas o bastante para saber que está publicado em várias línguas.

Por que você não continuou a fazer estudos de Sociologia da Arte, depois de publicar Arte, privilégio e distinção?
Eu acho que praticar a Sociologia dentro das condições de rigor que aprendi a respeitar é muito difícil. Tem um custo emocional elevado, pois em si ela não está conectada a nenhuma perspectiva de intervenção, onde o benefício a ser alcançado por terceiros esteja no horizonte de quem analisa. Admiro quem consegue continuar pagando esse custo emocional e multiplicando pesquisas originais até o fim da vida. Eu quis para mim, como já foi dito, valer-me do fato de lecionar numa escola de formação profissional e pensar em um nicho de conhecimento onde tivesse algo a dizer a quem desenha programas e toma decisões. No caso, a política e a gestão cultural. Os textos que escrevi a respeito têm todos, em maior ou menor grau, uma intenção de colaborar com um curso de ação governamental para o qual a lógica sociológica do mundo da cultura, que estudei durante tanto tempo, possa dar uma contribuição.

Mas sua postura não é de desencantamento. Ainda que todo programa de pesquisa sociológica, na perspectiva que você descreve, possa levar ao desencantamento, você parece não querer abrir mão do encantamento, até sob pena de endoidecer, não é isso? É um aspecto interessante nessa sua fala.
Estou seguro de ter sido fiel às minhas preferências e habilidades quando as principais decisões se impuseram. Trabalhar com arquitetura, artes plásticas, moda, publicidade tem um lado de prazer visual, de libido, que sinto sempre que entro em um bom museu de arte.

Você sempre gostou de arte, não era só por conta da pesquisa que você entrava em contato com artistas plásticos.

É como já falei: sinto-me à vontade, porque sempre me recusei a ser erudito em arte. Não tenho ambição, vontade de saber o que os artistas abstratos estão querendo dizer, qual a dúvida existencial que eles estão querendo levar adiante com sua arte. Eu acho um tédio isso e, para definir meu desfrute pessoal, confio sempre na primeira impressão da retina. Minha retina sempre fala mais alto quando alguém tenta usar da arte para me colocar uma questão de existência. Acho o adjetivo "belo" e o superlativo "lindo" os melhores qualificativos para uma obra de arte, ontem, hoje e sempre. Por mais que também possa satisfazer indagar as técnicas, idéias, filiações estéticas e sociais, intenções imputadas ao autor etc. etc.

Face à sua posição bastante original em relação à Sociologia, o que você acha do papel que essa disciplina pode desempenhar no mundo de hoje? Em que ela precisa renovar-se para responder aos desafios que o mundo moderno coloca?

Sem dúvida, o lastro de saber acumulado das origens da Sociologia até os anos 1960 foi incorporado nos referenciais das "Sociologias especiais" que desde então não cessam de se autonomizar, multiplicando-se. Como cada uma dessas especialidades está inserida em um campo de lutas em que também competem argumentos e propostas interpretativas que jamais reivindicaram estatuto de sociológicas, para responder à sua questão será preciso tomar especialidade por especialidade para avaliar com mais propriedade qual tenha sido a contribuição da Sociologia ao avanço do conhecimento em cada uma delas. Pessoalmente, fico muito contente quando vejo colegas sociólogos tendo algo a dizer em cada uma dessas áreas que os de outras diplomações e identidades não conseguem sequer perceber, muito menos enunciar. Mas é muito triste também constatar que, muitas vezes em que o caráter sociológico de uma explicação é invocado por seu autor, na verdade o raciocínio permanece na superficialidade, confundido com o lugar-comum. É o mesmo desaponto, aliás, de ler algum balanço exaustivo e constatar que os achados de alguma Sociologia especial foram apenas pífios. No que tange à renovação para responder a desafios, estou certo de que o uso prolongado, crítico e cumulativo de métodos empíricos, em particular os qualitativos, tem colaborado muito para a renovação de questões e, consequentemente, para o mérito da pesquisa. Felizmente, a época da Sociologia de cátedra já passou.

PRINCIPAIS PUBLICAÇÕES

1974 *A profissão de arquiteto: estudo sociológico.* Rio de Janeiro: CREA.

1975 *Sociologia do Desenvolvimento* (org.). Rio de Janeiro: Zahar.

1984 "Acesso à propriedade, família e herança: formação e reprodução da pequena burguesia têxtil em São Paulo", *Revista de Administração de Empresas*, Rio de Janeiro, vol. 24, nº 4, out./dez.

1984 *Educação e hegemonia de classe* (org., com Lia Zanotta Machado). Rio de Janeiro: Zahar.

1988 *Moda, luxo e economia*. São Paulo: Babel Cultural.

1989 *Arte, privilégio e distinção: artes plásticas, arquitetura e classe dirigente no Brasil: 1855-1985*. São Paulo: Perspectiva.

1991 "Négotiation politique et rénovation de l'architecture: Le Corbusier au Brésil", *Actes de La Recherche en Sciences Sociales*, Paris, n° 88 (versão em português: "Negociação política e renovação arquitetônica: Le Corbusier no Brasil", *Revista Brasileira de Ciências Sociais*, São Paulo, vol. 6, n° 16).

1996 "Business and Culture in Brazil". In: R. Martorella (org.), *Business and Culture: An International Perspective on Sponsorship*. Londres: Praeger.

1997 "Business Sponsorship and Fiscal Incentives for Culture in Brazil: Analysis of a Recent Experience" (com Maria Alice Gouveia e Graça Berman), *International Journal of Cultural Policy*, vol. 3, n° 1.

2000 "Política e gestão cultural: Brasil, USA e Europa". Disponível em http://www.eaesp.fgvsp.br/AppData/GVPesquisa/Rel13-2000.pdf.

2001 "Cultura como objeto de política pública", *São Paulo em Perspectiva*, vol. 15, n° 2.

2002 "Le Financement public et privé de l'art au Brésil", *Cahiers du Brésil Contemporain*, Paris, vols. 47 e 48.

2002 "Publicidade: comércio, cultura e profissão", *BIB: Revista Brasileira de Informação Biobliográfica em Ciências Sociais*, São Paulo, vols. 53 e 54.

2003 "Crítica de arte: cômoda irresponsabilidade e missão não cumprida". In: Leonardo Brant (org.), *Políticas culturais*. Barueri: Manole, vol. 1.

2003 "Formação e internacionalização da 'sociedade de consumo' norte-americana: 1870-1930". Disponível em http://www.eaesp.fgvsp.br/AppData/GVPesquisa/P00250_1.pdf.

2006 "Educação e ideologia do talento no mundo da publicidade", *Cadernos de Pesquisa*, São Paulo, vol. 36, n° 128.

BENICIO VIERO SCHMIDT

Benicio Viero Schmidt nasceu em 1944. Formou-se em Direito pela Pontifícia Universidade Católica do Rio Grande do Sul em 1967 e fez mestrado em Ciência Política pela Universidade Federal de Minas Gerais. Tornou-se doutor em 1979 pela Stanford University, também em Ciência Política, e concluiu seu pós-doutorado pela Université de Paris I (Pantheon-Sorbonne) em 1994. É professor titular da UnB. De 1976 a 1982, foi professor adjunto na Faculdade de Arquitetura da UFRGS e, de 1973 a 1976, professor adjunto da UFMG. Seu trabalho se atém a políticas públicas, a métodos e técnicas de pesquisa em Ciências Sociais e teorias sociais. Esta entrevista foi realizada em julho de 2004.

Fale sobre sua formação e a carreira como sociólogo, seus temas de interesse e a relação entre eles.

Sou graduado em Direito pela PUC de Porto Alegre. A faculdade era um ambiente de muita pressão política, e eu acreditava que estávamos vivendo um momento histórico, com muito potencial para se realizarem mudanças importantes no país. No período, exerci muita militância política. Havia sido coordenador da Ação Católica e da Ação Popular, desde a escola secundária. Continuei minha militância na universidade, na Ação Popular, uma vez que havia abandonado a fé católica. A própria decisão de cursar Direito veio de grande motivação política, pois, ao iniciar o secundário, eu me imaginava um médico. Por isso, cursei o primeiro ano colegial no "científico", indo depois para o ciclo do "clássico", para grande decepção de meu pai, que era farmacêutico e esperava ter um filho médico. Na Ação Popular, debaixo das asas de Betinho (Herbert José de Souza), tornei-me um dos coordenadores do grupo no Rio Grande do Sul. Resolvi cursar Direito na PUC-RS por várias razões, entre elas porque consegui uma bolsa de estudos e outra porque foi o primeiro vestibular de Direito com a disciplina de História substituindo o Latim. Consegui nota dez na matéria! No segundo ano do Direito, em 1964, fui candidato a presidente, pela AP, à primeira eleição direta para a União Estadual de Estudantes (UEE-RS). A eleição seria em maio, veio o golpe de 1964 e acabou minha carreira legal de líder estudantil. Fui preso várias vezes, a UEE foi tomada pelo Exército e essa é a história que todos conhecem. No terceiro ano da Faculdade de Direito tornei-me "solicitador" (estagiário), com carteira da OAB, e fui advogar em dois escritórios distintos, enquanto ingressava no curso de Ciências Sociais da Universidade Federal do Rio Grande do Sul. Foi minha iniciação sistemática à Sociologia e à Ciência Política; muito influenciado pelo professor Leônidas Xausa. O professor Xausa havia sido um dos primeiros brasileiros a cursar pós-graduação em Ciência Política nos Estados Unidos (Columbia University), com planos de instalar um Departamento de Ciência Política na UFRGS. Outro intelectual importante na minha carreira foi o professor de Filosofia Ernani Maria Fiori. Além de professores influentes, os dois faziam parte da Ação Popular, tendo Fiori auxiliado o padre Henrique de Lima Vaz, jesuíta sediado em Belo Horizonte e redator do documento de fundação da Ação Popular no Brasil. No projeto de Xausa estava um grupo de estudantes que deveriam, segundo ele, fundar um grande centro de Ciência Política moderna na UFRGS. Entre eles estavam Francisco Ferraz (ex-reitor da UFRGS e grande pesquisador e consultor na área da política), Hélgio Trindade (atuante intelectual e líder da Ciência Política no Brasil), Evelina Dagnino e Plínio Dentzien (professores da Unicamp), Hélio Gama Filho (jornalista de renome nacional) e eu mesmo. O projeto não foi realizado integralmente, sendo que apenas Ferraz e Hélgio voltaram ao Rio Grande do Sul e à UFRGS, depois de nossos estudos de pós-graduação no exterior.

Neste período, entre 1965 e 1968, entrei em contato com as Ciências Sociais da Universidade de São Paulo. Estreitamos nossas relações políticas e acadêmicas com Florestan Fernandes, Octavio Ianni, Gabriel Cohn, Fernando Henrique Cardoso e muitos outros, em encontros semiclandestinos patrocinados, geralmente, pelo Instituto de Estudos Políticos, Econômicos e Sociais, órgão do MDB do Rio Grande do Sul, que era liderado por um sociólogo recentemente falecido, André Foster. Neste momento, as Ciências Sociais gaúchas já estavam muito conectadas a São Paulo. Todos nós nos imaginávamos fazendo pós-graduação na USP. Daí as muitas viagens que fazíamos a São Paulo para entrevistas e aconselhamentos com os nomes acima citados, entre outros. Muito sacrifício e muitas horas dentro de ônibus, em estradas sofríveis. A pressão sobre a USP aumentava.

Resolvi ir para Belo Horizonte, fazer o mestrado em Ciência Política na Universidade Federal de Minas Gerais, em uma experiência metodológica inovadora, com ênfase na formação weberiana e estudos quantitativos do comportamento político, junto ao Departamento de Ciência Política da UFMG. Seu diretor, o professor-economista Júlio Barbosa, era antigo companheiro de jornada de Florestan Fernandes e de Celso Furtado e havia sido um dos fundadores do antigo ISEB, criação nacionalista do período JK, com Roland Corbisier, Darcy Ribeiro, Helio Jaguaribe, Candido Mendes e outros. Em Belo Horizonte, de saudosa memória, tive professores de alto nível como Antônio Octávio Cintra, Fábio Wanderley Reis, José Murilo de Carvalho, o norte-americano Frank Bonilla e o uruguaio Carlos Alberto Filgueiras. Bonilla foi meu orientador no mestrado, quando apresentei uma dissertação que utilizava o método Delphi para a interpretação de juízos sobre cenários políticos, por meio de complicado uso de emergentes programas de computação em linguagem Fortran IV.

Com Frank Bonilla fui estudar na Stanford University para realizar o doutorado em Ciência Política. Junto comigo foram grandes colegas e acadêmicos exemplares Malory Pompermayer e Evelina Dagnino. Em Stanford tivemos uma época de ouro, pois conhecemos muitas figuras inclementes, que depois brilhariam em vários cenários políticos, tais como Alejandro Toledo (atual presidente do Peru), Jacques Velloso (Universidade Nacional de Brasília), Jorge Werthein (Unesco), John

Benicio Viero Schmidt

Gurley (economista que ajudou a fundar a *new left* nos Estados Unidos), bem como toda a nata da Ciência Política comparativista dos Estados Unidos, liderados por Gabriel Almond e Seymour Martin Lipset. Um certo dia, o diretor do Instituto de Ciência Política de Stanford me chamou e ofereceu uma vaga a um docente brasileiro para ser professor-visitante em nosso departamento durante três meses. Indiquei Francisco Weffort e Fernando Henrique Cardoso. Cardoso foi escolhido e fui seu aluno por um *quarter*, nos Estados Unidos! Estreitei relações com um grande amigo de jornadas de porão acadêmico e conheci a já renomada e gentil professora Ruth Cardoso. Foi um período rico de experiências, desafios intelectuais e de muita amizade com outros norte-americanos, como o hoje professor da University of Miami, William Smith Jr., famoso por seus estudos sobre a América Latina e, em particular, a Argentina. Nesta jornada, minha então esposa, Isaura Belloni, fazia seu doutorado em Economia da Educação, também em Stanford, sob orientação de Martin Carnoy.

Terminados os cursos, voltei ao Brasil, para, junto com Isaura Belloni, trabalhar na UFMG, no Departamento de Ciência Política. Lá permaneci de 1973 a 1976. Havia recusado um convite de Vilmar Faria, Fernando Henrique e Paulo Sérgio Pinheiro, para integrar o Instituto de Ciências Humanas da Unicamp. Com o projeto de tese de doutorado na cabeça, sofri pressões para não realizá-lo, após algumas entrevistas com empresários industriais. Recebi um convite do amigo e arquiteto Jorge Francisconi, que na época criava um programa interdisciplinar em planejamento urbano e regional (Propur) na UFRGS, e voltamos, Isaura e eu, para a nossa terra natal. Aconteceu entre 1976 e 1982 minha primeira experiência interdisciplinar realmente importante, na dimensão profissional. O grupo, sediado na Faculdade de Arquitetura da UFRGS, era integrado por sociólogos, arquitetos, urbanistas, economistas, especialistas em direito urbano e imobiliário, demógrafos, geógrafos e por uma doutora em educação comparada. Por força da dinâmica da instituição, muito trabalhei e interagi com intelectuais do porte de Paul Singer, Milton Santos e urbanistas argentinos como o notável Jorge Hardoy. Aí, então, enveredei pela trilha da política urbana em sua relação com as políticas públicas dos Estados latino-americanos. Acabei escrevendo, em 1979, minha tese de doutorado *O Estado e a política urbana no Brasil*, depois publicada em livro com mesmo nome.[1]

Mas você defendeu a tese em Stanford?
Sim. Estava como professor no Propur, tomei uma licença em 1978 e apresentei a tese em agosto de 1979, tendo na minha banca a presença honrosa de Richard Morse, grande historiador da América Latina e íntimo amigo de Florestan Fernandes. Depois da tese fui ao 42º Congresso dos Americanistas, em Vancouver, no Canadá, a pedido de Richard Morse. Lá apresentei um trabalho ("O planejamento urbano no Brasil do século XIX") e ganhei um dos prêmios do Congresso, como

---

[1] Benicio Viero Schmidt, *Estado e política urbana no Brasil*, Porto Alegre, L&PM/Editora da UFRGS, 1983.

206   Conversas com sociólogos brasileiros

o melhor trabalho em Política/Geografia/História. Realmente uma surpresa, mas foi um belo esforço que nasceu de um *happy hour* com a notável figura de Richard Morse, que me abriu seu arquivo implacável de correspondências entre ele, Florestan Fernandes e Gilberto Freyre. Uma loucura que deu certo e um prêmio de mil dólares! O trabalho foi publicado no Canadá, nos Estados Unidos e, no Brasil, pela revista *Dados*.

Você se define mais como cientista político do que como sociólogo?

É bem complexa a questão. Quando eu estava em Porto Alegre, entre ao anos de 1976 e 1982, me considerava cientista político, estritamente, especializado no emergente campo da análise das políticas públicas, a exemplo de Antônio Octávio Cintra, entre outros. No retorno a Porto Alegre, em 1979, depois do PhD, passei a ser professor-visitante da UnB, onde, durante os verões (janeiro-fevereiro), era professor do Departamento de Arquitetura e Urbanismo, em curso idêntico ao do Propur-UFRGS. Aí conheci professores de Sociologia da UnB que me convidaram para lecionar em Brasília.

Vim para Brasília em 1982, para trabalhar no Departamento de Ciências Sociais, em cujo Instituto de Ciências Humanas reinava o grande antropólogo Roberto Cardoso de Oliveira, hoje meu colega de corredor no Ceppac (Centro de Estudos Comparados sobre as Américas). Tornei-me sociólogo por força das circunstâncias! No grupo do Departamento estavam Vilma Figueiredo, Barbara Freitag, Yves Chalout, Fernanda Sobral, Ana Maria Fernandes, Sadi Dal Rosso, Pedro Demo e muitos outros, todos brilhantes colegas e renomados pesquisadores. Separamos as áreas e formamos um Departamento de Sociologia, onde fui o primeiro coordenador do mestrado e do doutorado, já em fins dos anos 80. Fiz muitas pesquisas eleitorais, urbanas, e ofereci muitos cursos de metodologia de pesquisa e teoria sociológica contemporânea. Minha conversão em sociólogo estava assegurada! Em 1986 comecei a criar um doutorado em Estudos Comparados da América Latina e do Caribe, hoje Ceppac, inicialmente em convênio com a Facultad Latinoamericana de Ciencias Sociales do Chile. Foi uma iniciativa arrojada, mas que teve de divorciar-se do próprio Departamento de Sociologia, por polêmicas internas. Saí do SOL (Departamento de Sociologia) e fui para o próprio Ceppac, um centro interdisciplinar, em 1994, definitivamente. De 1995 até meados de 1996, fui presidente da Fundação de Apoio à Pesquisa do Distrito Federal, quando Cristovam Buarque era governador do DF. No período, publiquei muitos trabalhos e um pequeno livro de sucesso, *A questão urbana*, com o amigo e urbanista Ricardo Farret, pela Editora Zahar, em 1986.

O que significa para você ser um sociólogo no Brasil, fora do eixo Rio-São Paulo?

É algo difícil de explicar, pois sempre imaginei que iria trabalhar em São Paulo. Sempre gostei da cidade, reúne os melhores quadros em todas as ciências, de modo geral. Em minha juventude, a gauchada vivia muito integrada a São Paulo. Isso é natural e foi muito normal, aceito, compartilhado. Também, é bem verdade, que vivíamos muito integrados a Montevidéu e Buenos Aires. O *glamour* das cidades

Benicio Viero Schmidt

metropolitanas, nossas raízes político-culturais, a disponibilidade de belíssimas livrarias, com traduções espanholas das grandes obras das Ciências Sociais e da literatura mundial... Essas três cidades compunham nosso imaginário mais próximo de uma vida densa, agitada e culturalmente compensadora. Neste quadro, São Paulo parecia ser um destino de todos nós. Éramos muito próximos aos professores da USP. Muitos dos nossos tornaram-se "paulistas", a partir desta ambientação e aproximação (Paulo Renato Souza, Plínio Dentzien, Mariza Corrêa, Evelina Dagnino, Brasilio Sallum, Geraldo Müller e outros); na medida em que se instalaram em grandes centros de ensino e pesquisa de São Paulo. Comigo, a vida não se conformou a este molde. Após o convite da Unicamp em 1972, intermediado por Fernando Henrique Cardoso, tive de seguir para Belo Horizonte, por implicações familiares. Curiosamente, ao final da década de 80 venho a casar com Lia Zanotta Machado, doutora em Sociologia pela USP, orientanda de Gabriel Cohn e Luiz Pereira, meus grandes amigos e colegas. Minha paixão por São Paulo foi transmutada para Lia! Mesmo assim, quando nos casamos, ela já era professora do Departamento de Antropologia da Universidade de Brasília. Não me arrependo, nem do sonho juvenil nem da realidade que me envolve como adulto.

Resta a questão de "por que não permaneci em Porto Alegre". Ainda gosto muito de minha cidade natal, lá tenho amigos e ainda uma grande família, descendente de combinações germânicas e italianas. Porto Alegre, especialmente hoje, é uma referência cultural e política, tem grandes centros de Ciências Sociais, grandes quadros e ótimas universidades — como, aliás, em todo o Estado do Rio Grande do Sul —, seguindo um padrão muito próximo ao de São Paulo. Mas tenho minhas contradições com a própria cultura gaúcha, com seus procedimentos comportamentais. Não sou tão capaz, a ponto de suportar este desconforto, que é muito pessoal e dificilmente traduzível. Basicamente, acredito que isso seja causado pela existência de fortes estruturas hierárquicas, incluindo as de classes sociais históricas que ainda não foram modernizadas e abertas, que geram tensões às quais não consigo me submeter. No mais, é uma bela cidade, com grandes atrativos e elétrica vida intelectual, cultural e política, aliás, como a história recente confirma.

Então houve a oportunidade de vir a Brasília. Encantei-me com seu caráter de *Roma, Cidade Aberta*, de Rosselini! Brasília sintetiza o nosso país culturalmente diversificado, contraditório. Há muitos recursos disponíveis para um cientista social. Uma grande universidade, o Congresso Nacional, enfim, são muitas as razões desta atração. Aqui se trabalha muito e produtivamente, pois a cidade é muito eficiente. Não se perde tempo com deslocamentos, a cidade já nasceu incorporando hábitos e procedimentos modernos, o que facilita nossos afazeres. Além disso, minha experiência na UnB tem sido marcada pela integração com outras áreas de conhecimento, além das minhas originais (Direito, Ciência Política e Sociologia). Além de ser fundador do doutorado em estudos comparados sobre as Américas (Ceppac), fui diretor do DATAUnB (Centro de Pesquisas Sociais Aplicadas) durante sete anos (entre 1997 e 2004), deixando o cargo quando vim para a Capes, um centro de pesquisas que produz serviços, principalmente, de avaliação e monitoramento de políticas públicas; sendo nosso cliente maior o próprio governo federal. Aí, como no Ceppac, montamos uma equipe interdisciplinar, integrada por profissionais de diversas áreas, cercados de muitos e ótimos estatísticos. Tem sido uma agitada e bela jornada, com muitas compensações afetivas, políticas e intelectuais.

Você acha que o fato de ser cientista social fora do eixo Rio-São Paulo constitui um déficit em termos de condições de produção e credibilidade?
No período de minha graduação, sim. Sabia que se estivesse no Rio de Janeiro ou em São Paulo, teria mais legitimidade e visibilidade. No entanto, vivi alguns anos em Belo Horizonte, como aluno (entre 1968 e 1970) e como professor da UFMG (entre 1976 e 1982), e lá experimentei excelentes momentos e experiências como pesquisador e docente. O Departamento de Ciência Política era muito apoiado pela Fundação Ford e outras agências. Era moderno, tinha muitos professores estrangeiros, convidava nomes ilustres da contemporaneidade para palestras e seminários de curta temporada (Foucault, Lipset, Huntington, os grandes nomes de São Paulo e do Rio de Janeiro). Estar na UFMG e em Minas Gerais foi um consolo para a alma sofrida pelos dias de repressão e sofrimento familiar em Porto Alegre. A repressão política, na conservadora Belo Horizonte de então, era também muito dura, mas sem os percalços do envolvimento dos mais próximos. Em contrapartida, na época, Porto Alegre, com instituições mais antigas e disputas políticas mais acirradas, era portadora de um ambiente muito mais pesado e sombrio. Mas, de fato, na ocasião, não estar no eixo Rio-São Paulo era um déficit relativo.

Quais foram as influências intelectuais mais importantes no seu trabalho?
Fui um incipiente aluno de filosofia, orientado por Ernani Fiori e Gerd Bornheim; mestres da metafísica e do existencialismo, na Faculdade de Filosofia da UFRGS. Adorei Platão e daí passei a querer ser cientista político, foi um pulo e uma descoberta. A teoria das cavernas, o desvelamento da verdade e o teatro da política me encantaram. Platão foi decisivo, embora eu não tenha me tornado um filósofo profissional! Quando fui aluno de Leônidas Xausa, nas disciplinas de Ciência Política, fiz intensas incursões pelo estudo do pensamento grego, guiado pela obra de Ernest Baker. Um mestre do pensamento político grego clássico, sobre as bases das concepções democráticas e suas perversões. O marxismo sistemático vinha da atividade política, pela participação na Ação Popular e, muito depois, pelos fragmentos da obras sobre ideologia e economia política nos cursos de Sociologia. Max Weber e Durkheim mereciam mais atenção formal, dada a repressão da época. Mas, de todos os fundadores, Marx e Weber são minhas referências fundamentais. Nos Estados Unidos fui exposto, sem cerimônias, à continuidade de meus estudos sobre o funcionalismo de Parsons e seus associados (Neil Smelser, Gabriel Almond, Sidney Verba), que tinham sido iniciados em Belo Horizonte; bem como ao comportamentalismo da Ciência Política e à emergente *new left* americana, que praticava um marxismo em pílulas.

Qual é o sociólogo contemporâneo mais importante do seu ponto de vista?

Essa é uma pergunta muito difícil! Além de Pierre Bourdieu, sempre seminal e provocativo, eu mencionaria três nomes: Jeffrey Alexander, John Elster e Anthony Giddens. O mais compreensivo e ambicioso de abrangência, organizador de minhas conturbadas compulsões explicativas é Giddens.

Acha que a Sociologia tem perdido espaço para a Ciência Política?
Sim, e para a Antropologia, também! A Sociologia paga o preço de, por um bom tempo, ter aderido aos dilemas e tensões de um estruturalismo estritamente assumido. A influência de Louis Althusser e sua "história sem atores" foi um terrível equívoco e resultou em embrutecimento da razão prática, que sempre orientou as ciências do comportamento. De outro lado, por recusa à imersão mais conseqüente na facticidade e sua conexão com teorias disponíveis, a Sociologia tem imitado o jornalismo. Uma boa Sociologia não deve, nunca, ser confundida com um jornalismo de investigação. São campos distintos. Hoje em dia, a utilização de conhecimentos sociológicos sistemáticos está em franco desuso, para desgraça da própria disciplina. São raros os textos que utilizam o instrumental consagrado; pois isso tornaria a produção sociológica incompreensível a grande parte do público leitor, incluindo aí os jovens sociólogos. Não é freqüente, por exemplo, o uso de conceitos como grupo de referência, congruência e incongruência de *status* etc. O desleixo conceitual, a imitação do jornalismo, o abandono de cursos sistemáticos, são algumas das causas do desastroso resultado. Um outro exemplo dramático, a meu juízo, reside no fato de a Sociologia do Desenvolvimento, disciplina basilar na formação dos sociólogos modernos, ter deixado de ser obrigatória nos currículos das melhores escolas. Não é difícil imaginar as conseqüências disso sobre o trabalho de interpretação sobre a estrutura de classes e a mobilidade social, em nossos dias.

Neste sentido, você quer dizer que a Sociologia se aproxima de temáticas importantes, como a questão agrária, a questão do menor, da violência, tendo abandonado as categorias analíticas clássicas?
Poderá ser isso. Mas, de qualquer modo, tomemos dois autores centrais de nossa contemporaneidade, como Bourdieu e Giddens. Quando Bourdieu utiliza a categoria de homologia entre os vários subsistemas societários, e quando Giddens passa do nível macro de determinações para a análise das relações familiares, percebemos a enorme dificuldade de compreensão por parte dos jovens estudantes de seus textos. Não é porque os textos sejam talmúdicos, mas porque a formação teórica sistemática é precária, a meu juízo.

Você também trabalhou com temas como os assentamentos rurais e o menor?
É verdade. Com Elizeu Calsing, doutor em Sociologia e técnico do IPEA, produzimos um relatório sobre o menor e a pobreza no Brasil. Foi publicado pelo IPEA e Programa das Nações Unidas para o Desenvolvimento como livro. Os dados haviam sido colhidos pelo IPEA, mas careciam de tratamento analítico. Analisamos as relações entre menor, pobreza e desequilíbrios regionais econômicos. Criamos a hipótese de que as causas da pobreza não eram somente as convencionais. Ti-

nham relações com tendências a longo prazo como falta de investimento em educação e, principalmente, lacunas quanto ao capital social instalado. A dimensão do *capital social* ainda é uma novidade no tratamento de questões similares em nossas Ciências Sociais brasileiras. De qualquer forma, nosso livro ficou muito descritivo e pouco analítico, dado o curto tempo que nos deram. Com os mesmos dados, produzimos outros artigos separadamente. Sobre os assentamentos de reforma agrária coordenei uma extensa pesquisa nacional, entrevistei 200 mil chefes de família em núcleos do Incra, entre o final de 1996 até maio de 1997. Foi um trabalho hercúleo. Fui um dos três coordenadores, contratamos 1800 entrevistadores, 66 supervisores de campo e trabalhamos consorciados com 29 universidades brasileiras, em todos os Estados da Federação. Para isso, fizemos um acordo entre o Incra, o Conselho de Reitores das Universidades Brasileiras e a UnB, que coordenou a execução do trabalho. Os entrevistadores eram estudantes universitários e os supervisores eram professores universitários. Os outros coordenadores foram Danilo Nolasco (UnB) e Suely Rosa (Sociedade Brasileira de Sociologia Rural). O questionário básico estava em formato eletrônico, hábil ao processamento e à leitura ótica imediatos. Questões fechadas, em sua quase totalidade. Foi uma grande novidade, à época, em pesquisas deste teor. Isso produziu um enorme debate metodológico, por parte de muitos especialistas renomados sobre a questão agrária. Fomos combatidos duramente, mas cumprimos a tarefa e fizemos a primeira e única auditoria real sobre o número, o tamanho e a composição familiar dos assentamentos do Incra, bem como de sua produção. Pelo provável êxito considerado do trabalho, em 1997, fui guindado à direção do DATAUnB pelo reitor da Universidade de Brasília na época, professor João Cláudio Todorov, onde permaneci até a vinda para a coordenação da cooperação internacional da Capes, em 2004. No DATAUnB fizemos muitos trabalhos de grande fôlego empírico, como a primeira avaliação da Bolsa-Escola Federal, na gestão de Paulo Renato Souza no Ministério da Educação, trabalho que foi finalizado já no atual governo, em maio de 2004.

No seu texto "Estado, a nova esquerda e o neo-corporativismo", você afirma que o pensamento gramsciano tem uma grande atualidade, assim como a social-democracia, especialmente a italiana, e que é necessário recuperar a articulação entre a política e a moralidade, a partir da visão deste autor. Desenvolva esta idéia.

De certa forma, a idéia da política como representação e a sua relação com a ética e a moralidade foi apropriada de modo utilitarista pela Ciência Política vigente. Justificam-se certas posturas políticas pela sua utilidade, não pelo seu valor intrínseco. Diz-se que os fins justificam os meios; a estratégia justifica uma tática que talvez não seja defensável por padrões eticamente aceitáveis etc. Acredito que se a política abdicar de preservar a relação entre representação, moralidade e ética, perde o sentido como campo de trabalho, de estudo, de práticas sociais. Acredito, também, que devemos a Gramsci a constatação de que este é um processo de construção social, coletivo. É resultante de relações sociais que são atravessadas por conflitos e implicam em luta por hegemonia de valores determinados, escolhidos. No texto aludido, o que me preocupava muito é que a política e sua análise esta-

Benicio Viero Schmidt

vam sendo apropriadas por um utilitarismo imanente, que não está exposto. Fora deste círculo, a Política se transforma em administração das coisas, *grosso modo*. Não é mais a Ciência Política que apreendemos dos clássicos. O texto nasceu de uma polêmica, na conjuntura da chamada Mini-Constituinte, ainda nos anos 90. Nelson Jobim, então deputado federal, e o ex-ministro Bernardo Cabral, tentaram fazer a Mini-Constituinte. Participei de um debate na UnB, quando um convidado afirmou que, na verdade, a política atual abriga um conceito de democracia que resulta da disputa entre os interesses agregados pelas corporações. Um absurdo, típico de nossas pobres elaborações teóricas! Aí, diante de tão pomposa e interesseira afirmação, declarei que estava ao lado de Jobim, Marco Maciel e outros, pois esse raciocínio não levaria a nenhum aperfeiçoamento do regime democrático brasileiro. Essa foi uma discussão fragmentada, pois o corporativismo é uma forma clássica de perversão da democracia. Fui combatido por parte do auditório, sugeri que lessem Platão e Aristóteles sobre as perversões das formas puras de ordem política e prometi que escreveria um artigo sobre o modismo neo-corporativo atual. Aí nasceu a inspiração e o próprio artigo, que, pelo seu evidente hermetismo, provocou muitas reações negativas. Pessoalmente, aceito o caráter ainda hermético, mas estou satisfeito com o que produzi. Uma das razões da falta de comunicação está no ambiente conceitual carente em que todos vivemos.

O que é ser de esquerda, hoje?

De um lado, há uma contribuição crucial de Norberto Bobbio sobre os procedimentos transparentes, o poder dos atores tendo plena e pública identificação. Ser de esquerda, ainda que aparentemente óbvio, implica esclarecer os valores em jogo e os procedimentos, lutar para que esses elementos sejam controláveis pelos atores que estão na arena. O perigo é a existência da informação manipulada, especialmente quando a matriz da reprodução social está no conhecimento. A sociedade do conhecimento e suas virtualidades estão caracterizadas pela apreensão seletiva de informações, classificadas por hierarquias que estão longe de uniformizar mínimas possibilidades de democracia plena, compartilhada por toda a comunidade humana. Além disso, e tão importante quanto, é o intercâmbio de papéis relevantes entre as ciências que organizam nosso conhecimento. As hierarquias científicas mudaram, aliás, como previa Augusto Comte. As ciências biológicas, pelo incrível avanço de seus conhecimentos e capacidade de sedução, estão exercendo o papel da filosofia. A explicação biológica da vida e seus segredos vai sobrepujando os argumentos filosóficos, especialmente os de natureza metafísica. Foi-se o tempo da economia como matriz determinante, como fragmento herdado de Adam Smith e Karl Marx, por exemplo. Outra questão que provoca muitas tensões sobre o dilema de ser de esquerda é originária do fato de que há uma abundância de informações científicas e seus impactos sobre as formações sociais contemporâneas, que não têm sido consideradas nem processadas pela arena política. A partir de boa literatura sobre as relações entre a ciência, a tecnologia e a sociedade, é possível afirmar que há diferentes temporalidades na História. Há um tempo econômico, que é marcado pelo processo de acumulação de capital. Há um tempo militar, pertinente ao processo de estabelecimento de fronteiras. Agora chegamos a um tempo genômico, onde o DNA é examinado a cada momento e determina novos critérios para a avaliação da trajetória dos seres vivos. Como isso vai influenciar os critérios de análise e interpretação dos processos historicamente dados? Ser de esquerda, neste contexto, implica ter informação clara e inequívoca sobre estes processos e suas interação sociais, políticas e econômicas. Mas, quais são as informações e recursos necessários para fundamentar uma posição que poderia ser chamada de esquerda? Não parece ser gratuita a crescente importância da Biologia na determinação do social como ocorreu nos primórdios de nossa disciplina. Posicionamentos políticos de esquerda, a partir tão somente das relações de classes na estrutura social, parecem cada vez mais precários.

Você acha que o socialismo pode ser reconstruído como utopia?
Eu sou um social-democrata. Acredito no nexo necessário entre socialismo e democracia. Não posso imaginar um mundo desta natureza pautado por um modelo de uma grande Cuba. Vivi uma temporada na Alemanha Oriental, em 1986, e não creio que aquela experiência possa ser definida como socialista. A perversão burocrática tomou conta do processo com implicações sobre a concentração de poder e outras esferas de participação social e política, como é bem conhecido. Karl Mannheim, em suas obras principais, já alertava que o planejamento central não deve ser incompatível com a democracia; ao contrário, deve ser o elemento que garante a melhor realização dos valores democráticos. O que houve, pelas circunstâncias provindas de guerras e destruição, foi um rebaixamento das ambições de consumo e, com isso, a austeridade apregoada e estabelecida provocou pesados controles sobre as outras participações. O que era instrumental e passageiro foi transformado em meta permanente, com os resultados conhecidos. Mas, de acordo com o ideário social-democrata, acredito que o socialismo ainda é uma utopia de grande referência.

Qual seria, então, o desafio que o governo Lula traz para os intelectuais no Brasil?
O país está se diferenciando. Temos problemas muito sérios, especialmente no que concerne à gestão pública. O Estado está desaparelhado frente aos desafios atuais; e não dá conta das promessas lançadas e das expectativas gerais. Todavia, já entramos em conjuntura de mudanças a partir do primeiro governo de Fernando Henrique Cardoso. Enxugamento de estruturas pesadas da administração direta, agências de regulação para controlar os setores privatizados etc. O governo Lula nasceu em um embalo ilusório, mas o realismo vai tomando lugar importante nas decisões. Tudo isso é um largo e pesado trajeto, ao qual nos adaptamos e buscamos maior eficiência das organizações e mais eficácia das suas políticas. O avanço democrático, todavia, continua seu percurso. O desafio do governo Lula é o mesmo enfrentado pelos intelectuais nas atuais condições nacionais e internacionais.

Eles têm de ter resignação diante dos imperativos?
De certa forma, sim! Não há muito mais lugar para puro voluntarismo. Necessitamos de mais densidade e informações para entender os movimentos complexos

do cenário internacional. Planejamento e eficiência, típicos de qualquer grande empresa internacional, é o que precisamos absorver para dentro do Estado brasileiro. Há de ser reconhecido, também, o fato de que o capital social é elemento determinante de nossas potencialidades. Mas não temos essa gestão no Brasil de modo minimamente aceitável.

É uma dimensão que não depende só da história nacional, como presente na milenar Itália que, apesar da grande falta de institucionalidade estatal, se conserva como um país líder no mundo contemporâneo. O Brasil deveria ajustar-se ao mundo emergente por meio de uma gestão do capital social mais eficiente. A cooperação e autonomização dos subsistemas sociais são centrais para que o país possa crescer mais equilibradamente e por via democrática. Já que não temos uma larga experiência histórica, isso teria de ser produzido por recursos administrativos. Seria fundamental o Estado fomentar e proteger todas as formas sociais de cooperação. Mas, infelizmente, estamos muito atrasados no quesito!

Você quer dizer que havia muita ilusão na possibilidade de desenvolvimento do país?

Acredito que sim. O desenvolvimento viria sem grande incentivo às inversões de capital, dispensaria forte gestão estatal, após um período de intensa privatização de empresas públicas. Além disso, veio a constatação de que as políticas sociais compensatórias não são compostas exclusivamente por programas de distribuição de benefícios sem cobertura financeira, sem forte acompanhamento de avaliação e de monitoramento permanentes. As estratégias de desenvolvimento requerem uma ativa participação direta e indireta do Estado, como a própria literatura crítica da economia sugere, em todos os países do mundo.

É isso o que você chama de cultura da austeridade?

De certa forma, há hoje um lento rebaixamento geral das perspectivas de doação, de falta de contrapartidas. O próprio Estado benfeitor vai sendo redefinido. Claro que estamos sempre diante de possibilidades populistas e salvacionistas que levariam o país à bancarrota. Mas acredito que vamos rapidamente amadurecer na medida em que temos verificado muitos êxitos em vários setores de atividades. Hoje, por exemplo, o Brasil ocupa o 15º lugar na escala internacional de produção de conhecimentos novos. Isso é um claro êxito do fomento à pesquisa científica em nosso país.

Você, que trabalha na Capes, instituição ligada ao ensino superior, como vê a universidade pública no Brasil?

Eu sempre acreditei que a universidade pública deveria ser a referência central do sistema de ensino superior no Brasil. Já temos um sistema altamente diversificado, mas as universidades públicas, embora heterogêneas, continuam a manter a liderança em pesquisas no país. Mas o fato dramático é que o parque das universidades públicas necessita de fortes investimentos, de docentes a bens de capital. O anteprojeto de reforma universitária do ministro Tarso Genro encaminha modificações no funcionamento das universidades que certamente resultarão em maior autonomia e abertura à cooperação com as empresas, baseada no processo de absorção de inovações industriais.

Como você caracterizaria, hoje, a política do governo Lula para a universidade?

O MEC tem na universidade um eixo fundamental de preocupações e de investimento, pois os outros níveis de ensino são de responsabilidade primeira de Estados e municípios. Hoje, a universidade é a prioridade do MEC. Está em processo um projeto de reforma e de incentivo ao crescimento de matrículas no setor público, que hoje não passam de 25% do total. Além disso, busca-se aumentar a autonomia e capacidade de gestão das inovações dentro das instituições públicas de ensino superior. Também está sendo buscada uma maior diversificação de vocações no nosso parque universitário com a possível criação de universidades tecnológicas e mesmo universidades temáticas. Todavia, essas mudanças dependem de aprovação no Congresso Nacional.

A Capes tem um papel fundamental na discussão sobre a universidade pública, já que apóia a formação de professores para o nível superior. Deve-se lutar por isto?

A Capes tem um desafio permanente configurado no seu papel monopólico de certificação, avaliação e credenciamento dos cursos de pós-graduação e dos processos de cooperação acadêmica internacional. O Brasil, juntamente com outros poucos países, tem um sistema muito diferenciado, com forte e decisivo papel do Estado nesses processos. O sistema internacional de educação superior está sendo submetido à intensa descentralização, desregulação e livre competição; o que leva a maioria dos países à adesão ao conceito de "educação como mercadoria". O Brasil, com outros poucos países, tem resistido a isso. É um confronto difícil e sibilino, mas não deveremos recuar diante deste papel histórico que reveste a Capes, por exemplo.

Você acha que o desafio que temos na educação superior é o mesmo que têm a Argentina, Chile e o Uruguai? Não podíamos fazer uma frente para pensar neste assunto?

Esses países têm sofrido o que mencionei acima. O Chile já aderiu ao modelo em que a universidade pública é paga, os docentes ganham muito pouco e a pesquisa desaparece das universidades e vai para centros e institutos especializados, fora da academia. Uruguai e Argentina têm sido invadidos por grupos internacionais, geralmente em redes de cooperação com nacionais, para expandir o ensino superior. Está difícil o diálogo e principalmente as alianças possíveis para o enfrentamento internacional. Agora, mais do que nunca, dependemos das posições dos governos desses países, pois o setor público está muito desgastado por anos de desleixo e abandono no setor.

Neste sentido, nosso modelo é melhor?

Acredito que sim, temos um modelo melhor. Apesar dos percalços, ainda temos um forte setor público de ensino superior e praticamos a pesquisa cotidianamente e com belos resultados na competição internacional. Possuímos ágeis sociedades científicas; nosso sistema nacional é melhor organizado e com metas de médio e longo prazo. Temos, agora, o V Plano Nacional de Pós-Graduação feito pela Capes. Temos o fomento do CNPq e empresas estatais (Finep, Petrobrás etc.) e uma crescente cooperação internacional liderada pelo MEC e pelas universidades de ponta, como a USP, UFRJ, UFRGS e UFMG, por exemplo.

A proposta do MEC de cotas nas universidades privadas não seria uma ajuda para o setor privado?
A motivação inicial não é esta. Há razões fiscais que submetem as instituições a maior controle tributário. Há também uma motivação política, que faz com que o setor privado aumente as vagas para carentes, ainda não disponíveis no setor público.

O grande desafio do intelectual é assumir um compromisso na esfera pública?
Esse é o grande desafio. O grande entrave para o encaminhamento das relações entre o intelectual e a esfera pública, quando implica gestão, de modo especial, está no nosso restrito repertório de experiências avaliadas sistematicamente. Daí a razão de certo isolamento dos intelectuais dos afazeres estatais e cotidianos das políticas públicas. Mas isso está sendo quebrado, felizmente.

Como você explicaria essas diferenças de capital cultural e de repertório no Brasil e na Argentina?
Na Argentina, os atores da política são mais informados, têm conhecimentos maiores do que os brasileiros. A expansão do ensino superior e a precoce universalização do ensino público elementar na Argentina provoca essas diferenças em relação ao Brasil.

Mas essa diferença não terá por trás a própria estrutura social e política dos dois países? A questão republicana está colocada no século XIX para o povo argentino. Para nós, não!
É verdade. Mas também devemos distinguir os muitos e diversificados países que estão dentro do Brasil. O Sul e o Sudeste compõem uma unidade muito similar à Argentina; algo que ainda emerge nas outras regiões do país.

Nossa tradição patrimonialista é obstáculo a uma efetiva participação política.
Sem dúvida, isso é verdadeiro! A concentração de propriedade, a influência histórica da acumulação de capital primitivo pelo tráfico escravista, o retardamento histórico da expansão educacional em todos os níveis, o papel central do Estado no processo de doação de terras e benefícios prebendeiros e as perversões de nosso sistema de representação política, são algumas destas causas. O processo de mudança implica entrada de novos atores, massivamente, em todas as esferas de participação social. É o que parece estar sendo iniciado, de forma mais sistemática e convicta. Os efeitos ainda tardarão.

Qual o papel da Sociologia no processo de transformação social?
O papel da Sociologia é de análise e compreensão, a partir da coleta de fatos. Eu acredito na força do argumento explicativo em si mesmo, sem que tenha de ser movido por qualquer teleologia, mesmo que seja a "mudança social", a "modernização", ou outro elemento qualquer. Capturar o movimento, analisá-lo, colocá-lo em perspectiva histórica comparativa é o papel transformador da Sociologia.

Quem seria o ator social que faria a passagem do conhecimento aos projetos?
Afora a elaboração possível, em função das concepções gramscianas e sartrianas, que supõem sempre uma alta dose de racionalidade e de conhecimento de seus próprios interesses, acredito que esta passagem será doravante liderada por intelectuais e técnicos possuidores de alto conhecimento, informação sistemática, aptos a operar em ambientes de grande complexidade e que estejam amparados em forças sociais novas, que se constituem recentemente em torno a uma emergente sociedade do conhecimento.

Em alguns países precisamos explicar este protagonismo dos intelectuais. Na América Latina ele é muito forte.
É muito positivo o fato de que, no Brasil, cientistas sociais transformam-se em analistas e operadores de políticas públicas. Isso tende a influenciar a própria constituição das nossas disciplinas.

Historicamente, tanto no Brasil como na América Latina em geral, este protagonismo foi decorrente da grande elitização do conhecimento e da riqueza. Com o advento de novas formas de acesso à informação e ao conhecimento, passamos a outros patamares em que, crescentemente, as determinações históricas de classe são subordinadas à competência e dedicação.

Você diz que o cientista social, o sociólogo, trabalha diretamente nestas transformações. Qual é o papel do intelectual crítico, hoje?
Um intelectual crítico, para mim, é tautologia! De qualquer modo, a aproximação do intelectual ao cotidiano da administração pública, por exemplo, não deixa de produzir seus paradoxos. A aproximação prática exige compromissos de continuidade, de persistência para alcançar objetivos, que não estão sempre muito claros. Essa aproximação, na medida em que exige compromissos e negociações, diminui a área de independência entre a razão e o exercício da política ou da gestão. Uma boa teoria da ação social no campo da política e da administração pública, certamente admite que a experiência é complicada e dilemática. Mas acredito que as soluções têm sido encontradas, pois há muitas políticas públicas de grande êxito e abrangência que não somente têm sido elaboradas por intelectuais, como são administradas por eles. Essas questões são, comparativamente, mais antigas no âmbito da Economia do que na Sociologia. Mas, infelizmente, há muita distância entre as duas disciplinas; o que impossibilita nosso melhor aprendizado com situações similares.

Benicio Viero Schmidt

Os economistas não dialogam com a Sociologia e, ao contrário, estabelecem com essa disciplina uma relação negativa!

É verdade! A Ciência Econômica, pela hegemonia de modelos altamente matematizados e repousando no conceito de individualismo metodológico, tem se afastado do campo das mais férteis interações com as outras Ciências Sociais, o que é lamentável. A Economia tem se transformado em uma engenharia das relações de produção, mais do que permanecido como uma ciência social.

PRINCIPAIS PUBLICAÇÕES

1983 *O Estado e a política urbana no Brasil.* Porto Alegre: L&PM/Editora da UFRGS.

1986 *A questão urbana no Brasil.* Rio de Janeiro: Jorge Zahar Editor.

1998 *Censo das cooperativas brasileiras 1997.* Brasília: OCB/DATAUnB.

1998 *Os assentamentos de reforma agrária no Brasil* (org.). Brasília: Editora da UnB.

2000 *Entre escombros e alternativas: ensino superior na América Latina* (org.). Brasília: Editora da UnB.

2005 *Diálogos entre o Brasil e a França: formação e cooperação acadêmica* (org.). Recife: Massangana/Fundação Joaquim Nabuco.

SERGIO MICELI

Sergio Miceli nasceu no Rio de Janeiro, em 1945. Doutor em Sociologia pela Universidade de São Paulo e pela École des Hautes Études en Sciences Sociales, na França, lecionou nas universidades de Chicago, Gainesville, na Escuela Nacional de Antropología y Historia (Cidade do México) e na École des Hautes Études en Sciences Sociales, e é hoje titular da Cátedra Sérgio Buarque de Holanda na Maison des Sciences de l'Homme, em Paris, no período 2004-2008. Foi bolsista do governo francês, das Fundações Guggenheim e Rockefeller, *fellow* no Center for Advanced Study in the Behavioral Sciences (Stanford), sendo também bolsista 1A do CNPq. É professor titular no Departamento de Sociologia da USP. Esta entrevista foi realizada entre agosto e setembro de 2004.

Conte-nos um pouco sobre sua história de vida e percurso intelectual.
Minha mãe era de uma família de imigrantes italianos e se casou com um descendente de família brasileira decadente. O casamento foi muito infeliz. Eles se separaram e se juntaram umas cinco vezes. Eu sou filho único. Essas duas coisas complicadas fizeram com que eu me aproximasse muito do meu tio, irmão de minha mãe, que mais ou menos financiou a educação de todos os três sobrinhos. Um virou economista, outro matemático e eu sociólogo. Todas as suas irmãs eram casadas com homens divididos. E ele ficou amparando todos, porque se casou tarde. O meu avô, pai de minha mãe e de meu tio, era empreiteiro de obras, mas não era empresário. Ele arrebanhava a mão-de-obra dos italianos da colônia calabresa no Rio de Janeiro. Conseguiu amealhar um patrimônio de casas em Santa Teresa. Quando ele morreu, minha avó vivia das rendas dessas casas. Criou meu tio, que fez Direito.

Esse tio Armando foi figura decisiva para mim, tendo exercido as funções de secretário de Estado, procurador-geral do Estado, redator-chefe do jornal *Correio da Manhã*. Antes, havia militado no Partido Socialista. Sua casa era freqüentada por Antonio Callado, Carlos Heitor Cony, Otto Maria Carpeaux e outros intelectuais. Conheci todas essas figuras, quando era bem pequeno. Posso estar racionalizando, mas acho que ocorreu algo importante nessa sociabilidade com ele. Eu estava exposto a essas pessoas desde criança. Depois meu tio se casou, aos quarenta e tantos anos de idade, com minha tia Teresa, que está viva. Tiveram três filhos. Mudou-se para Ipanema, mas os sobrinhos sempre íamos lá. Eu, particularmente, tinha uma relação muito próxima com ele. Ele também financiou a minha vinda para São Paulo.

Você era quase um filho?

É. Minha mãe não tinha condições de me financiar. Ela era funcionária pública. Meu tio apoiava não só do ponto de vista do dinheiro. Ele era muito afetuoso e generoso com os sobrinhos. Ele se chamava Armando Miceli. Aliás, há uma entrevista dele no CPDOC (Centro de Pesquisa e Documentação de História Contemporânea do Brasil). Acho que foram Lucia Lippi e Aspásia Camargo que fizeram a entrevista. Era um homem interessante, inteligente, arguto. Como redator-chefe, acompanhou a crise do *Correio da Manhã*. Assisti tudo isso da minha casa, quer dizer, na casa dele, que eu vivia como se fosse minha. Vou dar só um exemplo para mostrar como tudo isso teve importância. Na casa de minha avó, onde ele morava, em Santa Teresa — nós morávamos todos perto uns dos outros —, tinha muito telefonema, e teve uma época, antes de ser redator-chefe, em que ele trabalhou como repórter do *Correio da Manhã* na Prefeitura, junto ao prefeito. Eram telefonemas o dia inteiro, aquela praga brasileira, não é? Favores, contatos, remoção de funcionários. O dia todo. Um dos testes que ele fazia com os sobrinhos era ver se descobríamos, pelo estilo, quem havia escrito os textos para o jornal. Aparentemente é uma bobagem, mas a gente gostava daquilo. Eu especialmente gostava muito. Eu era também muito ligado a ele por conta de seu envolvimento com a política, e o tempo todo na casa havia discussão política. Em relação à Prefeitura, ao Governo do Estado, ele era um homem antenado. Não lia muito. Mas era interessado, lia vários jornais e discutia política sem parar. Ele valorizava muito o lado cultural, e quando minha mãe dizia "não posso mais", ele respondia: "Não tem nada que não se possa".

Ele então deu muito apoio a vocês todos?

Tanto assim que não vejo outra razão para explicar a minha educação. Estudei no São Bento, que era um colégio de elite, estudei no Andrews, outro colégio de elite. E fui para a PUC, que era uma universidade privada. Claro que a minha mãe e o meu pai contribuíam, mas ele o fazia mais do que todos.

E a família do seu pai?

Era uma gente de Resende, Barra do Piraí, que tinha umas terras, um hotel. Quando o pai dele morreu — nós todos assistimos a sua morte na casa-grande em Santa Tereza, perto da igreja —, eles já tinham praticamente perdido tudo. Meu avô tentou gravar algumas terras em nome dos netos, mas meu pai vendeu minha parte. Ele conseguiu desgravar aquele negócio, judicialmente.

Seu pai tinha algum vício em jogo, cavalo?

Ele jogava um bocado. Era viciado em pôquer e em mulher. Ele dilapidou o patrimônio. Viveu o tempo todo assim. Então eu vivia duas situações. De um lado, a situação daqueles calabreses esforçados que tinham bancas no mercado, meu tio que tinha feito Faculdade de Direito. Esse era um mundo moral. O outro mundo era o de meu pai. Acho que conheci umas trinta mulheres dele. Cada vez que eu saía com ele, quando criança, era uma mulher diferente. Eu vivia entre esses dois mundos. Minha mãe tinha uma atitude em relação ao estudo, valorizando muito.

Sergio Miceli

E meu pai me dizia: "Você não faz mais do que sua obrigação. Tem de estudar mesmo". Então acho que essa formação foi importante por causa da tensão desse casamento complicado. Acho que eu sou fruto desse desacerto.

Sua mãe morreu cedo?

Não. Minha mãe morreu em 1986. Ela se matou com 67 anos. Eu tinha voltado da Europa, tinha tido um enfarte. Foi um ano em que morreu meu tio, minha mãe e minha avó. Eles tinham uma dinâmica. Na verdade, a morte do meu tio foi a morte da minha mãe e de minha avó. No enterro dele, era visível que elas tinham morrido. Quer dizer, aquela relação italiana. Ele segurava toda a família. Quando ele despencou, arrastou tudo.

Quando você nasceu?

Eu sou de 1945. Meu pai morreu alguns anos depois de minha mãe, com quase setenta anos. Ele já havia sido recolhido pelas irmãs, em Resende. A família dele sempre teve essa rede de família tradicional brasileira, segurando-se uns aos outros. A irmã mais velha foi a única que não se casou, e era quem na verdade o protegia muito. Ela tinha horror ao jeito dilapidador dele. Ele era um homem muito bonito, simpático e sedutor. Ele tinha uma lábia! Fazia muito sucesso com as mulheres. Era muito bonito e adorava jogar. Isso foi a vida inteira.

Quando foi que você resolveu fazer Sociologia? No colégio?

O interesse apareceu quando fiz o Andrews e tinha como referência colegas como a irmã do Leandro Konder, Luiza, que casou com o Antônio Carlos Almeida Braga; a Isabel Barroso do Amaral, que se casou depois com o Velloso; o Jorge Savedra Durão, que dirige uma ONG importante no Rio. A minha turma era de classe média alta, de elite. Então, o que os homens queriam fazer? Ou era o Itamaraty, ou era Direito. Meu tio era advogado, procurador-geral do Estado; ele achava que se eu fizesse Direito, uma parte da carreira estaria solucionada pelos contatos dele. E realmente comecei a estudar para fazer o vestibular de Direito; também tive aulas para o vestibular do Itamaraty. Mas, nos dois últimos anos do Andrews, tive professores de Filosofia e de Introdução Geral às Humanidades que me chamaram a atenção. Tinha o curso de Sociologia e Política na PUC, que era bastante conhecido. Como eu não tinha peito de dizer ao meu tio que não queria fazer Direito, me inscrevi sem avisar ninguém e fiz o outro vestibular. No Natal, falei que tinha passado. Ele disse: "Tudo bem, vai fazer esse curso. Eu não sei o que isso vai dar como emprego, qual é o destino disso, é uma coisa nova". Minha mãe também não reagiu muito mal. Entrei em 1964. E fui logo aliciado pelo lado cristão. Tinha uma tensão entre os cristãos e os comunistas, na PUC. Você tinha de escolher. Eu me liguei muito ao Vicente Trevas, ao pessoal católico, porque eu tinha estudado em um colégio católico, mas era tudo bem misturado. A gente sabia exatamente quem eram os comunistas, e toda a mobilização, as passeatas, tudo era feito em conjunto na PUC, porque era uma turma pequena. A minha turma inteira se profissionalizou como cientista social: Lygia Sigaud, Alice Rangel, Lícia Valadares, Madalena Diegues (irmã do Cacá), todos se profissionalizaram. Manuel Diegues foi nosso professor. Era uma turma muito especial, porque entre os homens fui quase o único que se tornou cientista social, os outros se tornaram artistas: Sérgio Santeiro, Sidney Miller, Antônio Calmon e Paulo Thiago. Estava esquecendo o Luiz Antônio Cunha, outro sociólogo. Quer dizer, quatro cineastas e um músico. Fiz um pouco de teatro nos dois primeiros anos. Participei da montagem de *Mortos sem sepultura*, do Sartre. Fui assistente de direção. Antes tínhamos feito *A tempestade*, de Shakespeare. No terceiro e quarto anos comecei a me interessar mais por Ciências Sociais. Mas não queria estudar Antropologia, porque naquele momento achava que só se estudava índio e não era o que eu queria saber. Ignorância. Então decidi estudar Sociologia em São Paulo. Fiz alguns contatos com o Octavio Ianni e vim, junto com a Lygia. Fizemos uma entrevista e passamos. O que ajudou na minha "opção" foi o fato de ganhar a bolsa da Capes. Acho que minha mãe teve uma interferência, pois minha família era vizinha em Santa Teresa do José Arthur Rios, sociólogo católico que dirigia a Capes. Não que eu não tivesse qualidades, e méritos, mas eu já sabia como as coisas funcionam. Há uns três anos ele se encontrou com uma prima minha e perguntou: "Vanda, como está o Sergio?". "Ele é muito agradecido ao senhor pela bolsa", ela respondeu. Ele disse que acompanhava minha vida toda. "Eu comprei tudo o que ele escreveu." E falou longamente de mim. Pedi o seu endereço, escrevi uma carta, e ele me respondeu, muito gentil e afetuoso.

Você pensava em ficar em São Paulo?
Não. Pensava em ficar uns dois anos. Em fazer o curso e voltar. Meu grupo do Rio era: Sebastião Lacerda, filho do Carlos Lacerda, o Tite de Lemos e Tetê, Renato Machado, os irmãos Flaksman (Alberto e Marcos), o Gilberto Velho e a Yvonne Maggie, o Ary Coslowsky, o Carlos Vergara, Dora e outros.

Quem é Tite?
Tite de Lemos era um poeta e jornalista que morreu de câncer, há muitos anos; trabalhou no *Jornal do Brasil*. Sebastião era então casado com Vera Flexa Ribeiro, cuja família era proprietária do Colégio Andrews, onde eu estudava.

E Tetê, quem era?
Maria Tereza Medina. Vocês se lembram do filme *A casa assassinada*, baseado no romance do Lúcio Cardoso? É ela quem faz a personagem feminina travada. A Norma Benguel e ela. Ela fazia Miranda na *Tempestade*. Depois de se separar do Tite, ela se casou com um psicanalista. Esse grupo era muito intelectualizado, todos com um projeto intelectual, artístico, e muitos o realizaram. Marcos Flaksman tornou-se um grande cenógrafo. A Tetê fez carreira como atriz. Gilberto Velho e Yvonne Maggie tornaram-se cientistas sociais respeitados.

Quando chegou a São Paulo, você já tinha o projeto sobre a produção da cultura?
Eu queria fazer uma tese sobre o tropicalismo. Vim com a bolsa, em dezembro de 1967. Eu me formei em novembro; dez dias depois, eu vim. Lygia Sigaud desistiu porque resolveu ir para o Museu Nacional do Rio fazer Antropologia. Fiz os cur-

Sergio Miceli

sos, estudava um bocado. Fazia tudo muito seriamente. Até que chegou o momento de decidir a tese. A definição era com o Florestan Fernandes. Meu orientador, o Octavio Ianni, disse: "Não sou eu quem define o objeto". Eu reagi: "Sei o que quero estudar". Ele respondeu: "O que você está querendo estudar é muito complicado. Você vai ter uma conversa com o Florestan", e marcamos uma hora. Florestan era meu professor. Ele dava um curso sobre Interpretação Dialética que os alunos da pós-graduação tinham de fazer. Ele dava aula de guarda-pó e tudo. Fui a seu escritório, na Faculdade, e ouvi: "Olha aqui nesta lousa onde estão assinalados os objetos. Você pode escolher um deles". Eu comecei a ler. Tentei: "Professor, eu queria fazer sobre o tropicalismo, Caetano, a experiência desse grupo novo. Mas o único tema cultural que estou vendo aí, e em que estou interessado, é o ISEB". Ele disse: "Então é esse que você vai fazer, porque tropicalismo nem pensar, não é objeto por enquanto". Hoje, acho que a explicação era esta: isso é um objeto demasiado empírico. Não é um objeto que já tenha se cristalizado historicamente, por isso não tem pertinência, por agora. Sei que tive uma baita decepção pois não estava, de fato, muito interessado no ISEB. Assim, Florestan concluiu: "Você vai falar com Ianni que nós já acertamos o objeto". Ia fazer o quê? Saí com o rabo entre as pernas. Mas aí aconteceu uma série de coisas que têm a ver com a situação política, e o Ianni, naquele momento, foi para o exterior. Ainda tentei falar com a Marialice Foracchi, pedindo-lhe para interferir. Mas não dava porque a estrutura era inflexível. O Florestan mandava mesmo, e mandava neles todos. Assim, comecei a fazer o projeto sobre o ISEB, e escrevi para o Ianni. Mas, nesse ínterim, em 1969, eles foram aposentados. A pesquisa mal tinha começado. Eu tinha começado a ler um pouco os *Cadernos do nosso tempo*, mas não tinha avançado muito e, ao mesmo tempo, havia começado a me interessar por televisão. Como a Marialice tinha muitos orientandos, ela sugeriu procurar o Luiz Pereira quando voltei à carga, querendo mudar de tema. Não queria fazer o ISEB. Ela ponderou: "Mas tem o problema do tempo". Eu reagi e sugeri converter o que estava escrevendo sobre a Hebe Camargo. Já havia levantado o material. Com o Luiz também foi tumultuada a relação. Eu não me interessava pelo tema de desenvolvimento, nem pelas discussões sobre Althusser. Luiz Pereira viu a pesquisa sobre a Hebe Camargo e fez uns comentários meio atravessados. Vi que não podíamos continuar. Passei então para o Leôncio Martins Rodrigues, que era meu amigo.

A banca foi o Leôncio, Ruy Coelho e Marialice?

Foi. Logo depois, a Marialice morreu. O que foi uma tragédia para a nossa turma, porque nós gostávamos muito dela, ela tinha uma função de sociabilidade conosco, com os jovens que estavam fazendo mestrado, muito decisiva. Quando a Marialice morre, o Leôncio é encarregado de fazer os contatos dos alunos remanescentes da cadeira.

Fale um pouco sobre sua carreira como professor.

Comecei a lecionar em Marília, que era muito longe. Logo no ano seguinte, fui para Araraquara. No final do ano em Marília, comecei a ensinar na Fundação Getúlio Vargas como horista. Isso era 1969. Em 1970 houve concurso na FGV. Acho que foi bom, porque se eu tivesse ido para a Universidade de São Paulo naquele momento, meu trabalho não teria sido do mesmo jeito. E tive condições fenomenais de trabalho na FGV. Essa é a verdade, tenho de reconhecer. Tive todos os recursos até para a pesquisa sobre os intelectuais, que foi muito cara. Eu não teria como mobilizar aquele material todo sem uma equipe. Nada disso teria sido possível na USP naquele momento, porque lá se trabalhava mais no artesanal. Muitos anos depois, em 1988, tive mais dois convites e acabei aceitando o da Eva Blay, que me chamava para o Departamento de Sociologia; quinze dias antes, tinha sido convidado pela Ciência Política. Nessa época eu estava na Universidade Estadual de Campinas, e Eva me convenceu a ir para a Sociologia da seguinte maneira: "Como você já é livre-docente, e as três posições de titular na Ciência Política estão todas ocupadas, nós temos seis posições de titular, com três à beira de se aposentar. Portanto você, entrando agora, vai logo virar titular". E ela ainda explicitou: "As vozes que são reticentes a você no departamento são porque, sendo livre-docente, você logo vai se tornar titular". Eu me sentia mais sociólogo mesmo. Sempre me senti assim. Mas tinha muitos amigos na Ciência Política, Teca (Maria Tereza Sadek), Leôncio, e eram eles que queriam me trazer. A Maria Hermínia também tinha ido para lá. Ela tinha sido minha colega na Unicamp. No final, optei pela Sociologia, em 1989.

Você ficou quanto tempo na FGV?
Entrei, de fato, em 1969 e só saí em 1988; quase vinte anos. Entre 1984 e 1988, acumulei FGV e Campinas. Quando entrei para a Anpocs, Campinas me chamou para ensinar só na pós. Eu não dava aula na graduação. Oferecia um curso regular ou dividia o seminário com o Vilmar Faria.

Além dos recursos para a tese de doutorado, o que foi legal, o que você aprendeu na FGV?
Em todo lugar que estou me envolvo. Eu me meti para valer na briga política lá dentro, achava divertido. Do ponto de vista intelectual, fui convidado para ser redator da *Revista de Administração de Empresas*. Mas era o momento ainda do final da ditadura. Tudo era difícil. Então havia uma possibilidade, na FGV, de através desse periódico publicar uma série de coisas que, se não fosse lá, seria impossível.

No mundo fora, não havia tantas oportunidades. Éramos mais jovens. Tínhamos uma ligação com os economistas. Eu, em especial, com o Yoshiaki Nakano, o Alkimar Moura. Nós tínhamos discussão intelectual e política. Era uma coisa viva, não era só burocrática, institucional. Foi interessante a experiência da revista. É uma coisa incrível como na ditadura se publicaram aquelas coisas. Sobre distribuição de renda e outros temas controversos. No departamento, era amigo de todos: José Carlos Durand, Ruben Keinert, Cecília Forjaz. Estávamos todos lá, mas a articulação era com os economistas.

A GV e a PUC eram espaços de debate, que no período da ditadura estava um pouco restrito nas universidades públicas, não?
Isso faz todo sentido. Foi quando estava na GV que fui chamado para formar o Idesp, e topei porque achava que na universidade a situação estava muito abafa-

da. Não tinha condições para nada. O Idesp foi criado em 1979. Eu não queria sair da GV e achei que estes centros privados, que estavam carreando recursos, tinham mais condições de autonomia. Fazíamos o que queríamos, tanto assim que, logo que eu voltei, comecei a pesquisa sobre a História das Ciências Sociais, que foi possível no Idesp e que não seria possível em outro lugar por falta de recursos e de equipe. A História das Ciências Sociais durou seis anos, com financiamento da Finep, embora o Idesp tenha sempre se beneficiado do apoio estrutural da Fundação Ford. Mas a Ford nunca financiou meus temas. A única pesquisa minha que a Ford financiou foi o seminário comemorativo dos vinte anos da Ford no Brasil. Joan Dassin, dirigente da Ford que eu já conhecia desde Nova York e era muito minha amiga por causa da Anpocs, perguntou se eu não queria organizar esse seminário, convidando os principais clientes etc. Mas ela condicionou a que eu escrevesse uma história da Fundação, o que fiz. Foi o único projeto meu que teve um dinheiro para o Idesp por intermédio da Ford.

O perfil da Ford é mais para pesquisa aplicada, não?
É. Eles financiaram as pesquisas políticas do Bolívar Lamounier. Pesquisa eleitoral, no início, e depois sobre Direito, Justiça, quase todas coordenadas pela Maria Tereza Sadek.

Você poderia falar mais sobre seu livro A noite da madrinha? *O que você acha importante nesse trabalho ou do que você não gosta?*
O Luiz Schwarcz, da Companhia da Letras, está querendo republicar o trabalho (o que ocorreu em 2005). Qualquer pessoa que ler o texto com atenção percebe que nesse trabalho de mestrado estou exposto às influências daquele momento: estruturalismo, semiologia, análise de conteúdo, sociologia dos meios de comunicação de massa. Eu já estava lendo o Bourdieu, mas ele ainda não era a influência dominante. O que queria fazer na tese era a sociologia de análise de meios de comunicação de massa. Até então os estudos sobre esse tema eram sempre análises de conteúdo. Como se trata de um programa na televisão, tive de prestar atenção à mensagem visual. Mas eu não tinha a formação em História da Arte que tive depois. Eu faria, hoje, uma análise completamente diferente. Naquele momento a tese ainda está muito marcada por uma certa percepção de cultura brasileira. Eu não fiz a tese sobre o tropicalismo, mas ali está presente o clima que o gerou.

Nós fizemos a leitura de seu livro no curso do Gabriel Cohn sobre Teoria da Ideologia. Pareceu-me, então, que você trabalha com o discurso como o veículo que encaminha sua interpretação, enquanto, nos outros trabalhos, você desconfia o tempo todo do discurso dos agentes e pensa como esse discurso encaminha uma legitimação. Você mostrava a organização do espaço do programa como um dos elementos importantes para a explicação, o que já era totalmente diferente da análise semiológica.
Isso é verdade. E também pago um pedágio ao universo da ideologia oficial da cadeira de Sociologia da USP, com o capítulo sobre o que é a indústria cultural bra-

sileira no sistema geral da nação. O único capítulo de *A noite da madrinha* de que eu gosto hoje, que continuo achando interessante, é a análise do programa. Tenho até arrepio de ler o resto.

Mas a Hebe ainda está aí.

Por isso é que acho que eles querem publicar, porque ela se mostrou duradoura. A mulher é incrível. Gostei muito de fazer a pesquisa, de entrevistá-la. Foi uma experiência interessante. Na entrevista ela foi supersimpática. Quando viu o produto pronto não gostou muito, não. E disse no programa. Mas acho que ela tem hoje uma relação ambivalente, porque, ao longo do tempo, teve várias reações ao livro. Ela foi percebendo que o fato de ter sido feito um trabalho acadêmico sobre ela é de certa maneira uma homenagem.

Como foi seu encontro intelectual com Bourdieu?

Começou aqui. Quando eu estava acabando a graduação, em um seminário, descobri na revista *Les Temps Modernes*, o texto "Campo intelectual e projeto criador". Em um artigo que escrevi sobre ele e que vai sair na França agora, e em outro que saiu na *Tempo Social*, falo sobre isso. Esse artigo do Bourdieu foi muito importante, na minha vida, para a análise da cultura. Um mês e meio depois, indo à Livraria Francesa, comprei o seu livro sobre os estudantes na França. Naquela época eu tinha vínculos, por conta de meu casamento, com um grupo de intelectuais judeus que estavam ligados à editora Perspectiva. Por conta disso, o Jacó Guinsburg pediu para eu organizar uma antologia sobre o Mauss. Eu participava das reuniões, era um dos mais jovens. Havia a Zulmira Ribeiro Tavares, Anatol Rosenfeld, Boris Schnaiderman. Foi um convívio interessante ali. O trabalho na comissão me permitiu escrever ao Bourdieu, indagando sobre a possibilidade de montarmos uma coletânea com seus trabalhos. Ele estava começando. Isso era início dos anos 70. Ele me respondeu — recém-nomeado diretor de estudos na École des Hautes Études en Sciences Sociales — mandando uma série de trabalhos, separatas. Eu deveria atentar para algo com sentido para o público daqui. Fiz uma proposta, ele mudou uma ou duas coisas e depois concordou. Comecei a traduzir, e escrevi a introdução. O livro saiu em 1972. Ele ficou fascinado, entusiasmado com o livro, porque para ele, que estava no início da carreira, ter um livro bem produzido, no Brasil, uma boa introdução... Ele ficou contente. Nesse meio tempo, a GV abriu a possibilidade para professores de vários departamentos, que queriam ir fazer o doutoramento no exterior, de garantir uma bolsa. Mas eu queria ir para a França. Ganhei bolsa do Consulado francês. Fiquei lá 1974 e 1975. Quando fui, já tinha um material colhido sobre os intelectuais, sobretudo as memórias. Tudo era financiado. Vou dizer em que condições fui para a França, coisa que hoje é impensável. Fui com o meu salário da GV, que não era pequeno; existia naquela época o Programa Nacional de Treinamento Executivo (PNTE), para que bolsistas da Fundação tivessem direito a um salário suplementar, não sei o porquê. Nós tínhamos direito ao PNTE, que era um outro salário, ao salário da GV e à bolsa em francos. Quer dizer, eu tinha todas as condições de trabalho. Não padecia nenhuma pressão material. Tanto assim que alugamos um apartamento e os nossos vizinhos me perguntaram na França se eu era diplomata. Como era possível morar naquele apartamento, *avenue* Malakoff, no *16ème*? Nós nos mudamos de lá porque tinha muita briga com o proprietário. Meses depois, aluguei um apartamento na *banlieue*, perto de onde o Bourdieu morava.

Como foi sua experiência na França?

Em 1974, 1975 vi muito o início do Centro de Sociologia Européia que Bourdieu criou na École. A montagem da revista estava sendo feita em 1975, e o primeiro número saiu em 1976. Antes de voltar ao Brasil, ele me obrigou a escrever o texto "Poder, sexo e letras na República Velha (estudo clínico dos anatolianos)", que saiu em francês na revista. Com meu casamento em crise, quis voltar ao Brasil, mas Bourdieu insistiu: só poderia retornar após haver testado minha argumentação. Eu conto no Memorial na USP como foi o encaminhamento do material. Eram poucos orientandos: eu, o Louis Pinto, um judeu argelino, o Michael Pollak, que era um austríaco. E Bourdieu tinha muito mais tempo. Ele estava muito mais na cola dos orientandos, lia cada um dos trechos de nossos trabalhos. Eu dividia a sala com Monique de Saint-Martin. Eram todos jovens e estavam ali em torno, porque o circuito de um patrão francês é algo palpável, reconhecível de imediato. Todos tremem só de ouvir-lhe a voz. O modelo é a vida religiosa.

É por isso que você o chama de "patrão" no seu Memorial?

É, mas eles também o chamam assim. O acesso a essa posição é condição de controle de muitas verbas, de muitos recursos. Em matéria de patrão eu tinha experiência: Florestan na USP, Angarita na GV. Então, primeiro eu testei minha interpretação com os assistentes e eles reagiram: "Ele não vai gostar muito dessa história de carreira masculina, carreira feminina. Nunca vimos isso aqui. Até faz sentido na tradição francesa, mas o material tem que mostrar isso". Repliquei: "Isso está visível no material". Quando Bourdieu leu, disse: "Isto é interessantíssimo, é uma boa sacada. Pode continuar". Logo na semana seguinte à leitura do material, ele me disse: "Olha, eu fiquei pensando sobre seu material e sobre a relação com a minha mulher, com nossos filhos, e a deles conosco. Com o seu trabalho comecei a atinar por que é tão diferente a relação com os filhos, que têm a mesma mãe e pai". Então, pensei: se o homem está pensando em sua própria vida, é sinal de que aquilo calou fundo realmente, porque ele não está mais pensando em abstrato.

Ele era aberto?

Ele era muito direto. Não era um patrão de estilo aristocrata, no jeitão dos historiadores. Ele chegava junto, inteiramente apaixonado; trabalhava como maluco. Era muito envolvido, muito empenhado; e era, de fato, um orientador. Acho que foi através da leitura dele que comecei a fazer o projeto dos intelectuais. Quando cheguei lá, comecei a ler outras coisas, inclusive História da Arte, porque ele nos obrigava a ler História da Arte. Não é possível trabalhar com cultura sem saber História Social da Arte, era a opinião convicta dele. Fazíamos seu seminário na École Normale, com convidados como E. P. Thompson, Fritz Ringer ou Enrico Castelnuovo, o historiador de arte, grande amigo dele, que agora vou publicar na

Companhia das Letras. Também li Braudel, com o qual ele tinha uma relação muito tensa e complicada. Era ambivalente, porque ele achava que o Braudel tinha grande importância na consolidação das Ciências Sociais, mas, ao mesmo tempo, era muito conservador em relação à Sociologia, teoricamente. Como ele tinha estado no Brasil, Bourdieu freqüentemente se informava sobre minha tese com o Braudel.

Bourdieu sabia pouco sobre o Brasil?

Ele não sabia nada de Brasil. Ele não podia perguntar ao Touraine, porque eles não se falavam. Mas foi bom me terem obrigado a escrever "Poder, sexo e letras". Quando voltei ao Brasil, o texto em francês estava pronto para sair na revista. E fiz uma versão brasileira que saiu no livrinho da Perspectiva. A grande participação de Bourdieu na discussão da tese foi em 1978. Em 1974, 1975 ele discutiu mais o projeto, o primeiro material e o artigo "Poder, sexo e letras". Como começou a correr no Brasil que o doutorado de terceiro ciclo não seria reconhecido, fiquei temeroso. Eu estava inscrito aqui com o Leôncio, mas a minha intenção era só defender lá. Aí, começaram a dizer que o governo brasileiro não ia mais reconhecer os doutorados de terceiro ciclo. Escrevi para o Leôncio e ele disse para não me preocupar. "Você defende aí, traga a tese, e aqui fazemos uma outra." Eu defendi aqui em março ou abril de 1978, e viajei para preparar a versão em francês. Defendi a tese em dezembro desse mesmo ano. Todos aqueles meses, indo e vindo, os assistentes também me ajudavam no francês para conseguirmos uma embocadura do texto que fosse expressiva.

Você já sabia francês quando foi para a França?

Quando eu estava no primário, tínhamos francês todos os anos no São Bento. Fiz na Cultura Inglesa o curso inteiro, e na Aliança Francesa o literário e a língua básica. Na Aliança Francesa de Copacabana eu fui amigo da Clarice Lispector. Nós tínhamos um círculo dramático. Fazíamos encenação de leitura, e ela participava, assim como a Tereza Almeida Magalhães, a Maria Clara Mariani. Eu fiz todo o francês literário; quando cheguei na França, saltei do avião, peguei um táxi e comecei a falar com o motorista. Ele perguntou: "Onde o senhor aprendeu esse francês?". "Ora, na Aliança Francesa." Ele disse: "Está se vendo". Porque era um francês escolar, não tinha nada da linguagem corrente, coloquial, devia ser esquisitíssimo.

Voltando para sua tese, como ela se desenvolveu?

A tese sofreu mutações. Ela se definiu de vez quando consegui entender como as fontes se organizavam e qual era o sentido delas. Enquanto eu só lia biografias, memórias, repertórios biográficos para montar os dados, a tese não se formatou na cabeça. Em relação às fontes, ela aconteceu quando eu fui capaz de fazer uma reflexão sobre as condições sociais em que aqueles relatos foram produzidos, quando percebi em que circunstâncias as biografias e memórias se tornaram possíveis. Outro momento importante do material foi o levantamento das nomeações entre 1930 e 1945, coadjuvado por cinco auxiliares, grande regalia. Praticamente cobrimos todos os ministérios e todas as carreiras que potencialmente poderiam abrigar intelectuais. Acho que entendi a lógica das nomeações no momento em que fui percebendo que todas eram feitas em redes. Nessas redes havia chefetes e manda-chuvas que as controlavam. Aí a tese foi se montando à medida que essas evidên-cias foram se armando. Minha banca aqui foi o Luiz Carlos Bresser-Pereira, An-tonio Candido, o Leôncio, que era o orientador, Carmute (Maria do Carmo Cam-pello) e o Gabriel Cohn. Foi muito interessante porque a defesa explicita os nós da tese. A primeira pessoa a falar foi o Bresser. Ele fez uma crítica muito pesada de que a tese se dedicava a dimensões que não eram importantes na vida intelectual. Justamente o problema do gênero. Tudo o que era mais inovador na tese ele foi contra. Quando o Antonio Candido teve a palavra, discordou frontalmente sobre a questão dos intelectuais formulada por Bresser: "Eu acho que a coisa importan-te da tese é o fato de que ela apresenta um outro prisma". Ele me deu impressa a sua intervenção. Mas fez uma argüição diferente do que escreveu, no seguinte sen-tido: ele trouxe mais para a argüição a experiência nativa dele, com aquelas pes-soas. Do Fernando de Azevedo, fez um retrato notável: "Você não conhecia essas pessoas. Eu as conheci". A Carmute se prendeu muito na dimensão teórica. Co-brou-me Mannheim. Era fácil de responder. O Gabriel foi embolado, misturando muitas coisas e também muito teórico. A argüição mais próxima à verdade histó-rica do material foi a do Antonio Candido. Foi fascinante. Porque era de alguém que via por dentro o tema, que tinha simpatia pelo trabalho. E, ao mesmo tempo, legitimando a tese. Só que quando fui pegar a apresentação, ele disse que havia es-crito coisas de que talvez eu não gostasse. "Então sinta-se à vontade para publicar ou não. É melhor que você leia antes de sair daqui." Lembro que me sentei em sua mesa e comecei a ler. Quando acabei, ele me perguntou: "Então?". Eu lhe disse: "Realmente o senhor não concorda com algumas coisas, mas vou lhe dizer algo de que o senhor, talvez, também não goste. Eu acho que sua apresentação diz mais sobre o senhor do que sobre o meu trabalho. O senhor está falando do meu tra-balho, mas, na verdade, está falando de si. É o senhor que está ali, portanto para mim é uma honra, uma homenagem. Vou publicar. Não faz mal que o senhor dis-corde". Ao contrário, isso ficou associado ao trabalho.

Acha que alguém mais tinha de acertar isso com você?
De fato, muitos anos depois, Silviano Santiago me disse que Drummond tinha lhe confidenciado que o meu livro havia mexido com ele de tal maneira, que ele se pôs de novo a rever suas reminiscências do período.

Qual era a relação de Antonio Candido com Drummond?
Recentemente, fiz essa pergunta a ele e ele me disse que de início não foi boa: "Eu o conheci no Congresso Brasileiro de Escritores, era muito arrogante, muito de-fendido. Ele se punha sempre acima dos outros. É claro que nós éramos mais jo-vens... Depois, claro, nós nos aproximamos mais. Ele mandava seus trabalhos com dedicatória".

A dificuldade com o Drummond não tem a ver com o Estado Novo?
Lembro que Mário de Andrade pede demissão do cargo no governo por
não aceitar o autoritarismo, mesmo sendo amigo de Capanema.

Pode ser, mas ele estava se referindo ao primeiro encontro, à primeira vez em que eles se conheceram. O Congresso foi em São Paulo e estavam todos convivendo. Sobre a tese, o que ele sempre me disse é que era preciso diferenciar as pessoas, e que as relações entre eles eram diferentes do que se passava no Estado. Foi a primeira vez que ele se referiu a uma coisa pessoal. Eu também nunca tinha perguntado.

Em seu trabalho você aborda vários temas: o mecenato, a formação de redes de amizades...

Escrevi recentemente um artigo com uma longa parte sobre Drummond, usando o livro de Fernando Correia Dias, *Movimento modernista em Minas*, que é precursor e muito interessante. Nessa análise eu falo bastante sobre a relação de Drummond com o grupo mineiro, com o estado em Minas, com o Partido.

Quais as outras influências teóricas em seu doutorado?

Embora muitas pessoas achem que a influência é exclusivamente de Bourdieu, a tese de doutorado tem a presença de muitas leituras, não é só um diálogo com ele. Primeiro porque muitos dos conceitos que ele usava, na época, inclusive a idéia de campo, eram pouco aplicáveis ao Brasil. Não havia a rigor aqui um campo intelectual, o qual precisa ter mais adensamento. Acho que na tese está mais presente um tipo de análise sociológica, uma história social dos grupos. Eu estava com Gramsci, com Venturi e com diversas monografias sobre intelectuais na cabeça. Quando fiz a tese, Bourdieu não tinha ainda escrito o *Homo academicus*, nem seus grandes trabalhos sobre intelectuais, sobre Flaubert. Quem teve impacto reconhecível no meu trabalho foram o Ringer e o Raymond Williams.

Todos os seus trabalhos têm um ponto em comum, que é a importância da sociabilidade como o núcleo da reflexão sociológica. Parece-me que é esta sua idéia fundamental, e não a de campo. É verdade?

Isso é muito importante. Em todos esses trabalhos isso acontece. Recentemente, quando foi reeditado o livro e fizeram uma entrevista comigo, tentei explicar que essa palavra campo nem aparece na tese. Não é um conceito central, não articula nada, não organiza o espaço social. O que o organiza são outras coisas. O que eu queria saber, através da análise de algumas trajetórias e da sociabilidade do grupo, é como um homem deriva amizade, inclinações políticas, preferências amorosas. É uma turbulência de emoções, paixões, raciocínios, juízos, preferências. Na sociedade francesa e européia há campo, porque a vida cultural está muito autonomizada, independente, densa.

Passados esses anos, de qual trabalho seu você gosta mais?

O trabalho que acho mais interessante, de fato, é minha tese de doutoramento. Eu acho que nele está tudo. Dou atenção ali, de forma balanceada, a todas as dimensões que acho importantes: a institucional, a sociabilidade, a sexualidade, a definição de gênero. A vida intelectual tem uma energia própria. Recentemente, num almoço entre amigos, emergiu na conversa certa insistência em tentar entender uma espécie de experiência única, exclusiva do artista na sociedade. Eu disse: "Vocês

Sergio Miceli

enlouqueceram. Vocês não conseguem se livrar disso. Essa obsessão em imaginar que o artista é um eterno incompreendido. Não é esse o ponto". Isso é tão fundo na vida intelectual. Eles reagiram dizendo que sou sempre estraga-festa, que sou um materialista de plantão. Materialista, mas conseqüente. Por que existe uma visão tão funda de que os intelectuais e os artistas estão soltos no espaço? Por que seria a única atividade social que não tem lugar?

Voltando à tese, parece que você gosta mais dela porque é germinal. No fundo você discute nela vários temas: os intelectuais, a redemocratização do Estado, a elite empresarial. Tem uma linha. Há continuidade.
Você está dizendo uma coisa com que eu concordo, interessante. Tentei fazer com outros setores de elite a mesma análise, mas com os intelectuais está mais completo, a visada é mais completa, é mais generosa, abre mais flancos.

Mas é quase um manifesto metodológico.
Também. Tem a coisa do método, que é mais clara. Em *A elite eclesiástica brasileira* tem um trecho pequeno. O trabalho intelectual é de maturação muito longa e de retribuição muito diferida. É uma carreira muito difícil. Tenho muitos colegas ressentidos, mal-humorados, infelizes. Isso não se explica pela personalidade deles. É uma moeda quase que intangível, o reconhecimento. Acho que *Nacional estrangeiro* é um livro talvez até mais bem escrito, mais leve, mais bem-equacionado, que flui melhor, o argumento é mais claro e mais econômico. Mas existem muitas questões que me vi obrigado a formular aí. O livro sobre os intelectuais não possui um capítulo teórico, propositadamente. Eu achava que era melhor entrar direto no assunto, e os problemas teóricos estariam respondidos à medida que a análise andasse. Acho também que ele tem um desenho mais ambicioso do contexto: São Paulo, a questão do romance, depois a do Estado. O livro revela certa ambição porque lida com uma grande variedade de evidências.

Insistimos neste tema, porque de certo modo você inaugura uma metodologia original, na medida em que ela não é a repetição do Bourdieu. Com ela você pretende interpretar nossa situação, porque nós não somos a França.
Eis uma pergunta batuta. Vou respondê-la com o que aconteceu na minha defesa na França. A banca era o Pierre Ansart, professor de Sociologia da Universidade de Paris I, a Sorbonne. Bourdieu era obrigado a convidar gente de fora da École. O outro membro foi o Louis Marin, seu colega e íntimo da École Normale, e que não conhecia nada de Brasil, nem de América Latina — um especialista no século XVIII francês. Ele fez observação parecida com a sua, ou seja, ele queria que eu explicitasse de que maneira o material brasileiro havia suscitado certa moldura no enquadramento: "Você leu estas monografias, as memórias, fez o levantamento destas nomeações, fez os repertórios biográficos e teve sua formação teórica aqui. O que em toda essa experiência lhe permite dar conta do caso brasileiro diferentemente do que você leu no Ringer, Gramsci etc.?". Minha resposta: ao analisar o material brasileiro, vi que ele não tinha nada a ver com a Europa. Estava lidando

com uma situação que não posso concatenar como se estivesse descrevendo a Itália, por exemplo. Isso não tem nada a ver com a experiência francesa ou da Europa, nem da Argentina, como estou estudando hoje. A vida intelectual no Brasil tem outros estribos, por isso é que a experiência do declínio social foi importante para dar uma viga mestra. Com ela eu conseguia alinhavar muitos fios. Mapeei as encruzilhadas de trabalho desses intelectuais e fui percebendo como eles iam definindo projetos de vida intelectual comprometidos pela política. Como é que se explicam, no Brasil, Machado, Lima Barreto, Cruz e Souza, sem a experiência do declínio, do clientelismo, do apadrinhamento? É impossível. Tudo tem a ver com o declínio. Essa é uma experiência brasileira. Além disso, fui tentando realçar na tese o que achava que tinha a ver com a estrutura social, com a sociedade nacional, ou melhor, com o que dá tensão a essa estrutura social. No Brasil, não enxergo a tensão primordial no confronto entre operariado e empresariado. Os pontos nevrálgicos da tensão na sociedade brasileira passam pelas corporações, pela burocracia pública, pelos militares. Até para entendermos como é que não se conseguiu destruir a universidade pública no Brasil. O governo Fernando Henrique tentou. Não conseguiu porque há proteção burocrática, corporativa. A classe central da vida política brasileira são as corporações, o Judiciário, e é por aí que passam as contradições da vida brasileira. Se alguém quiser saber qual é a classe que dá uma direção para as contradições fundantes da estrutura social, acho que são as burocracias. A minha resposta a Marin: estou lhe dando exemplos de como a experiência histórica brasileira não bate com a européia. Não adianta impor ao material brasileiro as tensões da experiência européia.

Você está querendo dizer que é uma sociedade estamental e que por isso não existe uma relação polarizada entre classe dominante e classe dominada?
Exatamente. Eu disse ao Marin na defesa que a elite brasileira não é a elite francesa. Não dá para transpor isso. A vida intelectual e artística tampouco pode ser igual. O material nos obriga a ir em outra direção.

Vou fazer uma provocação. Você fez uma proposta metodológica que tem, inegavelmente, originalidade, mas que tem sentido quando aplicada ao passado da sociedade brasileira. Acho que esse aspecto não é percebido necessariamente por seus orientandos, que a têm aplicado indiscriminadamente a todas as análises sobre a questão dos intelectuais no Brasil.
Nunca tinha pensado nisso, mas talvez você tenha razão. O aluno já vai procurá-lo porque leu algum trabalho seu e gostou. O que me impressiona mais é como essas teses vão se rotinizando na mídia. Você viu esse caderno da *Folha* sobre o Getúlio? Existe lá uma vulgata simplificadora. Falei do trabalho do americano que escreveu sobre a administração da cultura no Estado Novo. A tendência é a mesma, enrijecer. Mal comparando, isso aconteceu com o trabalho do Bourdieu. Também tem uma vulgata. Não tem muita saída. O Idesp foi uma situação muito peculiar, pois eu tive a oportunidade de coordenar uma pesquisa, durante seis anos,

com um corpo de pessoas que era de qualidade excepcional. Praticamente todas fizeram teses inspiradas no projeto: Heloísa Pontes, Fernanda Peixoto, Maria Arminda do Nascimento Arruda, Lilia Schwarcz, Silvana Rubino, Fernando Limongi. Tínhamos seminários toda semana, com Fernando Novais, Manuela, Mariza como assessores, discussões grandes. Isso marcou todo mundo. Formou-se um grupo de trabalho que orienta suas pesquisas na mesma direção. Quando montei um seminário convidando intelectuais argentinos — Adrián Gorelik e Jorge Myers —, eles ficaram impressionados com a mentalidade que se formou movimentando o grupo. Eles se referem ao fato de que se percebe melhor esse espírito quando se participa dos trabalhos aqui.

Você está com um projeto de estudar a Argentina?
Estou estudando a experiência intelectual argentina em uma perspectiva comparada com a brasileira. Desde que fui para Stanford, entre agosto de 2001 e julho de 2002, dediquei-me à Argentina. Na biblioteca de Stanford eles tinham tudo sobre a geração dita de vanguarda, sobre Borges, que também consideram de vanguarda. Acabo nos anos 1930, na revista *Sur*. Os anos 1910 são importantes, porque são os anos de treinamento dessa geração. Os argentinos que vieram para esse seminário têm uma revista sobre História Intelectual chamada *Prismas*, têm um programa de História Intelectual na Universidade de Quilmes, ao lado de Buenos Aires. Eles querem fazer um programa latino-americano, têm essa ambição. Eles publicam uma série de livros e Adrián é o subdiretor da publicação chamada *Punto de Vista*, da qual a Beatriz Sarlo é diretora.

Qual a importância do seu trabalho Intelectuais e classe dirigente no Brasil (1920-1945) *para a continuidade da pesquisa?*
Acho que há um gancho desse momento que faz sentido. Logo depois do doutorado fiz pelo menos dois trabalhos, que deram na livre-docência, sobre os bispos, e no texto acerca dos políticos profissionais. Eu queria também estudar os militares. Então, nesse momento, acho que o projeto que eu tinha é o que está muito evidenciado nas conclusões do livro sobre os intelectuais, uma espécie de resgate da morfologia e do funcionamento da dinâmica da classe dirigente brasileira. Esse foi o momento de frisar a heterogeneidade de todas essas frações. Quero entender o que está por detrás do que seria essa discussão em torno de explicações do Brasil baseadas na dinâmica do enfrentamento classista, bem um Brasil repeteco da Europa, dos países desenvolvidos, ou não, uma coisa mais Faoro, Sérgio Buarque, quer dizer, a dinâmica da estrutura social brasileira passando pelo corporativismo, pelas corporações burocráticas, pelo Estado e por todos os grupos que se ancoram no Estado e dependem dele. E me inclino um pouco por aí. Só para caricaturar o argumento: acho que uma das classes fundamentais da sociedade brasileira é o funcionalismo público — a magistratura, os militares, todos esses grupos que vivem do Estado e que também dependem de alianças para baixo —, e isso é uma coisa estrutural no funcionamento da sociedade brasileira.

Os bispos são mais interessantes. Pensei em fazer os militares, os políticos e os bispos. Os políticos foi possível começar logo, fazendo esse teste, porque o Boris

Fausto tinha me convidado para escrever na *História geral da civilização brasileira*, da Difel. Então fiz aquela comparação do pessoal da Constituinte de 1945.

Não há estudos sociológicos sobre a elite eclesiástica?
Sobre os bispos não existe nada. Tem sobre a Igreja. Sobre a elite eclesiástica, não. Há coisas comemorativas, que é o material no qual me baseio, que são as poliantéias, as pastorais; isso tudo é um acervo impresso fenomenal, porque a Igreja é uma organização intelectualizadíssima. Tudo é impresso e documentado! As biografias dos bispos importantes brasileiros são todas em dois ou três volumes! Com documentação fotográfica, cobrindo todos os momentos. É feito a sério o negócio. E sobretudo no momento em que a Igreja estava recuperando o espaço, depois da separação, que é na República Velha, eles estavam fazendo a coisa pra valer e com muita aliança com os dirigentes locais. E mobilizando uma quantidade de dinheiro invejável. A Igreja possui um patrimônio cultural incrível.

E o seu interesse pela elite eclesiástica vai além da riqueza de material que você foi percebendo...
Sim, a mesma coisa. Será que este setor também está na dinâmica? O setor é intimamente ligado à política. Vai-se vendo pela leitura das pastorais. Em todo o capítulo inicial do livro, onde mostro como é o projeto político dos bispos na República Velha, vê-se a ligação com o poder político. O que é a questão religiosa, senão isso? Só que aí eles resolveram funcionar de outro jeito, não na hostilização e nem peitando, mas controlando o ensino das elites, quer dizer, com um recuo tático, estratégico, parecido com o que a paulistada fez depois de 1932. E aí se tornaram muito fortes organizacionalmente.

Em um certo momento fecham a universidade no Rio, e conseguem deslocar o Anísio Teixeira.
É. Mas também tinha este negócio; por exemplo, no caso francês eu fui lendo umas coisas para comparar, na época. É que na França essa recatolicização dos grupos dirigentes, desde Chateaubriand, deu origem a muitas lideranças leigas. No Brasil não deu muito, quer dizer, o caso Jackson Figueiredo é um caso isolado. Tem alguns carolas, puxa-sacos do padre Leonel Franca, do cardeal Leme. Havia um grupo de intelectuais católicos, Hamilton Nogueira, ideólogos. Mas...

Até porque o Partido Democrata Cristão não deu certo aqui. O cara que foi mais longe nele foi o Montoro.
Também. Então, acho que esse negócio das elites vai até o momento do livro dos bispos, que foi a minha livre-docência, em 1986, em Campinas. Eu a defendi lá em agosto, depois que tive o infarto em janeiro na França. A tese estava praticamente pronta. Aí, acho que teve um interregno durante o qual fiquei hesitando se pegaria de novo os militares ou não. O interregno está ligado muito à minha vida pessoal. Acho que depois, em 1987, 88 e 89, que é quando eu volto, é o momento da *História das Ciências Sociais*. Quando voltei, o projeto já havia logrado o financiamento e, como eu tinha ficado três meses na França, o Bolívar Lamounier tinha

assumido a direção do grupo, para começar. Mas eu é quem tinha feito o projeto, eu deveria coordená-lo. Assim, os intelectuais voltaram via cientistas sociais, de um outro jeito. Mas muitos dos problemas do livro dos intelectuais estavam de novo lá. O papel das universidades liberais, a ligação com os grupos dirigentes. Tudo o que está na minha abertura ao livro das Ciências Sociais, volume I, eram problemas que tinham a ver com a tese. O que havia mudado um pouco é que eu tinha avançado mais na leitura comparada de histórias intelectuais.

Revendo seus trabalhos, a idéia da reconstrução institucional está sempre presente, não é?

Eu acho que você está sinalizando uma dimensão importante. A questão institucional aparece porque sempre através disso é possível ter uma morfologia melhor do grupo, mais nítida. Até com os artistas eu faço isso. Fico muito inquieto quando não consigo reconstruir essa baliza. Por exemplo, escrevi nesta semana um texto sobre Mário de Andrade para um evento no IEB. Não consigo pensar o Mário de Andrade como uma figura que não sei onde está. Eu só consigo pensar o Mário de Andrade ligado à vida política, e às instituições de que ele participou, o Departamento Municipal de Cultura. Quer dizer, vou vendo como ele foi, intelectualmente, ampliando o seu projeto a partir dessa prática institucional.

É aí que usa Intelectuais e classe dirigente *como modelo?*

Isso. Acho que a discussão institucional é importante não porque corresponda a um artigo de fé, mas porque o grupo toma mais nitidez, mais feição, mais contorno na sua morfologia. A Igreja também é isso. Quer dizer, como entender a Igreja na República Velha sem saber quantas dioceses foram abertas, por que foram abertas nestes Estados, nestas regiões? O que está acontecendo nessas regiões? Quer dizer, tudo está junto. A coisa institucional sempre me ajudou a trabalhar o material. Essa era a minha sensação.

E isso não tem alguma referência à idéia de Bourdieu, de campo?

Por exemplo, no primeiro artigo sobre Flaubert, bem antigo, onde a questão institucional é logo traduzida em termos de pares de oposição — arte social, arte pela arte —, ele não se detém muito no aspecto institucional. Mais tarde ele estudou a especulação imobiliária, no seu livro sobre *As estruturas sociais da economia*. Sobre a Igreja também, ele ajudou a Monique de Saint-Martin a montar o trabalho sobre o episcopado francês, posterior ao meu trabalho. Quando eles fizeram isso ele prestou mais atenção às instituições. Claro, ele sempre prestou uma atenção grande à instituição acadêmica. Esse é o núcleo do seu trabalho. Se há um cerne no seu trabalho, na verdade, é a denúncia da retórica da inteligência francesa. As instâncias de formação, a École Normale, essa é a sua obsessão.

E a relação da História das Idéias com essa reconstrução do campo intelectual? Como você equaciona?

Pois é, eu posso historiar isso de diversas maneiras. Vamos começar pelo momento da minha formação na França. Havia grande desconfiança em relação à História das Idéias. O Bourdieu dizia assim: para fazer a história das idéias só tem uma maneira; ou se é fenomenalmente erudito para, através deste material expressivo, desenvolver um argumento cerrado, ou então podemos desistir porque ninguém anda só com História das Idéias. Ele sempre nos dizia isso. Mas ele gostava de nos fazer ler: líamos John Pocock, Quentin Skinner; mas não era um modelo privilegiado. A priorização era sempre na linha da História Social da vida intelectual. A questão da História das Idéias era a tal ponto um problema lá, que quando escrevi o trabalho sobre os intelectuais e fiz aquela parte sobre a ideologia oficial do Estado Novo, que se concretiza em idéias, a reação de Bourdieu, quando leu o manuscrito, já em francês, foi: aqui está bem porque esta ideologia está muito ligada à prática política deles. Essa era sempre a reação. Estou falando de uma forma quase caricata para mostrar que, quando nós discutíamos, a mesma tradição francesa aparecia sempre sob o prisma da História Social do grupo durkheimiano, o prisma social do Mauss, os conflitos do grupo. Ele dizia que era muito mais importante perceber que era um grupo ligado à comunidade judaica, e como estas carreiras se montaram, do que ficar sabendo com que filósofos eles estão dialogando. Porque os filósofos com quem estão dialogando não têm tanta importância na formatação da alternativa que eles estão querendo para a Sociologia em relação à Filosofia. Isso era todo o tempo assim.

Como é que você processa, hoje, esse vínculo entre História das Idéias
e a História Social do campo intelectual?
Eu acho que nunca faço História das Idéias. Quer dizer, eu tentei nos últimos trabalhos dar uma atenção grande à produção cultural. Analisar as obras, as artes visuais. Então, nesse sentido, eu estava fazendo uma História Social do modernismo, da retratística brasileira, dando grande atenção às obras. Este artigo que saiu agora, na revista *Tempo Social*, sobre os primórdios do modernismo literário — que eu parei porque logo vi que era impossível fazer o modernismo literário e o artístico, e decidi fazer antes o artístico —, ali já existe uma análise de obra. Fiz uma análise de toda a produção nacionalista dos modernistas, que não publiquei. Fui me orientando mais para prestar atenção no conteúdo das obras, no aspecto formal, e tirar desse relato um manancial para a argumentação. Fui me voltando para isso porque achei estar dominando melhor as matrizes formais desses acervos. Antes, eu não achava que dominava tão bem, então não podia falar muito, também.

Eu me lembro que na defesa do meu doutorado o Gabriel Cohn ponderou que, embora no trabalho não haja uma análise das obras propriamente dita, percebe-se o domínio da literatura de ficção e memorialística da qual se está falando. A respeito do capítulo sobre os romancistas, o Antonio Candido falou a mesma coisa. Segundo ele, o capítulo interessava porque era uma maneira de perceber como o romance brasileiro gira em torno da decadência, lembrando que ele sempre se fez essa pergunta. O fato de o romance ter sido ligado com a biografia dessa maneira tão estruturada seria um avanço, porque permite a leitura das obras de um outro jeito. À medida que meu trabalho foi avançando, acho que as obras foram vindo mais para o centro da atenção.

Sergio Miceli

Então, nesse sentido, você está fazendo uma articulação?

Sim, mas não pensei assim, sistematicamente. No trabalho sobre os retratos eu já senti isso. Porque na armação do argumento, em vez da trajetória do Portinari, havia muito mais a análise dos retratos. Por quê? Porque, de certa maneira, aquilo foi se armando como o cerne do argumento. Todos nós, quando escrevemos, sempre temos este dilema. Chegamos a uma argumentação, mas como narrá-la? Há um enguiço narrativo em todos os trabalhos. Até quando escrevemos um artigo, como é que fazemos a exposição? Quando a narrativa se orienta em uma certa direção, essa metodologia acaba firmando certa priorização explicativa. Quer dizer, se se dá prioridade às obras, já é um modo de falar diferente.

Mas, para fechar a discussão, acho que tenho me interessado mais por uma História Social das Idéias. Aí acho mais interessante. Os franceses sempre fizeram isso, com uma linguagem cientificista, de ciência pura, mas sempre fizeram esse tipo de radiografia dos conceitos. A História das Idéias é coisa difícil de fazer. Quando leio o Pocock, tenho a maior pena de quem faz História das Idéias. Requer um manejo quase weberiano de fontes eruditas, que nós não temos mais.

Se analisarmos um autor menor, é muito mais fácil. Mas analisar Kant, por exemplo...

Eu quis fazer o Pocock, quando estava na Edusp, porque o Skinner já tinha textos em português. Ninguém conhecia. A tradução até não é grande coisa. O livro ficou parado seis anos depois que eu saí. Mas acho que, depois de organizar a *História das Ciências Sociais*, há, para mim, um momento de crise muito grande. Minha segunda separação conjugal, também o final da pesquisa. É quando resolvi fazer o trabalho sobre História da Arte. Passei três meses na Europa quando me separei. Foi a primeira vez que Heloísa e eu viajamos juntos, e o Bourdieu tinha um amigo, o Castelnuovo, italiano, historiador da arte, que fez a *História da arte italiana* da editora Einaudi junto com Carlo Ginzburg e outros. Eles redigiram juntos um famoso artigo sobre a geografia social da arte italiana. Desde então fui acompanhando o Castelnuovo, até que saiu um livrinho dele que tenho em italiano. Comprei-o em Roma. Inclui dois capítulos sobre a História Social da Arte, uma espécie de historiografia da História Social da Arte que cito na introdução que fiz ao livro do T. J. Clark, *A pintura da vida moderna*, desta série que estou coordenando na Companhia das Letras. Fiquei muito impressionado com aquilo, e alguns daqueles autores o Bourdieu tinha nos feito ler. Argan, os clássicos, nós conhecíamos, mas a discussão contemporânea não conhecia. Havia uma bibliografia enorme, de trezentos títulos, nos dois artigos. Eles são uma parte importante desse livro. Li aquilo no trem e pensei: será que não podíamos fazer um negócio com um *corpus* brasileiro qualquer? O que poderia ser?

Quando voltei ao Brasil, comecei a fazer a História da Arte, que era um novo projeto para a Finep que tinha sido aprovado, mas só foi financiado por dois anos. E durante o levantamento para esse projeto que eu redigi, caí no projeto Portinari e me defrontei com a retratística, e descobri que ele tinha pintado seiscentos e tantos retratos. Pensei: o *corpus* está aqui! Era o período que eu havia estudado, eram as elites que eu tinha já pesquisado. Eu conhecia aquelas famílias todas, a bibliografia, e podia vê-las sob outro prisma, outra fantasia. E fui vendo que fazia sentido, porque aqueles seiscentos retratos eram todos os segmentos que eu tinha estudado. Tinha até bispo! Ele fez o cardeal, o bispo do Rio de Janeiro. Vi que se tratava de um *corpus* bastante homogêneo. A verba da Finep permitia espaço para fazer slides, ampliar a base de dados.

Assim, a coisa foi progredindo, e também fui achando que eu tinha de sair do Portinari. Não podia ficar só nele. Tinha de pegar aquelas figuras, por outros suportes, com outros artistas. E misturar o itinerário do Portinari com o dos retratados. O livro efetua essa transação, esse foco duplo. Não se sabe bem se o livro é sobre os retratos ou sobre os retratados. Os retratados são tão importantes quanto os retratos. Mas acho que, naquele momento... Neste novo livro, o investimento sobre a História da Arte havia progredido e já está mais bem solucionado tanto do ponto de vista narrativo como do ponto de vista formal, do texto. Acho que é mais confortável de ler. Eu leio *Imagens negociadas*, e o pulso do livro é mais travado. Porque eu sinto assim, revendo-o. Como a Companhia quer relançar *A noite da madrinha*, fui reler nesta semana e já achei que não era tão ruim assim.

Mas a transição para a História da Arte é uma volta ao mesmo grupo do doutorado, visto sob um outro prisma. No fundo é outra vez o Estado Novo. É a sua elite privada o cerne do livro, as mulheres da elite, o corpo diplomático, que não tratei muito nos *Intelectuais*. Quer dizer, é um pouco a corte do regime Vargas vista a partir dos retratos, dos objetos decorativos. Há um livro muito interessante que saiu agora, de um dos integrantes da família Nabuco Melo Franco, livro de memórias, no qual ele fala explicitamente das encomendas. De como a mulher do Afonso Arinos encomendou o Sagrado Coração de Jesus; como a mulher do Prudente encomendou o retrato dela. Como é que elas encomendaram o retrato das crianças, a decoração do salão. Ele fala como foi, quanto pagaram. A única coisa de preço que eu soube foi o que tinha no projeto; só se fala de preço no livro em um momento. Isso não era importante. Acho que *Imagens negociadas* é muito o doutorado revisitado. Com outro material, mas o problema que está lá é o do doutorado. Este último livro, *Nacional estrangeiro*, não tem mais esse problema; acho que eu já busquei explorar um outro tipo de questão.

O *corpus* é novo em *Imagens negociadas*, a análise também envereda por outra forma narrativa, por outras prioridades, por outro jeito. A linguagem é diferente, mas o universo histórico, o objeto é o mesmo.

De A desilusão americana *você gosta?*

Desilusão é um trabalho que já veio pré-formatado. Não podia fazer de outro jeito. O Social Science Research Council montou um grupo, sob a direção de um historiador da América Latina muito bom, John Coatsworth, especialista no México, que atualmente dirige o Centro de Estudos Latino-Americanos de Harvard. Quando ainda estava em Chicago, o Social Science convidou-o a dirigir um grupo de cientistas sociais latino-americanos — éramos eu, o Jorge Balán, o José Joaquín Brunner, outro do México. Eu fazia a parte do Brasil. E o projeto chamava-se "International Scholarly Relations", quer dizer, a idéia era examinar os fluxos de relações entre estes países e os centrais do ponto de vista de bolsas, teses, espe-

Sergio Miceli

cialistas, objetos, conceitos etc. Então o formato era muito constrangedor, porque eu tinha de examinar as fontes que eles achavam importantes. Faziam sentido as suas fontes, mas elas eram tantas, que, no fundo, deram o estribo ao trabalho. Acho que ele é duro nesse sentido. Acho que se eu tivesse tido mais liberdade de operação para sair e destoar mais... No fundo teria sido possível, porque o único trabalho mais completo foi o meu. Os outros fizeram um relatório mais sumário. Eu achava que teria de me enquadrar, ser certinho. Não desgosto, não. Mas era uma encomenda.

Saindo um pouco de sua obra e pensando na Sociologia, como você enxerga a Sociologia no mundo intelectual brasileiro? E na França?

O que eu vou falar está baseado no que eu vejo na USP, no Iuperj (Instituto Universitário de Pesquisas do Rio de Janeiro) e na Anpocs, onde conheço bem as pessoas, quer dizer, que são os grupos que conheço melhor. Eu constato certas tendências: Sociologias especiais. Isso é nítido, Sociologia Econômica, do Trabalho, da Cultura, das Profissões. Isso é palpável quando se consulta um veículo como a *BIB: Revista Brasileira de Informação Bibliográfica em Ciências Sociais*, ou mesmo a *Revista Brasileira de Ciências Sociais*; vemos essas especializações pululando e orientando muito a produção. Acho que essa é uma influência não só americana, mas também européia. A USP eu vejo que tem uma outra "divisão". Acho que existe uma parte do que se diz que é a Sociologia que, na verdade, é uma Sociologia muito aplicada, ética e politicamente orientada, e uma Sociologia que acho ser Sociologia mesmo, onde se tenta fazer um trabalho sociológico. Acho que a Sociologia, mais do que a Antropologia, ressente-se muito dessa coabitação com militância, com Serviço Social, misturando tudo. Como a Sociologia é maior em termos institucionais do que a Ciência Política e a Antropologia, ela vai recebendo e dando espaço para isso. E também acho que esse não é só um problema dos professores. É também um problema da demanda. Vê-se isso na seleção do mestrado e do doutorado. Todo ano temos tido um grupo importante de pessoas, que querem tirar o título, vindas do Jornalismo. Quer dizer, vêm estudar coisas sobre as quais querem ter uma formação, mas são pessoas que não querem fazer Sociologia. Isso se percebe pelos projetos aplicados, isto é, de gente que está tentando pensar as experiências profissionais. Acho que é um "falseamento" do raciocínio sociológico para abrigar um outro tipo de trabalho. Fazendo a comparação de como estão as três disciplinas, sem nenhuma falsa modéstia, acho que a Ciência Política está em uma grande crise, de todos os pontos de vista. Há menos gente querendo fazer Ciência Política, menos gente inscrita nos programas. A Ciência Política minguou; perderam muitos quadros intelectuais que foram para a política. E também existe uma briga cada vez mais feroz entre orientações novas. A Antropologia teve um momento bom nos anos 70, 80. Agora está em mudança, à medida que a Etnologia foi se tornando um grupo, digamos, estratégico na profissão, mas cada vez mais minguado, e na medida em que há um grupo de antropólogos que, na verdade, faz Sociologia e está no departamento de Antropologia. No Brasil isso acontece o tempo todo. No Museu Nacional, um grupo importante que está no programa de Antropologia Social é de sociólogos. Na Unicamp, há muitos antropólogos que são sociólogos. Quer dizer, acho que há um problema de paradigma complicado. Não sei se vejo com muito otimismo. Acho que a Sociologia está com coisas mais interessantes, do ponto de vista do que escreve sobre o Brasil. Acho mais viva como tradição, das três, neste momento.

Do ponto de vista internacional, acho que está bem. Há grandes sociólogos vivos e atuantes — Cicourel, por exemplo. A crise na Europa não foi só com a morte do Bourdieu; quer dizer, toda essa geração francesa está sumindo. Eu estava lendo uma resenha do Perry Anderson sobre o declínio da França, ele faz um necrológio de toda uma geração que morreu, a mais brilhante do pós-guerra, no mundo inteiro. Ele diz: não há nenhuma geração intelectual que teve tanto impacto no mundo inteiro como essa geração de franceses. Ele coloca todos: Lévi-Strauss, Foucault, Lacan, Bourdieu, Roland Barthes, Derrida, Deleuze. Essa é a geração pós-guerra. Como esta, segundo ele, não houve no mundo contemporâneo uma geração tão brilhante.

Ele tenta explicar por quê, dar razões do fato. No pós-guerra, a política francesa lidou com o declínio europeu de modo muito diferente ao que a Inglaterra fez. De Gaulle teria conseguido modernizar a burocracia, o sistema educacional que deu impulso a essa geração. Essa geração francesa teve impacto internacional. Todos esses autores foram traduzidos. Isso não existe mais na França hoje, todos morreram. Não tem mais ninguém desse calibre, salvo exceções. É uma situação que vivi em 1974. Eu não sabia que seminário seguir, se Foucault, se Barthes... todos estavam vivos. Todos davam seminários. Não sabíamos o que assistir, de tanta coisa que tinha! Se lermos as *Meditações pascalianas*, vemos o empenho na qualidade do texto, na sua textura, na sofisticação do texto, coisa que o Bourdieu não tinha muito, antes. E essa retórica teve um impacto fenomenal, porque eles não pareciam estar falando de objeto, eles transitavam entre Literatura, Filosofia, Lingüística, Semiologia. A deles era o mundo, era uma coisa planetária. Para a tradição inglesa, anglo-saxônica, isso tudo é um pouco esquisito. O Bourdieu, no *Esboço de auto-análise*, fala que nos Estados Unidos, como eles não sabiam lidar com a obra de Foucault, sempre diziam "esse cara é veado", uma forma de baratear o autor.

Eu acho que a situação, hoje, na Inglaterra é melhor do que na França. E nos Estados Unidos também. Acho que o interacionismo é uma escola muito rica. Pela situação de ter pessoas que têm uma obra, que estão vivos e produzindo. Uma figura como Cicourel, muitos interacionistas que têm uma obra menos conhecida no Brasil, mas que têm uma obra muito trabalhada, uma Sociologia muito interessante. Desse ponto de vista a Sociologia está bem. Ela teve grandes expressões e grandes recuperações de obras seminais, como, por exemplo, a do Elias. Ele demorou muito para ser reconhecido, só nos anos 70, mas quando veio o reconhecimento e a repercussão daquela obra fenomenal, não acabou ainda. Todo mundo está lendo. Não acabou ainda o impacto, a decantação dessa obra. Então, sem esquecer o Raymond Williams, é uma geração fenomenalmente forte. A Sociologia estava no pico de sua produção. Se se pensa em Williams, Bourdieu, Cicourel, todo o interacionismo, Gofmann! Eu não estou falando de autores que não gosto, Giddens, mas que são importantes. Touraine acho que é mixo perto dessa gente, no sentido de ter uma obra menor. Em termos de projeto intelectual, de objetos que construiu.

Sergio Miceli 241

Então, a despeito dos muitos que se esforçaram por enterrar a Sociologia, existe uma incrível vitalidade intelectual na Sociologia.

No que temos visto por aí, aparecem com grande freqüência idéias de uma Sociologia em declínio, de uma Ciência Política com um objeto mais definido, com um programa de pesquisa mais delimitado.
Isso tem! Os estudos legislativos em Cambará do Sul... aí é mais delimitado. Uma das coisas mais vitais da Sociologia contemporânea é a Sociologia Histórica, Charles Tilly, Immanuel Wallerstein. O trabalho dessas pessoas é fenomenal. No próximo número de *Tempo Social* vamos publicar uma entrevista com o Tilly. Acho que você tem toda razão de dizer que eles têm objetos mais delimitados, métodos aparentemente mais precisos, falam mais em metodologia. Eu só não acho intelectualmente muito instigante o que eles fazem. As duas coisas podem estar certas. Mas, quando vejo os seus trabalhos na *Revista Brasileira de Ciências Sociais* e na Anpocs e os leio, fico entediado. É uma chatice! Eles não gostam de política. Gostam de números.

E aí entra o nível de colonialização da Ciência Política pela Economia. É puramente microeconomia.
Nós vamos fazer um número sobre Sociologia Econômica, mas acho que ela não é muito colonizada, porque tem uma reflexão mais ancorada na tradição sociológica. Quando estive em Stanford, nos Estados Unidos, fiquei muito amigo deste grande sociólogo econômico que é o Richard Swedberg. Nós éramos muito companheiros. Ele tem vários manuais. O grande momento era o seminário em que podíamos trazer convidados, e ele fez um seminário sobre Weber. Ele se valeu fundo de Weber e foi um silêncio. Fiz muitas perguntas, elogiei muito. O grupo era muito cindido. Éramos de diferentes áreas, historiadores, psicólogos sociais, antropólogos. Os americanos não agüentam a coisa histórica. Eles querem um Weber formal, não histórico.

No livro Economia e Sociologia, *ele diz que os economistas têm horror de parecer sociólogos!*
Nós o convidamos para fazer um balanço. Ele fez, vibrou. Ele é muito simpático! Casou-se com uma americana e está ensinando em Cornell. O que eles faziam era interessante, a indagação sobre o papel da Economia, dos economistas, das políticas econômicas, mas de um ponto de vista diferente dos economistas.

A disciplina nasce exatamente para mostrar o limite da Economia. A idéia é ver o real e os problemas concretos, hierarquia, organização, não mais os modelos abstratos.
Eles fazem um sucesso nos Estados Unidos hoje! Mas a coisa dele — ele é sueco — é mais de arrumação, de sistematização. Em geral, nesse seminário em Stanford cada um falava sobre o seu trabalho. Eu apresentei o *Nacional estrangeiro* com slides. Ele foi um dos únicos que aprontou uma fala mais teórica. Ficamos dez meses, éramos 45.

Você poderia falar um pouco sobre o seu projeto do Idesp e da Editora Sumaré?

O projeto Idesp nasceu com um grupo de amigos, no momento em que a formação dos centros privados estava no ar como alternativa. Já haviam sido formados o Cebrap (Centro Brasileiro de Análise e Planejamento) e o Cedec (Centro de Estudos de Cultura Contemporânea). Havia um desentendimento e um certo desconforto do Bolívar no Cebrap. Ele queria sair de lá, e naquele momento ele estava casado com a Carmute. Eu era muito amigo deles e, portanto, estava próximo. Então, um grupo de amigos resolveu formar um centro privado. Naquela época eu estava na FGV, e achávamos que o centro privado daria, como deu, mais independência, mais autonomia de gestão, que teríamos acesso aos recursos de mercado de uma maneira mais criativa. Para mim sempre foi mais difícil viabilizar as coisas, porque meus assuntos nunca tiveram financiamento. Eu nunca fui financiado pela Ford, por exemplo. Meus assuntos eram todos culturais e a Ford jamais daria cobertura. O maior momento de produção do Idesp, de envolvimento, quando eu também assumi a direção, foi na História das Ciências Sociais. O Bolívar já tinha ficado muitos anos e o projeto era, naquele momento, o mais importante da instituição, era o seu grande convênio, então topei assumir a direção por conta disso. Mas, antes e depois, quando isso acabou e começou a História da Arte... Ela só teve financiamento dois anos, porque a Finep interrompeu, porque já havia a crise, e já não estava mais financiando os centros.

A Editora Sumaré apareceu como uma derivação disso aí. Nós sempre tínhamos muita dificuldade de publicar as coisas, e tínhamos sempre de fazer convênios com a *Revista dos Tribunais*, ou outras editoras. Alguém nos disse, uma vez: "Por que vocês não abrem uma empresa, onde o acionista majoritário seria o Idesp através de alguns de vocês, e vocês ficam com toda a autonomia?". Eu já sabia fazer livros porque tinha trabalhado na Perspectiva, quando era muito mais jovem; tinha sido do Conselho. Chamamos a Vera Galli, para tocar a parte prática, e abrimos o negócio. E era, no fundo, para dar vazão à produção da História das Ciências Sociais.

Depois que acabou a História das Ciências Sociais, teve mais dois ou três anos a História da Arte. Entrei para a USP em 1989, e depois disso já fiquei mais cindido, porque foi me comendo o tempo, envolvimento etc. E quando acabou a História da Arte, eu tentava ajudar. Ajudava a Teca no seu projeto, fazia um texto, participava de um relatório, mas nunca mais tive um financiamento. E eu também não tinha mais idade e não queria mais fazer outros objetos. Então eram meus amigos, eu tinha ajudado. Não ia sair. Quando fui nomeado para a Edusp em 1994, quis sair da direção, pelo menos, e eles lá, talvez percebendo que a coisa estava dando água, disseram não. "Você continue vindo só para assinar, levamos as coisas para você assinar, mas vamos mantê-lo". Na verdade, o desmantelamento da instituição poderia ter sido antecipado, porque já estava esvaziada. Nós nos mantínhamos como um grupo de amigos, como tínhamos começado. Mas do ponto de vista do trabalho... Eu falo de mim, mas acho que o Bolívar também foi se interessando cada vez mais por outras coisas. E com a prática acadêmica, ele foi cada vez mais encontrando dificuldades, mais resistência, mais reticência. Ele tinha as suas razões,

Sergio Miceli

mas isso já criava também um diferencial. Era muito difícil segurar um centro privado de Ciências Sociais, sem ligação com a comunidade. Então, no fundo, eu fazia esse trabalho. E ele não queria fazer, porque ele não podia mais fazer. Ele foi a única pessoa, que eu conheço, que se demitiu da USP! Que foi professor em tempo integral e pediu demissão. Quando ele chegou na secretaria, aquilo foi um escândalo! Os funcionários diziam: "O senhor está maluco?". Ninguém entendia isso.

E vocês tinham sede própria do Idesp?
Nós ganhamos. Eu era muito amigo da Joan Dassin, que veio dirigir a Ford. E por causa dessa relação, por causa da Anpocs, e porque eu tinha feito a homenagem à Fundação, começamos a negociar dizendo que o Idesp era o último centro privado que não tinha tido um aporte financeiro importante para adquirir um patrimônio. Eles deram dinheiro para comprarmos a casa. Porque com o desmantelamento, pelo nosso contrato, tínhamos de dar para o IDEC (Instituto de Defesa do Consumidor). Nós ganhamos a casa, que na época era uma fortuna. Ganhamos 600, 500 mil reais, demos 350 mil à vista na casa e ainda tínhamos um dinheiro para fazer a reforma. Nós fechamos o Idesp há dois anos. Qual seria a decisão, na época? "Temos um caixa, mas também temos um passivo trabalhista grande". Tínhamos funcionários que tinham dezoito anos de casa. "Ou fazemos o acerto agora, quando temos caixa, ou nunca mais vamos fazer."

Quando fui para Stanford eles começaram a fazer o desmonte. Quando voltei, praticamente tudo estava resolvido!

Em Stanford você ficou na Sociologia?
Não, fiquei no Center for Advanced Study in the Behavioral Sciences. É um instituto de estudos avançados que está fisicamente no *campus*, mas que tem financiamento próprio. Fisicamente, está no *campus*, pode-se usar as bibliotecas, mas foi criado pela Fundação Ford no final dos anos 50; pelo nome se vê que era menos as "Human Sciences" do que Psicologia Comportamental. Cada ano eles convidam quarenta cientistas sociais de várias especialidades. São grupos de sociólogos, historiadores, filósofos, economistas, arqueólogos, lingüistas. Eles pagam tudo. Instalam-nos cada um em uma casa, cada um tem um escritório no centro, pagam tudo; há restaurante para os *fellows*, a sociabilidade é na hora do almoço, nos seminários. Eu gostava de ir à biblioteca, gosto de olhar nas estantes, tínhamos total acesso. Era uma situação ideal. Eu fechei *Nacional estrangeiro* lá. Mudei de objeto lá; comecei a ler sobre os argentinos. Eles tinham muitas coisas sobre a América Latina. É um instituto de estudos avançados com dinheiro. Não é como o nosso aqui, que é só avançado, mas não tem dinheiro.

Diga em que sua abordagem do Modernismo difere das análises convencionais.
Já no doutorado havia uma reflexão sobre o que tinha sido o modernismo, sua contribuição. Para entendê-lo, é preciso dar conta do modernismo literário e artístico. Sempre achei que o modernismo artístico diz muito mais sobre o movimento. O modernismo literário, na verdade, é bastante convencional, próximo de cer-

ta cultura oligárquica, quase um estertor dela. Essa é a minha leitura. Na Argentina, a geração do Borges também é tradicional do ponto de vista ideológico. É algo compreensível. Eles reformaram os padrões de linguagem, os idiomatismos etc., foi se tornando uma espécie de manha estética. Uma convenção, cada vez mais congelada. Do ponto de vista doutrinário não podia ser de outra maneira, porque esses escritores estavam imersos na cultura política oligárquica. A reação ao livro tem um pouco disso, porque já se anunciava ali uma leitura do modernismo meio arrevesada que as pessoas não gostavam. Não estava dito com toda a clareza. Mas, à medida que fui examinando a obra dos artistas... eis o que é realmente interessante! Porque se passou algo que não tem só a ver com a oligarquia, mas sobretudo com a imigração. Eis a raiz censurada e silenciada no âmbito literário. O material expressivo traz informação sobre as forças sociais em confronto. A sociedade paulista está se movimentando em meio a essas forças sociais. É isso que se encontra retraduzido em termos plásticos na obra, é possível ler assim as obras de Anita Malfatti e Lasar Segall. Por exemplo, na produção literária não tem nenhuma mulher porque a Pagu é uma "invenção" posterior. Ela não teve a menor importância no movimento, no calor da hora. Aquele romance, além de ser cacete, ninguém deu a menor importância, não foi muito lido. Era a namorada do Oswald de Andrade! Essa recuperação concretista da Pagu é um invento dos anos 70. A única mulher importante no modernismo, a Cecília Meireles, pertence a outra conjuntura.

Houve algumas poetisas no pré-modernismo que a história literária cancela como se não tivessem existido, e que têm obras interessantes. Agora, tenho certeza de que estão voltando. Não existe nenhum movimento modernista no mundo em que as mulheres tiveram tamanho papel de destaque como protagonistas. Como você explica que essas mulheres-artistas tenham tido esse papel? Eis aqui uma novidade do ponto de vista do material expressivo. *Nacional estrangeiro* é um título contraditório: o nacional, no modernismo, é a imigração, que é estrangeira. O estrangeiro, no Modernismo, é a pintura nacional, totalmente formatada pelo estrangeiro. Quer dizer, *Nacional estrangeiro* é essa embolada. Nacional são os imigrantes, que são estrangeiros! Estrangeiros são os cubistas que formataram estas pessoas e a escola de Paris, nessa pintura que usava temas nacionais com uma linguagem totalmente estrangeira! Tarsila! Então o título é uma tentativa de dar uma forma compacta e um conceito conciso, expressivo, o qual retém essas dimensões principais da experiência. O livro começou a se organizar pela segunda parte. Até o momento em que fui me dando conta de que havia um material relevante sobre os mecenas. Eles tinham vida própria. O material vai também nos sugerindo o que se pode dizer. Eu tenho sempre essa experiência. Acho que o material direciona. Quando se presta atenção, ele vai conduzindo o analista em certa direção. E aquilo foi crescendo, de repente havia um capítulo inteiro sobre o mecenato. Um mecenato bastante peculiar. Por quê? Temos mecenas que criam instituições que favorecem os modernistas, mas têm horror ao que eles fazem! Não gostam da produção modernista. Eles compram uma ou outra coisa que os faz lembrar a arte acadêmica, e do resto eles querem distância. Mas criaram um sistema de bolsas, criaram a Pinacoteca, os museus. Eles montaram as instituições que favoreceram os artistas. É um movimento contraditório. Temos um patronato artístico de gen-

Sergio Miceli

te que não gosta da arte que é produzida no período. Essa era a nossa situação. Acho que na Argentina não deve ter sido tão diferente do que foi aqui. Por enquanto, li mais sobre os escritores argentinos. Nesse livro, minhas leituras de História da Arte são mais palpáveis.

Falta você contar qual o seu plano em relação à Argentina. Por que a Argentina?

Quando dei aula em Chicago, em 1992, e estava começando a pesquisar para *Imagens negociadas*, tentei fazer uma apreensão comparativa, lendo os mexicanos. Eu queria tratar do muralismo. Meu projeto do CNPq (Conselho Nacional de Desenvolvimento Científico e Tecnológico), com o qual tenho bolsa até hoje, efetua uma comparação entre Portinari e o muralismo mexicano. Então tenho muitas notas sobre a arte mexicana, mas que nunca traduzi num texto. Quando estava em Stanford, voltou a idéia da questão comparativa, desta vez com a Argentina. Fui à biblioteca e me dei conta de que eles tinham tudo: biografias, repertórios, obras literárias, dicionários literários. O que se quisesse. Comecei a ler, a fazer um projeto sobre a geração do Borges, a parte de literatura, incluindo os artistas. Fiz primeiro um texto que saiu na revista *Prismas*. O artigo é muito simples, uma comparação rápida da língua, como foi manejada no modernismo argentino e aqui; o problema da presença das mulheres, no modernismo argentino e no nosso; e a relação deles com o setor privado e a nossa com o Estado. O artigo é baseado nesse confronto entre a experiência deles desestatizada e a nossa estatizada. Tento pensar no artigo o que isso tem de diferente em relação à experiência brasileira, onde tudo, nesse período, é o Estado. Tem também um confronto em termos de trabalho jornalístico. Como é que a crônica foi feita pelos nossos modernistas e por eles. Para eles, a crônica é sempre uma elaboração de atualidade, crimes, fatos políticos. Os nossos cronistas modernistas fazem crônica literária. Usam o espaço do jornal para fazer um relato nostálgico, algo idealizado, poético, de algum incidente. Mas não têm nada a ver com o sufoco urbano. É um amaciamento do discurso literário. Então temos de pensar o Brasil comparando com a Argentina, porque a ligação deles com a Espanha é muito diferente da nossa ligação com Portugal, no mesmo momento. A ligação entre eles, os centros, México, Santiago, Buenos Aires, é importante na definição da vida intelectual deles; as relações entre os centros que estão competindo por legitimidade. Existe uma conformação da vida intelectual, por conta de tudo isso, que dá um outro molho. O jogo do Brasil é outro, com a França.

Eu queria voltar a um tema geral. Você está estudando o tempo todo intelectuais. Acho importante aparecer na entrevista como é que você pensa o intelectual.

Acho que foi mudando um pouco com o tempo, mas tem um padrão. É sempre uma indagação de como é possível a vida intelectual, como ela se viabiliza, como é a relação dos intelectuais dentro da vida intelectual. Eis a grande diferença entre meu trabalho e os de Simon Schwartzman e outros sobre intelectuais no Brasil. Eles acham que a vida intelectual, no limite, não tem nenhuma densidade própria. Não merece, por isso, ser estudada. Penso diferente; a vida intelectual tem vida própria, uma dimensão inerente à produção intelectual. Então a grande ênfase do meu trabalho é sempre insistir na morfologia interna da atividade literária, artística; as influências, a formação, o diálogo interno, a linguagem. Porque isso é que dá carne à vida intelectual. É claro que se pode ter sempre uma tentativa de apreensão da vida intelectual em termos das suas embocaduras externas. Quer dizer, a ligação com as instâncias políticas externas; com o poder político, a Igreja. Essa é uma dimensão importante, que também pode ser recuperada historicamente.

A sua forma de conceber o seu trabalho intelectual é uma visão de analista, de sociólogo. Você, em nenhum momento, atribui missão ao intelectual?

Não. Eu acho que os intelectuais adoram pensar nisso. É um estribo importante também da vida intelectual. É preciso levar a sério as missões que eles mesmo se dão. É preciso levar a sério, *ma non troppo*. Mesmo a nossa geração medita uma série de coisas. Queríamos fazer uma porção de projetos. Quando éramos mais jovens, achávamos que tínhamos uma missão. Quando entrei na Faculdade já fui aliciado e levava documento para a Rádio Nacional para difundir... Aquilo era a esperança política. Mas não consigo explicar o intelectual por racionalizações.

Mas não é nem explicar. Você não conecta?

Não. Não acho que isso seja definidor, nem explicativo. A coisa que mais leio é sobre a vida intelectual dos outros e não consigo atinar que seja importante em nenhuma experiência. Nem no idealismo alemão! Isto é, é importante, absolutamente definidor, mas a argumentação sociológica persuasiva sobre o idealismo alemão não se viabiliza através da missão que eles imaginavam.

Por exemplo, uma vertente gramsciana que você leu na época, que não é só uma imputação de sentido, vê o intelectual como tendo um papel orgânico.

Mas, então, ela está vendo o intelectual como uma espécie de porta-voz quase que epidérmico, que sente na pele demandas de grupos sociais concretos. Eu acho que essa tese é muito difícil de ser mantida quando a vida intelectual começa a se adensar e a se tornar mais complexa, porque quando começa a haver um jogo próprio de símbolos, de linguagem, de diálogo, esses ligamentos também se esvaem. A vida intelectual cria o seu próprio jogo. E esse jogo vai criando tudo o que vale a pena fazer na vida intelectual. E cada tradição nacional arma o jogo de outro jeito.

E a relação do intelectual com a política vai em que direção? Essa ligação, para você, é histórica?

Não, ela não é só histórica. Ela é muito definidora da atividade intelectual.

Ela não é estruturante da condição do intelectual.

Acho que na nossa geração a vida política já foi menos importante.

Sergio Miceli

E daqui para a frente você vê essa relação cada vez menor?
É. Qual é a tendência? É de que no futuro haja cada vez mais gente titulada, credenciada, o contingente do ensino superior cada vez mais taludo, uma sociedade cada vez mais educada. E a vida intelectual cada vez mais autônoma. Como já é na Europa. Quando vamos aos Estados Unidos e vemos a situação dos *campis* americanos... O Bourdieu é quem brincava. Ele dizia: realmente eles podem acreditar em pós-modernismo, dado que eles vivem fora do mundo. Eles podem realmente imaginar, por exemplo, o *campus* em Santa Cruz como uma espécie de aquário para pensar. Dado que especialmente eles estão assim, podem até imaginar uma relação imaginária com o povo. Os que estão mais longe do povo querem aparentemente, na teoria, defender o povo. Claro! Uma coisa perversa.

Quanto mais a vida intelectual se organiza em termos do seu próprio jogo, mais ela constrói uma relação imaginária com outros grupos, dos quais os intelectuais adoram posar de representantes. Acho que os intelectuais têm missão no mundo, no seguinte sentido: de desarrumar, de chacoalhar, colocar novos elementos na mesa, fazer novos cardápios. Têm de ter imaginação! Qualquer que seja a atividade intelectual, não só a Sociologia. Acho que é muito importante isso. Eu lia isso no Mills quando jovem e não sabia do que ele falava. *A imaginação sociológica*, de um sociólogo que hoje acho que não tinha nenhuma imaginação sociológica. Ele só escreveu o livro. Pegue um tipo como o Elias, que nunca falou em imaginação sociológica e tem uma brutal inventiva sociológica. Na verdade, ele consegue fazer Sociologia de qualquer material expressivo. Algo admirável. O Bourdieu pensava um pouco assim.

Bourdieu é tão importante quanto Adorno?
Eu acho. Acho uma obra tão importante quanto a de Adorno, e hoje com muito mais impacto que a de Adorno, porque, na verdade, a leitura dos frankfurtianos no mundo inteiro mingou e o impacto idem. Por uma série de razões que não são tão difíceis de entender. Primeiro, os adornianos sempre fizeram ensaios. Nunca escreveram monografias. Os ensaios são todos em torno de obras prontas e, portanto, nunca elaboram argumentos como estamos acostumados a trabalhar hoje. Se analiso a obra do Thomas Mann ou a música do Schoenberg, ou a poesia de Paul Valéry, recrio a ossatura interna e desisto de restituir as conexões. Por exemplo, Roberto Schwarcz é filho de um casal de imigrantes alemães que não sabia português. Veio para o Brasil, mas foi educado o tempo todo falando alemão com imigrantes alemães, e muito distante da vida intelectual brasileira. Acho que isso é um elemento definidor de sua obra. Porque só com essas características é que ele poderia fazer tal obra, a qual não é independente dessas constrições. Acho que ele sabe disso na prática. Mas são considerações alheias ao método adorniano.

A existência social determina a consciência?
É. Não é só a dele, mas de todo mundo! Isso não diminui em nada o seu trabalho. O Leopoldo Waizbort mostra em sua tese, na qual compara as interpretações do Faoro e do Roberto, que na verdade a explicação final não é tão diferente, ao contrário. A explicação do Faoro para a obra do Machado é bem próxima daquela

empreendida pelo Roberto. O caminho é diferente. Mas a substância e a expressão final são idênticas. Clientelismo, favor, tudo está no Faoro. Não tem nada que não esteja lá. Isso não diminui em nada a análise do Roberto, porque ele fez um trajeto seu. Acho o dele mais interessante do que o do Faoro. Muito mais tracejado, matizado, menos brutalista.

São muitas as imagens públicas com que os intelectuais trabalham. A Sociologia também é uma couraça; é uma polícia. E tem uma couraça disciplinar na Sociologia. Não é só a Sociologia, mas ela é denunciada como a rainha dos reducionismos; sobretudo sobre a atividade cultural.

Ela acaba com a idéia de vocação!

De tudo! De vocação, de qualidade, de excelência, da superioridade, da genialidade! É isso aí. E os intelectuais gostam disso. Todos nós somos vaidosos! Às vezes isso passa para a esfera cognitiva através de conceitos. Mas acho que nem o Bourdieu estava isento disso. Este livrinho seu do final de vida, que é tão pungente, tão tocante... É claro que ele escreveu um livro para mostrar a história da família, a história da sua própria educação, do seu treinamento, da sua formação intelectual. Quer dizer, o livro é tocante, mas vai-se olhando com atenção e é claro que, na entrelinha, em surdina está uma reflexão obsessiva de como foi possível ele próprio fazer essa pergunta o tempo todo. Essa pergunta não é feita assim, mas vai-se lendo o livro e ele emociona.

Porque ele escapa do determinismo?

Não.

É apologético no sentido de "como é que eu fui tão longe"?

Não. Não é! "Como é que foi possível?"

Ele quer também explicar essa possibilidade?

É. Mas aí é que está o negócio. Aí está o limite da Sociologia! Porque quais são as explicações possíveis de que ele é melhor do que os outros, tendo tido as mesmas possibilidades? Não é o caso. Ele não quer dar essa explicação. Então acho que, na verdade, ele chega no final como um limite da própria disciplina. Não há como sociologizar tudo. O Durkheim já cantou essa há muito tempo. Ele, sobre isso, não está inventando nada. Mas o livro é sensacional porque o Bourdieu escreveu muito contra a biografia como gênero, e contra a autobiografia, mas ele escreveu uma autobiografia.

Aliás, ele tem um artigo lindíssimo, "A ilusão biográfica", em que vai citando Shakespeare.

Mas ele escreveu este livrinho, que é uma autobiografia. Compacta, mas uma autobiografia. Vai sair pela Companhia das Letras. E logo na abertura ele diz: "Eu escrevi tanto sobre a biografia e é bom dizer que eu não estou fazendo nada...". Ele nunca fez análise.

Sergio Miceli

Minha irmã leu um texto dele e ficou claríssimo para ela que teria feito análise. Ele deve ter feito análise.

Não. Mas ele leu bastante Freud. E Lacan.

Não, devem ser correntes mais recentes, tipo Bion. A postura metodológica, analítica! No seu seminário eu ficava impressionadíssima com isto.

Não, este ele não leu. Lacan leu, porque era de sua geração. Mas ele gostava do Freud e lia muito. A grande leitura do Bourdieu, o que ele gostava de ler, sua curtição, eram os filósofos do existencialismo alemão — não Heidegger, porque tinha horror, mas o outro, Husserl. É através disso, e do Freud... E a partir do final dos anos 60 a linguagem psicanalítica é cada vez mais forte. E no final essa postura é escancarada. Sublimação, pulsão, tudo. Ele usava tudo!

PRINCIPAIS PUBLICAÇÕES

1972 *A noite da madrinha*. São Paulo: Perspectiva (nova ed.: São Paulo, Companhia das Letras, 2005).

1979 *Intelectuais e classe dirigente no Brasil (1920-1945)*. São Paulo: Difel (ed. francesa: *Les Intellectuels et le pouvoir au Brésil*, Grenoble, Maison des Sciences de l'Homme/Presses Universitaires de Grenoble, 1981).

1988 *A elite eclesiástica brasileira*. Rio de Janeiro: Bertrand Brasil.

1989 *História das Ciências Sociais no Brasil*, vol. I (org.). São Paulo: Idesp/Vértice (2ª ed.: Sumaré, 2001).

1995 *História das Ciências Sociais no Brasil*, vol. II (org.). São Paulo: Sumaré.

1996 *Imagens negociadas: retratos da elite brasileira (1920-1940)*. São Paulo: Companhia das Letras.

2001 *Intelectuais à brasileira*. São Paulo: Companhia das Letras.

2003 *Nacional estrangeiro: história social e cultural do modernismo artístico em São Paulo*. São Paulo: Companhia das Letras.

ELISA REIS

Elisa Pereira Reis nasceu em Araxá, Minas Gerais, em 1946. Bacharel em Sociologia e Política pela Universidade Federal de Minas Gerais (1967), licenciada em Sociologia do Desenvolvimento pelo Ilades (1968), mestre em Ciência Política pelo Iuperj (1972), doutora em Ciência Política pelo Massachusetts Institute of Technology (1980), realizou estudos de pós-doutorado na Università Degli Studi di Firenze (1985). Em 2000 foi eleita para a Academia Brasileira de Ciência. É professora titular da Universidade Federal do Rio de Janeiro. Foi professora do Instituto Universitário de Pesquisas do Rio de Janeiro, da Universidade Estadual do Rio de Janeiro, e professora visitante da University of California em San Diego (1995), da Columbia University (2000), da Ludwig Maximiliam Universität de Munique (2002) e do Massachusetts Institute of Technology (2004). Suas principais áreas de trabalho são: Sociologia Política, Teoria Sociológica e Sociologia Macro-Histórica. Suas pesquisas abordam a formação dos Estados nacionais, as transformações recentes nas relações entre Estado e sociedade civil sob o impacto dos processos globais, e a desigualdade social. Esta entrevista foi realizada em julho de 2004.

Vamos começar falando sobre sua trajetória profissional e a escolha do curso de Ciências Sociais.
Acho que sou de uma geração sem muita variação na escolha. Minha trajetória é muito pouco original. Saí de uma cidadezinha do interior de Minas, Ibiá, para estudar Engenharia em Uberaba. Comecei a fazer o científico, mas no primeiro ano converti-me à "causa revolucionária". Em Uberaba comecei a fazer política estudantil e decidi que ia mudar de Engenharia para Sociologia e Política. Fui para Belo Horizonte com esse propósito. Fiz o terceiro clássico no Colégio Estadual de Belo Horizonte, já me preparando para o vestibular de Sociologia e Política.

Você teve conhecimento do curso de Sociologia ainda em Uberaba?
Ainda em Uberaba, dentro da política estudantil secundarista. O curso de Sociologia e Política tinha aquela aura de um curso engajado. Isso foi em 1961 e 1962, quando estudei em Uberaba. Em 1963, fui terminar o curso secundário já em Belo Horizonte e, em 1964, entrei na UFMG, à época Universidade de Minas Gerais. Interessante, porque eu fazia política, mas dentro de diretório acadêmico, em sentido muito acadêmico mesmo. Eu era pouco politizada. Meu entendimento era que a ação política era sobretudo intelectual, era um debate intelectual. Quando fui para a universidade em Belo Horizonte, já tinha acontecido o golpe militar de 1964. Eu era de diretório acadêmico, mais pelo lado acadêmico mesmo, pois não tinha

uma ação política tão clara. Disputei com o Olavo Brasil a presidência do diretório. Empatamos duas ou três vezes, mas ele acabou levando porque era mais velho. Então abandonei completamente o projeto de ação e fui estudar em tempo integral. Talvez porque o golpe tivesse impossibilitado uma participação política aberta. Como vim do interior e não tinha laço algum em Belo Horizonte, eu praticamente morava na faculdade. Entrava às sete horas da manhã e saía quase meia-noite, quando fechava a biblioteca. Fiquei os quatro anos na Faculdade de Ciências Econômicas, interagindo bastante com os alunos da Economia e da Administração. Nosso curso de Sociologia e Política tinha matemática no vestibular, algo que geralmente os alunos que buscavam Ciências Sociais não queriam. O curso de Ciências Sociais funcionava em outro lugar, na Faculdade de Filosofia.

Quem foram os professores que mais te marcaram?

Na graduação, a pessoa que mais me marcou foi o Fábio Wanderley Reis. Ele me marcou profundamente. O Simon Schwartzman é uma segunda influência forte em minha formação, mas já no mestrado. Eu não o conheci em Belo Horizonte. Ele já tinha saído de Belo Horizonte quando estudei lá. O Fábio foi a influência mais forte. Havia outras pessoas que marcaram a minha formação, especialmente a velha guarda marxista tradicional, com muita influência local. No meu segundo ano de faculdade, peguei um time de professores que estava voltando da pós-graduação da Flacso, no Chile. O Fábio era parte disso. Tinha também o Antônio Octávio Cintra e mais dois professores. Eles trouxeram uma orientação muito diferente para Minas. Fui formada basicamente em Talcott Parsons e Merton, além de algum treinamento em métodos quantitativos. Eram coisas que em geral não existiam nos outros programas de Ciências Sociais da época. Tínhamos muita Estatística, alguma Matemática e alguma Economia.

Completamente diferente da Universidade de São Paulo?

É, era completamente diferente da USP e também do curso de Ciências Sociais da UFMG que funcionava na Faculdade de Filosofia. Mas esse curso de Sociologia e Política foi extinto. Minha turma foi a última. A turma seguinte, que entrou um ano atrás de mim, já foi incorporada à turma das Ciências Sociais com o fim do curso que funcionava na FACE/UMG. É interessante, porque esta mescla de Sociologia e Ciência Política acho que guardo até hoje. Acho que nunca consegui escolher direito entre uma e outra. Em termos de trajetória foi isto: terminei a graduação em 1967; tinha entrado na universidade com dezessete anos. Com 21 anos, estava formada e sabia que não sabia nada. Resolvi ir embora para o Chile, para estudar mais.

Por que o Chile?

Eu nem sabia direito, mas o Chile tinha uma reputação de ter uma ciência social muito boa. Muitas agências internacionais estavam sediadas ali. Para quem estava em Belo Horizonte, Santiago tinha aquela aura, como Belo Horizonte tinha para quem estava em Uberaba. Santiago era visto como o lugar onde se fazia Ciências Sociais. No meu último ano de faculdade me ofereceram uma bolsa em um insti-

Elisa Reis

tuto chileno, que eu nem sabia exatamente o que era. Deram-me uma bolsa para estudar e eu aceitei. Era no Ilades. Era um instituto católico e isso à época me deixou bem chateada. Ameacei voltar assim que cheguei, mas acabei me adaptando muito bem. Era um curso criado pelos jesuítas para formação de lideranças na América Latina, com dois níveis. Um visava formar líderes sindicais. O segundo nível era para o pessoal já mais avançado, que tinha terminado a graduação. Era um curso de especialização em Sociologia do Desenvolvimento. Foi este que fiz, e já comecei trabalhando como monitora no curso das lideranças sindicais.

Era ligado à Democracia Cristã?

Era ligado à Democracia Cristã, movendo-se mais e mais à esquerda. O Instituto era de jesuítas com o apoio de fundações católicas alemãs, que financiavam nossas bolsas. E com o processo de polarização política do Chile, diversos professores dos leigos estavam migrando para o Partido Comunista ou para outros partidos. Outros deixaram a Igreja nessa época. Era uma coisa muito palpitante, com muito debate. Muita gente que saiu dali integrou depois o ministério de Allende; alguns, muito mais tarde, o Ministério da Redemocratização. E do pessoal do curso de liderança sindical, que estava em um nível mais prático, também saíram muitas figuras públicas na América Latina. Muita gente de lá chegou a ter muito peso na política na América Latina. Foi um curso muito bem-sucedido o dos jesuítas. Era dirigido por uma pessoa muito famosa, especialista no pensamento de Marx, que era o padre Pierre Bigout. Tínhamos lá cursos clássicos sobre teoria e outros. Outra pessoa de muito prestígio neste Instituto era o alemão Franz Hinkelammert. Havia também uma pessoa que foi ministro da Justiça no governo de transição, mas esse era meu colega de turma. E ambos éramos monitores de Teoria Sociológica. Passei todo o ano de 1968 lá. Aí voltei direto para o Rio, já com o projeto de colaborar com os jesuítas que estavam criando o Ibrades (Instituto Brasileiro de Desenvolvimento). Foi o meu primeiro trabalho. Nessa época trabalhei também na Pontifícia Universidade Católica, onde fui apresentada pelo Bolívar Lamounier. Como o salário do Ibrades não era suficiente, pedi ajuda ao Bolívar, e ele me apresentou à chefe de departamento. Assim, consegui meu primeiro emprego de professora de Teoria Sociológica. Dei aulas na PUC-RJ durante uns três anos, até ir fazer o doutorado nos Estados Unidos. Fui para o MIT. Mas, antes disso, fiz mestrado no Iuperj, enquanto dava aula. No Chile obtive um diploma de Estudos Especiais, não existia mestrado lá. Era uma especialização. Fiz, então, mestrado no Iuperj. Eles reconheceram grande parte dos créditos que eu tinha feito no Chile e, assim, fiz um mestrado bem rápido.

Com quem?

Meu orientador era o Simon Schwartzman. Eu dava aula na PUC, trabalhava como assistente do Simon Schwartzman na Fundação Getúlio Vargas e ainda dava aula no Ibrades. Depois, deixei o Ibrades e fiquei só na FGV e na PUC. O Simon me orientava também. Fiz tese com ele. Minha banca foi composta por Edmar Bacha, Amaury de Souza e Simon. Foi uma tese sobre política cafeeira.

Que depois vai fornecer também subsídios para o seu doutorado?
Exatamente. Eu não tinha consciência disso, mas assim foi. A dissertação de mestrado era uma análise das relações entre a política cafeeira e a formação do Estado nacional. Minha hipótese era que os construtores do Estado nacional, ao mesmo tempo que atenderam às demandas dos cafeicultores, expropriaram em grande parte os interesses cafeeiros, que foram reconfigurados como interesses nacionais. Discuti as primeiras políticas de valorização do café, a criação do Instituto Nacional do Café, até o período do Instituto Brasileiro do Café. Usei um modelo de economia internacional que mostrava como a renda do café fora apropriada pelo Estado.

O Estado estava apropriando-se da renda?
É. Na linguagem da época, temos, primeiro, os cafeicultores fazendo do Estado o seu comitê executivo e, depois, o Estado fazendo o confisco cambial, transferindo renda para o setor industrial. E por isso o Instituto Brasileiro do Café já tinha muito menos a ver com a cafeicultura paulista.

O Bacha influenciou bastante na orientação?
Ele ajudou muito. Na orientação menos, porque tínhamos pouco contacto. Depois do mestrado fui para os Estados Unidos. E devo dizer que fui contra a vontade. Eu queria ir para a França. Por isso digo: eu não era nada original. Era como qualquer estudante de Ciências Sociais da época. Queria ir para a França, onde a ciência era mais "revolucionária". Os Estados Unidos eram "imperialistas". Eu me recusava a aprender inglês. E houve uma grande disputa doméstica. Fiquei disputando com o Eustáquio para onde ir, e ele acabou vencendo. Fomos para o MIT, e lá acabei sendo bem socializada. Acho que foi uma experiência fantástica, aprendi muito.

E quem te orientou lá?
Foi Suzanne Berger, à época uma europeísta. Foi uma escolha meio deliberada de minha parte. Eu não queria trabalhar com especialistas em América Latina ou Brasil, porque achava que aí não teria muita novidade. Queria ser checada por alguém que não conhecesse o contexto que eu estudava, que não tomasse coisa alguma como "dada" e que me desse incentivo para trabalhar no nível teórico.

Onde aprendeu inglês?
O inglês eu fui aprender lá, na vida. No primeiro semestre eu tinha um orientador que falava espanhol. Ele me permitiu escrever os trabalhos em espanhol. E aí fui aprendendo.

A sua tese não foi publicada? Eu lembro do Simon, em Bases do autoritarismo brasileiro, *fazendo uma referência importante ao trabalho. Seria interessante você nos dizer qual é o núcleo central da sua tese.*
Não, a tese não foi publicada. Ela se chama *As raízes agrárias da modernização autoritária no Brasil.* Em linhas gerais, era uma tentativa de aplicar o modelo do Barrington Moore ao processo histórico brasileiro. E de novo, muito preocupada

com as formalizações, eu formalizei um pouquinho mais o Moore, que tem, na verdade, uma interpretação histórica. Esbocei um quase modelo a partir das três trajetórias de modernização que ele discute: a modernização liberal-democrática, que seria o caso da Inglaterra, da França e dos Estados Unidos; a modernização pelo alto, que teria acontecido na Alemanha e no Japão; e a modernização camponesa, que Barrington Moore vê na China e na Rússia. É até engraçado, porque ele considera a Rússia um caso de revolução camponesa. Assisti aulas dele em Harvard e resolvi tentar fazer uma aplicação de suas teses. Na verdade, eu queria estudar por que não havia uma revolução camponesa no Brasil. E diante da dificuldade de desenhar a estratégia de pesquisa, fui mudando o foco. Pensava no começo em comparar Brasil, México e Peru. Trabalhei muito com esses três países. Eu era assistente de um professor latino-americanista e tinha lido com ele muita literatura sobre o México e o Peru. Mas acabei desistindo de estudar a revolução que não houve! Então, decidi estudar por que o liberalismo tinha tanta dificuldade para vingar aqui no Brasil. Na verdade, acho que fiz essa escolha porque o modelo liberal-democrático é o mais formalizado no livro clássico de Barrington Moore sobre as *As origens sociais da ditadura e da democracia.* Eu poderia ter discutido por que a modernização que se processou sob Getúlio Vargas foi conservadora. Ou seja, poderia ter privilegiado a análise da "via de modernização pelo alto", nos termos de Moore, mas não fiz isso porque ela é muito menos formalizada na sua obra. Não é bem um modelo. O que há mais claramente no livro é um modelo de modernização liberal-burguesa. Então, peguei este modelo e comecei a ver como e por que suas condições não confluíram no caso do Brasil. Algumas delas estavam presentes, outras não. Para fazer isso, a estratégia que eu tinha era comparar, fazer comparações macro-históricas. Aliás, acho que é só isso que a gente pode fazer; o nosso laboratório possível é comparar. No caso, comparei o Brasil com duas experiências de modernização: a experiência americana liberal-democrática e a experiência alemã autoritária. A literatura americana trabalha a Guerra de Secessão como uma ruptura possível com o autoritarismo nos Estados Unidos. A Guerra de Secessão é o que inauguraria o liberalismo. Usei esta idéia para comparar com a Abolição no Brasil, tentando mostrar como o processo político de abolição levou aqui a um tipo de arranjo político que preservou o monopólio de poder rural no Nordeste e criou um mercado de trabalho segmentado. Assim, a idéia de trazer imigrantes da Itália impedia a formação do mercado de trabalho pleno. Subsidiando a imigração, o Estado criou um mercado de trabalho insulado, que retardou o fortalecimento, o poder de barganha da classe operária e uma série de coisas. Trabalhei com dados muito precários, mas muito sugestivos. Usei diversos tipos de dados para mostrar como a formação do mercado de trabalho foi marcada pelo amplo uso de recursos de autoridade, pelo patrocínio estatal, e não simplesmente pela lógica de agentes auto-interessados. Tratava-se, portanto, de um tipo de capitalismo de autoridade.

Esse é o tema que você retoma, mais recentemente, na discussão do livro Processos e escolhas, *que trata dos três princípios de organização social: interesse, solidariedade e autoridade?*

Na verdade, a gente pensa que muda, mas não muda tanto. Fica dando voltas.

Que diferenciação você faz entre a atividade do cientista político e a do sociólogo preocupado com a política, da Sociologia Política?

Às vezes é até difícil responder isso. Sociólogo preocupado com política, acho que somos quase todos, no caso do Brasil. Em 1996, fiz um balanço da Sociologia Política brasileira para *Current Sociology* no qual sugeri que, até muito recentemente, toda a Sociologia brasileira era política. É só pegar a geração de Florestan Fernandes, Fernando Henrique Cardoso, Leôncio Martins Rodrigues, Luciano Martins. Todos eles. O Simon Schwartzman, Luiz Werneck Vianna. Acho que, diferentemente da Sociologia, a Ciência Política no Brasil, talvez por ter institucionalização mais recente, é menos preocupada com este enlace da política com a sociedade. Ela está muito mais preocupada em afirmar a autonomia das instituições políticas, examinar aspectos agregados do comportamento político. E acho que isso faz sentido. É uma abstração saudável, a da Ciência Política.

Certa vez, revisando a literatura, você disse que há três grandes linhas na Sociologia Política: uma, referente às bases sociais da política; outra, que consiste em uma análise histórica do desenvolvimento do capitalismo ou da modernização; e, por fim, uma análise do desenvolvimento do Estado nacional. Isso não se confunde com o que se chama hoje de institucionalismo histórico, que tem origem em Marx e Weber?

Exatamente, falei de três grandes linhas. Tenho um artigo publicado em 1998 ou 1999, em um livro no Rio Grande do Sul, e intitulado "Os velhos e os novos desafios da Sociologia Política", onde faço uma grande revisão da Sociologia Política em geral, não só da brasileira. Aí chamo a atenção para este fato. A preocupação histórica é uma marca muito forte na Sociologia Política. Há uma variante muito institucionalizada, que é a análise do comportamento político, ou seja, o estudo sobre voto, eleição etc. Esta variante é menos preocupada com a história e mais compartilhada com a Ciência Política. Mas as outras duas podem ser chamadas de Sociologia Histórica. A Sociologia Política é uma Sociologia Histórica. Se olharmos para a Inglaterra, o que caracteriza a Sociologia Política lá? É o componente histórico. Hoje, dentro da Ciência Política, a perspectiva histórica é cada vez menos importante. Aliás, uma vertente central da Ciência Política afirma hoje, com muita força, que a ciência social prescinde de história.

Mas isso tem a ver com o individualismo metodológico, com a rational choice theory?

Com uma vertente do individualismo metodológico, certamente que sim. Mas se pensarmos no individualismo metodológico tal como proposto por Max Weber, que envolve a idéia de que os atores escolhem e conferem sentido a suas ações, então a dimensão histórica pode perfeitamente ser incorporada ao individualismo metodológico. A história pode ser vista como integrando a componente estrutural, como um pano de fundo. Mas, como ele diz, as instituições são probabilidades de ações humanas específicas. Acho que o individualismo metodológico da *rational choice* é uma coisa diferente. O que interessa é o jogo de escolhas, muito mais do que o conteúdo das escolhas.

Elisa Reis

Voltando à sua distinção entre Weber e o individualismo metodológico, a dimensão histórica é importante. Enquanto para Weber ela é fundamental, o individualismo metodológico e a teoria da escolha racional abrem mão da história.

Em Weber, a história dá o contexto para se entender o que os indivíduos escolheram.

A escolha racional não é uma ciência social histórica?

A perspectiva da escolha racional não é histórica. Como estilização, faz todo sentido. Da mesma forma que na Microeconomia, na Ciência Política a abordagem da escolha racional tem propiciado um grande avanço. Mas o importante é o reconhecimento de que isso é um recurso ou, em termos weberianos, isso é quase um tipo ideal.

Voltando um pouco ao seu curso de mestrado. Quem foi seu contemporâneo no Iuperj?

Eu fui da segunda turma do Iuperj. Foram meus contemporâneos: o Werneck, a Eli Diniz, o Renato Boschi. Todos eles entraram um pouco antes de mim. Estou mencionando gente que já estava no Iuperj quando estudei lá. Do meu ano mesmo, pouca gente ficou na área acadêmica específica. Lembro da Isabel Valadão, que é da Universidade de Brasília; do Eurico Figueiredo, que está na Universidade Federal Fluminense; do Clovis Brigagão, que é professor da Universidade Candido Mendes; da Nanci Valadares.

E a sua experiência no MIT? No começo foi traumática em função do idioma?

Não foi tão traumática. O departamento não é muito grande. Como não tinha a companhia de outros latino-americanos, fui forçada a me integrar. Fui assistente de pesquisa, e isso também ajudou muito minha integração. Depois que aprendi inglês e fiquei um pouco mais à vontade, fui membro de comitês do departamento, coisa que ajuda muito a socializar estudantes. O departamento era de Ciência Política. Tanto no mestrado quanto no doutorado eu cursei programas na área de Ciência Política. O MIT não tem Sociologia. Também quando fiz o Iuperj só existia Ciência Política, depois é que a área de Sociologia foi aberta.

Em que ano você defendeu o doutorado?

Em 1979. Eu demorei muito. Fiz cursos entre 1972 e 1975 e voltei para o Brasil, porque minha licença havia acabado. Nessa época eu já era da FGV. Trabalhava na EBAP.

Em 1978 voltei para o MIT e escrevi a tese em um ano e meio. Fiz minha defesa de tese em dezembro de 1979. Meu título de PhD é de fevereiro de 1980 porque essa é a época em que os graus são conferidos.

Você tem uma formação que não passa em nenhum momento por São Paulo, não é?

Nada. Dei uma entrevista para a *Revista de Sociologia e Política* da Universidade Federal de Santa Catarina, e eles me perguntaram sobre o impacto da disputa entre São Paulo e Rio na minha formação. Eu disse que não foi importante para a minha carreira. Em Minas, a gente não discutia o que era mais importante, se Rio ou São Paulo. Isto é, não identificávamos qualquer disputa entre os dois. Líamos tudo. Lembro de ler Fernando Henrique Cardoso, Juarez Brandão Lopes. Florestan Fernandes só fui ler muito mais tarde.

E os demais, Ianni, Luiz Pereira, não?

Ianni eu já tinha lido em Minas, mas tudo em um contexto de ciência social politizada. Weffort, Florestan, por alguma razão, não os li então. Não eram tão populares lá na minha época. Só fui ler mais tarde. Acho que o Florestan Fernandes, na verdade, só li bem mais tarde, quando fui dar aulas no Iuperj.

Na Universidade Federal do Rio de Janeiro você entra quando?

Muito mais recentemente, em 1995. Durante uns vinte anos estive ligada ao Iuperj, como professora.

Voltando ao tema da relação entre ciência e política, que para você estão separadas. Você poderia retomar esta discussão?

Sim. Em Minas a gente lia de tudo. A ansiedade de superar uma certa condição de isolamento nos levava a ler tudo. Mas minha formação foi fortemente weberiana. Não líamos comentaristas, mas o próprio Weber. Eu tinha um professor que, no segundo ano de faculdade, mandava-nos ler cem páginas de *Economia e sociedade* por semana. Eu lia, mas a verdade é que entendia pouco. De qualquer forma, o que me marcou dessas leituras é que Weber concebia o determinismo econômico apenas como um tipo ideal. Assim, em *A ética protestante e o espírito do capitalismo* ele diz claramente que se um "certo autor" tomasse a interpretação economicista da história como uma estilização, como um tipo ideal, ele estaria plenamente de acordo. Weber estava naturalmente falando de Marx sem citá-lo. Eu achava essa idéia muito interessante: na verdade, tudo pode ser estilizado e assim podemos ir compondo uma realidade, uma interpretação dela. A partir desse momento eu compreendi que Weber era muito útil para o cientista social, porque relativizava Marx. Eu via um problema com Marx, isto é, eu me perguntava: se ele já fez a teoria, se já chegou ao conhecimento do real, então só nos resta aplicar a teoria? Mais ainda, cada vez que eu tentasse aplicar sua teoria, tinha de saber se era fiel a ele, se minha leitura de Marx era correta. Além disso, havia sempre alguém que dizia que Marx tinha sido mal traduzido, que não era isso que aparecia no original.

Queria retomar a questão do cientista e do intelectual. Como você vê hoje o papel do intelectual, do cientista social no Brasil?

Eu concordo muito com a tese da Mariza Peirano, que sustentou que o intelectual brasileiro se sentia comprometido com o projeto nacional. Acho que para o desenvolvimento da ciência seria melhor que as coisas fossem um pouco mais separadas e, quando o intelectual fizesse a opção para colaborar com o projeto político, isso não se confundisse com sua inserção na academia. Acho que ainda temos uma ciência social muito politizada. Acho que a tendência é isso diminuir, porque já não é a mesma coisa que era há vinte, trinta anos, mas ainda é forte. Muitos de nossos alunos querem ouvir a confirmação de uma verdade que eles já têm. Do ponto de vista ético e moral, acho muito saudável. Por outro lado, do ponto de vista do avanço do conhecimento, acho que muitas vezes é problemático. Se tivéssemos um pouquinho mais de institucionalização da ciência como prática profissional autônoma, talvez conseguíssemos mais sucesso na formação profissional. Muita gente diz que a gente só faz aplicar teoria estrangeira. Se isso é em parte verdade, não é só por alguma força "imperialista". Muito da explicação reside no fato de que nos furtamos de pensar teoricamente. Estamos tão comprometidos com a realidade que a teoria, sempre abstrata, nos parece supérflua. Acho muito difícil estimular a produção teórica, a reflexão teórica aqui, porque a pressão para ser relevante é muito grande. Eu sou a primeira a achar isso também. É muito complexa essa discussão. Acho que a ciência tem que ser relevante, senão é supérflua, banal. Mas acho que a maneira de ser relevante não precisa ser tão imediata.

> *Por que o Brasil tem esta vocação de tempos em tempos, tentar reproduzir as interpretações de autores de outros países?*

É, isso é curioso. Acho que tem um pouco a ver com a nossa trajetória de terceiro mundo. Acho que no terceiro mundo isso é uma coisa mais tentadora. Talvez pela ambição. Se pensarmos nos países onde a ciência social se firmou originariamente — na Europa Ocidental, basicamente — as pessoas estavam refletindo sobre o que estava acontecendo. Aqui, o peso da herança colonial já é um dado diferente. Quer-se reverter tendências, projetar algo diferente. Acho que a idéia de o Estado não ser uma emergência da sociedade faz muita diferença. Quando se pensa na Europa, há um caso anômalo que é a Alemanha. E é em parte por isso que há uma escola crítica ali e em outros lugares não há. É a constituição tardia do Estado alemão que explica muito isso.

> *Isso permite entender a obra de Gramsci na Itália?*

Exatamente. São dois casos de formação tardia do Estado nacional. A Alemanha, a Itália e o Brasil têm a consciência de que o Estado nacional é um projeto.

> *Esta deliberada escolha da tradição pode ser vista como estruturante da modernidade no Japão?*

Certamente que é. É uma modernidade que faz um uso totalmente racional da tradição.

> *Você acha que no Brasil não teria essa permanência da tradição na modernidade?*

Sim, mas em termos diferentes. Aliás, em todos os lugares a modernização preserva algo do tradicional. O que quero salientar aqui é que, no caso do Brasil, não se trata de preservar a tradição como um valor em si. A tradição como tal não é preservada aqui. O que tem de tradicional no Brasil é a defesa de interesses vigentes de longa data.

Se a tradição serve para defender interesses, mantenhamos a tradição.
É, nesse sentido, mas não se tem uma valorização do antigo, por exemplo. O Brasil parece mais com a China, mesmo. A valorização da tradição histórica, dos monumentos históricos, dos heróis do passado é muito pequena, foi bem menos marcante aqui. O que se observava era o endeusamento do moderno. Agora, muito recentemente, já se vê alguma mudança nisso. Fala-se mais e mais em resgatar nossa história. Mas é recentíssimo, porque a preocupação era ser moderno, adquirir feições de primeiro mundo.

Qual seria o papel do intelectual ou do cientista social no Brasil hoje?
Acho que não temos mais um papel no singular. Para o cientista social, hoje em dia, a escolha de papéis que ele pode ter é muito maior. Se faz sentido ainda ter os grandes ideólogos que fazem grandes projetos, também faz sentido haver pessoas engajadas em projetos muito mais específicos; por exemplo, trabalhar com o tema da educação, a temática da infância ou da juventude, assessorar projetos cívicos etc. Continua-se tendo motivações altruísticas, idealistas. Isso é uma tônica da ciência social em todo lugar, por mais profissional que ela seja. A Sociologia, sobretudo, é uma ciência voltada para a solidariedade, preocupada em como fomentar a coesão social. A Sociologia nasceu conservadora, com a preocupação em descobrir os meios de atenuar os estragos causados pelo mercado. Hoje em dia, cabem papéis múltiplos para o cientista social. E a maneira de exercer este papel é ser competente tecnicamente. Se o cientista social entende de educação, ótimo, pode ser útil neste sentido. Se ele entende de família, ótimo, pode colaborar neste sentido. A ciência social já tem condição de ser mais profissionalizada e menos demiúrgica do que ela era no passado.

Mas isso não serve a uma certa idéia de intelectual público?
Não, o público não tem de ser o projeto nacional. Acho que o público é o nacional quando o país é muito elitista. Se o país deixa de ser elitista, há lugar para mais gente, o público é todo lugar em que você tem interesses que não são atomizados. Pode até ser um somatório de interesses privados, desde que assim decida uma coletividade.

Mas essa é uma visão liberal.
Não sei. Eu já estou tão confusa com o termo liberal tal qual usado hoje em dia... Quando se fala liberal, em geral o que está por trás é uma crítica demasiado conservadora. No meu modo de ver, com todas as restrições que se faça ao liberalismo, o velho e o neo, a crítica a ele é muitas vêzes mais reacionária, porque plantada no passado.

E o que seria uma crítica mais radical ao liberalismo, mesmo que não marxista?

Elisa Reis

A crítica radical é a mais conservadora. Porque ela continua vendo o mundo com os olhos de antigamente. Um exemplo: o nacional, hoje em dia, não tem o mesmo sentido que tinha antes. Usamos muito o nacional como fulcro da solidariedade e isso era menos problemático que hoje. Pense, por exemplo: por que o Brasil conviveu tão bem com tanta desigualdade? Em grande parte por causa do projeto de construção nacional. A idéia de que estávamos fazendo um país grande, de que todo mundo estava ganhando, sugeria uma comunalidade de interesses. Então, a idéia segundo a qual estávamos todos unidos em um grande projeto, que o Brasil algum dia iria dar chance a nós todos, estava subjacente à mística da construção nacional. Essa foi uma ideologia nacional que parecia muito revolucionária. Hoje ela pode ter um efeito muito conservador, pode diluir a percepção da concentração de renda e riqueza. Se não tivéssemos dado tanta ênfase ao projeto nacional, talvez já tivéssemos uma distribuição de renda menos desigual.

A tese do Simon no trabalho sobre as bases do autoritarismo no Brasil é que as concessões ao poder local — manutenção do coronelismo, por exemplo — foram o preço pago para se ter a unidade nacional.

Sim, nesse sentido eu concordo, mas o raciocínio do Simon é mais em termos das regiões. Ele fala de interesses que são regionais: temos os do Rio Grande do Sul, que são vistos como mais militarizados; os de São Paulo, que são de mercado; os de Minas, que são políticos; e os do Rio, que são administrativos. Eu não estou falando disso. Essa é uma boa estilização da realidade, mas estou pensando muito mais em termos individuais ou mesmo de classes. Quando eu digo que nós retardamos a ampliação do mercado de trabalho, estou pensando no trabalhador em abstrato. Acho que o trabalhador brasileiro teria tido um poder de barganha maior se a mão-de-obra tivesse sido mais escassa; se, em vez de trazer gente de fora, o Estado deixasse o pessoal competir por mão-de-obra depois da Abolição, por exemplo. Nese sentido acho que a minha visão é mais liberal ainda.

Você tem razão quando estava falando do nacional, da própria estratégia de desenvolvimento por substituição de importações. O preço que se pagou foi uma elevação da concentração da renda. Durante um certo período essa estratégia foi necessária para dar competitividade, mas não precisava sessenta anos de protecionismo. Quem pagou a conta foi o consumidor. Pagou tributo com menor tecnologia e preço maior.

Voltamos a pagar esse preço com a reserva de mercado para a indústria de computação.

Dos seus livros, qual você gosta mais?

Eu gosto de uma coletânea de artigos que ainda não publiquei como livro. Não sou muito ligada em publicar livro. Gosto dessa coletânea porque ela explora o peso da herança agrária para nós. É uma coletânea voltada para isso. Com relação a livros, não sei bem, mas acho que tenho uma certa inveja das ciências exatas. Acho que publicar artigo é mais pertinente; é mais rápido, chega às pessoas muito mais depressa. Livro é quase um anacronismo, hoje em dia. Quando se termina um livro ele já não tem mais atualidade. Claro que estou exagerando, mas a revolução que vivemos na comunicação tem que nos levar a pensar criticamente sobre as formas de divulgar o conhecimento.

Você está muito influenciada pelo MIT?

Não, acho que não. Eu me desinteresso por um tema depois que escrevi algo sobre ele. Então, se for me dedicar a um livro, vai demorar muito, quando sair não vai ter mais interesse. Acho que sou influenciada é pela produção digitalizada que está aí. Claro que isso que estou falando é um absurdo. Eu mesma sou vítima disso, porque quando me limito a publicar nas revistas meu texto está condenado a ser menos conhecido. A revista desaparece. Minha preferência vai contra mim mesma. Lamento pagar esse preço, mas pago.

Processos e escolhas é uma coletânea de artigos.

É uma coletânea. É verdade. Eu só tenho coletânea, não tenho um livro.

Como você vê a universidade brasileira hoje? Você trabalhou na FGV, no Iuperj, agora na UFRJ e também no MIT, nos Estados Unidos, portanto tem um ângulo comparativo.

Eu sou muito inquieta. Já dei aula em várias universidades. Gosto de ter mais contato com o curso de graduação e também com outras áreas. Gosto muito de interagir com gente de outras disciplinas, que não têm nada a ver com ciência social. Universidade é uma coisa complicada, especialmente a UFRJ. Comparada com as outras federais, ela é a mais dinâmica, a que tem mais pesquisa, mas é a mais mal equipada em termos relativos. Em termos físicos está pior. A crise tem diversas razões, eu não poderia falar de todas. Posso falar de algumas que conheço mais de perto. Se, de um lado, esta política da pós-graduação é tão bem-sucedida, de outro, fico horrorizada com o hiato que em muitos casos ela criou entre os departamentos e os programas de pós-graduação. A fórmula da pós-graduação é muito bem-sucedida no Brasil, mas acho que ela pagou um preço altíssimo e que, ao fim e ao cabo, a estratégia foi um pouco suicida. Concentramos recursos humanos, recursos financeiros, tudo na pós-graduação, e os departamentos foram abandonados. Isso varia de universidade para universidade, de área para área, mas é uma tônica. Em muitos casos o resultado é dramático. Os departamentos estão completamente desmoralizados e a pós-graduação é onde se concentram os recursos. Agora, os alunos de graduação estão cada vez mais mal formados. Não é só por causa do esvaziamento dos departamentos, mas acho que este é um ponto central. Podemos pensar em algum formato mais eficiente, alternativo aos departamentos, mas a persistir a distância entre a graduação e a pós-graduação, vamos bloquear estratégias reformistas.

De onde vem esse esvaziamento, se os professores são os mesmos? Teoricamente a qualidade das aulas deveria ser a mesma.

Mas o envolvimento deles é diferente. O compromisso do professor é diferente. Ele não tem nenhum estímulo para dar aula na graduação, que ele faz burocraticamente. A polêmica introdução da gratificação ou do estímulo à docência na graduação, na gestão anterior do Ministério da Educação, teve este aspecto saudável. Claro que houve distorções por toda parte, mas, de alguma forma, ela trouxe o professor de volta à graduação. Também a chefia de departamento é uma tarefa ingrata atualmente, porque tem todas as obrigações burocráticas, com pouco ou nenhum apoio em termos financeiros e freqüentemente sem apoio administrativo adequado.

Você disse que queria dar aula para a graduação e que gosta de manter contato com outras áreas. O que o aluno de graduação traz de diferente e importante?
Acho que o desafio é muito maior, porque na pós-graduação, de certa forma, os alunos já têm a cabeça feita. Para mim é muito estimulante enfrentar uma turma de oitenta alunos e o desafio de estimular a minoria que efetivamente vai optar por ser cientista social.

Quais são os autores contemporâneos, os sociólogos e cientistas sociais pós-Weber mais importantes, hoje, na Sociologia?
Mais importantes é difícil, porque a Sociologia hoje é muito ampla. Posso falar os autores que são pertinentes na minha área específica. Delimitando a escolha para o período pós-Weber muda tudo. Acho que do ponto de vista pessoal, quem mais me influenciou é alguém que eu nunca vi ao vivo, que é o Bendix. Mais do que o próprio Barrington Moore, que também me influenciou muito. Mas Reinhard Bendix é a pessoa que mais marcou minha formação.

E que é um intérprete de Weber.
Ele é mais do que isso. Ele pretende ser um intérprete de Weber, mas no fundo ele tem uma contribuição pessoal muito grande. Outro autor de que gosto muito é o Abram de Swaan, com quem aliás participei de um projeto de pesquisa em anos recentes. No seu livro clássico, *In Care of the State*, ele faz uma coisa de que gosto muito, que é explicar as origens do *welfare state* na Europa a partir do interesse das elites em eliminar as externalidades negativas da pobreza. Trata-se de uma análise macro-histórica que pode ser enquadrada em um modelo de cálculo de custos e benefícios. Também lembraria diversos nomes da Sociologia Política inglesa. Gosto muito da geração de "macro-históricos", que tem nomes como Michael Mann e John Hall. O primeiro deles com sua ambiciosa análise sobre as origens do poder e do Estado, e o segundo com uma interpretação brilhante quanto à emergência da ordem liberal democrática.

E na Sociologia francesa, de Bourdieu, você tem algum preferido?
Dos franceses o meu preferido é o Boudon, que intelectualmente parece pouco francês. Mas, acho que tem pessoas importantes. Bourdieu é, sem dúvida, um grande nome, mas não tenho predileção especial pelo trabalho dele. Reconheço que é um dos grandes nomes das Ciências Sociais. Touraine é também um grande nome na Sociologia francesa.

Interessante que ele nunca tenha tido penetração nos Estados Unidos, mesmo fazendo uma Sociologia dos atores sociais, uma teoria da ação social.

É interessante isso. Outra pessoa na França de que gosto muito, e que foi discípulo do Bourdieu, é Luc Boltanski, que escreveu o livro *Cadres*. Entre os mais velhos, Raymond Aron sem dúvida me influenciou também. Mas desta geração contemporânea não posso mencionar mais, porque eu saí do circuito francês.

O estruturalismo do Althusser e de seus discípulos teve importância aqui no Rio?

Teve muita. Eu mesma formei gerações de alunos ensinando o marxismo de Althusser. Ele era um marxista quase formal. E eu gostava disso. Aqui mesmo onde estamos agora, na PUC-RJ, eu ensinava Teoria Sociológica no começo dos anos 70 e tratei muito de Althusser. Foi muito influente.

Se você tivesse que indicar nomes de grandes sociólogos brasileiros, quem você apontaria?

Já me contaram a lista do Werneck, assim tentarei apontar nomes diferentes. Eu incluo o Simon Schwartzman, o Werneck Vianna. Esses são os históricos. O Sergio Miceli. E apesar de o Fábio Wanderley Reis ser classificado como cientista político, eu o incluiria também como sociólogo, porque tem uma formação teórica especialmente sociológica. Hoje, também, as pessoas são muito mais especializadas.

Você acha que a especialização para a qual a Sociologia está caminhando é algo desejável e inevitável?

Desejável, não sei. Inevitável sim. E como é inevitável, não adianta perguntar se é desejável ou não. Temos de ver como, sendo inevitável, podemos torná-la o mais atraente. Nesse ponto Weber estava certíssimo.

Estava certíssimo, mas ele também conhecia os perigos da burocratização crescente do mundo.

Ele lamentava não se poder saber de tudo. Por outro lado também, o conhecimento que ele podia mapear, em termos relativos, era muito maior. O aumento do conhecimento não foi aritmético. Foi geométrico. Então, não se dá conta mais de grandes recortes. Mesmo que houvesse muitas pessoas muito capazes, muitos gênios, eles não poderiam ter um conhecimento tão vasto quanto tinha Weber sobre seu objeto, porque o mundo já andou muito. O mundo se tornou mais vasto, mais complexo, mais diferenciado.

Mas você vê alguma função política na ciência?

Política, no sentido de relevância prática, sim. Política, neste sentido de defesa de interesses particulares, acho que não. Aliás, ela sempre vai ser usada para fins políticos, mas não vejo essa missão política sem mediações. Ela não deveria ter missão política, porque isso confunde a ciência com verdade, e a verdade da ciência só pode ser estilizada, analítica. Ela é realmente artificial. Uma ciência gera conhecimento verdadeiro dadas condições *caeteris paribus*. Na política e na religião não é assim. A verdade é uma questão de paixão, de fé.

Gabriel Cohn, em seu livro sobre Weber, Crítica e resignação, coloca em primeiro lugar a palavra "crítica" e "resignação" em segundo lugar. Acha que é pertinente essa seqüência?
Acho que é pertinente não só em Weber. Todo cientista social está criticando. O seu olhar é crítico. A não ser que ele seja um intelectual orgânico, o que o cientista faz sempre é desconfiar do dado. Então, nesse sentido a crítica vem antes.

E a idéia de resignação?
Resignação existe em Weber dado o seu idealismo. Ele se via salvando o mundo. As pessoas hoje têm uma visão mais realista de si próprias, menos gloriosa. Mas, seja como for, todos nos resignamos porque somos livres para escolher. E, como não se pode negar, toda escolha descarta outras possibilidades.

Você sente uma diferença qualitativa, substancial, entre o aluno da pós-graduação nos Estados Unidos e aqui? Lá você dá aula para a pós-graduação?
Em geral para pós-graduação, mas já tive experiências com a graduação também. Há muitas diferenças. Diferenças que, naturalmente, têm a ver tanto com o ambiente cultural mais amplo como com a estrutura educacional em particular. É muito difícil formular generalizações a esse respeito. Mas, de uma maneira geral, eu diria que os alunos de graduação lá tem uma formação básica que, na média, é bem melhor que a nossa. Elas chegam mais bem formadas à universidade. Ou melhor, elas já aprenderam como aprender. Mais ainda, embora ainda bastante imaturas, elas estão em condições de alterar suas escolhas se assim o desejarem. Quer dizer, elas ainda não se rotularam, por exemplo, como adeptas de técnicas quantitativas ou qualitativas de análise. E são adequadamente expostas a umas e outras.

Comparando com os alunos argentinos a diferença também é enorme. Eles têm mais cultura geral.
Primeiro, eles trabalham mais sistematicamente. Aprenderam a ser metódicos. Estou falando aqui de diferentes lugares dos Estados Unidos, mas também da Alemanha. Os alunos são muito mais metódicos, disciplinados e, em certo sentido, mais respeitosos. Se eles são críticos, eles o são de uma maneira muito mais cuidadosa, mais fundamentada em relação aos autores criticados. Em diversos lugares que já dei aula ou fiz palestras no Brasil, os alunos, até mesmo de pós-graduação, entram e saem da sala de aula quando querem, recebem chamadas telefônicas, enfim, há diversas manifestações de má-educação. É como se dessem pouco valor ao conhecimento que você transmite a eles.

Os alunos não têm noção de que a sala de aula é um espaço público. Eles se comportam como se estivessem em suas casas. Conversam, saem na hora que querem. Isso tem a ver com o processo político mais amplo.

Eu uso às vezes a discussão sobre cidadania, sobre a questão da reciprocidade entre direitos e deveres, para ver se eles percebem o problema, mas é difícil. Acho que tem a ver com o processo político mais amplo: a idéia de regra, norma, lei é confundida com autoritarismo, com ditadura.

Voltemos ao tema de seu livro e à idéia de articular solidariedade, autoridade e interesse, ou competição.
Toda sociedade tem de resolver esses problemas de alguma forma. Algumas foram mais bem-sucedidas, outras menos, mas são desafios que estão aí. Temos de manter a ordem social, tornar a sociedade possível. Mesmo no Rio, onde a desordem reina, há alguma ordem, de alguma forma as pessoas convivem. Elas integram seus interesses, por mais variáveis que esses sejam. O que a ciência social deveria e poderia, talvez, fazer, seria melhorar a qualidade dessa interação. Mas é difícil e isso me preocupa muito. Minha preocupação é política, mas é muito teórica também. Há alguns anos estou estudando desigualdade porque quero entender como uma sociedade tão desigual não explode. Por essa razão fui estudar a percepção da elite sobre o problema da desigualdade. O que é que cria um mínimo de solidariedade entre pessoas tão desiguais?

Por que a percepção da elite, e não formas de solidariedade?
Porque a percepção da elite é um tema menos estudado. Todo mundo tem estudos sobre estratégias de sobrevivência das camadas populares. Ninguém pensa como é que os ricos convivem com isso. Coisas banais: vou a um restaurante e tem uma criança pedindo comida na calçada, como é que eu convivo com isso? De alguma forma eu tenho de processar isso. Esse tipo de coisa começou a me fazer pensar. Eu me vi como elite, depois fiquei pensando na elite de verdade: como é que eles se justificam? As racionalizações das elites são o que justifica a persistência de um padrão de distribuição tão perverso. Mais ainda, se as elites perceberem como desejável reduzir a pobreza, elas se mobilizarão nesse sentido. É isso que Abram de Swaan mostra no caso da criação do *welfare state* na Europa, como salientei antes. Contudo, a elite dos países menos desenvolvidos parece ter percepções bem diferentes.

Que respostas você dá a essas indagações?
Bem, só tenho respostas muito macro. Acho que, no caso da Europa, a elite não se via como distinta do Estado. Ela constituiu o Estado. Enquanto que a elite brasileira, e a latino-americana em geral, quando chega ao poder, defronta-se com um Estado constituído de fora. Então, ela não se sente responsável. Ela é muito sensível ao problema da pobreza, tem medo da pobreza, acha que a pobreza ameaça sua propriedade, sua segurança. Isso é central para ela. Mas responsabiliza um outro ator, o Estado, mesmo quando ela está dentro do Estado, quando ela é o Estado.

A idéia do legado histórico pesa muito em sua análise?
Pesa muito, mas tenho muita implicância com a idéia de um pecado original que explica tudo. O que me interessa é saber como é que as pessoas recriam esse lega-

do. Porque ele não sobrevive necessariamente. Nos Estados Unidos, por exemplo, houve escravidão, mas foi-se para outro caminho. O importante é conhecer as escolhas e saber como se recria o legado.

PRINCIPAIS PUBLICAÇÕES

1996 *Democratization and Bureaucratic Neutrality: A Global Perspective* (co-org., com Haile K. Asmeron). Londres: Macmillan.

1998 "Banfield's 'Amoral Familism' Revisited". In: J. Alexander (org.), *Real Civil Societies*. Londres: Sage.

1998 *Processos e escolhas: estudos de Sociologia Política*. Rio de Janeiro: Contracapa.

2005 *Elite Perceptions of Poverty and Inequality: A Comparison of Five Countries* (com Mick Moore). Londres: Zed Books.

BRASILIO SALLUM JR.

Brasilio João Sallum Jr. nasceu em 1946. Graduou-se em Ciências Sociais pela USP em 1970; doutorou-se em Sociologia na USP e tornou-se livre-docente na mesma instituição em 1995. Fez investigações de pós-doutorado na Stanford University e na Universidad Autónoma de México. Atualmente é professor titular do Departamento de Sociologia da USP e pesquisador 1A do CNPq. Faz parte do Conselho Deliberativo do Centro de Estudos de Cultura Contemporânea e do Núcleo de Pesquisa sobre Democracia e Desenvolvimento da USP, onde coordena o "Consórcio de Informações Sociais", projeto desenvolvido em colaboração com a Anpocs. Participa dos conselhos editoriais de *Tempo Social: Revista de Sociologia da USP*, *Lua Nova: Revista de Cultura e Política, Política & Sociedade* e *Mediações*. Exerceu e exerce várias funções político-acadêmicas na USP e fora dela, foi coordenador do Comitê Assessor de Ciências Sociais do CNPq (2002-2005) e fez parte do Comitê Acadêmico da Anpocs. Sua pesquisa se desenvolve principalmente nas áreas de Sociologia Política, estratificação social e ação coletiva. Esta entrevista foi realizada em novembro de 2003 e março de 2004.

Por que você escolheu o curso de Ciências Sociais?
Nem as Ciências Sociais nem a Sociologia foram minhas primeiras escolhas, embora na adolescência eu tivesse tido um primeiro contato com textos de Sociologia. Li os artigos de Antonio Candido e de Florestan Fernandes que apareceram na *Enciclopédia Delta-Larousse* que havia na biblioteca do colégio jesuíta onde estudei, em Porto Alegre. Nem preciso dizer que entendi muito pouco do artigo do Florestan, depois publicado nos *Ensaios de Sociologia Geral e Aplicada*. No artigo ele discute o objeto da Sociologia nos vários "níveis de manifestação da vida" — vegetal, animal e humano — e as várias modalidades possíveis de Sociologia das Sociedades Humanas. Fiquei interessado, mas não levei o assunto adiante.

Na época vivi intensamente o dilema entre dedicar-me à Engenharia ou à Economia. Engenharia era uma carreira mais ao gosto da família, mas a Economia se tornou minha predileção em função do meu interesse cada vez maior por política. Meus últimos anos do colégio secundário ocorreram em um momento de grande agitação política. Eu acompanhava os acontecimentos, embora não participasse ativamente de política além dos limites da escola. Em Porto Alegre, os debates políticos eram particularmente acalorados por causa da liderança de Leonel Brizola no Rio Grande do Sul. De fato, a política começou a me interessar a partir do movimento pela preservação da legalidade, com a renúncia do Jânio em 1961. Já no primeiro colegial tive a sorte de ler a *A pré-revolução brasileira* do Celso Furtado, que me despertou para a importância política da Economia. Embora no segundo e terceiro colegial tivesse algum contato com o marxismo — principalmente por meio dos seus críticos — o livro que mais me marcou, isso já na época da preparação para o vestibular, foi *Formação econômica do Brasil*, também de Furtado. O impacto do livro sobre mim foi extraordinário, ainda que não conseguisse entender bem alguns capítulos, como o que mostrava os efeitos do padrão-ouro sobre nossa economia.

Talvez por este entusiasmo eu tenha me decepcionado bastante com o curso de Economia, em que entrei em 1965. No primeiro ano só se estudavam matérias auxiliares à Economia. Além disso, a Universidade no Rio Grande do Sul tinha sido desfalcada de alguns dos seus principais quadros, por perseguição política. Participei da política estudantil naquele ano, assisti a cursos de Filosofia e de Ciência Política e retomei a leitura de textos de Sociologia. No final do primeiro ano não sabia bem o que fazer. Decidi ir para o Chile graças ao estímulo de dois economistas conhecidos meus que tinham feito cursos na Cepal. Graças às cartas de recomendação que me deram, consegui bolsa de estudo, com moradia e alimentação, na Universidade de Concepción, cuja Faculdade de Economia tinha sido reorganizada havia pouco com assessoria do Instituto Latino-americano e do Caribe para o Desenvolvimento Econômico e Social (Ilpes), da Cepal. Fiquei no Chile como estudante até setembro de 1966.

Embora tivesse me adaptado bem ao país, tornei-me cada vez mais insatisfeito com o que estudava. Não tanto pelas disciplinas, mas pela ansiedade em fazer tudo rápido, para recuperar o "ano perdido" em Porto Alegre. No Chile, todas as faculdades têm um ano a mais que no Brasil. O curso de Economia tem cinco anos. Insatisfeito com a "perda de tempo", tentei fazer dois cursos em um ano, o Propedêutico e o primeiro ano de Economia. Fiquei bem atrapalhado com aquilo, trabalhava de manhã cedinho até a noite. Além disso, não suportava muito algumas disciplinas de Economia, como Contabilidade e Teoria da Administração. Isso coincidiu com uma enorme agitação política na América Latina. Havia a ascensão das forças de esquerda no Chile, domínio da direita no Brasil e muita instabilidade na Bolívia, onde o pessoal que tinha me recomendado estudar no Chile estava participando da assessoria da Cepal ao governo. Nós nos correspondíamos sobre a situação e, em certo momento, o presidente coronel Hector Barrientos determinou a saída deles da Bolívia, porque descobriu um relatório em que eles argumentavam que a questão boliviana não era técnica, mas política. Faltaria lá uma força política com liderança capaz de conduzir um projeto de desenvolvimento. Eu senti aquilo como uma espécie de confirmação da minha suspeita, derivada em parte das leituras que fazia, de que a Economia era insuficiente para entender o processo de transformação em curso na América Latina. Dentre tais leituras, muitas eram sobre a crise brasileira, do pessoal daqui de São Paulo, do grupo do Florestan. Passei a me interessar cada vez mais pela análise sociológica e política do desenvolvimento e a partir de certo momento, creio que foi a partir da questão boliviana, resolvi fazer Ciências Sociais em São Paulo. Assim, retornei a Porto Alegre, preparei-me para o vestibular de Ciências Sociais da USP e consegui passar.

270　　　　　　　　　　　　　　　　Conversas com sociólogos brasileiros

Brasilio Sallum Jr.

Como foi o curso e quais foram os professores mais marcantes na graduação?

Foi um curso ótimo, embora muito conturbado, porque vivíamos em uma época muito agitada; as invasões, a pressão, a transferência do campus da rua Maria Antônia para a Cidade Universitária. Para mim, aqueles quatro anos foram uma experiência muito intensa em que eu sempre ficava dividido entre estudar e fazer política. Isso especialmente nos dois primeiros anos. Depois, com o aumento da repressão e o AI-5, no final de 1968, vários professores jovens tiveram que sair do país e Florestan, Fernando Henrique Cardoso, Octavio Ianni e Paula Beiguelman foram aposentados. A partir daí o curso continuou a funcionar com qualidade, mas eu perdi muito do meu entusiasmo inicial.

Tive vários bons professores. No primeiro ano os que mais me marcaram foram o Fernando Novais, que deu um curso sobre a Revolução Francesa, e principalmente o Luiz Pereira, com quem tive um curso maravilhoso de Introdução à Sociologia. Embora uma parte dos meus colegas reclamasse do curso, eu o adorava. Os cursos, na época, eram anuais. No primeiro semestre estudamos Sociologia Sistemática, com base no *Homem e sociedade*, a coletânea do Fernando Henrique e Octavio Ianni. No segundo semestre estudamos Sociologia Diferencial, passando por Durkheim, Tönnies, Marx, Hans Freyer. Luiz Pereira era um excelente professor, embora o curso fosse muito difícil, com alta porcentagem de reprovação. Já na primeira aula ele introduzia a noção de *práxis* de Sartre. Lembro que alguns calouros acharam que a aula fosse trote. Luiz era baixinho, magrinho, falava rápido e tinha uma aparência muito jovem, o que facilitava a confusão. Eu fiquei entusiasmado, pois era mais maduro, tinha tido dois anos de universidade e conhecia o *Questão de método* de Sartre, o livro de Lucien Goldmann sobre Ciências Humanas etc. No meu segundo ano, a figura mais destacada foi a Eunice Durham, que nos deu um ótimo curso de Antropologia. Outros cursos estimulantes foram o de Metodologia, com a Lourdes Sola e a Heloísa Martins, e o de Política com a Carmute (Maria do Carmo Campello de Souza) e o Eduardo Kugelmas. Não podia haver dupla mais diferente. Ela, agitadíssima, falando rápido sobre as instituições políticas da Velha República, e ele explicando de forma bem pausada a política de valorização do café, a ação dos especuladores norte-americanos etc. Nos dois anos seguintes, tivemos ótimos cursos optativos com o Gabriel Cohn, com o próprio Luiz, mas, como disse, com a derrota política eu perdi um pouco do ânimo.

Como você se tornou orientando do Luiz Pereira na pós-graduação?

Depois do primeiro ano, só tive maior contato com o Luiz no final do terceiro ou início do quarto ano da faculdade, em função de minha participação em uma pesquisa sobre as populações marginais do interior do estado de São Paulo. O Luiz Pereira começou a dar consultoria nesta pesquisa e, como eu já participava da equipe de análise, assistia às reuniões da coordenação com ele. A essas alturas eu já tinha me interessado em estudar a questão agrária. Entre outras coisas, fiz um trabalho de aproveitamento sobre o desenvolvimento agrícola no Brasil para um curso dado pelo José Carlos Pereira. Acabei lendo um texto do Instituto de Economia Agrícola sobre os bóias-frias na agricultura paulista. Fiquei fascinado com a novidade, já pensando em fazer um estudo sobre eles. Perguntei, então, ao Luiz Pereira se ele me aceitaria como orientando. Ele me disse para procurá-lo no final do ano. Fiz isso, expliquei o que pretendia estudar, e ele me disse como se fazia um projeto. A nossa turma não tinha tido treinamento algum nisso, em função de uma reforma pela qual o curso havia passado. Fiz um projeto que visava estudar o surgimento dos trabalhadores volantes na agricultura paulista por meio de dois estudos de caso. Consegui bolsa da Fapesp e por dois anos fiz esta pesquisa sobre os bóias-frias em Jaú (SP). Mas, acabei insatisfeito. Quando fazia a história de vida dos bóias-frias, eles me contavam sobre as relações de trabalho que tinham nas velhas fazendas de café, principalmente, antes de se tornarem bóias-frias. A complexidade das relações de trabalho era extraordinária, pois elas não se enquadravam bem no modelo capitalista e isso me deixava muito estimulado intelectualmente. É bom lembrar que estávamos em um momento em que ainda se discutia intensivamente, do ponto de vista teórico, a questão do feudalismo no Brasil. Havia a polarização entre os que interpretavam aquelas relações como modalidades rústicas de capitalismo e os que viam nelas restos feudais. De um lado estava Caio Prado Jr., e de outro, Alberto Passos Guimarães e Nelson Werneck Sodré. Teoricamente, esta questão era central, ao menos para aqueles que, como eu, se situavam no universo intelectual marxista. Assim, vi no estudo do colonato na cafeicultura uma oportunidade de enfrentar aquela questão teórica. Queria entender como o capital penetrou na cafeicultura. Como tinha se produzido aquela complexidade, qual era a natureza dela. O Luiz era uma pessoa muito rígida, mas quando se mostrava algo que parecia consistente para ele, não nos impedia. Assim, mudei o objeto de tese e me concentrei na investigação que resultou em *Capitalismo e cafeicultura*.

**O Luiz Pereira acabou influenciando um grupo de pessoas que foram
para a questão agrária, que era a questão política da época, não?**
Na realidade a questão agrária tinha sido uma das questões políticas fundamentais do pré-64. Com o golpe, ela perdeu peso político, mas ganhou centralidade como problema de investigação das Ciências Sociais. De fato, a questão agrária era parte de um problema mais amplo sobre a natureza do desenvolvimento capitalista no Brasil. Este era o foco do trabalho do Luiz Pereira, na verdade um desdobramento do projeto de investigação do Florestan do início dos anos 60. Vários professores da cadeira de Sociologia I publicaram sobre isso. Em 1965, o Luiz publicou *Trabalho e desenvolvimento no Brasil* e em 1970, *Ensaios de Sociologia do Desenvolvimento*, que teve grande impacto em nossa geração de estudantes. Na verdade, a questão do desenvolvimento incluía vários debates postos pelo PCB (como aquele sobre a presença ou não de restos feudais no capitalismo), e os agendados pela Cepal, como o da possibilidade de superar ou não o subdesenvolvimento pelo crescimento industrial, quer dizer, com ou sem reformas estruturais. O debate sobre o feudalismo cruzava com a agenda da Cepal porque era uma outra maneira de discutir a dualidade estrutural, uma das singularidades do subdesenvolvimento. "Todo mundo" pensava os problemas do desenvolvimento, da resistência à mudança, e os interpretava de um jeito ou de outro.

Brasilio Sallum Jr.

O clima intelectual da época era muito marcado pela opção política e ideológica?

Não há dúvida, embora isso sempre ocorra em alguma medida. O clima intelectual predominante entre os alunos e, creio, entre boa parte dos professores, era muito favorável ao marxismo e de oposição ao regime militar. Porém, no curso de Ciências Sociais de então, Marx não era o autor central que se estudava. Mesmo em Sociologia, onde ele tinha um lugar mais importante, líamos muito, e até mais, autores como Weber, Durkheim, Talcott Parsons. Acho que uma das contribuições-chave do Florestan foi ter introduzido entre nós esta perspectiva de que o marxismo era uma possibilidade legítima de se fazer Sociologia, mas que havia alternativas melhores para enfrentar certos problemas sociológicos. Claro que os alunos tinham uma opção, uma predileção intelectual, eu diria até político-religiosa, pelo marxismo. Quer dizer, ela ia além de mera opção teórico-metodológica. Creio que as circunstâncias políticas no pós-golpe e o engajamento da maioria dos estudantes no protesto contra a ditadura favoreceram aquele tipo de adesão.

O envolvimento do Luiz Pereira com o althusserianismo enriqueceu ou empobreceu sua capacidade de produção?

Acho que não empobreceu, não. A obra do Luiz ainda não foi objeto de uma análise sistemática, embora o merecesse pela alta qualidade e influência nos anos 70 e 80. Creio que o Luiz começa a absorver o trabalho do grupo do Althusser no começo dos anos 70. Até então, os intérpretes do marxismo cujas concepções incorporava eram Lukács, Goldmann e o Sartre de *Questão de método*. Era a partir desses autores que ele dialogava com a tradição sociológica, especialmente a funcionalista. Isso se vê bem em *Trabalho e desenvolvimento no Brasil*. Em *Ensaios de Sociologia do Desenvolvimento*, embora o marxismo seja muito mais encorpado, as referências ainda são as mesmas. Quando o Luiz recebe o impacto do althusserianismo, estávamos com possibilidades muito restritas de manifestação política. Ele se concentrou por vários anos no estudo daqueles textos, discutia os trabalhos dos althusserianos nos cursos, mas só publicou a respeito na segunda metade dos 70. Nestes textos ele faz um balanço crítico da perspectiva dos althusserianos como não conheço outro na Sociologia brasileira. Além disso, os textos incluem reavaliações de temas conectados ao desenvolvimento capitalista tratados por ele em textos anteriores. Quer dizer, a absorção foi crítica e permitiu repensar problemas. Neste sentido ela foi positiva. A maior dificuldade sentida pelo Luiz, creio, foi ter ficado relativamente isolado do ponto de vista intelectual depois do AI-5, quando o Florestan, Fernando Henrique e Ianni foram afastados da universidade. Ele sentiu principalmente a ausência do Florestan, com quem tinha afetivamente uma relação filial, mais do que de discípulo.

Além disso, caíram nas costas do Luiz Pereira todos os encargos institucionais que antes eram desempenhados pelos professores cassados. Ele teve de assumir praticamente a regência da cadeira.

Especialmente teve que assumir enormes encargos na pós-graduação.

A questão da pós-graduação estava organizada segundo um projeto do Florestan Fernandes. A partir da legislação de 1968 era preciso começar o processo de outro modo. Era muita coisa nova para o Luiz, que ·tinha que manter as duas tradições.

Embora a USP tenha se adaptado depois, colocavam-se dificuldades até de se qualificar para a pós-graduação, pois a Capes exigia, por exemplo, uma biblioteca específica de pós-graduação. Precisávamos demonstrar que, apesar de não haver isso aqui, tínhamos um bom curso. Tínhamos uma biblioteca para todo mundo e não só para a pós-graduação.

E sua relação com o marxismo estruturalista?

Minha primeira reação diante do marxismo estruturalista foi de estranheza. No meu primeiro ano de pós-graduação, fiquei meses fazendo um trabalho para o Luiz Pereira sobre o conceito de classe social em Nicos Poulantzas. Claro que isso me levou a estudar também Althusser, Étienne Balibar etc. Não foi um trabalho crítico, foi só uma tentativa de decifrar aquilo. A interpretação de Marx que aparecia em *Lire Le Capital* era muito distante do meu entendimento do livro. Eu tinha lido o primeiro volume do *Capital* quando ainda estava na graduação. Assim, minha tendência era de resistir, embora eu assimilasse bem a crítica que os estruturalistas faziam à interpretação evolucionista de Marx, a idéia de que na História havia uma seqüência necessária de modos de produção. Eu tinha mais simpatia e mais adesão à interpretação de linha hegeliana do marxismo que encontrava no jovem Lukács e no José Arthur Giannotti. Desagradava-me o formalismo que encontrava tanto em *Lire Le Capital* como em *Pouvoir politique et classes sociales*, de Poulantzas. Assim, depois, minha postura foi de afastamento.

Por quê?

Porque eu achei que as formulações tendiam a descolar, em demasia, o marxismo da História como processo em construção. De fato, tentava-se desenvolver, do ângulo estrutural, o materialismo histórico como uma teoria geral da História, dando uma autonomia muito grande à teoria. O texto de Balibar em *Lire Le Capital* é uma tentativa de ajustamento do marxismo ao *establishment* acadêmico dos anos 60 e 70, similar à tentativa de construção de um marxismo analítico nos anos 80. A diferença é que se tentava, na época, ajustá-lo ao estruturalismo, que ganhara foros de cientificidade com o seu desenvolvimento na Lingüística e depois na Antropologia, com Lévi-Strauss.

Sua resistência se baseava na afirmação da historicidade?

Sim. A minha resistência se baseava na suposição da presença prática e real do capital, do trabalho assalariado. Enfim, eu tinha dificuldade em aceitar que as estruturas fossem puros objetos teóricos, como queria Althusser, formas de entender as singularidades que existiam no mundo real. Agradava-me o argumento — desenvolvido entre nós principalmente pelo Giannotti — de que o mundo não era um conjunto de puras singularidades, mas que as estruturas estavam presentes e ordenavam o mundo. Os conceitos seriam só formas de expressão, no plano simbóli-

Brasilio Sallum Jr.

co, daquelas estruturas, ao contrário do que pensava Althusser. Isto pode parecer hoje uma questão meio ultrapassada. Mas naquele momento tinha um peso grande no debate e para mim. Afinal, o capital era algo que estava presente, comandando suas várias manifestações empíricas, ou era um conceito que apenas nos ajudava a entender as diversas formas singulares de produção? Se fosse considerado um mero conceito, uma abstração sem presença no mundo real, ele poderia ser entendido como uma variação — tanto quanto várias outras — de uma estrutura teórica mais abstrata ainda, o conceito de modo de produção. Este descolamento do conceito em relação à História permitiu que surgissem estudos teóricos que construíam dezenas de modos de produção possíveis, além dos identificados historicamente. Este tipo de concepção levou também a um conjunto bastante grande de estudos empíricos que entendiam as formas singulares de produção que não se enquadravam plenamente no conceito de capital como o resultado de uma combinação de modos de produção distintos, constituindo formações sociais singulares. Então, tínhamos combinações de modos de produção que ocorriam no Centro-Oeste, no Sul, no Norte — aquilo se tornou quase um jogo de busca por variantes. Perdeu-se a idéia de que havia um processo de expansão de uma força histórica que absorvia realidades diferentes, modificando-se e sendo modificada por elas. A força mesma do capital em expansão digeria e produzia coisas historicamente novas, embora subordinadas a ele.

Como o livro **Capitalismo e cafeicultura** *está fundado exatamente neste princípio, ele difere de uma série de trabalhos sobre Sociologia Rural que pensam a coexistência de modos diferentes de produção, ou seja, você procurou ir em outra direção. Aí você já tem uma polêmica básica.*
De fato, o texto de meu doutorado está polarizado em relação a Althusser, embora isso não seja explicitado. Pelo menos, esta é uma das polarizações. Creio que eu não me sentia à vontade para fazer uma discussão que, em boa parte, era filosófica. Preferi enfrentar os demônios próprios da Sociologia, que já eram muitos. Um dos problemas que me obcecaram na elaboração do trabalho era construí-lo com bases empíricas sólidas. Esta preocupação tinha a marca, é claro, do Florestan. Eu nunca assisti a qualquer curso dele, mas absorvi bem seu espírito tanto pelos livros como através do Luiz, que costumava se referir sempre a ele. Isso aparece de várias maneiras no livro. Uma delas teve importância central no argumento. Trata-se da discussão que faço sobre a pertinência de tomar a teoria da renda da terra, desenvolvida por Marx em *O capital*, para estudar a cafeicultura no Oeste Paulista depois da Abolição. Ao desenvolver a teoria da renda, Marx considerou proprietários territoriais e capitalistas como agentes empiricamente distintos, de acordo com o exemplo inglês. Ora, no Oeste Paulista os cafeicultores eram também proprietários. Quer dizer, na época, eu não punha em dúvida o valor científico da teoria, mas se ela era aplicável ao caso. Concluí que a separação empírica não era essencial à teoria, o que me permitiu tomá-la como guia da investigação. Além disso, esta possibilidade de uma classe de agentes empíricos não coincidir necessariamente com uma das categorias essenciais do sistema, mas poder ser portadora de mais de uma, permitiu que eu mostrasse, ao longo da investigação, que fazendeiros, forma-

dores de cafezais e colonos abrigavam, cada um deles, distintas categorias, algumas pertinentes ao sistema capitalista, outras não.

Qual é o argumento central do livro?

O argumento é de que naquele período pós-Abolição, mesmo na área economicamente mais afluente da economia brasileira, as relações capitalistas tinham uma presença frágil no plano produtivo, não conseguiam ordenar plenamente à sua feição a vida material que ocorria nas fazendas de café. Em função desta fragilidade das relações de produção capitalistas, por não haver no Brasil uma classe de proletários livres submetidos plenamente ao capital, o capitalismo em formação gerava relações não-capitalistas e se articulava a elas. Estas relações contribuíam para a sua formação, mas tendiam a ser superadas por ele. Ao longo de todo o texto, acompanhando as várias fases do processo de produção, tanto dos cafezais como do café, tento mostrar como se articulavam empiricamente relações capitalistas às relações não-capitalistas. Onde havia uma presença menor de capital produtivo, como na formação de cafezais em fazendas novas, as famílias de formadores eram produtoras simples de mercadorias e arrendatárias não-capitalistas de porções de terra do proprietário de terras e futuro fazendeiro. Onde havia maior presença do capital produtivo, nas fazendas já formadas, os colonos eram, de um lado, famílias de assalariados e, de outro, arrendatários não-capitalistas de pequenas porções de terras do fazendeiro. Quer dizer, mesmo este capital mais desenvolvido, que explorava os trabalhadores-colonos, não era o capital na sua plenitude. Ele não conseguia conformar plenamente a força de trabalho. Uma parte da vida material dos colonos se desenvolvia nos interstícios da produção capitalista, "por conta própria", ainda que dentro dos limites e "a serviço" da valorização do capital. Na formação dos cafezais o arrendamento não-capitalista da terra reduzia o custo do cafezal. Na produção agrícola de café, reduzia a massa de salários paga. Assim, os custos eram sempre mais baixos do que se não houvesse pagamento de renda. Creio que consigo demonstrar isso.

Este arranjo produtivo dava uma grande flexibilidade à produção cafeeira. Na década de 20, apogeu do café, ocorre uma redução de outros plantios, porque os fazendeiros todos queriam produzir café ao máximo. Quando chega a crise de 1929, o que acontece? Há uma expansão das lavouras arrendadas de milho e feijão. Ninguém reclama porque as terras são "de graça" e o fazendeiro deixa plantar nelas. Mas, com isto, o fazendeiro reduzia o valor pago como salários aos colonos. Do ponto de vista da renda real dos trabalhadores, a redução monetária repercutia menos porque eles conseguiam plantar mais. De uma perspectiva mais ampla, este mecanismo complexo permite repensar também as características que tinham na época os ciclos econômicos.

João Manuel Cardoso de Mello fez parte da sua banca. Como ele reagiu ao trabalho?

Creio que sua reação foi positiva. Lembro que ele me fez uma pergunta sobre a natureza do domínio do capital sobre o processo produtivo. Se havia domínio real ou formal do capital sobre o trabalho na cafeicultura. Na tese, eu mostrava que na

Brasilio Sallum Jr.

lavoura de café o domínio era formal. Tínhamos aí um capitalismo à base da enxada. Mas depois, no livro, coloquei uma nota esclarecendo que, na época, isso valia também para a sociedade global, ainda não dominada pela grande indústria.

Que é a tese do Sérgio Silva, **Expansão cafeeira e origens da indústria,** *sobre a dominação do capital comercial.*

De fato. O que escrevi tem sintonia com isso. Mas eu não cheguei a examinar o capital em seu conjunto e muito menos o pulsar da sociedade como um todo. O que eu faço é um grande esforço para captar os efeitos da estrutura societária no plano da fazenda e da compra e venda da força de trabalho. E o inverso. Por isso, não se encontram no trabalho conceitos que dizem respeito ao plano macro-societário, como o de classe social, por exemplo. De qualquer forma, é justamente esta fragilidade do capital produtivo no plano societário e as características próprias da cafeicultura que tornam central a articulação capital/não-capital. Embora Caio Prado Jr. e os críticos do Partidão, de um lado, tenham razão em afirmar que nunca houve feudalismo nem restos feudais no Brasil (isto não tem o mínimo sentido em uma sociedade que saiu do escravismo), por outro lado, não era possível desconhecer que certos arranjos societários estavam fundados em relações não propriamente capitalistas. Foram esses arranjos não-capitalistas que permitiram àquele capitalismo rústico, com tecnologia baixíssima, alcançar altíssimos índices de rentabilidade. Quer dizer, a tese mostra que era preciso matizar a interpretação de Caio Prado.

É o caso do livro O cativeiro da terra, *de José de Souza Martins?*

É. Mas em um sentido um pouco diferente. O capital atravessa as relações, mas, não consegue absorver o conjunto das relações nem a sociedade inteira! Se bem me lembro, não há no trabalho do Martins aquela descontinuidade entre classes de agentes empíricos e categorias analíticas que marca a minha análise. Da minha perspectiva, os colonos de café são semi-assalariados. Só nas sobras de tempo de trabalho, quando não são usados na produção de café, atuam como produtores simples de feijão, de milho etc., usando as terras arrendadas — "de graça" — pelo proprietário. Agora, na formação de cafezais, especialmente em fazendas novas, a produção simples de mercadorias se expande até abranger o próprio cafezal. Neste caso, os produtores diretos deixam de ser semi-assalariados, passam a ser empreiteiros de cafezais. Aí, em certos contratos, não recebem "nada" pelo cafezal encomendado porque "ganham" a terra "de graça" para produzir cereais. Assim, o capital penetra e organiza diretamente a produção agrícola cafeeira, a produção regular de café, já não é mero capital comercial. Do meu ponto de vista, naquele momento, o capital tinha uma presença muito mais importante no Brasil do que afirma Martins em O *cativeiro da terra.* Na reconstrução de Martins, os trabalhadores imediatos são considerados muito mais autônomos do que na minha.

Como é que você reconstrói sua trajetória intelectual desde **Capitalismo e cafeicultura** *até seu livro* **Labirintos: dos generais à Nova República?**

Desde a adolescência eu acompanhei a política com paixão. Logo que terminei o doutorado, deu-me uma sensação de vazio. Tinha feito um grande esforço de pesquisa, o resultado tinha sido muito bom, mas eu não sabia bem que rumo tomar. No final da redação da tese tinha visto o filme *A árvore dos tamancos*, que retrata a vida de parceiros italianos, o que me fez pensar em reconstituir o cotidiano dos colonos fora dos cafezais, sua vida familiar, o dia-a-dia das colônias, suas festas etc. Outra linha de trabalho que me ocorreu foi a de reconstituir o processo global de transição para o trabalho livre tendo por referência os diferentes processos ocorridos nas várias lavouras — de cana, de cacau e mesmo nas de café — que existiam em outras regiões do país. Cheguei a avançar um pouco nesta direção, começando a me familiarizar com a lavoura de cacau, sobre a qual havia pouca bibliografia recente, mas logo fui absorvido pela política. Em primeiro lugar, cheguei a ela pela via teórica, com um certo questionamento do marxismo. Principalmente em função das dificuldades que tinha em tratar os fenômenos políticos. Na literatura marxista, apesar do formalismo, tinha me impressionado bem o livro *Poder político e classes sociais*. É que nele Poulantzas fazia uma coisa muito rara, quase única, entre os marxistas. Ele debatia a literatura acadêmica sobre regimes políticos, Estado, elites políticas etc. Eu tinha deixado isso de lado, em função do doutorado, mas tomei conhecimento de dois livros que me empurraram naquela direção. Um deles foi um livro brilhante de um russo, Evgeny B. Pasukanis, sobre a relação entre o Direito e o marxismo. O outro foi *State and Capital*, uma coletânea inglesa com artigos de intelectuais europeus que tentavam mostrar, de vários modos, o enraizamento do Estado no capital e nas relações capitalistas. Eu me entusiasmei em explorar esta área nova no universo marxista. Nova, em termos, porque a relação infra-estrutura e superestrutura sempre foi um problema complicado para o marxismo. Meu primeiro curso de pós-graduação, sobre Classes Sociais e Estado Capitalista, discutia toda esta literatura. A outra via para a análise política teve a ver com a política nacional. No começo de 1983 me convidaram para trabalhar na *Folha de S. Paulo*, como editorialista. Fiquei lá por uns sete, oito meses. Isto mudou muito minha vida, porque fui tragado pelo movimento pela democratização que estávamos vivendo no país, um momento de crise e esperança. Eu realmente fiquei empolgado pela análise de conjuntura, apaixonado pela coisa. O Eduardo Graeff, amigo de longa data, trabalhava junto comigo na *Folha*. Discutíamos conjuntura o tempo todo. Acompanhamos a crise de 1983 fazendo editoriais, o quebra-quebra de Santo Amaro, a derrubada das grades do Palácio dos Bandeirantes, logo depois da posse de Franco Montoro, a luta em torno da lei salarial no Congresso etc. Imaginávamos como transformar aquilo em atividade mais acadêmica, com coleta sistemática de dados. Conheci o trabalho do Charles Tilly sobre movimentos sociais, que envolve uma metodologia específica para tratar as informações que aparecem sobre eles em jornais, com a ajuda de computador. Fiquei fascinado com aquilo. E convertemos, Eduardo e eu, toda aquela paixão em uma pesquisa sobre a transição política brasileira pelo prisma das conjunturas. Começamos por fazer uma pesquisa sobre o regime militar. Depois desenvolvemos o projeto sobre a transição política, para o qual montamos um banco de dados com informações de jornais. Nos inspiramos no trabalho do Tilly, mas fizemos algo bem diferente, mais ajustado à análise política das conjunturas. Vocês não imaginam o que é fazer um banco de dados de eventos políticos com base em jornais, determi-

Brasilio Sallum Jr.

nar as informações a colher, padronizar a linguagem, definir as palavras-chave etc. Tudo isso na idade da pedra do microcomputador no Brasil. O esforço de organização e manutenção do banco foi brutal. Tínhamos mais de vinte pessoas trabalhando conosco, recém-formados e estudantes, mas ótimos pesquisadores. Trabalhamos neste banco de dados desde 1986 até começo de 1995. Acabamos de doá-lo para o Consórcio de Informações Sociais.

Paralelamente, comecei a escrever textos em que a análise de conjuntura tinha relevância. Em 1987, escrevi um artigo a respeito do fracasso do Plano Cruzado em que começam a aparecer minhas diferenças em relação à literatura sobre a transição política. Ele foi incluído em uma coletânea sobre *Política e economia na Nova República*, organizada pela Lourdes Sola.

Você pode explicar melhor estas diferenças?

A análise política tornou-se menos sociológica nos anos 80, mais circunscrita à esfera político-institucional. Diferenciava-se nitidamente do que se fazia antes, principalmente em São Paulo. As análises políticas que Fernando Henrique, Weffort, Ianni e Florestan faziam eram sempre construídas a partir de uma perspectiva sociológica, o que eles faziam era Sociologia Política. A partir do final dos anos 70, ocorreu paulatinamente na literatura um descolamento da política em relação à sociedade, à estrutura social e à atuação dos atores coletivos nela enraizados. Além deste descolamento, que expressa uma tentativa de demarcação do próprio terreno, uma tentativa de autonomização da Ciência Política em relação à Sociologia, os estudos sobre transição política nos anos 70 e 80 focalizam prioritariamente os atores políticos, sua interação, os pactos e suas dificuldades, a gestação de consenso ou os dissensos entre os atores. Os eventos políticos encontram sua explicação nas opções dos atores. O meu texto sobre o Plano Cruzado é uma análise de processo que procura contrapor-se a estas duas tendências. Ele começa afirmando que a transição política é, antes de tudo, um processo de crise e, além de envolver apenas a crise de um regime, é uma crise de Estado, de um Estado intervencionista. Era uma recusa a pensar um regime político dissociado do Estado e o Estado dissociado da sociedade. Ou seja, o texto tenta mostrar que o Plano Cruzado fracassa porque foi uma tentativa de superar a crise do Estado, como se ainda fosse possível recompor o Estado desenvolvimentista. O Estado estava destroçado em sua capacidade de comando sobre a sociedade. Havia um descompasso entre a política e as estruturas que davam sustentação para aquela política. Ele já tinha se tornado anacrônico tanto pela evolução do capitalismo mundial como pelo processo de democratização da sociedade que estávamos atravessando.

> **Concordo com toda a sua análise, mas alguns atores envolvidos nestes planos de estabilização, o Pérsio Arida, particularmente, pensavam esta intervenção não sob a ótica de recuperar aquele Estado antigo, mas por meio de uma perspectiva um pouco mais favorável ao mercado.**

Não há dúvida que as intenções dele e de outros podem ter sido essas. Mas há muita diferença entre alguém muito imaginoso, bem preparado, conceber certa fórmula para lidar com uma boa parte da inflação (a inercial) e o lançamento efetivo de um plano tecnicamente baseado naquilo. O lançamento do Plano Cruzado se dá dentro de um contexto político determinado que molda sua idéia inicial. E, naquele contexto, o partido dominante, PMDB, era nacional-desenvolvimentista, embora orientado para a distribuição da renda. O contexto era de um presidente que desejava conseguir, pela intervenção, o comando sobre o sistema político! De forças de esquerda que imaginavam poder recuperar o comando do Estado sobre a economia. É para isso que é preciso chamar a atenção. A despeito das intenções, a proposta do Pérsio Arida e do Lara Resende foi moldada pelas forças que dominavam o governo Sarney. Isso não quer dizer que a proposta inicial estava errada. Não, ela apenas era um pouco desajustada àquele ambiente político. Teve que se ajustar. Mas, então, o próprio Plano acabou perdendo sintonia com o contexto social e econômico. Esta, aliás, é a característica dos anos 80. Muita falta de sintonia, várias facções das elites políticas e econômicas batendo cabeça. A crise dos anos 80 foi dramática do ponto de vista do crescimento econômico, mas do ponto de vista da democratização política a década foi ótima, porque as chamadas elites divergiam tanto entre si, que os "de baixo" tiveram chance de colocarem a cabeça para fora! Os movimentos sociais tiveram um crescimento enorme nos anos 80.

Você é pioneiro nessa análise, assim como o José Luís Fiori, no livro
O vôo da coruja.

Creio que o José Luís tendeu, pelo menos inicialmente, a identificar a crise do Estado desenvolvimentista de um modo mais estrutural e, portanto, a situá-la em um momento um pouco anterior. Eu enfatizo mais a conversão do impasse estrutural em crise propriamente política, o que só ocorre entre 1983 e 1984. Em *Labirintos* faço uma análise bastante detalhada deste processo de conversão. Eu não chego a completar a análise porque encerro o livro no momento da eleição de Fernando Collor para a Presidência, e a crise político-estrutural só se encerrou com a recomposição de uma nova coalizão hegemônica — moderadamente liberal — sinalizada pela chegada ao poder de Fernando Henrique no bojo do sucesso do Plano Real. Embora eu tenha usado a noção de Estado desenvolvimentista, hoje eu tendo a procurar uma denominação mais particular ao Estado brasileiro daquele período. É que vários países tiveram modalidades de Estado desenvolvimentista como o México, a Argentina e muitos países asiáticos. Usei recentemente, em artigo para a *Revista Brasileira de Ciências Sociais*, a denominação "Estado varguista", embora isso provoque alguma estranheza, pois as características deste Estado no seu apogeu eram apenas embrionárias enquanto Vargas presidia o país. O que interessava salientar, porém, não era apenas a relação Estado/mercado, como ocorre ao se usar o termo desenvolvimentismo, mas também a relação Estado/sociedade, Estado/segmentos sociais e o modo como se incorporavam politicamente tais segmentos. O Estado varguista remete a dois componentes: o seu lado desenvolvimentista e o seu lado autocrático, quer dizer, o bloqueio à organização política autônoma dos "de baixo". É importante salientar as duas faces daquele Estado, especialmente quando se quer tratar dos dois processos de transição, o de liberalização econômica e o de democratização. O termo varguista remete ao controle sobre os trabalhadores, ou seja, à sua incorporação controlada. Ele tem também outro lado, que é

Brasilio Sallum Jr.

a sua face desenvolvimentista. Naquele texto antigo sobre o Plano Cruzado, eu insistia na importância de incluir o Estado na análise política, o que divergia bastante da literatura política da época, que centrava a análise na mudança de regime. É que o Estado nos remete ao conjunto, ele tem que ser pensado nas suas interfaces com a economia, com os atores coletivos enraizados na estrutura social e com o mundo exterior. A política, por essa via, não fica fechada no mundo das instituições políticas e na relação com o eleitorado pensado abstratamente.

Por que deu o título Labirintos ***a seu livro que analisa este processo?***
O último capítulo do texto chamava-se "No labirinto da crise" e referia-se ao zigue zague da política econômica do governo Sarney. As iniciativas de política econômica se sucediam em direções distintas e acabavam derrotadas por coalizões de veto, embora ao longo do período pudesse se perceber uma linha. Percebe-se depois do Cruzado uma tendência à liberalização econômica, primeiro muito tênue, com Bresser-Pereira, e depois um pouco mais clara com Maílson da Nóbrega. Alguém me sugeriu usar o título do capítulo para o livro. E com razão, pois em todo o processo político analisado temos iniciativas dos atores que parecem irresistíveis, mas que acabam encontrando resistências e tendo que ser desenhadas para não fracassar completamente. Geisel tenta fazer a liberalização política para institucionalizar o regime autoritário, mas desencadeia mudanças que não esperava e acaba no Pacote de Abril. Tenta aprofundar a industrialização para dar autonomia ao país ao tomar empréstimos externos a juros baixos, mas acaba por aumentar nossa dependência externa. E assim por diante. O tempo todo, o governo militar pensa estar no comando, mas acaba atingido por forças que pensava controlar. Temos, então, sempre este zigue zague provocado por barreiras inesperadas.

Acho que você está procurando evitar uma explicação linear e construir exatamente a passagem entre sociedade e Estado, socialização e política. Você também está dizendo que há uma tradição paulista, herança da USP, que reivindica e pretende manter as instituições, mesmo que ela tenha esquecido, em um certo momento, de analisá-las. Assim, você pretende incorporar duas vertentes analíticas que são importantes.
Não sei se em relação ao nome, mas, certamente, a intenção metodológica é esta. Meus textos, aquele sobre o Cruzado, *Labirintos* e outros depois, são tentativas de ligar esses dois tipos de análise. De um lado, nossa tradição da USP, de uma Sociologia Política que dá pouca atenção às instituições políticas, e de outro lado, o enfoque mais usual da Ciência Política que pensa a esfera política em separado e sublinhando as instituições ou os atores.

E as discussões que vinculam autoritarismo e desenvolvimento?
Guillermo O'Donnell focalizou esta questão da relação entre desenvolvimento e Estado autoritário. Ele dizia que no momento de aprofundamento da industrialização produziam-se as condições para o golpe de Estado. É uma tese equivocada. Mas ele vai na direção certa ao procurar conectar economia e política de forma diversa do que fazia a teoria da modernização. Recebeu uma chuva de críticas que,

apesar de consistentes, não eram acompanhadas de explicações alternativas. É pena que tenha deixado de lado a questão. Passou a pensar a política somente enquanto esfera separada.

Depois da edição de Labirintos *você publicou outros trabalhos sobre a política nacional. Quais as diferenças que você destacaria em relação ao livro?*

Depois eu me dediquei a estudar o processo de liberalização econômica que o país atravessava a partir do ângulo político. Durante certo tempo trabalhei com o conceito de estratégia do desenvolvimento, tentando identificar as características próprias daquela que, de início, parecia nascer no governo Cardoso. Tentei fazer isso, não só comparando com o padrão de intervenção do Estado que tinha vigorado até o final dos anos 70 no Brasil, mas também com o que ocorrera e estava correndo em outros países da Ásia e América Latina. Desde logo percebi que havia certa "duplicidade" na atuação do governo Cardoso e até escrevi sobre isso para a revista *Nueva Sociedad*. No entanto, insisti na identificação de uma estratégia brasileira de desenvolvimento, ainda que tentasse flexibilizar ao máximo o conceito para entendê-la, ao modo de Stephan Haggard, como uma *resultante* de políticas estatais a ser identificada pelo investigador. Em 1997 escrevi dois textos sob esta perspectiva. Depois percebi meu equívoco quanto a isso. De fato, o conceito de estratégia enquanto resultante parte da idéia correta de que uma estratégia não precisa se identificar necessariamente com um plano de um ator determinado, pode haver uma estratégia sem um plano, sem uma definição explícita. No entanto, o conceito supunha haver uma unidade de ação do Estado, só que identificada pelo analista. Com isso se supõe algo que não está dado só pela existência de um Estado ou de um governo. A unidade da ação do Estado é de fato um produto político muito difícil de alcançar. E o fato do analista assumir a tarefa de identificar a unidade resultante, isto é, de atribuir uma estratégia ao Estado a partir de suas políticas, abria muito espaço para ele "completar" as lacunas e costurar as rachaduras da ação estatal. Por isso, abandonei esta perspectiva e passei a explorar as polarizações que marcavam a ação estatal.

Isso já aparece claramente no seu artigo "O Brasil sob Cardoso" na revista Tempo Social, *não é?*

Exatamente. Desde o começo do governo Fernando Henrique era perceptível a polarização entre os fundamentalistas de mercado e os que chamei de liberal-desenvolvimentistas. Não havia disputa só dentro do governo, mas dentro da coalizão de sustentação do governo e em áreas próximas. Não se tratava apenas da questão câmbio/juros, mas de várias outras como, por exemplo, ter ou não uma política de proteção para a indústria automotiva. Estas polarizações produziam dilemas para o governo e para o presidente, que era chamado a arbitrar. É importante sublinhar, no entanto, que aquelas duas perspectivas sobre a relação Estado/mercado eram pólos de uma mesma corrente liberal moderada que tinha raízes na sociedade. De fato, procurei mostrar no artigo que a hegemonia política liberal se construiu lentamente da sociedade para o Estado. A perspectiva neoliberal se difundiu

Brasilio Sallum Jr.

desde o seu epicentro anglo-saxão, foi internalizada pelo empresariado e a mídia até tornar-se predominante entre os políticos profissionais e os dirigentes do Estado. Quer dizer, o Plano Real, o programa de reformas e a eleição de Fernando Henrique e vários aliados para os governos estaduais tiveram por base aquele processo societário de construção de hegemonia.

Quais são as perspectivas do desenvolvimentismo? Como era no governo Fernando Henrique e agora com Lula?

Embora se possa buscar as raízes do desenvolvimentismo nos anos 30 e até nos 20, ele é uma característica do pós-guerra. Ele sempre foi uma forma de afirmação nacional, mas suas diversas variantes dependeram da situação mundial. Até os anos 70, a ordem política e econômica mundial dava razoável amplitude para os vários países organizarem nacionalmente suas economias dentro de cada espaço civilizatório. Quer dizer, as elites nativas podiam orientar de várias maneiras seu desenvolvimento econômico nacional, desde que não rompessem com o Ocidente. O nosso nacional-desenvolvimentismo ambicionou, no limite, construir um capitalismo nacionalmente autônomo do ponto de vista de suas forças produtivas materiais. Mas isso se tornou inviável com o processo de globalização financeira, com a redução brutal dos custos de comunicação e a conformação transnacional das empresas. As idéias neoliberais se tornaram predominantes, mas demoraram para ganhar importância no Brasil — se compararmos com o México, por exemplo. De qualquer maneira, elas acabaram por redefinir, em maior ou menor medida, as modalidades vigentes de pensar a relação Estado/mercado. Daí eu ter denominado liberal-desenvolvimentista a corrente desenvolvimentista do governo Cardoso. Quero dizer, no primeiro mandato, porque no segundo essa corrente perdeu a importância, embora a introdução do câmbio flutuante desse condições estruturais para as políticas que preconizava.

E no governo Lula?

No governo Lula aumentou muito mais o espectro das orientações de política econômica presentes no governo. Numa ponta você tem um Banco Central totalmente alinhado com a perspectiva neoliberal e a ortodoxia monetária, que marcam a orientação dos bancos e do mercado de capitais, e do outro, um BNDES muito próximo à perspectiva do velho nacional-desenvolvimentismo. Entre esses extremos encontramos, por exemplo, nos ministérios do Comércio, Indústria e Comércio Exterior e da Agricultura, orientações muito afins em relação às dos liberal-desenvolvimentistas do primeiro governo Fernando Henrique. E nem se considera nisso a perspectiva do Ministério do Desenvolvimento Agrário, que, no governo Lula, ultrapassa os limites daquele espectro de tendências. De todo modo, embora a heterogeneidade seja muito maior no governo Lula do que em qualquer momento do governo Fernando Henrique, mantém-se o predomínio que lá havia do fundamentalismo de mercado. Aliás, embora se fale muito — e me refiro aqui aos intelectuais cariocas, principalmente — em controle de São Paulo sobre o governo federal, quem vem controlando a política macroeconômica todo o tempo são economistas da PUC-RJ. Lá está a sede intelectual do fundamentalismo no Brasil.

Como é que fica a unidade de ação governamental com essas diferenças internas?

É dificílima, ainda mais porque o PT não tem unidade interna. É um conjunto de tendências, cada uma com o controle de uma parte da máquina do Estado. Embora a Casa Civil tente, não consegue produzir esta unidade, ainda mais porque não há convergência de perspectiva entre ela e os responsáveis pela política macroeconômica. Além disso, não é muito perceptível uma direção na atuação da Casa Civil. Quer dizer, transpira muito autoritarismo, muita prepotência, mas sem uma direção clara. Agora, com o "escândalo Waldomiro" que atinge a Casa Civil, a situação tende a piorar.

Como você vê hoje a produção da Sociologia no Brasil? Acha que ela perdeu o ímpeto inicial que tinha na época do Florestan? E aquela pretensão totalizadora que os clássicos atribuíam a ela, você acha que ainda tem alguma efervescência ou entrou em declínio?

Embora se tenha uma produção sociológica considerável, diversificada, tenho a impressão de que hoje há demasiada especialização, com a exploração de nichos muito definidos. Não se vê mais na Sociologia trabalhos naquele estilo, preocupados com a apreensão dos processos globais. Não sei se é inevitável, mas eu preferiria que fosse diferente. A tendência é a concentração no trabalho especializado e a perder de vista a conexão entre as partes especializadas e o conjunto. A concepção do desenvolvimento da sociedade como uma ordem global que se diferencia de maneira conflitiva parece que saiu do horizonte. Em parte, isso acontece no mundo inteiro. A macrossociologia perdeu muito da importância que tinha. Claro que não era só o Florestan Fernandes que tinha essa pretensão. Havia outros sociólogos, historiadores e economistas que tentavam apanhar globalmente o Brasil. Tenho a impressão de que isto foi desaparecendo. Um trabalho como o do Florestan, *A revolução burguesa no Brasil*, foi, de fato, a última grande expressão deste tipo de abordagem. Eu mesmo, ao fazer Sociologia Política, fico na análise ainda parcial. Analiso a política em seu contexto, mas a análise não se assenta plenamente na dinâmica do que Florestan chamava de ordem competitiva e suas transformações.

Você acha que também fora do Brasil está se perdendo a pretensão totalizadora que os clássicos atribuíam à Sociologia?

Com a perda da hegemonia do funcionalismo na disciplina e a decadência do marxismo, as abordagens macro perderam centralidade. Na ausência de uma teoria social hegemônica, os trabalhos especializados tendem a só dialogar sobre temas específicos. No entanto, ainda existem hoje alguns grandes autores cujos trabalhos combinam perspectiva global e referência empírica a esferas sociais específicas. O exemplo mais relevante disso é o de Pierre Bourdieu. As noções de *habitus* e campo permitem a ele conectar a dinâmica das classes, as suas disputas, aos conflitos que ocorrem em espaços sociais específicos. Mas esta combinação é rara. Há esforços sistemáticos de construção teórica global, como é o caso de Niklas Luhmann e sua teoria dos sistemas, que, talvez por sua complexidade, não tenha produzido ainda muito impacto na pesquisa social. A obra de Habermas tem muito maior difusão entre os sociólogos, talvez porque combine a crítica da época atual e um grande esforço para construir uma teoria da ação mais complexa e inclusiva que as anteriores a partir de um diálogo com os sociólogos clássicos.

De qualquer modo, há muitos ensaios sobre a natureza da época atual, freqüentemente mais rarefeitos teoricamente e com insuficiente referência empírica. Não estou afirmando que não se deva fazer este tipo de trabalho, ele é bem-vindo em um período de mutação como o que vivemos, mas do ângulo da disciplina talvez fosse mais interessante combinar perspectiva global e referência empírica mais sólida. Trata-se de uma combinação muito difícil, como pode se ver no trabalho de Manuel Castells sobre *A era da informação*.

Você mencionou vários sociólogos europeus. Nos Estados Unidos há autores com esta estatura?

Nos Estados Unidos predomina a micro-sociologia, com estudos em geral muito rigorosos sobre grupos, sua dinâmica etc. Eu acompanho muito pouco esses estudos. Mas é preciso destacar Erving Gofmann como o grande sociólogo dos anos 60 e cuja obra tem grande influência até hoje. Ele desenvolve uma teorização sensível às diferenças existentes no mundo social, às suas ambigüidades e duplicidades. Há outros sociólogos com obras importantes que abrangem vários campos, como Neil Smelser, discípulo de Parsons, mas a maioria, como seria de esperar, dedica-se a campos particulares de investigação. Na área da Sociologia Política, por exemplo, destaca-se sem dúvida o trabalho de Charles Tilly sobre movimentos sociais.

Como você veria o institucionalismo nessa discussão?

Eu não tenho particular gosto pelo institucionalismo. Falo com franqueza, porque há uma tradição de análise institucional antiga na Sociologia que vem de Durkheim. Nos Estados Unidos os institucionalistas surgiram em um registro de oposição ao behaviorismo. Por isso, logo que comecei a ler a respeito, causou-me certo mal-estar. Seria aquilo tão novidade assim? Na Sociologia, de fato, não é. O institucionalismo é mais importante na Ciência Política e na Economia. Ele combate as tendências teóricas mais individualistas das duas disciplinas. O pressuposto do ator individual que escolhe racionalmente foi importado pela Ciência Política da Ciência Econômica e funciona como uma espécie de certificado de cientificidade para a disciplina. Assim, do meu ponto de vista, o institucionalismo, mesmo quando baseado na escolha racional, tem um caráter positivo, pois combate o falso universalismo das preferências, vendo as instituições como contexto limitante para as escolhas individuais. No entanto, há um tipo de institucionalismo com que me identifico. É aquele que faz fronteira entre a Sociologia e a política, o chamado institucionalismo histórico. Penso aqui nos trabalhos de cientistas sociais como Peter Hall e Margareth Weir. Este tipo de orientação se desenvolve em geral nos departamentos de Ciência Política, mas não é mais nem menos do que Sociologia Política. Seja como for, há certos limites em fazer das instituições o elemento explicativo das práticas coletivas. Acaba-se tendo algumas dificuldades para apanhar os processos de mudança social acelerada, nos quais o peso das instituições diminui. Nestes momentos, elas perdem peso na moldagem das práticas e há tensão entre umas e outras. Gramsci dizia que nessas situações se tem crise de hegemonia. Já em Durkheim aparece esta possibilidade de separação. E no caso de Marx nem é preciso falar. Assim, a regulação institucional é importante na ordenação e reprodução da sociedade, mas é preciso ter senso dos limites disso.

Você acha que esta tendência à especialização da Sociologia é inevitável pelo próprio desenvolvimento da ciência?

Acho que é inevitável, mas não acho necessário que a crescente especialização sempre implique em fragmentação. Os esquemas de interpretação, os registros intelectuais com os quais se analisa a sociedade, não são eternos. Pode ser que, em algum tempo, surjam novos esquemas de interpretação que desafiem a ótica da especialização fragmentada. Na Sociologia temos, de fato, múltiplas teorias tão distintas que parece não haver uma, mas múltiplas sociologias. Temos a disputa constante entre os esquemas sociológicos de interpretação. Eu não diria que estamos condenados a ser assim para sempre. Houve nas décadas de 40 e 50, por exemplo, a síntese parsoniana. Ela foi hegemônica até o começo dos anos 70. Depois houve uma fragmentação. Mas isto não significa que não surjam novas hegemonias que bloqueiem a fragmentação.

Estas disputas não põem em xeque a Sociologia enquanto disciplina?

Na verdade, a Sociologia sempre foi ambivalente em relação ao seu próprio objeto. Em geral, os historiadores da disciplina sublinham que ela sempre oscilou entre pensar a sociedade, seu objeto, como entidade distinta do Estado (uma espécie de resíduo entre a economia e a política) ou, alternativamente, como a totalidade das relações sociais.

Os conceitos de solidariedade orgânica e mecânica de Durkheim, o de comunidade societária, de Talcott Parsons, os de ordem competitiva e ordem estamental de Florestan, dizem respeito à sua existência como realidade distinta. Mas esses grandes autores, ao invés de ficarem sempre no nicho específico, tentaram apanhar também as relações entre ele e as demais esferas. Claro que cada um a seu modo. Acho que nós estamos num momento em que o lado global só aparece raramente e em grandes ensaios teóricos. Esta é uma das interpretações dos historiadores de Sociologia, de que ela surgiu afirmando o seu objeto como distinto da esfera do Estado, objeto da Filosofia Política.

Outra interpretação, que me parece mais razoável, é de que a Sociologia nasce como uma tentativa de tornar mais complexa a análise da política, mostrando que há no interior da sociedade outros pontos de reparo que são fundamentais para se explicar a vida política. Esta amplificação do político na direção ao mundo subjacente, ao que não é obviamente político, encontra-se nos clássicos. Em Marx, por exemplo, embora ele não seja propriamente um sociólogo, o Estado, a dominação política, encontra sua explicação nas relações de classe e estas têm no conceito de exploração a sua chave. Em Durkheim ocorre algo similar. Sua obra inicial é orientada para a política, mas o Estado é sempre pensado como um cérebro de um corpo social. Sem este corpo social ele não tem sentido. O sociólogo é justamente quem pode, para ele, captar os padrões normais e os discrepantes de sociabilidade de uma

Brasilio Sallum Jr.

sociedade qualquer. É esta consciência que permite ao homem de Estado reformar a sociedade de modo a torná-la mais equilibrada. A orientação básica de Durkheim era renovar a sociedade, reformá-la, torná-la mais eqüitativa, mais equânime. Por isso é falso dizer, como se fazia muito nos anos 70, que Durkheim foi um conservador. Ele certamente não era um revolucionário, mas foi republicano e democrata. Essas diferenças e disputas na disciplina angustiam às vezes os sociólogos, mas são inevitáveis porque a sociedade é dividida e nós que tentamos entendê-la somos parte desta divisão.

Em seu Memorial você se refere à dificuldade do marxismo em passar das análises estruturais para o exame das situações concretas. Como você vê isso?

O marxismo perdeu muito do seu vigor, da capacidade de ser atrativo. Depois do estruturalismo, que provocou um certo rejuvenescimento teórico, ele foi perdendo peso intelectual. Houve, nos anos 80, um movimento de renovação com o desenvolvimento do marxismo analítico, que gerou até trabalhos interessantes, mas que não marcaram muito a produção sociológica, a não ser os estudos sobre classes. Ocorre que esta influência se deu ao preço de perdas enormes em relação às ambições originais da teoria. De fato, transformou-se a análise das relações de classe em pesquisas sobre o fenômeno da estratificação. As classes sociais deixaram de ser consideradas como dimensão explicativa das ações coletivas e da transformação social. Na verdade, o próprio marxismo sempre teve dificuldade em lidar com os processos de transformação social, pois eles implicavam em ter de passar da análise propriamente estrutural para a análise de situações concretas. A dificuldade estava em reconhecer a descontinuidade entre classe social e o ator coletivo. Faziam ao contrário, cada ator coletivo específico era logo vinculado a certa classe. Ora, isso não é algo automático, não dá para imputar a tal ou qual ator ser ou não ser a expressão de uma classe, ser ou não o seu "representante" adequado. Estas passagens das estruturas para a ação coletiva ou desta para aquela sempre foram muito pouco elaboradas na tradição marxista. Em parte, é provável que isso tenha ocorrido porque os marxistas que faziam tais análises estavam engajados em movimentos revolucionários. O seu foco não era refletir sobre as dificuldades analíticas, mas fazer a revolução.

Outra razão para as dificuldades da tradição marxista elaborar melhor os vínculos entre ação coletiva e estrutura de classes está no modo esquemático com que sempre lidou com a esfera simbólica. Ela é muito importante em O *capital*, mas creio que predominou a tendência a passar muito rapidamente pelas partes em que isto é estudado. A forma-salário, a forma-lucro etc., tudo isso tem uma importância na operação concreta das relações capitalistas, mas isso foi pouco enfatizado na tradição marxista. Imagina-se que o mundo simbólico estava na superestrutura, na esfera entendida como menos relevante. Ora, o funcionamento do mundo concreto, usual, das empresas, de qualquer mercado, sempre envolve simbolização. Os homens não são mentecaptos. Hoje, as análises sociológicas dos movimentos sociais e de outras formas de ação coletiva raramente os vinculam às classes. De fato, é difícil estabelecer esta conexão. Ela nunca foi bem elaborada teoricamente.

Hoje se trabalha muito com conceitos contrapostos como sociedade civil e Estado. Os atores coletivos estão em uma "sociedade civil" ou são ela própria, como se esta fosse um berçário de movimentos, mas não se trata de identificar sua estrutura interna.

PRINCIPAIS PUBLICAÇÕES

1982 *Capitalismo e cafeicultura*. São Paulo: Duas Cidades.
1996 *Labirinto: dos generais à Nova República*. São Paulo: Hucitec.
2000 "O Brasil sob Cardoso: neoliberalismo e desenvolvimentismo", *Tempo Social: Revista de Sociologia da USP*, Dossiê FHC: 1° Governo.
2003 "Metamorfoses do Estado brasileiro no final do século XX", *Revista Brasileira de Ciências Sociais*, vol. 18, n° 52.
2004 *Brasil e Argentina hoje: política e economia* (org.). Bauru: Edusc.
2005 "Classes, cultura e ação coletiva", *Lua Nova: Revista de Cultura e Política*, n° 65.

Brasilio Sallum Jr.

Reginaldo Prandi

REGINALDO PRANDI

Reginaldo Prandi nasceu em Potirendaba, São Paulo, em 1946. Graduou-se em Ciências Sociais pelo Centro Universitário Fundação Santo André em 1970. Na Universidade de São Paulo, fez especialização em Demografia, mestrado e doutorado em Sociologia. Fez pós-doutorado no South Oregon College. Lecionou na PUC-SP e outras instituições. Tornou-se livre-docente pela USP, da qual foi professor de 1976 a 2004, quando se aposentou como professor titular. Atualmente é professor permanente da Pós-Graduação em Sociologia dessa instituição. Foi membro do Comitê de Ciências Sociais do CNPq e coordenou a área de Sociologia da Capes. Suas principais linhas de pesquisa são: sociologia das religiões afro-brasileiras, religião e política (católicos e evangélicos) e diversidade religiosa no Brasil. Atualmente dedica-se também à literatura infanto-juvenil e à ficção policial. Em 2001 recebeu o prêmio Érico Vannucci Mendes, outorgado pelo CNPq, SBPC e MinC, por sua atuação na preservação da memória cultural afro-brasileira. Publicou cerca de trinta livros. Esta entrevista foi realizada em abril de 2005.

Por que você escolheu o curso de Ciências Sociais?
Eu sou do interior, de Potirendaba, cidade pequena localizada a 30 km de São José do Rio Preto. Fiz os antigos grupo escolar e ginásio em Potirendaba, e o curso científico no Instituto de Educação Monsenhor Gonçalves, em São José do Rio Preto. Ia e voltava todos os dias de ônibus, com grande dificuldade, porque naquele tempo não havia asfalto entre as duas cidades. Quando chovia, não chegávamos, perdíamos prova. Naquele tempo, no interior, as meninas geralmente faziam o Curso Normal e os rapazes faziam Contabilidade. Se eles tinham maior aspiração profissional, iam para Direito, Medicina, Engenharia. Eu não sabia muito bem o que queria, e acabei optando pelas biológicas. No curso científico se estudava também História, Geografia, Latim, Grego, Inglês, Francês, além de Matemática, Física, Química e Biologia. Ter estudado Matemática me valeu o sustento quando, mais tarde, cursava faculdade e dava aulas particulares.

Em 1964, vim para São Paulo prestar vestibular e acabei ingressando na Faculdade de Medicina Veterinária da USP, que então ficava na rua Pires da Mota, na Aclimação. Longe de casa, morei em pensões e repúblicas, mas nessa época estava morando na casa de uma prima que também fazia vestibular, a Marina Ruiz, hoje Matos. Um primo nosso, o Edimilson Bizelli, tinha acabado de se formar em Ciências Sociais na USP e estava indo para o Chile fazer mestrado na Flacso. Ele nos deixou seus livros e cadernos, e o entusiasmo pelas Ciências Sociais. Foi com ele meu primeiro contato com Ciências Sociais, que eu não tinha idéia do que era, embora tivesse lido no colegial *Casa-grande & senzala*, de Gilberto Freyre. Eu não tinha idéia do que seria uma carreira de sociólogo. Então, embora tivesse ingressado em Veterinária, acabei fazendo o exame vestibular para Ciências Sociais, para fazer companhia a Marina na recém-criada Fundação Santo André, que pretendia ser um centro de pesquisa e ensino voltado para as coisas da indústria, do parque do ABC, que na época era o grande novo centro industrial brasileiro. As indústrias mais modernas estavam lá. Passamos os dois e, para não deixar a Marina sozinha — não sei se era uma desculpa —, comecei a freqüentar as aulas lá, e também na Veterinária. Começamos o curso em 1967 e no ano seguinte houve o segundo golpe militar.

Nessa época, minha participação no movimento estudantil não era na USP, porque a Faculdade de Medicina Veterinária era muito reacionária, mas em Santo André. Em 1968, durante a mobilização para uma grande greve operária no ABC, organizamos uma grande panfletagem em Santo André, o que se fazia em pequenos grupos, na calada da noite. Mas quatro meninas, que eram minhas colegas e amigas das Ciências Sociais e da Pedagogia, foram presas durante a panfletagem e acabaram condenadas pela Justiça Militar a um ano de prisão. O julgamento, por uma corte militar, foi na avenida Brigadeiro Luiz Antônio, e fui assistir. Ruth e Sabina foram julgadas à revelia, pois tinham conseguido sair do país e se exilado em Israel. As quatro foram condenadas. Maria Helena e Rosalba Almeida Moledo foram levadas diretamente para cumprir pena no Presídio Tiradentes, do qual hoje resta apenas o portão, mas que foi um dos locais mais temidos durante os anos da ditadura. Alguns companheiros e companheiras da Rosalba no Presídio Tiradentes desapareceram para sempre! Inclusive a Eleni Guariba, que lá estava presa na época, mas que pouco tempo antes fora minha professora em um curso de teatro, um curso sobre Brecht para estudantes militantes.

O curso de Ciências Sociais começou com a proposta de aplicação à realidade de um grande centro industrial. Meu primeiro professor de Teoria do Desenvolvimento foi o José Carlos Garcia Durand, que tinha editado já naquela época os livros sobre Sociologia da Juventude. Ele era bem moço. Estava começando a fazer o mestrado na USP. O próprio Florestan Fernandes o recomendou à minha escola. Tive também como professores João Baptista Borges Pereira, em Antropologia, e Egon Schaden, em Etnologia. Em geral, eram professores da USP emprestados para Santo André para montar este curso. Depois, o curso passou por vários impasses. Eu estava muito envolvido com ele, e o curso de Veterinária na USP foi ficando para trás. Tranquei matrícula, pretendendo voltar, mas isso nunca aconteceu. Em 1969 a Rosalba já estava presa e eu a visitava regularmente aos sábados no presídio Tiradentes. Tínhamos trabalhado juntos em uma pesquisa da então Faculdade de Higiene e Saúde Pública, realizada pelo Cedip (Centro de Estudos de Dinâmica Populacional), que era ligado à cadeira de Estatística, cuja catedrática era a Elza Berquó. O Cedip contava com outros professores, como Paul Singer, Candido Procopio Ferreira de Camargo, Maria Stella Ferreira Levy. E, especialmente para este projeto, com José de Souza Martins.

Foi a primeira pesquisa que construiu os índices de crescimento e desenvolvimento das crianças e adolescentes brasileiros. Em uma segunda etapa do trabalho, eu já não era mais um pesquisador, mas um colaborador. Foi daí que começou o meu trabalho sobre metodologia.

O importante é que com essa pesquisa eu fiquei próximo de Elza Berquó, Paul Singer, Candido Procopio Ferreira de Camargo e João Yunes, que era da Faculdade de Medicina e depois foi secretário de governo e representante do Brasil na Organização Mundial de Saúde. Era o pessoal *"top"* da Demografia. Nesse período, foi instalado no Brasil o primeiro computador de grande porte fora do circuito acadêmico, um computador Burroughs 300/500, se não me engano, para fazer, pela primeira vez no país, os lançamentos automatizados de taxas e impostos municipais, os de Santo André. Esse computador era um monstrengo. Não trabalhava com discos magnéticos, mas somente com cartões e fitas de papel perfurados e com fitas magnéticas gravadas sem qualquer segurança. A linguagem do computador era uma linguagem de máquina. Não havia linguagem de interpretação. Líamos os dados em um painel cheio de lampadinhas piscando, o que hoje pareceria ficção científica antiquada. Na faculdade, eu era aluno de Estatística do Celso Pasquotto e me dava muito bem, porque eu tinha tido uma boa formação em Matemática no curso científico. E tinha um outro professor de Estatística, que também era professor no Sedes Sapientiae, que era o José Gramont, de quem eu era monitor. Em Metodologia Quantitativa, estudava com Hebe Guimarães Leme. Como minha família tinha poucos recursos na época, eu vivia com o que ganhava dando aulas particulares de Estatística. Na USP, o Severo, que era excelente professor de Estatística, reprovava aos montes, e por isso passei a dar aula para seus alunos. E como tinha facilidade para Matemática e Estatística, acabei aprovado na seleção para os primeiros alunos do curso de Ciências Sociais que foram estagiar no centro de computação eletrônica da Prefeitura. Era uma tecnologia que mal começava; eu tenho até hoje um diploma dos "pioneiros" da informática no Brasil! Fiquei no centro uns dois ou três anos como estagiário. Nesse mesmo período, eu trabalhava no projeto da Faculdade de Higiene, fazia supervisão de campo. O projeto durou dois anos. Minha família tinha se mudado do interior para São Paulo, e tínhamos ido morar em uma casa que foi desapropriada para a construção da avenida 23 de Maio. Mudamo-nos para a Vila Mariana e a casa foi desapropriada para se construir o metrô. Fomos para a zona leste e, dessa vez, a casa foi desapropriada para se construir a Radial Leste. Aí, meu pai disse: "Não tem mais jeito, vamos voltar para o interior!". Nesse período eu morava na zona leste e estudava em Santo André. Então, para minha sorte, como eu era supervisor de campo, tinha direito a um carro fornecido pela Nestlé, que patrocinava a pesquisa. O motorista ia me buscar em casa, depois me levava até a faculdade e passava o dia inteiro me levando de um lugar para outro, no trabalho de campo, e depois me levava em casa à noite. Essa pesquisa foi decisiva, porque facilitou minha sobrevivência e me colocou em contato com gente com a qual, depois, fui fazer minha carreira.

Nessa época, o Martins ia fazer o seu doutorado sobre o desenvolvimento agrícola no Vale do Paraíba, tendo planejado uma pesquisa em todos os municípios do Vale. Quem fez o plano de amostragem foi a Eunice Pinho, que era uma amostrista da equipe da Elza Berquó. Essas coisas todas foram se somando. Isso devia ser 1969. Fiquei três meses viajando com o Martins pelo Vale do Paraíba. Ele tinha pouquíssimos recursos, que eram da Fapesp, suficientes para pagar a gasolina de uma Kombi velha da Faculdade de Filosofia da USP. Às vezes, havia dinheiro para pagar um ou outro pernoite, mas, em geral, ficávamos hospedados na casa dos fazendeiros, dos prefeitos, dos sitiantes. O Martins tinha uma grande capacidade de fazer um trabalho de aproximação com os pesquisados, o que facilitava muito o nosso trabalho de campo. Trabalhávamos o dia inteiro, e à noite — as fazendas dessa época, em geral, não tinham luz elétrica — conversávamos. Esse período foi importante porque o Martins, então um jovem professor, me mandava ler muitas coisas e me emprestava livros.

Terminado o campo da pesquisa antropométrica do Cedip, Rosalba Moledo, que também tinha facilidade para cálculo e programação eletrônica, foi ajudar no processamento eletrônico dos dados. Os computadores já eram bem mais avançados do que aqueles que eu conhecera havia pouco, mas em grande parte o processamento teve que ser feito na Universidade de Berkeley, nos Estados Unidos. Nós não tínhamos ainda *softwares* e outras facilidades que se tem hoje.

Em 1969 aconteceram as aposentadorias e cassações pelo AI-5. Da Faculdade de Saúde Pública, foram aposentados Elza Berquó e Paul Singer. Da Faculdade de Filosofia, Letras e Ciências Humanas, foram vários: Florestan Fernandes, Fernando Henrique Cardoso, Octavio Ianni e muitos outros. Alguns dos professores aposentados receberam de instituições internacionais apoio para que não saíssem do Brasil e dessem continuidade às suas pesquisas aqui mesmo, o que, na época, ninguém sabia se podia ou não ser feito. Estávamos no ponto alto da ditadura militar. Tudo era feito com muito medo. Mas foi assim que se fundou o Cebrap, para onde foram alguns professores aposentados e outros não aposentados, mas que já tinham com aqueles uma experiência comum de trabalho científico, ou interesse por certos temas de pesquisa.

O Procopio é fundador do Cebrap?

Sim, é fundador. No final de 1969 começa a articulação para organizar o Centro, e depois se monta em 1970, na rua Bahia, a primeira sede, com apoio de empresários e intelectuais. Os fundadores eram pessoas muito bem relacionadas. Entre os professores não aposentados estava o Juarez Brandão Lopes, na época professor da FAU. Também trouxeram gente de fora, como Andrea Rios Loyola, e jovens pesquisadores que estavam se lançando, como Bolívar Lamounier, Carlos Martins, Pedro Calil Padis. Logo depois chegou Francisco de Oliveira. Eu entrei no Cebrap em seu início, como assistente de pesquisa do Procopio, que dirigiria um dos projetos. O tema mais importante de então era a questão do desenvolvimento; era preciso investigar quais as fontes promotoras do desenvolvimento e o que o retardava. Havia muito interesse em se entender o que se chamava de marginalidade social, referida a questões de inclusão e exclusão de grandes parcelas da população nas estruturas econômicas e sociais em mudança. Nesse grande projeto cada um estudava, na sua área, o que acelerava e o que retardava o desenvolvimento. Havia recortes sociológicos, econômicos, culturais e políticos. Procopio se interessava pelas religiões, que pela ótica marxista eram pouco valorizadas, mas que, na compreensão dele, eram capazes de promover o surgimento de núcleos religiosos militantes que desenvolviam um trabalho social importante, e que anos mais tarde viriam a desembocar em movimentos sociais, originando o movimento das Comunidades Eclesiais de Base. Depois, com a redemocratização, alguns partidos políticos de esquerda tiveram origem nesses movimentos religiosos. Então, Procopio organizou um projeto sobre a religião na sociedade brasileira, e eu fui trabalhar com ele. Rosalba foi trabalhar como calculista com Elza Berquó, mas logo em seguida ela foi presa, e eu a substituí. Assim, eu tinha dois pés no Cebrap: um pela Sociologia da Religião, com Procopio, e outro pela Estatística, com Elza. Eu estava começando o mestrado em Sociologia na USP, orientado por Aparecida Joly Gouveia; fui da primeira turma da USP no novo regime de pós-graduação. Era 1971, e assim que me formei comecei a trabalhar como professor-assistente de Celso Pasquotto em disciplinas de Estatística, em Santo André e na antiga Sedes Sapientiae — que logo depois foi fundida com a antiga Faculdade São Bento da Pontifícia Universidade Católica. Com a reforma da PUC, fui para o seu Instituto de Psicologia, onde fiquei muitos anos como professor de Estatística Aplicada. Terminei o mestrado em 1974 e comecei o doutorado. Continuei a trabalhar na PUC, mas agora no Programa de Estudos Pós-Graduados em Ciências Sociais, levado por Carmen Sylvia Junqueira. Naquele tempo havia poucos professores com doutorado, então os mestres que estavam fazendo o doutorado podiam lecionar na pós-graduação. Era o caso de Vilmar Faria, Bolívar Lamounier, Andrea Rios Loyola. Havia grande integração entre a pós-graduação da PUC e o Cebrap.

Então, se eu voltar à sua primeira pergunta — como é que fui para as Ciências Sociais —, a resposta é que não dependeu de nada muito simples, mas de um turbilhão de coisas acontecendo, com muitas possibilidades que se abriam. Eu nunca fui procurar um emprego; todas as minhas ocupações aconteceram nesse percurso de grandes mudanças no cenário acadêmico brasileiro.

Então foi sua formação secundária que o empurrou para a Estatística e, obviamente, para a área de metodologia.

Isso. Sobretudo pelo meu trabalho com Elza Berquó. Mas o lado mais teórico, ou mais substantivo, veio com Procopio Camargo, também no Cebrap. Como disse, eu tinha no Cebrap duas atividades bem diversas. O primeiro projeto do Procopio resultou no livro *Católicos, protestantes e espíritas*, publicado há 33 anos. Nesse livro fiquei encarregado da parte dos afro-brasileiros. Aí começou o meu trabalho sobre as religiões afro-brasileiras, que faço até hoje, e que é a área em que mais produzi.

O projeto seguinte era sobre a imagem da religião. Procopio queria estudar não só a mensagem que a religião produzia e como essa mensagem era arcaica ou progressiva, moderna ou retrógrada, mas como essa mensagem se reproduzia na imprensa e em outros meios de comunicação e se transformava em uma imagem capaz de fornecer a visão que a própria sociedade tinha da igreja. Queria estudar não somente influência da igreja nas mudanças sociais, mas os mecanismos de legitimação social dessa suposta interferência por fontes não-religiosas. Procopio queria ter na equipe de pesquisa que estava formando alguém que entendesse de catolicismo no pormenor, que tivesse uma boa formação sobre o Vaticano e que facilitasse nosso trânsito entre várias instituições religiosas que estudaríamos. Eu conhecera Antônio Flávio Pierucci na casa de amigos comuns. Ele acabara de chegar de seus estudos em Roma e procurava emprego. Apresentei Flávio ao Procopio e, no dia seguinte, ele já fazia parte da equipe.

O Flávio tem uma grande formação e, inclusive, conhece muito a institucionalização da Igreja.
Ele havia permanecido três ou quatro anos na Universidade Gregoriana, onde fazia o doutorado em teologia. Rompido com a carreira religiosa, acabou indo para o Cebrap, na nossa turma, e a partir daí definiu também a sua carreira acadêmica nas Ciências Sociais.

Como havia certa insistência no Cebrap para que eu me dedicasse à metodologia, acabei fazendo o mestrado na USP com Aparecida Joly Gouveia, que era quem mais entendia de metodologia quantitativa. Eu trabalhava com essa metodologia, mas o conteúdo substantivo dos meus trabalhos de então era a Sociologia da Religião. Minha dissertação de mestrado foi um estudo sobre a revista *Família Cristã*, estudando o conteúdo de suas mensagens entre os anos 1940 e 1970. Isso permitiu mostrar como a Igreja havia mudado sua mensagem, como os valores que eram no início totalmente religiosos foram sendo substituídos por valores originários de fontes não-religiosas, como valores científicos, valores técnicos, e como a própria orientação da Igreja em termos de comportamento ia se esvaziando. Por exemplo, no início do período estudado, o católico era orientado a não fazer certas coisas porque eram consideradas pecado; depois, porque a Psicologia mostrava que não eram saudáveis. Minha dissertação era apenas uma parte do "projetão" do Cebrap. A Editora Brasiliense publicou minha dissertação com o nome de *Catolicismo e família: transformação de uma ideologia*. Um trabalho feito com muito cálculo, muita estatística, com análises de regressão, teste de significância, cálculos feitos à unha, porque naquele tempo não existiam os microcomputadores. Nós contávamos com a macrocomputação para grandes tabulações, mas não para cálculos. Eu tinha máquinas muito modernas para a época, importadas pelo Cebrap, que fazia questão de mostrar um nível de tratamento científico equiparável aos das universidades americanas. Cultivava-se a preocupação com a excelência teórica e metodológica, e isso ajudava a dar ao Cebrap a legitimidade científica que o resguardava da vigilância da ditadura. Meu computador HP conseguia fazer dezesseis cálculos sucessivos! Era tudo o que a memória agüentava. Mas sempre tive um computador na minha mesa, e o mais moderno. Lembro que na Saúde Pública as máquinas de calcular eram de manivela. Para fazer uma divisão tínhamos de rodar aquilo sessenta, setenta vezes!

No doutorado na USP, também com Aparecida, trabalhei um tema bem diferente. Naqueles anos, o grande tema do Cebrap ainda era o desenvolvimento, mas agora já havia a questão do trabalho. Acreditava-se que o desenvolvimento implicava o pleno assalariamento nos moldes capitalistas, com a conseqüente destruição das antigas relações de produção, remanescentes dos velhos modos de produção. Só quando o modo de produção fosse plenamente capitalista teríamos alcançando um estágio avançado de desenvolvimento econômico. Então, uma grande preocupação no Cebrap era estudar aquilo que era marginal ao *mainstream* do modo capitalista de produção. Então, com Vilmar Faria, Paulo Singer, Fernando Henrique Cardoso, Juarez Brandão Lopes, passei a estudar o chamado trabalho marginal. Veio também para esse grupo Lúcio Kowarick, que publicou um livro importante sobre marginalidade. Desse projeto resultou também meu livro *O trabalhador por conta própria sob o capital*, de 1978, originalmente minha tese de doutorado, e a tese de Vilmar Faria, que infelizmente nunca foi publicada. E uma montanha de artigos e relatórios. A principal base empírica do projeto de marginalidade foi uma pesquisa muito detalhada feita em Salvador, Bahia, onde a participação do trabalhador não-assalariado na força de trabalho era das maiores do país. Para fazer uma ponte com o Cebrap na pesquisa, foi criado em Salvador o Centro de Recursos Humanos da Universidade Federal da Bahia. Importantes pesquisadores baianos, então jovens, iniciaram-se na pesquisa no CRH, como Inaiá Maria Moreira de Carvalho, que depois veio para a USP fazer o doutorado sob minha orientação, e Guaraci Adeodato de Souza.

Foi um projeto que deu frutos, que formou pesquisadores e linhas de pesquisa que são atuantes até hoje.
Exatamente. Que criou instituições. Na verdade, muitos dos grandes nomes das Ciências Sociais no Brasil estavam envolvidos nesses projetos. O Cebrap era, antes de tudo, um local de discussão acadêmica, reunindo gente de todo o Brasil e do exterior para o seminário semanal, que chamávamos de "o mesão". Eram discussões informais, mas academicamente muito exigentes, em torno de uma grande mesa, de que participavam os pesquisadores da casa e os convidados, com participação de estudantes de São Paulo e de outros lugares. Lembro, por exemplo, quando Alice Paiva Abreu foi falar sobre seu projeto de tese de doutorado.

O campo acadêmico que hoje conhecemos no Brasil estava então em formação. Em 1971 começara a funcionar a pós-graduação no regime atual, com programas bem estruturados de disciplinas e créditos. Os primeiros cursos têm a mesma idade do Cebrap. Depois, com grande influência de Fernando Henrique, criou-se a Anpocs. Acho que o Cebrap teve uma importância decisiva na profissionalização das Ciências Sociais no Brasil, papel que no Rio de Janeiro coube ao Iuperj.

Os programas do Iuperj e do Museu Nacional são de 1968.
O primeiro programa de mestrado em Sociologia no Brasil foi o antigo Pimes (Programa Integrado de Economia e Sociologia), em Pernambuco. Havia algumas experiências preliminares, mas foi a partir de 1971, com a implantação definitiva do regime novo na USP e em outras universidades, que a pós-graduação se consolidou. Antigamente se fazia o doutorado junto às cátedras, tanto na USP quanto em outras instituições, como a PUC. O doutorando, geralmente um assistente, era escolhido pelo catedrático, que lhe impunha um programa de trabalho, e tudo dependia muito de cada cadeira e do catedrático. Os critérios e exigências variavam, embora todos devessem defender uma tese perante uma banca examinadora formada por especialistas. Por alguns anos de transição funcionaram os dois regimes, o da cátedra e o dos cursos ou programas pós-graduados. Houve muitos que de-

Reginaldo Prandi

fenderam o doutorado depois de mim, mas que estavam inscritos no antigo regime. Enfim, com tudo isso acontecendo, não sei como eu tinha tempo para estudar, porque participava de várias atividades e instituições. Claro, havia um eixo comum.

Acho que esse era o segredo. Trabalhava, mas sempre com um eixo comum.

É. Existia uma temática comum. As leituras eram muito concentradas. Eu lembro que saía de casa às seis da manhã e só voltava à noite, às onze, todos os dias. Ia de uma instituição para a outra. Aproveitava os fins de semana para estudar com meus colegas de mestrado e doutorado. Então, era uma vida bastante corrida.

Você começou o doutorado em 1970 e...

Naquele tempo, quando terminávamos o mestrado, continuávamos direto no doutorado, sem necessidade de reinscrição. Eu entrei em 1971, defendi a dissertação de mestrado em 1974, segui direto no doutorado e defendi a tese em 1977, publicada em livro no ano seguinte pelas Edições Símbolo, em uma coleção dirigida por Edimilson Bizelli, que acabara de voltar do Chile, fugido do golpe militar do Pinochet. Ele publicou as primeiras teses universitárias dessa nova pós-graduação.

Você está refazendo a história da Sociologia no Brasil!

Quem sabe. Nessa altura do campeonato, o que tinha acontecido na minha vida? Eu já tinha entrado para a USP. Em 1975 prestei concurso para o departamento de Sociologia, para as disciplinas de metodologia, que eram dirigidas por Aparecida Joly Gouveia e Oracy Nogueira. Comecei a trabalhar imediatamente com o Oracy, um homem sábio e muito modesto. Eu era praticamente seu assistente. Evidentemente tive de sair da PUC e de outras atividades. Antes da USP, fui professor em Santo André, na Faculdade de São Bernardo do Campo e na recém-criada Faculdade Objetivo. Com a USP em tempo parcial, ainda continuei na PUC: primeiro no Sedes, depois na São Bento, na Psicologia e, enfim, no programa de Ciências Sociais. Quando passei para tempo integral na USP, não lembro quando, tive de sair da PUC.

Meu ingresso na USP não foi fácil, porque levou muito tempo para o meu contrato sair. Como vivíamos na ditadura, havia intervenção externa na universidade. Minha ligação com o Cebrap não ajudava, pois éramos considerados subversivos. Naquela época, todo mundo era um pouco subversivo e um pouco não-subversivo. As redes eram as mesmas, todos se conheciam, o mundo acadêmico era pequeno. Mas nem todos os que estavam no governo eram inimigos, muito pelo contrário. Alguns nomes que ocupavam ministérios e órgãos no governo tiveram papel importante na defesa da universidade contra o obscurantismo das forças de segurança. Por exemplo, o ministro Severo Gomes foi um dos defensores do Cebrap.

Ele sempre foi muito ligado ao Procopio, que tinha trabalhado nas Indústrias Paraíba.

Assim como o Procopio, ele fazia parte da Comissão Justiça e Paz da Arquidiocese de São Paulo e era muito amigo de Dom Paulo Evaristo Arns. Em determinada situação, quando todos do Cebrap fomos presos — Fernando Henrique, Chico de Oliveira, Procopio, todo mundo —, Severo Gomes, que na época era ministro de Estado, e Dom Paulo Arns usaram seu prestígio a nosso favor. É preciso lembrar que a ditadura prendia sem mandato judicial, praticava fartamente a tortura nas prisões e, muitas vezes, desaparecia com pessoas detidas por motivos banais. Um sociólogo era quase um bandido, um subversivo perigoso.

Meu contrato na USP só foi publicado no Diário Oficial quase doze meses após minha aprovação no concurso, depois de uma conversa minha com o coronel que fazia o controle das contratações, ocupando para isso uma sala no prédio da Reitoria, na ante-sala do reitor. Felizmente ele se convenceu de que eu não era perigoso! Mas dois outros colegas, aprovados no mesmo concurso, jamais foram nomeados.

Qual foi o ano em que saiu o seu contrato?
Não lembro bem. Eu já era mestre, acho que foi em 1975 ou 76. Acho que fiz o concurso em 1975 e, como levou quase um ano para sair o contrato, deve ter sido em 1976. Mas eu já estava trabalhando na USP, sem remuneração. Naquela época existia a figura do instrutor voluntário, uma espécie de assistente sem salário. Eu disse ao coronel com quem conversei na Reitoria: "Estou trabalhando como instrutor voluntário e não posso continuar assim, porque minha família é pobre". Ele disse: "Instrutor voluntário pode receber os atrasados se o contrato sair". Acho que ele acreditou que eu era pobre e ficou com pena. De fato recebi uma nota, porque meu contrato foi publicado no dia seguinte ao da entrevista e saiu com efeito retroativo, recebi todos os atrasados. Não existe mais a figura do instrutor voluntário, mas muitos dos meus colegas trabalharam na USP durante anos como voluntários.

Resumindo: nesse momento, em 1976, você já tinha publicado o seu mestrado e tinha participado da publicação de vários textos, artigos e capítulos de livros.
Publicar era muito importante. O Cebrap era muito exigente quanto à produção acadêmica, nos incentivava a escrever, obrigava, e nos indicava revistas e editoras. Eu participava de congressos nacionais e internacionais, sempre tinha um *paper* para publicar. Fui doutor muito jovem e logo a seguir comecei a trabalhar na pós-graduação da PUC. O padrão *"publish or perish"* se instalou nas nossas vidas de acadêmicos nesse período. E virou obrigação. No meu caso, virou vício.

Como o seu doutorado foi de 1977, foi só então que você começou a trabalhar na pós-graduação da USP?
Isso, só depois do doutorado. Meus primeiros orientandos na USP foram os doutorandos que, na verdade, eram meus colegas: a Inaiá Carvalho e o Flávio Pierucci.

E como foi a ida para a USP?
Difícil. Eu tinha uma origem cebrapiana, digamos. Meus colegas uspianos ligados a Luiz Pereira me tratavam com certa desconfiança, como se eu estivesse ali a man-

do de Fernando Henrique. Veja só. Havia fortes divergências teóricas entre os grupos da Faculdade de Filosofia e do Cebrap, que desdenhava do marxismo estruturalista francês da USP. Mas, por outro lado, havia muita disposição para o trabalho, muita vontade de inovar. A área de Sociologia da USP vinha se firmando novamente, depois dos problemas decorrentes das cassações; os cursos de pós-graduação já funcionavam bem. De certo modo, conseguíamos superar as divergências teóricas fazendo o debate *fora* da USP. Nunca houve na USP um mesão como o do Cebrap, ou outra instituição voltada para o debate aberto. Ali todo mundo trabalhava duro, publicava, mas só se juntava para discutir suas idéias em outro ambiente. Por isso foi importante o surgimento dos encontros anuais da Anpocs, da SBS e de outras entidades. Encontrei também na USP muitos que não tomavam parte nas discussões marxistas — que davam o tom ao debate intelectual da época — e que de certo modo se empenhavam em outro tipo de temática e perspectiva. Assim, era possível sobreviver em meio à heterogeneidade do departamento de Ciências Sociais, que então reunia as áreas de Antropologia, Ciência Política e Sociologia, mais tarde separadas em departamentos específicos. Importante: desde que cheguei na Sociologia da USP, vi que lá ninguém mandava. Cada um tinha muita liberdade de trabalho e muita autonomia intelectual. Desde a degola do AI-5, não havia mais liderança que se impusesse aos demais.

A que cadeira você estava ligado?

Eu tenho uma origem bastarda: não era nem da cadeira de Sociologia I nem da cadeira de Sociologia II. Estava longe de ser um membro das linhagens da fundação da Faculdade de Filosofia. Aparecida Gouveia vinha de Chicago; Oracy Nogueira, da Escola de Sociologia e Política. Procopio Camargo, muito importante na minha formação, também era da Sociologia e Política, embora tivesse uma relação muito forte com as próprias origens da FFLCH, onde foi examinador em bancas de expoentes da Faculdade, como o próprio Florestan Fernandes. Assim, eu não tinha compromisso com nenhuma das duas cadeiras, que formalmente não mais existiam, mas que continuavam a marcar o território, como herança fantasma de um passado a que a maioria almejava se ligar para garantir uma legitimidade de origem. Eu ficava de fora das disputas referentes à herança das cadeiras I e II, tinha que me virar por mim mesmo, como todo aquele que chega de fora. Se isso me tornava um pouco marginal, também me dava certa independência. Na USP, antigamente, via-se com olhar não muito aprovador quem participava de projetos coletivos e em instituições fora da USP. Quando terminei o doutorado, o coordenador da pós-graduação, Azis Simão — que foi o chefe que conseguiu manter o departamento de Ciências Sociais de pé durante o longo período de crise imposto pelas cassações —, chamou-me para ajudá-lo, e me tornei uma espécie de coordenador interino. Assim, pude colocar o departamento de Sociologia no âmbito de atuação das agências Capes e CNPq. Antes, nós não recebíamos bolsas de estudo e de pesquisa dessas instituições, porque se acreditava que era melhor ficar bem longe das agências oficiais de fomento. As primeiras bolsas do programa de pósgraduação da Capes e do CNPq foram recebidas sob minha coordenação. Mais adiante fui eleito coordenador, ficando por seis anos à frente da pós-graduação.

Neste sentido, a Sociologia da USP começa muito mais tarde do que a pós-graduação do Museu Nacional. Em 1968, o Museu já estava inserido nesse processo. E o Iuperj também.

Havia grande resistência interna. Então Aparecida Gouveia foi para a Capes e, depois, outros foram para o CNPq. Acho que minha participação na USP, em termos institucionais, contribuiu para nos colocar em contato com o mundo.

E qual eram seus colegas de docência na USP, naquele momento?

O corpo docente da USP daquele tempo já está quase todo aposentado, sendo que alguns faleceram. Para lembrar só os professores da área de Sociologia: Maria Isaura Pereira de Queiroz, Lia Fukui, Azis Simão, Ruy Coelho, Luiz Pereira, José de Souza Martins, Eva Blay, Fernando Albuquerque Mourão, Sedi Hirano, Gabriel Cohn — que naquela época era da Sociologia —, José Carlos Pereira — que se transferiu para Ribeirão Preto —, Duglas Teixeira Monteiro. Francisco Weffort e Leôncio Martins Rodrigues eram da Ciência Política mas também participavam da Sociologia. Acho que eram doze ou treze professores. Era uma equipe enorme para a época. Acho que não existia nenhum corpo docente tão numeroso quanto o da USP. E havia os jovens, que ainda não participavam do corpo docente da pós-graduação, pois estavam completando seus doutorados: Brasilio Sallum Jr., Irene Ribeiro Cardoso, Maria Célia Paoli, Maria Helena Oliva Augusto, Lísias Nogueira Negrão, Heloísa Fernandes, Heloísa de Souza Martins, Paulo Argimiro, José Jeremias de Oliveira Filho.

Eu era um jovenzinho atrevido, monitorado pela Aparecida, uma mulher muito prática e que tinha trânsito institucional porque era uma antiga professora do CRPE (Centro Regional de Pesquisas Educacionais). Quando os centros de pesquisa pedagógicos foram criados por Anísio Teixeira, ele a mandou para Chicago fazer o doutorado, para voltar e trabalhar com ele. Ela sabia como lidar com as instituições de apoio, avaliação de fomento. Então, ela me levava junto. Se dependesse dos nossos catedráticos, eles não tinham nenhum expediente... Como então o departamento de Ciências Sociais reunia as três áreas, havia um contato muito grande entre os docentes. Eu tinha um especial contato com a Antropologia por causa dos meus temas de pesquisa. Tinha relações muito próximas com Eunice Ribeiro Durham, Ruth Corrêa Leite Cardoso e João Baptista Borges Pereira. Meu primeiro convite para trabalhar na USP veio da Antropologia: quase virei antropólogo.

A legislação de 1967 levou a essa departamentalização, mas a tradição ainda era a das Ciências Sociais.

Os cursos de pós-graduação já eram separados, o departamento era um só, dividido em áreas. Então tivemos chefias de antropólogos; por exemplo, a Eunice Durham, que teve um trabalho muito importante na pós-graduação porque foi quem criou o seminário de pesquisa, onde os alunos tinham de sentar juntos e discutir o que iam fazer durante o mestrado ou doutorado. Fui o primeiro professor desses seminários de teses. Depois isso se generalizou e virou uma espécie de atividade obrigatória, qualquer programa tem esses seminários, às vezes com outro nome. Era uma experiência que já tínhamos no Cebrap. Na USP, como já disse, até então não se discutia nada. Fazia-se a pesquisa, publicavam-se livros e nunca se contava nada para ninguém, porque o trabalho era totalmente individual.

Mas antes, na tradição da cadeira de Florestan Fernandes, os projetos eram comuns. E isso se perdeu. E passou a ser muito competitivo
É, mas se você quisesse saber o que estava acontecendo na USP, evidentemente tinha que ser através da publicação, que era volumosa, sempre foi. Mas para se discutir, discutia-se fora da USP. Sabe que no começo havia professores que se recusavam a participar dos encontros da Anpocs? Eu fiz parte da geração que quebrou esse isolamento da USP. Mas alguns professores acabaram morrendo ou se aposentando sem nunca ter participado de um seminário, de uma discussão em grupo, de um GT (grupo de trabalho), pelo menos. Chegou a ser um estilo.

Isso pesou fortemente em um determinado período.
Houve um período em que a USP estava praticamente isolada no cenário das Ciências Sociais. O que ajudou a tirar a USP desse isolamento foi exatamente a Anpocs, depois a SBS, a ABA...

Qual foi a sua experiência de administração na universidade?
Pouca. Eu fui coordenador do curso de pós-graduação. Sempre gostei muito. Agora, de chefia de departamento, direção de Faculdade, não. Sempre corri disso. Quando me tornei professor titular, fiquei membro nato da Congregação, mas para mim era um grande sacrifício ir às reuniões. Havia um sistema de representação, mas cada professor titular que votasse em si mesmo acabava sendo conduzido. Nunca votei em mim. Minha experiência mais recente de participar de um órgão próximo da administração, que na verdade foi muito frustrante, foi uma comissão de políticas públicas para a população negra da USP, uma comissão da Reitoria. Uma comissão que assessoraria o reitor para resolver coisas desde amparo a alunos e funcionários até mesmo as discussões sobre cotas. Eu ainda sou membro dessa comissão, que praticamente não se reúne mais, porque a atual reitoria tem pouquíssimo interesse nisso. Mas nós nunca conseguimos implementar ou incentivar a Reitoria a adotar uma política interessante. A universidade tem muito medo de mudar, de inovar, é muito especializada. É lenta para promover qualquer mudança. O Conselho Universitário trata a questão das cotas com desconfiança, então fiquei muito frustrado. Mas essa foi uma das poucas experiências que tive. Não tenho paciência para trabalhar com esse tipo de coisa. Alguns colegas são ótimos, têm vocação para isso. Eu sempre preferi passar longe dessa coisa. Porém de comitês de avaliação eu gosto.

Fale um pouco de suas atividades na Capes, no CNPq, na Anpocs, onde você foi muito atuante.
Acho que participei desses órgãos durante uns 25 anos. Logo que terminei meu doutorado, comecei a participar da avaliação da Capes. O primeiro presidente de área foi Procopio Camargo, depois Vilmar Faria. Fiz parte do comitê de avaliação de ambos. Quando Sergio Miceli foi presidente, eu era visitador oficial da Capes e

fui a quase todos os programas. Lembro que, na primeira vez em que participei, funcionavam apenas seis programas de Sociologia. Logo depois fui chamado para o comitê pelo CNPq, de que sou um dos mais antigos bolsistas de Produtividade em Pesquisa. Fui da diretoria da Anpocs e depois do comitê acadêmico. Uma experiência muito boa, porque ajuda a conhecer todo mundo, visitar os programas, ver o que acontece. O melhor é que a gente estava sempre por dentro do que se fazia no país. No comitê acadêmico, editamos vários livros organizados com os melhores *papers* dos encontros.

Hoje, cada grupo indica dois dos melhores papers *para serem selecionados para a* Revista Brasileira de Ciências Sociais. *Então imagine que são 52* papers *que chegam, e não caberiam todos na* RBCS. *Incrível como cresceu tudo!*

Imagine a pós-graduação! Eu me lembro que nós éramos seis; hoje, nós somos 33, 34 programas. Pelo menos na gestão em que presidi a área de Sociologia na Capes. Há programas de pós-graduação em Sociologia quase que no Brasil inteiro. Eu acompanhei a evolução, conheço todos os programas, inclusive os mais recentes.

É, são anos e anos trabalhando na avaliação de projetos, coisa que faço com facilidade. Acho que desenvolvi a capacidade de nunca me deixar envolver emocionalmente nas avaliações. Pode ser meu irmão, mas se o seu projeto estiver ruim, não será escolhido. O importante na avaliação é que você trabalha com colegas. Nunca sofri grandes pressões, apesar de ter participado desses comitês o tempo todo, e sempre fui muito bem recebido em todo lugar.

Talvez você seja uma das pessoas mais conhecidas na pós-graduação brasileira, porque foi primeiro da Anpocs, depois do CNPq, depois da Capes.

Talvez não saibam o que publiquei, mas de nome acho que me conhecem.

Fale da área de metodologia, na qual você fez muitos trabalhos, como levantamentos sobre o perfil dos alunos.

Foi quase decorrência de eu ser professor de Metodologia. Quem se interessou inicialmente por isso não fui eu, mas a Eunice. Ela sempre teve grandes propostas de reformular, de mudar e de transformar a Universidade, a Faculdade de Filosofia e o departamento. Acho que nunca conseguiu fazer como gostaria. Por exemplo, uma coisa que tínhamos em mente era reformar o curso de Ciências Sociais de tal modo que o curso noturno não fosse exatamente cópia do diurno. Para isso precisávamos saber de onde os alunos vinham, o que queriam, quem eram. No período que vai até o início dos anos 80, estudamos muito o aluno. Até tenho um livro que se chama *Os favoritos degradados*, editado pela Loyola, que é sobre ocupações universitárias e faz parte das preocupações da época. Havia grande interesse no mercado de trabalho. Existia ainda aquela idéia — no livro vou mostrar que essa idéia era mitológica — de que todo mundo tinha direito ao trabalho na área que escolhesse: todos os estudantes de Medicina sairiam com emprego de médico; os de Engenharia, de engenheiros. Nesse período começa a haver uma crítica dessa suposição. Então, havia engenheiros que montavam lanchonete. Tinha uma lanchonete famosa, na Paulista, que se chamava O Engenheiro Que Virou Suco. Era um momento em que nós nos dávamos conta de que o curso universitário não levava mais nem a uma ocupação, necessariamente, e nem a uma ocupação na área em que se formava. E havia uma pressão muito forte dos alunos no sentido de readequar os currículos dos cursos para facilitar o ingresso no mercado de trabalho. Também é um período em que se dá uma grande profissionalização nas Ciências Sociais, com o surgimento das grandes firmas de planejamento, os institutos de pesquisa e planejamento. Era, pois, uma fase nova para os sociólogos, seu momento de profissionalização. O que fazia um sociólogo? Eles eram professores universitários, ou jornalistas, ou exerciam cargos em repartições públicas, editoras. Antes não existia a idéia de oferecer seu conhecimento para coisas práticas, técnicas, aplicadas. Mas isso mudou.

As políticas públicas dependem dessa transição das Ciências Sociais.
Porque depois do Plano Diretor vêm as políticas públicas, as ONGs e os institutos de pesquisa de opinião. É uma outra etapa da profissionalização. Nesse período começamos a fazer assessoria. A USP era avessa à assessoria porque o regime de trabalho em tempo integral proibia o professor da USP de ter atividade fora. Mas, nesse momento, trabalhar em planejamento foi muito importante para uma mudança na profissão. Só para lembrar, estamos falando dos perfis dos alunos. É nesse período que estamos estudando o aluno, de onde vem, para onde vai, o que ele quer, porque queremos mudar os cursos de Ciências Sociais. Até há uma grande discussão sobre se os cursos deviam separar uma carreira mais acadêmica para aqueles que quisessem ir a mestrado, doutorado e pós-doutorado, e outra para aqueles que fossem para o mercado de trabalho. Estes deveriam ter uma formação mais sólida em Matemática, Estatística, Planejamento, Demografia, Metodologia, Informática, e os outros deveriam se aprofundar no estudo de teoria. Enfim, reformas que nunca se realizaram...

Fale agora do seu trabalho no Datafolha.
Estamos aí na década de 80 e, em 1982, temos a primeira eleição com os novos partidos, já na redemocratização. Pela primeira vez o Partido dos Trabalhadores vai concorrer, Lula é candidato a governador do Estado. Eu já tinha uma grande experiência em pesquisa. Tinha colaborado com alguns institutos na condição de assessor. Poucos conheciam a metodologia de pesquisas de opinião, porque nossos institutos eram muito ligados a institutos americanos e usavam uma metodologia muito pouco divulgada e muito pouco conhecida, que era quase um monopólio das matrizes americanas. Os institutos faziam pesquisa, mas não diziam como. Era segredo industrial. Na eleição de 1982, houve um momento em que todos esses institutos estavam divulgando resultados. Aí, Weffort, que coordenava a campanha de Lula, chamou-me e disse: "Não dá para confiar nessas pesquisas. Vamos fazer um grupo de pesquisa do PT". Então montamos um pequeno grupo, na base do trabalho voluntário, que se reunia na Bela Vista, no escritório da campanha de Lula. Começamos a trabalhar, mas, para grande decepção nossa, Lula

sempre aparecia em quarto, quinto lugar. Claro que os políticos que conduziam a campanha não gostavam nada dos resultados, achavam que estava tudo errado. Mas todo mundo estava começando na política, o Lula, José Dirceu, Marilena Chauí, Weffort. Nesse momento o senhor Frias, *publisher* da *Folha de S. Paulo*, chamou Vilmar Faria para montar na *Folha* uma central de pesquisa. Vilmar achou a idéia muito boa, mas não pôde assumir e passou a bola para mim. Eu, como sempre fui muito atrevido e nunca medi direito as conseqüências da quantidade de trabalho com a qual me envolvo, concordei em planejar e coordenar uma pesquisa em vários estados brasileiros para que, na noite das eleições, a *Folha* publicasse na primeira página os resultados. Era uma eleição para governador. Em 1982, essa pesquisa instantânea não era feita entre nós, era uma verdadeira temeridade. Como eu já tinha desenvolvido um modelo na pesquisa do PT, a parte metodológica estava pronta na minha cabeça. Era só adaptar o modelo. Isso foi feito e, de fato, na noite das eleições os resultados foram apurados com grande dificuldade técnica, você nem pode imaginar, mas no dia seguinte deu na primeira página. E acertamos tudo. Era pesquisa de boca-de-urna.

O senhor Frias achou que valia a pena transformar a experiência em rotina do jornal. No fundo, o que ele estava querendo era quebrar o monopólio dos três ou quatro institutos com metodologia americana. Para ele, a pesquisa devia ter procedimentos transparentes, que pudessem ser explicados ao leitor do jornal. A partir de 1982 começamos uma série de pesquisas de opinião, cujos resultados eram acompanhadas por um *box* em que contávamos os detalhes metodológicos. Foi assim que eu introduzi no Brasil, para consumo geral, o conceito de erro de amostragem. Outros institutos, durante anos, recusaram-se a falar em margem de erro, probabilidade amostral etc. Mas hoje em dia isso acabou. Todos são obrigados a dizer quais são suas margens de erro.

A pesquisa era feita na *Folha*, e o responsável pelo instituto era o jornalista Boris Casoy. Mara Kotscho, socióloga, dirigia. Depois, houve um momento em que a *Folha* quis ampliar. Houve um período de transição. Eu me retirei da *Folha*. Eles contrataram uma pessoa especializada e juntos trabalharam um ano. Não deu certo e o Frias me chamou de novo, me deu carta branca para organizar a equipe como eu quisesse. Foi quando chamei Antonio Manuel Teixeira Mendes, formado em Ciências Sociais pela PUC e que estava fazendo mestrado comigo na USP.

Fale de suas pesquisas e livros sobre religiões africanas.

Como já disse, comecei a estudar as religiões afro-brasileiras em um projeto sobre religiões do Cebrap, coordenado por Procopio Camargo. Retomei o assunto na livre-docência, cuja tese foi publicada, em 1991, com o nome de *Os candomblés de São Paulo*. Publiquei outros livros sobre o tema. Durante minha pesquisa, eu tinha juntado muito material sobre mitologia. Sempre que eu tinha um mito pela frente ia registrando, guardando, até que resolvi que seria interessante pegar toda essa mitologia afro-brasileira e fazer um volume disso, porque era um material pouco conhecido do grande público. Existiam dois ou três livros de Pierre Verger sobre mitos dos orixás, mas a maioria dos mitos estava dispersa em muitas fontes diferentes. Muitos nunca tinham antes sido transcritos, sobrevivendo na tradição oral dos terreiros. Elaborei um projeto de organização dessa mitologia e o encaminhei ao CNPq.

Que é este livro que virou um best-seller!
É. Aí eu comecei a pesquisar o assunto e fui a Cuba, aos Estados Unidos. Visitei muitas bibliotecas nos Estados Unidos e na França para pesquisar em material mais antigo e que não estava disponível em catálogo. Levantei uma documentação muito grande. Tinha de ler o livro do começo ao fim para ver se tinha algum mito perdido lá no meio. Para isso tinha uma equipe de bolsistas que me ajudou a tratar o material. Quando pronto, mostrei o original para Lilia Schwarcz e ela disse: "Como é nosso procedimento, vou pedir para alguém fazer um parecer formal". Ela deu o livro para Maria Lúcia Montes, que ficou deslumbrada. A Companhia das Letras resolveu lançar o livro, e procuramos um ilustrador. Fui para a Bahia e mostrei o projeto ao Carybé, que aceitou ilustrar o livro. Combinamos que eu voltaria a Salvador quando ele terminasse o trabalho das grades do Jardim da Piedade, que foi a sua última obra. Quando chegou o dia do encontro, aproveitei uma ida ao Recife, onde fui participar de uma banca, para dali ir a Salvador. Foi em Recife, às vésperas de nosso encontro, que ouvi na televisão a notícia da morte de Carybé. Na casa de Carybé eu conhecera Pedro Rafael, um jovem restaurador, que estava aprendendo com ele a fazer ilustração. Foi Pedro Rafael que ilustrou o livro. E o livro foi um sucesso imediato. Está na sétima edição.

Depois resolvemos, por sugestão de Lilia Schwarcz, fazer versões dessa mitologia dirigidas a crianças. Eu não sabia escrever para crianças, mas uma amiga que é uma grande escritora infanto-juvenil, Heloisa Prieto, me ajudou bastante. Peguei um pouco o jeito e já tenho cinco livros infanto-juvenis. O primeiro foi *Os príncipes do destino*, ilustrado por Paulo Monteiro, seguido de outros três: *Ifá, o Adivinho*; *Xangô, o Trovão* e *Oxumarê, o Arco-Íris*, ilustrados por Pedro Rafael. Eu sei que nossos livros foram muito premiados, badalados. Eu queria continuar escrevendo para criança, mas estava cansado da temática afro-brasileira. Resolvi retomar as velhas histórias de fantasmas da minha infância. E aí saiu *Minha querida assombração*. Metade do livro é uma recriação de certa etnografia e metade é ficção. Perto dos sessenta anos, fazer ficção foi revigorante. Em todo lugar que eu ia conversar com as crianças — as escolas convidam —, elas queriam uma continuação da história. Tentando dar continuidade à história, acabei escrevendo meu primeiro romance. Deve ser publicado nos próximos meses, com o título de *A morte nos búzios*. É um romance policial.

Como eu disse, nunca escolhi nada para fazer. Nunca saí por aí procurando. Eu fui escolhido. As coisas foram acontecendo!

Conforme você está contando, parece-me tudo muito natural.
Eu me lembro de ter dito uma vez ao Juarez Brandão, quando o Cebrap era na rua Bahia, que um dia escreveria um romance. Ele ficou horrorizado, dizendo: "Não! O trabalho do sociólogo é a pesquisa da verdade". Mas eu também achava que estava brincando. Nunca me ocorreu que pudesse realmente escrever um romance. Acontece que eu tenho uma experiência de ter passado, durante trinta anos, por

muita mudança de tema, de paradigma, de metodologia. E sobretudo na questão da teoria, eu me sinto muito pouco à vontade. Mas se lermos os originais deste meu romance, percebe-se no fundo que estou aproveitando minha experiência de pesquisa, os temas que discuto nos meus trabalhos sobre a questão da herança africana, o sincretismo, o preconceito racial, o mercado religioso, a disputa religiosa, o conflito...

O grande romance policial quase sempre coloca em questão a sociedade. É o que você está fazendo?
Eu ainda não sei avaliar o livro. Heloisa Jahn, minha editora na Companhia das Letras, está lendo agora. Para mim ele mostra como sou pouco fiel às minhas escolhas. Admiro alguns colegas que passaram a vida inteira em cima de uma coisa só. Eu nunca consegui, porque a vida nunca me deixou. Algumas coisas não deram certo. Acho que a experiência de trabalhar com Sociologia Rural — isso foi no começo dos 80 — não deu muito certo e quando acabou, acabou. Mas, mesmo assim, uma experiência rica.

Eu leio os seus textos sobre religiões africanas encontrando por trás uma pergunta: quais são as mudanças no mundo urbano, e no mundo em geral, que levam a esta transformação. Estou certa?
Quando me interessei pelo candomblé, tinha uma pergunta: o que está errado? Se teoricamente o candomblé não deveria ter se espalhado por São Paulo, o que acabou acontecendo, então ou a teoria estava errada ou a realidade tinha mudado. O que mudou? A teoria? Muda a teoria porque ela não dá mais conta da realidade? O que a minha pesquisa mostrou é que foi a realidade que mudou, ou seja, o candomblé sofreu uma profunda transformação. Ele era uma religião étnica e se transformou em uma religião de caráter universal, coisa que até hoje os próprios membros do candomblé têm uma certa dificuldade em aceitar. Por exemplo, muita gente ainda acha que o candomblé é uma religião de negros, e não é mais. Os dados do censo de 2001 mostram que o candomblé, hoje, é uma religião cheia de gente branca. Assim, qualquer pessoa pode escolher o candomblé como sua religião e será muito bem recebido. Outra coisa importante que aconteceu é que o candomblé é a religião brasileira com o maior índice de escolaridade dos adeptos. Uma religião de negros, pobres, descendentes de escravos, portanto, de escolaridade zero, transformando-se em uma religião de alta escolaridade. Por quê? Porque é uma religião que atrai gente de classe média intelectualizada. Muita gente com curso superior, com mestrado, com doutorado. E isso inflacionou a média, que subiu lá para cima. Isso vai perverter toda a antiga tradição de aprendizado por transmissão oral. Era uma tradição oral, onde se aprendia com o velhinho, repetia-se o que ele dizia e assim ia-se aprendendo ao longo dos anos. Um lento processo de transmissão de conhecimento. Isso tudo está pervertido. Hoje, os filhos-de-santo mal chegam ao terreiro e já vão comprar os livros, compram discos, pesquisam na internet. Já começam a contestar o conhecimento da mãe-de-santo, provocando o surgimento de um outro estilo de conflito. Porque, no sistema de transmissão de conhecimento pela oralidade, todo conhecimento provém do mais velho. É ele que sabe mais, vi-

veu mais, escutou mais e, portanto, sabe mais. Isso agora é contestado pelos mais jovens, que aprendem na escola. A transformação é muito grande. A religião se transforma ao abrir-se para todos, e ainda revê seus sistemas de ensino da verdade religiosa, abrindo espaço para a contestação do modelo tradicional de hierarquia. Isso muda os quadros de valores.

O tema do tempo e da adaptação à modernidade é um elemento importante na sua reflexão. Fale um pouco sobre isso.
Na verdade, quando me envolvi com a história da mitologia e comecei a fazer o livro *Mitologia dos orixás*, também comecei a ler tudo sobre mitologia. Não só sobre mitologia grega, greco-romana, mas também sobre mitologia africana. E aprendi que o mito, na verdade, funciona para os povos antigos como a História funciona para nós. Só que a concepção de tempo na História é diferente do tempo no mito. No mito o tempo é circular. Por exemplo, quando digo que você é filho de Oxóssi e por isso é tranqüilo, determinado, tem paciência, nunca vai ficar rico, mas nunca vai passar fome, está sempre preocupado com a família, por que digo isso? Porque pelo mito se sabe que Oxóssi é um caçador que fica atrás da moita, observando a caça, até conseguir apanhar sua presa. Sabe-se que ele caça hoje a comida que será consumida hoje. Amanhã tem de voltar a caçar novamente, pois o caçador não acumula. Assim, tem-se uma concepção de como é esse Oxóssi mítico e aplica-se essa idéia à pessoa que se acredita, de acordo com os ensinamentos da religião, ser um filho de Oxóssi. Supostamente ela agiria como ele. Isso porque há uma noção de repetição na concepção mítica africana que originou o candomblé. O nosso presente nada mais é do que a repetição de um passado mítico, porque tudo o que foi, volta a acontecer, e o presente é o passado que acontece de novo com as novas gerações. O tempo é circular. A própria concepção de vida na terra e a reencarnação dependem da noção de tempo circular. Os mitos, de novo, vão enfatizar essa circularidade. Então, através do mito eu fui desembocar numa questão que é fundamental no cotidiano do candomblé: o tempo. Era importante estudar essa questão do tempo por causa da perversão dos valores em relação ao aprendizado e à hierarquia. Como funciona o poder dentro de um terreiro? Como a mãe-de-santo aplica a sua capacidade de disciplinar seus filhos? Como seus filhos reagem? Toda a questão do cotidiano está regida pela concepção de tempo. No momento em que a noção africana de tempo começa a se partir, a religião vai se abrindo a padrões modernos de controle. Passa agora a contar com o relógio. E aí, apesar de eu não ser antropólogo, vejo-me obrigado a ficar lendo antropólogos falando sobre a África. Essa é, também, uma experiência interessante.

Você ocupa, a meu ver, uma posição mais tradicional dentro das Ciências Sociais, pois não coloca limites rígidos entre as disciplinas.
É verdade. No passado era assim. Hoje as disciplinas estão separadas. Naquele tempo as pessoas mudavam de uma cadeira para outra com a maior facilidade, dependendo do jogo político. Minha primeira proposta de trabalho na USP foi para trabalhar no departamento de Antropologia. E só não virei antropólogo profissional porque uma das pessoas descontentes com a idéia de eu entrar no departamento,

porque achava que eu devia ir para a Sociologia, deu um jeito de sumir com a verba. Eu acho até que foi bom, porque minha vida se encaminhou em outra direção.

Em um certo momento tem-se uma visão muito departamentalizada do conhecimento.
Eu sou freqüentemente apresentado como antropólogo em vez de sociólogo, por causa dessas coisas de candomblé, de mitologia, de umbanda.

Você acha que as Ciências Sociais têm ainda lugar no mundo contemporâneo? E faço a mesma pergunta para a Sociologia.
O que eu acho é que não dá mais para viver sem Ciências Sociais. E quem acaba fazendo as perguntas inteligentes ainda são as Ciências Sociais. Veja agora este despautério, esta coisa do papa João Paulo II. Parece que ele foi a suprema maravilha. Ele foi antidemocrático, reacionário em tudo quanto é assunto de interesse fundamental. Um teólogo alemão chegou a dizer que o papa está sendo enterrado com as mãos banhadas em sangue, porque muita gente morre de AIDS no mundo por causa das recomendações do Vaticano. E veja, nunca houve enterro tão compartilhado no mundo inteiro, nunca se gastou tanto dinheiro em uma cerimônia assim, nunca tantas pessoas vieram acompanhar, mas o catolicismo está se derretendo. Quem é capaz de fazer uma análise crítica da Igreja? Só as Ciências Sociais! No final você pode fazer interpretações partidárias, interpretações ideológicas, literárias de todo tipo, mas as perguntas que realmente contam são feitas pelas Ciências Sociais. Há toda esta dificuldade de manter os paradigmas, a pesquisa minimamente controlada. Claro que hoje se tem analista social a dar com pau. Tem muita porcaria, mas as questões que contam, que valem a pena, que nos levam adiante são ainda as das Ciências Sociais. A Sociologia leva certa vantagem. Acho que o relativismo cultural atrasou bastante a Antropologia. A idéia de que cada sociedade responde por si, de que nenhuma cultura é melhor que a outra. Bobagem. Então cada microssociedade que se analisa tem a sua verdade. Isso foi muito confortável para os antropólogos. Quando digo que as Ciências Sociais têm respostas, têm respostas para problemas da sociedade.

Podem pelo menos deslindar os dilemas.
Claro! E acho que, nesse sentido, mesmo com todos os problemas que possa suscitar, a noção de relativismo cultural foi extremamente importante na construção do ideário da diferença, do respeito pelo outro, e assim por diante. E acho que nós continuamos em alta! Não dá para se pensar o mundo atual sem as Ciências Sociais.

Por que a Sociologia é privilegiada?
Porque a Sociologia lida com o nosso mundo contemporâneo, com a mudança. Não há outra disciplina que seja capaz de perceber os fenômenos e confrontá-los com a totalidade. Acho que, sobretudo, porque a Sociologia é a única que está aparelhada para estudar a mudança. Temos de estudar a mudança e não a permanência. A própria Antropologia Urbana, na verdade, está se transformando em uma Sociologia. A Antropologia dá conta de uma certa noção abstrata de humanidade

Reginaldo Prandi

que, levada às últimas conseqüências, vai dar no estruturalismo de Lévi-Strauss, que é uma chatice e não nos responde nada. Acho que a Economia acabou reservando para si o controle de coisas práticas da vida, mas se esqueceu de entender o que é o processo social. Quando havia maior peso da tradição marxista na Economia ela tinha algo a mais a dizer, porque lidava com relações sociais. Hoje, a Economia é uma disciplina essencialmente técnica, muito voltada para resolver fórmulas de pagamento. Agora, não sei dizer nada sobre Ciência Política.

A Ciência Política padece de uma grande tendência de analisar somente as instituições, esquecida de que a dinâmica da sociedade está principalmente nas relações sociais.

No comportamento social e político. A Sociologia não tem a intenção de antecipar o que vai acontecer. Não banca o oráculo. Agora, quem gosta muito de oráculo é a Ciência Política, que não acerta muito. Raramente um autor de Ciência Política tem uma teoria original. Quando aparece uma teoria interessante na Ciência Política, sua base é sociológica.

Acha que o intelectual ainda tem lugar no mundo contemporâneo?

Eu acho que tem. O que acontece é que se tem, hoje, uma menor capacidade de fazer interpretações globais, escrever grandes ensaios. Intelectuais como Caio Prado Jr., Gilberto Freyre caíram de moda. Hoje, ninguém tem a pretensão de dar conta do mundo. Acho que o último grande intelectual brasileiro, nesse sentido, foi Fernando Henrique Cardoso. Você se lembra quando ele era ministro, ou candidato a senador, e houve um encontro da Anpocs em Águas de São Pedro? Foi logo no começo de sua vida política, ele ia fazer uma conferência e estava atrasado. Eu fazia parte da diretoria da Anpocs, e improvisamos um baile depois do jantar para dar tempo de Fernando Henrique chegar. Foi todo mundo para o baile — que, aliás, deu início à tradição do baile da Anpocs — esperando pelo Fernando Henrique. Será que ele vinha mesmo, será que não vinha? Quando ele chegou, perto das onze da noite, todo mundo saiu correndo para ouvi-lo. Acho que foi a última grande conferência de um grande intelectual. Ele era chamado de "príncipe dos sociólogos" e tinha um tremendo prestígio no exterior. Depois disso, Fernando Henrique deixou de merecer essa atenção por parte da academia, pelas opções que fez. Mas nunca foi substituído. Somente Francisco de Oliveira chegou perto, mas com um discurso muito mais militante. Acho que também é uma questão de moda, de estilo, de época. Não tem mais lugar para esse tipo de interpretação do Brasil. A profissionalização das Ciências Sociais, que se fez por meio da pós-graduação, com suas dissertações e teses, produziu outro tipo de intelectual, um pesquisador que teve de aprender desde cedo a "recortar o objeto", a estabelecer hipóteses muito definidas sobre temas bastante específicos. Mas o lugar do intelectual como alguém que dá palpite sobre tudo se ampliou. Ele está cotidianamente nos jornais, nas revistas e na televisão. Os acontecimentos reais da política e da economia em geral desmentem suas previsões e suas apostas, mas precisa-se deles para lhes dar sentido. Às vezes os intelectuais têm que se recolher ao silêncio obsequioso. Mas não era desse intelectual que estávamos falando.

PRINCIPAIS PUBLICAÇÕES

1991 *Os candomblés de São Paulo: a velha magia na metrópole nova.* São Paulo: Hucitec/Edusp.

1993 *Città in transe: culti dii possessione nella metropoli brasiliana.* Roma: Edizione Acta.

1996 *A realidade social das religiões no Brasil: religião, sociedade e política* (com Antônio Flávio Pierucci). São Paulo: Hucitec/Edusp.

1996 *Herdeiras do axé: sociologia das religiões afro-brasileiras.* São Paulo: Hucitec.

1998 *Um sopro do Espírito: a renovação conservadora do catolicismo carismático.* São Paulo: Edusp (ed. italiana: *Un soffio dello Spirito*, Roma, Bulzoni Editore, 1999).

2001 *Mitologia dos orixás.* São Paulo: Companhia das Letras.

2001 *Encantaria brasileira: o livro dos mestres, caboclos e encantados* (org.). Rio de Janeiro: Pallas.

2001 *Os príncipes do destino: histórias da mitologia afro-brasileira.* São Paulo: Cosac & Naify.

2002 *Ifá, o Adivinho.* São Paulo: Companhia das Letrinhas.

2002 *Sincretismo o africanizzazione? Dinamiche delle religioni brasiliane.* Gênova: Edizione ECIG.

2003 *Minha querida assombração.* São Paulo: Companhia das Letrinhas.

2003 *Xangô, o Trovão.* São Paulo: Companhia das Letrinhas.

2004 *Oxumarê, o Arco-Íris.* São Paulo: Companhia das Letrinhas.

2005 *Segredos guardados: orixás na alma brasileira.* São Paulo: Companhia das Letras.

2006 *Morte nos búzios.* São Paulo: Companhia das Letras.

Renato Ortiz

RENATO ORTIZ

Renato José Pinto Ortiz nasceu em 1947. Graduou-se, em 1972, pela Université de Paris VIII e na École des Hautes Études en Sciences Sociales fez mestrado e doutorado. Tem seis pós-doutorados: dois pela Columbia University (1984 e 1987), dois pela École des Hautes Études en Sciences Sociales (1990 e 1993), um pela University of Oxford (1997) e outro pela The City University of New York (1979). Tornou-se livre-docente pela Unicamp em 1989, onde atualmente é professor titular. Seu tema principal é história intelectual, e suas linhas de pesquisa: cultura, ideologia e modernidade. Esta entrevista foi realizada em julho de 2003.

Fale sobre sua trajetória pessoal, tendo como eixo a formação intelectual, profissional.

Não é muito fácil falar de si mesmo, é mais simples falarmos genericamente das idéias. Quando me pergunto como fui tornar-me um intelectual, penso que, na verdade, não tive uma educação nessa direção, tampouco para trabalhar com as Humanidades. Fui criado no interior de São Paulo numa família de classe média na qual a cultura nunca foi um valor maior. Meu avô materno era marceneiro. Minha avó, uma mulata de Cravinhos, semi-alfabetizada, fato que a família sempre procurou, de alguma forma, ocultar. Minha mãe era professora de educação física, meu pai comerciante, representante de produtos diversos: farinha, fósforos, banha. Viajava pelo Vale do Paraíba oferecendo aos bares e armazéns as mercadorias dos outros. Em casa nunca houve um ambiente cultural mais sofisticicado, embora todas as minhas tias tivessem estudado. Meu pai não terminou o ginásio, mas minha mãe completou inclusive o terceiro grau, fez um curso de especialização em educação física, o que lhe permitiu dar aulas na escola secundária. Apesar de ter nascido em Ribeirão Preto, passei minha infância, até os treze anos, em Taubaté e, aos catorze, voltei para Ribeirão Preto, onde completei os estudos ginasiais. Meu pai já havia falecido, quando eu ainda era menino, aos oito anos de idade. Fiquei apenas um ano em Ribeirão Preto, pois minha mãe decidiu colocar-me na Escola Prática de Agricultura Agrária de Pirassununga. Para ela isso era uma forma de garantir ao filho uma profissão técnica. Cursei a Escola, hoje Instituto de Zootecnia, na qual morava em regime de internato. Vivi na fazenda por três anos e, por fim, obtive o diploma de técnico em laticínios. Aprendi a fazer iogurte, queijo, cuidar do gado, coisas assim. Minha mãe, como toda a família, foi movida pela idéia da segurança, caso eu tivesse algum problema em entrar na faculdade teria o futuro assegurado com uma profissão técnica. Evidentemente, sua estratégia não funcionou muito bem: adaptei-me mal à vida campestre e, ao sair de Pirassununga, decidi seguir carreira de engenharia. Vim para São Paulo, fiz cursinho e entrei na Escola Politécnica em 1966, ano em que minha mãe veio a falecer. Permaneci quatro anos na Escola Politécnica, foi quando decidi não prestar os exames finais e abandonar os estudos. Em meio a uma crise existencial e política, fui para a França. Comprei uma passagem de terceira classe de navio, desci em Vigo, na Espanha, para chegar em Paris quase um mês depois de ter deixado o porto de Santos. O dinheiro era a sobra de um terço de um DKW que tinha herdado da minha mãe, com ele consegui o bilhete de ida, sem a volta. Na mala, uma máquina de escrever e um violão.

Por que a França?
Na época, cheguei a sondar outras alternativas. Os Estados Unidos estavam fora de cogitação, pois havia na atmosfera estudantil uma forte recusa ao imperialismo americano. Cheguei a pensar na Inglaterra, porém lá as condições para se cursar a faculdade eram difíceis, os estudos eram pagos. Além de ter um pequeno contato com o idioma francês, havia uma outra vantagem: os franceses reconheciam meu diploma da Escola Agrária como equivalente ao *baccallauréat*, o que me permitia entrar diretamente na universidade.

Você levantou estas informações, antes de ir?
Sim. Fui para a França com o histórico escolar da Escola Politécnica e o diploma de laticínios traduzido. O documento da Poli foi importante, pois quando eu o apresentei em Vincennes, várias disciplinas, as de caráter mais matemático, foram reconhecidas como equivalentes. Isso fez com que eu terminasse o curso mais rápido.

Por que essa mudança da Engenharia para as Ciências Sociais?
Creio que devido ao clima dos anos 60 no qual política e cultura misturavam-se de maneira explosiva e utópica. A cidade de São Paulo teve um impacto muito grande sobre mim, quebrando minhas raízes interioranas. Durante minha incursão fracassada na Politécnica, de maneira desordenada, eu me interessei pelas Ciências Sociais e pela Filosofia. Aos poucos, desviei-me da carreira de Engenharia.

Suas leituras o influenciaram neste sentido?
Na época, eu li bastante sobre marxismo, Hegel e Nietzsche. Em Paris, no curso de Sociologia, tive a oportunidade de ler de forma mais sistemática e organizada os autores clássicos. Sobre o Brasil, em função da minha trajetória, lia pouco, com exceção dos nomes consagrados fora do circuito específico das Ciências Sociais, como Sérgio Buarque de Holanda ou Caio Prado Jr. Do Florestan Fernandes, por exemplo, li apenas alguma coisa.

Por que um estudante de Engenharia lia Hegel, Nietzsche e textos de Sociologia?
Tenho a impressão de que isto se deu em função de meu processo de politização. Eu queria entender o mundo que me envolvia, mas não possuía o instrumental adequado para isso. Minha insatisfação com a Escola Politécnica levou-me ainda

a Sartre e Marcuse — seu livro sobre o homem unidimensional foi importante para mim. Entretanto, não consigo dizer, nem a vocês nem a mim, em que exato momento decidi jogar tudo para o ar.

Não tinha a ver também com a discussão política que surgia como reação à repressão?
Sem dúvida alguma, as Ciências Sociais possuíam a aura da contestação. Neste momento de crise social e existencial, eu não queria tornar-me um burguês. Digo isso não tanto no sentido marxista, mas no sentido sartriano de existência. Quando olho o passado eu me pergunto se caso não vivesse os anos 60 num lugar como a cidade de São Paulo, não tivesse passado pela vida universitária e o conflito político, talvez tivesse escolhido outro caminho.

Ao chegar a Paris, em nenhum momento achou que tivesse escolhido erroneamente?
Tive um alívio enorme. Nunca me passou pela cabeça voltar atrás. Pelo contrário, a inconseqüência ou a radicalidade de meu ato parecia ter sepultado para sempre minhas hesitações anteriores. Claro, enfrentei problemas de várias ordens. Não foi simples passar da formação de engenheiro para a de cientista social. Nas "Ciências Exatas", quando se estuda um problema existe uma resposta, e ela pode estar certa ou errada. Não há dúvidas, e o cálculo matemático ou a experiência em laboratório são os fiadores desta certeza. Em Ciências Sociais as pessoas não erram, elas se equivocam [risos]. Entre o equívoco e o erro há uma grande diferença. Tive de passar da noção de acerto e de erro para o terreno movediço da interpretação. As Ciências Sociais são interpretativas e a construção do objeto sociológico faz parte de um domínio no qual a certeza é um bem rarefeito. Uma certeza que não pode ser mensurada pelo instrumental matemático. No início isso me incomodava, mas talvez desta incompreensão tenha resultado algo positivo, passei a dar uma atenção especial aos conceitos. Como vinha de outra área, os nomes, as palavras, o enunciado da frase, tornaram-se para mim um elemento vital na elaboração do pensamento, pois entendi que a formulação de um problema, desta ou daquela maneira, terminava por orientar a interpretação nesta ou naquela direção.

Os movimentos sociais de 1968 tiveram influência na sua escolha pelo curso de Ciências Sociais?
Sim, mas é bom ressaltar que a ruptura inicial se deu no Brasil, no momento de luta contra a ditadura militar, no qual a universidade era uma caixa de ressonância dos conflitos sociais e políticos. Na França isso levou a aproximar-me da herança de Maio de 68, tanto que escolhi fazer minha graduação em Vincennes e não na Sorbonne. Foi uma decisão consciente, queria experimentar uma universidade diferente, *gauche*. Vincennes era uma mistura de marxismo, Mao Tsé-Tung, Woodstock e terceiro-mundismo. Conseguiu atrair um conjunto expressivo de intelectuais franceses como Foucault, Deleuze, Lyotard. Fui aluno de François Châtelet, com quem fiz um curso sobre Hegel, e do lingüista Luiz Prieto, um argentino exilado que ocupava a cadeira de Saussure em Genebra e vinha quinzenalmente a Vincennes.

Renato Ortiz

A universidade era um lugar de efervescência intelectual, cultural e política. Maria-Antonietta Macciocchi escrevia seus livros sobre Gramsci, e mesmo Marcuse veio nos visitar.

Como é que você sobrevivia?
Eu trabalhava. Trabalhei o tempo todo, desde que cheguei na França até retornar ao Brasil. Fui pintor de parede, garçom de café, *baby sitter*, operário numa fábrica de dentifrícios no setor de empacotamento, zelador e também colhi uvas.

Por que se ligou à Antropologia no primeiro momento?
Em Paris tive basicamente duas etapas de formação. A primeira ligada ao contexto esquerdista que na França não era simplesmente uma posição política, mas toda uma cultura. Quando terminei Vincennes quis dar continuidade aos estudos. Então optei pela *École des Hautes Études*, que naquela época chamava-se *École Pratique des Hautes Études*. Aí tive a oportunidade de realizar um *mémoire*, o equivalente ao nosso mestrado. Como me interessava pela esfera da cultura, apresentei o projeto de pesquisa no Centro de Cultura de Massa dirigido por Edgar Morin e Roland Barthes. O tema, a análise de um jornal brasileiro, *O Pasquim*. A proposta foi aceita, foi um período no qual aprimorei minha formação intelectual. Tive um contato muito forte com o pensamento estruturalista, sobretudo, a análise de discurso.

Foi isto que você fez com os artigos do Pasquim?
Sim, uma análise de conteúdo. Mas tenho minhas restrições em relação a ela. A análise estruturalista é interessante, mas tem um calcanhar de Aquiles, a ausência da História. Mesmo assim o trabalho despertou-me para uma série de leituras que ajudaram muito na minha educação intelectual. Posteriormente, dei seqüência aos estudos na *École*, mas agora noutro laboratório, no qual se encontrava Roger Bastide, a quem apresentei a proposta para estudar a umbanda. Mas, já num contexto diferente, pois havia terminado a graduação e o *mémoire*. Por causa da ditadura militar não queria voltar ao Brasil, resolvi aproveitar o que a França me oferecia. Apesar da minha condição ser bastante difícil do ponto de vista material, valia a pena. Isto foi em 1973.

Você teve aula com Morin?
Tive, fiz a tese com ele. Naquela época Morin estava na onda da contracultura e era bem visto pelos movimentos de contestação. Segui também alguns cursos de Barthes. Quando decidi trabalhar com Bastide mudei a orientação de meus estudos. Primeiro, tratava-se de um doutorado (a exigência era maior); segundo, tomei contato com um conjunto de autores e de textos que desconhecia. Tive uma boa formação em Vincennes, li Marx com seriedade e afinco, além de ter feito cursos sobre Max Weber. Durkheim, porém, era pouco lido, considerado conservador demais.

Como você se aproximou de Bastide?
Foi muito simples. Tenho a impressão de que na França esses contatos são favorecidos. Não é muito complicado aproximar-se de um professor e propor um pro-

316   Conversas com sociólogos brasileiros

jeto de pesquisa, o difícil é convencê-lo a aceitar a proposta. No meu caso, fiz a leitura de um conjunto de livros escritos por umbandistas, publicações populares que se vendem nas lojas de umbanda. Formulei um projeto do que viria a ser o livro *A morte branca do feiticeiro negro*. Pareceu-me natural procurar alguém que tivesse tratado do tema, no caso, Bastide. No momento de preparação do projeto eu havia lido vários de seus livros sobre religiões africanas. Fui procurá-lo. Embora já estivesse aposentado aceitou-me como orientando. Tive uma ótima relação com ele e uma empatia muito grande nasceu entre nós. Fiquei fascinado com aquele homem do século XIX. Ele estava com a idade avançada, havia lutado na Primeira Grande Guerra e, portanto, tinha sido formado no final do breve século XIX, momento em que a escola francesa de Sociologia se consolidava. Embora não tivéssemos uma afinidade política — neste sentido era um homem tradicional —, do ponto de vista das idéias, ele introduziu-me num universo teórico e cultural extremamente rico.

Ele era um conservador?

Em parte, mas um conservador que, ao se confrontar com a modernidade, tornava-se crítico. Ele via a modernidade com desconfiança. Não possuía uma visão adorniana do processo, mas compartilhava algumas coisas com esses intelectuais europeus do final do XIX. Tinha uma formação erudita, universalista, estava comprometido com um tipo de Ciências Sociais que desconhecia as fronteiras das especializações, nem tinha sido ainda atropelado pelo processo de institucionalização que veio a conhecer posteriormente. Bastide tinha uma ambivalência em relação à modernidade, e não acreditava na ideologia do progresso. Para mim foi importante encontrá-lo. Sem a sua orientação eu nunca teria expandido o horizonte de minhas leituras. Aproximei-me assim da clássica escola de Sociologia francesa, que ele havia vivenciado nos anos 20. Significa que passei a ler: Marcel Mauss, Robert Hertz, Maurice Halbwachs, Célestin Bouglé, Marcel Granet. Um conjunto de autores que haviam sido esquecidos pela tradição francesa contemporânea.

Você diz duas vezes no seu Memorial: "Bastide me fez voltar para o passado".

Ao passado francês, aos clássicos da Sociologia francesa, e ao passado brasileiro, pois devido à minha trajetória pessoal, conhecia os autores brasileiros de forma fragmentada. Passei a ler sistematicamente: Florestan Fernandes, Fernando Henrique Cardoso, Octavio Ianni, Antonio Candido, Maria Isaura Pereira de Queiroz, Celso Furtado, para citar alguns.

Para quem não conhece a tese, o que quer dizer A morte branca do feiticeiro negro?

O negro é o feiticeiro que, para adaptar-se à sociedade de classes brasileira, hierarquizada, deve embranquecer-se. Daí a idéia da morte branca. Este processo lento, de ressignificação simbólica, é algo que vários intelectuais discutiram em termos de embranquecimento. Creio que minha tese é ainda válida, apesar das transformações ocorridas na sociedade brasileira e nas formas de religiosidade popular. O

Renato Ortiz   317 chamado movimento de "reafricanização" dos cultos afro-brasileiros nos anos 80 foi ocorrer no candomblé e não na umbanda.

Antes de terminado o trabalho de doutorado, você foi trabalhar na Bélgica?

Quando Bastide ficou doente eu estava no Brasil realizando a pesquisa de campo. Sua secretária enviou-me um telegrama que dizia que ele havia me indicado para um posto na Universidade de Louvain, na Bélgica flamenga, não na francesa. O Departamento de Antropologia necessitava de alguém para trabalhar a problemática da América Latina e recorreu a ele. Fui contratado para dar aulas no mestrado sobre Antropologia Urbana e das Religiões. Morava em Paris, ia de trem. Isto foi em 1974 e 1975, não havia ainda defendido o doutorado. Eu era *lector*, estava no início da carreira, não pagavam uma fortuna, mas recebia o suficiente para afastar-me de minha condição de lumpen-proletariado.

Você falou há pouco sobre seu encanto com a formação e a erudição de Bastide. O que diferenciava sua perspectiva das visões correntes de Ciências Sociais?

Primeiro, a não-divisão entre Sociologia e Antropologia, a liberdade de se transitar entre as fronteiras disciplinares sem a necessidade de apresentar uma carteira de identidade de sociólogo ou antropólogo. No caso francês, pelo menos na época, isso não se aplicava aos cientistas políticos. A Ciência Política é uma invenção norte-americana, recente, que tardiamente introduziu-se no Brasil e na Europa. Na França, ela desfrutava de uma posição inferior, sendo associada a um saber técnico, de formação de quadros para o Estado e os partidos, por exemplo, os alunos de *sciences politiques*. A política era considerada o coração das Ciências Sociais, dificilmente poderia constituir como uma especialidade a parte.

Por outro lado, a tradição francesa privilegiava uma forte conexão entre Sociologia e Antropologia. Esta dimensão faz parte de minha formação inicial e, creio, encontra-se presente até hoje. Tenho dificuldade em estabelecer uma separação nítida entre esses domínios. Eu aceitaria uma separação tática, à medida que os problemas vão sendo enfrentados. Porém, não vejo uma separação epistemológica entre elas. Acredito que essas distinções disciplinares sejam mais estratégicas em função da existência institucional dos campos de saberes, não se trata propriamente de uma questão teórica.

A sociedade é um todo e devemos construir os objetos de conhecimento para dar conta desta totalidade (neste sentido o pensamento marxista é também rico, pois na sua formulação clássica evitava a compartimentalização do conhecimento). Bastide tinha esta capacidade totalizadora. Quando li *As religiões africanas no Brasil* chamou-me a atenção o cuidado com as notas de rodapé. Ficava fascinado em ver a quantidade de livros que ele lia, textos que provinham de fontes distintas e que aparentemente apontavam para direções diferentes. Comecei a me dar conta de que, na construção do objeto sociológico, é necessário trabalhar a diversidade dos diferentes níveis sociais.

318   Conversas com sociólogos brasileiros

Hoje a Sociologia, a Antropologia e a Ciência Política estão cada vez mais separadas. Você acha que isto é inevitável ou há que se voltar a este passado?

Não creio que a volta seja possível, as fronteiras já estão definidas e constituem tradições demasiadamente sólidas. Importa transitar pelas diferentes áreas de conhecimento. Por isso tenho minhas restrições à idéia de interdisciplinaridade. A interação das disciplinas não cria necessariamente uma síntese, ela é mera interação, interessante, sugestiva, mas somente interação. Prefiro a idéia de trânsito. O problema é que para realizá-la deve-se "perder tempo", dar atenção ao que é produzido nas diferentes disciplinas. Sem essa precaução preliminar, o empreendimento fracassa. Isso é muito custoso. Talvez, a área da cultura seja um pouco uma encruzilhada de vários níveis: econômico, político, social. O fato de tê-la escolhido ajuda-me a fazer o trânsito.

A Sociologia perdeu a função de ser a disciplina unificadora das Ciências Sociais?

Sim. Nem acredito que esta tenha sido sua real função. A menos, é claro, se considerássemos o termo Sociologia como sendo equivalente ao de Ciências Sociais. Haveria, porém, uma disputa feroz entre sociólogos, cientistas políticos, antropólogos e até mesmo os historiadores. Já não mais nos encontramos nesta fase e seria inútil a ela retornar. O melhor é beneficiar-se das virtudes das especialidades existentes e delas retirar o que há de positivo. Talvez as Ciências Sociais sejam um território virtual construído através do trânsito entre as disciplinas. Na verdade, não se trata de anular as especificidades. As Ciências Sociais tampouco podem avançar sem a existência de estudos cuidadosos sobre temas diversos. Weber tinha razão ao dizer que a especialização é uma forma de fazer o conhecimento progredir. O problema é saber em que medida os trabalhos específicos incentivam ou limitam a reflexão numa escala mais ampliada. Ou se preferirem, com maior abrangência. Neste caso, somos obrigados a transgredir as fronteiras.

Você, então, está dizendo que existe um artesanato do trabalho intelectual que é fundamental. Neste sentido, seria importante recuperar os autores a partir do modo como eles efetuam a abordagem?

A idéia de artesanato é boa e vários autores, particularmente Wright Mills, a enfatizam. No entanto, ela não se restringe ao mundo das Ciências Sociais, aplica-se inclusive a certos domínios da Física. Estive uma vez com um colega físico nuclear num laboratório nas cercanias de Paris. Fiquei impressionado. Neste local onde existiam as mais avançadas tecnologias, uma parte considerável da pesquisa funcionava de forma artesanal. E só podia ser assim, pois as máquinas e os procedimentos que sairiam daí ainda não existiam, estavam em fase de experimentação. Todo o trabalho era de "carpintaria". Eles construíam pequenos modelos, formulavam propostas provisórias, para somente depois encontrar a solução ideal para os problemas. A dimensão do artesanal encontra-se presente no âmago do trabalho científico. Ela nos remete à questão da originalidade. A escrita é o meio através do qual nós sociólogos nos expressamos. Por isso, o seu aprendizado e a sua

Renato Ortiz

manipulação são decisivos na construção do próprio objeto. Ela não é simplesmente uma técnica externa ao que se quer dizer, é constitutiva da própria manifestação do pensamento. Na escrita, muito da dimensão artesanal, neste caso, individual, se manifesta. Se dermos a duas pessoas diferentes o mesmo material empírico para se fazer uma tese, certamente elas não seriam idênticas.

O artesanato, então, induz à criatividade? Não é um esquema feito, mas é de dentro para fora que se constrói?
Sei que o tema da criatividade é difícil e, no fundo, não sabemos como ela funciona. Entretanto, eu diria que o trabalho artesanal implica, ou melhor, tem a probabilidade de estimular um grau maior de criatividade.

Por que você optou por voltar ao Brasil?
O fato de começar a me inserir profissionalmente na França deixou-me assustado, temia nunca mais voltar. Publiquei meus primeiros textos em francês, era professor em Louvain, e consegui um cargo de professor assistente no Instituto da América Latina em Paris. Este pequeno êxito deixava-me inquieto. Com a abertura política do governo Geisel, as informações que tínhamos eram que a situação política no país havia evoluído, decidi voltar. Eu havia conhecido Maria Isaura Pereira de Queiroz através de Henri Desroche, que tinha sido meu professor de Sociologia da Religião, e ela disse-me que o Departamento de Sociologia da Universidade Federal do Ceará procurava alguém com doutorado. Eu me interessei. Enviei meu currículo, mas fui preterido. Neste ínterim, recebi um convite da Universidade Federal da Paraíba. A universidade passava por uma fase de mudanças e o novo reitor, uma espécie de modernizador à direita, buscava novos quadros. Aceitei o convite e fiquei um ano em João Pessoa. Não foi uma boa experiência, após um ano abandonei o emprego e voltei para São Paulo. Fiquei desempregado alguns meses, quando recebi outro convite, na área de Antropologia da Universidade Federal de Minas Gerais. Em 1977 fui para Belo Horizonte onde permaneci uns oito anos, incluindo o tempo que passei nos Estados Unidos. Da UFMG, retornei a São Paulo e, através de Candido Procopio de Camargo, entrei no programa de Ciências Sociais da Pontifícia Universidade Católica. Fiquei três anos na PUC, para, por fim, chegar à Unicamp em 1988. Guardo da PUC as melhores recordações. Um programa pequeno, muito qualificado. Eu trabalhava apenas na pós-graduação e tinha excelentes colegas como Florestan Fernandes, Octavio Ianni, Candido Procopio, todos capitaneados por uma pessoa fantástica, Carmen Junqueira. Foi uma estadia prazerosa. O ambiente universitário era politizado, efervescente, uma ebulição simpática. Havia, entretanto, um problema comum a todas as universidades privadas no Brasil, a instabilidade. Após um conjunto de greves salariais, convenci-me de que deveria buscar outro lugar.

No período em que esteve na UFMG, você trabalhou ativamente no movimento docente?
Sim. Tive uma participação muito ativa na fundação da associação local dos docentes e depois, no movimento nacional, fui membro da primeira diretoria do Sin-

dicato Nacional dos Docentes das Instituições de Ensino Superior. Estive na "direção" (não gosto desta palavra) das duas primeiras greves nacionais dos professores das universidades federais. Na época eram manifestações importantes de uma insatisfação generalizada de setores médios da população brasileira, não apenas com sua condição de trabalho, mas também em relação à ditadura militar. O engajamento ampliou o horizonte de minhas experiências e, aos poucos, fui tomando consciência da precariedade das universidades públicas brasileiras. Como diretor de uma entidade nacional, era obrigado a viajar por todo o Brasil na defesa dos direitos civis e no combate às arbitrariedades dos militares. Percebi, no entanto, a dificuldade em se conciliar o trabalho intelectual e uma participação ativa na vida política. Ficou claro que tinha de fazer uma opção. Deixei o movimento de docentes e fui para aos Estados Unidos. Eu tinha estado em Nova York por quatro meses em 1979, num grupo de estudos da The City University of New York, dirigido por Eric Wolf. A cidade encantou-me e eu me sentia maduro para tentar uma experiência distinta da francesa. Fiquei oito meses na Columbia University e quatro meses na University of Notre Dame, no interior do estado de Indiana.

Fale um pouco de sua relação com a América Latina.

Ela é tardia, embora meus primeiros cursos em Louvain tivessem como objeto a América Latina. Na verdade, conhecia mal o continente. A relação se estreitou no final dos anos 80, quando recebi alguns convites de colegas latino-americanos. Néstor García Canclini, levou-me ao México para falar de meus trabalhos. Na Escola de Antropologia da Unam, em 1986, dei um curso sobre Pierre Bourdieu. Depois, um pouco em função da publicação de *A moderna tradição brasileira*, fui convidado por Jesús Matín-Barbero para ir à Colômbia participar de grupos de discussão de pesquisadores que se dedicavam ao tema da cultura. No início foi uma relação descontínua, mas ela se intensificou na década de 90, quando comecei a trabalhar a problemática da mundialização. Passei a dar palestras em diversos lugares e vários textos meus, artigos e livros, foram traduzidos. Ao longo dos 90 passei a ter não apenas um diálogo, mas uma forte relação com a América Latina. Aprendi inclusive a falar espanhol, o que não fazia antes. Construí, assim, uma relação duradoura, que me permitiu sair desta ilusão coletiva de que nós brasileiros nada teríamos de latino-americanos.

Quais os pontos de convergência e divergência de sua produção em relação ao tema cultura em confronto com outros pensadores brasileiros que pensaram sobre ele?

Eu iniciei tomando um tema "clássico" das Ciências Sociais brasileiras, a religiosidade popular, mas no caso da umbanda havia uma especificidade, tratava-se de uma religião que se autodefinia como sendo brasileira. Tive, assim, de enfrentar diferentes níveis de problemas: religiosidade; cultura popular; e identidade. No livro *A morte branca do feiticeiro negro* minha intenção foi entender como uma religião constrói a sua identidade, contrapondo-se a outras como o catolicismo ou o espiritismo kardecista. Portanto, a discussão sobre identidade cultural era parte de minha problemática, embora ainda não se explicitasse inteiramente como identidade nacional. Há um quarto tema: os intelectuais. Quando apresentei o projeto a Bastide, a pesquisa preliminar foi feita a partir dos livros umbandistas, portanto, relatos de intelectuais. Daí a necessidade de se compreender como esses "mediadores simbólicos" tinham a capacidade de dar coerência e organicidade ao universo simbólico religioso. A temática do intelectual encontrava-se assim presente, embora não na perspectiva consagrada nas Ciências Sociais. Penso, por exemplo, nos escritos de Mannheim. Minha perspectiva era outra, próxima a Weber quando estuda o papel dos "especialistas" nas religiões. Foi esta dimensão que me aproximou de um autor como Gramsci. Os intelectuais são peças decisivas na elaboração de um "discurso", de uma interpretação do mundo. Esta é uma perspectiva sugestiva, e pode ser trabalhada, inclusive, no contexto da globalização.

Neles, quais seriam os pontos de divergência com outros autores brasileiros?

Depende do tema. O meu trabalho sobre a umbanda tem uma tese oposta à de Bastide. Ele a considerava como um prolongamento da memória coletiva africana, a presença da África no solo brasileiro. Para mim a umbanda é uma síntese, o resultado do trabalho de um conjunto de forças sociais. Nela vamos encontrar uma África retraduzida, apropriada pelo pensamento dos intelectuais de classes médias e populares numa tentativa de se forjar uma identidade própria, integrando a religião à sociedade de classes brasileira. No caso do trabalho sobre *Cultura brasileira e identidade nacional*, creio que a ruptura é maior. Não se trata apenas de uma tese, mas de como o objeto sociológico é construído. No final dos anos 70 e início dos 80, a discussão sobre a identidade nacional mobilizava diversos autores. Neste debate, várias posições surgiram. Havia os que seguiam os passos da tradição como Gilberto Freyre ou os isebianos, que buscavam uma identidade própria ao homem brasileiro. Os críticos desta visão tradicional acreditavam, no entanto, na existência de uma autêntica identidade nacional, à esquerda.

Eu tomei outra direção, propondo que a identidade é uma construção simbólica que se faz em relação a um referente. Não fazia sentido perguntar-se sobre sua autenticidade ou inautenticidade. O pertinente seria compreender como se constrói esta identidade nacional. Quem são os seus artífices? Como ela se transforma ao longo do tempo? Meu objetivo era escapar de uma visão essencialista que insistia na busca do "homem brasileiro" como se numa sociedade complexa e moderna, pudesse existir tal entidade ontológica. Por isso há uma história da construção da identidade nacional que se articula intimamente à construção da modernidade e do Estado brasileiro. Minha abordagem destoava, assim, de uma tradição intelectual que não havia problematizado, de maneira explícita, a questão da autenticidade e da inautenticidade.

Talvez um dos pontos desta divergência esteja na forma pela qual você trata a relação tradição/modernidade, mostrando que entre 1950 e 1970 tem-se uma nova tradição que reformula a identidade e a visão dos atores sociais e, por isto, o modo como estes se relacionam com o mundo.

Certo. A tradição latino-americana, e não apenas a brasileira, pensava tradição e modernidade como termos que se contrapunham e encontravam-se necessariamente separados. Para sermos modernos era necessário sermos nacionais. Como havia um hiato entre modernidade e nação, a promessa da modernidade era adiada, viria com o futuro. A única forma de alcançá-lo era construindo-se o Estado nacional. Ao trabalhar a problemática da indústria cultural no Brasil pós-64, percebi que este tipo de interpretação era insuficiente. Tínhamos diante de nós um Brasil moderno, injusto, desigual, mas moderno. Dito de outra forma, além do passado oligárquico, possuíamos também uma moderna tradição brasileira. Para pensá-la era necessário, de alguma maneira, romper com uma certa herança intelectual. A indústria cultural permitia-me compreender como um novo patamar de organização social se construía no Brasil a partir dos anos 70. Problema que não poderia estar presente nos autores que escreveram em momentos anteriores.

E esta não seria a modernização conservadora?
Sim, mas neste caso, qualificá-la de conservadora é insuficiente. Pois, independentemente da dimensão ideológica, importava captar as mudanças estruturais. Eu queria entender como, a partir de uma tradição anterior, a modernidade era construída. Neste sentido, a tradição ancora a modernidade emergente. Procurava escapar do raciocínio dualista que contrapunha tradição à modernidade. Adotei a mesma perspectiva no debate sobre a globalização. Não acredito que exista um tempo anterior, moderno, a ser suplantado por outro, pós-moderno, ou uma era pré-global ultrapassada por outra global. O que se denomina de pós-modernidade, globalização, assenta-se numa tradição anterior, a própria modernidade. Pensando assim, é possível evitar uma visão dicotômica que separa tradição de modernidade, modernidade de pós-modernidade e modernidade de globalização. De certa forma, refletir sobre o Brasil ajudou-me a configurar as questões que vim a enfrentar posteriormente.

Então o tema da indústria cultural é também pensado por você de maneira diferente da dos autores que a pensam no mesmo momento, pois você a vê como um processo que contribuiu para criação de um novo imaginário necessário à mundialização?
Sem dúvida! A indústria cultural abriu-me o caminho para entender, primeiro o Brasil, depois a mundialização. Ela é uma lente privilegiada para se observar alguns aspectos da contemporaneidade.

E os pontos de convergência e divergência com relação aos outros autores que trataram do tema da globalização e mundialização?
Em 1988 publiquei *A moderna tradição brasileira*, cujo último capítulo intitula-se "Do nacional popular ao internacional popular". No processo de elaboração do livro antecipei uma problemática que amadureceu aos poucos: a reflexão sobre a indústria cultural, assim como a pesquisa sobre telenovela. Na Rede Globo, por exemplo, ao se prepararem as novelas para o mercado internacional, compactando-as e retirando referências de caráter mais brasileiro, aponta-se para a existência de

um gosto que denominei internacional popular. Este foi o ponto de partida de um projeto ao qual me dediquei a partir do final dos anos 80. O curioso é que foram meus estudos sobre o Brasil que me levaram à temática da globalização. O tema, na época, encontrava-se praticamente ausente nas Ciências Sociais internacionais, pois o debate dominante girava em torno do embate modernidade *versus* pós-modernidade. Eu estava convencido de que este caminho era improdutivo. Entre os poucos trabalhos existentes, havia os textos de Immanuel Wallerstein sobre o *world-system*. Sua perspectiva era interessante de um ponto de vista, porém de outro, sobretudo para quem se interessava pela cultura, parecia um tanto reducionista. Daí eu ter introduzido a diferença conceitual entre mundialização e globalização. Considerar a existência de uma cultura global equivalia a aceitar a idéia de homogeneização do planeta. Parecia-me mais convincente dizer que existe uma economia global, o capitalismo, uma tecnologia global que é a mesma em todos os lugares, porém, seria impróprio afirmar a existência de uma única cultura global. Na esfera da cultura existe hegemonia, diria o velho Gramsci, mas isso não significa unicidade, significa forças em conflito e presença das diferenças.

O que são fatos transnacionais?

Pensemos nas identidades. Toda identidade é uma construção simbólica que se faz em relação a um referente. O referente pode ser a nação, o gênero, a etnia. O processo de globalização implica na emergência de referentes transnacionais. Significa que o mundo do consumo coloca à disposição do imaginário das pessoas um conjunto de signos, emblemas, que podem ser utilizados como matéria-prima na construção de suas identidades. Neste sentido, elas já não se encontram apenas territorialmente enraizadas no local ou no nacional, sua territorialidade se expande. O processo de construção identitária se complica, pois os níveis de sua elaboração são dilatados.

Na Sociologia, as identidades resultam da socialização. Você está dizendo, então, que a socialização é global. Disto resultam identidades que são transnacionais com características locais, regionais, nacionais e mundiais?

Não há dúvida. A socialização ocorre sempre num lugar determinado, mas este lugar é atravessado por fluxos transnacionais. Tenho uma visão um tanto diferente de alguns autores que trabalham sobre a globalização. Não creio que ela seja um novo paradigma, nem que estabeleça uma ruptura entre um antes e um depois. Ela delimita uma nova situação. Esta totalidade abriga a tradição, a modernidade, o local, o regional, o nacional. Neste sentido, o debate sobre o fim do Estado-nação é um falso problema. A questão não é o desaparecimento das coisas, mas como elas são redefinidas neste novo contexto.

Nesse sentido, os mecanismos tradicionais de socialização é que acabaram mudando.

Evidentemente. Ao lado da família, da escola, temos agora instituições transnacionais, inscritas, por exemplo, no mundo do consumo, que atuam como forças de socialização dos indivíduos. Instituições cuja autoridade e prestígio são mundiais e não apenas locais. Durante minha pesquisa sempre procurei evitar o dualismo e esta idéia, muitas vezes recorrente na literatura contemporânea, do "fim" de uma era e o início de outra. Certamente, as mudanças são enormes, sem o que não estaria interessado no processo de globalização. Mas é preciso qualificá-lo. Por outro lado, sabendo que as Ciências Sociais são marcadas pela história, é necessário retomar os conceitos, muitas vezes inventar novos deles, para dar conta desta situação. Por isso procurei distinguir, em meus trabalhos, globalização da economia e mundialização da cultura, processo de globalização de internacionalização. Mais ainda, como partia de uma crítica do conceito de nação na construção do objeto sociológico, não podia utilizá-lo como argumento central de meu raciocínio. Isso seria logicamente incoerente. Assim, foi possível desenvolver a idéia de cultura mundializada e de um imaginário coletivo mundial. Mas é distinto dizer: "Não posso construir meu objeto a partir do conceito de nação", e afirmar "o Estado-nação desapareceu". Seria confundir o nível lógico com a realidade. Por isso, o debate sobre a globalização tem duas dimensões: da realidade que se transforma e dos conceitos que buscam apreendê-la. A temática transborda assim para o lado teórico.

Essa discussão tem a ver com um campo científico novo, com os temas de prestígio?

Sim, mas, felizmente, existe uma outra dimensão que se chama história. Não há dúvida que a constituição do campo das Ciências Sociais tem várias implicações, positivas e negativas. Sem a sua existência não haveria Ciências Sociais. Mas ao se constituir como campo, as Ciências Sociais criam uma tradição que muitas vezes atua como um elemento inibidor para a compreensão do novo. Isso em função dos vínculos pessoais entre os pesquisadores e suas posições no campo científico. Acontece que a história das Ciências Sociais não se reduz à história do campo, ela é atravessada pela realidade, pois suas fronteiras são porosas. Neste sentido, não há como fugir ao tema da globalização. Ele se impôs, paulatinamente, durante a década de 90, e soterrou a discussão sobre a pós-modernidade.

Você, que escreveu sobre Bourdieu, concorda com interpretações que o consideram o mais importante sociólogo do final do século XX?

Sim. Não tenho dúvidas. Sua obra é ampla e original. Ao compararmos a outros sociólogos, como Giddens, por exemplo, percebemos que ele possui uma envergadura maior. Seus trabalhos são muito interessantes, vão desde a lingüística à temática da moda e dos intelectuais. Pode-se concordar ou não com suas análises, mas não se pode negar que elas tematizam questões indispensáveis para a compreensão da sociedade contemporânea. Elas são ricas e multifacetadas. Digo isso, inclusive, com uma certa isenção, pois Bourdieu tinha uma visão distorcida do processo de globalização e não conseguia pensá-lo de maneira conseqüente. Mesmo assim, quando o leio, consigo extrair da leitura um conjunto de sugestões que me esclarecem sobre uma temática a que ele relutava em conferir um estatuto sociológico.

Renato Ortiz

Você acha que a adesão de Bourdieu, nos últimos anos, à política era, de certa forma, uma ruptura com sua visão anterior?

Em parte, apenas. Bourdieu pensa "classicamente" o dilema do intelectual e a política. Ele vê de maneira crítica o engajamento partidário dos cientistas sociais. Daí sua recusa ácida às posições de Sartre, ou a denúncia, entre os intelectuais franceses, de um "messianismo teórico". Bourdieu cultiva a idéia de um campo autônomo de saber, no qual a política surge como um condicionante externo. Mas o que acontece nos anos 90? A França e alguns países europeus, que se julgavam o abrigo da globalização dos mercados, vê-se atingida no seu âmago. Rompe-se o equilíbrio que havia entre cultura e sociedade, na qual as grandes escolas, o prestígio intelectual, ainda predominavam. Isso irá transformar a relação dos intelectuais com a política. Não se trata mais de pensar o embate entre cultura e ideologia, mas entre cultura e mercado. O exemplo da televisão, um tema que Bourdieu aborda tardiamente, é emblemático. Nesse quadro, ele é obrigado a retomar a política na defesa de suas idéias.

Ele usa o capital que acumulou no campo acadêmico e o transporta para a luta política.

Eu diria que ele tem clareza disso e, fazendo a leitura ao inverso, vê a necessidade de fazer política na defesa das Ciências Sociais.

Então ele não vê a política como compromisso moral?

Vai além do compromisso moral. Há uma tradição francesa na qual política e moralidade se entrelaçam. Ela data do *affaire Dreyfus*, que envolveu os intelectuais da época, como Zola, prolongando-se por todo o século XX. Sartre é herdeiro desta tradição. Entretanto, algo novo acontece na década de 90 com o processo de globalização, a predominância do neoliberalismo na política, e uma acelerada dependência de certos domínios da cultura em relação ao mercado. No momento anterior, havia uma clara distinção entre cultura e mercado, arte e indústria cultural. Por isso, era possível, no caso das Ciências Sociais, falar de sua autonomia. Bourdieu é um defensor infatigável desta autonomia. Porém, a primeira frase de um de seus últimos livros é a seguinte: estou convencido que as ciências estão ameaçadas. A pergunta é: por quem? Não propriamente pela política, como havia ocorrido anteriormente, mas pelas forças mercadológicas que passam a governar a esfera cultural. Seu livro sobre a televisão não é uma crítica à cultura de massa, ele não opera com este conceito. O que lhe interessa é como o mundo da mídia torna-se um novo centro de poder, uma instituição com autoridade e legitimidade, capaz de submeter inclusive os intelectuais. Por isso a defesa das Ciências Sociais torna-se uma necessidade política. Antes havia uma separação entre o intelectual e a política, o engajamento era uma forma de encurtar esta distância. Agora, com a indústria cultural e os produtos globalizados, o próprio campo de saber é atingido e fica sujeito à lógica mercantil, que lhe é externa. O debate sobre a televisão pode ser visto como uma metáfora, ele nos remete às transformações da política moderna, que já não se ajusta aos partidos e às ideologias e tem suas fronteiras ampliadas para a esfera do mercado.

Esta seria a condição do intelectual no mundo atual?

Quando Sartre falava da alienação do colonizado, havia um pressuposto em suas análises. Nelas, o intelectual se encontrava separado da realidade alienada. A alienação era estrangeira, por isso ele podia "falar sobre o outro", que encontrava-se distante, na periferia. Uma das características do processo de globalização é a transformação da noção de espaço e a redefinição das fronteiras. Passa-se da idéia de "outro" para um "nós". Nela, todos estamos envolvidos, mesmo que de forma diferenciada e desigual. Veja a questão da identidade. Ela não é nova, trata-se de um tema tradicional na América Latina, uma obsessão de nossos intelectuais. Hoje ela tornou-se um tema mundial. Ironicamente, o dilema se expandiu. Bourdieu reage a esta nova condição da modernidade-mundo, na qual as forças de mercado tornaram-se hegemônicas. A disputa não pode ser, portanto, apenas moral.

Qual a diferença, em relação a isso, dos intelectuais do século XIX?

Falemos da América Latina e do Brasil. Os intelectuais do século XIX não eram menores ou maiores do que os do século XX, no entanto eles tinham uma desvantagem em relação aos europeus. Não uma desvantagem mental, mas histórica, pois as Ciências Sociais surgem como a leitura crítica da modernidade, e esta modernidade era rarefeita na América Latina. Pelo menos, ambígua, incompleta. Apesar do talento individual de cada um desses pensadores, o ponto de partida era desvantajoso. É o tema da "defasagem", trabalhado por inúmeros autores. Esta defasagem, para o pensamento, e não a realidade na qual cada um de nós se insere, não existe mais. Significa que estamos imersos no mundo global e podemos pensá-lo a despeito da posição regional na qual nos situamos. Assistimos a uma redefinição das hierarquias do campo intelectual que se mundializa. Nele, são redefinidas as relações de superioridade e subalternidade, herança do passado. Como alguém que escreve em português pertence também a uma região do mundo, a América Latina, não vejo porque conformar-me, unicamente, à minha condição nacional. Mesmo sabendo que no campo do saber, em escala internacional, existe uma hierarquia sutil e impiedosa que insiste em nos domesticar.

Bom exemplo disso é um texto de Giddens, dos anos 70, onde apresenta como nova a sistematização das três grandes matrizes do pensamento social — Durkheim, Weber e Marx. Essa abordagem já havia sido feita por Florestan Fernandes nos anos 50.

Aliás, quando lemos determinados textos de Florestan, percebemos que a construção que ele faz do objeto sociológico é muito sofisticada. No entanto, ela é vista como "local", pois é elaborada em português, numa província do mundo. Certamente, o idioma é determinante. Embora o livro *A integração do negro na sociedade de classes* tenha sido traduzido para o inglês, não influenciou o debate sobre a questão racial nos Estados Unidos ou em qualquer outro lugar.

Mas isto não aconteceu com a teoria da dependência!

Provavelmente por que a discussão, nesse caso, não corresponda à visão de um único autor, aplica-se à América Latina como um todo. Trata-se de um conjunto

Renato Ortiz

de interpretações sobre um continente, elaborada por autores diversos num momento político particular. Mesmo assim, a questão da predominância do inglês permanece, embora não se trate mais de americanização.

Então, tem razão o velho Simmel quando diz que a moda se impõe por causa do poder e da hegemonia de um determinado grupo, e que a reprodução do próprio grupo depende da continuidade desse processo.
Isso é importante. Estou convencido de que é possível refletir sobre as novas configurações desta hegemonia em nível mundial. Mas para isso, nas Ciências Sociais, é necessário tomarmos o mundo como tema e construirmos "objetos globais" de pesquisa, pois a compreensão da realidade já não se esgota na totalidade do Estado-nação. A globalização nos obriga a construir objetos novos e retomar objetos "antigos", sob nova ótica.

Você diz que estudou o Japão para provar algumas teses sobre globalização.
Não se tratava de provar algo, mas testar algumas hipóteses que eu tinha levantado quando trabalhei sobre outros lugares. Queria escolher um país com uma tradição distinta da ocidental e uma modernidade avançada. Neste sentido, o Japão parecia-me mais apropriado do que a China. Fui ao Japão por causa da problemática da globalização, ela foi o meu fio condutor. Para mim, um conjunto de elementos da sociedade japonesa, sobretudo relacionados ao mundo do consumo e da identidade nacional, funcionou como objeto heurístico para compreender o processo de mundialização da cultura. Na pesquisa surgiu, inclusive, uma dimensão que eu não havia considerado de maneira sistemática: a problemática do Oriente/Ocidente. Foi para mim uma aventura intelectual voltar-me para a história de um país asiático, tentar compreendê-lo, situando-o no contexto que me interessava. Li e aprendi muito. Sobretudo, passei a ter uma visão mais apurada do processo de globalização, menos localizada às regiões nas quais tenho transitado. Foi também, com certo prazer, que constatei que o debate sobre a identidade nacional, tradicional aos pensadores latino-americanos, se repõe no caso japonês. As interpretações do destino nacional se inserem num mesmo marco de preocupação, a construção da modernidade que, certamente, se realiza de maneira diferente em cada país.

Discutimos anteriormente a necessidade de um ator personificar o processo. São os Estados Unidos que desempenham esse papel?
Não creio que os americanos tenham hoje essa função. Se a tiveram, perderam-na. A primeira guerra do Golfo e a última, do Iraque, são indicativas do declínio dos Estados Unidos. A invasão norte-americana mostra o vazio de sua hegemonia, a violência exercida é contestada mundialmente. Nesse processo os Estados Unidos enfrentaram a Organização das Nações Unidas, usurpando sua legitimidade. Eles o fazem porque têm a força, o maquinário para vencer a guerra, mas falta-lhes reconhecimento político para fundar a autoridade de seus atos. Da mesma maneira que não posso aplicar as categorias da política nacional brasileira ou francesa para pensar o mundo, não posso explicar o mundo a partir da política norte-america-

328   Conversas com sociólogos brasileiros

na. Isso não significa que os Estados Unidos não tenham um papel importante na ordem mundial.

Seus comentários não refletiriam uma visão de sociólogo que se contrapõe à visão de cientistas políticos que afirmam sermos dependentes do eleitor americano? Dizem que se o eleitor americano decidir tirar os conservadores do poder e eleger um democrata, talvez se possa construir um novo projeto para os Estados Unidos.

Honestamente, não acredito muito nestas explicações, elas me parecem demasiadamente conjunturais. Falemos das questões políticas. Consideremos o governo Lula. É melhor que o de Fernando Henrique? É continuísmo? Sou simpatizante do governo atual e do Partido dos Trabalhadores. Não tenho problemas em assumir minha posição política, embora minha vida pessoal passe ao largo das injunções partidárias. Porém, nunca confundiria os acertos ou os erros deste ou daquele governo, com a discussão que vínhamos mantendo antes. O debate sobre a questão nacional, o contexto da globalização, o advento de um imaginário coletivo mundial, a transformação da noção de espaço, a multiplicação das tecnologias de comunicação etc. não podem ser reduzidos a uma perspectiva ideológica. As explicações evoluem em registros diferentes. O registro da discussão política não é o mesmo que eu utilizava para compreender o processo de transformação da ordem mundial.

Outra vez temos a questão: quem são os atores políticos?

São vários: as transnacionais, as religiões universais, as nações, a ONU, o Fundo Monetário Internacional, os movimentos islâmicos (fundamentalistas ou tradicionais), os povos indígenas. Os grupos e os interesses (militares, mercantis, religiosos, étnicos) não desaparecem neste contexto, são redefinidos. No entanto, já não é mais possível confinar a política ao território do Estado-nação. Quer dizer, aos atores tradicionais: partido, governo, sindicato. Mesmo levando em consideração as limitações atuais, a ausência de uma "sociedade civil mundial", a fragilidade dos órgãos internacionais como a ONU, não é suficiente pensar a política apenas segundo os parâmetros da modernidade nacional. É necessário considerá-la, também, do ponto de vista da mundialização. Isso vai ser feito? Não sei. Pode ser feito? Tampouco sei. Porém democracia, igualdade, cidadania são princípios demasiado sérios para serem deixados apenas às contradições nacionais ou nas mãos dos grupos dominantes como FMI ou G-7.

Como você vê a relação entre política e sociedade?

Gosto de política, mas tenho uma insatisfação grande quando leio alguns cientistas políticos. Eles parecem se contentar com as explicações conjunturais. Eu me pergunto se realmente é possível pensarmos na existência de uma disciplina tão especializada, a ponto de construir sua teoria a partir de um único tipo de atividade humana. Confinar a política aos atores parece-me algo contraproducente. Talvez por isso as discussões sobre a cultura tenham "engolido" o tema da política, o que certamente não é uma boa solução. Mas isso acontece porque a cultura abre um horizonte que os cientistas políticos têm dificuldade em tematizar e problematizar. Por isso há um certo retraimento da política...

Retraimento no âmbito do diagnóstico, mas não institucional. A teoria da escolha racional é dominante nos Estados Unidos e tende a ser dominante no Brasil...

Mas são dominantes apenas em alguns departamentos universitários. Felizmente a vida é mais complexa do que o *rational choice*. Eu me refiro ao retraimento da capacidade de se interpretar o mundo. Ela perdeu em encantamento, possui menos apelo. Não sei até que ponto a retração das interpretações está condicionada à retração da própria política, a esperança de se agir no mundo e transformá-lo. Embora, sem política, viveríamos uma situação asfixiante.

Você está reafirmando a idéia de que o destino dos homens é definido pela política, pela ação dos homens fazendo a sua história?

Esta é uma questão ingrata. O dilema é que a noção de política não coincide com a de ação. Os homens atuam em vários níveis (na família, na arte, nas conversas ocasionais), um desses níveis está vinculado a uma esfera especializada à qual denominamos política, e na qual existem um conjunto de instituições consagradas — Estado, sindicato, partido. Minha impressão é que os debates dos anos 60 alargaram a concepção de política, situando-a além das instituições tradicionais. Embora, de fato, isso não tenha sido realmente levado em consideração por boa parte da literatura em Ciência Política. O dilema é como compreender os diversos níveis da ação humana e em que medida eles se entrelaçam com as questões propriamente políticas. É verdade que os homens fazem história, mas é também certo que eles são feitos por ela. A ação se articula numa dimensão da consciência e da inconsciência, da vontade e das estruturas. Talvez um dos sintomas da crise da política seja a predominância, e um certo exagero, do debate em torno da ética. Nunca se discutiu tanto sobre este tema. Inclusive em termos mundiais, fala-se em ética ecológica, ética universal, ética religiosa etc. Desconfio dessas coisas. Quando se fala muito em ética é porque falta política, isto é, formas de se encaminhar concretamente os problemas.

E qual a saída vislumbrada por você?

Já há muito tempo liberei-me daquilo que Bourdieu chamava "tentação messiânica". Mas sei que o espaço público já não se restringe à nação, é necessário pensá-lo, em suas contradições, em termos mundiais. Neste espaço, os intelectuais têm um papel a jogar, particularmente no debate das idéias. Sem esquecer, porém, que não são o demiurgo desses projetos.

Qual o compromisso do intelectual hoje?

Um intelectual tem sempre uma dupla dimensão: o trabalho que realiza no campo do saber e sua atuação na esfera pública. Dificilmente ele consegue escapar desta ambivalência. O lado público, como vários pensadores sublinharam, está relacionado ao compromisso com o debate, nele o intelectual se expõe, vai além de sua atividade propriamente "científica". Não acredito, porém, que ele tenha a força ou a competência, para elaborar projetos coletivos. Ele é parte do debate das idéias, é capaz de introduzir temas dissonantes e estimular questões que contrastem com a "ordem estabelecida" da discussão, muitas vezes naturalizada pelos outros participantes da esfera pública — políticos, ativistas, jornalistas. É possível, ainda, pensar no sentido inverso: como a dimensão pública incide no seu próprio trabalho. Em que medida ela o transtorna, o cerceia ou o estimula. Imaginar que as problemáticas das Ciências Sociais encontram-se inscritas na esfera do político parece-me um equívoco. Não somos "intelectuais orgânicos" dos partidos ou das instituições de mercado. No entanto, as Ciências Sociais não se constroem no vácuo, elas estão permanentemente atravessadas pela sociedade. Para mim, o debate público, muitas vezes, funciona como um estímulo. Ao escutar o outro, sou obrigado a me reposicionar, e de alguma maneira, lapidar meus argumentos. Meu livro *Um outro território* foi escrito depois de *Mundialização e cultura*. Muito de sua estrutura e forma foi resultado das perguntas, comentários e críticas que meu trabalho despertou. Participar de um conjunto de discussões sobre a globalização, não apenas no âmbito das Ciências Sociais, foi uma forma de enriquecer o pensamento.

Acha que o socialismo ainda pode ser construído como uma utopia, hoje?
Eu gostaria que fosse. Não sei se existe tal possibilidade.

Você pensa neste tema?
De forma detalhada, não, apenas como um horizonte, uma utopia fundada na idéia de uma sociedade mais justa. A utopia funciona como um potente maquinário da imaginação. Ao distorcer as lentes da visão, ilumina algumas questões da contemporaneidade. Teria muita dificuldade em eliminar sua referência dos traços de minha memória, aliás, não vejo razão para fazê-lo. Certamente, não existirá o socialismo imaginado no século XIX, ele também sofreu derrotas durante o século XX, particularmente na sua vertente autoritária. Mas é possível, e desejável, imaginar uma abertura no futuro e talvez, neste sentido, a política seja uma janela para a esperança. De maneira ainda rudimentar, heterogênea, incompleta, os movimentos antiglobalização apontam para uma ordem mundial mais justa, se não igualitária, menos desigual.

Você concorda com a expressão anti-globalização?
Lida do ponto de vista político, quer dizer, um movimento anti-hegemônico à globalização mercadológica, não vejo problemas maiores. Mas do ponto de vista conceitual, parece-me um equívoco. Ninguém escapa à globalização, estamos todos dentro, não fora. Tampouco a globalização é uma ideologia, trata-se de um processo social. Os próprios movimentos já compreenderam isso, passaram a se autodenominar alter-globalistas.

Quais são seus novos planos de pesquisa?
Tenho várias idéias. Wright Mills dizia ser importante ter em mente projetos distintos. Talvez seja esta uma artimanha para se controlar o tempo e renovar o en-

cantamento intelectual. Ao longo de minhas reflexões fui acumulando um conjunto de temas que gostaria de desenvolver mais detalhadamente. Há algo que em minha imaginação chamo de "o tempo e a hora", fruto da discussão que fiz no livro *Cultura e modernidade*, sobre o advento da hora universal. Gostaria de retomar o debate da modernidade periférica através dessa perspectiva. Lembro que a metáfora da hora era uma obsessão de nossos modernistas. Passa-se o mesmo com algumas questões que desenvolvi no livro sobre o Japão. No entanto, sei que existe uma diferença entre imaginação e proposta. Não posso confundir as coisas. Isso levou-me a desenhar um novo projeto de pesquisa: "A supremacia do inglês e as Ciências Sociais". Ele dá continuidade às minhas preocupações anteriores e abre caminho para se compreender as novas relações de poder que estruturam o campo intelectual contemporâneo.

A idéia de escrever em uma língua que não é a própria não empobreceria o texto e até o argumento retórico?
A posição da língua inglesa no contexto da globalização se transformou. Para responder à pergunta é necessário levá-la em consideração. O inglês é hoje um idioma interno à modernidade-mundo. Neste sentido, ele já não é mais uma língua "estrangeira". Desconhecer o inglês é ser analfabeto na modernidade-mundo. Posso não manipulá-lo da mesma forma que minha língua nacional. Porém, assim como o idioma nacional é interno à nação, o inglês exprime nossa condição de mundialidade. Neste sentido, não posso dele escapar. A questão é, portanto, compreender como se articula um mercado de bens lingüísticos em escala mundial, no qual os idiomas são parte de uma hierarquia clara e impiedosa. Uns possuem mais valores simbólicos do que outros.

No universo das ciências, o inglês transformou-se numa língua franca. Mas o que é uma língua franca? Uma língua empobrecida do seu contexto. Ela maximiza, em termos utilitários, a transmissão da informação. As Ciências Sociais trabalham com a informação, porém, diferentemente das ciências da natureza, sua natureza é interpretativa. Neste caso, uma língua franca "funciona" mal, pois o texto é vazado pelo contexto. Como o cientista social tem como instrumento principal a escrita, a língua é o meio através do qual ele constrói o objeto sociológico. Quero dizer, o objeto vem marcado pela língua. Por isso, quando lemos textos em inglês, escritos por pessoas que têm outro idioma de origem, temos a sensação de que falta alguma coisa. Por quê? Porque o inglês, trabalhado desta forma, economiza na confecção do artefato e maximiza a dimensão comunicativa e informativa. Tem-se assim uma perda das nuanças, cujo resultado é indubitavelmente nefasto para a interpretação. Não obstante, é preciso ter claro que vivemos num mundo no qual a língua inglesa é dominante. Por isso vejo a tradução como um elemento fundamental. No momento em que existirem as máquinas de tradução, as coisas se tornarão mais fáceis. Mas estamos longe disso. A tradução é importante porque transmite e valoriza a riqueza do texto. O problema é como pensá-la no âmbito das Ciências Sociais. Uma língua dominante implica relações de poder. Como enfrentá-las? Acho importante cultivar vários idiomas, não apenas como sinal de erudição, mas como um elemento de trânsito no contexto mundializado. Não podemos nos conformar a uma redução do universo teórico e temático, tal como o encontramos nas bases de dados como o Portal Capes. Elas estão predominantemente em inglês, o que naturaliza a sua utilização. A universidade deveria possuir uma diversidade de bases de dados, estimulando o cosmopolitismo das idéias e não o provincianismo global. Elas deveriam também incentivar uma política de tradução, vertendo para outros idiomas, entre eles o inglês, as pesquisas que nela são realizadas. Somente assim poderemos redefinir nossa condição de subalternidade. Traduzimos os outros, mas não somos traduzidos.

Qual o papel das Ciências Sociais no mundo contemporâneo?

Não é mais suficiente para as Ciências Sociais brasileiras debruçarem-se apenas sobre o Brasil. Temos entre nós cientistas sociais muito bem formados. Aliás, essa condição é paradoxal, pois na sua formação são cosmopolitas, falam e lêem vários idiomas, porém na realização de seus trabalhos, o objeto escolhido é sempre pontual, a temática é predominantemente nacional. As Ciências Sociais no Brasil já têm uma tradição acumulada que lhes permite alçar outros vôos.

Outro ponto importante é entender melhor as linhas de força do campo intelectual em escala mundial. Saber se inserir nele e, eventualmente, tirar proveito disso. Ao viajar pode-se perceber que a posição das Ciências Sociais brasileiras não é de se negligenciar. Há uma política científica insatisfatória, mas que garante um apoio institucional, financiamento de pesquisas, inestimável sistema de bolsas que poucos países da América Latina possuem e, até mesmo, poucas universidades européias ou norte-americanas. Conhecer essas linhas de força é nos posicionarmos melhor neste contexto hierarquizado, sabendo que nossa subalternidade é relativa. É também importante ao cientista social deslocar-se na modernidade-mundo, isto é, realizar pesquisas a partir das bibliotecas existentes em outros países. De Oxford à *École des Hautes Études*, da Columbia University às bibliotecas mexicanas ou argentinas. O cientista deve ter este tipo de estratégia como algo inerente à sua atividade, e não como um apêndice. E também discutir uma política científica para além do horizonte nacional.

PRINCIPAIS PUBLICAÇÕES

1978 *A morte branca do feiticeiro negro*. Petrópolis: Vozes.
1980 *A consciência fragmentada*. Rio de Janeiro: Paz e Terra.
1985 *Cultura brasileira e identidade nacional*. São Paulo: Brasiliense.
1988 *A moderna tradição brasileira*. São Paulo: Brasiliense.
1989 *A telenovela: história e produção*. São Paulo: Brasiliense.
1991 *Cultura e modernidade*. São Paulo: Brasiliense.
1992 *Românticos e folcloristas*. São Paulo: Olho d'Água.
1994 *Mundialização e cultura*. São Paulo: Brasiliense (ed. argentina: *Mundialización y cultura*, Buenos Aires, Alianza Editorial, 1997; ed. colombiana: Bogotá, Convenio Andres Bello, 2004).

1996 *Otro territorio: ensayos sobre el mundo contemporaneo.* Buenos Aires: Universidad Nacional de Quilmes (ed. brasileira: *Um outro território: ensaios sobre a mundialização da cultura*, São Paulo, Olho d'Água, 1998).

1998 *Los artifices de una cultura mundializada.* Bogotá: Siglo del Hombre Editores.

2000 *Modernidad y espacio: Benjamin en Paris.* Buenos Aires: Norma.

2000 *O próximo e o distante: Japão e modernidade-mundo.* São Paulo: Brasiliense (ed. argentina: *Lo proximo y lo distante: Japón y la modernidad-mundo*, Buenos Aires, Interzona, 2003).

2002 *Ciências Sociais e trabalho intelectual.* São Paulo: Olho d'Água.

2003 *A Sociologia de Pierre Bourdieu* (org.). São Paulo: Olho d'Água.

2004 *Taquigrafiando el social.* Buenos Aires: Siglo XXI.

2005 *Mundialização: saberes e crenças.* São Paulo: Brasiliense (ed. espanhola: *Mundialización: saberes y creencias*, Barcelona, Gedisa, 2005).

GLAUCIA VILLAS BÔAS

Glaucia Kruse Villas Bôas nasceu em 1947. Graduou-se em Ciências Sociais pela Universidade Federal Fluminense em 1971, estudou na Universität Erlangen-Nürnberg e fez doutorado em Sociologia na Universidade de São Paulo. É professora da UFRJ e pesquisadora do CNPq. Coordena o Núcleo de Pesquisa em Sociologia da Cultura da UFRJ. É membro do corpo editorial dos *Cadernos CERU* (FFLCH-USP), e das revistas *Sociedade e Cultura* e *Perspectivas*. Entre 1969 e 1972 foi redatora do jornal *Correio da Manhã* e mais tarde trabalhou como jornalista em *O Globo*. As principais áreas do conhecimento em que atua são: teoria sociológica, Sociologia da Cultura e pensamento social brasileiro. Suas linhas de pesquisa, cujo foco recai privilegiadamente sobre a modernidade e a sociedade brasileira, abrangem: perfil histórico, social e cognitivo das Ciências Sociais; grupos e movimentos culturais e artísticos; recepção e circulação das idéias e instituições do sistema de ensino superior. Esta entrevista foi realizada em julho de 2004.

Como e por que escolheu o curso de Ciências Sociais?
Em 1965, voltei dos Estados Unidos, depois de ter cursado o último ano da *high school* na pequena cidade de Pulaski, ao norte do estado de Nova York. Quando cheguei, revi meus amigos de colégio e, em conversa com eles, decidi fazer o vestibular para Sociologia. Eu via uma grande diferença entre os Estados Unidos e o Brasil, e meu interesse em conhecer o Brasil cresceu. Na realidade, esse interesse era anterior à minha viagem. Meu pai era médico sanitarista, viajava muito, sobretudo pelo interior, e eu gostava de escutar as histórias que ele contava sobre as grandezas e mazelas do país. Cresci ouvindo dizer que era possível melhorar as condições de vida das coletividades pobres, despossuídas de bens. Penso que tanto minhas vivências nos Estados Unidos como o discurso paterno influíram na minha decisão. Achava que a Sociologia poderia me ajudar a entender melhor o país e buscar soluções para seus males.

Fiz os primeiros anos do curso de Ciências Sociais na Universidade Federal do Rio de Janeiro. Tive ótimos professores. Alguns marcaram minha formação. Um deles foi Evaristo de Moraes Filho, que ministrava a disciplina Sociologia do Trabalho e ensinava *A ética protestante e o espírito do capitalismo*. Cultivava o amor pelos livros, e nós alunos ficávamos impressionados com a sua biblioteca. A outra professora foi Marina São Paulo de Vasconcellos, conhecida como dona Marina, que me introduziu na Antropologia brasileira. Começava o curso, que era de um ano, com a leitura dos viajantes do século XVI — Jean de Léry, Gabriel Soares de Souza, Hans Staden —, e chegava até meados dos anos 1950, com Darcy Ribeiro

Glaucia Villas Bôas

e Roberto Cardoso de Oliveira. Lembro-me ainda do famoso conceito de fricção interétnica. Acabei escolhendo Sociologia e Antropologia como disciplinas principais no curso de graduação. Fiz poucas matérias em Ciência Política. Minhas leituras nessa área eram fruto da militância política. Lia Marx, Lênin e Mao Tsé-Tung. Vivi um momento privilegiadíssimo da discussão sobre os destinos do Brasil e a possibilidade de intervenção dos intelectuais. A experiência daqueles anos não se circunscrevia apenas à política *strictu sensu*, mas abarcava também as mudanças que se operavam na esfera dos costumes, dos hábitos e dos valores. Sobretudo para as mulheres. Não só mudamos radicalmente as vestimentas e os cortes de cabelo como enfrentávamos situações novas para as quais não tínhamos nenhum preparo, ligadas à sexualidade, ao casamento, à virgindade, à tomada de decisões e à escolha de um projeto de vida. Experiência muito diferente daquela vivida pela geração anterior. Afinal, eu estava na Faculdade Nacional de Filosofia, no Rio de Janeiro, nos anos de 1966 a 68. Tive uma experiência rara do ponto de vista intelectual, pessoal e histórico. Sentia os acontecimentos com muita intensidade. Diversos caminhos estavam abertos, mas o desejo de dar continuidade aos estudos de Sociologia voltados para a sociedade brasileira permaneceu. Envolvi-me na política e no movimento estudantil, e fui expulsa da UFRJ em 69. Só pude concluir o curso em 1971, na Universidade Federal Fluminense.

Quando terminei a graduação, quis logo fazer o mestrado, mas devido à perseguição política não pude dar continuidade à minha formação no Brasil. Houve uma interrupção grande entre o término do curso de graduação e a retomada dos meus estudos na pós-graduação. Durante um período de quase cinco anos trabalhei como jornalista, no *Correio da Manhã* e depois em *O Globo*. Fiz quase de tudo no jornal: reportagem, redação e edição. Mas desejava sempre voltar para a Sociologia e fazer um curso de pós-graduação. Nos primeiros anos da década de 70, meu ex-marido Lucio de Brito Castelo Branco foi preso e torturado, sendo depois levado a julgamento. Fui perseguida durante muito tempo. As possibilidades de permanência no Brasil fora da clandestinidade foram se estreitando cada vez mais, ainda que não tivesse mais ligações partidárias. Fui para a Alemanha, o que não foi bem uma escolha, mas uma oportunidade que ocorreu, naquela época, quando um setor da Igreja Luterana Alemã deu início a uma política de apoio a jovens estudantes universitários que tinham problemas políticos em países de governo autoritário, sobretudo no Brasil, no Chile e na Argentina. Foi em uma dessas levas que saí do Brasil.

Em que ano você foi para a Alemanha?
Não sei precisar a data. Em meados ou talvez final de 1974, quando começava a abertura política no Brasil. Tinha dois filhos pequenos, e a lembrança que guardo dos primeiros tempos de exílio é a de que se gozava de uma grande liberdade. Podia-se falar! Tive uma enorme alegria ao chegar. Não me preocupava com o fato de não saber alemão nem saber bem o que ia acontecer. Passei seis meses na cidade de Bochum, para onde o setor da Igreja Luterana dirigido pelo pastor Heinz Dressel levava os jovens refugiados da América Latina e de outros países, como a Eritréia e a Coréia do Sul.

Glaucia Villas Bôas

Você tinha anteriormente alguma ligação com a Igreja Luterana?
Não tinha nenhuma ligação. Foram amigos do Brasil que fizeram contatos para que eu pudesse sair daqui. Depois de certo tempo, ainda em Bochum, cidade que fazia a ligação entre refugiados que moravam em Paris, Berlim e Bruxelas, resolvi retomar os estudos. Conheci o professor Hanns-Albert Steger, que havia assumido uma cátedra na Universidade de Erlangen-Nuremberg. Aí começou realmente minha vida acadêmica na Alemanha. Eu me inscrevi para o exame de língua e fiz uma solicitação para fazer doutoramento. O sistema universitário da Alemanha era muito diferente do sistema brasileiro e do norte-americano. Hoje está muito mudado. Mas naquela época, para obter autorização para o doutoramento, por exemplo, foram-me exigidos dois anos de estudos em seminários e *Vorlesungen* (cursos com aulas expositivas) da minha escolha. Não havia um programa a cumprir, mas eu tinha que fazer meu próprio programa de estudo. Integrei-me totalmente na vida da cidade e da universidade, embora ambas fossem muito conservadoras. A cátedra do professor Steger era uma cátedra de estudos sociológicos especialmente voltada para problemas da América Latina. Ele tinha interesse também no estudo da cultura da Europa Central, que desenvolveu depois de minha volta ao Brasil. A universidade era muito tradicional, sobretudo a Faculdade de Ciências Sociais e Econômicas, onde estava a cátedra de Steger. Havia vários tipos de aula, inclusive na casa do professor, com leituras e dias especialmente agendados durante o período letivo. O *Privatissimum* vigorava ainda, reunindo um pequeno número de alunos em um curso. Alguns professores gostavam de fazer excursões ao campo nos meses de primavera.

Agora entendo o regime de Sérgio Buarque de Holanda como professor, que chamava os alunos em casa para que utilizassem sua biblioteca e fizessem depois seminários. Ele estudou na Alemanha!
Participei dos colóquios promovidos pelo professor Steger e aprendi muito. Li autores brasileiros que não tinha conseguido ler na minha graduação, como Gilberto Freyre. *Casa-grande & senzala* foi uma de minhas primeiras leituras na Alemanha. Discutíamos também as idéias de intelectuais europeus que tinham influenciado o pensamento latino-americano, como Ortega y Gasset e Unamuno. Li Alfred Weber, Max Weber, Norbert Elias e conservadores que hoje estão sendo reinterpretados, como o jurista Carl Schmitt. Dificilmente teria estudado o pensamento conservador se estivesse sob orientação de outro professor. Conheci um mundo de idéias bem diferente daquele ao qual estava habituada. Tudo era novo e contrastava com as leituras que tinha feito. Steger orientava cerca de quinze doutorandos, entre alemães e estrangeiros, com posições ideológicas e políticas não só diferentes como discordantes. Ele conseguia reunir o grupo e discutir as idéias com muita habilidade. O eixo de suas discussões era o processo civilizatório europeu ocidental, que havia, na sua acepção, gerado uma tensão entre a padronização da conduta das coletividades modernas e as diferenças históricas e culturais. Interessava-se particularmente pelo papel dos intelectuais no reconhecimento dessa tensão e na qualidade de seus projetos de intervenção a favor de um mundo mais tolerante e menos desigual.

Foi aí que você começou a ler mais constantemente Mannheim?
Sim, Mannheim fazia parte da discussão sobre o papel dos intelectuais, mas não era o único; havia outros, como Julien Benda.

Na discussão sobre a questão dos intelectuais, vocês estabeleciam uma diferença entre o papel do intelectual nos países europeus e nos países periféricos?
Creio que a discussão se desenvolvia em outra direção, uma vez que as categorias de centro e periferia eram elas mesmas relativizadas. Discutiam-se os limites das possibilidades de intervenção dos intelectuais, principalmente daqueles que estão na academia. A idéia de que a universidade produz mais e melhor quanto mais distante se encontra dos problemas políticos do dia-a-dia, até mesmo porque só assim pode vê-los mais claramente, permanecia sem dúvida muito viva e muito questionada nos debates. Contudo, o problema mais discutido era então avaliar no pensamento de intelectuais, a exemplo de Octavio Paz ou Darcy Ribeiro, em que medida sabiam reconhecer as diferenças culturais de seus países — uma espécie de "intra-história" — e até que ponto tais diferenças se inscreviam nos seus projetos de modernização. Essa era a questão de maior interesse.

Fale um pouco sobre Nuremberg.
Nuremberg é a cidade de Albrecht Dürer, da ópera *Os mestres cantores*, de Wagner, mas também dos cortejos e discursos de Hitler, dos bombardeios norte-americanos e do Tribunal de Nuremberg. Era próspera e importante no século XIV. Uma das primeiras cidades-livres da região. Duas coisas importantes o estrangeiro aprende logo que chega lá: que Nuremberg é protestante e integra a Francônia — aliás, é parte da *Mittelfranken* (Francônia Central), para ser mais precisa. Os nativos falam *franken* (franco) e muitos vestem ainda seus trajes típicos com as cores verde e cinza. Não são bávaros nem católicos. O castelo, as igrejas, o mercado, o rio Pegnitz, as quatro portas da cidade, tudo isso foi reconstruído no pós-guerra de acordo com o estilo da época. Coisa não muito comum na Alemanha, onde os arquitetos e as prefeituras se dividiam entre deixar as marcas da guerra e do nazismo na arquitetura das cidades, ou reconstruí-las de acordo com seu estilo próprio, o que certamente era muito mais caro. Mas a reconstrução não apagou a memória dos discursos e cortejos que Hitler fazia na cidade. Nuremberg ficou marcada pela guerra, pelos bombardeios e pelo Tribunal de Nuremberg, que ainda naquela época prosseguia com seus julgamentos. Na segunda metade dos anos 1970, a geração de alemães que tinha a minha idade, nascida depois da guerra, iniciou um movimento de revisão do passado, sobre o qual nunca se tinha falado. Os cineastas tiveram grande participação nesse movimento. Eram pessoas que nunca haviam perguntado a seus pais sobre o Terceiro Reich e sobre o nazismo.

É mais ou menos o que ocorre com a juventude atual, que tem uma vaga impressão sobre o que aconteceu no Brasil nos anos 1960 e 1970. Só que ainda não iniciou o processo de indagação. É uma memória que ainda não faz parte da história...

Glaucia Villas Bôas

É verdade. Há algo de semelhante, embora no caso alemão o totalitarismo e o genocídio tenham tomado proporções incalculáveis. Mas, voltando a Nuremberg, havia, ainda na década de 70, discussões sobre o destino dos grupos terroristas, como o de Baader-Meinhof, e sobre a conduta dos trabalhadores estrangeiros que moravam na cidade, principalmente dos turcos. Como você vê, embora pequena, com seus 600 mil habitantes, a complexidade era grande; havia muito o que ver e ouvir em Nuremberg. A tradição, a política e a religião mesclavam-se com o funcionamento aparentemente tranqüilo da cidade. Tudo isso aguçava minha curiosidade, sobretudo o peso da tradição na estruturação de uma sociedade, afinal de contas, moderna.

Por isso Weber recupera o papel da religião na própria estruturação da sociedade.
A reflexão de Max Weber sobre o papel da religião sempre nos surpreende e acho que não se deve menosprezá-la. Realmente a importância da conduta ético-religiosa na Alemanha é relevante, mas não se deve esquecer também a força dos agrupamentos políticos. Aliás, Weber se voltou também para a política. Em Nuremberg, o Partido Social Democrata (SPD) e a União Democrata Cristã (CDU) faziam regularmente comícios em praça pública. Lembro-me do chanceler Helmut Schmidt discursando no centro da cidade, na *Hauptmarkt* (praça principal). Às vezes, à saída de um comício, já fora dos portões da cidade, podia-se ver as manobras dos soldados norte-americanos saindo dos quartéis, que ficavam em um bairro atrás da estação ferroviária. Ás vezes, tenho a sensação de que realmente conheci "por dentro" uma parte da Alemanha dos anos 1970.

Você ficou até quando em Nuremberg?
Fiquei até 1980. Com a abertura política, quis voltar e adiei meu plano de fazer o doutorado. Meu projeto de tese era comparar as idéias sobre o Brasil inscritas em *Casa-grande & senzala*, de Gilberto Freyre, com aquelas do romance *Amazonas*, de Alfred Döblin, escritor alemão judeu mais conhecido pelo seu *Berlin Alexanderplatz*. Döblin escreveu *Amazonas* com base em farta documentação que encontrou na Biblioteca Nacional de Paris: relatos de viagem, escritos históricos e etnografias. A primeira parte da trilogia *Amazonas* contempla a natureza e os habitantes do rio; a segunda se ocupa das missões dos jesuítas no Brasil, trazendo à tona o velho tema da cristandade e dos pagãos; e a terceira registra reflexões do autor construídas com alegorias de caráter histórico-filosófico. O livro começou a ser publicado em 1936, três anos depois de *Casa-grande & senzala*; daí outro motivo, esse de caráter histórico, para comparar as visões do Brasil de Döblin e Freyre.

Logo que chegou ao Brasil, você foi trabalhar na UFRJ?
Um mês depois de minha chegada, soube que haveria um concurso de seleção de professores horistas para o departamento de Ciências Sociais da UFRJ. A seleção se assemelhava a um concurso público, com prova de currículo e ponto sorteado para prova-aula e prova escrita. Passei e fiquei trabalhando ali. O Instituto de Filosofia e Ciências Sociais abrigava os departamentos de Filosofia, História e Ciên-

340   Conversas com sociólogos brasileiros

cias Sociais e funcionava então no Largo São Francisco, isolado das outras unidades da universidade. A repressão política teve papel devastador e desestruturou muito a instituição. Não havia biblioteca. O empréstimo de livros se dava de forma precária, pois a maior parte deles estava trancada em salas do prédio. Documentos, fotografias tinham sido literalmente jogados no Instituto em 1969. Diante dessa situação, não restava outra alternativa senão procurar reconstruir a instituição. Conversava muito com os colegas do IFCS, buscando uma solução para os problemas, que não eram só físicos mas também acadêmicos. Éramos todos muito jovens, na época, e estávamos ainda terminando nossa formação. Mas conseguimos realizar um projeto institucional, que foi liderado, de um lado, pelo Laboratório de Pesquisa Social, com seu programa de iniciação científica voltado para a melhoria da graduação em Ciências Sociais, e, de outro, pela construção do Programa de Pós-Graduação em Sociologia e Antropologia.

Ao lado dos compromissos institucionais, mantive contato com o professor Steger, com a pretensão de voltar à Alemanha para terminar o doutorado. Mas, nesse meio tempo, comecei a achar que seria complicado voltar com os filhos para Nuremberg. Não foi uma decisão fácil. Fui a São Paulo conversar com Maria Isaura Pereira de Queiroz algumas vezes. Steger havia me apresentado Maria Isaura em um seminário sobre a América Latina realizado na cidade de Alpbach, no sul da Áustria. Na ocasião, ela se interessou pelo meu artigo "Cultura brasileira: subcultura européia e/ou mera noção ideológica?", no qual discutia o conceito de cultura e introduzia o problema que sempre me motivou intelectualmente, que é saber as relações entre a idéia de uma cultura brasileira e as possibilidades de desenvolvimento moderno do país. Maria Isaura encaminhou o artigo para a revista *Ciência e Cultura*, da SBPC, que o publicou em 1980. Iniciei uma correspondência com ela ainda na Alemanha, o que facilitou meu contato e permitiu procurá-la para pedir orientação para fazer doutorado na Universidade de São Paulo. No primeiro encontro, em São Paulo, ela disse que eu continuasse sob a orientação do professor Steger, mas depois de muita insistência me aceitou.

Seu doutorado não seria mais naquele esquema de comparação entre a visão do autor alemão sobre a Amazônia e a de Gilberto Freyre, não é?
Não. Esse foi um longo percurso. Burocrático, em primeiro lugar, porque nenhum curso que havia feito podia ser reconhecido aqui, devido ao sistema de créditos. A carga horária dos cursos feitos lá era sempre bem menor. O aluno ficava muito mais tempo na biblioteca ou em laboratórios do que dentro da sala de aula. Foi impossível fazer qualquer tipo de equivalência. Perdi um bom tempo com as pelejas burocráticas. Em segundo lugar, o longo percurso do doutorado se deveu a um conjunto de adaptações indispensáveis, mas que nem sempre foram rápidas. A orientação de Maria Isaura era muito diferente da que eu tinha recebido, embora tivéssemos afinidade no que concerne ao debate sobre a modernidade e as diferenças culturais e históricas. Mas as afinidades não eram suficientes para superar posições divergentes acerca do estudo sobre o pensamento social brasileiro. Aliás, desde a exposição de "Contribuição ao estudo da Sociologia Política no Brasil", no I Congresso de Sociologia, em 1954, Maria Isaura defendia uma postura con-

trária ao estudo das idéias, dando grande ênfase às pesquisas empíricas e históricas que recuperavam a trama das relações sociais. Era nossa discussão constante. E acabei aprendendo muito com ela. Aprendi muito também nos cursos ministrados por Gabriel Cohn, Irene Cardoso e Francisco Weffort.

Escrevi uma tese sobre as Ciências Sociais na década de 1950, cuja base é a classificação por tema e disciplina de mais de oitocentos livros constantes no acervo da Biblioteca Nacional. A pesquisa me deu uma visão geral das idéias que eram discutidas pelas Ciências Sociais nessa década e fez cair por terra algumas de minhas hipóteses. Eu achava que no auge do período chamado de desenvolvimentista encontraria uma produção voltada, sobretudo, para as questões do desenvolvimento do país. Percebi, no entanto, que havia uma diversidade temática que revelava a insistência em continuidades, tal como nos numerosos livros sobre as tradições folclóricas brasileiras. Além disso, um conjunto importante de historiadores políticos continuava publicando sobre os eventos políticos extraordinários. É verdade que a Economia e a Sociologia cresceram muito nesse período e impuseram o estudo das relações sociais através da problemática da mudança social e do desenvolvimento, mas outras disciplinas, sobretudo a História e a Antropologia, que já vinham sendo cultivadas, mantiveram um lugar de destaque.

A Sociologia vai ser substituída pela Economia como discurso explicativo, mas na década de 1950 conheceu um período áureo. Em 1930, ainda está muito mesclada com História e Antropologia.

Essa é a explicação corrente dada à história das disciplinas nesses períodos. Penso, contudo, que além da imposição de um ponto de vista disciplinar, a tese *A vocação das Ciências Sociais (1945-1964): um estudo de sua produção em livro* mostra o drama que resulta da maneira pela qual homens e mulheres estabelecem relações com o seu tempo: ora se deixam levar pela sedução das novidades, ora querem criá-las, ora desejam se opor radicalmente aos seus desígnios, ora preferem cuidar da memória de outros tempos. Esse drama se presentifica na produção das Ciências Sociais.

Você não acha que a produção das Ciências Sociais naquele período resulta também da institucionalização dos cursos de Ciências Sociais, no Rio de Janeiro e em São Paulo?

Sem dúvida. Não abordei a institucionalização das Ciências Sociais a partir dos cursos de formação ou dos institutos de pesquisa, mas justamente a partir da produção dos livros, apontando aspectos de sua circulação e difusão, sem o que também não há institucionalização. Através da publicação de livros, é possível observar a institucionalização de uma perspectiva que permite avaliar a semelhança e a diferença das temáticas em centros de diferentes cidades, como Salvador, Recife, São Paulo, Belo Horizonte e Rio de Janeiro, onde naquela época viviam e trabalhavam os primeiros cientistas sociais. É importante saber que o Estado foi o responsável por grande parte da publicação dos livros em Ciências Sociais até meados dos anos 1950, quando o crescimento acelerado da indústria e mercado do livro no Rio de Janeiro e São Paulo começou a mudar esse perfil. No acervo da biblioteca do antigo CBPE (Centro Brasileiro de Pesquisas Educacionais), com mais de 60 mil títulos, é possível observar não somente os autores estrangeiros que eram lidos na época, como o interesse na publicação de cientistas sociais brasileiros. Veja-se a coleção sobre o Brasil tradicional e moderno dirigida por Darcy Ribeiro. Lá se encontra também a primeira edição do livro *A integração do negro na sociedade de classes*, de Florestan Fernandes, publicado pelo Centro. Lamentavelmente, há muitos anos o acervo está sem o cuidado que merece, em estado precaríssimo, no campus da UFRJ. Mas isso é outro assunto.

Voltando à Sociologia, o próprio Gilberto Freyre dos anos 1950 já é outro, não mais o da década de 1930, de Casa-grande *e* Sobrados e mucambos. *Ele é obrigado a discutir com uma nova produção sociológica brasileira.*

Sim. Acho que você está insistindo nas mudanças que ocorreram no pensamento sociológico nos anos 50. De fato ocorreram. Apenas não ocorreram isolamente, como já disse. Ao lado das descontinuidades nos paradigmas de entendimento da sociedade brasileira, manteve-se uma boa parte do pensamento conservador. Mas vamos às mudanças.

Realmente inaugura-se na década de 50 um outro modernismo, bem diferente do modernismo de 1920 e 1930, que insistia na busca de uma individualidade nacional em uma série de manifestações e acontecimentos da vida social. O modernismo sociológico dos anos 1950 renuncia à procura de um espírito nacional a caminho de si mesmo e procura romper com o círculo de ferro das heranças do paradigma anterior, com o objetivo de legitimar concepções igualitárias, universalistas e progressistas da vida social. A Sociologia brasileira dos anos 50, sem dúvida, desloca a idéia de construção da nação para a idéia de construção de sociedade. Mais do que isso, queiramos ou não, os sociólogos estimularam o debate sobre as possibilidades de construção de uma ordem social moderna e democrática no país. É nesse debate que se formula a questão das desigualdades sociais. A Sociologia daqueles anos tem sido excessivamente acusada de ser economicista, funcionalista, teleológica, patológica. São julgamentos apressados, que impedem uma avaliação mais ponderada de seu papel no debate sobre o Brasil.

Isso levou você a refletir sobre a obra de Costa Pinto?

Comecei a ler Costa Pinto há muito tempo, quando o coordenador do curso de Ciências Sociais me pediu para ministrar a disciplina de Sociologia do Desenvolvimento na graduação. Preparei o programa do curso e, tempos depois, escrevi um texto chamado "O sentido das mudanças na Sociologia dos anos 50", que apresentei na reunião da Anpocs em 1989, comparando as posições de Costa Pinto, Florestan Fernandes e Guerreiro Ramos. Conheci Costa Pinto no mesmo ano, durante as comemorações do cinqüentenário do curso de Ciências Sociais. Ele voltava pela primeira vez ao Brasil, para receber o título de professor emérito. Toda a festividade, inclusive a entrega do título a Costa Pinto, está registrada em vídeo coordenado por mim e dirigido por Ana Maria Galano. Aprofundei meu estudo da trajetória intelectual de Costa Pinto quando organizei com Marcos Chor Maio um

Glaucia Villas Bôas 343

seminário sobre o pensamento do autor, que deu origem ao livro *Ideais de modernidade e Sociologia no Brasil: ensaios sobre Luiz de Aguiar Costa Pinto.*

Ele traz, de certo modo, a modernização do discurso das Ciências Sociais e aponta para a necessidade do aprofundamento da pesquisa para o desenvolvimento do país.

Costa Pinto participou ativamente do processo de institucionalização da Sociologia no Brasil, como catedrático da antiga Universidade do Brasil, mas também como pesquisador no Centro Brasileiro de Pesquisa Educacionais e à frente do CLAPCS (Centro Latino-Americano de Pesquisas em Ciências Sociais), orgão da Unesco. Sua importância, entretanto, está na maneira própria de diagnosticar a construção de uma ordem social moderna no país. Costa Pinto foi um dos primeiros sociólogos a postular que a sociedade moderna não viria a se instaurar no Brasil sem conflitos. Seu conceito de marginalidade estrutural, formulado ao longo das primeiras pesquisas, *Lutas de família no Brasil* e *Recôncavo*, revela um conflito estrutural que tem origem em um processo peculiar de mudanças, no qual as ordens sociais moderna e tradicional se mesclam de tal modo que nenhuma é capaz de se impor à outra. Ele partia da premissa de que o conflito é constitutivo da sociedade e que nenhuma mudança se faria sem resistências e obstáculos, pela simples integração funcional das esferas diferenciadas da vida social. Creio que uma de suas maiores contribuições foi revelar a peculiaridade do processo social de mudanças da sociedade brasileira. No Rio, manteve-se afastado das teses nacionalistas do ISEB, criticando-as pelo seu caráter ideológico. Tampouco aderiu ao que chamava de Sociologia acadêmica, polemizando com seus colegas da USP. Recusou-se a classificar os fenômenos sociais em normais ou patológicos, mas nem por isso deixou de exortar os intelectuais a intervirem nas mudanças sociais. Tanto é que o termo desenvolvimento era definido por ele como *mudança provocada*. Há pessoas que não se enquadram bem nas categorias criadas, nem constituem motivo para a criação de novas categorias. Parece-me ser este o caso de Costa Pinto. Ele não se enquadra bem na classificação que divide os sociólogos entre isebianos e uspianos. Por isso vale a pena conhecer seu pensamento.

Ele tinha compreendido profundamente o papel da universidade e das Ciências Sociais nesse processo, quando fez o texto para a Capes, onde estabelece uma clara relação entre o papel dos intelectuais e o processo de transformação da sociedade.

Costa Pinto não abriu mão do papel da Sociologia na construção da sociedade moderna. Para ele, a disciplina tinha um caráter essencialmente instrumental. Ele cunhou a oposição Sociologia acadêmica *versus* Sociologia crítica, defendendo a posição engajada dos sociólogos nas mudanças sociais, sem, contudo, submeter a disciplina a um projeto político desenvolvimentista de caráter nacionalista.

Pode-se dizer, também, que Costa Pinto provocou uma ruptura em relação a um aspecto da tradição da Sociologia brasileira, pois no Rio de Janeiro ele se coloca contra o setor da Igreja Católica que provocou a intervenção no projeto de Anísio Teixeira sobre as Ciências Sociais, que era nitidamente secularizador. Em São Paulo, a inserção da Sociologia se dá de outro modo.

Creio que Costa Pinto realmente não pertencia aos círculos católicos cariocas, mas muito possivelmente mantinha proximidade com os comunistas. Um dos papéis importantes que ele desempenhou na institucionalização da Sociologia no Rio de Janeiro foi distinguir a abordagem sociológica da abordagem etnográfica e dos estudos históricos. Basta ver a introdução ao livro O *negro no Rio de Janeiro* e o resultado a que chega sobre o preconceito e a discriminação racial no Brasil. Aí sim, sua participação foi fecunda, no tocante à crítica aos estudos que se limitavam à cultura negra e relegavam o estudo das relações entre negros e brancos. Aliás, em um sentido mais amplo, nem ele nem Evaristo de Moraes Filho aderiram aos estudos sobre a cultura ou o caráter brasileiro, por considerarem que estes acabavam concebendo uma essência intocável do ser brasileiro. Eles opunham a tal visão o ponto de vista da mutabilidade da vida social, vista como fluxo contínuo e não como reatualização do mesmo e do igual. Evaristo também foi importante nesse debate.

É um autor importante, talvez um pouco esquecido nesse debate.

Evaristo de Moraes Filho, Costa Pinto e Maria Isaura foram objeto de um estudo meu, que deverá ser publicado em livro intitulado *Mudança provocada: passado e futuro no pensamento sociológico brasileiro*. Cada um deles pensou a instauração de uma ordem moderna no Brasil de maneira diferente. O livro leva a questionar as interpretações do Brasil, que não dão mais conta dos problemas atuais, como também a formular perguntas que abram caminhos para outras interpretações. Maria Isaura tem uma reflexão bem distinta dos sociólogos seus contemporâneos na USP. A começar por sua noção de mudança social, que não significa necessariamente o desenvolvimento em direção a um ponto futuro, mas pode consistir em um movimento conservador. Para ela, o tempo enquanto fluxo contínuo mostra no seu desenrolar que há formas de sociabilidade novas, que aparecem em determinado momento, e outras que efetivamente desaparecem. Ela faz notar, nas suas pesquisas, que existem também outras formas de sociabilidade que perdem sua função social, mas são reinterpretadas e permanecem renovadas. Mais do que mera insistência, Maria Isaura perseguiu o entendimento da diferença cultural brasileira, ao qual se opunham Costa Pinto e Evaristo. Ao contrário deles, argumentou a favor dos projetos históricos e culturais específicos de sociedades em processo de mudança. A instauração de uma ordem moderna não anularia as tradições, e a permanência destas é ponto-chave das suas interpretações do Brasil.

Mesmo na concepção de Florestan Fernandes, existe uma espécie de validação dessas formas tradicionais para o desenvolvimento moderno.

Em Florestan, o modelo ideal de uma ordem social moderna — instrumento de medida para as peculiaridades do desenvolvimento brasileiro — está bem mais presente e é vital na sua obra. Quanto a este assunto, aliás, para além da diferença entre os sociólogos da década de 1950, acho que as explicações canônicas dadas ao arranjo ou à combinação entre formas tradicionais e modernas, tais como o mandonismo, o coronelismo, o clientelismo etc., não satisfazem mais. Menos ainda a recente reatualização de uma compreensão culturalista dos males do país através de suas origens ibéricas. Isso não quer dizer que eu faça parte da corrente que decretou o fim das interpretações, dos intelectuais, do modernismo, do Estado, e que acredita que a única saída é a redenção pela memória. Não se trata disso. É preciso voltar a refletir sobre o tipo de arranjo de formas tradicionais e modernas, em busca de novo esclarecimento.

As respostas fazem parte do próprio desenrolar da sociedade, que coloca as novas formas.

Sim, mas não vêm por si sós, e sim com esforço e empenho intelectual, sobretudo das gerações mais jovens. É preciso perguntar por que o patrimonialismo não é mais a resposta para os males do país, por que as raízes ibéricas também não servem mais para a compreensão das desigualdades sociais. A questão racial está sendo repensada. É, portanto, a busca de novas interpretações que motiva o estudo do pensamento sociológico.

Você está dizendo que fazer História das Idéias não é fazer arqueologia, é testar o presente, pois as idéias são forças sociais. Essa preocupação começa com seu doutorado, sob a orientação de Maria Isaura, e se desdobra até hoje. Quando terminou seu doutorado?

Terminei em 1992. Depois do doutorado, trabalhei em dois projetos. O primeiro deles tratava do pensamento social brasileiro do ponto de vista das concepções de tempo e sua estreita relação com a construção da nação e da sociedade. A idéia de que as concepções de tempo histórico são formas de controle social e político, elaborada por Reinhardt Koselleck, foi o ponto de partida desse estudo. O tempo das origens, que conforma a solidariedade e a identidade de uma coletividade, e o tempo moderno, que cria um abismo entre as coletividades e suas tradições: esse é o fio condutor da leitura de diversos textos e autores que estão no livro que mencionei acima. O segundo projeto de investigação foi a recepção da Sociologia alemã pela Sociologia brasileira, com o propósito de ver a lógica dessa recepção e, através dessa lógica, percorrer novos ângulos da identidade cognitiva do pensamento sociológico. Insisto sempre que não se trata de estudar a recepção pela recepção, mas de pesquisá-la com o intuito de conhecer a peculiaridade do pensamento sociológico brasileiro. Qual é a lógica que preside a reelaboração das idéias recebidas? O que faz com que as idéias absorvidas adquiram novo sentido? Você conhece bem isso, porque pesquisou e escreveu sobre as relações entre o pensamento hispânico e a obra de Gilberto Freyre.

Talvez você tenha percebido que as mesmas idéias que tinham operado na definição dos contornos da sociedade alemã, aqui ganharam sentido diferente.

A pesquisa da recepção é muito custosa, porque envolve o estudo de duas tradições sociológicas distintas. Quando comecei os primeiros levantamentos sobre a recepção da Sociologia alemã nos anos 1950, percebi que a presença de Karl Mannheim e Hans Freyer era muito grande. Mannheim é mencionado na tese que Evaristo escreveu sobre Comte e evocado até mesmo nas últimas páginas de *O messianismo no Brasil e no mundo*, de Maria Isaura. Poucos escaparam dele. Mas, respondendo à sua pergunta, quero dizer que a experiência na Alemanha apenas ajuda. O que me levou a perceber como Mannheim foi lido e reelaborado em um período da história da Sociologia brasileira foi a pesquisa que fiz, comparando a recepção de Mannheim por autores alemães, norte-americanos e brasileiros. Só então pude verificar o quanto ela obedece a lógicas distintas e tem a ver com questões específicas que ocupam um grupo ou geração de intelectuais dentro de uma tradição de pensamento. Veja o exemplo do conhecido prefácio que Louis Wirth escreve para a edição inglesa de *Ideologia e utopia*. O que faz Wirth? Ele retira Mannheim de sua tradição original e o coloca no panteão de filósofos norte-americanos pragmatistas como Mead, James e Dewey. Feito isso, pode introduzi-lo ao mundo de língua inglesa sem correr riscos e combater os behavioristas, que era seu verdadeiro objetivo. No caso brasileiro, Mannheim vem resolver o problema específico de uma intelectualidade que queria fazer ciência dentro das regras durkheimianas e, ao mesmo tempo, intervir no mundo para transformá-lo. A recepção instrumental e pragmática mantém Mannheim como um estrangeiro, "fora" da tradição brasileira. Mas, ainda que as lógicas de inclusão ou exclusão sejam distintas, em ambos os casos — norte-americano e brasileiro — a apropriação e reelaboração das idéias tem a ver com uma problemática dos intelectuais no contexto da recepção. Como se vê, a pesquisa da recepção, embora custosa, pode revelar peculiaridades pouco conhecidas das tradições de pensamento.

> *Você acha que a questão da missão do intelectual em Mannheim está articulada a uma visão totalizadora e não imediatista, mais comum hoje em dia?*

Mannheim discutiu a origem e a validade das idéias, a pluralidade dos modos de pensar e os seus efeitos políticos. Questionou os critérios mais comuns de aferição da verdade e causou muita polêmica ao afirmar que nenhum modo de pensar era verdadeiro ou falso, mas dependia da perspectiva determinada pela existência social de indivíduos ou grupos. Tal era o relativismo de sua Sociologia do conhecimento, que Adorno repudiou veementemente suas idéias. O mesmo fez Lukács. Para esses dois autores, a idéia de totalidade histórico-social caíra por terra no pensamento mannheimiano. A missão do intelectual, em Mannheim, está relacionada com a capacidade dos intelectuais de elaborar uma síntese dos diversos modos de pensar. Tarefa nada fácil, aliás, e segundo alguns de seus intérpretes Mannheim não a esclareceu devidamente. Na realidade, o que ele almejava não ocorreu. Depois da Segunda Guerra Mundial, os intelectuais se dividiram em duas posições antagônicas, à direita e à esquerda, com projetos políticos distintos. Os deuses falharam de um lado e de outro, deixando como herança a frustração, a desesperança e o pessimismo, já que os empreendimentos voltados para um mundo melhor, mais igualitário e tolerante não foram bem-sucedidos. Nem por isso creio que os intelectuais tenham perdido a capacidade de se espantar com o mundo em que vivem,

Glaucia Villas Bôas

no qual certamente muitos deles não se sentem "em casa". Tampouco abandonaram seu papel de crítica e intervenção. O que vem desaparecendo é um modelo de intelectual-profeta, portador de verdades e certezas.

Você tem outro projeto de pesquisa?

Sem abandonar meus interesses antigos, e sempre voltada para os anos 1950, dei início no ano passado a um projeto sobre a arte concreta no Rio de Janeiro, que tem me levado a diversos arquivos e pessoas. Embora persista a questão da identidade do processo de instauração de uma ordem social moderna no país, estou lidando com uma experiência humana bem diferente daquela dos círculos acadêmicos e da pesquisa.

É o mundo dos ateliês, das exposições, dos museus, da crítica, dos mecenas, da paixão pela forma. É um mundo estranho e fascinante ao mesmo tempo. Sobretudo o da arte concreta, em que não há retratos nem paisagens, nem identificações solidárias com a cultura brasileira, mas pontos, linhas, quadrados, estruturas em rotação... Meu objetivo é mostrar a concepção de tempo e a qualidade do caráter universalista do modernismo nas artes plásticas dos anos 50.

Fale um pouco de suas outras ligações institucionais após sua volta da Alemanha.

Uma experiência muito importante foi minha participação no GT (grupo de trabalho) Estudos da Cultura Brasileira, da Anpocs, que era coordenado por Maria Isaura Pereira de Queiroz. No mesmo ano em que cheguei, ela me convidou para apresentar o trabalho "Cultura brasileira: subcultura européia e/ou mera noção ideológica?", que havia sido publicado aqui. Do grupo participavam Renato Ortiz, Sergio Miceli, Eduardo Jardim, Ruben Oliven, Suzana Soares, Olga von Simson, Paula Monteiro, Marlyse Meyer e Jerusa Pires Ferreira. Maria Isaura costumava convidar também outros pesquisadores, quer fosse para os seminários que ela promovia entre as reuniões da Anpocs, quer fosse para as discussões no encontro anual. Como havia vivido muito tempo fora do Brasil, a participação no grupo me permitiu ver como se desenvolviam os trabalhos sobre o que aqui se chamava de cultura brasileira. Quando o grupo encerrou suas atividades, fui convidada para participar do GT Pensamento Social.

Na Universidade Federal do Rio de Janeiro, você está no departamento de Sociologia?

Sou professora do departamento de Sociologia e membro do colegiado da pós-graduação em Sociologia e Antropologia. Organizei e coordeno há muitos anos o Núcleo de Pesquisa em Sociologia da Cultura, que reúne os alunos de graduação e pós-graduação e os professores interessados nessa linha. Como disse, faço parte de um grupo que se dedicou muito à vida institucional do Instituto, com o propósito de elevar seu nível acadêmico. Acho que fomos bem-sucedidos. O intuito de promover o padrão de qualidade no ensino e na pesquisa na área de Sociologia fez com que me integrasse em projetos de pesquisa ligados à vida universitária. Coor-

Conversas com sociólogos brasileiros

denei um projeto sobre o curso de Ciências Sociais da UFRJ, incluindo a análise de seus diversos currículos e a relação da mudança curricular com a evasão de estudantes durante os primeiros cinqüenta anos do curso. Participei de projeto apoiado pela Capes e pela Unesco sobre os egressos do sistema nacional de pós-graduação dos anos 1990, que contou com a contribuição de diversos pesquisadores, sob a coordenação de Jacques Velloso. Além disso, coordenei com Yvonne Maggie o projeto Cor e Educação, sobre desigualdades sociais na universidade brasileira.

Como você vê o papel da Sociologia no mundo contemporâneo? Afirma-se que a Sociologia atualmente perdeu terreno para a Antropologia e para a Ciência Política.

As disciplinas sempre disputaram entre si, havendo períodos mais significativos para umas e menos importantes para outras. Com relação à disputa entre Sociologia, Ciência Política e Antropologia, penso que é uma questão bem brasileira. Na Alemanha, Habermas e Luhmann pontuaram e ainda pontuam a discussão sociológica, assim como Bourdieu na França, Boaventura de Sousa Santos em Portugal, Giddens na Inglaterra. Mas desde que Lyotard anunciou o fim das "grandes narrativas" de emancipação e esclarecimento, associou-se tal revelação ao fim da Sociologia. Some-se a isso a ideologia do fragmento, a valorização das situações locais, os estudos pós-modernos e, ainda, a difundida afirmação de Margaret Thatcher de que não existe sociedade, mas indivíduos.

Apesar das adversidades, a Sociologia continua desempenhando o seu papel de reconhecer e compreender a trama das ações e relações sociais, as crenças, os modos de pensar e a ordem que se conformam em qualquer esfera da vida social. Em todo caso, a velocidade das informações veiculadas através de novos meios coloca um problema crucial para a reflexão. A reflexão sobre relações sociais complexas requer tempo e não pode ater-se à experiência imediata. Cada vez mais se exigem respostas rápidas para os problemas e, então, saem as respostas prontas, uma espécie de *prêt-à-porter* intelectual. A avidez pelo imediatamente pronto, isso sim, é um empecilho para a reflexão, mas não creio que apenas para a reflexão sociológica. No Brasil, a Sociologia não tem mais o lugar que ocupava nos anos 1950 e 1960. Naquelas décadas, a disciplina trouxe para o pensamento social uma visão universalista da vida social, impondo-se sobre as disciplinas que buscavam as diferenças culturais e o "caráter brasileiro" como fonte explicativa da sociedade. Depois, livrou-se daquele programa e ganhou mais liberdade, perdendo o caráter sectário que tinha. Hoje, os antropólogos e os cientistas políticos têm mais obrigações com sua própria disciplina e maior homogeneidade temática e bibliográfica. Têm um programa a cumprir.

Quanto à influência dos autores em sua formação, quem você destacaria?

A leitura de muitos autores brasileiros, desde os viajantes do século XIX, como Hans Staden e Gabriel Soares de Souza, até Gilberto Freyre, Euclides da Cunha, Florestan Fernandes, Maria Isaura Pereira de Queiroz, Fernando de Azevedo, Costa Pinto, entre outros tantos. Li e ainda leio muito Weber e Simmel. Além deles, Hannah Arendt e Koselleck. A formação nunca está inteiramente pronta, não é? Li recentemente *O século das luzes*, de Alejo Carpentier, um verdadeiro ensaio sobre o poder que esclarece muito da história da Europa e da América Latina. A literatura também foi e é ainda importante para a minha reflexão.

Qual o papel do intelectual no mundo contemporâneo? Há lugar para ele hoje?

Os intelectuais não desapareceram do mundo, e acredito que haja ainda lugar para eles. Não ocupam mais o lugar que tiveram no passado. Seu papel está mudando e não se sabe ainda exatamente em que direção. Nem o intelectual das utopias universalistas eurocêntricas, que tinha o domínio do saber ao qual os homens deveriam se submeter, nem o intelectual romântico, amante das diferenças e do relativismo. Acho que vivemos em um mundo em tensão, onde o estreitamento da esfera pública, as guerras, a violência, a inominável desigualdade de renda entre grupos e indivíduos, a mídia decretando o fim do mundo a cada dia, o deslumbramento com as tecnologias de maior precisão e velocidade criam uma imagem darwinista e apocalíptica do mundo, com tal poder de persuasão, que a única saída parece ser a memória. Relembrar é um ato simbólico de grande força política e pedagógica, mas não é suficiente para o exercício da liberdade de pensar e agir no mundo. Os intelectuais-profetas foram substituídos pelos intelectuais-guardiães da memória. Há ainda — basta abrir os jornais diários — os intelectuais da crise, que evocam a crise política e social como responsável pelos males. Não definiria a situação atual, social e política, como uma crise. Porque de crise fala-se sempre, e ela nunca levou a nenhuma solução, apenas ao adiamento de decisões; portanto, a um prolongamento da própria crise. Estamos simplesmente mudando. Não tenho uma visão catastrófica.

Você não acha que a Sociologia é uma disciplina apropriada para pensar esses problemas?

Se considerarmos, primeiro, que a identidade da Sociologia se constituiu pelo estudo da mudança social; segundo, que a reflexão e a pesquisa sociológicas têm como objetivo o entendimento da experiência humana, coletiva e individual; e, terceiro, se não fizermos da Sociologia uma religião, aí sim, é possível que ela seja um bom caminho para pensar o mundo atual.

PRINCIPAIS PUBLICAÇÕES

1994 *O Brasil na virada do século*. Rio de Janeiro: Relume-Dumará.

1995 *Ciências Sociais: ensino e pesquisa na graduação* (org.). Rio de Janeiro: Jornada Cultural.

1998 *Territórios da língua portuguesa: sociedades culturais e políticas*. Rio de Janeiro: LPS/UFRJ.

1999 *Ideais de modernidade e sociologia no Brasil: ensaios sobre Luiz de Aguiar Costa Pinto* (com Marcos Chor Maio). Porto Alegre: Editora da UFRGS.

2005 *Evaristo de Moraes Filho: um intelectual humanista* (com Elina da Fonte Pessanha e Regina L. Moraes Morel). Rio de Janeiro: Topbooks.

2006 *A recepção da Sociologia alemã no Brasil*. Rio de Janeiro: Topbooks.

2006 *Mudança provocada: passado e futuro no pensamento sociológico brasileiro*. Rio de Janeiro: FGV.

Glaucia Villas Bôas

Maria Arminda do Nascimento Arruda

MARIA ARMINDA DO NASCIMENTO ARRUDA

Maria Arminda do Nascimento Arruda nasceu em Tombos, Minas Gerais, em 1949. Formou-se em Ciências Sociais pela USP em 1970, onde também concluiu o mestrado, o doutorado e a livre-docência, sendo professora titular desde 2005. Foi coordenadora da área de Sociologia na Capes (1998-2001) e secretária-executiva da Anpocs (2000-2004). Suas pesquisas concentram-se na Sociologia da Cultura, abrangendo temas relacionados com a produção intelectual, artística, literária e da comunicação de massa. Esta entrevista foi realizada em setembro de 2003.

Por que você escolheu o curso de Ciências Sociais?

Quando vamos recuperar a própria trajetória é inevitável construí-la. Todas as vezes que me perguntam por que escolhi Ciências Sociais, eu sempre digo que alguns acontecimentos da minha vida foram importantes para orientar essa escolha. Algumas situações foram imediatas em relação ao momento em que fiz a opção, e outras pertencem ao meu passado. Talvez porque a minha família mudou-se para São Paulo. A rigor, nem conhecia as Ciências Sociais como uma profissão, não tinha a mínima idéia do que seria ser sociólogo, conhecimento que adquiri no fim do colegial, em São Paulo, como resultado de uma trajetória familiar muito particular, que se caracterizava pelo fato de que eu vinha da chamada elite agrária em processo de descenso social. Sou de uma família de origem mineira, da região cafeeira, na divisa com o estado do Rio de Janeiro. Nasci em uma pequenina cidade que tem um nome exótico, Tombos (antiga Tombos do Carangola), local onde o rio Carangola tem a sua cachoeira. A cidade foi fundada no início da segunda metade do século XIX como resultado da expansão do café para aquela região. Aquela região de Minas tinha ficado intocada até meados do século XIX, porque os índios Puris eram muito resistentes ao contato com os brancos. A família da minha avó paterna é fluminense, de Campos. Do lado da minha avó materna a origem é Valença e Guimarães, no Norte de Portugal. Tenho um avô português (pai do meu pai) e outro de origem alemã. O deslocamento da minha família para aquela região foi fruto da expansão da fronteira do café. O pai do meu bisavô paterno foi o primeiro plantador de café daquela zona. Eu passei a minha infância em fazenda e nasci nessa pequena cidade.

Aconteceu com a minha família o que ocorreu com a maior parte das outras famílias de fazendeiros de café, principalmente naquela parte de Minas. Assim como meus avós maternos (comerciantes, exportadores de café), meu pai era um homem do Rio, seus pais mudaram para lá quando ele ainda era pequeno. Quando terminou a universidade, e mesmo com formação intelectual muito diferenciada, quis ter fazendas e voltar para Minas, onde conheceu minha mãe e se casou. Nasci e morei em Tombos por bastante tempo, e tinha como referência de cidade grande o Rio, que freqüentei desde que nasci. Freqüentava a casa dos meus avós maternos, e também a casa de verão do meu avô paterno em Petrópolis. Minha relação de origem foi o trânsito entre Minas e o Rio.

O pai de minha mãe tinha sido um homem de muitos recursos assim como o pai do meu pai, que foi uma pessoa de muitas posses, possivelmente um dos homens mais ricos do Brasil naquele período, os três primeiros decênios do século XX. Ele tinha várias atividades: era sócio do Artur Bernardes em empresas de energia; a companhia elétrica de uma parte de Minas e de uma parte do Espírito Santo era dele. Ele, português açoriano da menor ilha dos Açores, a Ilha do Corvo, casou-se com minha avó, que provinha da família Almeida Rosa, a mesma de Francisco Otaviano de Almeida Rosa, Conselheiro do Império. Esta minha avó pertencia a uma família já em processo de descenso social. Então meu avô português veio para o Brasil em 1898, com dezessete anos, para gerir uma empresa de comércio de café de propriedade dos Corvinhos e dos Fraga, que depois voltaram para a Europa: um foi morar em Portugal, e o outro na França, tornando-se cônsul português em Nice. Vovô veio para gerenciar umas unidades desta empresa naquela região de Minas, quando conheceu minha avó. Foi um imigrante que enriqueceu e casou-se com uma moça da elite local. Isto acontecia muito. Como meu avô era um homem muito rico, o casamento com minha avó permitiu certa recuperação das posses da família. Este meu avô teve uma história muito interessante. Quando se casou com uma filha da chamada elite brasileira, tornou-se um patriarca. Parte da família dele foi para o Chile e lá fundou a Editora Nascimento, a editora que lançou Pablo Neruda. No Chile, muitos deles tornaram-se de esquerda e, com o golpe que derrubou o governo Allende, parte desses chilenos foi para o exílio. Outros açorianos da família emigraram para a Califórnia, chegando a ter como descendente até general que lutou no Vietnã. Meu marido costuma dizer que nunca viu família tão adaptável [*risos*]. Meu avô era, de fato, um patriarca. Lembro-me muito bem dele. Em uma das viagens que fez à Europa, voltando à sua terra, começou a ler livros religiosos. Era antes um católico formal, mas converteu-se a uma religiosidade bastante estreita e profunda. Quando voltou ao Rio, foi abandonando a sua atividade empresarial e começou a doar bens. Assim, quando meu pai, já no início dos anos 60, teve problemas financeiros, meu avô já não possuía mais recursos. Ele vivia bem, morreu em 1973, mas o que lhe havia sobrado era, a rigor, suficiente para sobreviver. Tinha uma família muito grande!

Papai veio exercer a sua profissão em São Paulo. Ele fez Agronomia em Viçosa. Nesse processo, virei socióloga. Meu pai é uma figura muito particular, tem uma formação humanística muito ampla, sobretudo no campo de literatura. Tanto que é um bom poeta, escritor de um texto erudito. Continua escrevendo, embora tenha perdido uma vista.

Eu vim para São Paulo com dezesseis anos mais ou menos. Foi aí que, pela primeira vez, ao freqüentar o colegial em uma escola pública, encontrei-me com um grupo de estudantes muito politizados e tornei-me uma radical. Envolvi-me no movimento estudantil e até gosto de lembrar-me disto, porque de alguma maneira, isso me marcou. Hoje, algumas pessoas que viveram a mesma experiência costumam dizer que tudo não passou de uma atitude juvenil e que não importa na história pessoal. Eu acho que na minha história, importa muito. Eu participava de um grupo de jovens trotskistas. É claro, vivia um grande conflito. Tinha estudado em colégio de freiras em Minas, sendo proveniente de uma família tradicional. De repente, entro neste mundo, na dinâmica desta cidade-metrópole e torno-me politizada. Eu pretendia cursar Direito — porque apesar de uma educação tradicional, não fui educada propriamente para ser dona de casa, pois meus pais sempre foram ilustrados, e havia diálogo na minha casa — mas mudei de opção. Assim, comecei a conhecer as Ciências Sociais, porque tinha um colega, meu guru, que havia feito a mesma escolha. Achei que não podia fazer Direito, porque era uma carreira inadequada para as minhas novas concepções. Eu tinha vontade de fazer teatro, fiz uma experiência em teatro amador no colégio, mas na época achava teatro uma coisa muito burguesa, olha que equívoco! Então, fui fazer o vestibular de Ciências Sociais, muito difícil na época. Eu não estudei nada, porque só fazia política e namorava o meu futuro marido. Mas tinha uma formação de casa e isto me ajudou, fazendo com que passasse. Eu gostei muito do curso no início.

Minha relação imediata com o curso foi esta. Penso que quem é de uma família muito católica, como eu (por causa do meu avô), mas que apesar disso tinha uma profunda compreensão do mundo — eu só entendi isto melhor depois que li Max Weber —, carrega uma marca profunda que o liga ao mundo de forma particular. Essa questão passa pelo círculo mundano do catolicismo, da imanência; pode-se pecar, mas até na hora da morte teremos salvação, pois com a confissão fica-se de bem com o mundo. Então, este conflito muito complicado, esta questão da minha relação com as Ciências Sociais, tem um lado meio missionário do catolicismo tradicional. E acho que há outra coisa. Outro dia, estava pensando por que fui fazer Ciências Sociais e me lembrei de que quando eu era menina certas situações me marcaram muito. Morei em fazenda e sou de uma geração que já não tinha muito contato com o campo, o que torna a minha trajetória particular, muito pela formação católica do meu pai, que costumava falar do igualitarismo abstrato do cristianismo. Ele dizia: sua amiga que é filha da cozinheira não pode ser maltratada — e quando se mora em fazenda, no universo das relações tradicionais, a sua amiga costuma ser a filha dos empregados —, ela é como você. Embora oriundo do estamento, tinha essa posição, creio, por causa da sua formação católica. "Nós somos todos iguais", ele dizia. Outra situação de que me lembro, foi quando íamos para o Rio no trem noturno (da Leopoldina, que não existe mais). O trem parava na região de Petrópolis de manhã, fazia muito frio, e uns meninos, muito pobres, cercavam o trem. De vez em quando eu imaginava ter a sensação daqueles meninos pobres, o que me causava muito mal-estar. Pediam jornal para se cobrirem porque o papel aquece. Eu me lembro que aquilo me dava uma sensação de desconforto. Eu tinha cinco ou seis anos. Essa percepção da injustiça vinda quer do catolicismo, quer destas experiências, me marcou de algum modo. Achava que as Ciências Sociais me permitiam ter uma visão diferente de mundo. Hoje, eu gosto muito de ser socióloga. A Sociologia me salvou, porque me permitiu enquadrar minha vida! Eu ingressei no curso em 1967, saindo da adolescência.

Quais foram as influências intelectuais que recebeu em seu curso?
Meu primeiro curso foi com o professor Luiz Pereira, figura de quem eu tinha certo pânico. Tive um problema com ele de saída. Fiquei tão nervosa no dia da prova que tive uma crise de bronquite. Como perdi a prova do diurno, perguntei-lhe se podia fazer a do noturno. Ele começou a gritar comigo, dizendo: "Saia da minha sala. Eu já sou livre-docente e tenho 39 anos, portanto, não falo com uma menina como você!". Eu tive de repetir o curso no ano seguinte porque não tive coragem de desafiá-lo. Naquele primeiro momento, poucos professores me marcaram pessoalmente. Cheguei a achar que tinha feito a maior bobagem da minha vida. Eu tive essa forte impressão, assim que entrei no curso de Fernando Novais, sobre a Revolução Francesa. Eu brinco com ele até hoje sobre o curso. Eu não entendi nada, só entendi as palavras. Naquele primeiro ano, vivi em meio a perplexidades. Acho que, a partir do segundo ano, algumas coisas começaram a acontecer. Eu continuei sendo aluna de Luiz Pereira até o último ano, porque entrei na faculdade em um momento em que os antigos professores foram aposentados. Permanecia o domínio da cadeira de Sociologia I, tudo o mais parecia ilegítimo fora dela. Eu nunca fiz um curso com a professora Maria Isaura Pereira de Queiroz, por exemplo. O professor Ruy Coelho era considerado um nefelibata. No segundo ano, comecei a sentir melhor o que era fazer Ciências Sociais.

Para mim, uma coisa era certa, eu queria ser socióloga, queria fazer Sociologia. A Antropologia não me atraía. Como era muito politizada, queria respostas imediatas, queria fazer a revolução, e achava que só Sociologia oferecia elementos para isso. Quanto à Ciência Política, tive pouco contato com o professor Fernando Henrique Cardoso, menos de um mês, pois logo ele foi aposentado. A Ciência Política era um setor muito complexo, mas Maria do Carmo Campello de Souza e Eduardo Kugelmas, tiveram influência na minha formação. No segundo ano, por ter um contato um pouco mais próximo com o professor Ruy Coelho, aprendi a apreciá-lo como intelectual, mas ele era muito assistemático, parecia responder pouco às nossas questões. Só a partir do terceiro ano, encontrei-me de fato com o curso de Ciências Sociais. Tornei-me muito boa aluna. Gabriel Cohn, que me orientou no mestrado, teve um significado intelectual apreciável na minha trajetória, a partir do terceiro e quarto anos do curso. Mais à frente a pessoa decisiva na minha vida foi o professor Azis Simão. Mais ainda, talvez, na constituição de uma ética profissional e de uma postura diante do mundo que eu preservo na minha vida profissional, tornando-se a referência da minha vida acadêmica. Ele foi muito importante no conjunto da minha trajetória, especialmente no momento em que entrei na pós-graduação. No meu último ano de graduação, ele ofereceu um curso sobre Max Weber, e não se pode esquecer que Weber não era um autor muito tratado naquele momento. Eu descobri depois que Ruy Coelho foi também importante na minha formação, mas só avaliei isso nos últimos anos, no momento de direcionar os meus interesses. Fiz um curso com ele durante o mestrado, sobre Sociologia da Literatura, e outro em que se discutia Lévi-Strauss. O de Sociologia da Literatura era dedicado a Proust.

Também foi muito importante em minha trajetória intelectual o fato de ter convivido com os historiadores. Casei-me com um historiador, o que, naturalmente, teve um papel fundamental na minha formação. A convivência com o Fernando Novais também foi muito importante. Ainda resta falar do caráter absolutamente decisivo da convivência com a Gisela Taschner na minha formação, na construção compartilhada das nossas escolhas intelectuais, no percurso profissional, nas leituras realizadas em conjunto e na troca de idéias. Viramos irmãs e companheiras de um caminho comum. O meu grupo de amigos foi também significativo, em especial Orlando Miranda e Brasilio Sallum Jr. Aprendi muitíssimo com os colegas. Acompanhei os trabalhos de José Jobson de Andrade Arruda, meu marido, o que me abriu para um universo novo de conhecimento.

Quais as orientações teóricas predominantes em seus estudos sobre a Sociologia da Cultura?

Do ponto de vista da abordagem teórica, acho que a grande presença na minha reflexão foi a discussão que Gabriel Cohn fazia da Escola de Frankfurt. Acho que os frankfurtianos são importantes na minha formação, embora mais distantes, hoje, do que estiveram no passado. No entanto, quando o Sergio Miceli escreveu o prefácio do meu livro *Metrópole e cultura*, ele diz que é um ensaio adorniano, o que nunca imaginei. Aliás, acho, que, concretamente, de Adorno o trabalho tem uma única citação, no fim da introdução, quando afirmo estar escrevendo um ensaio. Agora, ultimamente, começo a achar que, de fato, quando se recebe uma formação, ela se torna parte da gente. Fica lá dentro, e não se sabe mais distinguir o que é do autor, o que é seu. Embora essa formação adorniana tenha sido muito importante, hoje também trabalho com outras referências. Por que acho importante a formação frankfurtiana e por que razão este curso de Gabriel Cohn foi central? O curso dado por ele, na verdade, não era sobre a Escola de Frankfurt, e sim sobre a Sociologia da Comunicação de Massa, na qual o tratamento de Frankfurt era essencial, por causa da discussão sobre a indústria cultural. O assunto era fundamental naquele momento, por vários motivos. Um deles porque se tratava de um momento de domínio do marxismo, mas de um marxismo de cartilha. Na minha geração havia Marta Harnecker, aquela visão esquemática. Nós a rejeitávamos naturalmente, mas também ficávamos sem saída. Ainda mais com uma geração como a minha, muito politizada. Então, ler os frankfurtianos era ficar no âmbito do mesmo universo de discussão, mas recusando qualquer possibilidade de esquematismo. Essa abertura era muito importante e foi essencial na minha geração.

Este contexto não levou Gabriel Cohn a explorar esta questão, na medida em que trazer os frankfurtianos seria trazer novos conceitos para pensar a mídia no Brasil no momento de grande censura?

Certamente, não tenho dúvida. Eu ia desenvolver este ponto mais adiante. A outra questão era a constituição do sistema de indústria cultural no Brasil. Estávamos vivendo uma grande mudança, como se o Brasil inteiro estivesse se transformando e rapidamente! Então, como dar conta deste processo? Esta era uma questão importantíssima. O professor Octavio Ianni havia chamado a atenção de Gabriel Cohn de que este era um tema central naquele momento. Gabriel começou a se interessar pelo problema e ofereceu um curso de Sociologia da Comunicação, atra-

Maria Arminda do Nascimento Arruda

vés do qual entramos em contato com a literatura da Escola de Frankfurt, sobretudo Adorno. Esta era uma questão importante, o crescente relevo dos chamados fenômenos da cultura, a ponto de certas correntes de pensamento de hoje caírem num certo excesso do simbólico. A Escola de Frankfurt era além do mais importante porque, para o entendimento da dinâmica da sociedade do chamado capitalismo tardio, a análise da cultura é central, pois cristaliza um conjunto de questões essenciais. Analisar a cultura e tratar dela, tornou-se lugar privilegiado para se refletir sobre a sociedade, o que vinha acontecendo no Brasil naquele momento. Isto é, com a modernização instaurada pelo regime militar, a indústria cultural era um componente fundamental, até mesmo para a construção da hegemonia, para legitimar o processo de modernização e de dominação. Este fenômeno é muito mal avaliado até hoje. O que foi avaliado foi o impacto político e econômico do regime de 1964, mas é muito mal avaliado o que aconteceu com o Brasil no âmbito da cultura, das formas de solidariedade social, das formas de sociabilidade. Acho que, em parte, a chamada anomia que vivemos hoje está conectada a este movimento avassalador de destruição das antigas formas de convivência, que tem na indústria cultural papel decisivo.

Como você caracteriza esta anomia?

A anomia — não sei se o termo é muito forte — está presente e tem expressões visíveis na vulnerabilidade das metrópoles brasileiras, em todos os campos. A violência é uma das expressões mais importantes dela. Quando não existem mais referências valorativas capazes de dar ligamento à vida social, tudo se torna possível. A violência é parte integrante do que ocorre nessa situação de anomia. Os estudos dos cientistas sociais especializados no assunto revelam que a conexão pobreza/violência é no mínimo preconceituosa. Claro que há componentes de privação material na violência, mas a privação é de outra ordem e aparece em várias expressões, das quais a mais visível é a que estou chamando ausência de referências valorativas. Por que isto acontece? Há uma conjunção de fatores, mas há um componente que julgo importante, que estava embutido no projeto modernizador do regime militar. Tratava-se de um processo de modernização e, portanto, de construção de condições de vida que, caso o modelo não tivesse feito água, talvez, tivessem sido alcançadas. Mas o resultado é que se acentuou a desigualdade já característica da sociedade brasileira, desembocando em nossa barbárie social, em nosso *apartheid*. Esta desigualdade leva a um vazio de valores, na medida em que não se criam condições de superá-la, nem sequer minorá-la, ela é antes acentuada. Trata-se de uma sociedade em que convivem os muito ricos e os muito pobres, na qual as pessoas estão expostas a todos os bens da chamada sociedade de consumo, e não têm acesso a eles, não têm acesso à educação adequada e a outras condições de vida. Nada foi reposto quando as antigas formas de convivência foram destruídas, o que resulta em um vazio de valores.

> *Isto não pode ser encontrado em outras sociedades, como os Estados Unidos, por exemplo, e conectado com o que se chama exclusão resultante da globalização?*

Mas é muito diferente! A globalização é um processo de homogeneização do mundo, mas sob a égide do capital, não se pode esquecer disto. Alguns usufruem da chamada globalização, sobretudo os Estados Unidos, que se enriqueceram ainda mais. Eles estabeleceram uma relação predatória com o mundo. A África, por exemplo, não importa. Qual é a diferença da situação nos Estados Unidos? É uma diferença imensa! Lá, eles têm, primeiramente, os direitos garantidos; segundo, acesso a situações de vida mais decentes do que temos aqui.

Nosso menino da favela que não tem alternativas, porque a escola não responde às suas questões, porque se ele estudar não tem emprego, não vê sentido no que está fazendo. Se tivesse uma alternativa entre estudar em uma escola adequada que o livrasse do tráfico, talvez escolhesse a escola. No quadro desta imensa injustiça social, o pequeno favelado que não possui mais as referências valorativas de uma economia moral das camadas populares brasileiras destruída pelo processo avassalador de modernização, ao ver um menino da classe média com tênis de marca, ao qual ele não tem acesso, em muito pouco tempo cai na violência, no assassinato.

Voltando aos anos 70, pergunto-lhe como esta influência teórica a conduziu à Sociologia da Comunicação. Seria a reflexão da escola frankfurtiana relativa ao encolhimento da esfera pública? Estou pensando nas teorias de Habermas como um instrumento que serviu para pensar a ditadura.

Eu acho que sim. Os frankfurtianos permitiam pensar a ditadura. Permitiam pensar sobre o imperialismo por meio de uma visão oblíqua, porque ele não está diretamente contemplado na análise frankfurtiana. A televisão no Brasil estava em processo de constituição. A televisão, a Rede Globo em particular, era vista como um braço do imperialismo e instrumento de dominação ideológica. Pensava-se o problema pela via ideológica, o que permitia refletir sobre o que estava acontecendo no plano da cultura no Brasil. Minhas primeiras pesquisas foram nesta área, mas eu as abandonei, pois não suporto assistir televisão. Às vezes passo a semana inteira sem ligar a televisão uma única vez, o que indica que eu não podia ter me dedicado ao assunto [*risos*]. Depois, escrevi um livro sobre publicidade (meu mestrado) que, até hoje, é uma referência. Eu saí desta área porque não gostava do objeto, mas mantive as referências teóricas que sustentavam minhas inquietações. Cada vez que releio os autores de Frankfurt, sobretudo Adorno, acho a reflexão estimulante e fundamental.

A questão da anomia e da perda de valores pelo processo de modernização é um tema sempre presente na reflexão sociológica. O que me chama a atenção em sua fala é o fato de hoje estarmos vivendo novamente esse impasse, estamos lamentando a perda destes valores. A nossa utopia é de que entraríamos na modernidade com outros valores integrativos: o socialismo foi um deles. Quando o socialismo deixou de ser este valor integrativo ficamos desesperados indagando o que colocar para integrar, dar nova coesão e sair do estado de anomia.

Maria Arminda do Nascimento Arruda

Quando falamos disto parece que estamos voltando à gênese da reflexão sociológica. Ando muito humilde no que diz respeito ao meu trabalho na Sociologia, pois depois da invenção do inconsciente não somos mais transparentes. É necessário ter humildade frente à complexidade da nossa sociedade. Da minha perspectiva, não existe propriamente um lamento, porque os valores pré-modernos no Brasil estavam comprometidos com desdobramentos de uma sociedade que passou quase quatro séculos sob o regime da escravidão. A despeito disso, havia uma economia moral das camadas populares. Parece-me que o processo de ruptura foi de uma violência e de uma rapidez muito grande, e não se constituiu ao mesmo tempo um quadro valorativo capaz de incorporar os direitos, que fosse socialmente democrático e fornecesse uma nova coesão. A face da modernidade que vingou foi, sobretudo, aquela baseada na aquisição desenfreada.

Não conseguimos construir as formas de sociabilidade moderna, a não ser sindicatos, partidos e direitos garantidos pela esfera pública.
Assim mesmo, o peleguismo foi marcante, os partidos muitas vezes eram clientelistas e os direitos eram regulados. Para pensar a outra parte da sua pergunta, o fato de o socialismo ter saído de cena, evidentemente, criou um vácuo. Mas, do ponto de vista das camadas populares, não é bem este o vácuo, porque os motivos não estão aí. Não estou lamentando, mas estou dizendo que as formas novas de integração não foram tecidas. Assim, tem-se um vácuo, abrindo espaço para a barbárie. Desse ponto de vista sou pessimista, embora seja uma pessoa otimista na minha vida pessoal. Como socióloga, eu sou pessimista, apesar dos avanços sociais e políticos. Não tenho dúvidas de que os frankfrutianos tinham razão. Estamos vivendo a barbárie, não só no Brasil, mas no mundo!

Por esta razão, nos anos 70, a leitura de Frankfurt era importante. Estava-se perguntando, a partir dos frankfurtianos, qual a possibilidade de a razão dialogar com a barbárie. Trata-se de uma pergunta que caiu no vácuo, mas que é fundamental.
E a pergunta talvez tenha sido "quais são os limites civilizacionais da nossa sociedade?".

Em seu livro Metrópole e cultura *referindo-se aos anos 50, você mostra que persistem valores tradicionais. Mas eles estão articulados a uma nova formulação da economia, da sociedade brasileira. Você diz também que o golpe de 1964 interrompeu o processo. Acho que de maneira implícita à sua análise, você está dizendo que os valores tradicionais que persistiram, que funcionaram politicamente, foram inoperantes.*
Era o projeto civilizatório que havia emergido entre nós e que não se realizou integralmente.

Fale sobre sua carreira profissional
Tive uma profissionalização tardia. Realizei os meus primeiros trabalhos sem nenhum vínculo profissional. Eu sempre gostei muito de ler. Tenho paixão pela lei-

tura, embora tenha escrito bastante, porque sou obrigada. Mas, se me dissessem qual seria a minha verdadeira escolha, o que gostaria de fazer, eu diria que é ler. Eu adoro ler! Não é à toa que Jorge Luis Borges diz que é muito mais civilizado ler do que escrever. Para escrever precisa-se de arrogância. Eu escrevo muito ultimamente porque não tenho saída. Mas eu não passo um dia sequer sem ler. Quando voltei a trabalhar — depois de minha interrupção do trabalho como docente na PUC-SP para criar meus filhos — fui para a Faculdade Farias Brito, em Guarulhos, onde ministrei cursos de todos os tipos. Como eu tinha tempo, e era muito séria, estudava com afinco. Voltei a lecionar no segundo semestre de 1979. Eu já tinha feito mestrado e o meu filho José Jobson já tinha quase três anos. No doutorado, entrei em 1981 e defendi em 1987. O tema da tese resultou no livro sobre a mineiridade, *Mitologia da mineiridade*.

No mestrado pretendi estudar televisão. Escrevi um artigo que naquele período tinha algum significado, pois não havia quase nada escrito sobre o assunto: uma análise da telenovela *Gabriela*, no qual eu comparava o livro de Jorge Amado com a sua adaptação. Era um momento que buscávamos entender o que estava acontecendo com a cultura no Brasil. Meu tema do mestrado era o Programa Silvio Santos. A idéia era refletir sobre o modo como a cultura popular tinha virado cultura industrializada. O Programa Silvio Santos era isto: a combinação dos valores pré-modernos vistos no prisma dos valores modernos. Eu tinha cursado várias disciplinas de Economia no curso de Ciências Sociais. Para entender o programa, o que era correto do ponto de vista de uma certa lógica, eu precisava entender a empresa. O programa foi essencial para a construção empresarial de Silvio Santos, do Baú da Felicidade. Era um conglomerado naquele momento. Cheguei a escrever uma parte do trabalho. Sem perceber, fugi do tema porque como era necessário analisar a empresa, eu dizia, é necessário compreender a publicidade e para isso fiz uma pesquisa, que resultou no livro *A embalagem do sistema*. Quando terminei a análise, ela ficou independente do tema mais geral, isto é, para tratar da indústria cultural, era necessário entender os problemas de realização do capital. Era preciso particularizá-la, dada a dinâmica no capitalismo monopolista, avançado. Portanto, a indústria cultural era incompreensível sem a publicidade! Era este, no fundo, o tema do trabalho. Quando fui para o doutorado, retornei ao assunto. Um dia, no entanto, levantei-me dizendo que não ia mais escrever esta tese, o que colocava um problema complexo. Lembrei-me que acalentava a idéia de escrever um dia um trabalho sobre Carlos Drummond de Andrade e João Guimarães Rosa. Comecei a reler esses autores e reformulei o tema da minha tese. E o livro que resultou dela tem um material muito vasto de pesquisa. Eu o escrevi muito rapidamente. Aliás, tenho esta característica, executo muito rapidamente meus trabalhos, embora preciso de tempo para concebê-los.

Qual o tema central do trabalho de doutorado?
Pensar a mineiridade era tratar de um sistema cultural. Drummond e Guimarães Rosa constituem pequena parte do livro. Nasceu, então, *Mitologia da mineiridade: imaginário mineiro na vida política e cultural do Brasil*, que é uma pesquisa ampla sobre os intérpretes de Minas, o ensaísmo, o discurso político, o memorialismo,

Maria Arminda do Nascimento Arruda

os modernistas. Segundo o professor Aziz Simão, que orientou o meu doutorado, construí um tipo ideal, remontando ao século XVIII para buscar a origem dessa construção. Um tipo cultural. A idéia de que a construção se particulariza por pretender absorver o Brasil. Não é, pois, um livro exclusivamente sobre Minas, mas que tenta discutir o modernismo do Brasil, tendo Minas como epicentro. Na verdade, nós temos três construções regionais fortes que são a pernambucana, a gaúcha e a mineira. No restante das regiões, essas elaborações não têm a mesma força. O livro saiu em uma conjuntura em que Tancredo Neves tinha sido eleito pelo Colégio Eleitoral, o início da Nova República. Eu começo a discutir a construção da conciliação, ou seja, como esse estilo político, concebido no Império, teve os políticos mineiros como figuras centrais.

Você busca as raízes da realidade no mito?

No mito, que eu chamo de mineiridade. Tem-se uma construção unitária que é mítica. Ela, evidentemente, vai se desdobrando... Na literatura de corte drummondiano, ou rosiano, está-se no universo do imaginário, bem como em parte do discurso político, embora aí ocorra nesse tipo de linguagem uma face ideológica muito mítica. Ninguém pode esquecer que o discurso de Tancredo Neves no Colégio Eleitoral é uma peça fantástica da política brasileira, mas ela é toda mítica. Ele começa dizendo: "Eu venho e em nome da conciliação; eu vim para promover a paz; venho porque sou da terra de Tiradentes". É maravilhoso aquele discurso! Então, eu fui tentar recuperar a gênese deste discurso político, onde ele deitou suas raízes. Sua gênese localiza-se no século XIX, após a decadência da mineração, mas está referida ao século XVIII. E por que a Inconfidência, como movimento, virou emblemática da construção da nacionalidade, e o que tem a ver a vida intelectual com isto? Quer dizer, no fundo, a idéia do livro é mostrar como aconteceu, em Minas, a constituição de um sistema intelectual, um sistema cultural propriamente. Quando tentei trabalhar com a noção de sistema para o caso de São Paulo no meio do século XX, percebi que ela não dava conta do problema. Em Minas, os modernistas e a geração de 45 foram muito importantes nesse processo, não só os escritores do século XIX. No fundo, tentei discutir por que ocorreu em Minas um modernismo longo, como no Nordeste. Uma coisa que me incomodava, pensando sobre a literatura, foi por que São Paulo depois dos modernistas não teve mais uma literatura forte. Deveria ter uma importante literatura urbana. Se fizermos uma relação simples entre arte, literatura e sociedade, o grande escritor do urbano deveria ser paulista, e por que não é? A literatura pressupõe uma sedimentação. Um modernismo longo como o do Nordeste resultou no ciclo do romance nordestino, o de Minas chegou a conformar um cosmos! E ao mesmo tempo tentava demonstrar como é que em 1945, com a morte do Mário de Andrade, já estavam enfraquecidas propostas modernistas do século XX em São Paulo.

Você dirá no livro Metrópole e cultura *que são outras as linguagens para São Paulo!*

São outras linguagens, e a literatura deixa de ser a hegemônica em São Paulo.

*A Sociologia é uma das linguagens; a arquitetura, o concretismo, ou-
tras.*

Exatamente. Busquei mostrar como o modernismo em São Paulo, no pós-Segun-
da Guerra Mundial, não apenas rejeitava o primeiro movimento, mas, no geral,
diferia radicalmente das propostas da primeira geração. O traço essencial da cultura no período revelava-se na perspectiva internacional dessas linguagens, na recusa do compromisso com a nação. Nas diversas expressões em que essa inclinação se deu de modo próprio, nas linguagens, revelam-se os projetos daquele modernismo: no urbanismo, na arquitetura; no teatro; no cinema; na Sociologia; nas
artes; na poesia. Daí ter ocorrido a fragmentação característica do modernismo,
dificultando, mesmo impedindo, pensar essa cultura no prisma da noção de sistema. Por isso, trabalhei com as linguagens. De outro lado, pretendi apontar para os
impasses dessas propostas no âmbito da sociedade brasileira e no contexto de época. Pergunto sobre os limites daquelas propostas frente às nossas particularidades.
Desse modo, periodizei segundo o movimento de cada linguagem, situando o golpe político de 1964 no andamento de certas tensões e impasses que já estavam di-
lacerando o tecido da cultura, mesmo em São Paulo, e a realização mais completa
da nossa modernidade. Em *Metrópole e cultura*, inverti o papel da política no movimento da cultura. Em *Mitologia da mineiridade*, a reflexão sobre a política tem
como vértebra a esfera da cultura, naquele é a cultura que "vertebra" a consideração da política. Por isso, penso que foi em *Metrópole e cultura* que obtive mais
êxito na área da análise sociológica da cultura. A formulação do problema sociológico, no entanto, não poderia ter ocorrido sem a consideração da minha trajetória. Eu fui para o Idesp, após a minha admissão na Fundação Getúlio Vargas e o
período de cinco anos na universidade Farias Brito. Eu sempre quis trabalhar, embora naquela época tivesse condições, talvez, para continuar só estudando. Voltei
a trabalhar em uma situação muito complexa porque eu já não começava junto
com a minha geração. Na Farias Brito, ministrei muitas disciplinas e por isso comecei a ler desesperadamente em vários campos da Sociologia: Sociologia Urbana,
da Saúde, Teoria Social, Sociologia da Comunicação. Mas, no fim, fixei-me como
professora de Teoria Sociológica. Nesse processo, comecei a perceber o que poderia ser a vida profissional e a profissionalização. Eu aprendi a dar aulas na Farias
Brito, porque minha experiência na PUC foi com o Curso Básico, o que não me
agradava, porque entrava na sala de aula como um operário da linha de montagem. Tínhamos de executar o que vinha programado. Eu não tinha satisfação intelectual, tampouco vivia constrições materiais.

Como foi sua experiência na Farias Brito?
Na Farias Brito foi quando eu comecei a lidar com um tipo de aluno muito frágil,
mas eu tinha vontade de ensinar e dava aulas à noite. Meus alunos não podiam
comprar livros, então eu levava os meus livros e colocava-os numa sala em que ficavam disponíveis; e eu nunca perdi um! Nesse momento, Gisela Taschner, Sergio
Miceli, Cecília Forjaz faziam uma pesquisa sobre lazer na FGV. O Sergio, naquela
altura, estava assumindo muitas funções, e precisava de alguém para ajudá-lo na
parte da pesquisa. Foi assim que fui para a Fundação, inicialmente como pesqui-

Maria Arminda do Nascimento Arruda

sadora, e em seguida comecei a dar um curso. Eu me dediquei muito àquele curso e tive êxito, tendo posição muito alta na avaliação institucional da Fundação. No ano seguinte, Sergio Miceli montou o projeto História das Ciências Sociais no Brasil, no Idesp, e me chamou para lá. Aceitei, e só me afastei do Idesp durante um semestre, para terminar o doutorado. Passei a ter uma parceria intelectual com o Sergio Miceli que mantenho até hoje. Chegou um momento em que alguns dos meus interesses intelectuais eram iguais aos dele, e isso resultava em amizade. No Idesp fiz minha pesquisa sobre as Ciências Sociais da USP, sobre Florestan Fernandes, pesquisa que foi importante na articulação de *Metrópole e cultura*. Quer dizer, a idéia de como a modernização no Brasil se faz combinando-se ao arcaico, e de como ocorreu uma aliança entre o moderno e o tradicional. Sergio Miceli, no projeto História das Ciências Sociais no Brasil, atribuiu-me a tarefa de estudar a Sociologia da USP. Fiquei inicialmente gelada, porque havia duas questões muito complicadas. Primeiro, o desafio intelectual que era tratar de Florestan Fernandes e do seu grupo. Segundo, era refletir sobre a minha casa. Na minha primeira publicação sobre o tema, iniciei com os versos de Tomás Antônio Gonzaga: "Estão os mesmos deuses submetidos ao poder do ímpio fado", pois o trabalho consistia, no fundo, em tratar de um mito da minha casa e escrever sobre ele. Quando prestei o concurso da USP em 1988, eu já tinha feito o doutorado, estava no Idesp e na FGV. Na Fundação eu não era de carreira porque não se abria concurso naquela época. Hoje, fico pensando que se eu tivesse tido oportunidade de fazer um concurso na Fundação, talvez tivesse ficado lá. Mas não me arrependo, de maneira nenhuma, de ter vindo para a USP. Voltei para a minha casa. Esta é uma sensação muito boa.

Irene Cardoso, que foi membro da banca da minha livre-docência, diz que *Metrópole e cultura* é um jogo complexo entre enraizamento e desenraizamento. Eu falo em vanguardas desenraizadas. Falo muito disto, e no meu Memorial digo que preciso sempre de instituições. Deve ser a experiência pessoal do desenraizamento, que é muito complicada. Em 1988, como dizia, prestei o concurso na Universidade de São Paulo e fui indicada. Fiquei em dúvida em fazê-lo, mas Sedi Hirano, que é uma figura de quem gosto muito, meu amigo, ficou insistindo e acabei prestando. Havia 26 candidatos e fiquei admirada por ter sido a escolhida. Surgiu depois outra vaga, foi feita uma longa negociação, e convidamos o Sergio Miceli, que aceitou o nosso convite.

Em seu texto sobre Florestan Fernandes você o compara a Durkheim, ou seja, com o trabalho institucional que Durkheim fez na França. Você não acha que estas semelhanças ultrapassam o trabalho institucional e têm a ver com a própria influência na concepção da Sociologia? Acho que você não chegou a desenvolver este lado.

Não, eu não cheguei mesmo a desenvolver porque, naquele texto, a minha preocupação era com o papel exercido por Durkheim. Acho que você tem razão, eu jamais cheguei a desenvolver este lado, mesmo em outros textos, mas acho que é uma perspectiva muito legítima, e que daria uma bela discussão. Durkheim ocupa a primeira cátedra de Sociologia na universidade francesa. Na verdade, funda a

Sociologia acadêmica na França. No fundo, acontece a mesma coisa com Florestan Fernandes, na medida em que ele constrói a linguagem acadêmica da Sociologia no Brasil. O que é construir esta linguagem? É diferenciar a linguagem sociológica da literatura. Florestan tem até um texto onde teoriza sobre a questão. Ele diz que o ensaio, por isto é que ele não escrevia ensaio, é a forma literária de escrever do estamento, o estilo do estamento, o estilo da oligarquia. E que a ciência não podia seguir a mesma linguagem. É claro que ele não tinha tido uma formação que lhe permitisse ser um estilista e escrever literariamente bem, porque isto pressupõe todo um processo pelo qual não tinha passado.

Ele até transformou em virtude o que seria uma limitação!
Exatamente. A aproximação que eu faço é nesse sentido. Todavia, eu não tenho dúvida de que Durkheim é um autor central na concepção do Florestan sobre a Sociologia. Não é só porque em um primeiro momento o pensamento de Florestan liga-se ao estrutural-funcionalismo, no qual a presença de Durkheim foi muito importante. De fato, isto é verdade. Mas não é só por isto. Mesmo no andamento posterior de sua Sociologia, no chamado Florestan marxista, a despeito de ser diverso o contexto, Durkheim está presente na formulação do seu pensamento. Mesmo quando Florestan Fernandes é inadequadamente chamado de marxista puro, Durkheim continua importante em sua formulação da noção "ordem social competitiva". Porque ela é naturalmente a ordem do capitalismo da sociedade industrial. Mas como Florestan Fernandes constrói esta noção? Por meio desta categoria, ele pretendia dar conta não só da dinâmica do capitalismo, mas da sua particularidade, do ponto de vista da realização do capitalismo em países periféricos como o Brasil. Tanto que em *A revolução burguesa no Brasil* essa noção tem significado decisivo. Sendo uma socióloga da cultura, a forma é sempre muito importante na maneira como procuro refletir sobre as coisas. Nesse texto, o capítulo dedicado à ordem social competitiva chama-se "Fragmento", e é um capítulo no meio do livro. Eu sempre me perguntei por que um capítulo poderia ter sido denominado "Fragmento". Acho que não é casual, não só porque é uma formulação que Florestan Fernandes ainda estava construindo, mas porque ela cria a passagem da primeira para a segunda parte do livro, onde, de fato, há uma mudança no tom. Durkheim é um autor importante na formulação, aliás, os três clássicos da Sociologia são decisivos. Ao distinguir, primeiro, o que chama as "noções classificadoras do mercado", Florestan está trabalhando em um registro, digamos, mais próximo de Weber, para o qual as relações societárias se constituem no mercado. Ao combiná-las às "noções estratificadoras da produção", emergem as classes no sentido de Marx. Mas, no entanto, esta noção só ganha força quando a ela se agrega a questão da orientação normativa, das normas presentes na conduta. E aí Durkheim é inescapável! De fato, é um autor importante no espírito de Florestan não apenas porque é possível aproximar o papel institucional deste ao de Durkheim na França, mas porque é um autor importante no andamento reflexivo de Florestan. O problema é que dominava a idéia de que Florestan era um autor que realizava certa somatória dos clássicos das Ciências Sociais, desembocando numa espécie de ecletismo. Esta é uma idéia inadequada. Os clássicos são importantes em sua obra, mas

Maria Arminda do Nascimento Arruda

ele confere outro andamento à absorção dos clássicos. E a categoria "ordem social competitiva", tal como formulada por ele, embora em si mesma não fosse totalmente original, é elaborada por Florestan de modo próprio. O tratamento da constituição da sociedade moderna ou da sociedade capitalista era feita, comumente, segundo registros analíticos integrados. O que Florestan propõe é a conjunção dos três autores centrais para pensar a constituição e a dinâmica da sociedade moderna. Mas como seria possível, a partir dos três, dar harmonia a uma noção e, portanto, a um conceito, sem que isso fosse uma somatória? Uma possibilidade de construção está presente em sua categoria de ordem social competitiva. Em certa medida ele conseguiu, embora não seja uma formulação integralmente acabada. Eu considero que no livro *A revolução burguesa no Brasil* ele se aproxima muito da revolução. Por isso esse capítulo é denominado "Fragmento".

Esta pergunta tem associação com Bourdieu que terminou a vida na militância política. Não foi deputado, nem entrou na carreira política, mas assumiu um trabalho de combate à miséria do mundo.

É engraçado isto em Bourdieu, que é um autor muito importante nas minhas referências atuais. Não chego a ser bourdiana, se é que alguém possa sê-lo, porque a própria noção de campo envolve permanente construção, ela é aberta para cada situação. O primeiro Bourdieu é muito árido, pesado demais, mas o de *Regras da arte* e *Meditações pascalianas* é muito bonito. O autor também tem um projeto intelectual, um projeto sociológico de grande envergadura. Bourdieu me chamou a atenção porque quando me formei, nos anos 70, ele já estava chegando ao Brasil. Eu já o tinha lido no início dos 70. Para a gente que tinha aquela formação muito próxima a Marx, naquele momento, Bourdieu parecia conservador. Ele era visto, por nós, pelo menos pelo meu grupo de amigos, como um autor conservador. Ele que, no fim da vida, foi tomando posições políticas cada vez mais radicais. Ocorreu algo muito interessante na sua trajetória, porque, de um lado, era uma maneira de voltar à sua origem, uma vez que, como Florestan, era oriundo de camadas populares, seu pai era pequeno funcionário dos Correios, embora a família fosse camponesa; de outro lado, quando Bourdieu galgou os postos superiores da hierarquia acadêmica, quando teve todas as instâncias de consagração, para usar suas categorias, ele começou a atuar politicamente, de modo direto. Reassumiu um compromisso intelectual, que é um traço da intelectualidade francesa. Mas, além disso, ele foi um autor que construiu a noção de autonomia dos campos. Uma autonomia relativa dos campos, pois é claro que há intersecções. Ao observar como o campo intelectual na França foi paulatinamente perdendo o controle das suas regras por causa dos *media*, presente no seu texto sobre a televisão, acabou por cada vez mais radicalizar a sua posição.

Você tem razão. Foi exatamente no debate sobre a televisão que ele começa esta trajetória política mais sistemática.

A idéia é de como os intelectuais ficaram submetidos a controles midiáticos. Trata-se de uma perda de autonomia. Em *Regras da arte*, Bourdieu analisa a constituição do campo literário através do livro *A educação sentimental*, de Flaubert, buscando os princípios que constituíram a autonomia do campo literário. Essa é uma pesquisa importante que lhe permite transferir o problema para os dias de hoje. O trabalho lhe permitia refletir sobre a paulatina perda de autonomia, principalmente do campo intelectual, dominado por critérios que vêm de outras áreas. A *media* é um componente central desse processo. Ele deu uma entrevista para Maria Andrea Loyola, publicada na série da Capes, na qual fica evidente a sua politização. A crítica sobre o fato de que, no mundo atual, a economia transformou-se em dado da natureza, é muita arguta. Trata-se do fato de a economia ser apresentada como uma ciência exata. Ao mesmo tempo aponta esse processo como o sistema ideológico mais perverso do mundo atual. Isto é, esta autonomização dos mecanismos econômicos, como se a economia fosse uma realidade em si e não submetida ao movimento da sociedade, é muito perversa. A perversidade está em considerá-la verdade absoluta e inquestionável, autônoma em relação à vida social, o que faz de nós outros frutos de todos os enganos. Como não estamos no campo da economia, não somos capazes de deter a razão econômica. Então, é como se ela fosse a-histórica. Este é um sistema ideológico que foi se aprofundando nos últimos anos. Isto é importante, além do mais, por ser Bourdieu um autor francês, e acho que ele é impensável fora do sistema intelectual francês. A perda paulatina do papel hegemônico da França, deixando de ser o país a ditar as regras da cultura, deve ter provocado um profundo mal-estar. É, segundo Bourdieu, sobre o influxo desta dinâmica econômica que se transformou o mundo.

Concordo profundamente com Noam Chomsky, para o qual não se deve falar em globalização sem se fazer, primeiro, um desbastamento ideológico do seu significado. Na outra parte do mundo, prevalece, sobretudo, o processo de americanização da cultura, em que os Estados Unidos têm hegemonia absoluta. Um intelectual francês tem uma posição privilegiada para pensar isto, e, inclusive, para fazer a crítica destes processos!

E a concorrência entre França e Estados Unidos por influência intelectual e acadêmica?

A partir do final da Segunda Guerra, a França foi perdendo sua posição no campo das artes. Não é bem o caso das Ciências Sociais e da História, pois a importância da historiografia francesa é imensa hoje e, de certa maneira, satelitizou a historiografia americana. Eu acho que a crítica de Bourdieu sobre a perda de autonomia do campo intelectual só podia ter sido elaborada por um pensador francês. Quer dizer, expressa o desconforto do intelectual francês diante do que está acontecendo. Eu compartilho desse desconforto porque o que substituiu a hegemonia intelectual da França do ponto de vista da reflexão, foi, com algumas exceções honrosas, a pior fragmentação do pensamento, a empiria mais pedestre. Eu conheço um pouco desse lado muito perverso porque fiquei muitos anos envolvida com a política da pós-graduação e com a sua avaliação. Havia grande dificuldade de enquadrar as áreas de Ciências Sociais e de Humanidades, resultante da concepção que norteava os critérios de avaliação, provenientes das outras áreas. Esses critérios vinham de uma concepção de conhecimento oposta à francesa, em todos os campos. Desde a idéia de fragmentação, da empiria, do imediatismo, da prisão aos detalhes, do conhecimento. Vou dar um exemplo: quando fui representante da área de Humanidades no Conselho Técnico Científico da Capes, forçava-se a colocar como critério na avaliação da Sociologia o conhecimento pronto, de fácil assimilação e rápido. Outro padrão que não cabe para a nossa área é que a melhor contribuição é a última, pois não se trata de disciplinas paradigmáticas, as nossas referências são difusas. Por isso, o processo de formação é longo, porque não existe uma teoria assentada. Além de termos referências difusas, precisamos construir nossas referências a cada momento. Isto é demorado! Construção e desconstrução o tempo todo. Portanto, o último não é necessariamente o melhor. Eu batalhei muito para que se respeitasse a especificidade da área de Ciências Sociais e Humanidades.

E como marcar essas diferenças?
Uma das diferenças está no modo de produção da vida intelectual. Sem o respeito pelas diferenças não temos uma avaliação adequada. Mas isso é difícil em uma situação em que há disputas de poder entre áreas disciplinares e, especialmente, disputa de recursos.

Fale sobre sua experiência como representante na Capes.
O que eu tentei fazer enquanto ocupei esta posição na Capes foi mudar o comportamento. Busquei desenvolver maior esforço possível para acabar com preconceitos e evitar classificações prévias. O fato de não ser paulista, mas vir de uma instituição paulista, ajudou a superar dificuldades. Nunca achei que São Paulo fosse o centro do Brasil, embora seja o estado hegemônico. Assim, conseguimos alguns avanços. Não podíamos fazer uma avaliação qualitativa estrita, porque é uma área enorme, mas fizemos algumas alterações importantes. Por exemplo, os livros, ao contrário dos artigos, passaram a ser a produção intelectual de maior peso. Não concordamos que seja o artigo, pois nós sabemos que o mais difícil na área de Ciências Sociais é escrever um livro. Este tipo de atividade intelectual pressupõe uma reflexão de mais fôlego. Outra questão era pensar as publicações de nível internacional. Para nós era fundamental trabalhar com a natureza das nossas publicações, tendo em vista que nossos objetos são, quase exclusivamente, oriundos da nossa sociedade, são frutos da nossa história. Assim, não podemos equiparar os objetos da física, por exemplo, dotados de universalidade, com a particularidade dos nossos problemas. Evidentemente, o padrão de internacionalização só pode ser diverso. Também discutimos no Comitê de Avaliação da Sociologia a questão do índice de citação, levando em conta que um autor pode ser citado para ser rejeitado. Por isso, essa visão de circulação das idéias é muito difícil de ser medida na nossa área. Mas talvez a principal questão estivesse no complexo de inferioridade das nossas áreas e todo o trabalho envolvia mostrar nossa importância. A aceitação de uma visão de inferioridade nos fragiliza. Por isso, é necessário questionar os critérios quantitativos das áreas "duras".

A partir da pós-graduação, qual a sua visão da universidade brasileira, hoje?

Eu tenho uma boa visão da pós-graduação na minha área. Ela é hoje muito grande, diversificada, e tem posição diferente em relação ao passado. Mas a adoção de certos critérios fez com que a pós-graduação perdesse muito da tradição intelectual da área. Meu grande medo é que aconteça com a pós-graduação o que aconteceu com a graduação. Estamos correndo grande risco de banalizar a nossa pós-graduação, que foi um patrimônio construído em muitos anos. E isto demandou muitos recursos de uma sociedade pobre. É preciso que todo mundo tenha clareza sobre isso, pois o sistema de pós-graduação foi sustentado com bolsas ou recursos de uma sociedade pobre. Temos um número cada vez maior de teses, mas poucas são, de fato, interessantes. De um lado, há o problema de redução dos prazos, impedindo maior tempo de maturação. Hoje os doutores têm quase trinta anos. Eles realizam quase que uma corrida de obstáculos, mas atividade intelectual é uma escolha de vida, não é corrida de obstáculos. Parece-me necessário refletir sobre esse fato. Os alunos fazem suas teses, defendem nos prazos, mas os trabalhos servem como números. Quando não se avança com as teses é muito grave. Não que elas sejam erradas, porque os professores têm competência, sabem orientar em teoria e metodologia. São trabalhos organizados, bem-feitos, redondinhos. O problema é que temos uma pós-graduação de massa. Este não é argumento para se dizer que a pós-graduação deveria se dirigir a uma pequena elite, mas para se admitir que em nossas áreas, nós deveríamos ter prazos mais longos para se fazer pós-graduação. Percebo que não se trata de uma relação mecânica, mas que existe alguma relação entre tempo e qualidade.

Com relação à minha visão da universidade, acho que ela hoje é muito complicada. Conheço muitas universidades federais no Brasil, que visitei como membro do Conselho Técnico Científico da Capes. Cheguei até a visitar programas de áreas de Exatas. Mas as universidades federais sofreram um processo de desprestígio. Fui a uma universidade federal importante na qual para dar um telefonema era necessário ir a um prédio distante. Não havia nenhum acesso fácil a telefones. Acho que sofremos um desprestígio como sistema de ensino e como atividade. Nós, professores universitários e nós universidade, pensada em seu conjunto. Por quê? Pensando a partir da minha área, acho que a universidade não conseguiu dar respostas necessárias para a absorção das novas gerações. Vivemos um processo avassalador de mudança social, que altera o universo dos problemas. Não acho que o sentido da universidade seja formar só para o mercado de trabalho. Ela deve ter uma conexão com a profissionalização e também com a dinâmica da sociedade. Este processo de mudança se fez com um ritmo tão intenso, que a universidade, como instituição, não foi capaz de acompanhar e nem ofereceu alternativas. Temos que tomar cuidado para que não aconteça com a pós o que já aconteceu com a graduação. É comum um estudante de quarto ano de Ciências Sociais escrever errado. Hoje, esse fato chega a ocorrer na pós. No Brasil, o sistema de ensino é muito complexo, comprometendo a seleção para a universidade. Mesmo porque as formas de seleção não foram capazes, ou não podem avaliar essa dinâmica. Acho que os estudantes estão muito despreparados. Recebemos gente de todo o Brasil e da América Latina também. No seminário de doutoramento na área de Sociologia na USP, tenho que fazer exigências que são do nível dos alunos de graduação: construção do problema, fundamentação teórica, metodologia, revisão de português, presença nas aulas, leituras dos projetos dos colegas, não permitir atrasos etc. Há ainda certos comportamentos inomináveis, tais como a postura dos estudantes na sala de aula. Hoje mesmo cheguei a dizer a alunos do doutorado que precisavam reler *O processo civilizador*, do Norbert Elias. Civilização implica contenção. Talvez seja uma coisa de geração. A universidade significa compostura, é uma maneira de estar no mundo, muitos dos nossos estudantes não sabem lidar com as frustrações. Mas também levo em consideração que as salas são enormes, nosso ensino é de massa.

Os alunos não sabem que a escola é espaço público.

E a universidade não está sabendo lidar com isso. Reconheço que o universo cultural é hoje pequeno. E aí Bourdieu tem razão. A televisão e o computador têm grande responsabilidade nisso. Eles não lêem. Há anos atrás, em uma turma excelente de segundo ano, em que dava Marx e a revolução de 1848 na França, no curso de teoria sociológica clássica, lembrei de *A educação sentimental*, de Flaubert, e comecei a comentar sobre as várias visões do acontecimento. Finalmente, perguntei quem havia lido *Madame Bovary*. Ninguém. Comentei, então, como uma jovem universitária pode não ter lido *Madame Bovary*, que é uma das figuras arquetípicas da mulher; está na base da construção do feminino. Nós, professores, e a própria universidade não estamos sabendo responder a esta nova situação. Estamos sendo desvalorizados pela sociedade, pela *media*. Canso de ler na imprensa de que somos nós, os professores da USP, uns privilegiados. De ouvir do governo em quem votei que os professores têm privilégios, desconsiderando as chamadas carreiras de Estado, e que temos salários altos. A sociedade tem de amparar e valorizar nossa atividade. Todo ano temos que fazer inúmeros relatórios, provar o que fizemos. Temos um sistema de avaliação permanente, constantemente temos que nos qualificar. O drama dessa profissão, como diz Riobaldo, é que nunca estamos terminados. O problema é que não temos uma rotina de trabalho fixada em horas. A rigor, trabalhamos todo o tempo, até quando temos lazer. O trabalho nos ocupa até no sono. Não se escreve um livro se não estivermos sonhando com ele todo o tempo, com ele na cabeça. É um trabalho artesanal. Eu cansei de ouvir que nós temos o privilégio da aposentadoria integral. No entanto, não temos fundo de garantia. E para que o sistema universitário não seja destruído, é preciso que não se rompam direitos fixados. Não existe sociedade democrática que conviva com ruptura de direitos!

Confronte sua leitura de Florestan Fernandes com as leituras de outros intérpretes.

Há uma leitura do Florestan, feita por Gabriel Cohn, da qual gosto muito e que está no *Saber militante*. Acho que Gabriel é um excelente intérprete da obra de Florestan. José de Souza Martins também. A sua leitura privilegia a atuação do grupo da USP. Com relação ao meu trabalho, não tenho pretensão de ter feito a leitura melhor, mas enfatizo outros aspectos. Primeiro, eu fiz uma interpretação que foi criticada por Rodolfo Vilhena, em *Folclore e missão*. Ele diz que nós do Idesp fizemos uma leitura institucional. O que fiz, e nem era só por orientação do Instituto, mas por causa de minha formação, foi mostrar que o lugar onde o discurso é produzido é muito importante. Por isso, a minha interpretação de Florestan ressalta, primeiramente, a importância de deixar claro que seu discurso era emitido a partir da USP, de uma universidade em formação. E mais do que isto, era uma universidade envolvida com questões muito particulares, naquele momento. Portanto, ressaltando a importância do lugar e do tempo. A outra coisa que penso ter realizado, foi a mediação da biografia. Muitas interpretações enfatizam a radicalidade de Florestan Fernandes, o "trotskista desde que nasceu". Eu procuro dar conta de sua trajetória. Assim, lembrando que Florestan foi compulsoriamente aposentado, indago: se não tivesse sido, o que seria? Enfatizo um ponto que me chamou atenção na interpretação de Octavio Ianni, aliás, uma pessoa que cada vez tenho admirado mais, por sua postura, generosidade e integridade intelectual. Lembro-me que ao me pediram para indicar uma pessoa que merecesse a Ordem do Mérito, a Comenda do Mérito, indiquei Ianni e liguei para ele. Ele perguntou: "É um prêmio acadêmico?". Quando disse que não, ele respondeu: "Eu não aceito. Se fosse da universidade eu aceitaria. Agradeço muito que você tenha pensado em mim, mas eu sou um professor". Voltando à interpretação de Ianni sobre Florestan, ele diz que Florestan tinha um compromisso com o conhecimento.

Isto nos remete à questão de como você vê o intelectual. Por trás de sua fala sobre a universidade há uma concepção do papel do intelectual hoje.

O papel do intelectual hoje passa por uma nova relação com a política e com a sociedade. Penso que o papel do intelectual na sociedade brasileira já vem mudando muito há certo tempo, por uma conjunção de questões. A primeira é que a maneira como a vida intelectual vem sendo construída é diversa do que foi no passado. Luiz Werneck Vianna chamou atenção, no seu texto sobre o intelectual mannheimiano, como essa figura desaparece da vida intelectual brasileira. De outro lado, tem a ver com a dinâmica das Ciências Sociais. É muito difícil, hoje, termos um intelectual que tenha um projeto para a sociedade. Porque existe um processo de mudança, e até de rediscussão do mundo, com o qual estamos perplexos. Isto resulta do fato de os intelectuais não serem mais capazes de elaborar um projeto para o Brasil ou para a sociedade. Eu sou de uma geração em que a atividade intelectual foi redefinida. O intelectual, hoje, sobrevive, sobretudo, nas instituições. O intelectual fora das instituições é uma figura do passado e isto impõe limites à sua atividade. O mundo hoje é um mundo das instituições, o que, desde o século XIX, é processo crescente. Fico pensando naquela frase de Adorno, que está no seu texto *Cultura e administração*, em que se refere ao fato de que se uma figura *declassée*, como Verlaine, vivesse em seus dias — o texto é de 1960 —, dificilmente poderia ter tido uma morte honrada. Então, a atividade intelectual se dá em quadros institucionais e não tem saída. Ora, as instituições são muito poderosas. De um lado, elas modelam a natureza do discurso; de outro lado, a atividade intelectual, nesses termos, ficou circunscrita a certos nichos, o que impede que o intelectual seja aquela figura formuladora de um projeto; estou pensando em Celso Furtado, nos

Maria Arminda do Nascimento Arruda

isebianos, ou ainda em Florestan com a campanha da escola pública. Enfim, isto parece ausente do nosso mundo, não só do Brasil, mas também fora dele. Há pouco tempo, estava relendo a *Pré-revolução brasileira*, do Celso Furtado, que é uma maravilha de projeto para o Brasil. Lamento que isso não exista mais: a possibilidade do intelectual que possa entrar no debate sobre o conjunto da sociedade. Nesse sentido, a atuação do intelectual está parcializada, pois está voltada para certos campos restritos. O que aconteceu com a atividade intelectual foi o seu desencantamento, para o bem e para o mal. Para o bem, porque as utopias que falavam do intelectual independente, do intelectual fora do mundo, desaparecem. E, mais do que isso, acaba a visão do intelectual demiurgo, como se ele não estivesse submetido aos constrangimentos do mundo, como nós todos estamos. Para o mal, porque ficamos submetidos a uma agenda que não é a da vida intelectual. A minha geração emerge nos quadros de mudança da atividade intelectual. A atividade intelectual tornou-se comprometida com a gestão acadêmica e em vários campos. O que é bom e é ruim. É bom porque se põe os pés no chão. Agora, há limites ao que se pode fazer. Não se pode romper com os princípios éticos. Então, se me perguntam o que é o intelectual para você, eu digo como socióloga, que não há nenhum sociólogo que se sustente, como tal, se ele não tiver compromisso com a sua sociedade. E o compromisso do intelectual não é o da militância, porque às vezes esta compromete a atividade intelectual. É uma empatia, uma preocupação e um trabalho intelectual que tem o compromisso de pensar questões fundamentais da sociedade. A ciência social vive disso, é a sua razão de ser. A atividade intelectual tem por dever a ação ética. A ética é um dever do intelectual. E não é só no que ele escreve. É também como se comporta em todas as esferas da sua vida. Se for um professor da universidade, na sala de aula, se for um pesquisador, se estiver na gestão acadêmica. É fazer este exercício ético todo o tempo. Quer dizer, não acho que o intelectual seja uma figura fora das determinações do mundo. Acho que, nesse sentido, foi boa a extinção do mito. Mas a mudança não significa o abandono de certo comportamento que é a razão de ser da atividade. Isto vale para qualquer profissional, sobretudo para nós sociólogos.

Por que sobretudo para nós?
Porque o compromisso é o cerne da nossa atividade. É inerente a ela.

Não estamos vendo o sociólogo como demiurgo ao dizer que só ele tem de ser ético? Qualquer indivíduo tem de ser ético.
Sim, qualquer indivíduo tem de ser ético, mas quero dizer isso em função da natureza da nossa pesquisa, que é o trabalho com o social. Nossa ética envolve esta conexão direta com as questões coletivas.

Tenho dúvidas se isto não é uma forma de dar um atributo diferenciado ao intelectual. É como se o intelectual da política fosse mais dotado do que qualquer outro.
Deixe-me pensar. Acho que você tem razão. O que é o desencantamento da carreira? Perdeu-se a utopia da carreira como ocorria no início.

Esta não é uma visão mannheimiana de uma consciência superior?
Mas um físico está tratando com as questões físicas. Ele não está diretamente refletindo sobre os valores. Talvez, ao dizer isto, eu esteja querendo dotar a própria condição de sociólogo de relativa superioridade. Mas eu não posso imaginar, por exemplo, que um cientista social seja um pesquisador de camadas populares e, ao mesmo tempo, tenha uma postura preconceituosa. Ainda que eu saiba que o preconceito é corrente na vida social, acho que um cientista social tem de fazer um esforço, mesmo que fantástico, para não ser mais preconceituoso do que um físico. Porque não é este o material sobre o qual o físico trabalha e reflete. Acho que a ética é um pressuposto. Ele tem de saber da relatividade dos valores e, ao mesmo tempo, que na sua conduta há alguns valores que têm de ser levados como absolutos. A liberdade é um valor absoluto, porque tem como pressuposto o princípio da justiça e o da igualdade. Saber, pelo menos, que o mundo é desigual, mas que a igualdade tem de ser permanentemente buscada.

Você acha que se pode construir uma utopia, hoje?
As grandes utopias estão mortas! Eu gostaria que algumas delas fossem reconstruídas, mas estão mortas.

Não estamos, com a utopia do intelectual, definindo o que esperamos dele?
Existe um trabalho intelectual sem alguma utopia? É uma pergunta que eu me tenho feito. É preciso alguma utopia para o trabalho intelectual, que é, no mínimo, a idéia de que se pode conhecer o mundo. Fernando Novais diz algo muito interessante: não existe o historiador se ele não acredita na possibilidade de reconstruir. E não existe o intelectual, inspirando-me nesta frase, sem a possibilidade de compreender de alguma maneira. Então, todo trabalho intelectual envolve certa utopia. Isto não significa necessariamente as utopias sociais. Acho que elas estão temporariamente mortas. Mas será que a utopia de um mundo mais igual tenha desaparecido completamente? Gosto da frase de Weber: a humanidade nunca teria chegado ao possível se, infinitas vezes, não tivesse buscado o impossível. E o impossível é sempre uma projeção utópica. Quer dizer, a realização do possível pressupõe, de alguma maneira, uma utopia, tanto no plano social quanto no plano pessoal. Mas estas coisas acontecem no processo. Não são tão simples assim. De qualquer maneira, a utopia é um componente da atividade intelectual. Mas, se não se preservar algum espaço para a utopia quer na vida pessoal, quer na atividade profissional, estamos perdidos.

Voltando ao tema da universidade afetada pela relativa perda de valores, não há um movimento para recuperar ou reconstruir a universidade e seu espaço de trabalho?
Sim, mas o problema é que só isoladamente. Não se tem construído uma mobilização coletiva. E depois, no mundo atual, os espaços de exercício da vida intelectual foram perdendo a importância. Tudo é instrumental, o que importa é a eficácia. Lembro aquela maravilhosa frase de Adorno que afirma que a cultura só é

útil se for inútil. É necessário ter a coragem de falar da utilidade do aparentemente inútil. É que tudo virou utilitário. É a frase de Bourdieu, dizendo que tudo o que for para o campo do mais útil ou da economia é um sistema que ficou naturalizado, independentemente da sociedade. Neste movimento, a universidade é tragada, a não ser aquela mais conectada com os mecanismos imediatos, da profissionalização imediata. Vivemos o domínio pleno da opacidade, do que Marx chamava de dinâmica das ilusões, das ilusões necessárias.

Você é religiosa?

Não propriamente. Tenho formação católica. E até diria que quando se tem uma formação religiosa, sempre somos, de alguma maneira, religiosos, porque esses valores nos são introjetados. Assim, quando se passa por um momento complexo na vida, mesmo que não se queira, buscamos apoio na religião. Por outro lado, por sensibilidade, por personalidade, não tenho inclinações para o misticismo. Mas tampouco sou completamente racional. Sou conhecida como uma personalidade em que as emoções têm uma grande força nas ações, no meu estar no mundo. Agora, ninguém sobrevive se não tiver também um grande autocontrole. Ao mesmo tempo, tive uma educação da contensão por ter recebido formação religiosa combinada aos padrões tradicionais. Mas eu sou da geração da liberação. Ela convivia junto e, no caso das mulheres, essa duplicidade foi muito forte. Identificam-me também como uma pessoa com força interior. Há nisso alguma religiosidade? Talvez. Não sei me ver. Estar no mundo é muito complicado.

BIBLIOGRAFIA SELECIONADA

1985 *A embalagem do sistema: a publicidade no capitalismo brasileiro*. São Paulo: Duas Cidades (nova ed.: Bauru, Edusc, 2004).
1989 "A modernidade possível: cientistas e Ciências Sociais em Minas Gerais". In: Sergio Miceli (org.), *História das Ciências Sociais no Brasil*, vol. I. São Paulo: Idesp/Vértice, 1ª ed. (2ª ed.: Sumaré, 2001).
1990 *Mitologia da mineiridade: o imaginário mineiro na vida política e cultural do Brasil*. São Paulo: Brasiliense.
1995 "A Sociologia no Brasil: Florestan Fernandes e a 'Escola Paulista'". In: Sergio Miceli (org.), *História das Ciências Sociais no Brasil*, vol. II. São Paulo: Sumaré.
2001 *Metrópole e cultura em São Paulo no século XX*. Bauru: Edusc.
2003 *Florestan Fernandes: mestre da Sociologia moderna*. Brasília: Paralelo 15/ Capes.

JOSÉ VICENTE TAVARES DOS SANTOS

José Vicente Tavares dos Santos nasceu em Paris em 1949. Formou-se em Ciências Sociais pela Universidade Federal do Rio Grande do Sul, em 1971, fez mestrado em Sociologia na USP, em 1977, e doutorado de Estado na Université de Paris X-Nanterre, em 1987. É professor titular da UFRGS, pesquisador do CNPq (GP "Violência e Cidadania"), presidente da Associação Latino-Americana de Sociologia e editor da revista *Sociologias*. Sua atuação desenvolve-se nos seguintes temas: sociologia da violência, construção da cidadania, controle social e segurança cidadã, sociologia contemporânea, sociologia dos processos agrários, sociologia da conflitualidade e metodologias informacionais. Esta entrevista foi realizada em junho de 2004.

Comece falando sobre sua trajetória de carreira e sua escolha do curso de Ciências Sociais.

Eu tinha um destino familiar, que era a Faculdade de Direito. Meu pai foi advogado e havia uma expectativa da família de que eu fizesse Direito. O interesse pelas Ciências Sociais começou quando me envolvi na política estudantil, aos quinze anos, em 1964. Vivia em Porto Alegre e freqüentava o Grêmio Estudantil no maior colégio estadual da cidade, no qual se formou toda uma elite política: o Colégio Estadual Júlio de Castilhos, que tinha 5 mil alunos. Entrei para o Grêmio como secretário de expediente, fui secretário social, cultural e cheguei a secretário-geral. Então já estava no segundo clássico. Fui expulso do Colégio depois que fizemos um jornal contra o Diretor, chamando-o de autoritário — pois ele obrigara o presidente do Grêmio a se demitir —, e invadimos o colégio para distribuir o jornal. Não foi diretamente uma expulsão, foi uma cassação branca, pois não me renovaram a matrícula no ano seguinte. Àquela altura, com dezessete anos, comecei a trabalhar: era auxiliar de escritório. Fui, então, para um colégio municipal, onde fiz o terceiro clássico noturno. No início do ano seguinte, 1967, fiz vestibular para a Universidade Federal do Rio Grande do Sul.

Essa vida no Grêmio Estudantil me despertou para a questão social. Meu pai fizera a Revolução de 1932, no Rio Grande do Sul, e ficou preso durante dois anos. Minha mãe, até morrer, recebeu pensão do Governo do Estado de São Paulo. Eu tinha essa história de militância política na família, lembro-me de meu pai contando aquelas histórias.

Sempre li muito e comecei a me envolver com a questão social. Com o golpe de 64, o Grêmio era muito visado, sofreu inclusive a intervenção de um coronel. Era uma fábrica de discussões de toda uma geração política. No ano de 1966, fui um dia à Faculdade de Filosofia e perguntei a alguém, que depois veio a ser um grande amigo meu, o que era "Ciências Sociais". Porém, como havia a pressão familiar, prestei os dois vestibulares — naquele tempo ainda não era unificado. Passei bem: em quinto lugar na Faculdade de Direito e em sexto no curso de Ciências Sociais. Comecei a fazer os dois. Entrei para o Grêmio Estudantil da Faculdade de Direito e, dois meses depois, já estávamos organizando uma greve. Mas comecei a achar muito aborrecida a Faculdade de Direito, em relação aos conteúdos, ao tipo de ensino. Entrei em crise. Ainda assim, continuei o ano, fiz os exames, passei no primeiro ano do Direito. Resolvi que ia ser cientista social, o que causou um drama familiar. Quando entrei nas Ciências Sociais disse a mim mesmo: "é isto". Entrei como um foguete: a primeira exposição que fiz em aula foi sobre *Lógica Formal, Lógica Dialética*, do Henri Lefebvre.

E quem foram seus professores?
Havia a Suzana Soares, que ainda é professora lá, minha amiga até hoje, e; o João Guilherme Souza, um grande professor que nos fez ler os clássicos, no original. Naquele tempo não havia xerox, felizmente; então líamos os livros, realmente. Minha família é de classe média; eu trabalhava e comprava os livros. Tenho até hoje o primeiro livro de Sociologia que comprei, em francês, de Jean Duvignaud. Como fiz Aliança Francesa desde os onze anos, lia bem em francês.

Você fez a Aliança Francesa em Porto Alegre?
Fiz o primário em São Paulo. Meu pai também fazia política lá, no Partido Social Progressista. Com oito anos de idade, eu vivia nos diretórios do PSP. Quando ele morreu, em 1962, fomos para o Sul. Entrei na Aliança Francesa em São Paulo, com onze anos, e concluí aos quinze, já em Porto Alegre.

Você nasceu em Paris, não?
Meu pai participou da Revolução Constitucionalista de 1932; era advogado no interior do Rio Grande do Sul, foi um dos líderes. Sofreram uma fragorosa derrota frente à Brigada Militar e ele ficou preso dois anos. Quando caiu o Getúlio em 1945, ao assumir o Dutra, ele, que era ligado ao Partido Social Democrático na época, conseguiu o cargo de gerente geral da Lloyd, empresa de navegação sediada em Paris. Reorganizou todo o comércio exterior de navegação com a Europa e com o norte da África. Assim, nasci em Paris, em 1949. Minha família falava francês em casa; minhas irmãs desde cedo me ensinaram.

O seu pai teve esse posto no Lloyd a partir do trabalho político anterior dele?
Sim, entre 1945 e 50. Em 1951, quando mudou o governo, ele deixou o cargo e voltou ao Brasil. Advogou no Rio e em São Paulo até falecer, em 1961.

Ele era aliado ao PSD ou a grupos getulistas?
Era do PSD e de grupos antigetulistas, por isso foi preso. Ele era de uma família de origem indígena, filho de uma índia guarani escrava. Eram doze irmãos. O pai

José Vicente Tavares dos Santos

dele tomou o nome do senhor, José Tavares, um comerciante de uma cidade chamada Barão do Triunfo. E dos doze irmãos, meu pai foi o único mandado a estudar: formou-se na Faculdade de Direito da UFRGS, em 1926.

Quer dizer que seu pai era índio?
A mãe dele era índia, o pai mestiço. Minha mãe era filha de um proprietário de terras em Soledade, de origem portuguesa. Ela estudou até o segundo grau em um colégio de freiras, em uma cidade próxima chamada Passo Fundo.

Então seu pai teve uma trajetória de ascensão social importante?
Sim. Filho de um tropeiro, depois comerciante de uma cidadezinha, ele chegou em Paris e nunca quis voltar ao Sul. Morreu trabalhando. Não conseguiu acumular nada, a não ser uma biblioteca. Ele tinha escritório de advocacia na rua Barão de Itapetininga, em São Paulo. Com dez anos de idade, eu ia ao centro de São Paulo sozinho: ia ao cinema, às livrarias, à Livraria Francesa. Andava por lá e depois ia para o escritório do pai. Meu pai tinha uma biblioteca de Direito: nasci no meio dos livros. Lia desde os onze anos a Enciclopédia Delta-Larousse, em seis volumes, e, em francês, literatura e outros assuntos. Nessa idade já retirava livros da Faculdade de Direito da Universidade de São Paulo. Lia tudo, em português e em francês.

Quer dizer que o hábito da leitura você já tinha desde a adolescência?
Sim, desde criança. A família inteira lia.

Você é o mais novo da família. Quantos irmãos você tem?
Éramos seis. Três homens e três mulheres. A mais velha nunca fez curso superior; trabalhava e depois se casou, já é falecida. Um dos irmãos chegou a fazer uma especialização na Getúlio Vargas em Gerência, mas não chegou a fazer faculdade, faleceu cedo. Três irmãos ainda vivem. A segunda sempre trabalhou, fez Faculdade de Letras e está aposentada como funcionária pública no Rio de Janeiro. A outra irmã fez Direito na São Francisco, na USP, e foi técnica do Poder Judiciário até se aposentar. Meu irmão, que fez engenharia em Porto Alegre, aposentou-se como engenheiro da Petrobrás.

São Paulo e Porto Alegre foram os dois universos da sua infância?
Fui morar em Porto Alegre aos treze anos. Minha infância foi no Rio de Janeiro, até 1956, e depois em São Paulo, até 1962.

Voltando às Ciências Sociais: o que lhe marcou mais no curso em Porto Alegre?
A leitura dos clássicos foi muito importante. Meu amigo André Foster, depois vereador, criou em 1967 um grupo junto com alunos da Faculdade de Filosofia, a Associação Gaúcha de Sociólogos. Este grupo foi muito importante porque conseguiu levar todo o pessoal da USP para lá. Conheci Florestan Fernandes, Marialice Foracchi, José de Souza Martins, Luiz Pereira, Gabriel Cohn, Fernando Henrique

Cardoso em Porto Alegre, quando faziam conferências, trazidos pela Associação, no ano de 1968. Eu estava sempre no meio: não tinha dinheiro, mas ia a todos os jantares e escutava tudo o que os convidados falavam. E lia todos eles.

A Faculdade de Filosofia de Porto Alegre era o centro do movimento estudantil na época. Embora fosse cortejado, nunca fui ligado a grupo político, pois tinha uma situação familiar muito frágil; éramos somente eu e minha mãe. Meu mundo era a Faculdade, eu morava bem perto dela: tinha um edifício, um parque e a Faculdade. Trabalhei como auxiliar de escritório dos dezessete aos dezenove anos, meio turno, enquanto estudava Ciências Sociais. Um dia, disse: vou ser cientista social e viver da pesquisa. Então pedi demissão e comecei a trabalhar com os professores em pesquisa. Morei com minha mãe até terminar a faculdade; tinha meu dinheirinho para comer e comprar livros, e vivia na biblioteca.

Daí começou um outro período interessante. Comecei a viajar; ia de carona. Fui até a Bahia na primeira viagem, com os amigos. Depois fui ao Uruguai e a Buenos Aires, o que me abriu o mundo hispânico. Comprava livros, *O capital*, de Marx, Weber, tudo em espanhol. Fiz assinatura do jornal *Marcha*, dirigido pelo Eduardo Galeano. Tinha até medo quando o jornal chegava em casa, por causa da ditadura. Passei em uma seleção para um intercâmbio nos Estados Unidos e fiz um curso de verão em Harvard, em junho de 1970. A viagem foi assim: uma semana com uma família americana, duas semanas em Harvard e depois fomos a Nova York, Washington, até ao Banco Mundial. Era uma coisa feita para mostrar que os americanos eram boa gente. A viagem me impressionou muito, inclusive porque conhecemos pessoas do Black Panther e o mundo dos hippies, em Boston.

Naquele tempo estudava-se latim, francês e inglês no secundário, na escola pública. Comecei a estudar inglês no Centro Cultural Norte-Americano e no Yázigi, com bolsas de estudo. Também fiz uma viagem, de carona com um colega e três amigas, de Porto Alegre até Machu Picchu, no Peru, passando pelo norte da Argentina, La Paz, Cuzco e voltando por Lima, Santiago do Chile, com quinhentos dólares. Ficamos dois meses viajando. Vi o Allende na rua, vi o presidente da Bolívia, fui à Cepal, em Santiago, e trouxe de lá relatórios na mochila.

E a decisão de vir fazer pós-graduação, você já havia tomado nesta época?

Eu tinha um pouco de nostalgia de São Paulo. Estudei no Colégio Estadual Presidente Roosevelt e, quando meu pai faleceu, a família achou melhor voltarmos para Porto Alegre. Eram minhas irmãs e meu irmão que ajudavam minha mãe, pois meu pai não deixou nada, não tinha aposentadoria, nada. Todas as férias eu vinha para São Paulo e para o Rio de Janeiro, pois tinha um irmão na capital paulista e os outros moravam no Rio. Eu ia à USP e pegava lá as apostilas, ia às bibliotecas. Isso foi muito marcante, porque aí conheci a Escola de Sociologia da USP.

Como foi a escolha do seu objeto de estudo? Você pode se identificar como sociólogo rural?

Nessa época apareceu a questão da internacionalização, pois eu já tinha conhecido a América Latina, os Estados Unidos, e lia em francês, espanhol e inglês. Re-

José Vicente Tavares dos Santos

solvi fazer o mestrado na USP. Viajei com Luiz Pereira, Eunice Durham e Marialice Foracchi para Gramado. O Luiz Pereira queria ver o trigo, então fomos em um Fusquinha do professor João Guilherme Souza, meu primeiro mestre. Eu não sabia bem o que queria dizer mestrado na época, mas fui. O Luiz Pereira não podia me orientar, mas fiz um primeiro projeto sobre populações urbanas marginais. Marialice também não podia me orientar. Recorri, então, ao Martins: um dia despenquei em sua casa e disse que queria fazer um estudo rural. Ele disse: "Está bem!". Eu tinha dois amigos que estavam na USP querendo fazer estudos muito abrangentes. Tive a percepção de que devia fazer um estudo mais localizado. Fiz um projeto sobre as populações rurais na região vitivinícola do Rio Grande do Sul, mas nunca tive aulas de Sociologia Rural na Faculdade.

Eu tinha teoria, conhecia marxismo, literatura e os estudos da USP. Meu interesse era ir para São Paulo. Na realidade, meu objetivo primeiro foi estudar classes populares, o rural foi uma oportunidade interessante. Mas nunca me considerei um especialista! Primeiro, porque não tinha nenhuma relação empática: nunca morei em uma cidade com menos de 1 milhão de habitantes. A primeira vez que vi um camponês foi quando pensei em fazer uma dissertação. O que me causou certo estranhamento. Nessa área o que vi eram muitas pessoas, os agrônomos; achei um pessoal muito interessante, divertido.

Depois das primeiras viagens a campo, voltei muito encantado, com a impressão de certa felicidade cotidiana dos camponeses do vinho. Mas nunca me identifiquei como sociólogo rural. Eu sou sociólogo e sempre muito curioso em estudar outras coisas. Terminei a dissertação de mestrado na USP em 1971; ela foi publicada com o título de *Colonos do vinho,* pela Hucitec.

Quando voltei do mestrado para Porto Alegre, contratado pela UFRGS, colocaram-me para dar aulas sobre a Questão Agrária e sobre Metodologia de Pesquisa. Comecei as aulas, consegui ler e escrever sobre Metodologia. Gostava de estudar Filosofia das Ciências, gosto de ler teoria. Mesmo depois, a partir dos anos 90, quando comecei a estudar violência, não passei a me considerar um especialista em violência.

Eu gosto muito de transitar por questões novas. Para mim o rural foi uma novidade. Li tudo o que pude, andei pelo mundo. Mas sempre li teoria: dou aula de Teoria Sociológica. Embora existam objetos de estudos, sou contra o especialista. Isso é uma questão que vem da taxinomia das ciências, do estilo positivista de ciência e de uma formatação da vida acadêmica que leva a um produtivismo.

Você saiu do curso de mestrado, onde fez o estudo sobre os camponeses da região da uva, e foi fazer o doutorado na França também sobre tema rural, não?
Aí houve uma interrupção. Eu estava cansado de São Paulo, onde morei seis anos, fazendo o mestrado e dando aulas na FGV — graças a um amigo e a uma grande amiga. A cidade começou a me parecer muito pesada. Até me candidatei a professor na Unicamp, mas não deu certo. Além disso, também veio uma história familiar: se meu pai tivesse voltado para o Sul, ele talvez não tivesse tido tanto trabalho no final de sua vida. Assim, quis voltar para o Sul. Gosto de lá. A oportunida-

de foi muito boa, porque entrei direto como professor no mestrado em Sociologia da UFRGS.

Mais ou menos dois meses depois que cheguei, em 1978, houve um episódio interessante: índios caingangues e guaranis, organizados sob a influência do Conselho Missionário Indigenista, expulsaram, em um final de semana, mil famílias de colonos que haviam ocupado suas terras na época do governo Brizola. Isso criou um fato social. Eu e meus alunos começamos a acompanhar os acontecimentos pelo jornal. Fizemos um grupo, coletávamos os jornais e organizamos um ato na Assembléia Legislativa — pois tínhamos ligação com o MDB — chamado "Índios e Colonos". Convidamos o José de Souza Martins, saíram matérias no jornal e depois análises em um livro que organizamos para a Assembléia Legislativa.

A experiência foi muito importante. Sempre organizei coisas na vida e acho que vou continuar. Eu estava atrás de um tema para o doutorado, mas não estava querendo fazê-lo imediatamente. Queria fazer um doutorado de tipo "sanduíche", como se chama hoje, na Inglaterra, para ter uma experiência internacional. Mas não foi possível. Continuava querendo ir para o exterior. Concorri a uma bolsa, ganhei, mas por uma questão particular não pude viajar. Também, eu não queria sair da Faculdade: já tinha 27 anos, achava que não poderia abandonar um emprego; vivi sempre de meu salário.

Estava atrás de um tema de pesquisa. Tinha muita curiosidade pela Amazônia, que ainda não conhecia. Um amigo, Carlos Teixeira, estava fazendo uma tese sobre os seringueiros. Consegui arrumar uma passagem e fiz uma viajem de um mês pela Amazônia. Houve outra coincidência que reforçou meu interesse pela Amazônia. Os colonos que tiveram as terras devolvidas para os índios ficaram dois ou três meses no Parque de Exposições Agropecuárias de Porto Alegre. Quando tiveram que sair, o governo militar chamou um pastor luterano que, em 1972, já tinha levado pequenos agricultores para uma área do Mato Grosso — Canarana, perto de Goiás — e pediu para ele organizar uma área de colonização no quilômetro setecentos da Rodovia Cuiabá-Santarém, depois denominada Terra Nova. Então fui ao Mato Grosso.

Se o primeiro choque cultural foi com os Estados Unidos e o segundo com a América Latina, o terceiro foi com a Amazônia. Li tudo que pude sobre ela, toda a literatura. Fiquei fascinado e achei que havia sentido estudar a transferência populacional. Pensei que isso podia dar um trabalho de doutorado. Nos anos 80 fui, em todas as férias, para o Mato Grosso, para Terra Nova. Eram 24 horas de ônibus em estrada de terra.

Na época, houve em São Paulo, na SBPC, uma reunião gerada pelo Antonio Candido em que se começava a discutir a formação de uma Associação de Docentes. Estavam fazendo um livro sobre as cassações na USP, e resolvemos fazer um livro sobre as cassações no Sul. Foi muito bonito, entrevistamos parte dos 34 professores cassados na UFRGS entre 1964 e 1969, e publicamos o livro.

Formamos a Associação de Professores e depois fui eleito vice-presidente. Começou a primeira greve nacional de docentes, e no início da assembléia a presidente disse que tinha de deixar o cargo para fazer o seu doutorado. Quando vi, eu estava liderando a assembléia. Deflagramos a primeira greve de docentes na

José Vicente Tavares dos Santos

UFRGS; dois dias depois, estava no comando nacional de greve em Brasília. Isso foi em 1980.

Tornei-me presidente da Associação de Docentes da UFRGS e me envolvi no movimento nacional de criação da Associação Nacional dos Docentes do Ensino Superior. Fiquei dois anos na Andes. Mas, ao mesmo tempo, ia à Amazônia.

Em certo momento me cansei do Brasil, do regime militar e decidi que queria viver na Europa. Em 1974 fiz uma primeira viagem, com passagem dada por minha irmã. Fiquei um mês e fui a Nanterre, porque lá havia um grupo de Sociologia Rural, liderado pelo Henri Mendras e por Marcel Jollivet. Em 1980 voltei outra vez, como turista; fiquei mais de um mês viajando e resolvi pedir uma bolsa. Ganhei a bolsa da Capes e, em outubro de 1982, fui fazer o doutorado de Estado, em Paris, o qual vim a concluir em janeiro de 1987. Foi outra ruptura.

Quando cheguei, queria fazer todos os seminários, desde os gregos até nossos dias. Segui os seminários do Marcel Jollivet e do Groupe de Recherches Sociologiques de Nanterre, do Alain Touraine e do Maurice Godelier na École des Hautes Études en Sciences Sociales, e assistia às conferências do Pierre Bourdieu e do Michel Foucault no Collège de France.

Tinha levado cem quilos de material de pesquisa de campo, entrevistas etc., o que me salvou daquela "loucura" francesa. Trabalhava em Nanterre. Fiz quatro viagens de campo: a regiões distantes no Mato Grosso, a uma região chamada Três Passos — na qual, desde 1972, um pastor luterano levava agricultores para Canarana —, e fiz entrevistas em Nonoai, Três Passos e Ronda Alta, no Rio Grande do Sul, de onde tinham saído agricultores em 1980. E lá no quilômetro setecentos da Cuiabá-Santarém, em Terra Nova. Então meu tema de tese foi a colonização de novas terras com populações meridionais. O fato de ter esse material e um objeto de pesquisa definido, e de estar em um laboratório de pesquisa do Centre National de la Recherche Scientifique, permitiu que eu fizesse a tese.

Na Europa, além de estudar teoria sociológica, viajei muito, pois queria conhecer as várias sociedades. Cheguei em novembro de 1982. Em junho de 1983 estive por quinze dias em Moscou, Kiev e Leningrado. Pude ler, em francês, a história do stalinismo e a literatura sobre o campesinato soviético. Visitei quase todos os países socialistas. Nas férias, eu ia estudar inglês em Londres e ler na British Library — inclusive os livros do Wakefield que Marx cita.

O que me chocou muito na França foi o paroquialismo: não se podia entrar com um livro de outro autor porque a pessoa se arriscava a ser expulsa do grupo. Cheguei lá em um momento de crise do marxismo. O único livro marxista publicado com essa denominação foi o de Godelier, *L'Idéel et le réel*.

Era muito marcante a diferença entre o estilo intelectual do meu trabalho de mestrado, feito dentro do marxismo heterodoxo da USP — via Sartre, Lefebvre, o jovem Lukács, Goldmann —, e o clima de Paris na época. Lá não havia mais marxismo. Meu próprio orientador de tese, que fora um grande sociólogo rural marxista, estava virando ecologista. E realmente fiquei muito perturbado porque o marxismo não era mais explicador. Por outro lado, a opção que havia na França era a de aderir a uma escola de pensamento e a um *patron*. Aderir a uma sintaxe, à semântica, à lógica, ao vocabulário total. A vantagem foi que tive um orientador formal, Henri Mendras. Meu orientador de fato me disse: "Vai fazendo a sua tese". Em um destes intervalos, passei seis meses no Brasil. Dois meses em Brasília levantando material; depois fui para a Amazônia, para o Sul. A orientação teórica de minha tese de doutorado era algo que, na época, podia se chamar de eclética, o que era algo depreciativo. Eu diria que foi uma composição intelectual em função de um objeto de pesquisa.

Quais foram as principais influências nessa tese?
A tese, a rigor, tem uma conclusão teórica múltipla. Já tinha lido Foucault desde os anos 80; mais as leituras sobre a história do campesinato europeu, sobre o Brasil, e a minha formação na USP, de Marx e Weber. Muito pouco Durkheim. Eu diria que a minha tese é um diálogo múltiplo com esses vários autores.

O que tem de Weber nela?
A idéia de legitimação, de dominação. O que eu li de Antropologia, na época, me levou a compreender a questão simbólica. O nome da tese é *Matuchos* — o filho do gaúcho nascido no Mato Grosso —, *o sonho da terra.* O que ficava evidente para mim é que não havia apenas uma determinação econômica e política no fato de as pessoas mudarem de um estado para outro. Havia uma série de componentes simbólicos, imaginários com relação às novas terras, ao Eldorado. Fiz mais ou menos cem entrevistas gravadas, trabalhei muito sobre o material empírico; ficava em casa escrevendo. Afinal a tese chegou às exigências de um *doctorat d'état.*

Você publicou no Brasil?
Publiquei pela Editora Vozes, com o título *Matuchos, exclusão e luta: do sul para a Amazônia.*

Você poderia agora sintetizar quais foram as grandes influências intelectuais no seu trabalho sociológico?
Foram Marx, Sartre, o jovem Lukács, a Escola da USP, José de Souza Martins e Octavio Ianni. Depois Jollivet, Foucault, Touraine e Bourdieu.

E como você processou influências tão diversas?
Eu ia deglutindo essas leituras. Uma vez escrevi um texto em que comento *Fundamentos empíricos da explicação sociológica*, do Florestan, e *Le Métier de sociologue*, de Bourdieu: o texto chama-se "Caminhos da viagem inversa" e defendia uma "antropofagia sociológica", na linha do Oswald de Andrade. Acho que sempre degluti leituras, teorias e fui usando o que achava pertinente para explicar as realidades que queria analisar. Na defesa de tese em Nanterre, meu orientador disse que eu conhecia bem a caixa de ferramentas da Sociologia, sabia usar a ferramenta para a operação necessária, e que ele tinha me dado liberdade para escrever assim. Devo muito a Marcel Jollivet, por sua cultura, compreensão e estímulo.

No seu relato a Sociologia vai nascendo de suas viagens, das leituras. Como você define o trabalho do sociólogo?

José Vicente Tavares dos Santos

Acho que o trabalho do sociólogo é explicar as realidades sociais, explicar as questões sociais. Sempre fui focado no problema social, preocupado com a questão social, que me desafia. Por que passei dos estudos agrários para a questão da violência? Quando voltei, o professor José de Souza Martins me indicou para a Comissão Pastoral da Terra. Durante cinco anos dei cursos na Amazônia para padres, o pessoal da CPT em Goiânia, Rondônia, Belém do Pará, Acre. Dizia a eles: vocês têm uma prática que é muito mais rica do que o marxismo vulgar, os cadernos da Marta Harnecker que vocês usam. Ensinava a Sociologia pós-marxista, pós-estruturalista. Pós-marxista porque incorpora alguns conceitos do Marx: de classe, de exclusão, de dominação de classe, de exploração. Os outros conceitos são interessantes na medida em que forem compatíveis para a explicação do objeto, desta questão social.

Ou seja, há um problema social e deve-se mobilizar o arsenal para explicá-la, para transformá-la em uma questão sociológica. O Bachelard escreveu e o Bourdieu retomou tal idéia. O Florestan e o Ianni também usaram o Hans Freyer, definindo a Sociologia como a autoconsciência crítica da sociedade. Porém, trata-se de uma consciência reconstruída pelo sociólogo para a sociedade: o sociólogo tem o saber crítico, capaz de desvelar para os agentes sociais os seus próprios auto-enganos, suas próprias ilusões. No fundo, a Sociologia é um destruir de ilusões.

Isso se refere ao que o Bourdieu definiu como Sociologia reflexiva.
Certamente. Que o Marx via, pois começa a análise do capital com o fetichismo da mercadoria. Tem também o desencantamento do mundo, do Weber; ou a explicação do social pelo social, do Durkheim. Gosto do livro do Wolf Lepenies, *As três culturas*, pois mostra que a Sociologia aparece disputando com as Ciências Naturais e com a literatura realista do romance, Balzac e outros, uma explicação para a sociedade. A Sociologia surge na tensão entre razão e desrazão. Em seguida, há a discussão foucaultiana sobre o nascimento das Ciências Humanas: à positividade do falar, do viver e do produzir adiciona-se uma representação do falar, do viver e do produzir. Ou a Sociologia da Sociologia que Bourdieu propõe.

Mas aí não tem uma visão idealizada do próprio sociólogo?
Não, pois o sociólogo é sempre auto-reflexivo, tem de se auto-analisar. Entra agora um componente na minha formação: a Psicanálise. Seja por ter feito psicodrama em São Paulo, seja por ter feito, durante 10 anos, terapia analítica em Porto Alegre, seja por ter lido o que pude da Psicanálise. Na verdade, o sociólogo não se ilude, porque ele está sempre vivendo a tensão entre a teoria e a pesquisa, vivenciando rupturas. O conhecimento tem uma zona de claridade, de escuridão, uma zona de sombra, como aparecia no mito da caverna de Platão. E o conhecimento é o alargar esta zona de sombra, sempre um lusco-fusco, luz e sombra ao mesmo tempo! A Sociologia é isto, a noite e o dia. Mas qual é a condição para o sociólogo não se iludir?.É fazer a pesquisa: em cada objeto ele volta ao ponto inicial, em um sentido helicoidal, em um patamar superior ao seu ponto de ignorância. Isso produz o pesquisador, essa disposição de conhecer o que não sabe! Óbvio que isso é o oposto de uma visão carreirista da ciência.

Com a crise do Estado, retraiu-se a capacidade analítica do Estado. Com a complexidade da sociedade pós-moderna ou da modernidade tardia, os estoques intelectuais que as pessoas têm não são mais suficientes. Então há quinze anos estou fazendo aquilo que se chama Sociologia Aplicada, ligada à Sociologia Geral.

A Sociologia Aplicada é a militância política?

Sociologia Aplicada no sentido do Florestan: uma Sociologia que tenta explicar as questões sociais que são postas pela sociedade. Com isso, o saber sociológico se junta com essa tensão da sociedade. Além do mais, o sociólogo é o único pesquisador que consegue ser multidisciplinar! Essa discussão está em Comte, quando ele menciona os "engenheiros sociais". Quando estudava as questões agrárias, os engenheiros sociais eram os agrônomos. Ao converter a violência em objeto de estudo, novamente me deparei com os engenheiros sociais do crime: advogados, penalistas, policiais, médicos, psicólogos.

O sociólogo, na medida em que tem formação em Metodologia de Pesquisa, em Epistemologia e conhecimento sobre o objeto de pesquisa, é capaz de dar uma contribuição multifacetada. O papel do sociólogo se tornou fundamental, na medida em que, com a complexidade do mundo, o saber especializado não dá mais conta de conhecer o mundo!

O debate público sobre a violência, em diferentes espaços, é um debate em que especialistas, juízes, advogados, policiais, juristas ou penalistas não dão conta do objeto. Uma coisa é o crime, outra coisa é a violência, é o que aprendemos na América Latina nos últimos dez anos.

Qual a diferença entre crime e violência?

Crime é o que está codificado nos Códigos Penais, e está codificado porque ofende a consciência coletiva, como dizia Durkheim. A violência reporta a uma violência física: é um ato de excesso de poder que causa um dano a outro, físico ou simbólico. Ele pode ainda não estar codificado como crime, ou pode não estar mais codificado como crime. Um exemplo típico é a violência contra a mulher: para ser codificada como crime levou quarenta séculos. O castigo corporal em crianças é legitimado pela consciência coletiva, é aceito socialmente embora seja um ato de violência física. Na sociedade contemporânea, a violência corporal é aceita como norma social em muitos grupos.

Voltando à questão de minha formação: a internacionalização da minha vida e do meu conhecimento produziram um modo de ser sociólogo. Isso me dá uma tranqüilidade, uma serenidade pessoal e profissional muito grande. A internacionalização foi em vários sentidos: em relação a culturas regionais, dentro do Brasil; em relação a culturas nacionais; às disciplinas científicas; à relação com a política — algo para mim mais simbólico do que profissional. Eu gosto da política como ápice da festa, como máquina. Octavio Ianni chamava de interlocução múltipla. Poderia ser denominado o "caminho da viagem inversa", uma frase perdida na *Introdução* de 1857 do Marx.

Por outro lado, a situação de periferia nos dá, cada vez mais, uma centralidade: uma capacidade de observação que um europeu ou norte-americano ou

José Vicente Tavares dos Santos

chinês não tem, porque temos esta mundialização do olhar. Porque recebemos de muitos, sempre fomos antropófagos.

E a antropofagia é boa? É desejável?
Lógico! Em algumas tribos indígenas, a antropofagia significa um ritual pelo qual, ao comer o adversário, absorvia-se todas as suas qualidades e valentias. O melhor guerreiro é aquele que deveria ser bem saboreado.

Mas supõe destruição?
E recriação, destruição produtiva, essa é a vida! Quando Gurvitch, em seu *Traité de Sociologie*, propõe o processo de estruturação, desestruturação, reestruturação social, é uma dialética social. E uma relação entre razão e desrazão.

O que é desrazão?
Esse é um conceito que Foucault busca em Nietzsche, no sentido de que, inicialmente, na *História da Loucura*, a construção do *cogito* — o *cogito ergo sum* cartesiano —, a construção do sujeito como sujeito cognoscente, inicia-se pela exclusão e isolamento daqueles que não pensavam e agiam como sujeitos racionais. São aqueles que vivenciavam a desrazão: os loucos, as bruxas, os anormais. Isso em Lepenies aparece dentro do sociólogo clássico: na loucura do Weber, na neurastenia do Durkheim, no mau humor do Marx. A paixão e a razão sempre estiveram juntas no saber sociológico.

Mas o irracional não é barbárie?
Não, o irracional é a emoção, a paixão; é o componente estético da vida. Sempre gostei muito de descrever e fazer tipos nos meus artigos, o que muitas vezes não é possível. Acho que o último momento da escrita sociológica é o momento do prazer do texto, que, evidentemente, dependendo das circunstâncias, pode ou não ser feito. Quando tenho condições subjetivas e objetivas de fazer isso, tenho enorme prazer de, depois do texto escrito, olhar para a estética do texto e alterá-lo.

Você vê também o sociólogo como um artista?
No sentido de que ele compõe. O Florestan fala da reconstrução sociológica da realidade, no sentido de que se realiza a composição de múltiplos significados, os quais estão no social, fragmentados, díspares. Bachelard e Bourdieu vão repetir: o saber do século XX é um saber relacional! O que é ser um bom sociólogo? É desenvolver a capacidade de estabelecer relações múltiplas, em um mundo que aparece, simultaneamente, visível e oculto. Por isso o sociólogo tem de ser sempre um grande leitor de literatura: meus grandes mestres, Ianni, Martins, Jollivet, sempre me disseram para ler e escrever continuamente. Quanto mais se escreve, melhor se escreve, do ponto de vista da Sociologia. A Sociologia tem esses aspectos de criação, não é uma atividade burocrática! Exatamente por isso é que, na sociedade, o sociólogo é um profissional fundamental para a explicação do mundo, ele é chamado para isso, ainda que, freqüentemente, de uma maneira tardia.

Você pode descrever seu trabalho com os policiais militares na Academia da Polícia Militar?

Em 1992, antes de ser nomeado pró-reitor de pesquisa da UFRGS, fui convidado para dar uma palestra sobre a violência no meio rural para o Instituto de Pesquisas da Brigada Militar. Foi a primeira vez que entrei em uma sala onde havia cinqüenta oficiais fardados. Falei sobre a violência na Amazônia. Logo depois de nomeado pró-reitor, um tenente-coronel entra em minha sala na Reitoria e diz: "Professor, eu sou de uma geração em que a Brigada Militar foi feita para um governo ditatorial. E nós agora queremos fazer a Brigada Militar para um governo democrático". É evidente que eles estavam percebendo transformações políticas no país, mas foi importante a frase! A partir daí, ajudei a organizar quatro, cinco seminários, cursos de especialização sobre Segurança Pública na UFRGS e vários encontros pelo Brasil e pelo mundo.

Depois, isso virou um tema de pesquisa, assim como a questão das Academias de Polícia. Um diretor da Academia de Polícia Militar nos dizia: para a complexidade do ofício de polícia o saber penal não é mais suficiente, precisamos das Ciências Humanas. No governo Olívio Dutra, chamaram-nos para fazer a formação unificada para três mil jovens militares. Mobilizamos oitenta professores, mestrandos e doutorandos, e demos aulas para três mil jovens militares.

Vocês já fizeram uma avaliação do impacto desse trabalho?

Com a Constituição de 88 e o Estado Democrático de Direito, as Forças Armadas se retiraram da formação das polícias. Na verdade, os professores universitários começaram a dar aulas em 1985, na UFMG, em Minas Gerais, depois na UFRGS, em 1995, e hoje, professores de universidades públicas substituíram oficiais do Exercito na formação, em vinte estados brasileiros.

Como você vê a Sociologia hoje no campo das Ciências Sociais no Brasil? Alguns autores dizem que ela está em declínio, que caiu em descrédito porque faz trabalhos imprecisos, conjecturas...

É um grande equívoco. Em primeiro lugar, do ponto de vista metodológico. Depois de fazer Sociologia da Ciência, comecei a usar computadores, e hoje escrevo sobre o que denomino "metodologias informacionais". Há sete anos que estou discutindo os efeitos epistemológicos na construção do saber sociológico pelo uso das metodologias informacionais, uma nova revolução epistemológica! Acho que o sociólogo hoje, como nunca, detém o saber necessário para que os grupos sociais, as camadas sociais, os agentes sociais possam explicar os dilemas do seu mundo, até os mais cotidianos. Por que nós somos tão chamados? Porque o saber especializado é incapaz. O médico não consegue explicar as mortes por causas externas, não consegue explicar o suicídio. O jurista não consegue explicar a questão do crime ou da violência. São fenômenos complexos. Por isso a fascinação pela Sociologia, que está em expansão no Brasil e no mundo.

O que quer dizer expansão? Quais são os indicadores dessa expansão?

No sentido de profissionais formados, de produção intelectual; no sentido de presença na mídia. Acho que a Sociologia é mais complexa: o sociólogo é capaz de falar sobre os fenômenos da política, capaz de falar sobre os fenômenos da cultura, sobre os fenômenos do simbólico. Temos um saber mais abrangente.

As metodologias informacionais consistem em uma superação da oposição entre metodologias quantitativas e qualitativas, superação que se dá na medida em que o informacional é tanto quantitativo quando qualitativo. Trabalho com um software chamado NVIVO, que permite realizar uma análise informacional de textos, mensagens e discursos, chegando a fazer modelagem cognitiva, a elaborar cartografias simbólicas!

Esse atributo do sociólogo de construtor de uma consciência crítica não pode entrar em conflito com a prática de carreira acadêmica? Como você consegue ver uma saída para esse dilema?
O departamento é a cristalização da fragmentação do saber. Eu dissolveria todos os departamentos e faria Institutos de Ciências Sociais.

Mas e os imperativos de uma carreira de ascensão, de acumular um tema e publicações?
Eu acho que se deveria julgar as pessoas não só pela quantidade de publicações, mas também pela qualidade científica e pela relevância social de suas pesquisas.

E a questão da ética do trabalho intelectual?
Não existe uma oposição entre ética da responsabilidade e ética da convicção porque, na realidade, as duas se fundem na profissão do sociólogo. Isso se expressa com o impacto social na sociedade atual da presença do sociólogo. O Florestan, em um dado momento de sua vida, se engaja na campanha pela escola pública, antes de 1964! Depois entra na política propriamente. O Bourdieu, embora sempre tenha tido alguma presença em movimentos anti-racistas, na realidade passa por uma inflexão a partir de seu livro *La Misère du monde*. Se olharmos para Foucault, quando ele começa a escrever sobre as prisões, no início dos anos de 1970, entra em um grupo de ex-prisioneiros na França. Também vai à Espanha franquista e é preso no aeroporto!

Quer dizer, esse impacto social do sociólogo, em um dado momento, talvez ocorra porque as pessoas já têm suas carreiras profissionais construídas, têm mais maturidade intelectual e compreendem que devem exercer esse papel de ator social. Mas ele é um ator social a partir do seu trabalho de sociólogo. Eu acho que isso é constitutivo da definição da profissão. Isso é um risco, evidentemente, porque ele não é um político. Mas tem de usar o seu saber construído para dizer algo aos agentes sociais, revelando um significado; porém, esse algo só tem legitimidade a partir de seu trabalho. Simultaneamente, tem de ser o mais rigoroso e o mais ousado, o mais refinado e elaborado intelectualmente e o mais criativo; o mais recatado na sua solidão de leitor e de escritor, e o mais presente no palco do mundo.

Essa seria a terceira margem do rio, como escreveu Guimarães Rosa. Haveria uma terceira margem nos rios, no sentido do imaginário, do impensável que, de repente, passa a fazer parte do leito do rio. Ou seja, a trajetória sociológica, em um dado momento, incorpora essa presença no mundo, porque isso é constitutivo da profissão. Ao mesmo tempo, seria o que mais demora a aparecer, porque é o florescimento mais delicado da profissão do sociólogo. Exige uma extrema competência, artesania e extrema habilidade! Não pode cair — seria fatal — na ilusão da política, porque deixaria de ser sociólogo! Ele não é um político. Pode conciliar as duas atividades, mas, para usar Habermas, sua presença na esfera pública realiza-se enquanto sociólogo.

Você acha possível conciliar sociólogo e político? Ser ator da política como máquina, como você acabou de dizer?
Acho que é difícil. O sociólogo inevitavelmente está na esfera pública, na pólis, mas não como político profissional. Vive como participante da pólis, como desvelador de significados.

Qual a diferença entre esta sua forma de construir o papel do sociólogo e a visão de Mannheim dos intelectuais?
Eu acho que a visão de Mannheim distancia o intelectual das determinações do mundo. Somos determinados pela família, pela posição social, pela camada social, pela trajetória profissional, pelas oportunidades que surgiram ou que fizemos surgir. Por isso a Sociologia é uma viagem inversa, uma viagem sempre a ser recomeçada. E recomeçar é um trabalho.

Bourdieu imagina que o papel mais relevante do sociólogo vai depender da sua posição no meio acadêmico.
Serenidade é poder fazer escolhas com liberdade. Evidentemente, com uma carreira de prestígio, com poder acadêmico, com um capital simbólico mais reconhecido, há mais liberdade para fazermos escolhas. Isto não é um paradoxo, é uma condição! O fato é que estamos em uma sociedade do mérito. É preciso construir o seu lugar no mundo, a partir da escolha que se fez da profissão de sociólogo, porque isso aumenta sua presença e sua potência. Falo no sentido de uma autenticidade de presença, dada pelo trabalho de sociólogo. Para ter essa presença no mundo, é preciso estar exposto ao mundo e aí vem outro sentido da viagem: expor o seu trabalho ao mundo. Expor-se ao mundo, viajar, é uma condição necessária para se construir como um sociólogo.

O socialismo pode ser reconstruído como utopia, hoje?
Eu acho que a utopia existe. Com o final do socialismo real, foi-se também o socialismo como sinônimo da utopia. Assim como, antes do socialismo, ela possuiu outros nomes: bandidos sociais, movimentos messiânicos, movimentos milenaristas. Penso que a utopia é imaginar um outro mundo qualitativamente diferente daquele no qual vivemos. Existem, hoje, experiências que são interessantes. A internacionalização do sociólogo é uma delas, porque se consegue, assim, aumentar a capacidade de observação sobre as experiências que estão existindo no mundo. Nosso campo de observação é o mundo.

José Vicente Tavares dos Santos

E a utopia, o que é hoje?

A utopia não tem nome, até mesmo porque os livros chamados de utópicos eram livros disciplinares. Nós precisamos manter a capacidade de imaginação de outros mundos. Aí a imaginação sociológica é fundamental, nos termos do Wright Mills e de tudo o mais que se acrescentou nos quarenta anos subseqüentes. A questão é: como vamos transformar experiências em significados e idéias, e, portanto, em outras utopias?

PRINCIPAIS PUBLICAÇÕES

1978 *Colonos do vinho: estudo sobre a subordinação do trabalho camponês ao capital.* São Paulo: Hucitec.

1985 *As revoluções camponesas na América Latina.* São Paulo: Unicamp/Ícone.

1993 *Matuchos: exclusão e luta.* Petrópolis: Vozes.

1999 *A palavra e o gesto emparedados: a violência na escola* (org.). Porto Alegre: PMPA.

1999 *Violências em tempo de globalização* (org.). São Paulo: Hucitec.

2001 "As possibilidades das metodologias informacionais nas práticas sociológicas: por um novo padrão de trabalho para os sociólogos do século XXI", *Sociologias*, Porto Alegre, n° 5.

2002 "The Worldization of Violence and Injustice", *Current Sociology*, 50 (1), Londres, ISA/SAGE.

2002 "Violências, América Latina: a disseminação de formas de violência e os estudos sobre conflitualidades", *Sociologias*, Porto Alegre, n° 8.

2002 "A violência na escola, uma questão social global". In: Briceño-León (org.), *Violencia, sociedad y justicia en América Latina.* Buenos Aires: Clacso.

2003 "A Sociologia para o século XXI: análise, responsabilidade e imaginação". In: César Barreira (org.), *A Sociologia no tempo.* São Paulo: Cortez.

2004 "Policía y seguridad ciudadana en Brasil". In: J. Sierra *et al.* (orgs.), *Democracia, gobernanza y desarrollo en el Mercosur.* Montevidéu: Unesco/Clacso.

2004 "The World Police Crisis and the Construction of Democratic Policing", *International Review of Sociology*, 14 (1), Oxfordshire, Taylor & Francis.

2004 "Violências e dilemas do controle social nas sociedades da 'modernidade tardia'", *São Paulo em Perspectiva*, 18 (1), São Paulo, Seade.

2005 *América Latina: hacia una nueva alternativa de desarrollo*·(org.). Arequipa: U. S. Agostín/ALAS.

2005 "Contribuições da Sociologia na América Latina à imaginação sociológica: análise, crítica e compromisso social", *Sociologias*, 7 (14), Porto Alegre.

2005 "Sociedade da Informação: as metodologias inovadoras no ensino contemporâneo da Sociologia" (com M. Baumgarten). In: C. Martins (org.), *Para onde vai a pós-graduação em Ciências Sociais.* São Paulo: Anpocs.

2006 "O aprendiz de sociólogo em um tempo de incertezas". In: Tom Dwyer *et al.* (orgs.), *Sociologia e conhecimento: além das fronteiras.* Porto Alegre: Tomo.

CÉSAR BARREIRA

César Barreira nasceu em 1947. Formou-se em Ciências Sociais na Universidade Federal do Ceará (1972), fez especialização também na UFC, mestrado na UnB, doutorado na USP e pós-doutorado na École des Hautes Études en Sciences Sociales. É professor titular de Sociologia e do Programa de Pós-Graduação em Sociologia da UFC, onde coordena o Laboratório de Estudos da Violência. Coordena também o projeto de pesquisa "Expressões Culturais da Política: Conflitos, Crenças, Relações Interpessoais" do Programa de Apoio a Núcleos de Excelência CNPq/Funcap e o Grupo de Trabalho "Violência, Conflitos e Práticas Culturais", da Anpocs. Colabora com a Capes desde 2004 como membro do Comitê Multidisciplinar. Foi presidente da Sociedade Brasileira de Sociologia (2001-2003), professor associado e visitante da Université Lumière Lyon II, na França (2000-2003), e titular da Cátedra Sérgio Buarque de Holanda na Maison des Sciences de l'Homme, Paris (2000-2002). É pesquisador nível 1A do CNPq. Seus principais temas são: conflito, poder e violência. Esta entrevista foi realizada em agosto de 2004.

Gostaríamos que você contasse sua trajetória intelectual, desde os temas de Sociologia Rural até o que desenvolve hoje.
Optei por Ciências Sociais em 1968 e fiz o vestibular em 69. Eu vinha do movimento estudantil secundarista. Participei ativamente das mobilizações de 68, como presidente do CESC (Centro Estudantil Secundarista do Ceará). Estudei sempre em colégios católicos. O primário e o ginásio em colégio jesuíta, sendo dois anos em sistema de internato. No científico comecei a participar do movimento estudantil, bem como de ações assistenciais ligadas à Igreja Católica. Inicialmente, pensava fazer Engenharia ou Medicina. Depois mudei para Economia. Sempre fui uma pessoa preocupada em compreender a problemática social: a situação dos operários, dos trabalhadores rurais e principalmente a pobreza, tudo com um forte toque cristão. Nessa oportunidade, surgiu o curso de Ciências Sociais em Fortaleza, em 1968. Então eu fiz vestibular e entrei na segunda turma, em 1969. Imagine o trauma de meus pais, que queriam um filho fazendo Medicina ou Engenharia. Durante o curso de Ciências Sociais, me envolvi muito com pesquisas. Sempre gostei muito de fazer pesquisa de campo, com viagens para o interior do Estado. Cheguei a ter uma bolsa de iniciação científica do CNPq, em 1971 e 1972. Na época, era a única do nosso curso. Eu tinha uma ligação muito forte com professores da área de Antropologia e de Sociologia Rural, que realizavam estudos de comunidades rurais. Fui assistente do professor Luís de Gonzaga Mendes Chaves, que estudava a estrutura social de uma comunidade pesqueira do Ceará. O meu primeiro estudo foi li-

gado à questão da pesca, tentando compreender a passagem de uma pesca artesanal para uma mais industrializada. Tal estudo pode ser considerado a minha primeira pesquisa; era uma espécie de trabalho de final do curso de Ciências Sociais.

O que você fez depois de formado?

Terminei Ciências Sociais em 1972 e fiz, logo em seguida, um curso de especialização em Metodologia de Pesquisa em Ciências Sociais, no Prapson (Programa de Aperfeiçoamento de Pesquisadores Sociais do Nordeste). Esse Programa era coordenado pelo professor Hélio Barros e deu origem ao nosso atual programa de pós-graduação. Depois fui para o Piauí. Eu tinha participado de movimento estudantil, como mencionei, e estava com dificuldade de conseguir emprego em Fortaleza, por problemas de perseguição política. Fui convidado pelo professor André Haguette, que era chefe do departamento de Ciências Sociais, para ser professor da Universidade Federal do Ceará, mas não me permitiram lecionar. O serviço de segurança da UFC classificou-me como um líder capaz de influenciar os alunos com as "minhas idéias subversivas". Fui convidado para trabalhar no Piauí pelo professor Teodoro Soares, que tinha sido meu professor de Ciência Política. E lá coordenei o Departamento de Pesquisas Sociais em uma fundação de pesquisa. Nesse Departamento, desenvolvi alguns trabalhos sobre artesanato e desenvolvimento de comunidades rurais no Estado do Piauí. Pedi demissão e fui fazer mestrado em Brasília. Logo que cheguei a Brasília, soube que estava havendo um concurso para a Embrapa. Fiz esse concurso e obtive uma bolsa que financiou todo o meu estudo de mestrado. Nesse momento, já tinha definido que iria trabalhar com a questão agrária. Sou filho de proprietário de terra e tinha muita ligação com esse tema. Meu pai tinha uma propriedade no sertão do Ceará, em Quixadá, em que explorava cultura do algodão e pecuária. Era uma grande propriedade com uma prática bem tradicional de cultivo. Ele era agrônomo, trabalhava no Ministério da Agricultura, mas tinha essa propriedade que era um pouco seu *hobby*, além de possibilitar algum lucro. Pertenço a uma família grande, com nove filhos e muito católica.

Fale sobre a dissertação de mestrado.

Eu me interessei, desde o início de meu curso de mestrado, por estudar a cultura do algodão na região sertaneja. Meu tema de pesquisa foi a questão da parceria na cultura do algodão. Fiz um trabalho de características bem antropológicas. Fui residir na propriedade do meu pai e passei lá quatro ou cinco meses. Nesse período, já estava casado com a Irlys Barreira, que também desenvolvia trabalho final de mestrado. Nesses meses, usei muito da técnica da observação, realizando entrevistas informais, conversando com os trabalhadores rurais, procurando compreender as relações de trabalho na cultura do algodão. O que me chamava muito a atenção, nessa época, era a relação entre parceria e mundo capitalista. A parceria era, em princípio, classificada como uma relação não tipicamente capitalista. Tentei olhar para a relação com a moradia: o parceiro-morador. Nesse momento, estavam sendo realizados diversos trabalhos sobre pequena produção familiar, campesinato ou trabalhadores rurais em diferentes regiões do país. A minha dissertação de mestrado ficou intitulada *Parceria na cultura do algodão: sertões de Quixeramobim*.

César Barreira

A professora Vilma Figueiredo foi minha orientadora, mas quem iniciou a orientação desse trabalho foi a professora Barbara Freitag. Quando concluí esse trabalho, já me interessava pela problemática da organização dos sindicatos rurais. Dois assuntos me chamavam a atenção. Um era a estrutura de poder no sertão, a questão dos coronéis proprietários de terras, e a outra eram os sindicatos rurais, que na época já começavam a se organizar para defender os direitos trabalhistas, contra o pagamento da renda da terra. Os parceiros pagavam 50%, e o Estatuto da Terra estabelecia que somente 10% ou 20% da produção do algodão deveriam ser pagos ao proprietário da terra.

Em que ano era isso?

Isso foi em 1977. Defendi a dissertação em dezembro de 1977. Nesta época morava em Fortaleza, mas não surgia vaga para professor na UFC. Então, em 1978 fui trabalhar na Paraíba, em Campina Grande, na Universidade Federal. Fui dar aula no curso de mestrado em Sociologia Rural. Lá também poderia ter trabalhado na Embrapa, que mantinha o Centro Nacional do Algodão. Apesar das boas condições salariais da empresa, queria entrar na universidade. Assim, renunciei à Embrapa de Fortaleza e passei dois anos na Paraíba, em Campina Grande, ligado diretamente ao mestrado de Sociologia Rural. Foi um momento muito rico, pessoal e academicamente. Havia pessoas de vários estados, das áreas de Sociologia, de Antropologia, que também trabalhavam a problemática rural e há pouco tempo tinham concluído cursos de mestrado. Lá comecei a enfatizar mais, nas observações de pesquisa, a questão política no campo, iniciando uma pesquisa sobre os Sindicatos dos Trabalhadores Rurais da Paraíba. Aí fiz concurso para a Universidade Federal do Ceará, no final de 1979. Em março de 1980, assumi o cargo de professor dessa instituição. Um ano e meio depois, em agosto de 1981, fui a São Paulo fazer o doutorado, já com a perspectiva de estudar os movimentos sociais rurais, privilegiando a questão política da parceria. No final da década de 1970, começou uma grande mobilização no sertão para se aplicar o Estatuto da Terra; inclusive, em 1979 houve grande mobilização dos trabalhadores rurais em Quixeramobim, pelos "quinze anos de não-aplicação do Estatuto da Terra". Quando comecei a trabalhar esse tema de parceria e movimentos sociais, de direitos dos trabalhadores rurais, especialmente em meu trabalho de campo, vi que teria de relacionar os movimentos sociais com a estrutura de poder. Essa foi a temática de minha tese de doutorado. Fiz o trabalho de campo viajando muito, principalmente no estado do Ceará. Como não tinha dinheiro para fazer a pesquisa, aproveitei minha ligação com os sindicatos rurais. Eles organizavam reuniões de que eu participava como assessor e nas quais discutia com eles. Pagavam a passagem de ônibus, hospedagem, e eu aproveitava para fazer entrevistas com trabalhadores rurais. Isso ocorreu com a Igreja também. Eu assessorava a Comissão Pastoral da Terra, e eles pagavam viagem, hospedagem em troca da apresentação de um seminário ou do assessoramento de um encontro. Nesse intervalo, tive a oportunidade assessorar um Encontro Nacional da CPT, em Goiânia. Assim, aproveitava sempre para entrevistar trabalhadores rurais, dirigentes sindicais, trabalhadores rurais não-sindicalizados e alguns proprietários de terra. Fiz várias entrevistas com proprietários de terras, principalmente com grandes proprietários que tinham ligação com a Igreja. Nesse caso, a Igreja atuava como intermediária. De outro lado, meu pai, na condição de proprietário de terra, indicava-me alguns de seus amigos que concordavam em me dar entrevista. Essas entrevistas foram, geralmente, muito complicadas e difíceis. Alguns proprietários recusavam-se a conversar, ou tinham uma atitude muito hostil. Concluí a tese de doutorado em 1987 e defendi em 1988, com o título *Conflitos sociais no sertão: trilhas e atalhos do poder*, tendo como orientador o professor Paulo Silveira. No doutorado, tive como um dos interlocutores o professor José de Souza Martins.

Como você começou os estudos sobre a violência no campo?

É interessante, porque um trabalho vai puxando outro. Na época dessa pesquisa, houve o assassinato do Chico Mendes, que era líder dos trabalhadores rurais do Acre. Houve também o assassinato da Margarida Alves, uma líder dos trabalhadores rurais na Paraíba, que eu conhecia e cuja atuação acompanhava. Isso me chamou muito a atenção para o tema da pistolagem, isto é, os assassinatos ligados fundamentalmente à questão da terra, incluindo as figuras de um mandante e um pistoleiro, ou de um autor intelectual e um autor material. São os conhecidos crimes de mando. Também no Ceará, tinha ocorrido o assassinato de quatro trabalhadores rurais com características de pistolagem. Eles estavam reivindicando seus direitos e foram assassinados por pistoleiros a mando do proprietário. Fui assistir à missa de sétimo dia desses trabalhadores rurais. Dom Aloísio Lorscheider, que era o arcebispo de Fortaleza, ressaltou, no sermão, o fato de os camponeses que trabalhavam para o grande proprietário de terra serem a sua mão armada. Assim, começou meu interesse pela temática da violência. Comecei reunindo material de jornal — aliás, até hoje eu e meus bolsistas trabalhamos muito com material de jornal, que considero uma fonte de pesquisa muito rica, uma coisa viva, do dia-a-dia. Naquele período, eu praticamente só juntava o material, sem fazer nenhuma classificação, simplesmente selecionando pela temática da violência. Com o material em mão, fui fazer o pós-doutorado na França em 1989, na École des Hautes Études en Sciences Sociales, no Centre de Sociologie Européenne, com o grupo do Pierre Bourdieu. A discussão com esse grupo foi muito rica, principalmente no plano metodológico. Eles me questionavam sobre as formas de violência, indagavam se todo camponês participava desses atos de violência, se todo proprietário era violento etc. Lendo o material, procurando elaborar melhor meu objeto de estudo no interior do campo da violência e perseguindo a temática da pistolagem, observei que esses crimes eram ligados a duas questões. De um lado, eram assassinatos que ocorriam na disputa por terra entre grandes proprietários e líderes camponeses. De outro lado, eram assassinatos que aconteciam na disputa pelo voto entre pessoas que pleiteavam uma representação política. Comecei a trabalhar com o tema da pistolagem no campo da disputa pelo voto e da luta pela terra. Depois de elaborar um pequeno artigo na França, continuei trabalhando essa temática, aprofundando e buscando novas fontes de pesquisa. Comecei então a entrevistar, em presídios ou em suas residências, pessoas tidas como pistoleiros, ou advogados dessas pessoas. Como surgiu em 1997 a possibilidade de fazer um concurso para professor titular em Sociologia e isso exigia uma tese, decidi reunir o material sobre pistolagem, o que originou o livro *Crimes por encomenda: violência e pistolagem no cenário brasileiro*, lançado em 1998. Nesse momento, comecei também a organizar um grupo de pesquisa, que constituiu o LEV (Laboratório de Estudos da Violência), formado por alunos do doutorado, do mestrado e da graduação em Sociologia da Universidade Federal do Ceará, além de alguns professores de outras universidades do estado.

E os trabalhos sobre conflitos sociais?

Depois de trabalhar muito essa discussão de pistolagem, comecei a me preocupar também com a questão dos conflitos sociais, indagando como eles são enfrentados ou mediados. A questão não seria necessariamente como eles são resolvidos, mas como são enfrentados e quem são os principais mediadores. Fiz um trabalho sobre o massacre de Eldorado dos Carajás, buscando analisar os conflitos sociais no campo e privilegiando a relação entre poder e violência. Este conflito deixa transparecer a estrutura de poder no meio rural que eu vinha estudando, isto é, o forte poder do proprietário de terra, que controla os órgãos de segurança pública e, em boa medida, o poder judicial, usando da violência como fonte de reprodução, tornando inseparável o público e o privado.

Qual era o enfoque desse trabalho em Eldorado dos Carajás?

Tento compreender como se manifesta o poder do proprietário de terra, como o Estado entra e sai de cena, como ocorre a organização dos trabalhadores rurais por meio do MST. Em outras palavras, discuti a questão da estrutura de poder presente nesse massacre. Também procurei compreender os rituais, o ato de ocupar propriedades rurais e estradas, a caminhada, os símbolos usados — como as bandeiras, as faixas e as cores dos barracões. Tudo isso é muito importante para se analisar as práticas dos movimentos sociais rurais. Embora seja sociólogo "de carteirinha", tenho uma visão muito antropológica e privilegio muito a fala do informante, os rituais e as práticas culturais.

O que diferencia o antropólogo do sociólogo?

A perspectiva do antropólogo é uma perspectiva mais microssocial. Eu acho que o sociólogo pode até fazer uma leitura "micro", mas está sempre muito mais preocupado com a estrutura mais ampla, com a estrutura social, com o sistema de classes. Entendo que uma das diferenças poderia ser demarcada por meio dos autores, ou por um "quadro teórico" mais antropológico ou mais sociológico. Os antropólogos dão também muita ênfase à pesquisa de campo, às entrevistas, à observação etc. Poderíamos, sim, falar de um "olhar mais antropológico" e de um "olhar mais sociológico". Não sou muito adepto dessa separação, prefiro o diálogo entre as áreas do conhecimento.

São diferenças metodológicas?

Muito mais metodológicas, mas o quadro teórico também é diferenciado. Mesmo que alguns autores cruzem o campo da Antropologia e o terreno da Sociologia, há alguns que são muito mais procurados no campo da Antropologia e por isso têm marcas desta. Por exemplo, Malinowski, Lévi-Strauss; nós, sociólogos, podemos até trabalhar com estes autores, mas não é a nossa leitura básica. Eles podem também trabalhar com Weber, com Durkheim, mas não como a leitura básica, mesmo que os bons antropólogos os leiam. Eu acho que a forma de recortar o objeto às vezes também diferencia, mas penso que está havendo assim uma aproximação cada vez maior entre Sociologia e Antropologia. E mesmo com a Ciência Política. Veja meu caso: sou sociólogo, mas trabalho temas políticos com uma abordagem teórico-metodológica da Antropologia.

O que diferenciaria a Antropologia Política da Ciência Política, de seu ponto de vista?

Em 1977, constituímos um grupo dentro do Pronex, o Programa de Apoio a Núcleos de Excelência da Finep e do CNPq. Havia os antropólogos do Museu Nacional ligados ao Moacir Palmeira, o grupo de Brasília, da Mariza Peirano, e o grupo do Ceará que eu coordenava, formado predominantemente por sociólogos. Começamos a fazer o recorte do objeto na relação entre Antropologia e Política, privilegiando a etnografia. A perspectiva antropológica na política é voltada para o qualitativo, para os rituais, as representações, buscando o sentido do voto, por exemplo. O voto, na Antropologia, é olhado pelo seu significado. Poderíamos dizer, simplificando, que a Ciência Política privilegia o voto como definidor de uma eleição, a possibilidade de alguém conseguir uma representação por meio do voto. Se uma pessoa tem 51% de intenção de voto, é muito valorizada na Ciência Política. Para a Antropologia, os 49% restantes também são importantes. Como buscar o significado do voto? Por que alguém escolhe um candidato? Como uma pessoa ganha uma eleição? Como perde? Dentro deste projeto "Uma antropologia da política: rituais, representações e violência", fiz um trabalho com o título "Fraudes e corrupções eleitorais: entre dádivas e contravenções". Eu queria analisar o significado ou a representação do povo sobre as práticas culturais classificadas, pela Justiça Eleitoral, como delituosas. Gostaria de entender principalmente a compra do voto. A compra do voto é em boa parte, para a Justiça Eleitoral, uma fraude, um crime, mas no entendimento popular não necessariamente é uma fraude. As pessoas me diziam nas entrevistas: "Se eu voto até de graça, por que eu não aceito ou não voto em uma pessoa que me pagou?". Ou então: "Ah, eu estou nas eleições, em uma disputa; se a pessoa não ajudar um amigo, então quem é que essa pessoa vai ajudar"? Portanto, há várias leituras do informante que não são necessariamente demarcadas pelo que é nomeado de contravenção. Às vezes é muito mais no sentido de dádiva ou de troca de favores.

Você começou a trabalhar com a Antropologia Política a partir de seus estudos sobre o campesinato ou sobre a pistolagem?

Desde os estudos sobre campesinato, sobre parceria na cultura do algodão. Durante o meu mestrado na Universidade de Brasília, já tinha um bom diálogo com os estudantes e os professores de Antropologia. Cursei uma disciplina sobre Sociedades Camponesas no curso de Antropologia e trocava idéias, por exemplo, com o professor Roberto Cardoso de Oliveira. Naquela época, havia a possibilidade de compreender várias situações de campesinato no Brasil. O trabalho do José Vicente Tavares dos Santos sobre os colonos do vinho no Rio Grande do Sul, as pesquisas de Afrânio Garcia, Beatriz Heredia, Lygia Sigaud e Moacir Palmeira no Nordeste, o seu (da entrevistadora, Maria Rita Loureiro), em Goiás, foram importantes para minha formação. Quando terminei o mestrado, comecei a ler de modo mais sistemático a literatura antropológica e os trabalhos sobre campesinato, principalmente dos pesquisadores do Museu Nacional.

Como era o curso de Ciências Sociais no Ceará, no final dos anos 60, e como ele é hoje? Como professor no Ceará, na Paraíba e no Piauí, fale sobre o ensino das Ciências Sociais e a prática de pesquisa nessa região do Nordeste.

Houve uma mudança muito grande no curso de Ciências Sociais. Estou falando basicamente sobre o do Ceará. Na minha época era um curso muito novo, eu fui da segunda turma. Os professores vinham de áreas diversas, quase nenhum tinha formação específica em Sociologia e Antropologia. Vinham do Direito, da Filosofia, das Letras, do Serviço Social e da Geografia. Então, os professores eram quase autodidatas na área de Ciências Sociais. Alguns professores eram muito bons. Uns estavam saindo para fazer curso de mestrado; não havia nenhum doutor. Talvez um deles, o professor Luiz Raposo Fontenelle, tenha feito o doutorado na França na área da Antropologia. Três saíram para fazer o mestrado em Antropologia no Museu Nacional, outros estavam saindo para fazer cursos na Alemanha, na França e nos Estados Unidos. O curso tinha uma carência muito grande de profissionais na área de Ciências Sociais. Tínhamos ótimos professores, mas nós, alunos, terminávamos sendo muito autodidatas. Eu lembro que a gente às vezes montava o curso junto com os professores, quando notava que ele não poderia "segurar" sozinho aquele curso. Lembro do curso sobre Estrutura de Classe e Estratificação Social, que foi ótimo; nós, alunos, praticamente o montamos, lendo livros, conversando com professores de fora etc.

Vocês tinham interação com São Paulo ou com outros centros?

Tínhamos. Na época estava sendo organizada a Associação de Estudantes de Ciências Sociais. Houve um encontro em Belo Horizonte; inclusive eu fui proibido, pela Polícia Federal, de participar desse encontro. Fomos obrigados a enviar a relação dos nomes dos estudantes que iriam para o encontro e a PF vetou o meu nome. A gente tinha uma interação com alguns estudantes de outros cursos. Os professores de fora vinham participar de alguns congressos, então traziam alguma coisa nova, mas sentíamos a falta de pessoas mais especializadas na temática das Ciências Sociais. A pesquisa ainda era muito embrionária; mesmo os bons pesquisadores eram pessoas iniciantes, que depois fizeram suas pós-graduações. É importante destacar o fato de que tínhamos um clima muito rico de pesquisa. Alguns professores pesquisavam comunidades de pescadores, comunidades rurais e também favelas. Inclusive participei, logo no início do meu curso, de uma pesquisa sobre migração e formação de favelas em Fortaleza. Essa pesquisa consistia principalmente na realização de entrevistas e era coordenada pela Ângela Albuquerque, que teve de abandonar a pesquisa para exilar-se no Chile e depois na Alemanha, por problemas políticos. O professor Luís de Gonzaga Mendes Chaves fazia uma pesquisa mais sistemática, era um bom professor, que tinha uma abordagem mais antropológica. Sua dissertação de mestrado já era sobre comunidade pesqueira e foi por aí que eu me engajei em seus trabalhos. É interessante notar que, no Ceará, antes do curso de Ciências Sociais, havia um Instituto de Antropologia; este possuía uma boa base de pesquisa, com grupos de pesquisadores que recebiam financiamento para seus trabalhos.

Era um grupo ligado ao Estado?

Era um grupo da universidade, pesquisadores da UFC, com alguns voluntários que trabalhavam e conseguiam financiamento para suas pesquisas.

E por que Antropologia? Você tem idéia da razão por que esse instituto nasceu?

Não tenho muita idéia de sua formação. Não sei se teve influência do Instituto Histórico, Geográfico e Antropológico do Ceará. Era constituído de pesquisadores que possuíam bons contatos com o exterior, com as missões da Unesco.

Você não trabalhava?

Eu não trabalhava. Eu era estudante profissional, com dedicação exclusiva, assim como quase todos os estudantes da minha época. Esta, me parece, é uma grande diferença em relação aos estudantes de hoje. Os alunos de Ciências Sociais, com raras exceções, praticamente não trabalhavam. Éramos muito dedicados, a ponto de passar o dia todo na universidade. Então fazíamos política estudantil, fazíamos cursos, festas. Era um grupo de poucos alunos, cerca de vinte por turma. No total, sessenta alunos em três turmas com nove professores. Éramos praticamente uma grande família. A gente freqüentava a casa dos professores, fazia festas juntos, tinha um convívio social muito forte, trocando livros, participando das reuniões com os professores visitantes etc.

Sua mulher foi sua colega também?

Sim, ela era da terceira turma. Fizemos uma carreira bem semelhante: mestrado na UnB, doutorado na Universidade de São Paulo e pós-doutorado na França. Mas sempre trabalhei os problemas agrários e a Irlys, as questões urbanas. Atualmente trabalhamos temas próximos.

Houve vários casamentos nesse grupo?

Eu conheço uns quatro casamentos entre alunos de Ciências Sociais.

Como é o curso hoje em Fortaleza?

Nosso curso hoje já é totalmente institucionalizado. Todos os professores fizeram Ciências Sociais, com mestrado e doutorado. Em um departamento de 39 professores, acho que só quatro não fizeram doutorado. A formação é eclética: um gru-

César Barreira

po que fez doutorado na França, outro nos Estados Unidos, alguns poucos na Inglaterra. Eu e a Irlys é que, de certa forma, puxamos as pessoas para fazerem doutorado no país, na USP.

Com quem na USP?

Eu fiz com Paulo Silveira, mas meu interlocutor na época era o José de Souza Martins, que trabalhava temas semelhantes ao meu. Ele não podia me orientar porque estava com o número de orientandos esgotado. Então passei para o Paulo Silveira e fiquei até o final com ele. Foi uma experiência muito boa. A Irlys trabalhou com o professor Henrique Rattner e tinha uma boa interlocução com o professor Lúcio Kowarick.

O pessoal de Ciência Política foi para os Estados Unidos?

Ciência Política é feita predominantemente nos Estados Unidos, mas um grupo fez também no Iuperj e outro fez na USP.

E os alunos, qual é o perfil predominante? Há muita evasão, como em outros centros?

Houve uma mudança muito grande, principalmente em termos de condição econômica. Acho que predominam hoje alunos muito carentes. São muitos os que não podem comprar um livro! Então o curso é baseado muito nas bibliotecas dos professores. Nós emprestamos os livros, deixamos no xerox. Hoje, a demanda pelo curso de Ciências Sociais vem de alunos de colégios públicos. Mas há também os que vêm de colégios particulares e que são, geralmente, os melhores alunos, que têm familiaridade com a literatura, lêem romance, assistem a filmes, falam inglês, francês. Esses estudantes são, com algumas exceções, os melhores alunos da turma. São aqueles que, de certa forma, entram na graduação com a perspectiva de fazer pósgraduação, que vão fazer carreira acadêmica. Os alunos mais medianos é que vão para as ONGs ou para o serviço público. A evasão é alta, mas tem diminuído bastante. Eles entram, ficam um ano conosco e no segundo ano vão fazer Direito, Psicologia, Comunicação. Acho, porém, que agora tem havido uma melhora no perfil do aluno de Ciências Sociais. Antes, praticamente só 10% dos alunos, os que vinham de colégios particulares, dedicavam-se mais integralmente ao curso. Eu penso que hoje já tem mais de 50% da turma se dedicando ao curso. Temos ótimos alunos.

Você quer dizer então que já existe uma terceira etapa no curso de Ciências Sociais?

Sim. A primeira era de famílias mais abastadas, depois houve certo empobrecimento do alunado. E agora já começa a melhorar, havendo mais diferenciação. Muitos deles já vão para o Inglês, para o Francês. Acho que as bolsas de Iniciação Científica têm sido super importantes.

O que diferenciaria hoje um professor ou um estudante de Ciências Sociais no Ceará daquele de São Paulo?

Acho que a realidade é muito mais presente para a gente do que para um estudante de São Paulo. Penso que todos nós temos uma ligação muito forte com pesquisa, com investigação de campo. Pelas temáticas dos alunos do mestrado ou doutorado que trabalham no interior do Ceará, vejo que lá já estão percebendo uma problemática viva em torno da qual desenvolvem os trabalhos. Podemos dizer que a realidade pulsa muito mais forte para nós do Nordeste do que para o Sul, Sudeste. As preocupações são mais fortes, assim como a questão da intervenção. Você pesquisa, mas tem a perspectiva de uma intervenção. A situação pulsa muito mais forte. A temática é muito mais viva: a preocupação em compreender a questão urbana, a questão rural, a problemática da pobreza. Outra é que a gente tem que buscar várias fontes de pesquisa. Temos uma biblioteca mais pobre do que as de São Paulo e do Rio. Então, temos que suprir isso com a troca de livros entre professores e alunos. Nessa troca, os alunos passam a ter contato com livros publicados na Europa. Então há uma sede maior do livro, em função da precariedade das nossas bibliotecas. Mas como nós temos um intercâmbio muito grande, essa diferença começa a ser reduzida. Quando fiz a graduação, nós tínhamos uma leitura muito limitada da Sociologia brasileira. Líamos mais Marx, Weber, Durkheim e uma boa literatura antropológica, como Malinowski, Lévi-Strauss. Mas, havia vazio da literatura mais contemporânea, da América Latina. Eu lembro que em Brasília, no mestrado, a "turma do Ceará" sentia muito essa defasagem. Os professores de Brasília geralmente gostavam e respeitavam a gente, pois tínhamos muita garra, e queriam nos orientar.

Quem foi seu orientador em Brasília?
O meu primeiro orientador foi o professor Gentil, que trabalhava com a questão agrária. Mas, como eu queria trabalhar com questões teóricas, procurei a professora Barbara Freitag e ela me aceitou. Terminei com a Vilma Figueiredo, porque na época a Barbara foi para a Alemanha.

Com a circulação que a presidência da Sociedade Brasileira de Sociologia lhe permitiu, como é que você avalia o campo da Sociologia no Brasil hoje? A hegemonia de São Paulo e do Rio ainda existe ou a produção sociológica está difundida?
Em termos de influência política, acadêmica e de representação nas instituições que financiam as pesquisas — Capes, CNPq —, ainda continua muito forte a hegemonia de São Paulo e do Rio. Frente às associações, isso já começa a se quebrar. Veja o caso da SBS. José Vicente Tavares dos Santos, do Rio Grande do Sul, foi o presidente e depois eu, que fui secretário durante duas gestões, também me tornei presidente. Do ponto de vista da produção acadêmica, teríamos que relativizar. Para mim, essa hegemonia ainda perdura, mas com algumas fissuras. Mesmo que uma boa parte dos alunos ainda aspire a fazer curso em São Paulo, no Rio de Janeiro, há uma grande diversidade da produção e essa é a riqueza acadêmica das Ciências Sociais do Brasil. Quando viajo para Pará, Rio Grande do Sul, Maranhão, Amazonas, quase todos os estados, fico impressionado com a riqueza da produção na área da Sociologia.

São pesquisas com rigor e recursos científicos?

Isso. Pesquisas com recursos científicos. As pessoas têm, inclusive, ligação com o exterior. Às vezes, elas não passam mais pelo eixo Rio-São Paulo. Belém liga-se diretamente com a França, com o Canadá, Fortaleza com a Alemanha, com Portugal ou com a França... Todos esses programas têm revistas: *Revista de Políticas Públicas*, no Maranhão; *Sociedade e Trabalho*, na Paraíba; a *Revista de Ciências Sociais*, no Ceará, que é muito antiga, do início da década de 70. Eu acho que é uma das revistas de Ciências Sociais mais antigas no Brasil. Quem a criou foi o professor Paulo Elpídio de Menezes Neto, diretor da nossa Faculdade e depois reitor da Universidade Federal do Ceará. Mesmo que predominassem ensaios, havia artigos de resultados de pesquisa. Nessa época o Ceará já tinha ligação estreita com a França. Eu lembro que Jean Duvignaud, Remy Riand, Edgar Morin, Michel Maffesoli e outros iam muito ao Ceará.

Como é que foi feita essa ligação?

Era um acordo do programa Capes-Cofecub, um dos primeiros do Brasil. Dois professores do nosso departamento, Paulo Elpídio e Hélio Barros, tinham ligação intensa com a Capes e com o CNPq. Hélio Barros foi fundamental no acordo, pois na época trabalhava na Capes.

E com qual universidade da França vocês do Ceará fizeram o acordo?

Universidade de Tours, com o Jean Duvignaud. Acho, então, que essa ligação se refletia na *Revista de Ciências Sociais*. Depois, em 1976, é aberto um programa de mestrado em Sociologia, que no início foi denominado Sociologia do Desenvolvimento, com forte marca de uma Sociologia Aplicada. Em 1985, passou a ser Programa de Pós-Graduação em Sociologia e em 1994 foi criado o doutorado em Sociologia. Nossa característica é a interdisciplinaridade. Embora denominado Mestrado e Doutorado em Sociologia, é um programa de Ciências Sociais, em que há antropólogos, cientistas políticos, até historiadores.

Como foram suas experiências no Piauí e em Campina Grande?

Minha experiência no Piauí foi eminentemente de pesquisa. Era um projeto ligado à Fundação Projeto Piauí, vinculado ao Ministério do Planejamento, porque o ministro do Planejamento era do Piauí, João Paulo dos Reis Velloso. A Fundação Projeto Piauí fazia pesquisa em todo aquele estado e era coordenada por João Ribeiro, um antropólogo ligado aos temas do desenvolvimento.

Tinha economistas também?

Tinha economistas, até um bom número de economistas. Para mim foi um laboratório de pesquisa. Eu coordenava o Departamento de Pesquisas Sociais. Fiquei um ano e oito meses. Aí deixei para fazer pós-graduação, quis sempre trabalhar em universidade.

Em Campina Grande, você foi professor?

Sim. Já tinha concluído o mestrado. Dava aula na graduação e na pós-graduação e fazia pesquisa em Sociologia Rural. Meus cursos eram sobre movimentos sociais rurais e mudanças sociais no meio rural. Essa foi uma das minhas boas e grandes experiências profissionais. Em Campina Grande, na época, de 1977 até início da década de 80, existia um conjunto de jovens sociólogos e antropólogos que tinham acabado de fazer o mestrado e formavam um grupo coeso de pesquisa. Tínhamos uma formação muito eclética. Havia pessoas que tinham feito mestrado em Brasília, no Museu Nacional, na USP, em Campinas e no exterior. Na época, o mestrado de Campina Grande era referência nacional.

Por que os professores saíram? Você tem idéia das razões da crise?

Acho que cada um estava querendo buscar um centro mais adiantado. Quando surgiu a primeira oportunidade, fomos para o Ceará. Outros professores foram para o Rio: há um bom grupo no Instituto de Filosofia e Ciências Sociais da Universidade Federal do Rio de Janeiro. Alguns foram para Campinas, como Guilhermo Raul Ruben, um argentino. Pedro Alcântara e a Fany, que eram da História, foram para Assis. Para o IFCS foram a Regina Novaes, a Paola Capellini, o Mario Giuliani e a Gisélia Potengi. A Maria Ignez Paulilo foi para Santa Catarina. Esse grupo que saiu era muito bom.

Como você explica a saída de vários pesquisadores da Sociologia Rural para outros temas, alguns próximos e outros mais distantes?

Nunca havia feito essa reflexão. Para mim é como se a Sociologia Rural tivesse se esgotado. Tínhamos que beber em outras águas. Busquei novos temas de pesquisa, novos diálogos, para ter outra interface. De todo modo, continuo com o meu campo empírico, o mundo rural. Eu ainda trabalho muito no campo, mas é como se tivesse que respirar um pouco fora do rural. Tive que trabalhar com outros autores, ter outros interlocutores. Hoje trabalho com duas linhas: uma é a questão agrária e outra, a violência. Os meus orientandos estão divididos entre um grupo que trabalha a questão agrária e outro que cuida da violência. Eu tento trabalhar esses dois campos da Sociologia. Foram duas décadas de leitura e pesquisa no campo da Sociologia Rural. Os meus objetos de estudo ainda continuam na área rural, mesmo usando outras fontes para compreender a questão dos movimentos sociais e políticos, das relações de trabalho, da violência. É claro que optei por trabalhar com a violência, mas quando tenho oportunidade, privilegio a violência no meio rural.

O que diferenciaria seus estudos sobre violência daqueles efetuados pelo Núcleo de Estudos da Violência da USP?

Em relação a algumas pessoas do NEV, não tem muita diferença. Eu acho que uma das diferenças poderia ser a ênfase nos direitos humanos. É um dos grupos com o qual tenho uma interlocução substanciosa. Há vários grupos no Brasil que estudam violência. A gente trabalha em diálogo estreito com o NEV, com o Sérgio Adorno, no Rio com a Alba Zaluar, com o Roberto Kant de Lima, em Brasília com a Maria Stela Grossi, no Rio Grande do Sul com José Vicente Tavares dos Santos, em Minas com o Cláudio Beato. Temos encontros periódicos na Anpocs, na SBS,

César Barreira

403

na ABA, na ISA sobre o tema. Temos um diálogo bastante vivo na Anpocs. Meu diálogo antes era com as pessoas que trabalhavam a questão agrária. Coordenei, durante uns quatro anos, dois grupos de trabalho da Anpocs ligados à questão agrária: um se chamava Estado e Agricultura e o outro, Processos Sociais Agrários. Agora coordeno um de Violência e Conflitos Sociais, em que trabalhamos a violência urbana e rural, procurando compreender as práticas culturais e os conflitos sociais. Isso até facilita a obtenção de recursos para pesquisa, inclusive para a linha de segurança pública. Hoje a Secretaria de Direitos Humanos do Ministério da Justiça financia muita pesquisa. Nós temos pesquisas financiadas por esse ministério, pela Fundação Ford e também pela Unesco, sobre juventude e violência.

Seu campo empírico é o Nordeste?

Sim, predominando muito o Ceará e, mais especificamente, a região do sertão. Essa pesquisa sobre juventude foi feita em Fortaleza; a pesquisa sobre segurança pública também foi realizada no estado do Ceará. Agora é que vamos ampliar um pouco, pesquisando todo o Nordeste, principalmente a região do semi-árido. O Banco do Nordeste vai financiar uma pesquisa sobre investimentos econômicos e práticas criminosas. Na medida em que a violência passa a ter essa visibilidade e importância, os financiamentos aparecem. Então, a violência é um campo que tem aberto muito a possibilidade de pesquisa, pela facilidade de recursos.

Como você vê a Sociologia hoje, no âmbito das Ciências Sociais? Ela perdeu o papel de grande ciência social totalizadora, como era a pretensão de seus fundadores?

A Sociologia ainda é hegemônica no campo das Ciências Sociais. Mas acredito que estamos perdendo essa hegemonia. Todavia, essa perda pode virar um ganho. Sou muito favorável à interdisciplinaridade. Se não tivermos uma visão interdisciplinar, dificilmente vamos compreender a complexidade da realidade social. Nosso diálogo com outras ciências, com a Antropologia, com a Ciência Política, é uma prova de maturidade da Sociologia. Na relação com a Antropologia, isso acontece na medida em que se busca privilegiar a pesquisa de campo, o trabalho etnográfico, além do diálogo com outros autores. Por exemplo, a leitura dos trabalhos de Pierre Bourdieu que poderiam ser classificados como antropológicos só faz enriquecer a Sociologia. Então, penso que a Sociologia está se abrindo mais para diálogos com outras ciências. Contudo, das três áreas do conhecimento, ela sempre foi a mais aberta. E no campo metodológico é como se a Sociologia hoje tivesse que trabalhar fortemente o casamento entre a metodologia quantitativa e a qualitativa. Se, em um primeiro momento, trabalhamos com a metodologia quantitativa e depois passamos, quase exclusivamente, para a metodologia qualitativa, atualmente temos que casar essas duas metodologias. Na minha compreensão, a Sociologia não está perdendo terreno em termos de perspectiva de entendimento da realidade global. Ela está tendo que dialogar com a Antropologia e a Ciência Política. Hoje, para o aluno de Ciências Sociais, de uma maneia geral, a Antropologia aparece com muito mais brilho do que a Sociologia. Eles querem trabalhar mais com etnografia.

Como você vê essa situação?

Eu vejo até positivamente. Porque não dá mais para se trabalhar de uma forma tão compartimentada: Sociologia, Antropologia e Ciência Política. A crise de paradigma também afetou muito a Sociologia: mesmo que eu não compartilhe desta visão, acho que a Sociologia ficou afetada porque ela tem uma marca forte de marxismo.

Os bons alunos do Ceará buscam a pós-graduação em São Paulo? Há ainda muita atração para os centros do sul?

Sim. Mas é interessante como eles já começam a se sentir satisfeitos. Quando vão para São Paulo, quando participam de congressos, comentam em sala de aula: "O que nós estamos discutindo aqui é a discussão de ponta lá". Acho que já está havendo certa satisfação. Há bons alunos que fazem a graduação, o mestrado e o doutorado no Ceará. Nós até incentivamos a bolsa sanduíche no exterior, em São Paulo ou no Rio. Mas há um bom grupo que está fazendo toda a formação lá. Eles hoje trabalham muito nas universidades particulares. Os bons alunos que terminam o mestrado e o doutorado não ficam desempregados, eles vão para essas universidades particulares.

É muito grande o número de universidades particulares no Ceará.

Há muitas universidades particulares. Mas eles trabalham também na Universidade do Estado do Ceará, que é pública, trabalham em duas universidades do interior que são públicas, do governo do estado.

O salário das estaduais é igual ao das federais?

É quase igual. É um pouquinho pior. E as condições de trabalho também são piores.

Quais os autores mais importantes da Sociologia hoje?

Eu tenho trabalhado muito com Norbert Elias, Bourdieu e Georg Simmel. Acrescento Max Weber, que cada vez tem mais importância para a Sociologia. Um dado importante é que o retorno à leitura dos clássicos como Max Weber e Georg Simmel ocorre em outro patamar, no qual o estímulo ou orientação não é mais a repetição ou transposição mecânica, mas sim o acúmulo de conhecimento em face das exigências da sociedade contemporânea.

E nos estudos sobre violência?

Além de Norbert Elias, Georg Simmel, dialogo ainda com Hannah Arendt, Pierre Clastres, Michel Foucault e Robert Merton. Acho que está havendo também a retomada dos sociólogos brasileiros que trabalharam com a temática da violência, como Maria Sylvia de Carvalho Franco. Trabalhamos também com Antonio Candido, Maria Isaura Pereira de Queiroz, Sérgio Buarque de Holanda, que discutiram questões como a cordialidade, o jeitinho brasileiro, o fanatismo. Eu gosto muito também do Luiz de Costa Pinto, que trabalhou com lutas de família.

Como você vê hoje o papel do sociólogo, do intelectual, na política?

Quando morei na França, no final dos anos 80, me perguntavam muito por que os sociólogos brasileiros tinham tanta visibilidade na política, como o Fernando Henrique Cardoso, o Florestan Fernandes, que era deputado federal, Darcy Ribeiro, que também era deputado e foi vice-governador do estado do Rio de Janeiro. Acho que eles têm razão. Nós continuamos com um grande peso nas políticas públicas. Somos chamados para trabalhar com temas como segurança pública e vários outros. Somos chamados para a televisão, para os jornais. Isso é bom, pois significa que os estudos que fazemos são lidos, são utilizados. Segurança pública e violência são temas com grande apelo social, porque existe uma crise enorme e os órgãos de segurança não sabem o que é possível ser feito no campo da violência. No fim, têm que nos procurar. Sinto que, nas outras áreas, os sociólogos não são vistos como gestores, mas como "poetas" que pesquisam temas não tão relevantes, com dificuldades de operacionar. Penso que nós, sociólogos, continuamos classificados dentro dos mesmos estigmas do passado. Isso me parece um pouco misterioso: se de um lado nos permite, por exemplo, ter visibilidade maior na cena pública — somos chamados para a televisão, para os jornais —, de outro não somos totalmente reconhecidos. A mesma situação existe com os intelectuais franceses, que escrevem e são entrevistados no *Le Monde* etc.

Como estão seus vínculos com os pesquisadores franceses hoje?

Também nós, sociólogos, buscamos trabalho de pesquisa fora do país. Eu mesmo estou trabalhando com parceiros franceses, Jean-Louis Fabiani e Philippe Pesteil, sobre conflitos sociais na Córsega, examinando a questão dos bandidos-heróis. E também pesquisando um personagem da história portuguesa do século XIX, que é classificado como um bandido-herói: Zé do Telhado, cujo nome verdadeiro era José Teixeira da Silva. Isso quer dizer que estamos ampliando as interlocuções de pesquisa. Fazíamos anteriormente apenas formação no exterior. Íamos, geralmente, com uma atitude de inferioridade, mas hoje estamos enfrentando temáticas de pesquisa, dialogando com intelectuais estrangeiros em posição de igualdade.

PRINCIPAIS PUBLICAÇÕES

1992 *Trilhas e atalhos do poder: conflitos sociais no sertão*. Rio de Janeiro: Rio Fundo Editora.

1998 *Crimes por encomenda: violência e pistolagem no cenário brasileiro*. Rio de Janeiro: Relume-Dumará.

1999 *À espera de justiça: assassinato de crianças e adolescentes na Grande Fortaleza*. Fortaleza: Expressão.

2000 *Ligados na galera: juventude, violência e cidadania na cidade de Fortaleza* (co-org.). Brasília: Unesco.

2000 *Cultura, narração e identidade* (co-org.). São Paulo: Terceira Margem.

2000 *Poder e disciplina: diálogos com Hannah Arendt e Michel Foucault* (org.). Fortaleza: Edições UFC.

2001 *Origens do totalitarismo: 50 anos depois* (co-org.). Rio de Janeiro: Relume-Dumará.

2003 *A Sociologia no tempo: memória, imaginação e utopia* (org.). São Paulo: Cortez.

2003 *Crise social & multiculturalismo: estudos de Sociologia para o século XXI* (co-org.). São Paulo: Hucitec.

2003 *Transformações no trabalho no século XXI* (org.). Pelotas: Educat.

2004 *Questão de segurança: políticas governamentais e práticas policiais* (org.). Rio de Janeiro: Relume-Dumará.

2006 *Política no Brasil: visões de antropólogos* (co-org.). Rio de Janeiro: Relume-Dumará.

Ricardo Benzaquen de Araújo

RICARDO BENZAQUEN DE ARAÚJO

Ricardo Augusto Benzaquen de Araújo nasceu em 1952. Graduou-se em História pela Pontifícia Universidade Católica do Rio de Janeiro em 1974, concluiu o mestrado e o doutorado em Antropologia Social pela Universidade Federal do Rio de Janeiro em 1980 e 1993, respectivamente. É professor titular e pesquisador do Instituto Universitário de Pesquisas do Rio de Janeiro e professor assistente da PUC-RJ. Atua principalmente nos seguintes temas: pensamento social brasileiro, teoria social e Sociologia da Cultura. Esta entrevista foi realizada em julho de 2004.

Você tem um perfil que possui várias interfaces: com História, Antropologia, Sociologia e Ciência Política. Esse perfil multidisciplinar lhe confere um lugar diferente para olhar os problemas?
Eu apenas retiraria daí a Ciência Política, porque não é uma área em que eu possa dizer que opere, embora o faça, bem ou mal, nas outras três. O primeiro ponto que eu gostaria de salientar refere-se ao fato de que o vínculo com a História e com a Antropologia, antes de mais nada, tem a ver com a minha formação universitária. Tendo feito graduação em História e mestrado e doutorado em Antropologia, ambas as disciplinas sempre funcionaram como referências básicas para qualquer tipo de trabalho com o qual eu tenha me envolvido. Creio que esse vínculo se mantém, mesmo hoje em dia. Continuo trabalhando em um departamento de História e estou envolvido com uma pós-graduação em Sociologia. Acredito que a manutenção desse tipo de ambigüidade disciplinar tem a ver com o fato de que os empregos que vim a ter acabaram criando condições para que esse tipo particular de vocação, digamos assim, pudesse se concretizar.

Fale sobre seu itinerário, sua formação, por quais cursos passou.
Eu me graduei em História na PUC em 1974. Depois fiz mestrado em Antropologia Social no Museu Nacional. Comecei o curso em 1975 e terminei em 1980. Depois disso, fiquei uns cinco anos sem estar diretamente envolvido com a pós-graduação, trabalhando na PUC, no departamento de História, e no CPDOC da Fundação Getúlio Vargas. Afinal entrei no doutorado em Antropologia Social, também no Museu Nacional, por volta de 1985. E ali fiquei até 1993, ano em que defendi a minha tese.

Onde você fez sua formação secundária?
Naquela época ainda havia a divisão entre Ginásio, Clássico e Científico. Eu fiz o Ginásio em um colégio próximo de casa, chamado Mello e Souza, e depois o Clás-

sico no Colégio de Aplicação da Universidade Federal do Rio de Janeiro, o que foi uma experiência marcante. Era uma escola muito peculiar, com uma aura meio mítica. Levava-se muito a sério o estudo das humanidades. Fiz o concurso para uma vaga no Clássico do Aplicação. Eram dez vagas, e eu fiquei em décimo primeiro lugar. Continuei então no Clássico do Mello e Souza, onde havia cursado o Ginásio. No final de março, por sorte, umas três ou quatro pessoas saíram da escola. Aí fui incorporado. E foi, de fato, um mundo novo para mim. Era uma escola pública de qualidade. As pessoas tinham *esprit de corps* por estar estudando ali. Estudava-se muito literatura inglesa, francesa e brasileira. Os cursos de História eram magníficos. Aquilo tudo foi extremamente marcante. Um pouco depois, em virtude dos próprios contatos então desenvolvidos, veio a relação com a política. Naquele período, 1967, 1968, a escola estava se envolvendo politicamente. O regime estava cada vez mais fechado, a caminho do AI-5. Desse modo, no curso colegial, não só tive um contato mais direto com o mundo da cultura erudita, como paralelamente tive uma certa iniciação na política, na política de extrema-esquerda. De maneira compatível com seu estilo, a escola, quando foi se aproximando da política, passou a assumir posições de vanguarda. Para mim foi uma mudança de vida muito grande. Fui obrigado a incorporar, em dois anos, todo esse conjunto de novas experiências. Depois, em 1970, fiz vestibular e entrei no curso de História da PUC.

Na sua formação em História, quem se destaca como professor, que o tenha levado a pensar as Ciências Sociais mais amplamente?
Pretendia fazer História, mas, no ciclo básico, tive contato com uma série de disciplinas de Ciências Sociais, pelas quais fiquei muito interessado; basicamente em Antropologia. Fiquei em dúvida se entrava de fato no departamento de História, ou se terminava o ano e tentava entrar no departamento de Ciências Sociais, envolvendo-me com Antropologia. Meu interesse foi se definindo aos poucos: queria efetivamente seguir o curso de História, mas estava interessado em um tipo de História que tivesse relação com a Antropologia e, de maneira mais ampla, com as Ciências Sociais. Já cheguei no curso de História com a preocupação de reencontrar questões que tinha visto nos cursos de Antropologia e Sociologia, e eventualmente de Teoria Política. A maior influência que recebi, na universidade, foi a de Luiz Costa Lima, crítico literário, então professor no departamento de Ciências Sociais, dando aulas de Antropologia. Ele examinava, na época, as relações entre estruturalismo e teoria literária, objeto da sua tese de doutorado, defendida na Universidade de São Paulo. Uma segunda referência, extremamente importante, foi a de Ilmar Rohloff de Mattos, que já havia sido meu professor no Colégio de Aplicação. Comecei também a me relacionar com Francisco Falcon, que, nessa ocasião, já era uma figura de grande destaque na área de História Moderna e Contemporânea. Trabalhamos juntos, mais tarde, na área de Teoria da História, que é a área em que trabalho até hoje. Fiquei, desde então, estreitamente vinculado aos três, sempre neste esforço de tentar encontrar e desenvolver na História uma perspectiva mais interdisciplinar. Na época, a História se caracterizava por uma abordagem eminentemente factual, e a alternativa a isso era basicamente o marxismo. Eu ain-

da trabalhava com o marxismo, mas cada vez mais interessado em participar de um diálogo com a tradição das Ciências Sociais. Quando me deparei, no final de 1971, com a chamada História Social, tive, evidentemente, um deslumbramento. De fato, as obras de autores como Marc Bloch, Georges Duby e Jean-Pierre Vernant eram exatamente o que estava procurando. Adotei seus livros como referência e fui fazendo o curso, sempre conversando muito com os professores, tentando assimilar boa parte de suas reflexões e explorar a interface entre História e Ciências Sociais. Por sorte, como se vê, encontrei no departamento de História da PUC a abordagem que mais me interessava.

Quando você começou o mestrado, foi para o Museu Nacional.
Exatamente, prestei exame para o Museu no segundo semestre de 1974 e iniciei o mestrado em março de 1975, junto com a carreira de professor, pois as minhas aulas na PUC começaram na mesma semana que os meus cursos no Museu.

No Museu Nacional, com quem foi trabalhar? Qual era sua temática?
Eu tinha enorme interesse em Antropologia, mas também em História Social e, por predileção, lia sobretudo trabalhos nas áreas de História Antiga e Medieval, que eram as áreas mais próximas da tradição da Antropologia. Quando cheguei no Museu, ali se iniciava, ao lado dos debates clássicos da Antropologia, uma preocupação com o que veio a ser chamado de Antropologia das sociedades complexas. Acrescentou-se, assim, outra dimensão aos meus interesses. Eu destacaria particularmente, nesse contexto, a contribuição feita por Gilberto Velho, que já vinha há algum tempo trabalhando na área de Antropologia Urbana — que, no meu caso, foi uma espécie de ponto de partida para uma Antropologia das sociedades complexas —, área em que vários textos importantes estavam sendo publicados. Surgiu, enfim, a possibilidade de se utilizar o instrumental clássico da Antropologia, e mesmo da História, para pensar o cotidiano, o que me deixou fascinado. Por sua vez, Roberto DaMatta, que na época vinha de uma carreira muito bem-sucedida como especialista em sociedades indígenas, interessava-se cada vez mais em trabalhar com sociedades complexas, no caminho que o levou, mais adiante, a publicar *Carnavais, malandros e heróis*. Formou-se, por conseguinte, uma comunidade de interesses, compartilhados por alguns alunos e professores. Minha dissertação foi orientada pelo Gilberto, e terminei me decidindo por estudar o futebol como uma profissão, do ponto de vista de uma Antropologia das sociedades complexas. Ela se intitulava *Gênios da pelota: um estudo do futebol como profissão*, e nunca cheguei a publicá-la, apenas escrevi um pequeno artigo sobre o assunto para o primeiro número da revista *Ciência Hoje*. Na dissertação eu discuto o tema da vocação, procurando entender o que leva alguém a se envolver profissionalmente, como jogador, com esse esporte. Entrevistei jogadores em diferentes momentos de suas carreiras, alguns ainda juvenis, outros já consagrados, buscando analisar o seu perfil de carreira e situação trabalhista, bem como questões políticas e institucionais, visto que naquela época estavam sendo formados os sindicatos dos jogadores de futebol, induzidos pelo Ministério do Trabalho. Também discuto o próprio jogo e algumas de suas características fundamentais. Era como se eu perguntasse

Ricardo Benzaquen de Araújo

o que seria necessário para ser um bom jogador de futebol. Quanto a isso, havia uma ênfase muito forte na seguinte repartição: de um lado, era fundamental que se desenvolvesse um certo tipo de personalidade, e, de outro, que houvesse talento, definido como uma característica inata e individual. Observe-se que, na época, estava-se entrando em contato com as discussões sobre o individualismo, entendido como uma categoria básica da sociedade ocidental, e cultivado entre nós em certas áreas específicas, como por exemplo o futebol. Aliás, as contribuições de Louis Dumont e de Georg Simmel foram fundamentais para essa discussão; há todo um conjunto de trabalhos, desse período, que examina esse tema em diálogo com eles. Paralelamente à dimensão do talento, porém, ainda havia um outro ponto básico: a personalidade. Isso implicava que o jogador teria de cultivar, ao mesmo tempo, qualidades opostas: ele deveria ser muito sangüíneo, muito apaixonado, ter muita raça, mas, ao mesmo tempo, ser muito calmo. Eram qualidades opostas cultivadas simultaneamente, e no seu extremo. E isso ocorria precisamente porque era fundamental combater o tempo todo, não se entregar nunca, mas, ao mesmo tempo, não ter tanta raça que levasse à violência, e nem tanto sangue frio que envolvesse alheamento em relação ao jogo. Havia várias categorias que apareciam sempre assim, em oposição. Defendi esse trabalho em 1980, época em que já estava trabalhando no CPDOC.

Fale de seu trabalho no CPDOC.
Comecei a trabalhar lá em 1977. Podemos pensar o CPDOC como uma instituição marcada pela preocupação de desenvolver um certo tipo de trabalho historiográfico que dialogava com as Ciências Sociais. No setor específico em que trabalhei, o Projeto Brasiliana, na época dirigido pela Lucia Lippi, esse tipo de preocupação ganhava um matiz particular, porque estávamos trabalhando com o pensamento social brasileiro, sobretudo do período de anos 1920 e 1930, no qual essas especializações disciplinares não tinham tanta importância. Exemplifico com um caso que terminou sendo muito importante para mim mais tarde: Gilberto Freyre. Não é tarefa simples e óbvia classificá-lo como antropólogo, sociólogo ou historiador, tendo sido ele, inclusive, definido alternativamente por cada uma dessas categorias ao longo da vida. O mesmo se aplicava a um imenso conjunto de autores, não só aqueles diretamente ligados ao movimento modernista, como Sérgio Buarque de Holanda e Paulo Prado, mas também os juristas e intelectuais associados ao Estado Novo, como Oliveira Vianna, Azevedo Amaral e Francisco Campos, cuja reflexão supunha um forte debate com correntes filosóficas da época, interessadas na relação entre Direito e Política. A própria distinção entre Sociologia e Antropologia é muito difícil de ser feita naquele momento. O curioso é que essa tendência retorna em nossos dias, recuperando-se também a forma do ensaio, característica dos anos 1920. Vale a pena lembrar, neste contexto, a famosa história de que Marcel Mauss teria sido encarregado por Durkheim de fazer um balanço da produção de diferentes áreas acadêmicas para o *Année Sociologique* e, em vez de impor um ponto de vista sociológico à análise dessas obras, termina se abrindo e incorporando um imenso conjunto de outras perspectivas, presentes em trabalhos de historiadores, folcloristas, filósofos etc. Então, é mais ou menos como

se a Sociologia atual estivesse retomando condutas e posições que estavam no começo da sua tradição.

O Projeto Brasiliana se inicia com um balanço da bibliografia a partir de uma metodologia sob inspiração de Mannheim, própria da Sociologia.
É verdade. Você tem toda razão. Há uma marca forte de Mannheim, sobretudo através de um texto sobre o pensamento conservador, que foi essencial, tanto do ponto de vista substantivo, quanto no que se refere a sugestões metodológicas, para organizar a pesquisa que se desenvolveu no Projeto Brasiliana.

Você fez um trabalho sobre o integralismo nesse contexto?
Foi minha primeira pesquisa no CPDOC, na qual me envolvi durante mais tempo. Seu ponto de partida foi uma orientação metodológica muito próxima da Antropologia. Na época, eu fazia a dissertação de mestrado sobre futebol, e estava enormemente envolvido com leituras antropológicas. Eu tinha e ainda tenho enorme interesse nisso, embora nunca tenha trabalhado estritamente em um departamento de Antropologia. Fazia um esforço no sentido de tentar compreender o integralismo do seu próprio ponto de vista, da sua perspectiva. É bom lembrar a desqualificação que os autores associados a esse movimento sofriam. A mera suspeita de vínculo com o fascismo já era suficiente para desqualificar...

É certo que essa rejeição tinha a ver com o clima de crítica à ditadura.
Sem dúvida. Havia um clima político que praticamente inviabilizava levar esse tipo de concepção a sério. O próprio conservadorismo, típico dos autores dos anos 1930, ainda era visto como algo condenável, embora, digamos, um pouco mais respeitável. Enfim, a minha primeira alternativa foi a de tentar pensar a obra de Plínio Salgado na perspectiva do pensamento conservador, em um esforço de chamar a atenção para o fato de que ela desenvolvia um argumento minimamente complexo e significativo. Fiz um artigo sobre o tema, que saiu publicado na *Revista de Direito Público* da Fundação Getúlio Vargas. Entretanto, conforme pesquisava os trabalhos de Plínio, Gustavo Barroso e Miguel Reale, fui me dando conta de que, ao menos no que se referia aos dois primeiros, imaginá-los como pensadores conservadores seria um procedimento, no mínimo, reducionista. O conservadorismo se define por uma determinada perspectiva hierarquizante, por uma visão orgânica da vida social, nada mobilizante e vinculada a um tipo de diferenciação complementar já inteiramente naturalizada. Percebi que esse tipo de argumento dificilmente serviria para dar conta dos textos integralistas de Plínio e de Gustavo Barroso. Fiquei, portanto, com um dilema, buscando uma categoria para tornar o seu sentido mais inteligível, principalmente porque continuava com a preocupação de analisar academicamente aqueles textos, considerando que havia ali uma reflexão forte e não apenas, como se dizia na época, uma mistificação, ou um delírio, produzida por aqueles autores. Terminei recorrendo à categoria totalitarismo, também muito desqualificada, surgida nos próprios anos 1930 e que se populariza nos anos 1950, no contexto da Guerra Fria. Ela era habitualmente utilizada para apro-

ximar, de modo simplista, a União Soviética das experiências nazi-fascistas e, com isso, desacreditar não só a versão soviética, mas o marxismo como um todo. Tratava-se, evidentemente, de uma categoria perigosa, sobredeterminada por um enorme conjunto de intenções políticas. Contudo, pareceu-me que, apesar disso, ela podia até certo ponto ser intelectualmente fecunda, pelo simples fato de alguns dos autores que a utilizavam ressaltarem que o processo totalitário podia se converter em uma espécie de direita revolucionária. Para ser mais preciso, uma direita que operava com certa acepção das noções de liberdade e igualdade que, certamente, era diferente daquela que poderíamos encontrar na esquerda, mas que não deixava de operar no plano da cidadania. Em Plínio, sobretudo, notava-se a afirmação sistemática de um ideal de liberdade, de liberdade positiva, ou seja, da liberdade como participação permanente na sociedade, durante todas as horas do dia. Havia, enfim, um ideal de se criar não só um cidadão, como também um militante. E ser um militante significava viver as 24 horas como integralista. É por essa razão que livros, roupas, utensílios domésticos, tudo, enfim, portava o emblema do movimento, pois se imaginava estar participando ativamente da vida pública por intermédio da adesão aos valores integralistas. Existia também, ao mesmo tempo, uma noção muito peculiar de igualdade, uma igualdade que importava na mais absoluta uniformidade, visto que todos estariam operando, homogeneamente, com o mesmo conjunto de valores. Ora, tal raciocínio nos remete a um certo tipo de posição que, se era diferente da esquerda dos anos 1930, também diferia, em muito, da direita tradicional, desmobilizante e aristocrática. Nada havia de aristocrático naquela perspectiva, plebéia, que me pareceu típica do integralismo e de vários movimentos fascistas europeus. É evidente que o integralismo aqui não chegou ao poder. E quando se olha para o contexto europeu, é muito comum percebermos que a chegada ao poder desses movimentos, às vezes com uma proposta tão radical quanto a de uma direita revolucionária, terminou fazendo com que o regime se tornasse algo muito diverso, bem mais conservador, do que aquilo que era postulado pela ideologia do movimento.

Pode-se dizer que, em termos metodológicos, você aceita em princípio a discussão feita por Mannheim a respeito do pensamento conservador, mas evita partir de cima para baixo, e busca entender o sentido dos termos e dos vocábulos, da utilização dos termos no interior do próprio discurso integralista? Em outras palavras, buscando o seu sentido internamente e não externamente?

Claro! Porque é desse ponto de vista que se torna possível compreender as diferenças entre os vários autores e discutir o dilema da relação entre História Intelectual, Social e Cultural. É evidente que o contexto, ou melhor, os diferentes contextos, devem ser considerados como uma espécie de pano de fundo para a reflexão, mas isso não os converte necessariamente em condutores do debate intelectual. Por exemplo, o próprio conceito de totalitarismo, dependendo da maneira como se trabalhe com ele, poderia ser visto como se fosse um contexto no qual Plínio e Gustavo Barroso estariam incluídos. Contudo, é bom lembrar que o totalitarismo de Gustavo Barroso é muito diferente do de Plínio. Ele está todo armado a partir de um argumento anti-semita, enquanto que, na obra de Plínio, este argumento não se faz presente. Ao contrário, nela há um elogio da miscigenação. Ele opera a partir do projeto de uma revolução espiritual, e interior, que reunisse forças para uniformizar todos os homens. Enquanto que em Gustavo Barroso, como o argumento anti-semita prevalece, a própria noção de revolução espiritual muda de sentido e adquire, do ponto de vista dele, um caráter muito mais defensivo e vigilante, transformando-se em um imenso esforço para detectar e excluir os judeus, identificados como os maiores inimigos da homogeneização almejada pelo integralismo. Assim, repito, o conceito de totalitarismo é plástico o suficiente para se apresentar de forma distinta em cada um dos dois autores examinados.

Agora, vejam que houve um determinado momento em que eu dava aulas de História Antiga e Medieval na PUC, fazia uma dissertação sobre futebol e estava envolvido com uma pesquisa sobre pensamento integralista, da qual resultou o meu livro sobre o Plínio Salgado. Desse modo, 1978 e 79 foram realmente anos muito animados. Foi a primeira vez que tive uma estafa, passei mal no meio de uma entrevista, em 1978, no Estádio do América. Fui atendido pelo departamento médico do clube. Foi um susto e aí percebi que estava exagerando! Eu fazia três coisas diferentes. Depois fui me acostumando a isso, e continuei fazendo três, quatro coisas ao mesmo tempo. Não posso, de fato, dizer que tenha tomado juízo.

Você defendeu a dissertação em 1980. Você já estava no Iuperj?
Não! Nesse período eu continuava trabalhando na PUC e no CPDOC, lidando com pensamento social brasileiro e sempre muito preocupado em realizar uma análise do ponto de vista antropológico, priorizando as categorias internas ao discurso, preocupação que hoje em dia, no campo da História das Idéias, costuma ser chamada de internalista. A proposta que o Iuperj me fez, em 1987, foi a de continuar o trabalho de pesquisa em torno do pensamento social brasileiro e incorporar-me à docência na área de Sociologia. Até meados dos anos 80, como já disse, continuei envolvido com aquela pesquisa sobre o integralismo, que na época me parecia bastante ambiciosa, pois pretendia comparar as obras de Plínio Salgado, Miguel Reale e Gustavo Barroso. Acabei fazendo um texto sobre cada um deles, mas o do Plínio ficou maior e acabou sendo publicado independentemente, na forma de livro. O texto sobre Gustavo Barroso eu nunca publiquei. Depois vim a orientar a dissertação de mestrado do Marcos Chor, que analisou justamente a versão que ele produziu da doutrina integralista. Já o texto sobre Reale ficou sem divulgação, sendo objeto apenas de uma publicação interna do CPDOC. Na verdade, creio que valha a pena dizer, a esta altura, que só comecei mesmo a trabalhar com pensamento social no Brasil em função da ida para o CPDOC. Não foi um interesse que tive desde sempre, mas que desenvolvi em função do clima profissional e intelectual que todos ali experimentamos.

Não teve a influência do Falcon, que chegou a escrever sobre metodologia da História das Idéias?
Sim, mas bem depois, assim como a do Ilmar Rohloff de Mattos, com quem li Gilberto Freyre e outros autores durante a graduação, na primeira metade dos anos

70. Achei muito interessante, mas, naquele momento, não me veio à cabeça trabalhar com o tema. Para mim não estava claro que eu fosse me envolver tanto com o pensamento social brasileiro. Em 1980 defendi a dissertação e, como já foi comentado, estava dando aulas e trabalhando tanto na pesquisa sobre o pensamento integralista quanto, mais especificamente, no livro sobre o Plínio Salgado, que demorou a ser publicado, saindo só em 1988. Em 1985 decidi fazer o doutorado em Antropologia. Tinha, outra vez, ficado em dúvida quanto ao meu destino na pós-graduação. Havia considerado a hipótese de ir para o exterior. Cheguei a ganhar uma bolsa para fazer História na Alemanha, mas ficamos um pouco assustados, eu e minha mulher, quando nasceram as nossas duas filhas, gêmeas e prematuras. Fiquei por aqui mesmo e fiz o doutorado no Museu. Como já tinha encerrado a pesquisa sobre o integralismo no CPDOC, resolvi escolher um outro tema na área de pensamento social, e o meu interesse direcionou-se para Gilberto Freyre. Então, converti essa escolha em um pré-projeto ao doutorado apresentado ao Museu.

Fale um pouco das leituras que o influenciaram nessa direção.
Há uma questão curiosa em torno da tese, sobre a qual talvez valha a pena pensar com mais vagar. Com o integralismo, eu já tentara resgatar a perspectiva interna do movimento através dos autores. Talvez tenha me viciado nesse tipo de análise, porque quando me pediram para definir um segundo objeto de pesquisa, no CPDOC, indiquei Gilberto Freyre. Naquela época, esse autor era objeto de enorme desprezo, talvez maior do que o devotado ao integralismo. Afinal, o integralismo tinha dado errado, pertencia à uma época, em princípio, já superada com a derrota do nazi-fascismo na Segunda Guerra Mundial, enquanto que Gilberto Freyre era um intelectual oficial, no sentido de que tinha apoiado a Revolução de 64, embora ele se orgulhasse de dizer que nunca aceitara nenhum cargo que lhe houvesse sido oferecido pelos militares.

Na verdade, dizem que ele gostaria de ser governador e foi colocado em segundo lugar.
Sim, e de qualquer forma ele era bastante identificado com a ditadura. Da mesma maneira que com o integralismo, eu tinha uma curiosidade sociológica ao estudar Gilberto Freyre. Era uma curiosidade de outra ordem, pois se tratava de um autor que, por um lado, era execrado por parte significativa da esquerda — e sendo de esquerda desde os 16 anos, eu estava vinculado a essa posição. Por outro lado, ele era um autor tratado como relevante, extraordinário mesmo, por intelectuais extremamente respeitáveis, inclusive no exterior, como Lucien Febvre e Fernand Braudel. Ambos haviam prefaciado *Casa-grande & senzala*, Febvre a edição francesa e Braudel a italiana. Alguns importantes intelectuais brasileiros também o tinham em alta conta. Assim, eu tinha certa curiosidade em tentar enfrentar essa esfinge. Imaginei, primeiro, uma abordagem indireta, considerando a hipótese de fazer uma análise comparativa de Gilberto com Afonso Arinos e com Sérgio Buarque de Holanda. Mais tarde, pensei em deixar de lado as obras sociológicas clássicas do Gilberto para me concentrar nos seus livros mais confessionais e, só então, esboçar uma comparação com Afonso Arinos, que tem uma série de obras com este perfil.

Levantei, inclusive, a hipótese de incorporar Mário de Andrade e estabelecer um contraste entre esses diferentes autores, examinando a maneira pela qual cada um deles elabora sua subjetividade. Contudo, não pude deixar de levar em conta o diálogo com o meu orientador, Otávio Velho. Creio que ele nunca me disse isso com todas as letras, mas sempre me estimulou a que, antes de mais nada, privilegiasse o estudo da obra sociológica de Gilberto, o que significava ter contato com os textos clássicos: *Casa-grande, Sobrados e mucambos*. Ele foi me induzindo, de uma forma extremamente inteligente e elegante, a aprofundar o meu contato com Gilberto. Resolvi experimentar! Eu já havia lido *Casa-grande & senzala* na graduação, e o achei interessante, mas muito confuso. Quando li todo o livro de novo, já no doutorado, achei-o confusíssimo. Aquela dicção oral de Gilberto, o fato de que ele colava um assunto no outro e não se sabia direito o que se estava discutindo, nem muito menos a direção da sua reflexão, chegava a me deixar irritado. Como eu sofria uma forte influência do estruturalismo, com a sua preocupação com a ordem e a sistematicidade, tropeçava nesse tipo de análise. Lá pela quinta leitura, porém, pensei: há um ponto curioso, sugestivo mesmo, nesta confusão. Fui percebendo que a confusão não era o problema. Era, não exatamente a solução, mas a maneira pela qual ele encaminhava seu argumento. A minha tendência era sempre a de tentar superar aquela confusão e encontrar um ponto mais claro e sólido, capaz de articular o conjunto da sua reflexão. Até que, pouco a pouco, percebi que esse ponto simplesmente não existia, inclusive porque, como entendi mais adiante, aquela maneira meio fluida e oral de escrever estava vinculada à própria natureza dos seus argumentos mais substantivos acerca da sociedade brasileira. Comecei a perceber, então, que valia a pena tentar concentrar-me em Gilberto, arriscando uma interpretação da sua obra de cunho mais sociológico.

Por outro lado, dando aulas de Teoria da História na PUC, comecei a me interessar por alguns autores ligados à tradição intelectual alemã, como Nietzsche, Weber e Simmel. Comecei a me interessar por esse mundo intelectual, que para mim era uma relativa novidade. À medida que fui lendo Gilberto Freyre e que oferecia cursos sobre Weber e Thomas Mann, por exemplo, passei a ter a sensação de que seria possível extrair dessa tradição algumas hipóteses para tentar dar conta da Sociologia que ele fazia. Nietzsche, seguramente, foi um autor da maior importância nesse contexto, pois, de repente, dei-me conta de que aquela organicidade, que para mim era quase que um sinônimo tanto da Sociologia quanto da Antropologia, havia perdido parte do seu significado. Em outras palavras, a aproximação entre a obra de Gilberto e a reflexão alemã tornou possível que eu relativizasse o destaque que havia concedido até então a correntes sociológicas mais sistemáticas, como o funcionalismo anglo-saxão e o estruturalismo francês. A preocupação em se lidar com o argumento sociológico em função de uma explicação bem armada e conectada não está, de fato, presente em Gilberto. É como se ele estivesse operando com uma noção muito mais frouxa de sociedade. Assim, terminei salientando o termo que ele cunhou para assinalar a existência de ambigüidades e tensões na sociedade brasileira: antagonismos em equilíbrio. Procurei mostrar que ele pensava a nossa sociedade como um conjunto variado de posições, que podiam até se aproximar, mas que nunca se resolviam em uma síntese mais orgânica.

Ricardo Benzaquen de Araújo

Que cursos no doutorado o levaram à perspectiva analítica que acabou adotando?

O que mais importa nessa perspectiva é a relação entre modernismo e Antropologia, que foi desenvolvida em alguns cursos que acompanhei durante o doutorado. Não se trata, evidentemente, de pensar Gilberto como se fosse um autor de ficção. Mas ele é um autor importante no modernismo brasileiro, tem conexões com o modernismo norte-americano e com o francês, o que permitiu que, a partir dos debates em torno da instauração da arte moderna, certas categorias estéticas viessem a ter um rendimento sociológico em sua reflexão. Fiz cursos sobre essa temática com Roberto DaMatta e com Otávio Velho, cursos que contribuíram para que eu começasse a pensar o Gilberto nessa perspectiva.

Por exemplo, a oposição Apolo/Dionísio, de origem nietzschiana, pareceu-me importante para entender como Gilberto pensa a tradição brasileira, sobretudo no período colonial, e como o realce de uma atmosfera dionisíaca trazia como resultado um entendimento muito peculiar da idéia de mestiçagem. Como já assinalei, todo um conjunto de discussões sobre o pensamento alemão do período me ajudou a chamar a atenção para a originalidade da contribuição de Gilberto, sugerindo que ele estava operando com uma noção de sociedade que era muito menos armada, sistemática e monumental do que aquela presente, por exemplo, na escola sociológica francesa. Nesses cursos, comecei também a entrar em contato com a tradição sociológica americana.

Você tem razão de que aquele ambiente de discussão dos Estados Unidos deve ter sido importante para ele, porque essa mesma temática vai aparecer em Ruth Benedict.

Na verdade, a própria influência exercida por Franz Boas leva o seu grupo de discípulos, Gilberto entre eles, a tentar aclimatar parte da tradição cultural alemã ao contexto norte-americano. Gilberto meio que amplia esse esforço, estendendo-o até o Brasil.

Você também recorre a vários métodos para fazer esse mergulho na obra dele. Fale um pouco como você chegou lá.

Durante o doutorado, no Museu Nacional, tive um contato mais sistemático com os debates da hermenêutica, especialmente em um curso de Otávio Velho. Nessa época, por sugestão dele, li a obra de Gadamer, *Verdade e método*, na qual reconheço uma contribuição das mais importantes, porque ela se preocupa com uma hermenêutica que funda a compreensão no estabelecimento não só das semelhanças, mas também, e sobretudo, das diferenças entre os autores. Ela cuida igualmente de registrar, dentro da obra de cada um, as marcas que separam, que distanciam um texto do outro, insistindo, por conseguinte, em uma interpretação que se afasta da idéia de identidade, o que foi, do ponto de vista metodológico, muito importante para mim.

Portanto, pode-se dizer que na obra de Gilberto Freyre existe mais tensão do que desarranjo?

Há conexões, mas elas nunca são feitas pacificamente. Os textos podem se encaixar, mas isso não significa obrigatoriamente que esse encaixe seja permanente. É possível estabelecer conexões amplas entre eles. Deve-se também lembrar que determinados livros de Gilberto desenvolvem argumentos de forma distinta de outros, embora, às vezes, uma distinção seja mais complementar do que antagônica.

> *Dá para perceber que você faz essa reconstituição dos diálogos de Gilberto Freyre não só com a grande teoria, mas com seus contemporâneos. Fale sobre isso.*

Na verdade, voltamos àquela questão de contexto. Era muito importante controlar, o mais possível, outros autores que estivessem pensando o Brasil no mesmo momento, embora eu tivesse decidido fazer um trabalho de cunho monográfico, jogando com a própria idéia da importância da tradição monográfica na Antropologia. Depois que a tese se encerrou, fui começando a desenvolver novas hipóteses de trabalho, que incluíam outros intelectuais do período, e, discutindo com os meus alunos, passei a sugerir que fizessem teses sobre alguns deles, como por exemplo Sérgio Buarque de Holanda, Mário de Andrade, Paulo Prado e Alceu de Amoroso Lima. Tenho até escrito alguma coisa sobre eles, mas muito pouco. Minha sensação é de que esse é um trabalho que se desenvolveu fundamentalmente na atividade de orientação.

> *Qual é exatamente sua posição frente à preocupação, presente no Projeto Brasiliana, de definir os interesses gerais da sociedade?*

Fiz um esforço de contribuir nessa direção, mas interessado em tornar mais nítidas as diferenças entre os autores. O conceito de intenção básica, desenvolvido por Mannheim, tornava possível que se tentasse estabelecer certas linhas de força em condições de aproximar os autores dentro de um dado contexto, enquanto a minha preocupação, como tenho dito, caminhava na direção oposta, buscando diferenciá-los. Sinto, na verdade, que pode haver uma relação de tensão produtiva entre essas duas posições. No caso de Gilberto, o que mais me importava era avaliar se o que havia de específico na sua reflexão justificava uma avaliação tão positiva quanto a que ele recebia de alguns intelectuais do período, inclusive estrangeiros.

> *A partir da legitimidade conferida por Braudel e outros autores, poder-se-ia reconhecer a importância de Gilberto?*

O problema é que é preciso ter argumentos para legitimar. Tenho até pensado em fazer um trabalho sobre os prefácios franceses aos livros de Gilberto. Lendo os prefácios, fui aos poucos chegando à conclusão de que *Casa-grande & senzala* é, de fato, considerado como uma obra clássica. Não só do ponto de vista das interpretações brasileiras, mas mesmo do ponto de vista da bibliografia internacional.

> *Acho que dá para dizer que você opera nas duas dimensões: de um lado, fazendo uma análise interna, e de outro, levando em consideração o contexto léxico no qual a reflexão se insere, sendo este internacional.*

Ricardo Benzaquen de Araújo

Sim, acho que se deve levar em conta esses dois aspectos. O primeiro você já mencionou: o contexto não deve ser encarado como um dado natural, tal como sugerido pelas interpretações de Dominick LaCapra, que costuma chamar a atenção para o fato de que o contexto, em qualquer das nossas disciplinas, é sempre o resultado de uma construção intelectual. Há, por conseguinte, inúmeros tipos de contexto que podem ser produzidos, a depender do interesse: contextos familiares, intelectuais, de classe, políticos etc. O que tentei fazer na tese foi esboçar alguns contextos para Gilberto, aqueles que considerei mais relevantes, como o do debate com a Sociologia internacional, por exemplo. Contudo, por outro lado, decidi privilegiar a análise interna, levando em conta alguns contextos, mas impedindo que eles se convertessem nos responsáveis pela constituição do texto; até mesmo porque autores significativos, como Gilberto, escrevem com muita freqüência contra o seu tempo, vale dizer, contra o seu contexto. Gilberto, na verdade, reagia enfaticamente não só ao contexto intelectual, mas também ao contexto cultural e político brasileiro, denunciando vigorosamente a cultura da elite da época, que ele chamava pejorativamente de "requintada", pretendendo desmoralizar o vínculo incondicional que ela tentava manter com as modas européias, que ele considerava como uma espécie de referência negativa, quase desprezível. Não foi à toa, aliás, que ele resolveu fazer a sua pós-graduação nos Estados Unidos, que parecia cultivar, em oposição à Europa, sobretudo nos anos 30, um estilo nada pomposo, simples e autêntico.

Se não tivesse este traço, não teria tido o efeito que teve a obra. Não apenas por isso, mas também por isso.
Gilberto parece cultivar um estilo intelectual marcado pela naturalidade e pela autenticidade, criticando o cosmopolitismo que caracterizava a elite brasileira, sobretudo até os anos 20 e 30. Só que, na verdade, ele enfrenta esse cosmopolitismo recorrendo a um outro, de caráter modernista, no qual a preocupação com o Brasil está certamente muito presente, mas sobredeterminada por outro conjunto de leituras e reflexões, igualmente internacionais.

Recentemente você fez um texto sobre Joaquim Nabuco.
Realmente, dediquei-me a uma pesquisa sobre a questão da elaboração da subjetividade no século XIX, analisando as memórias de Nabuco, *Minha formação*, e escrevendo um artigo que acabou de ser publicado. No momento, estou chegando à conclusão de que o mais produtivo será dar continuidade a esse trabalho, incorporando eventualmente outros livros dele, e comparando a sua reflexão sobre esse tema com a de outros autores do período, como Oliveira Lima, Taunay e Couto de Magalhães, chegando talvez a examinar a maneira pela qual mais adiante a geração modernista, e o próprio Gilberto, lidaram com esse assunto.

Você também fez um texto sobre Aventura e rotina *e outro sobre* Sobrados e mucambos...
O trabalho sobre *Aventura e rotina* é uma pequena análise da parte européia da viagem que Gilberto faz à África e à Ásia em 1951, enquanto que o artigo sobre

Sobrados e mucambos é na verdade uma comparação deste livro com *Raízes do Brasil*, de Sérgio Buarque de Holanda, feita em um seminário da Fundação Joaquim Nabuco, no Recife.

Quando você foi para o Iuperj, você foi para dar Teoria Sociológica?
Na verdade, só comecei a dar os cursos obrigatórios, de Teoria Sociológica, quando terminei o doutorado, concentrando-me, nesse caso, na Sociologia clássica. Além disso, dei uma série de cursos optativos, vários lidando com a chamada Sociologia alemã, como já conversamos anteriormente. Em um deles, por exemplo, tentei aproximar Weber e Thomas Mann, explorando a questão do ideal burguês, nos diversos sentidos que a expressão pode assumir.

E os alunos seguem bem essas leituras paralelas à leitura de Weber?
Olha, creio que sim. Fiquei bastante satisfeito com o rendimento da turma, pelo menos no que se refere a esse curso. A própria novidade que consistia em pôr em contato autores de áreas tão distantes, um cientista social e um escritor de ficção, procurando fazer com que esse contato pudesse lançar novas luzes sobre eles, terminou por criar uma certa curiosidade, uma atmosfera de questionamento e investigação que foi muito boa para o andamento das discussões. Também comecei, por essa época, a ler o jovem Lukács, percebendo a importância e a intensidade das suas relações com Thomas Mann e, em especial, com Max Weber.

E ele foi aluno do Simmel. Fale sobre o curso que você deu nos Estados Unidos.
Dei um curso na Universidade de Stanford, em 1999, sobre o Pensamento Social Brasileiro. Participei de um seminário, no qual apresentei um resumo de *Guerra e paz*, o livro sobre Gilberto, e depois dei um curso na Bolívar House, o Centro Latino-Americano da Universidade, discutindo uma série de autores, como Mário de Andrade, Oswald de Andrade, Paulo Prado, Gilberto Freyre e Sérgio Buarque de Holanda. Foi uma experiência interessante, mas também um desafio, inclusive porque o curso foi ministrado em inglês, mas tenho a impressão de que o resultado terminou sendo satisfatório.

Como você vê a Sociologia hoje? Qual seu papel?
Tenho observado, em missões institucionais da Capes, que a Sociologia, paralelamente à sua vocação específica, costuma com freqüência ser entendida como uma espécie de disciplina-mãe, uma grande referência inicial, onde tudo estaria misturado, logo superada, em um segundo momento, pelo desenvolvimento de reflexões mais especializadas, como a Ciência Política e a Antropologia. Estas seriam, então, quase que versões mais sofisticadas da Sociologia. A minha sensação, hoje em dia, é a de que esta segunda identidade talvez possa ser reavaliada — e revalorizada — , na medida mesmo em que ela permite que as mais diferentes formações, dentro da área das Ciências Sociais, encontrem um espaço no qual podem trocar argumentos e produzir novas questões. Nesta acepção, a Sociologia também pode ser definida como um lugar caracterizado pela inquietação interdisciplinar.

Ricardo Benzaquen de Araújo

Na Capes, Sociologia e Ciências Sociais são avaliadas no mesmo comitê, sendo que Ciência Política e Antropologia ficam em comitês separados.

O que, de certo modo, confirma o que vínhamos discutindo. Cabe lembrar, porém, que essa tendência mais especializada é contrabalançada pela própria estrutura da Anpocs, que não apenas reúne programas de Antropologia, Sociologia e Ciência Política, mas também, pela sua organização em grupos de trabalho temáticos, é aberta a profissionais de outras áreas afins. A minha sensação, hoje em dia, é de que a Sociologia pode ser compreendida nestas duas acepções. Ela tanto opera com uma perspectiva mais especializada, produzindo aliás trabalhos de enorme importância, quanto abre um campo em que várias especializações conseguem se relacionar e discutir. Evidentemente, por uma questão de formação, de interesse e de gosto individual, sinto-me muito melhor neste segundo campo, com todo o respeito e interesse que tenho pelos trabalhos de colegas que praticam uma Sociologia mais especializada. Trata-se, creio eu, de caminhos distintos, mas complementares.

Que papel a Sociologia desempenha no mundo contemporâneo? Há, no mundo contemporâneo, lugar para o intelectual?

Minha sensação é de que os intelectuais continuam tendo tarefas públicas. Acredito que o que mais importa, neste contexto, são as conseqüências públicas do tipo de saber que produzimos. As tarefas, hoje, são tão grandes ou maiores do que eram tempos atrás. Desperta a minha atenção, e até mesmo a minha indignação, a desconsideração sistemática das tradições e das culturas de um imenso conjunto de sociedades, que, conseqüentemente, são julgadas a partir de parâmetros tipicamente ocidentais. Lidamos agora, mais uma vez, com o pressuposto evolucionista de que existe uma espécie de destino inevitável, fatal, que nos irá conduzir a todos, mal ou bem, a um mesmo resultado. Pior ainda, existem argumentos que partem da suposição de que nem todos conseguirão atingir essa meta única e, conseqüentemente, muitos ficarão pelo caminho, por incapacidade e incompetência. Estamos a um passo de explicações racistas para dar conta do aparente fracasso, não apenas de certas sociedades, mas de continentes inteiros. Há livros que discutem: *Por que o Ocidente venceu*? Por que a África deu errado? Por que os muçulmanos se tornaram tão atrasados? Estamos desenvolvendo argumentos que me parecem intelectualmente pobres e politicamente condenáveis. Creio, nesse contexto, que a nossa atividade se torna ainda mais urgente.

O que você está dizendo é que, se há algumas décadas a tarefa do cientista social estava limitada a fazer ou engenharia social, ou um diagnóstico imediatista e localizado, hoje essa tarefa é de âmbito muito mais geral. Essa seria a vocação crítica das Ciências Sociais...

Acredito que essa vocação desempenha aqui um papel ainda mais central, pois creio que temos agora o dever de chamar a atenção para o rumo que as relações entre as diferentes sociedades tem tomado. Um rumo que exige uma crítica dura e veemente, chamando a atenção para a riqueza e para a complexidade das culturas que compõem nosso mundo.

PRINCIPAIS PUBLICAÇÕES

1988 *Totalitarismo e revolução: o integralismo de Plínio Salgado*. Rio de Janeiro: Jorge Zahar.

1994 *Guerra e paz*: Casa-grande & senzala *e a obra de Gilberto Freyre nos anos 30*. Rio de Janeiro: Editora 34 (2ª ed.: 2005).

Ricardo Abramovay

RICARDO ABRAMOVAY

Ricardo Abramovay nasceu em 1953. Formou-se, em 1974, em Filosofia pela Université de Paris X, França. Fez mestrado em Ciência Política na USP e doutorado em Sociologia na Unicamp, além de quatro pós-doutorados na França, realizados na Fondation Nationale des Sciences Politiques (FNSP); no Centre International de Recherches Agronomiques pour le Développement (CIRAD); na École des Hautes Études en Sciences Sociales e na Université de Versailles St. Quentin en Yvelines (UVSQY). Recebeu o prêmio de melhor tese de doutorado no Concurso Nacional da Anpocs em 1991. Em 1999, concluiu sua livre-docência na USP. É professor titular do Departamento de Economia da FEA e do Programa de Pós-Graduação em Ciência Ambiental da USP. É um dos animadores do grupo de trabalho de Sociologia Econômica da Anpocs. Pertence à coordenação do Programa de Pesquisa de Movimentos Sociais, Governança Ambiental e Desenvolvimento Territorial do Rimisp (Centro Latinoamericano para el Desarrollo Rural, do Chile) e do IDRC (International Development Research Center, do Canadá). Sua pesquisa organiza-se em torno da participação social nos processos localizados de desenvolvimento e apóia-se nas principais correntes teóricas contemporâneas da Sociologia Econômica. Esta entrevista foi realizada em junho de 2005.

Fale sobre sua formação.
Eu fiz a graduação em Filosofia em Nanterre, na França, por imensa afinidade com Michel Marois, um professor do último ano do curso secundário, que concluí em Paris. Muito próximo à filosofia de Sartre, ele estava completamente apaixonado por Carlos Marighella, cujo livro tinha sido recém-traduzido para o francês. A idéia de que "a ação faz a organização", o impressionante voluntarismo que marcava as idéias de parte da esquerda na época, era verdadeiramente encantador. Fui para a França muito jovem por razões políticas e lá tive a sorte de participar de grupos de estudo voltados tanto à teoria marxista como a análises da sociedade brasileira. Voltando ao Brasil, ingressei no mestrado na Política da USP, com o saudoso Braz José Araújo, e fui trabalhar na Federação de Órgãos para a Assistência Social e Educacional (FASE) com um grupo de mestrandos do Museu Nacional, orientados por Moacir Palmeira, Lygia Sigaud, Beatriz Heredia. Foi um banho de realidade brasileira, pois o trabalho abrangia diversas regiões do interior do país. Foi lá, e graças ao convívio com estes colegas, que entendi a importância do trabalho de campo para as Ciências Sociais. Minha área de pesquisa era o sudoeste do Paraná, região sobre a qual fiz meu mestrado e à qual sou muito ligado até hoje.

Então o trabalho de pesquisa estava muito vinculado a uma atividade militante?

Sem dúvida. Em função desta pesquisa no Paraná, tornei-me, em 1978, assessor da Comissão Pastoral da Terra do Paraná e pude conhecer muito de perto o extraordinário trabalho cultural desenvolvido pelas Comunidades Eclesiais de Base. Meu primeiro artigo científico (publicado no derradeiro número da revista *Civilização Brasileira*, de 1981) chama-se "Cristãos e marxistas: aqui e agora". O artigo descreve o imenso alcance social do trabalho pastoral da Igreja e, ao mesmo tempo, sua base filosófica central: a ilusão de que as idéias da teologia da libertação — produzidas em verdadeiros laboratórios de pesquisa teológica em vários lugares da América Latina e difundidas por meio de aparatos poderosos que vão dos padres aos ministros da eucaristia, passando por toda a estrutura hierárquica da Igreja — nada mais eram que a tradução imediata das idéias do próprio povo. E é interessante como esta ilusão está presente até hoje em várias dimensões dos trabalhos políticos animados por pessoas oriundas das Comunidades Eclesiais de Base, particularmente de dentro do PT.

Ao mesmo tempo, isso conduziu você a uma abordagem muito crítica da maneira como os marxistas encaravam a questão agrária.

Esta crítica é parte importante na formação da minha geração. A idéia de que o desenvolvimento capitalista da agricultura deveria levar à extinção social do campesinato escondia — sob um verniz aparentemente radical — um ponto de vista cético, derrotista, altamente prejudicial para os que procuravam atuar na organização destas populações. Isso incidia diretamente sobre a própria maneira de se encarar a oportunidade e a importância estratégica da reforma agrária no Brasil. Se os protagonistas sociais da reforma agrária estavam fadados ao desaparecimento e não tinham condições de competir com grandes empresas capitalistas, qual o sentido de preconizar que a eles se atribuíssem terras, créditos e tecnologia? Esta questão tornou-se crucial para minha geração. Tive o privilégio de tornar-me representante em São Paulo da Associação Brasileira de Reforma Agrária (ABRA), no início da "Nova República", e participar de muitos debates públicos e acadêmicos com esta questão em mente. Não era possível defender a reforma agrária apenas sob o ângulo dos interesses dos que por ela seriam imediatamente beneficiados. O fundamental era mostrar que atribuir ativos a seus protagonistas não representava uma volta ao passado, não exprimia simplesmente a resposta a um movimento de resistência, mas sim uma proposta de melhor organização — inclusive sob o ângulo econômico — da agricultura e do meio rural.

É por isso que em sua tese você utiliza a expressão "paradigmas" no título?

É. No Brasil apresentava-se como sinal de progresso e desenvolvimento justamente aquilo que havia sido superado nos países avançados: as fazendas de grande extensão territorial que contavam fundamentalmente com o trabalho assalariado. Entendia-se como resquício do passado uma categoria social de grande vitalidade nas atividades produtivas e na ocupação do espaço. Daí a idéia de "agricultor familiar", em contraposição a noções até então na moda como "produtor de baixa renda", "produtor de subsistência" ou "pequeno produtor". Existem particularidades referentes à própria divisão técnica do trabalho na agricultura e a sua submissão à natureza, que permitem a uma família — desde que dotada de uma superfície suficiente e com meios técnicos adequados — afirmar-se em mercados competitivos, muitas vezes em vantagem com relação a fazendas que se apóiam sobre o trabalho assalariado. Por mais que a importância da agricultura na riqueza social — e a importância do trabalho agropecuário na ocupação de mão-de-obra — tendam a declinar, a experiência histórica dos países avançados mostra que são os agricultores familiares que se mantêm como a principal força social produtiva. A orientação da Nazareth Wanderley — que tem uma boa experiência de campo no Brasil e conhece a agricultura européia — foi, neste sentido, muito importante para mim.

E qual a conseqüência desta constatação?

A mais importante é que ela oferece um fundamento econômico — meu colega José Eli da Veiga fez uma abordagem histórica fundamental deste tema — para a própria idéia de reforma agrária. A noção de "agricultura familiar" reúne aquilo que a sabedoria econômica ortodoxa teima em separar: eqüidade (acesso à terra a famílias de produtores) e eficiência (capacidade competitiva destas famílias). Foi muito importante, neste sentido, ultrapassar uma discussão bizantina sobre a natureza capitalista ou não dos estabelecimentos agropecuários. O mais importante era o ambiente econômico em que estes estabelecimentos estavam inseridos. O campesinato caracteriza-se por um ambiente social de mercados incompletos e imperfeitos, de dominação clientelista e personalizada. Mas a supressão deste ambiente conduz a um resultado paradoxal: as características sociais do campesinato desaparecem (é neste sentido que o sociólogo francês Henri Mendras fala em "fim dos camponeses"), mas não as formas familiares de produção, que podem até encontrar oportunidades de afirmação em novos mercados que vão sendo criados.

Qual a relação disso com políticas públicas e particularmente com o Programa Nacional de Fortalecimento da Agricultura Familiar ?

É impressionante como a expressão "agricultura familiar" tomou conta do vocabulário acadêmico, sindical e das próprias políticas públicas. O Pronaf exprime justamente a tentativa de fortalecer um segmento social que tem uma contribuição produtiva importante e que pode afirmar-se em ambientes competitivos. Quando voltei de dois anos de pós-doutorado na França em 1995 — onde trabalhei sobre a Política Agrícola Comum na Fondation Nationale des Sciences Politiques — o movimento sindical de trabalhadores rurais enfrentava temas inéditos, que não mais se referiam apenas à luta pela terra ou à luta por melhores salários e tinham por base uma formulação estratégica nova: a de um projeto de desenvolvimento em que a expansão da agricultura não fosse sinônimo de esvaziamento social do meio rural. Isso levantava uma questão que ia muito além da agricultura e que era, na verdade, de civilização: junto com Ignacy Sachs redigi um documento para a Conferência Habitat II chamando a atenção para a importância das regiões interioranas no processo de desenvolvimento contemporâneo. A agricultura é um setor econômico, mas o meio rural é um valor, representa certa forma de vida, certa relação com a natureza que as sociedades contemporâneas têm todo o interesse em desenvolver. E, de fato, nos países desenvolvidos, a importância das regiões rurais é crescente nos dias de hoje, como procuro mostrar em O *futuro das regiões rurais*, coletânea de artigos publicada em 2003.

> *Então, em termos de trajetória intelectual, você sai da filosofia, começa a fazer os estudos agrários envolvido inclusive com uma questão de militância política e hoje tem trabalhado com Sociologia Econômica. Como você explica essa trajetória intelectual?*

O ponto de partida está no estudo das formas sociais que adquirem os mercados. O ensino de microeconomia tem um item voltado a este tema, as "formas de organização dos mercados". No livro *Paradigmas do capitalismo agrário em questão* eu procuro mostrar a coerência entre o que a microeconomia chama de mercados incompletos e imperfeitos e as condições sociais que permitem a existência deste tipo de mercado. Foi uma junção de microeconomia com Antropologia. Sob o ângulo intelectual, isso incitava a pergunta fundamental: o que são mercados? Esta pergunta é ainda mais importante porque nem a economia neoclássica nem a economia marxista estudam concretamente, empiricamente como se organizam os mercados. Se a gente quiser entender as sociedades contemporâneas e as diversas categorias sociais que emergem dessas sociedades, temos que ter uma compreensão refinada do que significam mercados sob o ângulo sociológico. O prêmio Nobel de Economia, Douglass North, tem uma frase lapidar neste sentido: a economia neoclássica não estuda a categoria central sobre a qual ela mesma se apóia: o mercado. Ela supõe mercados, mas não os estuda concretamente, empiricamente.

> *Aí é que entra a Sociologia Econômica?*

Exato. Mercados não são apenas pontos de encontro entre oferta e demanda. São, antes de tudo, estruturas sociais, laços permanentes que envolvem dominação de indivíduos e grupos sociais. Na maior parte das vezes a pobreza e a opressão não se explicam pela atuação das misteriosas "forças de mercado", mas ao contrário, pela incapacidade de os grupos dominados participarem de mercados promissores, nos quais possam afirmar suas capacidades. As mais interessantes e consistentes experiências de transformação social que tenho visto a partir dos trabalhos de movimentos sociais — o Sistema de Cooperativa de Crédito Rural com Interação Solidária (Cresol) no Sudoeste do Paraná, a fábrica de Sisal da Associação dos Produtores Familiares do Estado da Bahia (Apaeb), por exemplo — passam exatamente por aí, pela conquista daquilo que o sociólogo norte-americano Neil Fligstein chama de "habilidades sociais na construção de mercados promissores para os que estão em situação de pobreza".

> *Você fala de um projeto emancipatório alternativo à revolução?*

Mudança social em democracia é sempre como trocar os pneus do carro com o carro em movimento. O Banco Mundial reconhece que sem o acesso a alguns ativos decisivos — terra, crédito, educação, tecnologias, oportunidades de mercado

— é forte o risco de que o crescimento econômico pouco beneficie os que estão na base da pirâmide social. Trabalhos de vários economistas brasileiros como Ricardo Paes de Barros, por exemplo, mostram que sem distribuição de renda, o crescimento econômico pode ser lento no combate à pobreza. Ora, aí o tema decisivo é o das condições institucionais que podem fazer com que esta atribuição de ativos — e de poder — tenha efeitos construtivos.

Como assim?

Se a atribuição de ativos aos mais pobres (sobretudo terra, crédito e tecnologia) não for acompanhada de incentivos inteligentes, bem-construídos, o tiro pode sair pela culatra. De certa maneira, é o que acontece hoje em boa parte dos assentamentos que têm problemas evidentes de sustentabilidade e de custos. Existem duas possibilidades de encarar esses problemas. Uma é constatar problemas da tentativa de fazer uma coisa conceitualmente errada, que é entregar terra na mão de gente pobre, o que não daria certo porque, como a agricultura é muito competitiva e exige altos investimentos, essas pessoas nunca poderão afirmar-se em mercados importantes. Esta é uma visão. A visão que eu tentei formular é diferente. Unidades de produção agropecuária com o tamanho correspondente à capacidade de trabalho de uma família podem ser competitivas. Se elas não são bem-sucedidas dentro dos assentamentos é porque os mecanismos de incentivo aos atores individuais são profundamente equivocados.

Um problema de eficiência?

Mais que isso, uma questão ética muito importante e que marca também a obra de Amartya Sen: por que os pobres rurais têm direitos aos quais os pobres urbanos não têm acesso? O fato de serem mais organizados é suficiente para legitimar estes direitos? Eu comecei a me colocar essa questão quando iniciei o trabalho com microcrédito, em que há montagem institucional voltada para o que nós poderíamos chamar de cadeia de responsabilidades: a atribuição do ativo crédito está ligada a um projeto viável que se traduz na capacidade de pagamento do tomador. É o caso do Crediamigo, do Banco do Nordeste, em que o agente de crédito gere uma carteira e é premiado ou punido em função de seu desempenho. A organização como um todo também é avaliada em função disso. A saúde financeira da carteira não é um preceito neoliberal e sim a expressão de que os recursos puderam converter-se em geração de renda e vitória (ainda que parcial) na luta contra a pobreza. As políticas públicas brasileiras estão contaminadas pela noção de "dívida social". Mas se sou credor de uma dívida, a obrigação do devedor é me pagar, e a mim, credor, cabe não mais que o direito de receber. Abole-se a idéia de responsabilidades dos indivíduos, ainda que pobres. Nos assentamentos isso é nítido: embora os movimentos sociais sejam decisivos, não é razoável que eles (e não as famílias dos assentados) sejam os reais protagonistas. As políticas sociais brasileiras não fortaleceram a noção de contrato, de compromissos.

De responsabilização?

Daí a importância do trabalho de Amartya Sen, o autor que consegue fazer uma valorização dos indivíduos ao mesmo tempo em que estuda profundamente as condições sociais que determinam sua situação. Por isso seu trabalho é muito importante para a Sociologia Econômica porque, de certa forma, ele apresenta uma das soluções para o grande debate da teoria sociológica entre ação e estrutura, entre interesses individuais e grandes estruturas coletivas. Numa vertente distinta dessa de Sen, a Sociologia Econômica também se apóia fortemente no esforço de juntar estruturas sociais e interesses, o que está presente de maneira nítida na obra não só de Richard Swedberg, mas também de Pierre Bourdieu.

O que é um sociólogo? O trabalho do sociólogo é também o de um planejador social?

Um sociólogo se define por duas coisas básicas: em primeiro lugar pelo reconhecimento da intransparência do mundo: não como traço histórico de certa sociedade, mas como característica inerente à vida social, em qualquer circunstância e em qualquer dimensão. O ponto de partida do sociólogo é que a realidade social é obscura e, mais que isso, que a realidade social tem um paralelo importante com a realidade emocional: ela é feita de forças que, permanentemente, escondem dos atores seu verdadeiro conteúdo e o faz aparecer sob formas surpreendentes. Não é sem razão que Bourdieu se apóia tanto em Freud! No fundo, o sociólogo, ao menos na linhagem em que fui formado, é um praticante da filosofia da suspeita. A segunda dimensão é que explicação sociológica sempre envolve — mesmo quando se estudam as organizações dos movimentos sociais voltados à conquista da igualdade — formas de dominação social. Eu me lembro que Vilmar Faria (ele e José de Souza Martins foram meus melhores professores) dizia em aula que a intervenção dos sociólogos em campo mereceria uma supervisão semelhante àquela existente na psicanálise.

Mas por quê?

O psicanalista, exatamente como o sociólogo, trabalha com uma interpretação do mundo a partir de elementos que são muito pouco visíveis, aos quais ele é levado pelo estabelecimento de uma série de relações e de pressupostos. É muito importante que o sociólogo seja capaz de pensar a sua relação com as populações junto às quais está trabalhando, tanto quanto o psicanalista tem que pensar sua relação com o paciente para poder de fato ajudá-lo. E, fora da tradição antropológica, a tradição sociológica dificilmente faz isso. Muitas excelentes organizações não-governamentais formam seus quadros dando-lhes recursos para interpretar a realidade e auxiliar na organização social, mas quase nunca os formam para que tenham uma atitude crítica, reflexiva, na relação que mantêm com o público junto ao qual atuam. Além disso, um elemento para mim muito importante na Sociologia (que se inspira em Marx) é a associação entre a dimensão cognitiva e a dimensão emancipatória da atividade intelectual. A Sociologia na qual eu me reconheço, é uma Sociologia em que a dimensão e as conseqüências éticas do conhecimento objetivo estão sempre presentes. E é muito curioso dizer isso quando fazemos Sociologia Econômica, porque podemos ter a impressão de que os mercados são campos em que a ética não pode estar presente, caso contrário os indivíduos não vão negociar, mas fazer caridade. Mas justamente o que a Sociologia mostra é que, por serem estruturas sociais, os mercados são devedores, tributários da maneira como a sociedade e o próprio Estado se organizam: essas estruturas sociais que são os mercados têm sim componentes e conseqüências éticas, políticas decisivas na sua organização. Esta é a principal conseqüência ética e política da noção tão badalada de *embeddedness*, a "imersão" da economia na vida social, expressão com que Mark Granovetter marca o início da chamada "Nova Sociologia Econômica": se a economia fosse uma esfera autônoma da vida social, seu bom funcionamento deveria apoiar-se no respeito a suas supostas leis próprias, que não deveriam sofrer qualquer tipo de interferência. Ao denunciar o mito desta autonomia e estudar a inserção dos mercados na vida social, a Sociologia Econômica mostra como eles dependem totalmente do Estado, das organizações, das leis, dos costumes e que, portanto, devem responder a preceitos de natureza ético-normativa. Isso é muito importante no estudo de um tema atualíssimo que é o da responsabilidade ambiental e social das empresas.

E de que maneira esta visão se reflete nos trabalhos de assessoria que você faz junto a movimentos sociais?

Eu sempre digo a meus amigos das cooperativas — como a Confederação Nacional dos Trabalhadores na Agricultura (Contag) e a Federação dos Trabalhadores na Agricultura Familiar (Fetraf), — que o oxigênio que nós respiramos na universidade se chama crítica. Portanto, eu não estou lá para fazer apologia de uma causa, não é essa minha função. É óbvio que se eu tivesse um sentimento contrário a esta causa, essas pessoas não me chamariam para conversar com elas. Ou me chamariam uma vez a cada cinco anos para ter o ponto de vista de alguém com o sentimento oposto. Mas eu acho perfeitamente possível que esse sentimento de afinidade, que só pode ser definido em termos muito vagos, possa compatibilizar-se com uma reflexão realmente crítica. Com relação aos assentamentos, por exemplo, levei adiante uma reflexão junto a certos movimentos sociais organizados em relação ao fato de eles estarem envolvidos numa dinâmica altamente perversa. Eles têm interesse em produzir acampamentos para fortalecer as suas bases, mas para produzir acampamentos é necessário oferecer aos indivíduos um horizonte verossímil de assentamento. Portanto, esse é um estímulo institucionalizado para que o assentamento não seja feito a partir da pergunta: será que isso aqui vai dar certo? Será que essa ação de desenvolvimento que eu estou fazendo vai fazer com que esse indivíduo daqui a dois anos esteja melhor, autônomo, independente, de cabeça erguida? Essa pergunta — que é a pergunta que o agente de microcrédito é institucionalmente obrigado a fazer — não se coloca na política de assentamentos. O que se impõe é: eu preciso dar vazão ao fluxo de acampados chegando a certo número de assentamentos. Do lado do governo é a mesma coisa. O governo precisa assentar certo número de pessoas.

Para aliviar a tensão?

Não exatamente. Não podemos esquecer que a estrutura de distribuição da propriedade da terra é um dos tripés em que os clássicos das Cências Sociais brasilei-

Ricardo Abramovay

ras — Gilberto Freyre, Caio Prado Jr. e Celso Furtado, por exemplo — se apóiam para caracterizar nossa formação. A distribuição deste ativo — terra — pode ser um meio importante para o desenvolvimento brasileiro. Só que, institucionalmente, as coisas estão desenhadas de tal maneira que o governo precisa, antes de tudo, produzir um número de famílias assentadas. Isso produz uma absurda e monótona guerra de números em torno da quantidade de assentados, como se isso fosse parâmetro de uma boa política. Além disso, esta lógica produz uma situação pré-republicana. O governo não assenta a partir da relação contratual que ele estabelece entre a política e os indivíduos. O governo assenta a partir de um loteamento das oportunidades de assentamento entre movimentos sociais. O que significa, e isso sim é pré-republicano, que o acesso do indivíduo a um direito público, que seria o direito à terra — um bem que a sociedade está oferecendo a quem preenche determinadas condições e, que, portanto, deveria ser universal ou ser proporcionado a partir de critérios universais — não é dado a partir desses critérios. Como é que isso acontece na prática? Só se consegue ser assentado se aderir a um movimento. Por mais que os movimentos sejam uma força social importantíssima, o formato institucional da política propicia clientelismo, captura, e não contém mecanismos que sinalizem aos indivíduos e aos grupos que o uso ineficiente dos recursos não é desejado pela sociedade.

É corporativista e atrapalha, pois monopoliza a entrada...

Nós vivemos numa lógica em que o Estado atrai o movimento social no que ele tem de pior. Em vez de empurrá-lo para que seja um elemento de transformação das realidades locais, ele puxa o movimento social para que fortaleça a capacidade que o Estado tem de distribuir recursos. Mas de distribuir recursos de maneira não a estimular processos de desenvolvimento, mas como um fim em si. E este não é um problema do governo Lula (já vem do governo anterior) e nem só do Brasil: é um dos aspectos mais dramáticos da situação dos movimentos sociais contemporâneos, conforme estou constatando na pesquisa "Movimentos sociais, governança ambiental e desenvolvimento territorial" que levo adiante com colegas de outros três países latino-americanos (México, Equador e Peru). Então, a lógica da política social não está pautada pela pergunta: "Estamos promovendo situações emancipatórias em que as pessoas poderão mudar a qualidade de sua inserção social, de seus vínculos com os outros e exprimir socialmente suas capacidades?". As políticas não se pautam por avaliação em que se poderá verificar se essas situações emancipatórias foram ou não produzidas. A lógica da política é: eu vou atingir tal público e para atingi-lo conto com certa clientela que se organiza pela formação de conselhos, que na verdade acabam sendo uma espécie de correia de transmissão da própria política governamental. Acho importante salientar que Raul Jungmann, quando titular do Ministério do Desenvolvimento Agrário — nosso mestre Juarez Brandão era um de seus principais assessores — tentou romper com esta lógica, procurando implantar novos métodos de escolha para os dirigentes do Incra e iniciar um processo de avaliação dos assentamentos. Mas é impressionante a resistência que, tanto as organizações ligadas aos assentados e acampados, como os próprios funcionários do Incra, opunham a estas tentativas.

Você é um sociólogo trabalhando num departamento de Economia.
Qual a sua experiência neste sentido junto a seus alunos e colegas?

A Sociologia Econômica tem maior audiência junto aos administradores que aos economistas nos dias de hoje. Ela se desenvolve, antes de tudo, em escolas de negócios, por parte de professores que fazem pesquisas empíricas sobre comportamentos de empresários e de mercados. As melhores revistas científicas de administração citam e acolhem os estudiosos de Sociologia Econômica, o que não ocorre com as de economia. Há uma razão de fundo para isso. A Sociologia Econômica é extremamente crítica em relação aos pressupostos básicos da teoria neoclássica, mas seu vigor é muito menor na construção de alternativas teóricas robustas a esta teoria. Por um lado, existe uma vertente importante que aceita as bases teóricas da economia neoclássica e se propõe a examinar suas condições de funcionamento. O trabalho de Richard Swedberg vai mais ou menos nesta direção. Por outro lado, há uma corrente — a meu ver mais interessante — da qual a expressão intelectual mais importante nos Estados Unidos é Neil Fligstein, que aplica a teoria bourdieusiana dos campos ao estudo dos mercados. Fligstein mostra que a vida econômica não é um leilão permanente em que indivíduos atomizados estabelecem entre si relações efêmeras e se voltam a quem pagar melhor o que vendem e a quem cobrar menos pelo que compram. Ao contrário, a preocupação básica dos indivíduos e das empresas é estabilizar os laços com fornecedores e clientes de maneira a evitar os efeitos destrutivos que o funcionamento dos mecanismos de preços exerce sobre suas relações. É uma sociologia que se apóia sobre uma ambiciosa teoria da ação. Não é apenas uma maquiagem da boa e velha economia política.

Mas esta lealdade entre indivíduos não é incompatível com a própria
idéia de mercado?

E aí está o interesse da idéia. Numa fábrica de microfones, o empresário não vai comprar a cerâmica de quem vender melhor, mudando permanentemente de fornecedor conforme oscilam os preços. Ele tem um contrato, e este contrato não precisa ser formalizado, hierarquizado. Mudar de fornecedor por uma alteração de preços desestabiliza o horizonte de trabalho da própria empresa. Mark Granovetter inaugura a chamada "Nova Sociologia Econômica" com um texto crítico às idéias da nova economia institucional de Williamson, segundo as quais existe hierarquia nas relações contratuais, mas que o mercado concorrencial é formado por forças atomizadas e sem vínculos permanentes entre si. A partir daí a Sociologia Econômica difere, no plano teórico, da visão do mundo social, da economia institucional. Mesmo que não haja um contrato, que possa ser cobrado na Justiça, o que existe são laços informais de fidelidade e de lealdade, que transformam a idéia do automatismo do mercado numa ficção. E o interessante é que por aí se resgata uma dimensão ética decisiva: os mercados não estão acima da vida social, não são uma esfera autônoma que pode funcionar segundo uma lógica que os imunize da influência social. Ao contrário, os mercados dependem inteiramente das forças sociais e da organização política, eles devem ser estudados sob um ângulo político-cultural. Se isso é verdade, então a sociedade e o Estado têm muito a dizer sobre a maneira como se organizam e as conseqüências de suas dinâmicas.

Ricardo Abramovay

Como você definiria o papel de um intelectual crítico hoje no mundo globalizado sob hegemonia americana, onde a utopia socialista está tão seriamente enfraquecida?

A palavra crítica deve ser encarada sob duas dimensões. Em primeiro lugar ela exprime o julgamento sobre certa forma de organização social, julgamento ao qual as Ciências Sociais jamais podem renunciar e que lhes dá sentido. Mesmo que a crítica seja "resignada" (como diz Gabriel Cohn a respeito de Weber) ou revolucionária, o cientista social está sempre exaltando certas situações, denunciando outras e fazendo propostas. Eu tenho o sentimento de que minha geração é a última que se formou a partir da idéia — de inspiração hegeliana e marxista — de que existem recursos intelectuais para se compreender as leis básicas da vida social de maneira integrada, coerente, organicamente articulada: a idéia de que a verdade é o Todo. A compreensão do mundo social, sob esta perspectiva, é, ao mesmo tempo, a crítica a sua própria forma de organização e nela está embutido um horizonte de mudança, de emancipação em direção a algo cujo conteúdo pode ser conhecido cientificamente. Isso acabou: Weber tinha anunciado o fim deste horizonte há quase cem anos e Isaiah Berlin o reitera em sua reflexão magnífica sobre o papel da utopia na civilização ocidental. E é claro que a segunda metade do século XX é marcada também por uma forte crítica do próprio marxismo a este horizonte e pela recuperação das idéias de Gramsci que, neste sentido, são muito importantes. O risco desta constatação — e do desencantamento nela embutido — é que se caia numa perspectiva intelectual cínica em que a crítica social deixe de fazer parte do próprio *ethos* do cientista social. Mas eu não acho que esta perspectiva seja inevitável nem dominante nas Ciências Sociais contemporâneas. A perplexidade em que nos encontramos diante de questões elementares referentes à nossa relação com a natureza e aos nossos laços sociais são mais férteis que a convicção de que podemos possuir chaves de leitura que nos permitam compreender a essência — e o destino — da vida e da organização sociais.

E a segunda dimensão da crítica?

Ela se refere à própria maneira como o trabalho científico se organiza e exige, portanto, uma abordagem não só epistemológica, mas sociológica. Da mesma forma que a economia, a ciência não é uma esfera autônoma da vida social, ela está inserida na vida social. O cientista está permanentemente em relação orgânica com a sociedade. A qualidade de sua produção se traduz não só na avaliação que recebe dos pares, mas na sua repercussão social mais ampla. É interessante a evolução da Sociologia da Ciência, neste sentido. Se os trabalhos pioneiros de Robert K. Merton mostraram como a ciência constrói organizações e um *ethos* pelo qual ela se protege contra a influência social que tenta permanentemente desnaturá-la, a tendência atual é enfatizar uma outra dimensão. A inserção social da produção científica é um elemento que estimula a melhoria de sua qualidade e não algo que a corrompe. Para mim este tema tornou-se muito importante quando tive a honra de chefiar o Departamento de Economia da Faculdade de Economia e Administração da USP e atuar, nesta condição, como conselheiro da Fundação Instituto de Pesquisas Econômicas, a FIPE. Existe, na universidade, o mito de que os recursos privados corrompem a pureza da pesquisa que deve ser financiada exclusivamente com dinheiro público, sob pena de que sua própria orientação esteja comprometida com os interesses privados e não responda às exigências básicas de objetividade. O que eu pude perceber, ao contrário, é que a relação com o mundo social enriquece o horizonte da pesquisa. No meu caso, esta relação se dá muito mais com movimentos sociais. Mas para muitos colegas ela acontece com empresas, para outros com associações e assim por diante. A existência de organizações científicas de avaliação — revistas, projetos no CNPq e na Fapesp — é evidentemente a base da preservação da qualidade científica. O importante, porém, é que, como diz Bruno Latour, a sociedade faz bem à ciência. O comprometimento com interesses sociais não é o avesso da cientificidade.

Sem torre de marfim?
Exato. O cientista é hoje, antes de tudo — segundo a visão latouriana — o gestor de redes cujos nós são os financiadores públicos e privados, a opinião pública, a imprensa, as organizações da sociedade civil, os sindicatos e, sobretudo, nossos próprios colegas, que julgam, nas comissões a que pertencemos, a qualidade de nossos trabalhos. A idéia de que existe um mundo puro do financiamento público e do julgamento somente pelos pares (capaz de garantir a capacidade crítica) e um outro poluído por interesses desta coisa chamada mercado (que é quando os interesses privados financiam, contaminam e aniquilam a capacidade crítica da pesquisa) é a idéia que as *science studies* procuram superar ao estudar empiricamente a inserção social da ciência. Por aí você vê que uma compreensão sociológica dos mercados — que consiste em encará-los como estruturas sociais e não como entidades demoníacas que corrompem tudo o que tocam — é fundamental para falarmos até da atual crise da universidade pública no Brasil.

Você acha que a Sociologia, no Brasil, está em crise em relação à Ciência Política?
Eu tenho muita dificuldade de lidar com essas divisões disciplinares no interior das ciências do homem e da sociedade. Eu não consigo entender estas divisões entre Antropologia, Ciência Política e Sociologia, as divisões são sociologicamente compreensíveis como expressão de interesses de certos grupos, mas elas não se sustentam sob o prisma epistemológico. Os grandes clássicos das Ciências Sociais não podem ser classificados segundo esta divisão.

É neste sentido que Ralf Dahrendorf criticou a "linguagem dos paradigmas" nas Ciências Sociais, denunciando o risco de perda de sua unidade básica que é a compreensão do que fazemos na nossa vida social. Acho que não é excesso de otimismo — foi o tema de um artigo que publiquei na revista *Tempo Social* em 2004 — considerar que um dos traços mais importantes das Ciências Sociais contemporâneas é que começam a se borrar várias das fronteiras que, até pouco tempo atrás, pareciam intransponíveis entre disciplinas. Em Economia, por exemplo, o fato de os prêmios Nobel comumente concedidos a pensadores institucionalistas (Ronald Coase, Douglass North) terem sido entregues a alguém como Amartya Sen ou a Kahneman (um psicólogo que por meio da "economia experimental" contesta premissas decisivas do *mainstream* do pensamento econômico) é um sinal extremamente positivo sob esta perspectiva.

E a Sociologia, está em crise?

Francamente não tenho este sentimento. Para usar um critério de Karl Popper, pode-se dizer que conhecemos mais e melhor o mundo em que vivemos hoje do que há vinte anos, tanto internacionalmente como no Brasil. O surgimento de questões novas e interessantes e de pesquisas empíricas relevantes em que se apóiam é constante, quer se trate das novas tecnologias da informação e do mangue-beat aos estudos sobre pobreza, passando pelos estudos sobre a estrutura política do país. É bem verdade, como bem assinala José de Souza Martins, que temos certa orfandade com relação a nossos grandes autores Gilberto Freyre, Sérgio Buarque de Holanda ou Celso Furtado. Acontece que o volume da produção científica atual e a quantidade de talentos que se afirmaram nos últimos anos impedem que tenhamos hoje novas referências consagradas e definitivas nas quais possamos apoiar nosso trabalho intelectual. Isso não é necessariamente ruim, pois nos obriga a caminhar na direção daquilo pelo qual Karl Popper caracterizava a própria ciência: a busca permanente do sentido teórico do que estamos fazendo e a transformação de nossa pesquisa empírica num instrumento para que possamos permanentemente colocar em dúvida as convicções teóricas que animam nosso trabalho intelectual. É claro que estas dúvidas são e têm que ser muito mais importantes no plano científico do que elas podem ser no plano ético. Eu acho que é um trunfo — e não um atraso, como alguém inspirado em Thomas Kuhn poderia dizer — o fato de que se você perguntar a cinco sociólogos o que é sociedade terá, certamente, cinco respostas diferentes. Isso não quer dizer que vale tudo ou que se trata de ecletismo. Quer dizer que a construção teórica em Sociologia é de natureza indutiva, o que abre um caminho extraordinário para que os dados cumpram a função crítica de nos obrigar a duvidar de nossas convicções adquiridas.

PRINCIPAIS PUBLICAÇÕES

1983 *O que é fome?* São Paulo: Brasiliense.
1992 *Paradigmas do capitalismo agrário em questão.* São Paulo: Hucitec/Edunicamp.
1998 *Juventude e agricultura familiar (et. al.).* Brasília: Unesco.
2001 *Os impasses sociais da sucessão hereditária na agricultura familiar (et al.).* Brasília: Edições NEAD/MDA.
2001 *Razões e ficções do desenvolvimento* (org.). São Paulo: Edusp/Edunesp.
2002 *Construindo a ciência ambiental* (org.). São Paulo: Annablume.
2003 *O futuro das regiões rurais.* Porto Alegre: Editora da UFRGS.
2004 *Laços financeiros na luta contra a pobreza* (org.). São Paulo: Fapesp/Annablume.

RICARDO ANTUNES

Ricardo Luiz Coltro Antunes nasceu em 1953. Graduou-se em Administração Pública pela FGV-SP em 1975. É mestre em Ciência Política pela Unicamp (1980) e doutor em Sociologia pela USP (1986). Fez pós-doutorado na University of Sussex em 1997/98; livre-docência na Unicamp, em 1994, e é professor titular desde 2000. É professor do IFCH da Unicamp desde 1986. Foi professor assistente da FGV-SP de 1977 a 1981 e da Unesp/Campus de Araraquara de 1979 a 1986. É pesquisador do CNPq e recebeu os prêmios Zeferino Vaz (Unicamp) e Cátedra Florestan Fernandes (Clacso). Coordena as coleções Mundo do Trabalho (Boitempo Editorial) e Trabalho e Emancipação (Expressão Popular). Seus temas principais são: Sociologia do Trabalho, trabalho e teoria social, sindicalismo e movimento operário. Esta entrevista foi realizada em maio de 2005.

Gostaríamos que você fizesse a descrição da sua trajetória intelectual, que começa no curso de graduação em Administração Pública na FGV e depois passa para a área de Sociologia do Trabalho, com uma orientação marxista. Ruptura é a palavra-chave nesta trajetória, que vai da administração para o estudo sociológico do trabalho?

Eu entrei na FGV no final de 1971, com dezoito anos. Meu objetivo era ser administrador de empresas. Vim de uma família de classe média, meu pai era advogado, minha mãe funcionária pública, e naquele momento vivíamos dificuldades financeiras. Fiz vestibular para Administração na USP e, na FGV, para o curso de Administração Pública, porque era gratuito. Fui aprovado em ambas, mas optei pela FGV. O que deve ter ajudado a mudar bastante a minha trajetória — que foi mesmo uma ruptura — foi o fato de que, desde os últimos anos do colegial, eu me interessava muito pela história do Brasil. No cursinho tive dois professores muito bons, daquela geração que escreveu a chamada "História Nova", coordenada pelo historiador Nelson Werneck Sodré. Ali comecei a estudar História do Brasil, Caio Prado Jr., ou seja, mais do que normalmente se lê para um vestibular. Paralelamente ao curso na FGV comecei a dar aulas de História do Brasil em cursos pré-vestibulares. Na FGV, logo percebi minha afinidade com a área de humanas: Sociologia, Política, História e Economia. Lá eu fiz cursos de Sociologia com José Carlos Durand. Com ele eu tive as primeiras aulas sobre Weber. Também cursei História do Brasil com Edgard Carone. Tive ainda vários cursos de Economia e Teoria do Desenvolvimento Econômico com o Luiz Carlos Bresser-Pereira. Pude viver o clima de uma escola que tinha em seus quadros a inteligência crítica de Maurício Tragtenberg. Em Ciência Política, fui aluno de Vanya Sant'Anna, Davi José etc. Ao mesmo tempo, eu sentia uma verdadeira repulsa pelos cursos mais técnicos, como Contabilidade, Finanças, por exemplo. Aliás, a única reprovação que eu tive na FGV foi em Contabilidade. Nesse período, cheguei a entrar no curso de Filosofia na USP, mas tive que parar devido à falta de tempo e, ainda, à repressão da ditadura militar aos cursos da USP. A FGV, embora fosse considerada a "grande escola do capital", curiosamente dava mais liberdade para os professores de Ciências Sociais trabalharem com Weber, Durkheim, Rousseau, Marx etc. Quando concluí o curso, em 1975, já tinha claro que queria mesmo continuar estudando Ciências Sociais. Em função de conversas e indicações de colegas professores da FGV, acabei optando pelo mestrado em Ciência Política na Unicamp (Universidade Estadual de Campinas), que então vivia uma fase inicial, memorável. Portanto, minha trajetória foi mesmo de ruptura com relação ao projeto inicial. Houve um outro fato marcante: junto com um colega de turma, da FGV, de nome Armando de Santi, criamos o nosso grupo de estudos de *O capital*. Esse estudo só terminou quando nos formamos. Tínhamos concluído, então, a leitura completa, página por página, do primeiro volume.

Quando entrei na Unicamp, conheci o professor Décio Saes, que depois se tornou o meu orientador. Ele me disse, desde logo, que se eu quisesse estudar Sociologia brasileira teria que ler Guerreiro Ramos — que também líamos muito na FGV —, Helio Jaguaribe, a Sociologia do ISEB, do Rio, de modo a compreender melhor a gênese dessa Sociologia. E aprofundar as leituras das obras de Florestan Fernandes, Octavio Ianni, Fernando Henrique etc. Essa leitura articulava-se a outra demanda. Para entrar na Unicamp, era preciso escrever um pequeno ensaio sobre temas indicados. Escolhi, dentre as alternativas, o tema do "populismo na política brasileira", o que me fez ler os vários textos de Francisco Weffort, incluindo seus artigos sobre ademarismo e janismo, os textos não-publicados do debate de Weffort com o Carlos Estevam Martins e de Maria Hermínia Tavares de Almeida sobre o getulismo e o PCB. Li também os vários escritos de Octavio Ianni sobre a temática. Tudo isso ocorreu em meados dos anos 70. Na entrevista da seleção para a Unicamp, o Carlos Estevam Martins me questionou: "O que é populismo? O populismo não existe". Respondi: "Se o populismo existe ou não, eu não sei, vocês é que puseram aqui no programa". Isso me instigou a estudar a questão brasileira, e até hoje recuso a categoria do populismo como elemento conceitual explicativo para dar conta de uma realidade tão heterogênea e diferenciada como foi o Brasil dos anos 30 até o golpe de 64.

Foi nesse contexto que se consolidou a idéia de estudar o mundo do trabalho no Brasil quando cheguei à Unicamp, em 1975 e 1976. O primeiro curso que tive sobre a questão sindical do trabalho foi o de Direito do Trabalho, na FGV, ministrado pelo professor Ranulfo de Melo Freire, que pediu a nós que lêssemos os livros de Albertino Rodrigues e de Leôncio Martins Rodrigues. A "moda teórica" nessa época era o marxismo, e o Instituto de Filosofia e Ciências Humanas da Unicamp não fugiu disso. Havia uma geração de jovens professores formados pela USP, muitos deles com passagens no exterior, especialmente na França, porque não era fácil ficar aqui na época da ditadura. Muitos deles se envolveram inclusive com a luta armada. E vários deles, por iniciativa do professor Fausto Castilho, que criou

Ricardo Antunes

a área de Humanas na Unicamp, acabaram inserindo-se academicamente no IFCH: lembro aqui de Décio Saes, André Villalobos, Paulo Sérgio Pinheiro, Michael Hall, Michel Thiollent — que tinha vindo da França —, Michel Debrun, que também foi meu professor. Assim, meu interesse foi o resultado dos cursos na FGV, do estudo sobre Marx e dos primeiros cursos na Unicamp.

Maurício Tragtenberg foi também seu professor?

Não tive a sorte de fazer um curso regular, mas acompanhei e assisti muitas de suas palestras e atividades na FGV. Ele me incentivou muito a estudar Sociologia e, em particular, o movimento operário. Estimulou-me ainda a procurar seu amigo, o José Chasin, figura marcante, que era professor da Escola de Sociologia e Política e especialista em Lukács. Fiz como ouvinte o curso de Chasin sobre Lukács, abordando sua obra madura *Ontologia do ser social*. Foi interessante, porque na Unicamp o professor Michel Thiollent também trabalhava muito com o Lukács de *História e consciência de classe*, discutindo uma visão crítica do positivismo. Isso me ajudou a compor o quadro categorial analítico que me levou a estudar a consciência de classe. Então, se a idéia inicial era fazer um estudo crítico sobre o populismo, acabei fazendo minha dissertação de mestrado, que defendi em 1980, sobre a consciência de classe do operariado brasileiro dos anos 30. Estudei o rico período que vai da Revolução de 30 até a Aliança Nacional Libertadora em 1935, procurando problematizar a tese da ausência de consciência de classe, em função da migração rural e urbana e dos processos de ascensão social que retirariam dos trabalhadores as suas potencialidades revolucionárias, presentes no proletariado dos países europeus. Essa tese me parecia bastante insuficiente. Era preciso, para entender a consciência de classe, ter outro olhar: estudar as classes, a relação entre elas, o caráter do capitalismo brasileiro, do Estado nacional, as formas de dominação, a ideologia, as formas de organização sindical e partidária etc. O grande autor dentro do marxismo sobre a questão da consciência de classe, em minha opinião, ainda é Lukács. Líamos também Goldmann, que era um herdeiro, um seguidor do Lukács. Além de Gramsci, ele teve forte impacto na geração que cursou a Unicamp nos anos 70. Tudo isso me levou a fazer uma revisão crítica do getulismo, mas com a ênfase na questão da consciência operária. A tese foi publicada com o título *Classe operária, sindicatos e partidos no Brasil: da Revolução de 30 até a Aliança Nacional Libertadora*. Em suma, tive em minha trajetória dupla felicidade. Primeiro, na FGV, a ênfase nas Ciências Sociais. Segundo, na Unicamp participei de um programa de pós-graduação de alta qualidade e forte espírito crítico, que aliás a caracterizam até hoje. Naquele período houve uma rica revisão da historiografia tradicional, da nossa história social, o que permitiu o florescimento de vários livros importantes sobre o movimento operário brasileiro.

Quais eram os professores que trabalhavam nessa área?

Michael Hall, Maria Hermínia Tavares de Almeida, Décio Saes, Paulo Sérgio Pinheiro. Décio Saes não era um especialista em movimento operário e sim em estudos da classe média, incluindo o sindicalismo. Dada sua competência, ele tinha um grupo muito grande de orientandos, vários estudando o movimento operário e que muito reconheciam o seu trabalho na Unicamp. Boris Fausto também deu aulas na Unicamp, na área de História Social do Trabalho, nessa época.

Retome um pouco o seu contato com o Chasin. Ele teve continuidade depois do curso?

Sim. Quando eu fiz seu curso sobre o Lukács, ele trouxe para nossa reflexão algo que não estava presente na Unicamp: a última fase da obra lukacsiana, a *Ontologia do ser social*, que é uma obra magistral, desconhecida e, em grande medida, desconsiderada. A esse contato acadêmico se seguiu um outro. O Chasin era parte, aqui em São Paulo, de um pequeno grupo de intelectuais que participava do Partido Comunista Brasileiro. Isso fez com que, na segunda metade dos anos 70, eu me aproximasse desse grupo de intelectuais. Éramos um grupo de intelectuais críticos, a geração mais jovem do PCB. Além do Chasin, eu conheci Marco Aurélio Nogueira, Gildo Marçal Brandão, José Paulo Netto, Celso Frederico. Eles atuavam também na revista *Temas de Ciências Humanas*, que teve importante papel para nossa geração de intelectuais. Dentre os mais jovens, lembro Carlos Berriel, Rosa Maria Vieira, Maria Aparecida de Paula Rago, Dolores Prades, Antonio Rago, Paulo Barsotti, com quem organizamos, após o fim da revista *Temas*, a nova revista, *Ensaio*. No Rio de Janeiro, tínhamos contato epistolar com Nelson Werneck Sodré e acompanhávamos intensamente a produção e as traduções de Carlos Nelson Coutinho e Leandro Konder. A revista *Temas* teve papel central na difusão das obras de Lukács no Brasil. Seu primeiro número apareceu em 1977, mas não conseguiu avançar nos anos 80.

E Gramsci?

Também, claro. Aliás, estava iniciando, naquele período, uma fértil fase gramsciana e a Unicamp teve um papel importante. Fazendo um balanço hoje, posso dizer que essa experiência teve um papel muito positivo para minha formação, pois me permitiu desenvolver um trabalho intelectual sério e rigoroso, articulado ao da militância de esquerda, de combate à ditadura. O que, aliás, não considero uma antinomia. Eu lembro que, no curto período em que militei no PCB, numa fase semiclandestina, falávamos de um grupo de jovens marxistas que estavam no exterior e que tentavam refletir a partir da particularidade brasileira, sob influência de um marxismo de extração lukacsiana e gramsciana. Quem eram eles? Justamente Carlos Nelson Coutinho, Leandro Konder, José Paulo Netto, além do Chasin. Todos responsáveis por essa geração que se formou sob clara influência lukacsiana e que, cada um a seu modo, procurava romper com a dogmática que prevalecia no interior "oficial" do PCB, marcada por um marxismo de extração positivista, como se desenvolvia na União Soviética.

Vocês todos eram membros do Partido Comunista?

Sim. Entramos numa fase clandestina, muito difícil. Paralelamente a isso eu fazia o meu mestrado na Unicamp. Eu não sou exemplo de quem procurou a teoria pela militância. Pelo contrário. Iniciei meus estudos teóricos com Marx, em plena FGV, sem saber o que era a esquerda brasileira. Foi a leitura de Marx e dos marxistas

Ricardo Antunes

que despertou a necessidade da atuação política de resistência e de luta contra a ditadura. Na Unicamp, além de fazer cursos sobre Teoria do Valor, de ler os volumes II e III de *O capital* — um dos cursos foi com o Luiz Gonzaga Belluzzo —, também fiz os de Michel Debrun, um intelectual de alta qualidade, um homem progressista, que nos ensinava teoria política. Era estudioso de Gramsci, sobre quem escreveu sua tese de livre-docência. Aliás, tive a possibilidade de indicar para publicação esse trabalho de Michel Debrun, depois de sua morte precoce, quando fui responsável pela área de Ciências Sociais na Editora da Unicamp.

E o seu doutorado?

Eu tinha dois projetos e foi difícil decidir por um deles. Um era voltado para a análise crítica do conceito de populismo. Eu já tinha lido nessa época o debate de Marx com Vera Zasulich, a polêmica entre Lênin e os populistas russos, além da produção uspiana sobre populismo e de autores como Torquato Di Tella, Giro Germani, Alberto Guerreiro Ramos. Essa leitura me permitiu compreender que havia um *gap*, ou melhor, um grande equívoco teórico, pois o chamado "populismo" latino-americano não tinha nenhuma semelhança com o populismo russo. Por que se denomina do mesmo modo uma constelação de fenômenos tão diferentes? O populismo russo é de base agrária, antiindustrializante. Era a proposta de vanguarda da intelectualidade russa que se assume como portadora de um projeto de transformação social baseado nas comunidades aldeãs, camponesas. O "populismo" — eu sempre uso entre aspas — latino-americano é de base urbana, pró-industrialização. É respaldado pela massa trabalhadora urbana. Assim, enquanto minha cabeça me empurrava para essa discussão sobre o populismo, meu coração me empurrava para estudar as greves do ABC, que naquele momento estavam explodindo. Era uma classe trabalhadora nova, com elementos de continuidade, mas também de descontinuidade em relação ao nosso passado. E havia divergências de interpretação: Leôncio Martins Rodrigues, por exemplo, dizia — simplificando muito seu argumento — que essa nova classe operária tinha a ver com uma aristocracia operária. Maria Hermínia ia também nessa direção, vendo-a como um pólo mais próximo ao *trade-unionista*, com alguma similitude com o sindicalismo norte-americano. Eu entendia que estava se gestando um novo segmento da classe trabalhadora, com uma potencialidade bastante diferenciada da aristocracia operária inglesa ou norte-americana. Por isso, decidi estudar as greves do ABC paulista entre 1977 e 1980. Fui então bater na USP em 1981, pois na Unicamp não havia ainda doutorado em Ciências Sociais. Como bom marxista, eu queria também um orientador marxista na USP. Paulo Silveira gostou do projeto e me deu enorme incentivo.

Quais são suas grandes influências intelectuais hoje, além de Marx e Lukács?

Todo o trabalho que eu fiz posteriormente ao doutorado, à livre-docência consolidou a minha investigação dentro da temática do trabalho, na linhagem inspirada em Lukács, da qual fazem ou fizeram parte István Mészáros, Agnes Heller, Gyorg Markus. Era um pequeno grupo de alunos do Lukács que dentro do marxismo e nos países do "socialismo real" foram responsáveis por uma vida intelectual mais fértil, criativa e aberta. São exemplos o belíssimo livro de Agnes Heller, *Sociologia da vida cotidiana*, e *O homem do Renascimento*, de István Mészáros — em minha opinião, o melhor e mais coerente de todos eles: podemos lembrar *Marx e a teoria da alienação*, *O poder da ideologia* e seu trabalho de maior fôlego, *Para além do capital*. Os dois últimos eu pude publicar na coleção Mundo do Trabalho, que coordeno na Boitempo Editorial. O primeiro está sendo reeditado, em nova tradução, também nessa coleção, onde publiquei também os livros de Alain Bihr, Thomas Gounet, João Bernardo, os ensaios de Huw Beynon e John McIlroy, autores envolvidos com a temática do trabalho com os quais, de algum modo, tenho dialogado, e que em alguns casos introduzi para o leitor brasileiro. Poderia lembrar ainda o diálogo fértil com Nicolas Tertulian e Guido Oldrini, importantes estudiosos que se inspiram na obra última de Lukács.

Com István Mészáros, mantenho intenso diálogo desde o início de 1980. Em 1997, ele me convidou para trabalhar na Universidade de Sussex, na Inglaterra, onde fiz meu pós-doutorado. Para mostrar o perfil do nosso diálogo intelectual, posso indicar que atualmente colaboro com várias publicações, tais como a *Latin American Pespectives* (EUA), *Proteo* e *Marxismo Oggi* (Itália), *Actuel Marx* (França), *Asian Journal of Latin American Studies* (Coréia), *Herramienta* (Argentina), *Trajectórias* (México). Naturalmente, esse diálogo crítico hoje transcende os autores marxistas. Há a polêmica com Habermas, exclusivamente em suas incursões na temática do trabalho, que não são poucas. Com André Gorz e Clauss Offe, que afirmou, em uma perspectiva eurocêntrica, que o trabalho deixava de ser "uma categoria sociológica central". Com Robert Kurz, o mais criativo dentre todos eles, em minha opinião, por sua força teórica e radicalidade. De algum modo desenvolvi uma polêmica com Kurz em meus livros. Dominique Meda e Jeremy Rifkin são também autores relevantes na formulação *desconstrutora* do trabalho. Acho que remei contra essa maré, contra essa literatura muito eurocêntrica, que via o mundo do trabalho à luz da Alemanha, da França, da Itália, EUA etc. Não é por acaso que, nessa polêmica, o Japão seja menos recorrente. Um traço central da economia mundializada é a mundialização do trabalho. Portanto, há uma nova divisão internacional do trabalho. E vale recordar que dois terços da humanidade que trabalha se encontram nos países do Sul do mundo, na Índia, China, ou, se quisermos, nos continentes asiático, latino-americano, para não falar do africano, além dos bolsões de pobreza nos países centrais, que se ampliam em escala intensa.

Fale sobre suas experiências no exterior e como elas influenciaram suas pesquisas.

Na segunda metade dos anos 80, logo depois de meu doutorado, fui para Itália participar de um seminário na Universidade de Bolonha. Ali acho que me deu o clique, e compreendi que não dava para entender o movimento operário brasileiro sem entender as mudanças que acontecem no cenário europeu. As metamorfoses do trabalho, as mutações do capital, a crise do sindicalismo. Aí começou o projeto que passei a desenvolver nos anos 90, estudando mais atentamente a Inglaterra, a Itália, a França e também o Japão e os Estados Unidos. Quando fiz minha pesquisa na Universidade de Sussex, em 1997 e 98, estudei a década da Thatcher

Ricardo Antunes

e depois a vitória, em 1997, do *New Labor*, da chamada Terceira Via. Penso que a Inglaterra foi uma espécie de laboratório, tanto do neoliberalismo tradicional, com Thatcher/Major, quanto com Blair. Fiz um estudo que resultou no livro que apresentei no concurso para professor titular em Sociologia do Trabalho no IFCH/Unicamp, cujo título é *Os sentidos do trabalho*.

Minha pesquisa, hoje, segue em dupla direção. Por um lado, voltei a estudar o Brasil mais pesadamente. Coordeno um grupo de pesquisa na Unicamp, cujo primeiro resultado, depois de cinco anos de investigação, é o livro que sairá no início de 2006, *Riqueza e miséria do trabalho no Brasil*. É uma pesquisa densa sobre a classe trabalhadora brasileira, a reestruturação produtiva, o mundo produtivo e suas repercussões no cenário do trabalho. A direção teórica é a chamada "crise da sociedade do trabalho", já tratada em meus dois livros anteriores, *Adeus ao trabalho?* e *Os sentidos do trabalho*, que, aliás, foram publicados na Europa e América Latina, jogando esse debate para fora do país.

Quais são as riquezas do trabalho no Brasil, hoje, que você explora no livro?

A riqueza é ter criado um país que já foi nos anos 70 e 80 a oitava economia do mundo, na época com potencialidade superior à da Índia e da Coréia. Os anos 90 marcaram uma reflexão profunda da inserção brasileira no cenário internacional: hoje somos a décima quarta ou décima quinta economia mundial. A mundialização do capital foi profundamente destrutiva também em nosso país, no que concerne às condições de trabalho. Nós perdemos uma parte do mundo industrial e uma enorme parte da classe trabalhadora: basta dizer que hoje quase 60% da PEA (População Economicamente Ativa) brasileira se encontram em condições próximas da informalidade. Há quinze anos o quadro era completamente diferente.

O binômio taylorismo/fordismo, de feição subordinada e dependente, teve plena vigência aqui, mas vem sendo bastante alterado, a partir dos anos 90, pela produção flexível, pela "empresa moderna da era enxuta" que levou a um processo muito acentuado de "liofilização" organizacional. Essa expressão eu tomo de Juan José Castillo, um sociólogo do trabalho espanhol muito interessante e crítico. *Liofilizar* é o processo de eliminação das substâncias vivas, de secagem. A empresa liofilizada é a empresa que reduz substancialmente o trabalho vivo. Por exemplo, nós tínhamos 1 milhão de trabalhadores bancários no Brasil, nos anos 80, e hoje temos 420 mil. Nós chegamos a ter 240 mil trabalhadores no ABC paulista e hoje temos 90 mil. A Volkswagen chegou a ter 44 mil trabalhadores e hoje tem 13, 14 mil e produz três vezes mais. Alguém dirá: mas que maravilha! Com três vezes menos gente, produzimos três vezes mais. Mas onde estão os trabalhadores e as trabalhadoras que foram expulsos da produção?

Aqui está estampada a riqueza — e também a miséria — do trabalho. É evidente que o mundo produtivo moderno quer um jovem operário, uma jovem trabalhadora. Na Toyota da região de Campinas se contratam trabalhadores de vinte a 22 anos. Um trabalhador que viveu durante quinze anos na era da especialização taylorista e fordista, desprovido da "multifuncionalidade", da "polivalência", onde ele está hoje? Ele encontra-se no pólo da superfluidade do trabalho, virou "pária social", segundo a lógica do capital e suas formas de (des)sociabilidade. Eles se tornaram desnecessários para o capital. Nas greves de 70, por exemplo, um ferramenteiro tinha um papel de ponta de que hoje não mais dispõe. Em contrapartida, há mais de 500 mil trabalhadoras no ramo de telemarketing, trabalhando intensamente, de modo extenuante. Toda a atividade é cronometrada, atendendo aqui no Brasil, falando em inglês como se estivesse respondendo a uma chamada nos Estados Unidos. Por quê? Porque ela recebe quatro, cinco vezes menos do que uma trabalhadora de telemarketing dos Estados Unidos. É essa a nova morfologia do trabalho. Observar isso é muito diferente de decretar o fim do trabalho, o adeus ao trabalho. Na verdade, há uma nova polissemia do trabalho: há redução do trabalho vivo, cuja "polivalência" é expressão forte da intensificação do trabalho vivo, onde cada vez menos trabalhadores produzem muito mais mercadorias, sejam elas materiais ou imateriais. E cada vez mais trabalhadores não têm o que fazer, encontram-se fora da esfera do trabalho ou, se quisermos, no espaço do não-trabalho. Há também um claro processo de feminização no mundo do trabalho; na Inglaterra, desde 1998, há mais mulheres do que homens dentro da classe trabalhadora. Processo similar vem ocorrendo globalmente no mundo do trabalho, inclusive no Brasil. A feminização nos anos 90 foi intensa aqui entre nós.

Portanto, o nosso mundo do trabalho, nos anos 2000, é bastante diferente em muitos pontos. A discussão sobre o fim do trabalho, muito categórica, deve ser questionada. Habermas, por exemplo, freqüentemente desconsiderou o que se passava nos distintos espaços do trabalho, nessa nova divisão internacional do trabalho. Ele fez uma construção analítica sustentada em limitadíssima evidência empírica. Segundo ele, em pesquisas de Gorz e Offe. Além da perspectiva eurocêntrica dominante, não há consenso na Itália, na Alemanha, na França sobre a tese de que a classe trabalhadora está em desaparição. Por isso, em minha opinião, há uma clara lacuna na formulação analítica habermasiana acerca do trabalho.

Em que sentido?

A esfera emancipatória, diz o Habermas, não se encontra mais no âmbito do sistema, onde floresce o mundo do trabalho, mas está no mundo da vida, onde se desenvolve a ação intersubjetiva, comunicacional. Não adianta mais esperar possibilidades emancipatórias através do trabalho, porque aqui impera, segundo Habermas, a razão instrumental.

Essa análise não faz sentido?

Acho que ela carrega um equívoco, aliás também apontado por outros autores. Essa disjunção habermasiana entre sistema e mundo da vida — ou seja, o mundo da vida se descola do mundo do sistema — é uma construção analítica, no plano epistemológico, mas sem base ontológica real. O que ele diz? Uma vez desacoplado o mundo da vida em relação à esfera do sistema, este volta e coloniza o mundo da vida. Eu diria que isso é muito pouco. Eu acho que o mundo da vida é muito mais do que colonizado pela esfera do sistema. Não me parece plausível conceber o mundo da vida desconectado do mundo do sistema. Isso ocorre quando a concepção teórica que dá suporte à noção de trabalho é muito limitada e restritiva. O

Ricardo Antunes

mundo da vida é, para Habermas, o espaço da intersubjetividade, da interlocução, do convencimento, onde florescem as novas possibilidades emancipatórias. Essa disjunção tem claros elementos dualistas e binários, desconstruindo analiticamente a dimensão relacional existente entre a esfera do trabalho e a da interação, que é muito mais complexa do que binária. Aqui está, em minha opinião, o fulcro da crítica habermasiana a Marx, no que concerne ao trabalho. E ela teve forte impacto no pensamento crítico de esquerda. Por outro lado, possibilitou a abertura, porque não se pode dar uma resposta com alguma originalidade, dentro do marxismo, sem esse diálogo crítico com esses autores.

Fala-se hoje em crise do sindicalismo, e que essa crise no Brasil chegou após a européia. Qual é a perspectiva de saída, já que o trabalho não morreu, mas apenas mudou de forma?

Sabemos que o sindicalismo do século XX estruturou-se, institucionalizou-se segundo o desenho da empresa taylorista e fordista. E, nos países avançados, foi o sindicalismo social-democrático que se expandiu nos anos dourados. Isso começou a ruir a partir de 1970 na Europa, e as suas repercussões foram muito intensas na América Latina, em 1980, e avassaladoras no Brasil, especialmente a partir de 1990. Hoje, com o influxo do modelo japonês, das formas diferenciadas da reestruturação produtiva na Alemanha, na Inglaterra, nos Estados Unidos, houve uma relativa horizontalização das empresas, que passaram a se estruturar através das redes. Isso ampliou enormemente a estratificação e a segmentação na classe trabalhadora, em uma intensidade muito maior do que antes. Os trabalhadores estão terceirizados, "quarteirizados"; há clivagens de gênero, geracionais, de etnia, nacionalidade, e muitas outras no universo do trabalho. Há intensa mutação técnico-científica, desenvolveu-se a reengenharia etc. Em uma palavra: alterou-se muito a classe trabalhadora.

Um dado forte, resultante desse contexto crítico, é o aumento das taxas de dessindicalização. Essa crise é profunda? É. Ela é terminal? Não. Essa é a minha primeira entrada nesse debate. Não é terminal, porque há o exercício, em várias partes, de novas ações de resistência sindical, não só no Brasil, não só na América Latina, mas na Europa, nos Estados Unidos, para não falar da Coréia, do Japão. Por exemplo, o que se passou com o sindicalismo inglês? Depois da primeira fase da barbárie neoliberal, os sindicatos iniciaram um processo de fusão, se reagruparam e estão ampliando as formas de descontentamento. O que ocorreu na França? Se as centrais sindicais tradicionais estão muito acomodadas, não se mostrando capazes de compreender essa nova morfologia do trabalho, foram criados novos sindicatos e centrais sindicais que estão atentos ao desemprego, ao mundo terceirizado.

Qual é o futuro dos sindicatos? Vai depender da sua capacidade de aproximar o fosso que há entre a classe trabalhadora estável e a classe trabalhadora instável, informal, precarizada. Se os sindicatos não souberem responder a esse desafio, sua crise poderá vir a ser ainda maior. Mas não diria terminal. Veja que curioso: nós poderíamos presenciar, no século XXI, um sindicalismo neocorporativista que seria aparentado ao do século XIX.

E na América Latina?

Também estamos presenciando novos experimentos. Na Argentina, por exemplo, os desempregados criaram o movimento dos trabalhadores desempregados. Há os movimentos dos "piqueteiros", que se espalham por todo o país. Como age um "sindicato" de desempregados? Não tem fábrica para parar, o que eles fazem? Eles param as ruas, as estradas, aí vem polícia, televisão. Morrem alguns e a notícia sai na televisão: uma manifestação de 5 mil piqueteiros, mostrando que existem milhares de desempregados. Outro exemplo muito interessante na Argentina é o que eles chamam de fábricas recuperadas. Fechou a fábrica? Os trabalhadores passam a controlar a fábrica e produzir sem a presença patronal. Então, é preciso exercitar um novo tipo de ação e de luta sindical, que represente essa nova morfologia do trabalho que inclui os desempregados.

Por exemplo, se a classe trabalhadora é predominantemente feminina, um sindicato dirigido por um grupo muito machista não vai dar conta... Como organizar 500 mil trabalhadoras no ramo do telemarketing, que vivem a intensa exploração do trabalho? Não podem trabalhar com as suas bolsas, porque há muita perda de tempo, dizem os patrões; para abrir a bolsa e procurar algo lá dentro, perde-se tempo de trabalho. Elas trabalham em *baias* para que uma não converse com a outra. Então, o sindicato está desafiado a entender essa nova realidade do trabalho, mesclando questões de classe, gênero, etnia, corte geracional etc.

Se persistir um sindicalismo institucional, verticalizado, burocratizado, hierarquizado, vamos regredir a um tipo de sindicalismo de ofício, ou, o que muito é pior, ver o que venho chamando de *sindicalismo negocial*, voltado para as aplicações e gestões dos fundos de pensão. O sindicato vai virar grande investidor. É o que está se iniciando no Brasil. Fenômeno que já existe na Europa pelo menos há vinte anos. E que é muito negativo.

Aí não é sindicato.

É óbvio. Uma vez eu participei de um debate na Holanda, e um sindicalista me disse: "Aqui na Holanda nós estamos num patamar muito superior. A Holanda financia a casa para seus trabalhadores". Eu lhe respondi: "Esse é o exemplo do sindicalismo que nós não queremos. Se o papel do sindicato é construir casas para os trabalhadores, é porque não tem mais seu sentido essencial, que é defesa dos interesses do trabalho e a organização dos trabalhadores".

Mas, há um segundo problema fundamental: como poderão os sindicatos enfrentar a flexibilização, as formas de desregulamentação? Isso obriga a repensar as formas de organização dos sindicatos, o que Alain Bihr chama de criar um sindicalismo mais horizontalizado, frente ao sindicalismo vertical vigente na era taylorista e fordista.

Sua reposta ao holandês é a de intelectual militante, comunista, ou é a resposta que daria um sindicalista brasileiro hoje?

É a resposta de um intelectual marxista. A questão do comunismo é muito confusa. O que é o comunismo? É o desenho societal que existiu na União Soviética, é o modelo chinês? Ou é a generosa concepção original, presente no pensamento do

Marx? Por isso prefiro dizer que é a resposta de um intelectual marxista. O que se passa no sindicalismo brasileiro hoje?

A "social-democratização" do sindicalismo brasileiro foi muito acentuada, ainda que num país desprovido de qualquer tradição social-democrática. Há um setor do sindicalismo brasileiro que sonha em criar uma Suécia em um mundo desertificado como o nosso. Ou seja, também vivenciamos aqui, hoje, parte das clivagens do sindicalismo europeu. É por isso que hoje a CUT (Central Única dos Trabalhadores) dominante quer entrar nos fundos de pensão. E a CUT de esquerda, naturalmente, é contra essa postura. Para esse tipo de prática existe a Força Sindical, que nasceu como uma central inteiramente dentro do ideário neoliberal, defendendo as privatizações. E hoje sabemos que a situação é confusa e ainda mais embaralhada. Provavelmente o Marinho, da CUT, e o Paulinho, da Força Sindical, diriam que o sindicalismo holandês de fato chegou ao máximo.

Vicentinho também diria isso?
Penso que sim.

Quem não diria?
O importante Sindicato dos Metalúrgicos de Campinas e região, onde se encontram a Toyota de Indaiatuba, a Bosch, a Honda de Sumaré, diria não. O Sindicato dos Metalúrgicos de São José dos Campos, que inclui a General Motors, também diria não. E há muitos outros exemplos, o Andes (Sindicato Nacional dos Docentes das Instituições de Ensino Superior), os sindicatos que se articulam na esquerda da CUT. São as clivagens existentes no sindicalismo brasileiro hoje. Mesmo o MST (Movimento dos Trabalhadores Rurais Sem Terra), que não é um sindicato, seria contra essa postura, eu penso.

Os sindicatos recusariam esse modelo assistencialista e as centrais aderiram a ele?
As centrais existentes hoje no Brasil praticam um sindicalismo dentro da ordem. A Força Sindical, o que faz? Vive do FAT (Fundo de Amparo aos Trabalhadores), vive dos fundos públicos para poder "qualificar" trabalhadores. A CUT também é cada vez mais assemelhada, ainda que no passado as diferenças fossem muito fortes. Por exemplo, um dos itens da reforma sindical muito polêmico hoje, que não por acaso a CUT e a Força Sindical estão defendendo, diz o seguinte: acabam-se os impostos sindicais e as taxas assistenciais, mas cria-se uma taxa negocial. Essa taxa negocial é uma porcentagem anual do salário de um trabalhador, maior do que o imposto sindical. Tudo com a presença do Ministério do Trabalho, quer dizer, é uma forma de neogetulismo, ainda que numa fase antigetulista.

Por que o Andes rompeu com a CUT? Porque a CUT não lhes defendeu na privatização da Previdência.

Por quê?
Ninguém com razoável dose de informação pensa que a reforma da Previdência do governo Lula foi a publicização da Previdência. Ao contrário, foi a sua privatização.

Porque 60% dos trabalhadores que estão no mercado informal, hoje, não são contemplados pela reforma de Previdência dita "universal". Que reforma universal é essa, que não contempla nossa classe trabalhadora que está na informalidade, e que, em contrapartida, levou à privatização dos fundos públicos? Há muitos sindicatos prontos para entrar na gestão dos fundos privados de pensão. Há um livro escrito nos anos 80, de João Bernardo, um cientista social português, cujo título é *Capital, sindicatos, gestores*, que faz uma crítica dura à parcela do sindicalismo europeu que optou pela gestão dos fundos de pensão. Esta tendência está se ampliando no sindicalismo brasileiro hoje.

Em suma, o desafio crucial hoje pode ser posto deste modo: os sindicatos que entenderem essa nova morfologia do trabalho sobreviverão, os que não entenderem vão regredir para um sindicalismo de ofício no século XXI, ou vão persistir tentando preservar o sindicalismo institucionalizado e burocratizado da era taylorista e fordista. Isso sem falar na preservação do peleguismo, que se mantém um pouco mais "revigorado".

O que você chama de sindicato de ofício é uma corporação fragmentada?
Claro, é uma espécie de neocorporativismo sindical, diferente do velho corporativismo estatal. Esse neocorporativismo tem muito a ver com o sindicalismo europeu. Eu cheguei a ver, na Itália, Sindicato dos Metalúrgicos brigando com o Sindicato dos Professores. Diziam os metalúrgicos: como que vocês têm dois, três meses de férias por ano? Assim, nós não temos com quem deixar nossas crianças. A proposta dos metalúrgicos era de redução do tempo de férias dos professores para que seus filhos tivessem mais tempo de escola. É uma clara disputa entre corporações que disputam entre si os prejuízos. Cada um tentando assegurar seu espaço. Outro exemplo forte do mundo do trabalho europeu é a defesa dos trabalhadores nacionais contra os imigrantes. O racismo se acentua no espaço de trabalho.

E a questão do socialismo como utopia?
Se o Fukuyama disse que chegamos ao fim da história e muita gente acreditou, por que os marxistas não podem dizer que o socialismo ainda é uma possibilidade real no século XXI? O fracasso da URSS e do Leste Europeu merece uma discussão funda. Eu diria, provocativamente, que o fim da União Soviética confirma e não nega a tese fundamental do Marx. Se o socialismo não se constituir como um processo "histórico mundial", se ele se restringir a um grupo isolado de países, ele tende a ser derrotado pela lógica global do capital. Também o capitalismo só se consolidou quando se tornou um sistema de amplitude mundial. Bem, a tentativa de construção do socialismo do século XX foi cabalmente derrotada. E o que dela se consolidou, o "marxista-leninista", constructo de alma stalinista, foi também cabalmente derrotado. Essa vulgata não encontra suporte no pensamento marxiano, mas é sua antítese. Por isso eu penso que o socialismo, simultaneamente renovado e contemporâneo, mas sem perder seu traço essencial, marcado pela radicalidade da crítica ao capital e seus fetichismos, encontra um solo social ainda vivo e com efetivas possibilidades emancipadoras. Veja o que o capitalismo, sem a URSS e o

Leste Europeu, fez na última década: precarizou ainda mais o mundo do trabalho. Como agora não há o "risco" do socialismo, dizem os capitalistas, degradaram-se mais as condições de trabalho na própria Europa ocidental. Mas é ilusão achar que esse processo se dará sem resistência.

Não necessariamente...

Não, claro que não. Na história, nada será "necessariamente", pois ela é uma construção cotidiana. A reflexão não marxista, quando é prudente, deve separar o marxismo vulgar do marxismo criativo. Aliás, esse embate sempre esteve presente no interior do marxismo.

Mas volto à questão do socialismo: recentemente, li um artigo sobre uma empresa alemã em que a gerência chamou seus operários e disse: "Ou vocês ampliam a jornada de trabalho de 36 para quarenta horas, ou vamos montar uma planta na Hungria". A primeira reação do sindicato, sob o impacto do fechamento da fábrica, foi concordar com a ampliação da jornada de trabalho para não perder o emprego, mesmo sabendo que essa postura afetava o tempo de vida no trabalho. Algum tempo depois, os sindicatos começaram a questionar: o que está acontecendo com o tempo de vida dos trabalhadores? Ele se reduz na medida em que se amplia o tempo de trabalho. Então, a precarização das condições de trabalho começou a ser questionada. Ao pensar no tempo de vida, o sentido das coisas, o próprio sistema de metabolismo social do capital passa a ser questionado. Pensar uma sociedade que produza segundo o tempo disponível e que não seja modulada pelo valor de troca: será essa uma questão irrelevante, hoje, em plena vigência de uma lógica societal profundamente destrutiva? Essa é uma questão irrelevante, residual?

Não, não é.

Quantos milênios tem a história da humanidade? O capitalismo tem apenas dois séculos. Por que um sistema que tem dois séculos e meio tem a força da eternidade? Por mais totalizante que seja o capitalismo, e eu reconheço que ele é — o fetichismo da mercadoria não impregnou quase tudo? —, imaginar que esse sistema é o fim da história é por certo uma aposta muito arriscada. Daniel Singer, um jornalista já falecido, que publicava no jornal norte-americano de esquerda *The Nation*, publicou em fins de 90 um belo livro, com um título mais ou menos assim: *Próximo milênio, será nosso ou será deles?*

Quem somos nós e quem são eles?

Eu entendo que o *nós* representa a humanidade que vive de seu trabalho. O conjunto das forças sociais que denomino *classe-que-vive-do-trabalho*. Eu usei essa expressão, no plano analítico, para indicar o caráter fragmentado da classe trabalhadora, a qual hoje inclui também a força de trabalho que se encontra desempregada.

Esse é um tema tratado por Marx no século XIX.

Claro. Mas nosso desafio não é repetir Marx hoje. Nosso desafio é pensar o que um autor da envergadura do Marx estaria pensando hoje. Por exemplo, no que diz respeito mesmo ao trabalho assalariado, moldado em condições marcadas por formas de alienação e estranhamento, ainda assim há um traço de sociabilidade maior, quando se compara com aqueles que vivenciam seu cotidiano na esfera do não-trabalho, do desemprego. O trabalho tem um traço de sociabilidade, mesmo quando ele é desprovido de sentido. Por isso falo nos sentidos do trabalho, no plural.

Aliás, essa é uma discussão interessante que o Robert Castel faz.
Claro. Os estudos mais criativos hoje são os que recolocam, em um novo patamar, a discussão sobre os significados e sentidos do trabalho. A noção de trabalho foi ampliada, como também aparece em Castel, que acentua os nexos de sociabilidade e centralidade do trabalho, quando contraposto ao cenário do que ele denomina como *desfiliação*. Há também a rica discussão, feita a partir de Marx e hoje desenvolvida por franceses como Jean-Marie Vincent, André Tosel, entre outros, que recuperam e atualizam o debate em torno da imaterialidade do trabalho. O trabalho imaterial participa ou não do processo de criação do valor? Valor que nasce no trabalho centralmente intelectual. Na outra ponta está o trabalho precário, crescentemente precarizado, desprovido de direitos e que se expande em escala global e, naturalmente, também participa da criação de valor. Como esses nexos se articulam? É essa nova polissemia do trabalho que temos procurado investigar e que é bastante diferente da idéia simplista de que o trabalho acabou. Isso certamente dá sentido para a construção de uma sociedade mais generosa do que essa, profundamente destrutiva.

É claro, então, que há um espaço real para a alternativa socialista. Se não houvesse essa possibilidade, por que há alguns anos se realizaria o Fórum Social Mundial, com milhões de pessoas discutindo caminhos alternativos? Parece-me, portanto, que muitos almejam um *outro mundo possível*. Claro que nem todos que participam do Fórum são socialistas, mas muitos são. Discute-se uma sociedade menos destrutiva, desde o ecossocialismo, que é forte, até como articular, em âmbito global, as lutas sociais. Se o capital se mundializou, é mais ou menos evidente que processo similar se efetiva em relação às lutas sociais. O que se deve fazer com um mundo em que cerca de 5%, que é a população norte-americana, consome quase 25% dos recursos naturais? O que aconteceria se esse modelo norte-americano fosse implementado na China, na Índia? Se, de cada três chineses ou indianos, um se tornasse proprietário de um carro, o mundo estaria aniquilado pela falta de oxigênio. Então, a coisa não está tão tranqüila para o capitalismo. É bom olharmos em nosso entorno: o que está se passando na América Latina, na Bolívia, no Equador, no Peru, na Argentina, para não falar do mundo asiático? Quem é que está impulsionando as lutas sociais? São os povos andinos, são os trabalhadores do campo e das cidades, são os movimentos contra a privatização da água, contra as múltiplas formas de destrutividade que caracterizam o mundo atual. E nós estamos desafiados a melhor compreendê-lo.

Mas também não pensávamos no islamismo, no fundamentalismo. Isso jamais estaria no universo do socialismo, que é uma utopia eminentemente racionalista.

Ricardo Antunes

Claro. Isso quer dizer que há distintas respostas para os antagonismos que marcam a desordem mundial, em que a não-razão é dominante. Um estado terrorista de amplitude internacional, como os EUA, fomenta as mais diversas e heterodoxas repostas e recorre também a elementos oriundos de irracionalidade. Mas, assim como penso que a emancipação é uma possibilidade real, isso vale até para o chamado "fim da história", ainda que em outra — e contrária — interpretação. Esta é uma lógica tão destrutiva, com o Império norte-americano à frente, que ela pode nos levar para um beco sem saída. A política norte-americana, do governo Bush, é a de que a guerra será duradoura, permanente. Se não for contra o Iraque, será contra o Irã, ou a Coréia; se não for a Coréia, é Cuba, se não for Cuba é a Venezuela. Qual é o fim dessa brincadeira? O desafio mais genial da história é que ela é o resultado da construção cotidiana da humanidade. E para onde vai a história? Quem podia imaginar que, em 1989, a União Soviética cairia como caiu? Quem podia imaginar que três aviões mostrariam a vulnerabilidade de um império, que desde os anos 70 concebe a "guerra nas estrelas"?

A história é uma construção sempre inusitada. Muitos poderão dizer: os marxismos deram mostras de envelhecimento. Sim, mas o pensamento pós-moderno não está envelhecendo ainda mais precocemente? Então, o desafio é ver quem conseguirá se rejuvenescer primeiro.

Há lugar para um intelectual na sociedade atual?

Eu me lembro aqui de uma frase lindíssima de Goethe, extraída de *Os sofrimentos do jovem Werther*, que usei em minha tese de livre-docência: "Se me perguntares como é a gente daqui, responder-te-ei: como em toda a parte. A espécie humana é de uma desoladora uniformidade; a sua maioria trabalha durante a maior parte do tempo para ganhar a vida, e, se algumas horas lhe ficam, horas tão preciosas, são-lhe de tal forma pesadas que busca todos os meios para as ver passar". Aí ele completa: "Triste é o destino da humanidade". Claro que há aqui o romantismo e a tristeza goethiana. Mas eu acrescento: a atividade intelectual, no seu sentido mais profundo, é um dos raros exercícios onde a atividade do espírito pode suplantar a *desoladora uniformidade*. Uma das poucas atividades que contradiz, ainda que só parcialmente, essa desoladora uniformidade. Porque nossa atividade precisa do ato reflexivo, o nosso tempo de vida e de trabalho ainda não é totalmente controlado pelo tempo de mercado, ao menos nas universidades públicas. Por quanto tempo nós conseguiremos preservar esse traço? O Robert Kurz diz que a principal atribuição do intelectual, hoje, é levar a crítica ao seu plano mais radical. Eu não consigo imaginar uma sociedade que possa se eternizar sem a esfera da vida dotada de sentido, com arte, ócio — no autêntico sentido latino, ou seja, o direito à contemplação do belo, ao ato de nada fazer. Eu não acho que seja possível imaginar uma sociedade em que essa dimensão humana seja totalmente eliminada. E hoje isso se restringe de modo abundantemente fetichizado aos estratos médios altos e às classes proprietárias.

PRINCIPAIS PUBLICAÇÕES

1980 *O que é sindicalismo*. São Paulo: Brasiliense.
1980 *Por um novo sindicalismo* (org.). São Paulo: Brasiliense.
1981 *O que são comissões de fábrica* (com Arnaldo Nogueira). São Paulo: Brasiliense.
1982 *Classe operária, sindicatos e partidos no Brasil: da Revolução de 30 até a Aliança Nacional Libertadora*. São Paulo: Cortez.
1988 *A rebeldia do trabalho — O confronto operário no ABC paulista: as greves de 1978/80*. Campinas: Unicamp (2ª ed.: 1992).
1986 *Crise e poder*. São Paulo: Cortez/Autores Associados.
1986 *Inteligência brasileira* (co-org.). São Paulo: Brasiliense.
1995 *Adeus ao trabalho? Ensaio sobre as metamorfoses e a centralidade do mundo do trabalho*. São Paulo/Campinas: Cortez/Editora da Unicamp, 1ª ed. (ed. mexicana: *Adiós al trabajo? Ensayo sobre las metamorfosis y la centralidad del mundo del trabajo*, Brasil/México, Cortez/Biblioteca Latinoamericana de Servicio Social, 2001; ed. italiana: *Addio al lavoro? Metamorfosi del mondo de lavoro nell'età dela globalizzazione*, Pisa, Biblioteca Franco Serantini, 2002. Publicado também na Argentina, Venezuela, Colômbia e Espanha).
1995 *O novo sindicalismo no Brasil*. São Paulo: Pontes.
1996 *Lukács: um Galileu no século XX* (co-org.). São Paulo: Boitempo.
1999 *Neoliberalismo, trabalho e sindicatos: reestruturação produtiva no Brasil e na Inglaterra* (org.). São Paulo: Boitempo.
1999 *Os sentidos do trabalho: ensaio sobre a afirmação e negação do trabalho*. São Paulo: Boitempo (ed. argentina: *Los sentidos del trabajo: ensayo sobre la afirmación y la negación del trabajo*, Buenos Aires, Editorial Herramienta, 2005. Publicado também na Itália).
2004 *O avesso do trabalho* (co-org.). São Paulo: Expressão Popular.
2004 *A desertificação neoliberal no Brasil: Collor, FHC e Lula*. Campinas: Autores Associados (2ª ed.: 2005).
2005 *O caracol e a sua concha*. São Paulo: Boitempo.
2005 *Trabajo y capitalismo entre siglos en Latinoamérica: el trabajo entre la perenidad y la superfluidad* (co-org.). Guadalajara: Universidad de Guadalajara.
2006 *Uma esquerda fora do lugar*. Campinas: Autores Associados.
2006 *Il lavoro in trappola*. Milão: Jaca Book.
2006 *Riqueza e miséria do trabalho no Brasil* (org.). São Paulo: Boitempo.

GLOSSÁRIO DE SIGLAS E ABREVIATURAS

ABA	Associação Brasileira de Antropologia
Andes	Associação Nacional dos Docentes do Ensino Superior
Anpocs	Associação Nacional de Pós-Graduação e Pesquisa em Ciências Sociais
Apaeb	Associação dos Produtores Familiares do Estado da Bahia
BIRD	Banco Internacional para Reconstrução e Desenvolvimento
BNDES	Banco Nacional de Desenvolvimento Econômico e Social
Capes	Coordenação de Aperfeiçoamento de Pessoal de Nível Superior
CBPE	Centro Brasileiro de Pesquisas Educacionais
Cebrap	Centro Brasileiro de Análise e Planejamento
CECC	Centro de Estudos da Cultura e do Consumo
Cedip	Centro de Estudos de Dinâmica Populacional
Cepal	Comissão Econômica para a América Latina
Ceppac	Centro de Estudos Comparados sobre as Américas
Cesit	Centro de Sociologia Industrial e do Trabalho
CIEP	Centro Integrado de Educação Pública
Clacso	Consejo Latinoamericano de Ciencias Sociales
CNI	Confederação Nacional das Indústrias
CNPq	Conselho Nacional de Desenvolvimento Científico e Tecnológico
Cofecub	Comitê Francês de Avaliação da Cooperação Universitária com o Brasil
Contag	Confederação Nacional de Trabalhadores na Agricultura
COPPE	Instituto Alberto Luiz Coimbra de Pós-Graduação e Pesquisa de Engenharia
CPC	Centro Popular de Cultura
CPDOC	Centro de Pesquisa e Documentação de História Contemporânea do Brasil
CPT	Comissão Pastoral da Terra
CREA	Conselho Regional de Engenharia e Arquitetura
Cresol	Sistema de Cooperativa de Crédito Rural com Interação Solidária
CRPE	Centro Regional de Pesquisas Educacionais
DATAUnB	Centro de Pesquisas Sociais Aplicadas da UnB
Dieese	Departamento Intersindical de Estatística e Estudos Socioeconômicos
DOPS	Departamento de Ordem Política e Social
EAESP	Escola de Administração de Empresas de São Paulo
EBAP	Escola Brasileira de Administração Pública
Embrapa	Empresa Brasileira de Pesquisa Agropecuária
ESP	Escola de Sociologia e Política
Fapesp	Fundação de Amparo à Pesquisa do Estado de São Paulo
Faperj	Fundação de Amparo à Pesquisa do Estado do Rio de Janeiro
FASE	Federação de Órgãos para a Assistência Social e Educacional
FAU	Faculdade de Arquitetura e Urbanismo
Fetraf	Federação dos Trabalhadores na Agricultura Familiar
FGV	Fundação Getúlio Vargas
Finep	Financiadora de Estudos e Projetos
FIPE	Fundação Instituto de Pesquisas Econômicas
Flacso	Facultad Lationoamericana de Ciencias Sociales

454   Conversas com sociólogos brasileiros

FMI	Fundo Monetário Internacional
Gegran	Grupo Executivo da Grande São Paulo
IAB	Instituto de Arquitetos do Brasil
Ibrades	Instituto Brasileiro de Desenvolvimento
Idesp	Instituto de Estudos Econômicos, Sociais e Políticos de São Paulo
IFCH	Instituto de Filosofia e Ciências Humanas da Unicamp
IFCS	Instituto de Filosofia e Ciências Sociais da UFRJ
Ilades	Instituto Latino-Americano de Doutrina e Estudos Sociais
Ilpes	Instituto Latino-Americano e do Caribe para o Desenvolvimento Econômico e Social
Incra	Instituto Nacional de Colonização e Reforma Agrária
Inese	Instituto de Estudos Sociais e Econômicos
IPEA	Instituto de Pesquisas Econômicas Aplicadas
ISA	Associação Internacional de Sociologia
ISEB	Instituto Superior de Estudos Brasileiros
LEV	Laboratório de Estudos da Violência
Iuperj	Instituto Universitário de Pesquisas do Rio de Janeiro
MEC	Ministério da Educação
MinC	Ministério da Cultura
MIT	Instituto de Tecnologia de Massachusetts
MST	Movimento dos Trabalhadores Rurais Sem Terra
NEAD	Núcleo de Estudos Agrários e Desenvolvimento Rural
OAB	Ordem dos Advogados do Brasil
OMC	Organização Mundial do Comércio
ONGs	Organizações Não-Governamentais
ONU	Organização das Nações Unidas
Pimes	Programa Integrado de Economia e Sociologia
Polop	Política Operária
Prapson	Programa de Aperfeiçoamento de Pesquisadores Sociais do Nordeste
Proer	Programa de Estímulo à Reestruturação e ao Fortalecimento do Sistema Financeiro Nacional
Pronaf	Programa Nacional de Fortalecimento da Agricultura Familiar
Propur	Programa Interdisciplinar em Planejamento Urbano e Regional da UFRGS
SBPC	Sociedade Brasileira para o Progresso da Ciência
SBS	Sociedade Brasileira de Sociologia
Unesco	Organização das Nações Unidas para a Educação, a Ciência e a Cultura

Glossário de siglas e abreviaturas

ÍNDICE ONOMÁSTICO

Abramo, Radhá, 68
Abrão, José, 112
Abreu, Alice Paiva, 297
Adelman, Irma, 194
Adorno, Sérgio, 403
Adorno, Theodor W., 117-2, 121, 123, 132, 248, 347, 357-9, 371, 373
Advíncula, Sebastião, 76
Affonso, Almino, 80
Albuquerque, Ângela, 399
Albuquerque, José Augusto Guilhon de, 170
Alcântara, Pedro, 403
Alcântara Machado, Antônio de, 184
Alexander, Jeffrey, 210
Allende, Salvador, 82, 254, 354, 379
Almeida, Maria Hermínia Tavares de, 167-8, 225, 438, 440, 442
Almond, Gabriel, 206, 209
Altenfelder, Fernando, 95
Althusser, Louis, 85, 143, 210, 224, 265, 274-6
Alves, Margarida, 395
Amado, Jorge, 68, 361
Amaral, Azevedo, 412
Amaral, Isabel Barroso do, 222
Amim, Samir, 61
Ananias, Patrus, 172
Anderson, Perry, 106, 241
Andrade, Carlos Drummond de, 52, 230-1, 361
Andrade, Celeste, 72
Andrade, Cunha, 48, 68
Andrade, Mário de, 23-4, 186, 230, 236, 362, 417, 419, 421
Andrade, Oswald de, 245, 383, 421

Andrade, Régis de Castro, 167
Ansart, Pierre, 232
Araújo, Braz José, 425
Arbenz, Jacobo, 57
Arbousse-Bastide, Paul, 18, 49
Arendt, Hannah, 118, 349, 405
Argimiro, Paulo, 301
Arida, Pérsio, 280-1
Arinos, Afonso, 239, 416
Aristóteles, 127, 212
Arns, Dom Paulo Evaristo, 298-9
Aron, Raymond, 69, 195, 265
Arruda, José Jobson de Andrade, 357
Arruda, Maria Arminda do Nascimento, 197, 234
Artigas, João Batista Vilanova, 192
Assis, Machado de, 53, 173, 184, 233, 248
Asturias, Miguel Ángel, 52
Athayde, Tristão de, 23
Augusto, Maria Helena Oliva, 292, 301
Ávila, Ednardo, 170
Azevedo, Aroldo de, 49
Azevedo, Fernando de, 18, 49, 69, 70, 83-4, 157, 230, 349
Bacha, Edmar, 254-5
Bachelard, Gaston, 384, 386
Baker, Ernest, 209
Bakunin, Mikhail, 52
Balán, Jorge, 239
Baldus, Herbert, 32, 98, 139
Balibar, Étienne, 176-7, 275
Balzac, Honoré de, 384
Bambirra, Vânia, 80

Barelli, Walter, 167
Barreira, Irlys, 392, 399, 400
Barreto, Lima, 52, 233
Barrientos, Hector, 270
Barros, Hélio, 392, 402
Barros, Ricardo Paes de, 429
Barros, Roque Spencer Maciel de, 68
Barroso, Gustavo, 413-5
Barsotti, Paulo, 441
Barthes, Roland, 241, 316
Bastide, Roger, 20, 24, 34-5, 49, 53-5, 68-9, 72-3, 75, 78, 139, 148, 154, 157, 316-8
Bastos, Augusto Roa, 52
Bastos, Elide Rugai, 49, 125
Bauman, Zygmunt, 123
Beaverstock, Jonathan, 111
Becker, Howard, 137
Beiguelman, Paula, 84, 129, 151, 272
Belloni, Isaura, 206
Belluzzo, Luiz Gonzaga, 193, 442
Bendix, Reinhard, 264
Benguel, Norma, 223
Benhamou, Françoise, 199
Berelson, B., 49
Berger, Peter, 151
Berger, Suzanne, 255
Bergson, Henri, 68
Berlin, Isaiah, 434
Berlinck, Manuel, 190
Bernardes, Artur, 354
Bernardo, João, 443, 449
Berquó, Elza, 105, 292-5
Berriel, Carlos, 441
Betinho (Herbert José de Souza), 203
Beynon, Huw, 443
Bicudo, Virgínia, 34
Bigout, Pierre, 254

Bihr, Alain, 443, 447
Bizelli, Edimilson, 291, 298
Blair, Tony, 44
Blay, Eva, 225, 301
Bloch, Marc, 411
Blumer, Herbert, 98-100
Boas, Franz, 418
Bobbio, Norberto, 212
Bolívar, Simón, 135, 148
Boltanski, Luc, 265
Bonfim, Manuel, 56
Bonilla, Frank, 204
Borges, Jorge Luis, 234, 245-6, 361
Bori, Carolina Martuscelli, 101
Bornheim, Gerd, 209
Boschi, Renato, 258
Bouglé, Célestin, 317
Bourdieu, Pierre, 123, 150, 176, 191-6, 210, 226-9, 231-3, 236-8, 241, 248-50, 264-5, 285, 321, 325-7, 330, 349, 366-7, 370, 374, 382-4, 386, 388-9, 395, 404-5, 430
Braga, Antônio Carlos Almeida, 222
Brandão, Gildo Marçal, 441
Brasil, Olavo, 252
Braudel, Fernand, 61, 229, 416, 419
Braverman, Harry, 106
Brecht, Bertolt, 292
Bresser-Pereira, Luiz Carlos, 128, 200, 230, 282, 437
Brigagão, Clóvis, 258
Brizola, Leonel, 92, 171, 269, 381
Brunner, José Joaquín, 239
Burawoy, Michael, 106
Burgos, Marcelo, 178-9
Cabral, Bernardo, 85, 212
Callado, Antonio, 219
Calmon, Antônio, 223
Calsing, Elizeu, 210
Camargo, Aspásia, 220
Camargo, Candido Procopio Ferreira de, 105, 166-7, 169, 292-6, 295, 299, 300, 302, 305, 320
Camargo, Hebe, 224, 227

Camargo, José Francisco de, 68
Campos, Francisco, 412
Canabrava, Alice Piffer, 71-2
Canclini, Néstor García, 321
Candido, Antonio, 14, 20, 23-4, 30, 32, 49, 68-70, 72, 138-9, 145, 151, 157, 230, 237, 269, 317, 381, 405
Caneca, Frei, 172
Cantoni, Wilson, 79
Capellini, Paola, 403
Capistrano, David, 168
Caputto, Dante, 85
Cardenal, Ernesto, 52
Cardoso, Fernando Henrique, 21-3, 53, 102, 104-5, 107, 109, 111-2, 115-8, 120, 127, 135, 139, 141-2, 148, 150, 156-7, 166, 204, 208, 213, 233, 257, 372, 281, 283-4, 294, 297, 299, 300, 310, 317, 329, 356, 378, 406, 438
Cardoso, Irene Ribeiro, 301, 342, 364
Cardoso, Lúcio, 223
Cardoso, Ruth Corrêa Leite, 68-72, 74-6, 84, 186, 206, 301
Cardoso, Sérgio, 172
Carnoy, Martin, 206
Caro, Herbert, 125
Carone, Edgard, 72, 437
Carpeaux, Otto Maria, 125, 219
Carpentier, Alejo, 52, 350
Carvalho Pinto, Carlos Alberto Alves de, 23
Carvalho, Célio Benevides de, 67
Carvalho, Inaiá Maria Moreira de, 297, 299
Carvalho, José Murilo de, 193, 204
Carvalho, Maria Alice, 178-9
Carybé, 306
Casaldáliga, Dom Pedro, 153

Casanova, Pablo Gonzáles, 148
Casoy, Boris, 386
Castaldi, Carlo, 102
Castel, Robert, 451
Castells, Manuel, 85, 110-1
Castelnuovo, Enrico, 228, 238
Castelo Branco, Lucio de Brito, 169
Castilho, Fausto, 438
Castillo, Juan José, 444
Castro, Fidel, 57
Cestari, Victor, 186
Chalout, Yves, 207
Chasin, José, 440-1
Chateaubriand, F. R., 235
Châtelet, François, 315
Chauí, Marilena, 305
Chaves, Luís de Gonzaga Mendes, 391, 399
Chomsky, Noam, 367
Chor, Marcos, 343, 415
Cicourel, Aaron, 241
Cintra, Antonio Barros de Ulhôa, 104-5
Cintra, Antônio Octávio, 204, 207, 252
Clark, T. J., 238
Clastres, Pierre, 405
Coase, Ronald, 435
Coatsworth, John, 239
Coelho, Ruy, 30, 84, 120, 139, 224, 356
Cohn, Gabriel, 74, 204, 208, 226, 230, 237, 266, 272, 301, 342, 356-7, 370, 378, 434
Cohn Bendit, Daniel, 85
Collor, Fernando, 89, 91-2, 281
Comte, Auguste, 13, 50, 107, 130-1, 212, 347, 385
Cony, Carlos Heitor, 219
Cooley, Charles, 99
Corbisier, Roland, 204
Corrêa, Mariza, 208
Coslowsky, Ary, 223
Costa, Luiz Carlos, 189
Coutinho, Carlos Nelson, 167, 441
Couto, Ribeiro, 56

Índice onomástico

457

Covas, Mário, 85
Cretella Júnior, José, 184
Crosier, Michel, 83
Cruz e Souza, João da, 233
Cunha, Euclides da, 24, 52, 173, 349
Cunha, Luiz Antônio, 223
Cunha, Manuela Carneiro da, 234
Cunha, Mário Wagner Vieira da, 70-1, 73, 96, 103-4
Cuvillier, Armand, 17
Dagnino, Evelina, 204, 208
Dahrendorf, Ralf, 435
DaMatta, Roberto, 411, 418
Darwin, Charles, 52
Dassin, Joan, 226, 244
De Gaulle, Charles, 241
Debray, Régis, 81
Debrun, Michel, 128, 440, 442
Deleuze, Gilles, 241, 315
Delfim Netto, Antônio, 71
Demo, Pedro, 207
Dentzien, Plínio, 204, 208
Derrida, Jacques, 241
Descartes, René, 50, 68-9
Desroche, Henri, 320
Dewey, John, 347
Dias, Fernando Correia, 271
Dias, Gentil Martins, 401
Diderot, Denis, 62
Diegues, Madalena, 222
Diegues, Manuel, 118, 222
Dilthey, Wilhelm, 50, 68-9
Diniz, Eli, 258
Diniz, Waldomiro, 285
Dirceu, José, 305
Döblin, Alfred, 340
Dostoiévski, Fiódor, 52, 164
Duarte, Paulo, 34, 142
Dubet, François, 195
Duby, Georges, 411
Dulci, Luiz, 172
Dumont, Louis, 412
Duncan, Otis, 100
Durand, José Carlos, 225, 292, 437
Durão, Jorge Savedra, 222
Dürer, Albrecht, 339
Durham, Eunice Ribeiro, 170, 272, 301, 380

Durkheim, Émile, 17, 19, 49, 50, 69, 75-6, 109, 121-3, 138, 170, 177, 209, 249, 272, 274, 286-8, 316, 364-5, 383-6, 397, 401, 412, 438
Dutra, Olívio, 74, 376
Duvignaud, Jean, 376, 402
Dworkin, Ronald, 176
Echavarría, José Medina, 80, 83, 102
Eduardo, Octávio da Costa, 187
Einstein, Albert, 125
Elias, Norbert, 338, 370, 405
Elpídio, Paulo, 402
Elster, John, 210
Engels, Friedrich, 16-8, 50, 151
F. Sabel, Charles, 107
Fabiani, Jean-Louis, 406
Falcon, Francisco, 410
Faletto, Enzo, 80-1, 106
Fals-Borda, Orlando, 155
Faoro, Raimundo, 81, 234, 248-9
Faria, Vilmar, 80, 107, 206, 225, 295, 297, 302, 305, 430
Farret, Ricardo, 207
Fausto, Boris, 235, 441
Febvre, Lucien, 416
Ferguson, Adam, 96
Fernandes, Ana Maria, 207
Fernandes, Florestan, 49, 52-6, 68-75, 77, 83-4, 96, 102, 138-40, 115-7, 119-20, 127-9, 142-6, 148, 150, 154-8, 186-7, 204, 206-7, 224, 228, 257, 259, 314, 317, 320, 342, 344, 349, 370-2, 378, 383-6, 388, 437
Fernandes, Heloísa, 301
Fernandes, Laerte, 186
Ferraz, Francisco, 204
Ferreira, Bibi, 169
Ferreira, Jerusa Pires, 348
Ferreira, Oliveiros, 129
Ferro, José Roberto, 193
Feuerbach, Ludwig, 45
Fiel Filho, Manoel, 170

Figueiredo, João Baptista, 92
Figueiredo, Eurico, 258
Figueiredo, Jackson, 235
Figueiredo, Nuno Fidelino, 67
Figueiredo, Vilma, 207, 394, 401
Filgueiras, Carlos Alberto, 204
Fiori, Ernani Maria, 204, 209
Fiori, José Luís, 281
Fischer, Stanley, 90
Flaksman, Alberto, 223
Flaksman, Marcos, 223
Flaubert, Gustave, 231, 236, 366, 370
Fligstein, Neil, 428, 433
Fontenelle, Luiz Fernando Raposo, 398
Foracchi, Marialice, 21, 53, 70, 74, 142, 150, 156-7, 224, 378, 380
Forjaz, Cecília, 225, 363
Foster, André, 204, 378
Foucault, Michel, 84, 209, 241, 315, 382-3, 386, 388, 405
Franca, Leonel, 236
Francisconi, Jorge, 206
Franco, Maria Sylvia de Carvalho, 21-2, 70, 73, 118, 150, 157, 405
Franco, Nabuco Melo, 239
Frank, André Gunder, 79, 81
Frederico, Celso, 441
Freire, Ranulfo de Melo, 438
Freitag, Barbara, 207, 394, 401
Freud, Sigmund, 68, 195, 250, 430
Freund, Julien, 195
Freyer, Hans, 17, 19, 69, 155, 272, 347, 384
Freyre, Gilberto, 24, 52, 81, 127, 172, 292, 310, 322, 338, 340-1, 343, 346, 349, 412, 415-9, 421, 432, 436
Frias Filho, Otavio, 91
Frias, Otavio, 305
Fuentes, Carlos, 148
Fukui, Lia, 301

458   Conversas com sociólogos brasileiros

Furtado, Celso, 52, 79, 80, 82-5, 107, 115, 128, 147, 186, 204, 269-70, 317, 371-2, 432, 436
Galli, Vera, 243
Galtung, Johan, 119
Gama Filho, Hélio, 204
Gama, Vasco da, 58
Garcia, Afrânio, 398
Garcia, Alan, 85
Garcia, Basileu, 184-5
Garcia, Danilo Prado, 112
Gard, Roger Martin du, 162
Garfinkel, Harold, 151
Gasparian, Fernando, 74
Geisel, Ernesto, 170, 282, 320
Genro, Tarso, 214
Germani, Giro, 442
Gerth, Hans, 195
Giannotti, José Arthur, 73, 75-7, 84, 96, 105, 275
Giddens, Anthony, 122-3, 176, 210, 241, 325-6, 349
Guinsburg, Jacó, 227
Ginzburg, Carlo, 238
Gisberg, Aniela, 34
Giuliani, Mario, 403
Glass, D. V., 101
Gleiser, Bertha, 75
Godelier, Maurice, 382
Godoy, Antônio Carlos de, 145
Gofmann, Erving, 137, 151, 241, 286
Goldemberg, José, 125
Goldmann, Lucien, 75, 85, 272, 274, 382, 440
Gomes, Clemente, 169
Gomes, Paulo Emílio Salles, 76
Gomes, Severo, 169, 293, 298-9
Gonzaga, Tomás Antônio, 364
Gorelik, Adrián, 234
Gorz, André, 443, 445
Gouldner, Alvin, 130
Gounet, Thomas, 443
Gouveia, Aparecida Joly, 295-6, 298, 300-1

Graeff, Eduardo, 279
Gramont, José, 293
Gramsci, Antonio, 124, 167-8, 175-6, 211, 231-2, 261, 287, 316, 322, 324, 434, 440-2
Granet, Marcel, 317
Granovetter, Mark, 431, 433
Grossi, Maria Stela, 403
Guariba, Eleni, 292
Gueroult, Martial, 68
Guevara, Che, 81-2
Guillén, Nicolás, 52
Guimarães, Alberto Passos, 273
Guimarães, Pedro Wilson, 153
Guimarães, Ulisses, 85-6, 168
Gurley, John, 206
Gurrieri, Adolfo, 80
Gurvitch, Georges, 16, 386
Habermas, Jürgen, 122-3, 176, 285, 349, 359, 389, 443, 445-6
Haggard, Stephan, 283
Haguette, André, 392
Halbwachs, Maurice, 317
Hall, John, 264
Hall, Michael, 440
Hall, Peter, 286
Hardoy, Jorge, 206
Harnecker, Marta, 85, 357, 384
Harris, Marvin, 53
Hauser, Philip, 102-3
Hegel, Friedrich, 24, 44, 50, 62, 314-5
Heidegger, Martin, 250
Heller, Agnes, 137, 149, 151, 155, 442-3
Heredia, Beatriz, 398, 425
Hermann, Lucila, 34, 70-1
Hertz, Robert, 317
Herzog, Vladimir, 170
Hinkelammert, Franz, 254
Hirano, Sedi, 188, 301, 364
Hirschman, Albert, 106
Hirszman, Leon, 80
Hobbes, Thomas, 50
Holanda, Sérgio Buarque de, 52, 219, 314, 338, 405, 412, 416, 419, 421, 436

Honneth, Axel, 176
Hugon, Paul, 18, 49, 68, 70
Huntington, Samuel, 209
Husserl, Edmund, 250
Hutchinson, Bertram, 101, 103
Hyman, H., 49
Ianni, Octavio, 21, 70, 73, 76, 83-4, 115, 117, 124, 128, 144, 146-7, 150, 157, 186, 204, 223-4, 259, 272, 274, 280, 294, 317, 320, 357, 371, 383-6, 438
Jaguaribe, Helio, 79, 117, 128, 204, 438
Jahn, Heloisa, 307
Jardim, Eduardo, 348
João Bernardo, 443, 449
Jobim, Nelson, 86, 212
Jollivet, Marcel, 382-3, 386
José, Davi, 437
Jungmann, Raul, 107, 112-3, 432
Junqueira, Carmen Sylvia, 295, 320
Kafka, Franz, 52
Kahneman, Daniel, 435
Kant, Emmanuel, 24, 50, 62, 68, 130, 238, 403
Katz, Renina, 75
Kaufmann, F., 49
Keinert, Ruben, 225
Keynes, John Maynard, 147
Konder, Leandro, 164, 167, 222, 441
Koselleck, Reinhardt, 346, 350
Kosik, Karel, 137
Kotscho, Mara, 305
Kowarick, Lúcio, 297, 400
Kubitschek, Juscelino, 74
Kugelmas, Eduardo, 272, 356
Kuhn, Thomas, 436
Kuntz, Rolf, 186
Kurosawa, Akira, 150
Kurz, Robert, 443, 452
Lacan, Jacques, 241, 250
LaCapra, Dominick, 420
Lacerda, Carlos, 161, 223
Lacerda, Sebastião, 223
Lafer, Celso, 170

Lamounier, Bolívar, 117, 188, 226, 235, 294-5
Latour, Bruno, 435
Lavoisier, Antonie Laurente de, 62
Lazarsfeld, Paul F., 49
Lefebvre, Henri, 83, 137, 149, 151-2, 155, 376
Leme, Cardeal, 235, 239
Leme, Hebe Guimarães, 293
Lemos, Tite de, 223
Lênin, 37, 52, 175, 337, 442
Lepenies, Wolf, 17, 384, 386
Léry, Jean de, 335
Lévi-Strauss, Claude, 69, 138, 148, 151, 157, 241, 275, 310, 356, 397, 401
Levy, Maria Stella Ferreira, 292
Lévy-Bruhl, Lucien, 19
Lima, Alceu de Amoroso, 419
Lima, Luiz Costa, 165, 410
Lima, Oliveira, 420
Lima, Roberto Kant de, 403
Limongi, Fernando, 234
Lippi, Lucia, 220, 412
Lipset, Seymour Martin, 206, 209
Lispector, Clarice, 229
Llosa, Mario Vargas, 106, 148
Lobato, Milton, 164
Lobato, Monteiro, 23, 175
Locke, John, 50
Lopes, Chico, 90
Lopes, Juarez Rubens Brandão, 76, 112, 116, 259, 294, 297, 306, 432
Lorscheider, Dom Aloísio, 395
Loureiro, Maria Rita, 398
Löwy, Michael, 76, 131
Loyola, Maria Andrea Rios, 294-5, 367
Lucena, Humberto, 86
Luckmann, Thomas, 151
Luhmann, Niklas, 122-3, 176, 285, 349
Lukács, Georg, 43, 77, 124-5, 146-7, 274-5, 347, 382-3, 421, 440-3

Lula da Silva, Luiz Inácio, 92, 112, 132, 140, 167, 171-2, 213, 215, 284, 304-5, 329, 432, 448
Lundberg, 49
Luxemburgo, Rosa, 17, 41
Lyotard, Jean François, 315, 349
Macciocchi, Maria-Antonietta, 316
Machado, Lia Zanotta, 193, 208
Machado, Lourival Gomes, 49, 77, 83
Machado, Renato, 223
Maciel, Marco, 212
Maffesoli, Michel, 402
Magalhães, Couto de, 420
Magalhães, Tereza Almeida, 229
Maggie, Yvonne, 223, 349
Maiakóvski, Vladimir, 52
Maine de Biran, 96
Malfatti, Anita, 245
Malinowski, Bronislaw, 100, 397, 401
Malthus, Thomas, 52
Maluf, Paulo, 93
Mann, Michael, 264
Mann, Thomas, 33, 417, 421, 448
Mannheim, Karl, 19, 42-4, 68, 75, 78, 80, 100, 125, 142, 151-2, 213, 230, 322, 339, 347, 389
Maquiavel, 50
Marchand, Roland, 198
Marcuse, Herbert, 85, 315-6
Mariani, Maria Clara, 229
Mariátegui, 24-5, 52
Marighella, Carlos, 425
Marin, Louis, 232
Marinho, Luiz, 448
Marini, Rui Mauro, 81
Markus, Gyorg, 442
Marois, Michel, 425
Márquez, Gabriel García, 52
Marshall, T. H., 152
Martí, José, 52
Martins Filho, Plínio, 198
Martins, Carlos Estevam, 166-7, 169, 438

Martins, Heloísa de Souza, 301
Martins, José de Souza, 22, 53, 278, 292, 301, 370, 378, 381, 383-4, 395, 400, 430, 436
Martins, Luciano, 82-4, 127
Marx, Karl, 16-9, 22, 24, 30-1, 38-9, 44, 50, 52, 61-2, 69, 75-8, 80, 82, 85, 96, 108-9, 122, 124, 131, 136, 138, 143, 149, 151, 159, 194, 196, 209, 212, 254, 257, 259, 272, 274-6, 286, 336, 365-6, 370, 374, 379, 382-6, 438, 440-3, 446, 448-50
Matarazzo, Francisco, 145-7
Matín-Barbero, Jesús, 321
Matos, Marina, 291
Mattos, Ilmar Rohloff de, 410, 415
Maugüé, Jean, 23-4
Maunier, René, 19
Mauss, Marcel, 19, 33-4, 138, 227, 237, 317, 412
McIlroy, John, 443
Mead, George Herbert, 99, 151, 347
Meda, Dominique, 443
Medina, Maria Tereza, 223
Meireles, Cecília, 245
Mello, João Manuel Cardoso de, 192, 277
Melo Neto, João Cabral de, 52
Mendes, Antonio Manuel Teixeira, 305
Mendes, Candido, 204
Mendes, Chico, 395
Mendras, Henri, 382-3, 427
Menezes, Djacir, 165
Merton, Robert K., 29, 49, 75, 252, 405, 434
Mészáros, István, 442-3
Métraux, Alfred, 33-4, 53
Meyer, Marlyse, 348
Miceli, Armando, 220
Miceli, Sergio, 191, 193, 265, 302, 348, 357, 363-4
Miller, Sidney, 223

Mills, Charles Wright, 49, 123, 130, 195
Miranda, Orlando, 357
Moledo, Rosalba Almeida, 292
Monteiro, Duglas Teixeira, 120, 301
Monteiro, Honório, 74
Monteiro, Paula, 348
Monteiro, Paulo, 306
Montes, Maria Lúcia, 306
Montesquieu, 78, 96-7, 100
Montoro, Franco, 107, 235, 279
Moore Jr., Barrington, 36, 255-6, 264
Moraes Filho, Evaristo de, 335, 345, 347
Morazé, Charles, 49
Moreira, Renato Jardim, 21, 34, 73
Morin, Edgar, 316, 402
Morse, Richard, 206-7
Motta, Sérgio, 93
Moura, Alkimar, 225
Mourão, Fernando Albuquerque, 301
Moysés, José Álvaro, 167
Müller, Geraldo, 208
Munhoz, Fábio, 167
Mussolini, Gioconda, 49, 69, 151
Myers, Jorge, 234
Nabuco, Joaquim, 25, 173, 420
Nakano, Yoshiaki, 225
Negrão, Lísias Nogueira, 301
Neruda, Pablo, 52, 354
Neto, Elias Chaves, 75, 146
Neumann, Johannes von, 125
Neves, Tancredo, 168, 362
Nietzsche, Friedrich, 52, 314
Nisbet, Robert, 150, 151
Nóbrega, Maílson da, 282
Nogueira, Hamilton, 235
Nogueira, Marco Aurélio, 441
Nogueira, Oracy, 34, 53-4, 96, 103, 298, 300
Nolasco, Danilo, 211
Nonet, Phillippe, 178
North, Douglass, 428, 435

Novaes, Regina, 403
Novais, Fernando, 71, 76, 96, 234, 272, 356-7, 373
O'Donnell, Guillermo, 282
Oberg, Kalervo, 95-6, 98
Offe, Clauss, 443, 445
Oldrini, Guido, 443
Oliveira Filho, José Jeremias de, 149, 301
Oliveira, Eduardo Alcântara de, 18, 310
Oliveira, Francisco de, 168, 294, 299
Oliveira, Roberto Cardoso de, 73, 207, 336, 398
Oliven, Ruben, 348
Ortega y Gasset, José, 338
Ortiz, Renato, 348
Padis, Pedro Calil, 294
Pagu (Patrícia Galvão), 245
Paiva, Paulo, 107, 112
Palácios, Manuel, 178-9
Palmeira, Moacir, 397-8, 425
Paoli, Maria Célia, 301
Parente, Agenor Barreto, 76
Pareto, Vilfredo, 16
Park, Robert Ezra, 49, 73, 98-9
Parmênides, 68
Parsons, Talcott, 38, 69, 75, 96, 99, 123, 141, 143, 148-9, 209, 252, 274, 286-7
Pasquotto, Celso, 293, 295
Pasukanis, Evgeny B., 279
Paulilo, Maria Ignez, 403
Paulo II, Papa João, 309
Paulo Netto, José, 441
Paz, Octavio, 148, 339
Pazzianotto, Almir, 167
Pedreira, Fernando, 75-6
Peirano, Mariza, 259, 397
Peixoto, Amaral, 169
Peixoto, Antonio Carlos, 165
Peixoto, Fernanda, 234
Pereira, João Baptista Borges, 292, 301
Pereira, José Carlos, 272, 301
Pereira, Luiz, 22, 53, 67, 115-6, 118, 142-4, 146, 149, 157, 186, 189-90, 208, 224, 259, 272-3,

275-6, 299, 301, 356, 378, 380, 391
Pesteil, Philippe, 406
Pierson, Donald, 24, 34-5, 98
Pierucci, Antônio Flávio, 296, 299, 311
Pina, Celestino Corrêa, 186
Pinheiro, Paulo Sérgio, 206, 440
Pinho, Eunice, 293
Pinochet, Augusto, 298
Pinsky, Jaime, 157
Pinto, Aníbal, 80-2
Pinto, Luiz de Costa, 405
Pinto, Vieira, 128
Piore, Michael, 107
Pires, Waldir, 84
Pitt, William, 148
Platão, 127, 209, 212
Pocock, John, 237-8
Pollak, Michael, 228
Pompermayer, Malory, 204
Pontes, Heloísa, 234
Pontes, Paulo, 169
Popper, Karl, 436
Poppovic, Pedro Paulo, 84
Portinari, Cândido, 238, 239, 246
Potengi, Gisélia, 403
Poulantzas, Nicos, 143, 275, 279
Prades, Dolores, 441
Prado Jr., Bento, 76, 96
Prado Jr., Caio, 52, 54, 56, 75, 146, 186, 273, 278, 310, 432, 437
Prado, Antônio da Silva, 147
Prado, Paulo, 25, 412, 419, 421
Prebisch, Raúl, 78, 80-2
Prieto, Heloisa, 306
Prieto, Luiz, 315
Proudhon, Pierre-Joseph, 45, 52
Proust, Marcel, 356
Quadros, Jânio, 269
Queda, Oriowaldo, 150
Queiroz, Maria Isaura Pereira de, 69, 120, 139, 157, 301, 317, 320, 341, 348, 356, 405

Queiroz, Maurício Vinhas de, 145-6
Rafael, Pedro, 306
Rago, Antonio, 441
Rago, Maria Aparecida de Paula, 441
Ramos, Alberto Guerreiro, 77, 128-9, 438, 442-3
Ramos, Graciliano, 52
Rangel, Alice, 222
Rattner, Henrique, 191, 193, 400
Reale, Miguel, 413, 415
Redfield, Robert, 96, 151
Reichstul, Henri-Philippe, 107
Reis, Elisa, 165
Reis, Fábio Wanderley, 204, 252, 265
Remarque, Eric Maria, 162
Resende, André Lara, 90, 281
Reyna, José Luiz, 79
Riand, Remy, 402
Ribeiro, Darcy, 75, 96, 103, 171, 204, 335, 339, 343, 406
Ribeiro, João, 402
Ribeiro, Vera Flexa, 223
Rickert, Heinrich, 50
Rifkin, Jeremy, 443
Ringer, Fritz, 228, 231-2
Rio Branco, Visconde do, 173
Rios, José Arthur, 223
Riva, Adalberto Torres, 80
Rodó, José Henrique, 52
Rodrigues, José Albertino, 71, 116, 438
Rodrigues, Leôncio Martins, 116, 146, 438, 442
Rónai, Paulo, 125
Roosevelt, Franklin, 125
Rosa, Suely, 211
Rosa, Francisco Otaviano de Almeida, 354
Rosa, João Guimarães, 361, 388
Rosanvallon, Pierre, 176-7
Rosenfeld, Anatol, 125, 227
Rosselini, Roberto, 208
Rossi, Eliana, 111
Rosso, Sadi Dal, 207

Rousseau, Jean-Jacques, 50, 438
Ruben, Guilhermo Raul, 403
Rubino, Silvana, 234
Saad, Fuad Daher, 186-7
Sábato, Ernesto, 85
Sábato, Jorgito, 85
Sacchetta, Hermínio, 75
Sachs, Ignacy, 427
Sadek, Maria Tereza, 178, 225-6
Saes, Décio, 438, 440
Said, Edward, 63
Saint-Martin, Monique de, 191, 228, 236
Saint-Simon, Claude Henri de, 52
Sales, Alberto, 175
Salgado, Plínio, 413, 415-6
Sallum Jr., Brasilio, 208, 301, 357
Sampaio, Plínio de Arruda, 80
Sant'Anna, Vanya, 437
Santeiro, Sérgio, 223
Santi, Armando de, 438
Santiago, Silviano, 230
Santos, Boaventura de Sousa, 349
Santos, José Vicente Tavares dos, 398, 401, 403
Santos, Luiz Carlos, 85
Santos, Milton, 206
Santos, Paulo de Tarso, 84-5
Santos, Silvio, 361
Santos, Theotônio dos, 79
Santos, Wanderley Guilherme dos, 128
Sarlo, Beatriz, 234
Sarmiento, Domingos Faustino, 52
Sarney, José, 86, 105, 281, 282
Sartre, Jean-Paul, 77-8, 152, 186, 223, 272, 274, 315, 326-7, 382-3
Sassen, Saskia, 110-1
Sayad, João, 107
Schaden, Egon, 49, 69, 292
Schmidt, Benicio Viero, 206
Schmidt, Helmut, 340
Schmitt, Carl, 338

Schnaiderman, Boris, 227
Schoenberg, Arnold, 248
Schudson, Michael, 198
Schutz, Alfred, 150-2
Schwarcz, Lilia, 234, 306
Schwarcz, Luiz, 226
Schwarcz, Roberto, 248
Schwartzman, Simon, 246, 252, 254, 257, 265
Segall, Maurício, 71
Selznick, Philip, 178
Sen, Amartya, 429, 435
Serra, José, 80
Shakespeare, 223, 249
Sigaud, Lygia, 222-3, 398, 425
Silva, Paulo Pereira da, 448
Silva, Sérgio, 278
Silveira, Ênio da, 167
Silveira, Paulo, 395, 400, 442
Simão, Azis, 102, 116, 120, 300-1, 356
Simiand, 19
Simmel, Georg, 405, 412
Simonsen, Roberto Cochrane, 18
Simson, Olga von, 348
Singer, Daniel, 450
Singer, Paul, 21, 36, 76, 96, 105, 108, 169, 206, 292-4
Skinner, Quentin, 237, 238
Smelser, Neil, 209, 286
Smith Jr., William, 206
Smith, Adam, 96, 212
Soares, Suzana, 348, 376
Soares, Teodoro, 392
Sobral, Fernanda, 207
Sodré, Roberto Costa de Abreu, 189
Sodré, Nelson Werneck, 273, 437, 441
Sola, Lourdes, 272, 280
Sombart, Werner, 49
Souza, Amaury de, 188, 254
Souza, Beatriz, 167
Souza, Gabriel Soares de, 335, 349
Souza, Gilda de Mello e, 49, 69, 70, 72

Souza, Guaraci Adeodato de, 297
Souza, João Guilherme, 376, 380
Souza, Maria do Carmo Campello de (Carmute), 230, 243, 272, 356
Souza, Paulo Renato, 208, 211
Staden, Hans, 335, 349
Stalin, Josef, 141
Steger, Hanns-Albert, 338, 341
Swaan, Abram de, 264, 267
Swedberg, Richard, 242, 430, 433
Szilasi, Wilhelm, 125
Szmrecsányi, Tamás, 157
Taschner, Gisela, 197, 357, 363
Taunay, Afonso d'Escragnolle, 420
Tavares, Maria Conceição, 80, 82, 106
Tavares, Zulmira Ribeiro, 227
Taylor, Peter, 111
Teca (Maria Tereza Sadek), 178, 225-6
Teixeira, Anísio, 235, 301, 345
Teixeira, Carlos, 381
Teixeira, Lívio Xavier, 68
Tella, Torquato Di, 442
Teller, Edward, 125
Tertulian, Nicolas, 443
Tess, Eduardo, 72
Thatcher, Margaret, 349
Thiago, Paulo, 223
Thiollent, Michel, 440
Thompson, E. P., 152, 228
Tilly, Charles, 242, 279, 286
Tocqueville, Alexis de, 50, 52, 78
Toledo, Alejandro, 204
Toledo, Caio Navarro de, 13
Tolstói, Lev, 52
Tönnies, Ferdinand, 49, 99, 136, 272
Torres, Alberto, 158
Toscano, Moema, 165
Tosel, André, 451

Touraine, Alain, 106, 382
Tragtenberg, Maurício, 437, 440
Trevas, Vicente, 222
Trindade, Hélgio, 204
Trotsky, Lev, 52
Tsé-Tung, Mao, 315, 336
Unamuno, Miguel de, 338
Uruguai, Visconde do, 173
Valadão, Isabel, 258
Valadares, Lícia, 222
Valadares, Nanci, 258
Valéry, Paul, 240
Vargas, Getúlio, 74, 256
Vasconcellos, Marina São Paulo de, 335
Vaz, Henrique de Lima, 204
Vaz, Zeferino, 74
Veiga, José Eli da, 113, 427
Veiga, Pimenta da, 85, 88
Velho, Gilberto, 223, 411
Velho, Otávio Guilherme, 99
Velloso, Jacques, 204, 349
Velloso, João Paulo dos Reis, 402
Venosa, Roberto, 193
Ventura, Luis, 67
Verba, Sidney, 209
Vergara, Carlos, 223
Verger, Pierre, 305
Vernant, Jean-Pierre, 411
Vianna Filho, Oduvaldo, 52, 176
Vianna, Luiz Werneck, 257, 265, 371
Vianna, Oliveira, 24, 170, 173, 412
Vidal, Paulo, 167
Vieira, Dorival Teixeira, 16, 71
Vieira, José Paulo Carneiro, 193
Vieira, Rosa Maria, 441
Vilhena, Rodolfo, 370
Villalobos, André, 440
Vincent, Jean-Marie, 451
Wagley, Charles, 53
Wagner, 339
Wagner, Jacques, 178
Waizbort, Leopoldo, 248
Wallerstein, Immanuel, 61, 176, 242, 324

Walras, León, 16
Wanderley, Nazareth, 427
Warner, Lloyd, 96
Weber, Alfred, 338
Weber, Max, 17, 19, 22, 31, 49, 50, 52, 62, 68-9, 75, 78, 80, 96, 99, 108-9, 116-7, 121-2, 124-5, 132, 136, 138, 147, 150, 195, 209, 242, 257-9, 264-6, 274, 316, 319, 322, 327, 338, 340, 349, 355-6, 365, 373, 379, 383-4, 386, 397, 401, 405, 417, 421, 434, 437-8
Weffort, Francisco, 79, 167, 206, 301
Weir, Margareth, 286
Werthein, Jorge, 204
West, James, 28
Whitaker, José Maria, 147
Whitman, Walt, 52
Willems, Emilio, 14, 24, 69, 139
Williams, Raymond, 231, 241
Williamson, Oliver, 433
Wirth, Louis, 73, 98, 100, 347
Wolf, Eric, 321
Xausa, Leônidas, 203-4, 209
Young, P., 49
Yunes, João, 153, 293
Zahar, Jorge, 192-3
Zaluar, Alba, 403
Zasulich, Vera, 442
Zé do Telhado (José Teixeira da Silva), 406
Znaniecki, Florian, 49, 98
Zola, Émile, 326

Índice onomástico

ESTE LIVRO FOI COMPOSTO EM SABON,
PELA BRACHER & MALTA, COM CTP E
IMPRESSÃO DA PROL EDITORA GRÁFICA
EM PAPEL ALTA ALVURA 75 G/M^2 DA
CIA. SUZANO DE PAPEL E CELULOSE PARA
A EDITORA 34, EM OUTUBRO DE 2006.